中国社会科学院近代史研究所

民国文献丛刊

顾维钧回忆录

中国社会科学院近代史研究所 译

第二分册

中华书局

顾维钧任驻法公使时留影　1932年

顾维钧与驻法使馆成员。立者左一为傅冠雄,右一为谢东发
1933年,巴黎

参加国联第14届大会的中国代表团。左起，坐者：梁龙，钱泰，罗忠诒，顾维钧，颜惠庆，郭泰祺，颜德庆，(待查)，胡世泽；后排：左一为何士，左三为刘锴　1933年9月，日内瓦

顾维钧和颜惠庆在国际联盟的一次会议上在会场商议　1933年9月，日内瓦

顾维钧在国际联盟第17届全体大会上发表演说后步出会议大厦。其左为何士，左前端为金问泗　1936年9月21日，日内瓦

国际联盟全体大会讨论埃塞俄比亚被侵略问题。顾维钧和郭泰祺在第一排，海尔·塞拉西皇帝在第三排　1936年，日内瓦

顾维钧任驻法大使呈递国书前留影 1936年,巴黎

顾维钧和驻法外交使节团在爱丽舍宫向法国总统祝贺新年。其左为英国大使克拉克　1937年1月1日

顾维钧在国际联盟行政院主席办公室。时任第96届主席　1937年1月25日

顾维钧在国际联盟大会上致词　1937年5月15日，日内瓦

参加国际联盟第18届大会的中国代表团。左起，坐者：颜雅卿，梁龙，金问泗，郭泰祺，顾维钧，钱泰，胡世泽，杨光泩，唐丽题　1937年9月，日内瓦

顾维钧与孙科（左一）。孙科在去莫斯科途中接受荷兰广播总会电台采访
1938年1月14日，阿姆斯特丹

顾维钧在中国大使馆为法国总统勒布伦和夫人举行招待会　1938年，巴黎

顾维钧在国际联盟大厦休息室与苏联外交人民委员李维诺夫谈话　1938年
12日，日内瓦

顾维钧与出席国际联盟大会的中国代表团成员研究问题。左起：郭泰祺，金问泗，顾维钧，胡世泽，钱泰　1938年，日内瓦

顾维钧和李石曾　1938年，日内瓦

顾维钧率中国代表团参加教皇庇护十二世加冕大典与梵蒂冈代表合影。左起，坐者：梵蒂冈代表维图蒂，顾维钧，徐道邻（中国副代表）；立者：神职秘书罗光，谢东发，周参事，刘锴　1939年3月12日，梵蒂冈

出版说明

《顾维钧回忆录》第二分册系原稿第四卷的前半部分。第四卷记述作者自 1932 年 10 月至 1941 年 6 月约九年间的经历。全卷译文将分为三个分册出版。

本书译文是根据原稿的缩微胶卷翻译的。原稿第一、二、三、五卷和第四卷的后半部分是初稿，第四卷的前半部分和第六、七、八卷是编定稿。编定稿有正式章节，初稿无正式章节。因此第二分册在编目上和第一分册不同，有正式章节。

但原稿第四卷前半部分，也还有 28 页未编页码，系概述中国驻外使馆的情况。这段文字在译文中编为第一章第二节。

原稿有一些脚注，有的写明"编者注"，有的没有，译文均一仍其旧，以符号 * 标出。至于译者所加说明，则注出"译者"字样，加注码以示区别。

书中引用的文告、条约和函电，凡能查到原文或当时译文者，均尽量查出照录，并注明引文出处，藉以保存本书史料的真实性。凡未能找到原文的，仍从英文转译。书中为数众多的函电，承顾先生之女顾菊珍女士不惮烦难，代为从美国哥伦比亚大学保存的顾氏档案资料中查找原文抄寄，为本书增色不少，谨此致谢。

限于水平，译文中讹误之处，在所不免，尤其是某些姓名、机构名称，或未能尽符实际，敬请读者不吝指正。

译者

一九八三年十二月

目　录

第二分册

第四卷

出 使 法 国

（1932.10—1941.6）

上

引　言

　　1932 年至 1941 年，我出使法国，前后达九年之久。在着手陈述这段经历之前，我想附带提一下，昨天（1963 年 2 月 7 日），我查阅了旧日记，深感在回忆往事时有日记在手何等重要。我随意翻阅了 1936 年的日记——从这年起，我经常将每天发生的重大事件和所作的重要访问记录下来。如，1936 年 5 月 28 日的日记中写道：

　　　　抵达法兰克福。去布里斯托尔旅馆午膳。赴巴特瑙海姆（著名矿泉疗养地，尤以治疗心脏病闻名），在卡尔顿旅馆会见汪精卫。那里林木葱郁，湖泊澄明，边道宽阔，风景优美。曾仲鸣（汪的私人秘书）和汪在一起，汪身体极佳，看上去比去年 10 月我在南京见到他时还好，那正是在他于 12 月被刺之前。（有人企图暗杀他。）同日，刘文岛大使从罗马飞抵法兰克福，下午五点抵达巴特瑙海姆。当时意大利提出取消治外法权、归还天津意租界，以中国停止对意制裁作为交换条件。他此行即为与汪和我共商此事。这项建议是墨索里尼向他提出的，让他五日之内答复。他特来求助于汪以取得南京的同意。刘征求我的意见，我个人赞同，但我说，我们接受建议须先取得英、美的谅解；同时提出保留意见——接受建议并不意味着承认意大利对埃塞俄比亚的占领，这两点必须讲明。汪表示同意，认为这样慎重从事确有必要，并说英国目前对中国虽帮不了什么忙，但如得罪了它，它会对中国作出很大伤害。

汪还告诉我,胡汉民在下棋时突然死去。后来发表的遗嘱并非胡本人所写,而是胡死后由他人所作。汪认为遗嘱写得很糟,所说的三点自相矛盾,无法同时实行。

我愿再举一例说明查阅文件和日记的重要。下面是 1936 年 6 月 4 日的记载:

> 英国大使乔治·克拉克爵士来访。他仍然健谈而风趣。我们谈论了巴黎罢工、对意制裁问题,英国对此的态度和法国的对意政策等。他谈起昨天圣库德高尔夫球场球童罢工,他不得不自己背球棒,甚为有趣。他认为当时的罢工实际上是莫名其妙。他的看法是,人必须正视现实。意大利征服埃塞俄比亚就是一个现实。他说英国可以召回其公使,留下别人和意大利当局保持接触,而不要等待意大利来要求英国撤回公使。他说,制裁既已证明为无效,继续制裁是无用的。

> 下午六点,陈光甫、郭秉文来访,他们刚从美国到此。告诉我他们在华盛顿的使命获得巨大成功。他们和财政部长摩根索进行了谈判,但整个谈判的幕后指导者实际上是罗斯福总统。谈判就下列内容达成协议:美国从中国购买白银五千万两,并按下列三个条件再贷给五千万两。一、铸造银辅币;二、25% 的纸币以白银作储备;三、工商业使用白银不受限制。美方要求他们对谈判内情保密,不要去纽约或会见财政部官员以外的人员。他们解释说,美国方面的动机有三个:一、援助中国;二、维持以白银为货币的民主传统;三、以这种谈判作为与墨西哥、秘鲁和印度等国谈判的范例。

我举这些例子不过是要说明自己在口述之前参阅有关记载的重要性和必要性。今后只要有有关文件和日记可查时我就要这样做。1936 年以前我未记日记,好在我收发的电报均可查到,而且大部分重要的外交谈话记录我都留有副本。

我去法国任职可说是事出偶然。这是与郭泰祺对调的结果。1931年11月,在日本开始侵略东北的沈阳事变爆发后两个月,我出任外交部长(专为处理对日局势)。但不到一个月,在蒋委员长本人辞去行政院长职务后,我也随即辞职,因为原是他邀我任内阁外长的。孙科博士接任行政院长,陈友仁继我任外长。但新内阁也很短命。1932年1月下旬,孙科辞职。汪精卫任行政院长,我的好友、在北京政府时期多次共事的罗文幹任外长。大约一个月之后(可能是3月初),汪又邀我出任中国驻伦敦公使。我接受了。这将是我第二次在英国首都代表中国政府。

在这时候让我去英国任职,实际上是由于当时我一直在处理中日纠纷,并刚被任命为李顿调查团的中国顾问,这个调查团是国际联盟派出调查和报告中日冲突的。甚至在考虑派我出使外国之前就已不言而明,在调查团完成实地调查并编就提交国际联盟的报告时,我将和该团一同返回日内瓦,作为中国在国际联盟的代表维护中国方面的申诉和中国顾问的报告。所以,无论怎样我都不得不在欧洲呆上一段时间。通常中国首席代表同时即兼任驻某个邻近欧洲国家首都使馆的负责人。(事实上,几乎所有在日内瓦的代表都有兼职。)中国这样做是为了方便,而且也由于驻外人员一般熟悉国际情况。

大约在内定我去伦敦任职的同时,汪精卫决定由郭泰祺担任巴黎职务。(按照惯例,内定某人担任这项职务,须先取得驻在国同意而后正式任命。)1931年,郭曾在广州参加过汪的改组派政府。1932年1月,汪就任行政院长时,郭去往南京,不久便在罗文幹手下担任外交部政务次长。3月在上海和日本开始停战谈判时,我因李顿调查团的工作而不能再代表中国,郭便被任命为南京政府的首席代表。鉴于郭在谈判中的身份,由他同时担任中国公使和在日内瓦讨论中日及东北问题的中国代表这双重职务也很合适。当然,这项任命也牵扯到一些政治因素。

同时任命驻伦敦和巴黎公使这两个重要职务,多少出于巧合。驻法公使当时空缺。1931年初,南京政府曾内定任命著名银行家、实业家钱永铭为驻法公使。但钱不是职业外交家,他对接受此职犹豫不决,终于谢绝。1931年7月高鲁公使离开巴黎之后,该职位一直空着,在政府物色适当人选之际,谢维麟充任代办。(至于伦敦的职务,从1929年起,一直由施肇基担任,但他想辞职。1931年9月以后——那时他兼任国际联盟的中国代表——他在国际联盟处理东北问题上受到了批评。1932年初,颜惠庆在国际联盟行政院中取代了他的位置。对此他都感到不满。)

虽然1932年初我被邀就任伦敦之职,但人所共知,在很长一段时间内我无法赴任。(李顿调查团于1932年3月中旬刚从东京抵达上海。还必须去中国其他地区,最后到东北。)作为调查团内的中国顾问,我自当和该团在国内忙碌一段时间。结果是十年之后我才得以到伦敦第二次领导中国使馆。

事情经过是,我得知郭泰祺被邀出任驻巴黎公使后,即尽力把郭介绍给法国驻华大使亨利·韦礼德先生。在北京时,我和韦礼德颇为熟识。我记得,为了把郭介绍给他,我在上海请他吃过午饭。饭后,郭和我商量说,他本想与韦礼德交谈,但韦礼德同好多法国人一样,开口爱讲法语,发现郭有困难才转用英语。但这次谈话可能并没有什么收获,因为郭对我说他实在不懂法语,去法国也干不了什么事,所以非常想改去伦敦,探询我是否肯和他对调。虽然如我对郭所说,我的法语也已荒疏,但我还是同意了。(1932年10月我一到巴黎就尽力提高讲法语的能力,其故在此。)我也知道,我将因李顿调查团的工作缠身,起码半年之内不能去巴黎。但我想,对于观察国际形势和国际关系,巴黎是一个很好的中心。看到郭心情迫切,我便说,只要他能劝说汪精卫院长同意,我对调换工作没有意见。尽管我二人都认为就中国而言,伦敦的职位当然更为重要,可我还是同意了调换。

接着,郭对我说:汪精卫让他去巴黎时,他表示踌躇不决,并提出宁愿去伦敦。但汪执意要他赴法而让我赴英。所以他说,如果我同意由他把我的态度告汪,事情就要好办得多,获准的把握就更大。我说,我毫无意见,他尽可说我同意。

郭便向汪拍了电报,回电大意是:如我直接向汪确认同意,汪便可应允。汪后来从洛阳打电话给我,他正在那里参加一个国民党首脑会议。我告诉汪我同意郭的意见。这就是我被派赴巴黎而非伦敦,而郭却被派赴伦敦的始末。十年之后,我在伦敦又接替了郭的职务。这类事往往完全不是出于事先的安排。

或许有人要问,在任命我的时候,为什么伦敦之职被认为比巴黎之职重要得多。原因很多,既有真实的,也有想象的。中国的统治者和舆论界一般都这样看。这同英国在国际会议上的影响,及其在强大海军保护下的在华及远东利益有关。它控制着从大西洋到中国海的海路,控制着印度、缅甸、马来西亚和香港,它在亚洲的地位非同一般。此外,它在中国的政治和商业上的利益也比其他列强为大。它在中国有租借地;在中国各地的所谓通商口岸有"租界";英资修建的铁路有京津、沪宁及津浦线等;中国海关总税务司、盐务总办均为英国人;中国对外贸易大部分是与英帝国进行的;这些事实都突出了英国对中国的重要性,而其他列强则相形见绌。法国的对华政策,除有关印度支那部分外,每遇关键时刻总是唯英国的马首是瞻。法国除一些租界外,其利益集中在广东、广西和云南。苏俄的影响局限于蒙古、北满和西北,特别是新疆省。俄国实行共产主义使它脱离了西方列强之列。它致全力于国内发展,使它不能在外交事务中发挥影响,甚至不能保持自己的在华利益。事实上,中国已于 1927 年和苏俄断交,但在 1932 年正在进行复交谈判。

第一次世界大战使日本在华资产和势力大大扩张,日本此时正在迅速扩大其在华利益。但日本意识到来自西方列强竞争以及正在成长的中国民族主义和经济发展的威胁,于是日益转向使用武力来达到目的。这种侵略政策以及用优越武器强夺东北一事在中国引起了普遍的反日情绪。虽然某些人,对日本迅速现代化及其军事技术表示钦佩,但总的说来,日本是不受欢迎并被人憎恶的。而美国则受到中国人民的喜爱。在列强对华掠夺初期,美国并未达到其他西方主要列强那样的程度;同时也和其他列强不同,它对中国有一种感情上的兴趣和理想上的目标。此外,美国在华商业上的利益正在增长。第一次世界大战后,美国在华投资虽还较少,但对华贸易额却已超过英国。然而孤立主义在美国仍是一股强大潮流。由于美国的中立和不干预远方国家的政策,华盛顿在对华、对远东事务中多半追随伦敦行事。上述种种因素,使人们极为重视英国对中国和远东的政策,从而也极为重视中国驻伦敦使节的职位。

尽管如此,巴黎之职对我仍有其一定的吸引力和重要性。那时伦敦虽是版图辽阔遍及全球的英帝国的首都,但巴黎是欧洲传统的权力政治中心,由于人们的共同感觉——需要安全,防止潜在的侵略危险,防止德国及其第一次大战盟国进行复仇的战争,签订有种种联盟、谅解和互助公约。巴黎与日内瓦近在咫尺,那里有 1919 年新成立的旨在维护和平、主持国际正义的国联总部,这一点自然也在我考虑之中。问题不仅在于我已接受李顿调查团中国顾问之职,因而不得不花费很多时间在日内瓦参加各种会议,问题还在于我对该组织及其宗旨颇有感情。就我个人而言,我喜爱法语的优美、文雅、富有魅力,很适用于错综复杂、变幻莫测的外交事务,我一直怀有说好法语的志愿。尽管在我学德语之后不久——实际上是在我开始学拉丁语之前——我就开始学法语,但在哥伦比亚和华盛顿的多年生活中我极少有实践机会。我想在巴黎一定会大有实践机会来满足自己的热望。

1932 年 6 月初,在我正式受任之前,中国报纸已报道我将使法。此后不久,我和法国驻华公使韦礼德在他北京寓所做过一次有趣的谈话。这次谈话我在 1932 年 6 月曾做过记录,现叙述如下。因为这次谈话具体反映了我对赴法任职的态度,同时也说明在我与政府正式商定出使法国时影响着中、法、德、日、俄各国事务的一些国际形势。

那是在东三省工作了几个月之后，我刚和李顿调查团一同回到北京。韦礼德先生来祝贺我从东北平安归来，并说他和北京的外交界同仁都曾为我的安全担忧，接着他表示希望我能如报纸所载就任中国驻法公使。他说法国政府必将非常愿意同意此项任命，并很高兴欢迎我去法国。

我说，我十分愿意去巴黎，但我不能很快成行。他知道我曾在巴黎呆过两年，而且非常喜欢法国人。我告诉他，我还要去南京和政府磋商此事，如能定下来，大约可在秋季动身，届时调查团也将返回日内瓦。

韦礼德说，在巴黎任职，对在国联照料中国事件是个便利。此外，中国在像巴黎、伦敦、华盛顿和柏林这些重要首都，派驻强有力的代表是十分重要的，而在法国，再没有一个比我更知名的中国人了。

我问起在法、日之间存在某种谅解的新闻报道是否有根据。我曾看过日本聘用的乔治·布朗森·雷亚写的一篇文章，其中述及在法、日双方利益一致的基础上曾达成一项谅解，声称如果日、俄之间发生战争，法国的盟国波兰将与俄国交战。

韦礼德说，法、日之间存在任何谅解的报道纯属虚构，他已在报纸上加以否认，并且接到巴黎的指示，明确指出该项报道毫无根据。实际上是赫斯特报系协助德国搞的宣传。至于所传法国向日本提供武器军火之说，他承认确有其事。最近三年，日本一直在从施奈德公司购买大炮。日本炮兵装备比别国落后，三年前为此而同法国施奈德公司有过协商。日本最初想买制造105毫米和150毫米大炮的专利权，但该公司提出日本须同时订购一定数量的大炮，因而订了一批货。韦礼德说，不过中国也从法国采购军需品，而且最近还交付了一批机枪。

我问到日、俄有无交战可能，韦礼德认为可能性非常小。他说，非迫不得已俄国是不会打仗的，同时他也怀疑日本此时是否愿意对俄作战。他认为即或战事发生，波兰也不会参加进攻俄国。法国政府已拿定主意，万一出现这种情况，将尽一切努力使冲突局部化。法国人民对上次大战的教训记忆犹新，不会同意再去参加一场战争。

我提出最近日本和印度支那之间缔结了商务条约的问题。

韦礼德说近十年来这个问题一直悬而未决。日本久想得到最惠国待遇而未成，最近对来自印度支那的商品施行增税。双方为了解决这个悬案才缔结了商务条约。

我接着提到裁军会议上日、法之间的共同利益。（世界裁军会议经多年筹备和拖延之后，于2月在日内瓦召开。）

韦礼德说，尽管他们对于某些问题可能有一致的看法，他们之间并不存在任何协议。此外，为表明不存在任何性质的谅解，他说他愿指出近十年来国际法庭上的日本法官总是投票反对法国。他继续说，欧洲的和平完全取决于法、德之间的关系。那是法国对外政策最关注的事。不管和日本有过什么达到谅解的可能，这种可能由于法国的现内阁也必定完全消失，因为现内阁是左倾的，并且在处理对德关系的问题上较为开明。他和德国驻北京的公使陶德曼博士交谈过。陶德曼说，不幸的是每当德国有一个可能对法国采取友好政策的开明的内阁时，巴黎当政的内阁总是保守的。现在，开明的赫里欧内阁在巴黎就职，德国却又已向右转了。

韦礼德说最近来北京途中路过南京时曾和汪精卫晤谈。那时日本驻巴西大使有吉先生正在南京，担任芳泽先生（当时的日本外相）的私人代表，试图和南京建立友好关系，据说甚至期望实现中日同盟。韦礼德说，当然有吉的努力由于日本首相犬养遇刺而毫无结果。

我说日本人并不都赞成侵略东三省的政策，最近我和一个东京的外务省代表在他回东京之前谈过话。他说日本今天面临着爆发国内革命或进行对外战争的抉择。他希望有所作为使两者均可避免。他急于回国是为了协助确定外相的人选,而日本对中国的外交政策将取决于这一选择。他还说现在以斋藤海军大将为首的内阁的外交政策好像还未确定,所以对满洲究竟采取何种政策,新选出的外相将有极大影响。

我和韦礼德的谈话以这一乐观的调子结束。但是,当然以后的事态证明1932年5月15日政友会即保守派政府的首相犬养先生的被暗杀,标志着日本文官政府的结束和军国主义观点与政策的日渐抬头。最后前南满铁路总裁内田伯爵被选定为斋藤内阁的外相,进一步表明东京对满洲的政策是要支持关东军的所作所为。

前面谈到,当我决定和郭泰祺互换之时,一般认为驻英国使节的职位比驻巴黎重要。但是事情的发展是,自1932年至1941年这些年中,由于欧洲和远东事态的发展,巴黎的职位变得越来越重要。纳粹在德国的得势和一味推行复仇与领土扩张计划,引起全欧各民主国家的担忧,并使整个欧洲大陆感到紧张。一系列严重事件的发展,如莱茵地区的占领、意大利侵略埃塞俄比亚战争的爆发、在中欧轴心的形成、德国吞并奥地利、英法在慕尼黑的对德让步、苏德订立互不侵犯条约等,终于导致爆发欧洲战争,不可避免地影响了整个世界。

在远东,日本侵华当然是从1931年9月所谓沈阳事变就已开始。但是上述欧洲事态的发展无疑地鼓励了日本军国主义者加紧他们在中国以及整个东亚的扩张计划。在他们把故意制造的1937年7月所谓卢沟桥事变作为借口之后,就厚颜无耻地把侵略计划向前推进。随着日军在华各战线上猛烈进攻,1937年12月南京失守,接着是杭州、济南、青岛、开封、安庆、广州、武昌和汉口。到了1938年秋,全部沿海和大多数东部内地省份都沦于日本军事统治和管辖之下。

形势如此,增加了中国从欧洲获得必要的武器与军用飞机的供应以及为偿付这些物资而出口原料的困难。广州失守之前,香港一度是主要转运口岸之一。然而广州和粤汉铁路的一部分被日军占领后,连广州湾的一些小口岸也已无法利用。这样,法属印度支那因其绵长的北方边界与云南和广西的南境接壤,并有铁路连接河内与昆明,就成为中国在抵抗日本侵略的殊死战斗中转运物资的重要地区。当然通过缅甸还有一条可资利用的路线,滇西土著部落几百年来都是通过这条道路把手工制品运过边界出售,然后购回物品。但是这条道路原始落后,不适于繁重运输,而滇缅公路则迟至 1940 年才建成。在中国西北部当然还有一条许多世纪以来为商队使用的通往俄国亚洲部分的陆路。但是在中国一侧很少得到开发,甚至俄国一侧也只有一条铁路线,经过阿拉木图通往新疆边境,而且从苏联欧洲部分延伸过来的公路尚未完全现代化。以卡车及汽车在这些路上进行运输,速度缓慢而且费用昂贵。总的看来,通过印度支那转运进出口物资对中国来说实属无比重要。

确保这方面的运输畅通并不总是轻易之举。我竭尽力量使其畅通不受法国方面的干扰,因为这对中国坚持抗日极关重要。但是法国在这个问题上的政策随各个执政政府的政策和态度而摇摆不定,而且法国政府在政治旋涡中又很少能长期稳定。即使是对中国最表同情和友好的殖民与外交部长们,在我要求保证通过印度支那的运输畅通时,其反应和答复也是犹豫不决的。法国政府首脑人物,对中国持续要求通过印度支那过境运输便利一事,在权衡时,首先考虑的是欧洲局势的发展和东京的态度,尤其是日军在华的活动。

这样一来,我在法国的使命,特别是从 1937 年日本加紧侵华战争的卢沟桥事变以后,变得极为重要,毫不亚于驻伦敦使节的职位。确保通过印度支那的运输畅通,针对法国政府不时想要屈从日本的要求或和东京建立友好关系的表现及时加以劝阻(因为这显然对中国不利而危险),就成为中国继续抵抗日本侵略的头等大事。无数来自重庆政府的电报,不论是直接来自蒋委员长还是来自历任行政院长、军政部长、铁道部长、后勤部长以至外交部长，都与运输这个重要问题有关。此外，由中国派来的干练的密使不断带给我私人信件，一再强调继续抗战的迫切需要及在通过印度支那的运输方面取得和促进法方合作的重要性。在我十年出使法国的后几年中，这件事成为我在法国最紧迫的任务，而我也曾为此做出不懈的努力，即使在法国政府由巴黎到图尔，到波尔多，到圣·日尔曼-费朗和维希的全部转移过程中，我也从未放松努力。

第一章　中日冲突时期在巴黎和日内瓦的外交官生涯

1932 年 10 月—1933 年

第一节　首途赴欧;李顿报告书和在船上与李顿调查团的接触

1932 年 9 月 5 日—10 月 2 日

我是 1932 年 10 月初到达巴黎任中国驻法公使的,但是在那里还不到一周,就匆匆赶到日内瓦担任国际联盟、特别是国联行政院的中国代表。那时我仍然是李顿调查团的中国顾问。调查团刚向日内瓦国联正在焦急等待中的会员国提出中日问题和满洲问题的报告书。行政院讨论李顿报告书时,我还将是政府特别指派的代表。我也是参加年度全体大会和全体大会特别会议的第二代表。另一位第二代表是郭泰祺。第一代表是颜惠庆,他于年初接替施肇基任行政院和全体大会的中国首席代表。

那时国联面临的首要问题是中日冲突。沈阳事变发生后,中国在国际联盟提出申诉,要求立即执行盟约。中国先援引盟约第十一条,而后是第十及第十五条。上述条款中最后一条第三项为:"行政院应尽力使此项争议得以解决……"①也就是说行政院应为使争执的双方达成协议而进行调解。第四项为:

---

① 此处和以下所引"国际联盟盟约"的条文均转录自《国际条约集》第 266 页"国际联盟盟约"。——译者

> 倘争议不能如此解决，则行政院经全体或多数之表决，应缮发报告书，说明争议之事实及行政院所认为公允适当之建议。

换言之，如调停失败，行政院即须起草一份报告，确定事实，指明责任所在，并建议解决办法。而且，按照第六项：

> 如行政院报告书除争执之一方或一方以上之代表外，该院理事一致赞成，则联盟会员国约定彼此不得向遵从报告书建议之任何一方从事战争。

简言之，这一项对成员国，包括日本在内，产生了法律上的约束，给援引要求制裁的第十六条开辟了道路。并不是中国在世界历史上这个异常困难的时刻对国联抱有这样大的期待。中国没有这样期待。但是中国希望借助于国联，将问题公之于世，引起全世界的注意和同情，并且，或者能得到某些物质和政治利益。

第十五条第九项规定经由争执的任何一方的请求可将争议向国联全体大会提出。正是由于此项规定，经中国提出申请，此案得于1932年1月由行政院移交全体大会，并为此问题召开了全体大会特别会议。全体大会特别会议据此成立了十九国委员会，包括行政院除中、日以外的全部十二个成员，由全体大会主席比利时的保罗·海曼斯担任主席。它的工作是帮助实现上海停战（此事于1932年5月完成），根据第十五条对整个争执草拟一项解决办法以及详陈事实经过和建议的报告，并且全面接管过去由行政院处理的有关中、日冲突的工作。

十九国委员会于1932年3月成立，但是开展实际工作，需要有对此案事实经过的公正叙述。李顿报告书即旨在提供事实并构成委员会提出解决建议的依据。因此，1932年八九月间，委员会和实际上在日内瓦的全体代表们，都在焦急地等待着这个已大部完成的报告书的提出和发表，特别是因为李顿调查团对调查结果和建议曾经煞费苦心地保守秘密。在收到报告书后，委员会就能开展工作,不过,在程序上李顿报告书应先送交行政院。根据1931年12月10日行政院的决议,指定李顿调查团在现场调查后向该院报告,然后由行政院将报告提交全体大会,供十九国委员会考虑。

事实上,我是和携带一份报告书回日内瓦的李顿调查团的英、美、意成员一起回到欧洲的。他们邀请并几乎是坚持要我同行,以便在途中能多做碰头并争取澄清已经预备写在报告里的一些意见。我记得,我曾慎重考虑过这次邀请。我感到和他们同行对我的诱惑力是很大的,虽然这样做有些匆忙,也许会缩短和政府首脑们最后一次会晤的时间,但终于决定同行。我们于1932年9月5日搭意大利"甘济司"轮离开上海。同船的有李顿爵士、麦考益将军、马柯迪伯爵和我,还有调查团和国联秘书处的万考芝先生和爱斯托先生,以及麦考益将军的私人助理皮特尔中尉。调查团其余成员,法国的亨利·克劳德将军和德国的恩利克·希尼先生,则取道路程较短的西伯利亚铁路返欧。

启程前一天,我收到国府主席林森来电。他正在江西牯岭避暑。我曾于数日前电告他我将离国,并请示机宜,顺便为未能亲趋拜见致歉。我本拟前去,但因急于完成我的工作并决定与李顿同去日内瓦而不乘一周后的另一班轮船,时间过于紧迫。因此在去上海之前,我仅有时间于9月2日去南京取国书,同时去行政院及外交部处理若干未了问题,实无暇在牯岭停留。

林森主席回电如下[①]:

> 执事乘轺持节,远涉重瀛,就熟驾轻,恢然余刃。惟当此寇氛深炽之日,樽俎折冲,仔肩弥重。当冀遵依中央意旨,会同颜、郭两公,鸿运新猷,增光国际。党国前途,实利赖之。

正如所料,长途海上旅行为继续讨论提供了充分机会。其中部分重要内容值得一记。例如,我于1932年9月13日与李顿

---

① 林森致顾维钧电报原文,录自顾氏所存原件。——译者

长谈。

据我的记录,李顿爵士首先问我是直接去日内瓦还是先赴巴黎。

我说我想先去巴黎递交国书,然后去日内瓦,因为我估计国联不会在10月中旬以前开始讨论调查团的报告书。

李顿说国联行政院将在10月上旬先讨论议程问题。

我问李顿对东京报纸报道日本打算要求把公布报告书日期推迟六个月有什么想法。

李顿说他不知道日本是否真的做了这样的请求,但他认为,即或日本提出了,国联行政院和国联也不会同意。报告将首先提交国联行政院进行讨论,他以为我会在国联行政院代表中国。

我说颜惠庆博士是国联行政院的中国代表,如有必要,我将和颜博士磋商我亲自出席之事。

李顿说报告书提出讨论时,我当然有必要出席,因为我参与了调查团工作,了解最近的情况。

我说我将在日内瓦与颜博士商量此事。接着我问李顿对即将在日内瓦进行讨论的结果有什么看法,对和解的可能是否乐观。

他说那完全要看日本如何行事。他认为在经过初步辩论与磋商,并解决了国联究应按盟约第十一条,在行政院权限之内处理此事,还是按第十五条,由全体大会负责处理此事之后(这些问题不难解决,只需多数票即可决定),即将开始主要问题的讨论。他认为日方可能在两种做法中选择其一。日本肯定会在报告书公布之前承认"满洲国",因而将向国联声称"满洲"问题现已成为中国与"满洲国"之间的问题,日本不能代表"满洲国"发言,从而必须邀请"满洲国"来日内瓦参加讨论,或者未经"满洲国"同意不能进行讨论。日本如坚持这种立场,则国联别无他法,只能宣布其本身意见,暂将此问题搁置起来。这样做,在等待今后事态发展的同时将引起公众注意和议论。

我说，日本如果采取这样的立场，完全不顾它对盟约和根据国联行政院与全体大会各项决议所承担的义务，则国联显然有权对日本实施经济制裁。

李顿说，当然会有一些小国代表严词谴责日本并要求实施经济制裁。然而大国将因这样会遭受损失而不同意。经济战争是最坏的战争形式，因为它会把苦难和牺牲强加在老百姓的头上。现在没有一个大国愿意要求其人民受苦牺牲。此外，他说，目前各个国家的情况都远非令人满意。

我说在我离开上海的前夕，南京接到日内瓦电报报告说，国联流传着一种议论：如果日本一味公然违抗国际联盟盟约及世界舆论，国联即应迫使它退出或予以驱逐。

李顿说，他认为两者均不可取。如果日本被迫退出，虽说它对国联的义务仍应继续二年，但也无助于问题的解决。在日本时，一批新闻记者有一次曾向他说过，如果国联使日本过于难堪，他们的国家将会如美国一样退出国联，而在日本大部分舆论都赞成这种做法。但是他告诉他们，日本这种行动不仅将失去国联成员的一切利益，还将在世界上陷于孤立。他对记者们解释说，日本的情况和美国不同，美国退出国联是由于总政策的改变，并不是由于发生任何争执。如果日本由于满洲问题而退出，由于它是问题的一方，它的退出是因为怕做出对它不利的决定。这种做法至少不够光明正大。李顿认为这次谈话可能对日本有些影响，因为最近已不大听到它威胁要退出国联的言论。另一方面，他说假如日本被逐出国联，这只能加强日本公众舆论对军人集团立场的支持，使其变得更加顽固。他以为在国际交往和讨论中，应永远把主张某种政策的政府和作为一个整体的国家区别开来。人们可以公正地批评并抨击某项政策或鼓吹该项政策的集团，但是对整个国家进行谴责是不公正和不明智的。只有慎重地对二者加以区别，才能鼓励一个国家内部反对该项政策的分子提出反对意见，最终使这个政策难以实现。

李顿又回到原来谈到的话题,关于日本可能做出的两种选择。他说,另一种可能是,日本觉察到国联反对它的气氛,不愿孤立于世界,也可能表示愿意与中国谈判解决冲突的办法,但要先定出某些条件。这样就要研究它可能提出的条件以及这些条件是否违反国联盟约和九国公约条款。当然,国联不会不提出解决冲突的基本原则而让中国去与日本谈判。换言之,国联要确定某些限度,在此范围内它才可以接受中、日问题的解决。它不能让中国任凭日本把占据中国领土作为既成事实,听从日本提出的条件。

我说,依我看来,日本还可能有第三种选择。日本新任驻华公使有吉已在调查团从北京到上海的同一天到达。根据日本反对第三者干预中、日争端的一贯政策及先例,日本可能在国联全体大会特别会议召开前,以中国不再要求国联干预为条件,向中国提出直接谈判。它可能设法以此来欺骗国联,并破坏中国向国联呼吁公正解决的政策,或者它可能真的希望求得与中国直接解决。另一方面,中国当然不会同意这个意见,除非谈判以调查团报告书的建议为基础。

李顿说,果真如此,希望中国不要受骗而落入圈套。他说,报告书即将公布,建议很快就会为人所知。如果日本提出什么建议的话,中国不要忙于决定接受。

我作了一份会谈记录,将要点电告外交部长,并请转报行政院长汪精卫、财政部长宋子文和军事委员会委员长蒋介石。在电报末尾,我提出了李顿这样一个意见,即我应出席参加国联行政院的讨论以利工作。我说,如确有此必要,我需与颜惠庆商量一下。一方面,人所共知我将在国联行政院中代表中国;另一方面,这对颜博士还有一个面子问题,他是我的前辈,并已代表中国出席过国联行政院的会议,而且此事还没有正式的官方任命。

外交部长罗文幹在回电中说,他刚收到颜惠庆的一份电报,通知政府他已将由我接替他在国联行政院中的工作一事告知了国联秘书长。此外,外交部已回电给颜说,已将他的电报转我。罗部长以后又来电说,颜博士一再致电外交部称,11 月份国联行政院将讨论李顿报告书,因为我最熟悉情况,希望罗要我赶赴日内瓦代表中国出席国联行政院会议。这样一来,实际上事情已获解决,但为了礼貌起见,我回电推崇颜的能力和我自己能力不足,并说,虽然我奉罗之命接任,但希望允许我先和颜商量一下,以便我们能共同考虑怎样才符合国家的最大利益。事实上,我确是这样做的。我和颜在日内瓦讨论了这个问题。他坚持认为最好由我接替国联行政院中的工作。我充当国联行政院中国代表的政府任命是后来在 10 月份才发表的。10 月 19 日外交部电告该项任命以及行政院指派我和颜、郭两位公使为出席继续召开的国联全体大会特别会议的代表。

我在船上和李顿谈话仅两天之后,日本就承认了"满洲国",并与之签订了一项议定书。这就在李顿报告书公布之前,向全世界特别是向国联摆出一个既成事实。这一行动虽早在意料之中,但仍令人深感不安。

与此同时,9 月 15 日,日本要求国联行政院对李顿报告书的正式讨论至少推迟到收到报告书的六周之后。该项要求声称,日本需要这一段时间将李顿报告书结合它自己的调查资料一起考虑,并且为了派出日方的特别代表从东京到日内瓦去出席行政院会议。在国联考虑这一事件的整个期间,日本都采用了这种典型的拖延策略。

我收到外交次长刘崇杰 9 月 16 日的来电,说中国政府将采取以下步骤来反对日本承认傀儡政权:(1)向日本提出措词强硬的抗议;(2)照会九国公约各签字国,要求按公约规定采取有效措施,并保留我方的全部权利;(3)要求国联迅速采取严正的措施。至于由美国召集一个会议一事(中国前一时期曾提出这一想法),电报说,南京现拟暂时推迟。事实上,当我收到该电时,抗议书业已于 9 月 15 日递交日本,并于同日将内容相同的照会递送九国公约的各签字国。9月20日颜博士将中国的抗议书和对国联的请求送交国联全体大会特别会议主席。

外交部长罗文幹对我与李顿会谈报告的答复于9月24日发来。他说已将我的电报转送有关各方,并说他认为我的谈话极为重要中肯。他说,目前日本驻华公使无意与我国谈判。他个人预料,因为日本正在竭力推迟讨论李顿报告书,并匆匆承认了"满洲国",所以李顿报告书的公布很可能不利于日本。如果今后它诱我以饵,即诱使我国直接谈判,我们可根据李顿报告书加以拒绝。他说不知我是否同意他对日本意图的猜测。至于中国的政策,他保证如有重大变化,必将与驻外代表联系。

在我报告与李顿会谈情况的电报末尾,曾附带提出一个由欧洲一些报道提起的问题。据说考试院长戴季陶已去日本谈判满洲问题,并谓此事已有端倪。传说的条件是,如日本不入侵热河、北平及天津,则我国将不干涉其在满洲的权益。我希望知道是否真有其事。随同罗部长的电报,还附来9月18日委员长给我的电报,说他也收到了我与李顿会谈情况的电报,并要我知道考试院长戴季陶仍在国内休养,未曾赴日。并说,他对日本深恶痛绝,我所听到的报道,纯属无稽之谈云云(戴被认为是亲日派)。

9月22日,我与李顿调查团的美国成员麦考益将军举行了一次重要的会谈。虽然美国不是国联的成员,但美国政府还是尽量做了一些认为可能做到的事,在国联各组织设法处理中、日冲突时,予以鼓励并与之合作。1931年10月,当国联行政院考虑中、日冲突时,一位美国代表在国联历史上第一次参加了国联行政院的讨论,尽管美国代表发言并不很多。美国人麦考益将军是国联调查团五位成员之一。

我个人认为美国的态度至为重要。不论它是不是国联的成员,其影响具有决定意义。所以我总是力促并将继续力促美国政府和国联在中、日问题上密切合作。

美国不是国联的成员,这一点从一开始就使国联深受困扰。

在中、日冲突期间，它的非成员国身份使得事情复杂化，妨碍了列强的联合行动，使中国无法对国联多所期望。欧洲列强，即使其中有些国家有时愿对中国进行帮助，也都以美国的态度和支持为条件。它们解释说，欧洲事务缠身，在中、日问题上不能完全放手做应做之事，而美国则完全一身轻松，从任何方面说都可以率先行动。欧洲列强不仅30年代初期如此，在整个中、日事件中亦复如此。所以当中国在中、日冲突问题上竭力唤起国联的注意和关心的同时，也竭尽全力劝说美国政府。从以后的情况中可以看到，我们曾一再敦促美国发挥其作用，实际上就是使其起主导作用，否则欧洲各国会感到无力采取主动行动。但是美国一直说它不是国联的成员，认为国联对维护世界和平和制止侵略才是责无旁贷的。由于美国公众舆论的情况如此，在国内存在着强大的孤立主义运动而且中立法仍然有效，因此除非国联正式采取一些行动来领导世界，美国是不便率先行动的。

我和麦考益在9月22日的会谈反映出美国的态度：

在回答我的一个问题时，麦考益说，他在离开北京前，曾致电华盛顿，向史汀生国务卿请示他在欧洲应怎样行动，因为国联秘书处主任、李顿调查团秘书长哈斯从日内瓦获悉，在讨论调查团报告书时，调查团或有必要在场。史汀生指示他，只要调查团不解散，他就应留在欧洲。麦考益希望在威尼斯下船后再次得到史汀生的指示，因为何时讨论报告书还不一定。

我说，中国把满洲问题完全交给国联处理的政策，就要有结论了，因为讨论调查团报告书的结果将证明该项政策是否正确。但是，不论讨论的结果如何，或预期出现什么结果，美国都一定有很大的并且可能是决定性的影响。我希望在即将举行的讨论中，能像国联行政院1931年10月的会议那样，美国有一位代表出席。同时我也希望在这种情况下，麦考益将军将成为美国的代表。

麦考益说，美国国会对国联一直很不信任。政府所采取的任何涉及国联的行动都有可能激起反对，因此不得不倍加小心。他说,他也认识到即将举行的讨论至关重要,如果他不是非留在日内瓦不可,也就是说,不需要调查团作为一个整体参加的话,他倒想当欧洲进行讨论之时,去华盛顿与史汀生国务卿呆在一起。勃来克斯雷博士虽然本想直接回到他的大学去,但在抵达美国之后必须去华盛顿汇报调查团的工作。然而,对麦考益来说,重要的是,在日内瓦进行讨论的时候,他应在史汀生先生左右,以便就中、日冲突的各个方面备其咨询(勃来克斯雷博士是美国克拉克大学的教授,曾任调查团技术顾问)。

我说,我希望美国这一次为促使中、日问题的解决发挥其作用。

麦考益说,美国的立场向来是明确而肯定的。他毫不怀疑,美国将继续尽力这样做。但非常遗憾的是,在过去几个月内,中国在华盛顿没有一名公使与史汀生先生商讨解决冲突的办法,并把情况的变化随时通知国务卿。中国驻美公使颜惠庆自1931年年末起,全部时间几乎都在日内瓦。

我问麦考益,他对讨论的结果和解决问题的前景有何看法。他是否认为日本会持这样一种态度,即在讨论满洲的问题时应有"满洲国"的代表参加;换言之,是要采取一种阻碍会议顺利进行的态度。

麦考益说,调查团曾试图说服日本不要急于承认"满洲国",无论如何也要等到报告书公布之后。但是现在很明显,日本要通过承认"满洲国"使国联面临又一个既成事实。这使得调查团所报告的情况复杂化了。但同时他认为,这样一个大问题,不可能一下子获得解决。中、日双方各执一词。中国声称,"满洲国"根本是中国的一部分,而且是涉及国联的命运问题。日本则声称,"满洲国"是当地民意的表现,日本的安全有赖于它的独立存在。在这种情况下,两国各不相让。中国政府不会接受也不敢接受包括一个独立的满洲的解决办法;而日本按照目前的本国舆论,也不能接受军方不会接受的任何东西。他认为,从长远看,时间是重要的因素,而且会对中国有利。实际上,日本不可能对它在世界上的孤立无动于衷。其强国的地位,需要它保持与其他各列强的谅解和友善关系。日本不乏一些有识之士,如外务省和一些政界元老,他们完全理解与全世界为敌的危害。但是事态的发展需要时间,以使这些人能在商讨国家大事中产生影响。所以即使日本现在不愿进行讨论,满洲最终归还中国也是不成问题的。不过他认为,中国将不会为此等上三十年或五十年。

我问他,如日本拒绝在国联进行讨论,美国是否会建议根据九国公约召开一次会议来讨论这个问题。

麦考益说,这也是报告书中所曾设想到的,但是,没有必要把事情往最坏处想。他认为报告书措词不带偏见,不作批评,对日本舆论会起一种平息作用。日本舆论本来预料报告书会责备日本的。可以想象,报告书公布后,日本人读后情绪会较好,中国人也足以放心地同意举行讨论,特别是因为在报告书中并没有足以使中国或日本坚决反对的内容。

我问他,设若一致行动很有必要而且最好由美国发起,对此,列强的态度如何。麦考益说,如英、法、美组成联合阵线并联合行动,问题将会解决,因为德、意将和美国协调一致。尽管法国的克劳德将军在调查团内看来没有坚决提出任何具体建议,但是法国的态度仍是一个问题。他最近得悉法国奉行一种"赫里欧政策",即与美国采取一致行动。但他也注意到法国报纸几乎都是亲日的。

我说,我已查询有关法、日秘密谅解的不断传闻。尽管日、法军事人员2月份曾在巴黎会谈,但迄今尚未发现两国之间有过正式的谅解。

麦考益说,这种会谈并不一定就表明有任何政治谅解。日本在第一次大战前一直向德国求助以改善其陆军,而战后则只能求助于法国了。

我表示同意他的意见,并说我听说日本要求法国帮助其陆军炮兵实现现代化,并向法国订购了大批 155 毫米大炮,用法国银行的贷款支付。

几天以后,我与调查团的意大利代表马柯迪伯爵进行了一次简短而有趣的谈话,我也做了记录。

我问这位伯爵,鉴于日本的不妥协态度,他是否认为即将举行的对调查团报告书的讨论会导致冲突的解决。

这位伯爵说,尽管日本的态度相当使人失望,他仍希望能导致解决。但如日本以这是中国和"满洲国"之间的问题为理由而拒绝进行讨论,它也不应拒绝根据九国公约而进行的讨论,该公约规定各签字国有义务进行充分而坦率的讨论。他个人认为,国联全体大会包括五十多个国家,各国主张不会一致,难以形成对日本的压力。但九国公约国家的会议就不同了,各大国不可避免地会感到每一国都有责任促使问题得到解决,这就可以向日本施加压力,像 1921 年华盛顿会议那样,迫使日本接受某一决定。他认为日本很难与列强的联合阵线相对抗。

第二天,我把这两次会谈向中国外交部和当局作了报告,并在最后提出我本人的看法。前一年就曾建议在颜惠庆公使由日内瓦回华盛顿之前派施肇基博士赴美,就东北问题与美国政府保持接触。在电报中,我强调采取这一步骤的重要性,并指出,不论东北问题是否在国联讨论,或是否为此而须寻求其他途径,美国的态度对我们都是极关重要的。我问施是否已动身赴美,并希望施抵美后把与美国当局会谈的要点随时告知,以便我能及时了解事态的发展。后来在 10 月间,施以代理公使的身份到达华盛顿。

9 月 30 日"甘济司"轮在威尼斯靠岸。我的计划是首先到巴黎向法国政府呈递国书,以示对其尊重,然后在一周内赴日内瓦。我在北京时,曾就呈递国书事征求法国公使韦礼德的意见。韦礼德答应致电巴黎,请法国外交部向我提供方便,使我能及早办理此事,因此我预料不会有什么困难。在船上我就电请驻巴黎使馆的临时代办与法国外交部联系,安排我 10 月 3 日会见,以确定呈递国书的日期。我预计 10 月 2 日晨抵达巴黎。

我把上述计划函告在日内瓦的颜惠庆和郭泰祺。我希望在全体大会例会(第十三届会议 1932 年 9 月 26 日开幕,10 月 17 日闭幕)结束前与他们一起参加大会。我还说:

> 出国前,曾赴宁请对出使国联之中国代表团予以书面指示。先后与罗文幹博士、汪精卫先生、宋子文先生、蒋委员长商谈,均认为时间过于仓促,不及准备书面指示,但在上海最后一次会议上,已有若干结论,较之以前政策并无根本改变,仍保持一致。惟明确一点,纵使日本新任公使提出建议,亦不在李顿报告书发表前与日本谈判。

> 此信到时,李顿报告书当已公布或行将公布。该报告书坚持国联之总原则,并坚持维护远东与世界和平之国际条约。就此而言,一般尚属有利于中国。报告书提及在国联主持及美国合作下实现调停解决之几种可能步骤。

> 情况大体如上,容下周面晤二公时详谈。

李顿报告书于 10 月 2 日在日内瓦公布。我于同日抵达巴黎。

第二节　驻外公使馆及大使馆

1932 年中国驻巴黎的公使馆约由十一二名工作人员组成,其中当然不包括外籍职员、仆役、信差和司机。我说的工作人员是指由外交部正式委派并按照当时规章定级的人员。驻巴黎的公使馆不被认为是最重要的使馆,因此编制较小,比如说,人员不如驻华盛顿的使馆人员多。

我抵达巴黎后,增加了一名随员,外加两名见习随员。我们甚至还有一名义务见习随员,他虽然列在工作人员名单上,但不领取薪金。他实际上是在法国一所大学读书的学生。

全权公使是使馆最高负责人。下面是一位参事。在巴黎设参事是由我创始的,因为我认为这样做是工作所需。我的这位参事姓郭,福建人。当我任财政部长时,他是财政部的库藏司长。他曾留学比利时,精通法语。参事的职责是监督使馆工作人员办理次要事务,诸如行政事务和与外交部或其他各部的一般例行公文之类。

参事下面有两位一等秘书。一位是谢东发,他久居巴黎,曾任法国报纸记者,法语讲得像法国人一样,因为他母亲是法国人。他通常负责起草对法国外交部和其他各部的法文公文函电或一般对外往来法文函电。除谢之外,我带来了一位姓石的一等秘书。他曾在北京参加外交官考试及格。我让他承担大量中文方面的重要工作。

后来,使馆扩大编制,有了一位二等秘书,两位三等秘书和随员二人。后者通常做翻译和抄写工作,并常担当使馆负责人的助手。其中一人担任记账。政府迁重庆后,实行新会计制度。根据新制度,驻主要国家的较大使馆的财务须由主计处特别指派的人员负责管理,然后将账目送到外交部,再转送审计部。这项改革直到40年代才实行。我记得我们在巴黎没有会计,而在伦敦和华盛顿则有。

秘书通常在使馆参事领导下工作。奉命起草文件先送呈参事。参事核阅无误后,再送请使馆领导人签署。有一名随员负责保管公使馆的印章,如在驻在国首都没有派驻领事,还须负责签发护照。例如,在华盛顿,尽管我们一度在费城有过一位副领事,但距离最近的领事馆却在纽约。在巴黎则设有总领事馆,签发护照由领事馆办理。

让我说明一下使馆编制各不相同的情况。当我在伦敦时,我有一名新闻参事,是由国际新闻局局长叶公超任命的,但同时也受大使管辖。财务秘书是由财政部长郭秉文任命的。此外,还有一名财务专员,他也是中国银行伦敦分行的经理。还有一位中国留英学生监督,是由教育部长任命的,同时也受大使节制。

驻华盛顿大使馆情况很特殊,开创了罕见的先例。我属下有一名公使衔参事,他过去曾任中国驻巴西和墨西哥的公使。由于他喜欢我并且在李顿调查团中国代表处几乎成为我的得力助手,所以他愿意在我手下供职。他的名字叫谭绍华。他在墨西哥任公使时,我的前任大使魏道明为了要他协助工作,邀请他从墨西哥来到华盛顿。谭是芝加哥大学的博士。我很钦佩他的见解,他对我也是如此。因此,当我就任时,他愿意留下来。我当然十分欢迎他。但是他曾任驻巴西和墨西哥两国公使,因此,他不是一般的参事而是公使衔参事。此外,我还有俞大维作为大使的公使衔顾问。他是哈佛大学博士,曾任交通部部长,属于部长一级。贝祖贻也是我在华盛顿的使馆成员,他做过中国银行的总经理,中央银行的总裁,这是金融界最高职位之一。他是驻美技术代表团团长,这个代表团附属于大使馆,也是大使馆的一部分。他虽必须同重庆直接联系,但由于距重庆太远,自然有许多问题要跟我商量。那时我还是联合国善后救济总署理事会的中国代表,这个职务原来是由蒋廷黻担任的。他辞职去就任行政院善后救济总署署长,坚决要求由我接任。我同时也是远东委员会的中国代表。这个机构有单独的编制,但也附属于大使馆。因此,大使馆的工作负担异常繁重。

上述职位和职称不在正式编制之内,而是为了适应某些人事和形势的需要而特别设立的。以俞大维为例,我们通知美国国务院,他的官衔是大使特别助理。他曾任交通部部长,是内阁阁员,因而给了这个头衔。我相信这个头衔是从美国一个类似的官衔而想出来的,那就是白宫的美国总统助理。

在法国,过去担任过大使的人,为了方便和礼貌,在他和法国政府打交道时,就把他临时列为大使馆的官员,以使他获得外交官身份。但这并无明文规定。

在伦敦，中国其他各部并没有这么多的驻外工作人员，因此那些作为陆军武官被派往国外是比较难得的差事，通常由经验丰富的人担任。因而他们的待遇优厚，相比之下，薪金高于一般外交人员。例如，陆军武官总有一部豪华的卡迪莱克牌高级轿车，有大量津贴供个人开支，桂永清将军来到英国时尤为如此。他的津贴比大使还要多，这当然是由军政部开支的。桂曾任驻德军事代表团团长。中国参加第二次世界大战后，他作为我的陆军武官调到伦敦，并担任军事代表团团长。

常驻巴黎的外交人员，其薪金是根据国家规定的薪俸待遇按级别支付的。那时级别待遇在民国初年是由国会通过并以总统命令颁布的。由于国外生活费用较高，所得薪金一般要高些，但高得并不很多。中国给予领事外交官员的薪金，要比一般外国特别是所谓的大国低得多。

就我个人的薪金而言，当我任公使时，薪级是沿袭清朝旧制。那时没有大使馆，只有一等公使、二等公使等。驻外公使通常是二等，甚至当我在华盛顿任公使时，我们在国外还没有一等公使。中国在国外甚至连一个大使馆都没有，外国认为中国没有资格设立大使馆，这样驻外公使按照中国的说法都属于二等使节。薪俸是用银两支付的。二等使节的薪金是1800元，等于1200两。一等使节应得2400元，等于1600两。后来，大使按一等公使的薪金支付，因而我的薪金为1600两，即2400元，并无额外个人津贴。我们的薪金自然随外汇汇率的起伏而波动。因此，我可以说，作为大使，我的每月薪金实际为528美元，包括应扣除的12.5%的所得税。当我在英国时，政府多次发行国内公债，如救国公债等。他们还把一定数额的债券摊派给你，从你的薪金中扣除，然后把余额给你。

这样看来，大使的生活似乎是很艰苦的。但是，事实上，除办公室外，通常还提供官邸，大使不必支付房租。同时还提供汽车，因公的交际费也由政府支付。至于旅费,则视旅行的性质而定。假如我应邀向一个公共团体发表演说,负责账务的秘书就将旅费记入呈报外交部的报表中,从使馆经费中支付。对不能确定属于公务或是私事的开支,我才自己付款。

对外交官员的供应没有固定的制度。随着战争的延续,开始在国内后来在国外,官员的生活相当艰苦。为此,根据各使馆负责人的建议,政府发给所谓住房补贴,金额因级别而异。然而这种补贴并未随着中国不断的通货膨胀而增加。这一向是管理财务和开支的人员同外交部之间的争论点。后来外交部采取了一个大体上折衷的比率。奇怪的是,尽管我已经有了属于政府的官邸,可是作为大使我也得到一份住房补贴。我不需要这笔钱,所以我从来也没接受过。

我把有关钱财的事,交给两个人去办。一位是正式的会计。他的账目通过外交部呈报,但核准与否取决于审计部。因此,我让另一位一等秘书来检查开支报表。即使在伦敦,我也经常有两个人照管账目和签发支票。在我的住房补贴问题上,他们两人都同意不把款退回外交部。

在巴黎,根本没有房屋补贴。直到由于战争而生活费用猛涨,这个问题才被提出来。换言之,那时并未因中国法币贬值而给补贴。就薪金而言,中国外交官待遇菲薄是没有疑问的,外交部长叶公超博士在50年代曾向"立法院"提出这个问题,也未奏效。

我想就使馆人员情况,再多说几句。首先,关于同乡关系。以前,甚至在民国初期就盛行任人唯亲。就是说新任命的使团团长或公使总要改组一下他将领导的使馆班底。这通常要造成许多变动,这是外交界的弊端之一。对此,陆徵祥在任民国的第一任外交总长时,曾深表痛心。他曾试图使驻外机构以及首都外交部尽可能保持人员稳定,避免仅因公使调动即发生大的人事变动。正是在那时,采用了考试制度以吸收年轻的人选。任命应限于考试合格的人选。后来继任的每位总长都尽力这样办，但他们发现很难完全办到，原因是各方面的推荐形成一股压力，这是一种政治压力，主要来自国会议员及政府各部的总长。例如，像蔡元培这样的人物，任何人只要找他们，他们就会毫不犹豫地写上几封八行书荐函。蔡有时在一周之内会写十封、十五封甚至二十封荐函给外交总长，可能也给其他总长，这已经不是什么秘密了。那么，收到荐函的总长怎么办呢？他很难全部予以录用。就陆总长来说，他为此伤透脑筋，因为他担任外交总长至少比我早十年。由于拒绝推荐，他得罪了许多朋友。他的机要秘书往往建议采取折衷办法，就是说，如果推荐来五位，他们建议任用其中两位，最后却多半留下三位。

无论由谁来领导使馆，这种办法对工作、对事业均不利。工作人员中一些有经验、有能力的人不得不调离，以让位于被荐举的人。因此，陆氏开始实行一项新办法，后来继任的每位总长都尽力推进他的改革。当我第一次被任命为中国驻华盛顿和驻墨西哥公使时，我力图通过仔细查阅人员名单来树立一个榜样。凡是完全合格的人都留下来，我只要换我前任的亲戚。如果他们称职，那我也予以留用。我是在民国元年开始担任公职的。我从未参加过科举考试，所以没有同年同榜这类的人。就以驻法公使馆来说，我记得十二位馆员来自十一个省。实际上，我从来不问某人是来自哪一省。有一位萧先生是广西人。广西是一个边远的省份，同云南一样，被江浙人视为未完全开化的地区。

我在国内从来没有亲信。我所想的只是把我认为合适的人安排在合适的岗位上。在这一点上我常遭到同事们的议论。他们说："你真傻！"或者说："他应该有一些心腹或至友，在有人搞阴谋活动时，有可以信赖的人。"但我一无所惧。

那时候，党派关系并没有多大影响。我当时所在的驻法使馆中只有一名国民党活跃分子，叫杨玉清（音译）。他是湖北人，曾在总统府秘书处任职。此人为人正派，热心公益，而且聪明。谢东发是个挂名的国民党员。他在巴黎出生和长大。我想他是在法国加入国民党的。即使很久之后我在华盛顿时，国民党员也是寥寥无几。只是在中央政治学校外交系开始为外事机构培训学生，并向外交部输送整个毕业班后，国民党员才在外交机关中占有突出地位。现在如果把外事机关的中国人员名单查看一下，我想至少有三分之二是国民党员。

我的工作人员大部分是国内或国外大学毕业生。这是我试图奉行的一般标准，但不是总能行得通的。不过就我来说，还是相当成功的。例如，即使那些不曾到过外国的人，也都是北京大学、上海圣约翰或同济大学的毕业生。在驻法公使馆升格为大使馆时任一等秘书的石某，从未留过学，他是在国内学习，并参加外交官领事官考试及格。谢东发是法国出生，并在法国受教育。傅冠雄随我来法国前，从未出过国，但他是北大文科毕业生。三等秘书杨（音译）先生是湖南湘雅学院的毕业生，还曾留学日本。陈继光（音译）是个华侨的儿子，曾去过美国，我不记得他的学历了。王思澄从未出过国，但也是一所国内大学的毕业生。打字员王容媛（音译）只上过青年会的一所夜校。王是李顿调查团中国代表处的第二名打字员并且是代表的助手，她是出生于夏威夷的中国妇女，受过速记和打字的训练。

我出使法国时，工作人员通常由我推荐，每一名都由部里批准。我推荐的大多数人，只不过是对原有的人的重新批准，但我也带来了某些我认为能符合特殊要求的人。我带到国外的人没有一个是我的同学或亲戚。看起来好像我在用人方面做得很好。但我并不想沽名钓誉，只不过我有当过外交部长这个有利条件，对人员熟悉，因此便于从中选用。我曾任四、五届内阁的外交总长，因而知道外交机构中的哪些人和国会议员对我在巴黎的工作最合适。

例如，我带来了郭则范。他不曾在外交部任职，但曾任财政部库藏司长，他擅长财政金融，熟悉中国外债情况，了解各外国银行。他是比利时留学生,法语讲得很流利。由于我预计我将在巴黎洽谈借款和财政信贷,他就符合这一具体要求。我需要一个既熟悉中国财政金融又熟悉国外财政界和银行界的人。至于政治派系、裙带关系,这些我从不考虑。我需要许多会讲法语的人,同时也需要英语讲得流利的人,因为我知道巴黎是一个巨大的外交中心,那里有很多讲英语的人。我决定同美国驻巴黎大使馆以及在巴黎的美国人士保持密切联系,因为美国的影响正在日益增长。另外,我也需要汉语好的人。那时并不是人人都能讲国语。到过北京的人会讲些国语。民国建立之后,困难逐渐减少,因为各学校都推广国语。即使是广西人或云南人也能听懂北京人讲话。东北人也讲国语,但口音很重,一听就知道并非国语,但与国语十分近似。云南人讲国语也是如此。湖北话比四川话难懂,但湖北话对讲国语的人还是好懂的。外国人过分强调中国地方方言,因为他们从来没有深入过中国内地。事实上,没有护照,是不准他们到内地去的。因此,他们对中国的印象是中国分为数以百计的地方方言,事实上只是沿海各省才是如此。

我在离华前,必须先组织好一个班子,提出和外交部商讨。他们可能有自己的打算,所以我必须和他们取得一致意见,然后由他们任命。通常由我先提出初步名单,然后去找常务次长。我同政府任何人打交道从来没有什么困难。由于我多次出任部长,所以他们当然认为我是内行。从中国旧官场的角度来看,我所提出的名单确实令人惊讶,因为我所推荐的人,既无亲戚又无同乡,通常都是部里或驻外的工作人员。

推荐的人选须先呈请行政院审核,至于参事、一等秘书、二等秘书和三等秘书,则须报请国民政府主席核定。然后,由国民政府或者行政院草拟出主席命令呈送主席签发。

使馆工作的总原则是建立中国和某一国家之间的良好关系。贯彻这项原则完全依靠使馆负责人的资望能力以及外交部的指示。国民政府主席也常指出中国想要推行某一政策。比如说,要你借款以帮助中国解决财政问题,或者设法谈判为在中国建立航空学校或飞机制造厂筹集资金。就法国来说,印度支那是个大问题。印度支那是法国最大、最富饶的殖民地,和中国相邻。我们还有很多侨民在那里经营很大一部分商业和国际贸易。当抗日战争爆发,过境运输问题变得日趋重要时,法国是对国际外交具有巨大影响的主要大国之一。中国人通常认为法国政治家具有自由思想,这主要是因为国民党高级官员中有些人曾在法国居住或求学。这些国民党元老,经常发表意见。他们的观点甚至委员长也不能不加理睬。所以我知道,在法国,我应该和这种人建立良好关系。他们在国民党中央有发言权,同时还经常来法国,如李石曾,法国政界领袖莫泰、班乐卫以及赫里欧都是他的朋友。

我的日常工作无一定方式。我习惯于外出从事活动以建立良好关系。可能有人认为我过于活跃,但是我有自己的看法。老派的中国外交官只和法国外交部以及少数知识分子打交道。他们把活动严格限制在正式外交工作范围之内。我的看法却不同,我觉得外交关系只不过是两个国家、两个民族之间的关系的最终表现。为了增进这种关系,有必要了解对方国家的各个方面、其社会性质以及幕后的各方势力。这就意味着,你必须和国会中那些意见受人重视的领袖们交往并了解他们。特别是在法国,政党的作用很大,政府不断倒台和改组,巴黎的政客非常活跃善变。我在巴黎任职十年当中,大约有二十次内阁上台和下台,有的执政一年,有的仅三天。所以我把了解这些人作为自己的工作方针,不但要了解那些当政者,而且还要了解那些意欲推翻现政府的政党领袖。

法国的新闻界也很重要,因为他们比较自由而大胆。法国报纸玩弄权术比美国报纸还要厉害得多。美国的大报把活动限制在办报工作和赚取更多金钱。而在法国,有好几家报纸却是不同政治家集团的喉舌。因此,重要的是不仅要了解那些支持现政府的报纸编辑,而且还要了解那些支持雄心勃勃的政客的报纸编辑。

此外,还有知识界,即大学教授和法兰西学院院士们。出于某种原因,他们在法国社会中享有很高声望,被看作是国家的智囊。

当然还有银行界,法国是资本主义国家,毫无疑问,银行对国内政治有很大影响。还有天主教教会。蒙齐奥是我的一位朋友,他是代表梵蒂冈的罗马教皇使节。他认识法国的主教、大主教和枢机主教,我经常通过他得以和天主教领导人相识。在法国,天主教徒的人数远远超过基督教徒以及任何其他宗教的信徒。

换言之,我认为了解这个国家,分析其势力的真正核心,然后设法与之接触是有必要的。人们认为我是巴黎的消息灵通的外交官之一。法国政府人员对我透露给他们的情报,特别是那些有关美国的情报,有深刻印象。当时美国在国际事务中的地位日趋重要。由于我曾在美国留学和工作,对美国政治和美国情况颇为了解。使我十分惊奇的是,甚至连英国人似乎对美国也不很了解。有一次,安东尼·艾登对华盛顿发生的一件事情感到惊异。我告诉他,那是美国宪法在起作用。一个委员会提出一项议案,只有在得到拨款委员会的同意后才能在参众两院通过和由总统签署。拨款委员会可以砍掉这一项或那一项,国会及总统均无可奈何。英国议会制度允许首相和阁员作为议会成员出席参加辩论,而美国宪法则不然。美国总统除发表国情咨文或在礼仪场合外,从来不在国会露面。

因此,欧洲领导人认为和我交谈是颇为有益的,特别是关于美国的问题。我也和在华盛顿、伦敦、柏林、罗马和莫斯科的同事保持经常联系。他们时常就他们正在处理的事向我了解情况、介绍情况并征求我的意见。特别是在战时,我们都想一起合力工作。我有些特殊的见解,那就是我对应该如何代表中国有我的看法。我对忠于职责是从来不犹豫的。

我恰好总是被派往中国认为最重要的国家,所以我觉得我自己必须努力工作,而且必须使我的部属和我一道工作。我有时间接听说我的工作人员感到工作过重。我同情他们,并尽量设法减轻他们的负担。但星期日或夜晚对我是无所谓的,我虽不要求全体工作人员都留下,但总得有两三个人要听我召唤。我在华盛顿时,外交部会在凌晨两点钟来电话询问某一问题或者给我指示。我的工作人员总是抱怨他们从来不能按时作息。有时他们有重要的社交活动,而我到七点半仍在工作。我喜欢有两三位机要秘书等着我草拟电报。报务室二十四小时不停,采取轮班办法。但对机要秘书,特别是中文秘书,是无法轮班的。由于我匆匆起草,所以需要他润色中文文稿。他是一位汉语学者,能很快发现错误。

我听说中国驻南美各国使馆和领事馆都是从上午十点开始办公至下午两点下班,我认为太享福了。但是我能理解,他们毕竟没有多少事情可办。然而在华盛顿和巴黎,按时作息是不可能的。由于这两个国家对中国非常重要,所以来自中国的客人,各种人都有。我必须接待这些来客。通常我们午餐或晚餐总有客人。我所遵循的方式不是一种正常方式,而是非常时期的非常方式。

在国民政府领导下,党部和委员长都要求每星期一举行一次总理纪念周。我觉得这种做法为我提供了听取汇报的机会,从这点来说,它很有用。我把它变成全体大会,包括使馆、领事馆、武官处的成员以及党部的代表,大家都参加并进行汇报。党部代表报告他们从重庆和中央党部听到的消息,以及他们了解到的华侨情况。武官汇报他们和其他国家武官交谈的内容或他们获得的有关法国军队的军事情报。

一般说来,巴黎的使馆有多种多样的工作。外交工作通常是由大使和参事通过会见当地政府成员,国会议员或报社记者来办理。还要向政府的外交部或行政院报告工作。我时常直接收到委员长来电,并且直接回电。我们有密码报务员。尽管中国有些驻外使馆有无线电台,我们却没有。我们认为巴黎的电报服务很令人满意。对大使来说,总要进行一系列半官方的社会活动,要经常联系巴黎市政当局、各国使馆以及大学和社会团体等重要公共机构。招待工作在这项工作中起着重要作用。我在巴黎的十年中觉得这方面的工作十分繁重。政府由南京迁往重庆后,来自国内的客人人数大增。政府和民众领袖发现他们自己与世隔绝,急于想获得外界有关中国局势的情报。他们迫切希望得到这种或那种出国考察的机会,有的要掌握与他们关系密切的最新国外情况,有的想改善一下重庆的清苦生活。

使馆的日常工作虽然繁重,尚不特别难于处理,总是正常而顺利地进行。工作人员处理正常的例行公事。报务人员由于大量的来往电报而经常感到负担过重。我想,和其他驻外使馆相比,中国驻巴黎大使馆的工作负担是很繁重的,甚至比驻伦敦大使馆还要繁重。我任公职较久,曾历任公使、部长和国务总理,所以朋友很多。他们不论什么时候想在国外办什么事情,总是首先想到我。我也总是尽力而为,如照看他们的子弟,或不时予以资助等。派有留学生在法国的各省政府时常因外汇短缺,来电求助于使馆。我们就设法在经费上帮助他们渡过难关。

我还要做一些必要的公开演讲。我认为社会活动同样很重要,因为邀请我出席的很多场合,例如宴会、招待会、午餐会,都是为某位重要宾客而举行的。我不但急于和他们相识,还要就有关他们国家的一些具体问题了解情况。同样,我也在中国大使馆招待在巴黎的中国外交官和高级官员,在这种场合我也邀请外交使团中的一些过从较密的外交官参加。

至于制定政策,在我出使巴黎、华盛顿和伦敦的时候,我并不认为静待政府指示是天经地义的做法。在战时的重庆,各部部长整天忙于召开大小会议和处理部务,如果他们打算着手做什么事,通常就向我电索全部情报,听取我对局势的看法,并要求我提出建议。他们会说,为了要采用一项新政策或修订现行政策而正在研究某某问题。由于我在华盛顿和伦敦都担任过中国代表,所以他们经常要求我提出个人看法或建议。我所提供有关海外外交形势和国际关系的报告并不只限中国和法国,因为很明显,中国在全世界各地都有利害关系。换言之,世界上任何重要地方发生了事情,中国都应该了解,因为这些事情常会影响中国。

以旅居印尼的华侨问题为例。荷兰对印尼有直接发言权。我和我在荷兰的同事在工作上联系十分密切。每当他和荷兰外交部长进行重要会谈之后,就像我在布鲁塞尔的同事那样,会把情况通知我。

在中国为努力抵抗外国侵略而迁都内地,在全国由于外国入侵而遭到破坏的困难岁月里,我越发感到中国的驻外代表有责任在外交代表的分内工作之外做更多的工作。因此,在政策问题上,我总是集中思考对中国最有利的方针。总的说来,政府已经确定了继续抵抗日本侵略的方针政策。但为了执行这一政策,就有必要尽可能多地从国外得到援助,支持和同情。我觉得不论我是和重要的法国政府官员还是和国际联盟的官员谈话,他们总是问我:你的具体建议是什么? 实际需要是什么? 他们愿意考虑具体建议。我要是处于他们的地位,也会这样做,因为不能指望他们总在考虑中国问题。要求他们支援中国时,他们就想知道通过什么方法可以做到这一点。

我的方法是经常从切实可行的角度考虑问题。我应该说,在这方面,我不但把法国当作我的主要活动领域,而且对英国能干什么,美国能干什么,德国和意大利能干什么,以及苏联能干什么我都关心。我和看法相似的同事保持联系。但是除了在伦敦的同事可能因得地利而是个例外之外,在柏林、罗马和莫斯科的那些同事,消息都不如我灵通。

主要的政策问题是中国是否应和苏联缔结互不侵犯条约。莫斯科不止一次地提出过这个问题。这先要在中央政治会议和中央执行委员会进行研究,做出决定之后,再提交政府考虑。但那只是一般的说法。我不知道如果外交部长不是中央政治会议成员，他能否了解到辩论中赞成者和反对者双方所持的理由。

我们驻外外交官员曾不止一次地设想过中国应遵循的政策，并一致认为政府当时遵循的政策并不十分正确。我们在与政府的通讯中列举理由，敦促、鼓吹并推荐一种政策。外交部长是不会自己做出决定的，而是向政府报告，首先向委员长报告。委员长经过考虑之后，或许会把问题提交给党部，然后按党的程序处理。

简言之，对于政策创议，要在南京或海外进行考虑。通常我虽然总是建议者，但我不愿由自己发起，而愿先多听取些同僚们的意见。经常考虑的意见多来自伦敦、柏林、莫斯科和罗马，其中以来自罗马者为最少。我们还时常和来自国内的重要访问者商讨问题，然后把我们的建议写成书面材料，电呈政府。

重大决定一经做出，其执行方法往往交给驻外代表考虑。就法国而论，我通常就是先做下去，然后向政府报告，因为政府所需要的是结果。他们对策略并不在意，不管怎样，他们也提不出什么意见，因为他们并非身临其境。应该说，中国政府这样做是很现实的，而不像有些国家的外交部那样，每一细节都要加以指导。

我到达巴黎后，重新安排了分工，扩大了人员编制，增加了和国际联盟有关的工作。我有必要这样安排工作，以便更有效地执行职务。例如，我对国际联盟所要进行的工作已形成了一个独特局面，责任颇为重大。从一开始，我就想使使馆成为在法国的活动中心，和华侨以及来自中国的大批访问者和留学生保持联系。中国留法学生比留学英国、德国、意大利或比利时的为多。我认为有必要把工作安排好，以便能实现驻外外交使团工作的新设想。

中国的外交工作依然按照颇为陈旧的概念办事。没有一个按照科学分工进行工作的计划。换言之，很多外国使团十分重视的专业化在这里不可能完全实现。于是，这就要靠使馆的负责人了。就我本人来说，我并没有多大困难，因为把不同工作分配给不同的人还是比较简单的。例如，有一种工作是收集情报及了解法国的有关情况。从外交上来说，这还意味着要熟悉法国的政府官方人士和商界、经济界、新闻界等重要的社会团体。其他具有专长的人员则可办理和本国政府联系的工作。语言条件，即外语和汉语的水平，在分派工作上很重要。在巴黎，我有两三个人精通英语，就让他们联系讲英语的大使馆以及来自讲英语国家的大批外国记者。此外，使馆还有一部分较年轻的工作人员。他们愿意结交朋友和参加社交活动，我就让他们参加接待工作和社交活动。

在工作人员中，通常还有一两人专门处理学生事务。另外还有行政工作，诸如处理使馆的事务工作，管理勤杂人员，办理工资和考勤等。这些工作由一名会计统管。

不管我兼职多少，只要和外交事务有关，我就根据每个人的能力将工作分派给使馆工作人员。如果工作过多，现有工作人员无力承担，我就请能胜任的留学生来协助，例如翻译或者草拟长篇报告。我驻伦敦时，曾成立了一个处，请四五个能胜任的人为我去国际联盟做准备工作。他们的工资经我要求，由外交部开支。

虽然我在巴黎也有额外助手，但他们都来自外交部。1936年，我在巴黎开办了一个图书馆，最初只是一间阅览室。我觉得一个外交人员至少应该对当时流行的近期报刊有所了解。有的工作人员订阅法文报刊，有的订阅英文期刊。他们均须自掏腰包，所以我决定建立阅览室并且指派一名馆员照看。之后，我试图建立档案制度。困难在于每个人都愿意把有关文件放在手边。通常必须在问题处理完毕之后，或者至少是问题发展到某一阶段后而下一阶段尚未到来时，才把文件送交档案室。当负责某一问题的人控制案卷并且不愿让别人参阅时，就往往发生矛盾。但是我认为这种事情在部里更容易发生，因为部里工作人员的数目要比大使馆这样一个小小使团大得多。但即使在我到任之前，任何人想要就他人主管的事插一下手，也是十分困难的。主管人极不愿意让任何人查阅以至谈论案卷内容。

我到任后便向工作人员说明，我们大家在这里都只为一个主人即中国政府服务，因此不论何时，只要可能，我们应当同心协力工作。在中国，我们总说"三个臭皮匠，顶个诸葛亮"。所以我说，如果不是个人怀有私心，那么帮助他的朋友越多越好。

使馆人员分为五个等级。最高的是部长级，叫做"特任"。其次是"简任"，相当次长和秘书长。第三是"荐任"，包括公使馆和大使馆秘书。第四级是由部长直接"委任"而不须报请行政院批准的官员。最后是"雇员"，如录事、厨师、花匠等。他们的录用均无须由部长或司、局长正式任命。

这些规章除非必要，均一仍其旧，未作修改。1932年我在巴黎所执行的是国民政府根据民国初年原有的各种条例而发布的规章。旧时外交部并无单行规章，部长和各级官员的等级划分都和其他各部一样。派往国外的人员，虽都另加特殊职称，但他们的等级和其他各部的官员相同，这是明确的。当我在巴黎时，人员的待遇有了很多变化。例如，根据工作条例，领事馆或公使馆人员每三年享有回国休假、薪金照发的待遇。但是，随着中国开始抗战，政府财政日益拮据，回国休假也就取消了。因此直到我调往伦敦，六年间我从未享受过这一待遇。还有，根据规定，外交使团首脑及其夫人均享受公费乘头等舱以及公费支付三名仆役乘三等舱的待遇。后来，仆役减为二名。本来一等秘书也允许携带夫人乘头等舱以及携带一名仆人。后来，这名仆人的船费也被削减了。

大体说来，改变不算很多。薪金标准则是极为可笑的。它还是根据前清的待遇，只不过是把银两改为银元而已，每两折合银元一元五角。我到华盛顿后，曾建议人员薪金应予增加。

关于公使馆和总领事馆之间的关系有两套不同的规章。一套是管理外交使团、公使馆及大使馆执行外交工作的;另一套是管理领事馆和领事的。在初期,是一套规章分为两部分。如果领事馆或总领事馆恰好和大使馆或公使馆同在一地,那就只有一套。

另一个影响公使馆和总领事馆之间关系的因素是使团的大使或公使的人选。有时会有一位年长的、有多年经验的总领事,由于熟悉当地情况或华侨问题而长期留任。但同时使团的负责人也许是一位非常年轻而又没有经验的外交官。在这种情况下,总领事自然就不大有可能去向他请示。我自己曾任外交部长,是资历很高的外交官。因之,即使是年长的总领事也是我在任部长时任命的。

再一个因素是领事馆的工作性质。即使领事馆和大使馆不在同一个城市,两者也可以密切合作。例如,驻河内的总领事和巴黎大使馆合作就非常密切。作为驻印度支那的中国最高代表,他必须与印度支那总督保持密切联系。总督本身虽然对某些事情的处理有很大的权限,但总的说来,他仍须听命于法国政府。因此,一方面,驻河内总领事受命处理属于外交性质的问题,但总督却只能在其权力范围内或必须遵照殖民部长的指示行事。于是中国总领事必须和我密切联系。常常当他发现总督在某些事情上态度僵硬时,便非常失望。因为重庆比巴黎离河内近,会不断催办,而使他陷入困境。通常是外交部多次要求河内办理而得不到结果后,就来电要求我接办。我常常同时也收到总领事的请求。

另一方面,在不列颠各自治领设有一些领事馆。驻伦敦大使馆因距离太远而照顾不到。领事馆直接向重庆或南京外交部报告并请示往往更为方便。

领事馆通常作为一个独立机构进行工作,并直接向外交部报告工作,对总领事馆只抄送一个报告副本以沟通情况。例如,在我驻伦敦时,伦敦有一个总领事馆,布里斯托尔及曼彻斯特各有一个领事馆。只有完全属于例行的公事,如请他们调查各该管辖区中国侨民的人数时,他们才送一个报告的副本给总领事馆。

巴黎的华侨社会主要由在商界有地位的中国人组成,有些人已娶法国人为妻。再就是我们所说的华侨,他们都在法国某处生活了几代,并且开有商号。还有留学生,包括官费和自费留学生。另外有少数为临时任务而来的中国人。也有少数中国居民是来法国访问后决定定居的。特别是在日本入侵大陆之后,这种情况就更多。例如,张学良少帅的兄弟张学铭同他的夫人就曾来此居住。

最后就是那些川流不息的临时来访者,他们或者为了参加国际会议,或者为了个人游乐而来。

国民党常常代表华侨说话,在法国尤其是这样。华侨大多数是国民党党员。驻在欧洲其他国家的国民党分支机构,都隶属于巴黎的党部。许多国民党元老在法国有住宅。像汪精卫、李石曾、张静江以及吴稚晖,在袁世凯当政时期,都在法国住了很久。

因此,法国在国民党历史上,和在中国共产党历史上一样,曾起过重要作用。相对说来,在法国的中国侨民中,很大一部分是国民党党员。我同国民党巴黎负责人在工作上关系密切,他经常来向我汇报并征求我的意见。那时我并不是国民党员。我的国民党党籍时有时无,但那时我已不再是党员。党的关系对我来说,无关重要。但我发现这种关系和国民党党部打交道是很方便和很有用的。

比如,杨杰大使在领事馆附属建筑里设立一个办公室,一个自称是国民党的当地华人帮他办理签发护照事宜。这个人将非法出售护照情况向我报告,我自然指示他把证据报送南京。

我发现把自己置身于各党派之外是一个很好的处世之道。我所考虑的问题只是对中国或中国的事业有没有好处。在这一点上大家的立场是一致的,谁也不会争辩。即使有人说某某事情对党有利,我也可以承认,但党并不代表全中国。有时当地华侨界要组织个委员会来为中国红十字会,或为救济中国伤兵,或为孤儿院筹集资金。相互竞争的委员会有时使我头痛,因为我不得不坚决反对这样做并且告诉他们在一个国家里不应存在几个各行其是的委员会。我通常敦促他们联合起来。我记得有一次在英国,我接到一家英国银行经理的警告。他说,有一位中国女士,她是救济伤兵募捐运动的司库,却正在把所得捐款存入她自己的账户内。对我来说,查明此案是一件非常令人讨厌的事。

留学生由于付不出电报费,多次来到使馆要求替他们打电报向国内要钱。通常我只借给他们一个月的费用,以他们收到汇款当即归还为条件。

还有被困在法国的访客,有些是很有身份的人。他们在旅行中遇到些困难,例如机票本已订妥,而到时却没有飞机。欧战爆发后,欧洲的商业航线都停止营业,旅馆也是如此,所以他们的收支预算常常被打乱。大使馆通常都设法帮助他们,但我们总是向他们说清楚,我们不是银行或慈善机关。有时我知道求助者是有身份的,我就问出纳人员是否能借出一千法郎。如果确实没钱,而情况又很不好,我就自己掏腰包给他们。

使馆文件分为机密和一般两种。机密文件由机要秘书掌管。密码报务员差不多都是在机要秘书监督之下工作的。对一般行政事务的电报则不需采取保密措施。一等秘书(即后来的参事)主管翻译密电。外交部实行了一次改革,使密码报务员经过训练都能把电文与密码互译以及设计密码。在这一方面,委员长侍从室的效率特别高。有时每月更换一次密码,特派密使送来,或者,如果我恰好在重庆,就交给我本人。

我在巴黎时,我不仅收到委员长及各部的通知和电报,而且有时各省主席也送我一份密码以备用。所以我有很多密码本,我都交给负责密码的参事掌管。大使馆报务室人员均由部内从特种人员中指派。后来又对他们进行单独训练,改进了以前的做法。他们都奉命要绝对保守机密。因此如有机密电报,经手翻译密码的报务员常亲自将电报交给我。这些电报归入特别档案,由我指定的参事负责掌管。按照中国的方式,机密是分等级的。有些电报被列为"万分机密"或"绝密"。我个人的电报则不归入一般官方档案,也列为机密。

有一次外交部告诉我,我们的密码完全不可靠,使我感到非常尴尬。在巴黎,我也听到过同样的话,委员长侍从室的密码在这方面比较好,而各省及各领事馆的密码则尽人皆知,包括日本人在内。

某些事情是绝密的,如杨杰大使发给委员长关于中法进行军事合作的协商草案、航空委员会关于购买飞机或聘请飞行员的电报也都属于绝密。

1936 年我以大使身份返任而且把公使馆升格为大使馆后,我们增加了空军武官、海军武官及副武官。另外还有财务参事,这并不是每一个大使馆都有的。后来又增加了一位文化专员。当一个使馆升格时,其人员编制的扩大并无正式规定。

第三节　驻巴黎的中国公使馆和派往
国联的中国代表团

我在到达巴黎的次日,就正式到使馆视事。我与使馆高级人员约定,在上午 11 时到职。这意味着由使馆派车接我,因为我没有住在巴比伦路的使馆里,而是住在马尧大街上纳伊的私宅里。这所房子面对着名的布洛涅树林,是 1929 年我们住在巴黎的时候我妻子购置的。使馆二等秘书谢东发来接我,陪同我乘车前往使馆。当我们快到巴比伦路时,他说在去使馆前不妨驱车环视一下巴黎的市容。我对他的建议感到有些惊讶,当即加以谢绝,并对他说,我要准时到达使馆。我问他是否有什么原因需要把我到使馆的时间推迟。他起初有些犹豫,但最后还是吞吞吐吐地说了。他说使馆大楼的最高一层死了人,要在上午 11 点出殡。他接着就说明了事情的原委。使馆只占这所楼的一层和二层,最高一层由房东租给了其他二三家房客。这些法国房客和使馆共走一个大门和楼梯。当时我虽然很惊异,可我并不迷信。所以我说:"不管怎么样,我们还是去吧。"来到大门前,我看见大门挂着黑纱。这件事向我显示了使馆的一些情况,不过我发现事情还远不止此。

我到达使馆后不久,就在全体使馆人员面前举行了就职仪式,然后坐在我的办公椅上。忽然办公桌上的电话铃响了。我拿起听筒,使我非常吃惊的是,对方要预订当晚的电影票。我说:"这里是中国使馆。"对方说,电影院也在我们这里。实际上,我们隔壁,也是这个楼的一部分,由房东租给了一家电影院。电话号码谅必是不同的,但既是邻居,也许弄混了,也许合用线。当年的通讯并不像现在这样发达。

这两件小事说明,必须整顿使馆,尤其需要给使馆找合适的房子。老使馆在巴比伦路已经三十多年了,家具破旧不堪,而且楼里住户太多。我立即决定另找地方,虽然明知道这需要很长时间,而且还必须等日内瓦的主要任务完成之后才行。

就在那天,即 10 月 3 日,我把国书副本送交法国外交部。由于勒布伦总统离开巴黎去参加他儿子的婚礼,要下个星期才回来,所以我正式递交国书的日期推迟到 10 月 13 日。我不得不先去日内瓦,然后再赶回巴黎。

尽管我未能立即完成递交国书的手续,但在巴黎的日子并没虚度。我了解了法国公众舆论,并向中国外交部送去了报告。我研究了已公布的李顿报告书,还有一些有关中国代表的报告的细节需要处理,还有使馆迁移的问题。迁移经费须报请政府拨付,并需要订出计划和考虑一些细节。我还要做一些正式访问和接待来访。

法国派往日内瓦的首席代表是总理兼外交部长赫里欧。我到达巴黎时,他也不在市内,因而未能马上去拜会。但他在3日晚回到巴黎。经事先约定,我于4日拜会了他。

赫里欧先生曾任法国参加巴黎和会的代表。他说他对我久已闻名,现在以法国总理的名义向我表示衷心的欢迎。我同样客气了一番,并说,法国前外交部长、法国出席国联的首席代表白里安先生,曾经是1925年到1931年间法国外交政策的制定者,他在讨论中、日争端的关键时刻,担任国联行政院主席,深受我国民众崇敬。对白里安先生在满洲事件中所作的努力,我国政府和民众表示感谢,现在赫里欧先生如能本着白里安先生的精神,在这件事上继续作出努力,我将认为是中国的大幸。我说,国联调查团五位成员一致通过李顿报告书,是非常重要的一步。中国希望,作为第二步,各国政府仍能采取一致态度,这样将更易于使日本就范。

赫里欧答称,法国、英国和美国,曾经协商并且同意对中国满洲问题采取一致政策。但是,他说,他本人尚未阅读李顿报告书,也未曾和他的同僚商议,因而还不能说法国政府业已采取了明确态度。他个人认为,第一步应竭尽全力通过调停求得解决;如调停无效,那就只好由国联对此案依法处理,按照国联盟约作出法律上的裁决。他说,关于满洲案件,法国并无权利与利益方面的考虑,而他个人在日本有许多老朋友。但是,当前我们都生活在一个民主世界,因而不能放弃法治。

1932年10月5日,班乐卫派他的助理罗格少校来使馆和我谈满洲局势。班乐卫当时是空军部长,他是中国的好朋友。在以前几届政府中他曾任总理,也是法国科学院的重要成员之一。他派来的少校告诉我,在班乐卫最近启程赴布拉格之前,他曾见到他。班乐卫非常同情中国,甚至问他是否可由法国向中国提供物资援助。少校还说,赫里欧内阁的政策对中国有利,并且得到国民议会左右两翼的强有力支持。他说,赫里欧的党是国民议会中激进的社会主义集团,国际谅解与合作是他们的信条。

少校还告诉我,在处理中国满洲问题上,法国将唯美国的马首是瞻,并与之合作。他知道,满洲问题对美国至关重要。他补充说,美国驻法大使埃奇刚刚离法回华盛顿,表面上是为了参加有关法、美商约的会议,实际上是为了在法、美全面合作这一非常重要的问题上和法国政府相配合。罗格解释说,法国需要与美国合作,以便使美国对欧洲加以关注。而为达到此目的,法国尤其应该在远东与美国携手。对法国而言,这不是目的,而是达到目的的手段。他说,英国也必然要与美国合作,而现在英、美之间的谅解得到了法国的赞同。

谈到日本军队时,少校说,与其他现代的军队相比,日本军队的装备是落后的,但是它的军队组织良好。他认为中国所需要的正是组织。这是当时国外的一般印象。

我在巴黎办完了暂时能做的一切之后,即于 10 月 6 日赶赴日内瓦,在那里断断续续地住到翌年。那时我接替了颜惠庆博士在日内瓦的职务,充任派驻国联的中国代表团团长和参加裁军会议的中国代表团团长。自从我作为中国代表参加国联,为时已约十年。20 年代初,我是参加国联行政院的第一任中国代表。实际上,在国联成立时,我作为参加巴黎和会中国全权代表,就积极参加了盟约的起草工作,而且实际上是我倡议在国联实行按地理区域的代表原则,从而使中国在国联行政院的第一次选举中获得了一个非常任席位。因此,对国联的工作或者对其许多代表团的成员,我并不陌生。

派往国联的中国代表团是十分庞大的。除颜惠庆、郭泰祺和我外,我记得约有 25 到 30 人。我自己就带去差不多六个人。他们在中国都曾供职于代表处,该机构一度曾拥有 100 到 130 人,递交给国联调查团的各种"说帖"的准备工作大半是由他们做的。派往国联全体大会的三位代表和国联行政院的代表,是由国民政府主席或行政院任命的,而代表团人员则通常根据首席代表的推荐,由外交部长委派。

当我受命在国联行政院负责代表中国时,我即拟妥一份名单,对每个人的任务都给予明确分派,并将一份完备的推荐书呈交外交部长。部长几乎未做什么变动。我是根据每个人对将来在国联所要涉及的特定问题或某一方面的熟悉程度来选择的。例如,我从1932年的代表处带来的人员中,有二人来自交通部,其中一人在部里熟悉铁路管理,该部直接负责全中国的铁路管理工作,另一人的工作直接与东北的中国铁路有关。有一位成员来自军政部,熟悉陆军;另一位熟悉海军;还有一位对于军事组织及中央军与东北军之间的关系所知甚多。这些被任命的人,一般在政府中都有较高地位,他们都是参事或司长,在职位上仅次于次长。

除代表团外,中国在日内瓦设有驻国际联合会全权代表办事处。这是中国代表办事的地方,备有正式档案。它平时按照外交部的指示,而在国联全体大会和国联行政院开会期间按照中国首席代表的指示,与国联的秘书处保持接触。办事处的成员系永久性的职务,他们须经特殊推荐与任命,以便也能参加派往国联的中国代表团。在国联存在的整个期间,胡世泽一直是这个办事处的处长,即使当他在伯尔尼担任中国驻瑞士公使时,也是如此。

外交部把重大责任交给了中国代表团及其首席代表。一般地说,为参加国联行政院会议与全体大会的全部准备工作,都是在国外由办事处协助就地进行的。在这方面,中国的做法与许多主要国家有所不同。但是中国外交部既不完全拥有必要的文献,也没有足够的干练人员来对国联所面临的各种不同国际问题进行必要的研究。加之外交部长一职变动过于频繁,政治动荡不定,这就难以确保外交政策的连贯性,或者在正常情况下对国联的动态予以充分注意。即使沈阳事变发生后,国联对中国的关系显然应该立即变得更为明显之际,把"九一八"事件提交国联这一行动,也并非由政府主动采取的。当时是我向张学良将军提出了建议,彼时他在北平,作为东三省的最高当局,因关东军对沈阳发动的野蛮进攻而惊惶失措,听了我的建议,即日在司令部召集东北三省首脑彻夜开会。

自然,沈阳事变发生后,官方与社会舆论都忽然将注意力和希望转向国联。对国联的关注心情是普遍的。但即使在当时,也和往常一样,代表团的权力有多大,以及在日内瓦而不是在国内采取主动究竟到什么程度,大都取决于是什么人担任首席代表职务,并取决于个人的主动性,而不是靠职权规定。

在重庆,蒋委员长领导下的中国政府实行对日长期抗战的方针。情况的发展,要求加紧努力在全世界范围内争取对中国抗战事业的同情与支持。我们制订出一个从西方民主国家和苏联争取援助的具体计划,要求提供财政贷款和供应武器、弹药与作战飞机,同时呼吁世界舆论的注意,并争取他们的同情。为了这些目的,国联提供了一个便利的中心地点,中国的外交官在这里可以和主要大国的代表接触磋商,作为派往各该国首都的外交官活动的一种补充。这种活动直到第二次世界大战爆发、国联停止活动才终止。这些情况加上当时与国联进行经济与技术协作的计划,自然而然地大大提高了重庆对国联或最终要取代其位置的任何新的世界组织的兴趣。后来,在国内的准备工作有所改进,外交部对每次重大会议的指示遂日益趋于具体有用。

为了说明进步有多大,可以用敦巴顿橡树园会议为例。这次会议是为召开旧金山会议作准备。旧金山会议的任务是建立一个维持世界和平的新组织。中国提出的宪章草案是由几份草案综合而成。当我将一份草案递交重庆时,重庆也准备了两三份,其中一份是不属外交部的一个研究小组准备的。作为中国的首席代表,在会议前夕,我得以把几份草案汇总起来,作出一份最后提交会议的综合草案。我必须附带说一下,几份草案中的一些条款,给我留下了很深的印象。这说明国内的准备工作较过去的一二十年大有进步。因为在筹建国联的准备工作中,坦率地说,中国政府是把中国应对国联做出什么贡献完全交由我个人便宜行事。

随着国内准备工作的日益改进,和外交部的指示越来越有助益,一般说来,不但使在国外现场的代表团对当前的问题更为熟悉,而且对方法步骤也更为了解,也就是更能精通在国联捍卫中国立场的最好方式和方法。因此,就让代表团去了解国联的动态,特别注意研究那些对中国有重大关系的问题,并向外交部提出报告和建议。在任何情况下,我一贯都是遵循这样的路线行事的。通常我总是设法使我的建议尽可能地具体,然后等候外交部的最后指示。如我曾说过,外交部一般都同意我的建议。当在国联行政院或全体大会议事日程上有重大问题需要表决时,我通常都请求明确的指示,虽然我从不犹豫地提出中国应如何投票的个人意见。

关于派往国联的各代表之间权力的关系问题,如果中国在国联行政院占有席位,派往全体大会的首席代表一般即是中国在国联行政院的代表。如果这两个职务由一人兼任,自然也就没有权力划分的问题。如果一个人是派往全体大会的首席代表而另一人则是派往国联行政院的代表,如1932年颜惠庆与我自己那样,虽然实际上所有三位代表在全体大会上各就他们所选定的有关问题在不同时机进行发言,但首席代表是全体大会上代表中国的发言人。不过各次发言或声明的内容,均经事先讨论并经大家一致同意。在日内瓦中国代表团中间,始终贯穿着一种明显的协作精神,不但在代表之间,而且在代表团所有成员之间都是如此。

首席代表即代表团团长,但他并无特殊权力。所有报告、建议与重要电报,例由所有三个代表签署,连财务问题也是如此。由于他们的级别相同,代表们享有同等地位,原先他们都曾被委派为驻外公使,而后又都成为大使。需要作出决定时,我们通常都要讨论一番。实际上并没有多大困难,因为对问题做过彻底研究的人将解释他的草案,并欢迎别人的意见。友好商讨,直到达成一致意见为止。根据我的经验,我始终认为,对一个问题做尽可能深入的研究至关重要。因此,在讨论时我总做好充分准备来回答问题,并进行解释。一般没出现过任何困难,因为我所参加的派往国联的历次代表团的团员都怀有一种为中国事业奋斗的共同心愿。

遇有重大问题,我们总是向外交部和政府请示,并将问题转呈行政院。如该问题非常重要,在行政院做出决定之前,还要把它送交国民党的中央政治会议研究,因为那是真正的决策机构。中央政治会议通常对问题进行讨论,并做出决定,党总裁在将此决定交行政院执行之前,还要向执行委员会常务委员会报告。重大政策决定的正式手续相当繁琐,如与北京政府的做法相比较,则尤为如此。北京政府时代,外交总长实际上是一位负责的部长,负责外交政策的执行,甚至在对外政策的重大问题上,他的建议通常也会得到批准,很少争论。当外交总长的内阁同僚感到他们自己没有什么资格在一个重大问题上发表具体意见时,尤其如此。事实上正是由于南京政府与北京政府做法上的不同,使得我在沈阳事变爆发之后,接受南京任命我为外交部长时要附带一些条件,特别是因为当时我不是国民党员。但是,实际说来,南京与重庆政府外交部长的缺乏实权,和内政外交上的权力集中于委员长领导下的国民党中央政治会议与军事委员会的做法,无形中和实际上是把有关外交事务的决策权更多地交给了那些愿意负责的驻外外交官去掌握了。

当然,对我以上所谈的情况来说,提交国联的东北问题在许多方面都是例外。沈阳事变引起了民族危机,影响着中国作为一个独立自由国家的生存。沈阳事变发生不久,国民党专门成立了一个外交委员会来研究处理中、日争端及东北问题。该委员会由国民党及政府各部门领导人组成,包括外交部长在内。实际上,我是该委员会及其常务委员会的成员。因此,例如1932年中国代表团在日内瓦国联处理中、日争端期间,经常收到外交委员会常务委员会的调查报告、建议、决定,也接到外交部与(或)行政院长以及军事委员会委员长的正式指示。1933 年初,对代表团有影响的外交委员会的职能,为新成立的国防委员会所代替。据当时外交部电告,这个新机构是由国民党中央执行委员会常务委员会、国民党中央监察委员会常务委员会、国民党中央政治会议常务委员会、特别外交委员会主席、五院院长、伍朝枢先生、各部部长、军事委员会委员长,以及经过遴选的其他重要军事长官所组成。国防委员会的职责和权限大于原来的外交委员会。对国民党的中央政治会议负责,一切决定均须保密。

第四节　在日内瓦的第一个月,
对李顿报告书的反应

1932 年 10 月初—11 月 21 日

1932 年我去日内瓦担任中、日争端的中方代表,早在 10 月上旬。这使我有些时间为下次国联行政院会议讨论此事进行准备。国联行政院曾于 9 月 25 日考虑并决定同意日本关于行政院暂缓讨论李顿报告书的请求。行政院决定 11 月 14 日开始并授权行政院主席可再延期一周。当时国联全体大会特别会议正在休会而第十三届全体大会例会即将结束。

尽管延期,我还是异常忙碌,因为需要进行大量联系工作和会见各方面人士以探明舆论倾向,并争取对中国的支持。按通常情况,行政院会议的结果往往是由这些事前的活动所决定的。

截至 10 月 10 日,我已经会见了许多国家的重要代表,并拜会了国联秘书长埃里克·杜吕蒙爵士,和他们讨论了满洲事变。我把这些会谈中的一次记录,即 10 月 10 日我和西班牙驻国联行政院及全体大会代表马达里亚加的会谈,以及所有这些会谈的要点汇总合并为一个电报,发往外交部和南京当局。

按照我致中国政府各领导人的综合电报，首先，那些和我讨论过李顿报告书的人认为，报告书对中国有利，而且国联行政院与全体大会必将努力使其通过。其次，他们认为，在各国之中，只有美国认识到或承认满洲事变涉及其本身的利益。因此，国联的任何解决办法，应先取得美国的同意。第三，他们认为，我国应内部团结一致，对外则应对日本只继续作消极抵抗，以便在等候解决的过程中，不使日本抓到对中国采取公开战争政策的任何借口。第四，他们认为，中国不宜对报告书过多挑剔。我们应采取和平姿态以便保持国联的同情，从而与国联结成联合阵线以对付日本。虽然这个意见表明各国代表希望避免果断行动，但对于一个军事弱国来说，它是很切合实际的。第五，他们认为，如果日本拒绝接受李顿报告书，行政院将再次出面调停或为此而根据非战公约或九国公约召集一次正式会议。另外一个办法，即经济制裁，无论是欧洲各大国还是美国，对此都未表示赞成或认可。

此外，国联秘书长还告诉我，打算邀请李顿调查团的全部五位成员都出席国联行政院会议参加报告书及其处理程序的讨论。他说，或者可能由各代表在 10 月 19 日裁军会议执行委员会开会时进行初步的私下交换意见。

根据我与马达里亚加——他也是西班牙驻巴黎大使——的谈话记录，我首先对他在国联行政院和全体大会特别会议的讨论中为维护国联和世界和平所起的重要作用以及他对中国的同情表示赞赏。我告诉他，我在中国时一直饶有兴趣地注视着这些讨论。事实上，马达里亚加也是特别会议的十九国委员会的成员之一，许多人认为他是该委员会中最激进的一员，这在当时意味着他是一位最热衷于采用任何必要的方式来维护国联盟约的人，具体到这件事情，就是反对日本违反其应尽的义务。

马达里亚加征询我对李顿报告书的看法，并且说，报告书对于我在满洲作为中国代表履行职责时所遇到的来自日本方面的麻烦，几乎没有提到。

我把警方以保护为名对我的严密监视,甚至监视李顿爵士一事告诉了他。任何中国人打算接近中国代表团或调查团的任何成员都受到阻挠。在哈尔滨的报纸上,正式宣布任何人未经由日军军官任长官的特务机关的许可,不得会见调查团的任何成员。

至于李顿报告书,我说,前八章关于事实的叙述,看来是正确地反映了满洲的形势,但最后两章(包括建议)则似乎很受既成事实的影响。报告书还应该提供更多的材料来说明日本一贯的扩张政策,以及为执行这种政策而长期准备的满洲军事行动计划。但是,总的看来,报告书受到中国报刊的欢迎。对它的内容,中国政府正在研究中。我还说,中国同意将报告书作为讨论的基础,只是对报告书中较重要的两三个建议提出一些意见。我问马达里亚加,他认为国联行政院讨论报告书可能采取什么程序,会不会在正式会议前先私下交换意见。

马达里亚加认为这很有可能,并补充说,国联行政院在此事中主要是起一个类似邮政局的作用,即一个收转的中心,而真正的讨论则在十九国委员会进行。而且,他认为报告书经过讨论后,将被国联全体大会承认为它的报告。然后还要看争端双方对这个报告书是否接受。比如说,假定中国接受而日本不接受,那么,根据国联盟约第十五条,对接受报告书的一方,不得进行战争。这样,全体大会和国联的任务就算正式结束了。但是,他认为,国联行政院可根据第十条与第十一条重行受理此事,这两条对可以做到的事是没有限度的。

马达里亚加附带又说,在谈到依照第十一条需要全体一致通过时,他和杜吕蒙爵士的意见不同。可能有些情况需要全体一致同意,但并非总是如此。他还设想国联行政院可能决定成立一个调解委员会,由行政院一些成员连同争端双方共同组成。为了顾全日方的面子,将不提李顿报告书,但解决意见则以报告书为基础。他认为,另一个办法是根据非战公约召开一个会议。这样做的好处是有美国和苏联出席,而且日本军队占领中国满洲已构成侵略行为这一事实,也为这种做法提供了法律根据。但是,他说,最好还是由国联行政院采取行动。而且,如要组织一个调解委员会,他希望中国能要求一些小国的代表参加。他说,早在去年9月,也就是沈阳事变后不久,他曾建议派遣一个调查团。如果在那时派出,他认为情况就不致变得如同现在这样复杂。但由于美国不赞成,他的建议便被搁置下来。后来组成李顿调查团时,他认为令人遗憾的是中国并未坚决要求小国参加。他曾试图让罗马尼亚的蒂图列斯库与瑞典的恽登参加,但据杜吕蒙说,受到了日本的反对。而且,后者认为,如果让一个小国参加的话,那只能是荷兰。他补充说,由于巧合,指定随同调查团前去的国联秘书处的一位重要成员正是荷兰人派尔脱。

同日,即10月10日,我和颜惠庆、郭泰祺把我们的共同看法电告当局——行政院长汪精卫、财政部长宋子文、外交部长罗文幹和蒋委员长。我们的电报说:

> 国联特别大会不久开会,国际形势急迫万分。我国根本国策自应先期决定,以资应付。查十余年来,欧美列邦常感我国政局不定;中央无强固政府,内部纷乱,政令不行。九一八以还,日本即利用欧美此种观念,在国际间极力宣传。谓我国政治紊乱,组织不足,条约义务不能履行,以期引起各国反感。此次调查团东来,日方所提说帖,关于此点,尤复反复申述。而该团亦以我国中枢分散,洛宁沪汉,形势纷歧,内部亦多未充实,引为遗憾。虽经送予解释,殊恐未能尽祛其惑。惠等日来在此历访各国代表,亦多以我国无强固政府,形势涣散为虑。调查团报告书认为,此种情形足以危害东亚和平,并于第九章提出以国际合作协助中国改造之建议。将来国联开会,恐日本仍将利用此点,以中国在现在状况之下,纵能有所议定,难望切实履行,或将以协助中国改良政治为先决问题,提出讨论,以期延阻东案之解决。议席之上,自当因机应付,据理辩争;但恐徒恃空言,不易收效。惠等再三商

议,窃以为在开会期前,我国即应乘时布置,积极进行两事:(一)团结内部,罗致全国人才,充实中央,组织强固政府,造成政治重心,齐集首都,一致对外,以振国际视听。(二)关于协助中国改造之建议,楚材晋用,中外原不乏先例,而于改革期间,尤所常见。我国年来已有延聘各国专家,协助调查设计之举。亦宜先期妥定切实方案,由我自动进行,以避外人干涉内政之嫌。以上两端,关系綦重,千钧一发,稍纵即逝。务请早决大计,以固邦本。俾于开会时得所依据,以间执外人之口。惠等审察国际情势,心所谓危,不觉言之激迫,敬希鉴察。如蒙采纳,国家前途,实深利赖。

第二天,颜、郭和我起草了另一封重要联名电报给外交部,内容包括我们对处理李顿报告书的看法和建议,作为我们迄今为止的研究结果。电文如下:

李顿报告,迭探各方空气,并经惠等详加研究,原报告九、十两章过于迁就事实,与前八章不相呼应,自未能尽满人意①。但东案发生,业逾一载,三省人民,水深火热,拖延愈久,收拾愈难。如国内一时别无办法,似可接受报告书为讨论之根据。虽有数点于接受时似应对外声明。计关于原则者六点:(一)依照第九章原则第三条,日本由违约侵略所得之结果,当然不能加以承认,更不能使被侵略者因而受其损害。(二)赔偿责任问题应保留。(三)国联行政院及大会以前关于日本撤兵议决案继续有效,并不因报告书而变更。故日本撤兵之义务,及不能在武力压迫下谈判之原则,继续存在。所有日本撤兵之期限,应提前详确规定。至日本撤兵后,关于防卫边围,自属中国责任。原则第八条一切军队均应退出,殊与以前议决案不符。(四)关于原则第四条日本权利利益之承认,应以有条约根据者为限。(五)原则第十条之

---

① 李顿报告书中有争议的第九、第十两章见本册附录一。——译者

国际合作,应以不违背原则第三条为限。(六)有组织之抵货系对于侵略者一种自卫权利,不能规定于商约中。如须规定,只能规定于互不侵犯条约中。又关于细目者三点:(一)内地杂居及商租如须实行,尤其推广至北满,应以完全取消领事裁判权为条件。(二)东三省虽可赋予宽大之自治,但应由我自动办理。至中央法律命令与报告书中所称宣言或条约不相抵触者,自应一律施行。(三)铁路问题,应以国际投资谋东省铁路之整理及发达。而电政交通等,则应归中央管理。其他中央应行保留者,容再详细研究。再,我国对于东省保安队,现在似应立即着手组织,以期早日接收。按照报告书,保安队一经组织,日本军警护路兵等,即应退出。以上各点为初步研究所及,电陈参考。中央方针决定后,并乞早日电示。再,日本对于报告书真实态度,请设法探告。至此间将来应付日本办法,容续电。①

10月13日我们接到外交次长刘崇杰一份关于中国对李顿报告书一般看法的摘要,并接到罗文幹部长一份他于10月3日发表的关于报告书的政府简要声明的副本。财政部长,当时行政院代理院长宋子文,于15日简要地回复了我们对国内团结的联合呼吁。但是,截至15日,政府的具体指示还没到达日内瓦,于是颜惠庆给外交部去电,强调日内瓦对李顿报告书的讨论即将开始,代表团需进行长时间细致准备工作,而这一工作在没有政府具体指示的情况下难以着手。他说:"乞示知党政各方所定之大政方针。"次日,外交部第一次发来了具体指示方针。

10月13日外交部长罗文幹对李顿报告书所作的声明,赞扬了李顿调查团为国际和平事业及调停争端所做的工作及付出的辛勤努力。声明认为,调查团将其职责理解为不仅包括审查全部

---

① 以上颜惠庆、郭泰祺和顾维钧的两封联名电报均录自顾氏所存函电原文。——译者

有关事实,而且包括"以和平解决办法建议于国联"是"完全正确"的。声明强调指出,初读报告书,即感到有两点最为突出。一点是"九一八及九一八以后之一切日本军事行动,均无正当之理由,不能认为系自卫之手段"。另一点是"所谓'满洲国'者,并非真正自发独立运动的产物",其存在是"日本军队出现和日本文武官吏各种活动的结果"。声明还明白指出,报告书包括"许多性质极重要之问题,现正在中国政府当局悉心考虑之中"。由此可见,外交部长的声明语调很温和。实际上,政府是暂时保留意见和不对报告书进行批评。

但是,据刘次长13日的电报说,中国舆论对报告书有关东三省自治和中国经济抵制的建议,及报告书对"九一八"事件原因的解释,极为不满。电报还说,虽然中央政府尚未发表意见,但几天来一直在讨论此事。刘又说,所有人都承认报告书的大部分是公正合理的。

刘还说,他们在国内对我们10日电报所提的两点都很赞赏,同时他的同僚、外交部政务次长正与有关各方联系。他询问国外对我国的气氛如何,以及国外人士对我国现状,例如对党内派系斗争的看法。他还提到汪精卫将赴欧就医的传说。

两天后收到宋子文的电报,是宋以行政院代理院长的名义所签署,对颜惠庆、郭泰祺和我的联名电报的答复。在电报中,宋首先说明,经英国及德国医师诊断,行政院长汪精卫的病情确实十分严重,汪打算日内赴欧就医。但汪的行政院同僚(宋是行政院副院长)决不会因此而放松努力,他们正继续尽力工作。关于我和我的同事对中国政治分裂的担心,宋说,他们在国内也正为此而不安,并正尽力敦促各方团结合作。但政治形势十分复杂,不是几个人凭愿望和决心所能改变的。既然我们在国外尽力应付局面,国内也自应尽心竭力。但是,他在电报结尾说,只能尽人事而已。

从事实着眼,中国的分裂局面,似乎依然如故。汪精卫于10

月请假出国,表面上是由于健康原因,实际上是由于政治原因,主要是国民党内汪、蒋两派之争。蒋委员长的内兄宋子文当时是行政院副院长兼财政部长和中央银行总裁。他在汪出国期间代理行政院长。至于各地方集团间的内战仍在继续不断。

我于10月14日电复刘次长。电报中谈到我前电所述在日内瓦与各国代表会谈的要点,我说,当时法国代表表示对我国国内混乱和政府缺点极为不满。英国、西班牙和澳大利亚的代表及捷克外长均希望我国迅速扩大政权基础,以建立一个有效的政府,并向国外显示一个联合阵线,从而鼓励友好国家对我进行帮助的善意和决心,并防止敌人的诽谤中伤。

上述电报于10月14日从巴黎发出。我于10月11日及时回到巴黎,13日递交国书并同法国官员会谈,主要是谈东三省事件。此外还有一些有关在法华侨的问题,例如,设法帮助在法国的华侨失业工人和在巴黎的东北籍学生和侨民,他们由于日本占领东三省而汇款中断,特别是后者每天来使馆等候救济,很使人为难。我指示使馆尽可能予以援助,并电请南京各政府机构尽速汇款接济。当时及其后数月内还有一些事需我在法国办理,其中涉及使馆和各领事馆的人员调动,改组巴黎总领事馆,在里昂港派驻代表并随后设立领事馆以就地处理商务事宜,筹款购置或租用使馆新址。(到1932年12月底,我终于决定以购置为宜,并就此向外交部提出建议。)

在巴黎我也注意做好各种安排,以确保国际联合会调查委员会中国代表处说帖有足够的中、英、法各种文本,以供在国外广泛散发。到10月中旬,国内所印的四万份已用尽。我在巴黎重印了法文本,并电华盛顿请施肇基重印英文本,供在美国散发。我认为在美国广为散发这个文件是特别重要的。但和往常一样,筹款是第一要务。

在其他宣传工作上,我从国内收到大量报道并分别加以利用。这些报道揭露或叙述在东北与日本军事对抗的情况、日本的暴行、日本为欺骗世界而编造的华北和东北民众舆论,以及中国各地对日本侵略行为的抗议声明和活动。这时国内抵制日货仍在实行,中国的义勇军正在成功地骚扰着在东北的日本当局和军队,并破坏其交通线。从国内发来的最生动的报道均送交国联秘书处,作为正式记录。

在我动身去巴黎之前,外交部曾向我询问一件令人困惑之事,为此我在巴黎进行了追究。据传日本曾向法国建议缔结法、日同盟,但为法国所拒绝,外交部问我是否听到这一情况。我在法国首都向各方探询后,立即电复称,巴黎也有关于此事的未经证实的谣传,但巴黎若干重要部门都不相信日方曾提出任何认真的建议。然后我谈到最近两桩事的发展情况,以帮助说明这一传闻的由来。一件是拟议召开的伦敦裁军会议没有邀请日本,而日本希望参加,因此,日本向法国表示,愿意通过劝说德国改变其要求在法律上取得军备平等的立场来帮助法国。法国拒绝了这项建议,而德国也否认曾接到日本的任何建议。另一件是一批法国社会人士最近发起运动,要说服法国政府正式终止 1908 年有关中国的法、日条约,特别是双方的秘密换文。根据换文,法国承认东三省和福建为日本势力范围,以换取日本承认广东、广西和云南为法国势力范围。据推测,可能日本曾通知法国,该条约及换文仍属有效,并进一步建议加以充实。但是,我说,各方面的消息一致认为法国正在转向支持美国对东北问题的政策,赞同史汀生关于非战公约的解释,以换取美国在欧洲问题上的合作。我答应继续在巴黎探询消息。

我于 10 月 14 日电称,东京的一则新闻电讯,否认日本曾向法国提出缔结同盟的建议,但是说,在即将讨论李顿报告书之际,日本虽然并未向法国送交特别的信息,但曾同许多国联成员国政府接触寻求支持。电讯还说,日本的表示得到了各国友好的响应。

我在电报中称,该电讯还提供了东京外务省对李顿报告书的批评意见共八点,最后一点声称,所提出的东三省共管是绝对不可行的。只有通过建设中国,特别是改组政府,才能找到解决目前局势的办法。(这一点恰好是日方嗣后数月间在日内瓦坚定执行的方针要旨。)

10月15日,我拜访了法国外交部秘书长贝特洛,问他外界传说日本提议与法国缔结同盟条约的消息是否属实。贝特洛的答复主要是说,由于各国对远东问题的广泛关注,报纸喜欢发表一些耸人听闻的消息以引起注意。事实上,此项消息是毫无根据的。我当即表示,诚恳希望法国政府关于即将于日内瓦进行的对满洲事件和李顿报告书的讨论,不要承诺对日本提供任何帮助,以免法国的自由意志受到限制。贝特洛回答说,法国政府无此打算,我可以放心。

贝特洛接着说,美国政府目前的看法是,中国满洲事件应由中、日两国谈判解决,由各国干预或进行制裁都必将引起事态的复杂化,实际上并无好处。我对他说,我个人认为,中国方面可同意大体上以李顿报告书作为谈判基础。但如日本不同意,则严重困难仍将存在。他说,华盛顿根据其所获的情报,认为日本由于财政拮据和东北当地民众的反抗,将发现难于长期占领东三省,因此,愿以李顿报告书为谈判基础,以寻求解决办法。

事后,我将会谈情况电告外交部,并请转呈当局。在电报末尾,我说,经过仔细考虑贝特洛谈话的真实含意,我觉得他认为列强有意把局势交由美国去处理。这和我在日内瓦和各国代表交谈后所得到的印象是一致的。

我还另电北平的张学良将军,简要综述国外对李顿报告书的反应。我说,欧洲各国和国联认为,报告书对中国有利,但因认为日本难于接受而显得不安。虽然如此,那些一直同情中国的国家,甚至声称报告书的最后两章不可避免地过分受到日本在东北所造成的既成事实的影响,似乎与实事求是的前几章南辕北辙。我说,目前,美国正悄悄对此事采取积极步骤,而法国可望与美国协调一致。但英国则非常担心触怒日本,态度不明,需要与之联系。意大利将追随英国,德国看来保持沉默,但我猜测,德国态度可能有变。至于其他小国,似均同情我国。

最后,我在电报中请少帅将他本人对李顿报告书的看法秘密见告。事实上,我当时正尽可能从国内外各方面征求意见。

我在巴黎的时候,同日内瓦的颜惠庆总是保持密切联系。这一向都是如此。巴黎与日内瓦之间,旅程很短,电报电话极为便利。郭泰祺返任与英国政府会谈时,我们也保持联系,而他当然也和颜保持联系。

我在前面提到,南京外交部于10月16日给中国代表团发来关于在日内瓦讨论李顿报告书的第一个具体指示。颜惠庆收到该指示后,立即抄送给在法国的我和伦敦的郭泰祺。南京的电报由外交部长罗文幹签署。该电传达了外交委员会10月12日的决定。电文称:

> 十二日外交委员会决议如下:(一)李顿报告书经政府当局审慎考虑后,认为在不妨害中国主权领土与行政完整之下,有不少部分可按照其原则进行东北问题之磋商。(二)我方代表在辩论报告书时所取立场,大致如下开各点:(甲)中国政府对于国联及其所派调查团图谋和平之诚意,与设法解决中、日问题之努力,表示充分谅解与感谢。(乙)调查团报告书已确认东省事变之开始,并非日军之合法的自卫行动。又所谓满洲国,并非任何独立运动之结果,而完全为日本文武官吏所造成。调查团对于国联盟约、非战公约及九国公约,竭力维持其尊严与不可破坏性,是中国主权与领土及行政之完整,及任何国家不得以武力夺取中国之权利与利益之原则,亦经调查团重行证明。(丙)故调查所为之建议中,理论上与事实上均与上述原则并不违背而能贯彻者,中国政府颇愿作为中、日问题讨论之基础。但为便于实行及为免除将来纠纷起见,中国政府认为建议办法中之若干项有改善或修

正之必要。详细意见另电①。(丁)中国政府对于国联之信仰始终不变。深信经此次调查团努力之后,国联必能确定办法,为中、日问题谋一公平适当之解决。(三)在我方战略,最好令日方先行攻击报告书。我方于反驳时说明自己立场。上开各书,希暂守密。以后政府意见随时续电。

第二天,罗外长又转来了蒋委员长对代表团的指示。电文称:

十五日往汉晤蒋委员长。蒋面授意见书,摘述如下。对于报告书宜采温和态度,不可表示过度之反抗。但同时不能不注意下列各项事实。

第一,报告书至少尚须经过十九国委员会与国联大会审议。在未达最终决定前,中国政府尚须为最大之努力,以期改正。

第二,除非列强对日有执行经济或武力制裁之决意或日本国内有不利于军阀之重大变化,日本决不接受报告。但以上两种假定事情,现时均无实现希望。因此中国纵表示愿意让步,仍无补于纠纷之解决,徒为将来交涉或行动上增加拘束,且或引起国内重大攻击。

第三,国民党求民族解放之对外政策,如不顾及,则本党信用将受重大打击。

第四,前八章陈述事实,虽属公允,九、十两章建议几完全注重日本希望与其在东三省之实力,而将九月十八日责任弃置不顾。吾国不能不要求国联为必要之修正。基于以上考虑,政府取下示态度与政策:

甲、态度。前八章可以接受。第九、十两章,要求修正。在此项修正中,永久和平之树立,与九月十八日以来事变之

---

① 外交部致出席国联全体大会三位代表团的第718号电报,见本册附录二。——译者

责任,均应顾及。

关于树立永久和平之建议,如中、日两方撤除东三省军队,互订不侵犯条约计划,和解及公断计划,虽使中国受重大牺牲,如能出以适当方式,使能确保和平,中国仍愿以诚意考虑接受。

报告书既认为日方非自卫,则解决方案断不能容认日本武力造成之任何新情势,或强迫中国接受九月十八日以来,中、日两国条约上所无之义务,因以削减中国主权或行政完整。调查团建议,如关于顾问会议之召集、外国顾问之强制任用、中日铁路之合并、永远禁止排货等项,中国不能不要求废除或根本修改。

乙、政策。中国认为解决东三省方案,在原则上必须恢复九月十八日以前状态。惟为永久和平及中、日关系改善计,可同意下列三项计划:

(一)撤除军备及互不侵犯条约计划。中国虽有重大牺牲,中国仍愿诚意考虑。惟军备撤除计划之实行,必须更列入一种保障公约。其性质须与一千九百二十五年英、意诸国保障德、法国境之罗卡诺公约相似。

(二)和解及公断计划。设置中、日和解委员会及公断法庭。东三省旧状恢复之后,一切纠纷,分别交由和解及公断机关解决。

(三)改善东三省行政。中国向国联声明,当励行东三省行政之改善。此项改善计划当包含逐渐设立人民代表机关,实行中央地方均权制度及利用外国专家之辅助等项。惟外国专家之任免必须照中国文官任免法令,而不受任何条约之拘束,方不妨行政完整之原则。①

行政院长汪精卫在启程赴欧前不久(大约是9月20日),发

① 以上罗文幹的两封电报均录自顾氏所存函电原文。——译者

表了告别文告,其中也提出了他对李顿报告书的看法。文告首先说明出国原因(即为了就医),并重申他共赴国难的决心依然不变。接着说明他对李顿报告书的看法。他和国内其他人士一样,认为李顿报告书第一部分中列举的事实是清楚而公正的,但报告书中的解决意见则与前述事实不相一致。他说,报告书似乎是只将"九一八"事变的次要责任归之于日本,而不敢让它承担全部责任。如果国际联盟完全接受此种解释及据此而提出的建议,则只能说明尽管国际联盟对局势的看法是公正的,但实施约束的力量则不足。汪认为,如果我国要获得最后胜利,则应慎重考虑接受国联对我国的同情,而又要设法纠正国联的弱点,使其加强实施制裁的力量。汪还强调团结的必要,并称那些乞灵于内战的人只能削弱国家的力量。

以上是由外交部电告的。另外,外交部还电告国民党西南执行部对李顿报告书的看法。西南执行部是代表广西、贵州、四川和云南的重要势力中心。该执行部对李顿报告书所持异议之处与中央政府相同,但表现得更为激烈。

西南执行部认为,李顿报告书的语言似乎自相矛盾,因报告书既承认日本 1931 年 9 月 18 日的军事行动是非法的,却又声称恢复原状不是正确的解决办法;而且报告书既承认东三省是中国的领土,却又鼓吹为东三省自治政府成立一个顾问会议,聘请外籍顾问,其中日本顾问占绝大多数,所有这些建议均须列入与日本签订的新条约之中。此外,报告书还鼓吹日本的建议,给日本在中国东北参与经济开发的自由,并以治外法权换取在整个东北的定居和土地租赁权。热河也包括在这个拟议的规划内。中国东北要成为非军事区,就是说,中国无权在东北驻军。此外,还禁止有组织的抵制日货。西南执行部认为,所列举的这些规定,与"二十一条"相比,似更为苛刻。至于进行国际合作以建设中国,执行部称此建议为对孙中山提出的实业计划的曲解。

稍后收到的另一份电报中,叙述了胡汉民的意见,他认为,李顿报告书中关于国际合作建设中国的一章,是曲解了孙中山的原意。孙中山的主张,最主要的是国际合作的控制权操在中国手中。并且,任何政治安排都不能以国际援助作为最后结局。当然,胡汉民和汪精卫、蒋介石都是孙中山的继承者,但后来,特别是1927年以后,蒋的权力逐渐超过了胡、汪。

知道了西南执行部的观点后,颜惠庆、郭泰祺和我都很高兴。颜在同郭和我商量之后,电告外交部说,西南执行部的观点似乎与我们在日内瓦所持的观点相同,我们一定要尽力促成对李顿报告书的修改。同时,为了应付外界,我们也感到了解全国舆论很有必要,如果西南集团对解决"九一八"事件有任何具体建议,希望如实电告我们。

我之所以叙述了所有这些指示、建议以及征求资料和意见的详情,是为了说明当时在中国事态发展的过程和涉及的人物。这些也是我在11月举行的国联行政院会议上陈述中国问题时的指导原则。然而,这些并不代表中国对中、日争端解决办法的真正期望,因为我们深信,李顿报告书及其建议,无论修改与否,日本方面都会断然拒绝。重要的是,在中国一方应该确定并表现出公正合理的立场,这样做既可获得国内广泛的支持,又能引起国际舆论的重视与同情。

在这方面,当时中国内部的四分五裂和明争暗斗,对我们在日内瓦所要达到的有限目标构成了严重障碍。我到日内瓦不久,就联合其他几位代表坦率地呼吁国内团结。10月24日,我从巴黎给外交部去电,探询我听到的有关四川刘湘将军和刘文辉省主席(两人都是军阀,后者是前者的叔父)内战激烈,双方投入兵力达十五万人的消息是否真实。此外,还有关于山东内战的消息;关于以北京为中心的帝制复辟运动的消息;关于华北领导人转向溥仪效忠的消息。溥仪是中国被废黜的最后一代满族统治者,日本人把他扶植为"满洲国"政府的首脑。

至少有关华北的消息,一望而知是来自东京,这些消息连同其他声明,显然都是为了日方的宣传目的。例如,据说斋藤首相曾告诉新闻界,和中国进行谈判,是比满洲问题更大的难题,因为日本不知道中国的真正政府在哪里。他说:"李顿报告书建议日本和中国直接谈判,可是不知道中国政府在哪里,谁是领导人,我们如何进行谈判?"关于后面这些报告,我曾电告南京,目的不是为了查实,而是建议政府发布一个澄清局势的声明。

外交部先于10月25日复电,告诉我四川和山东的情况,并要我转告颜惠庆和郭泰祺。复电中说,四川的刘湘和刘文辉双方都已动员,并发生了一些冲突。但据刘文辉发出的通电称,他已经撤出新津以示让步。中央政府正努力促成停战,并将派代表去四川。关于山东韩复榘和刘珍年之间的冲突,目前双方军队仍在对抗,但委员长已委派一位可靠将领前往就地调停。又闻韩最近曾请求辞去主席职务(这事并未实现,韩担任山东省主席直到1938年)。

10月28日,外交部又来电说,接到东京蒋作宾公使电报,报告日本的态度和政策如下:

在李顿报告书提交审议前,日本企图推行两个行动计划。第一个计划是煽动山东韩复榘宣布独立,怂恿冯玉祥、阎锡山、韩复榘和吴佩孚拥戴段祺瑞为首领,并煽动帝制复辟运动,从而实现在中国挑起动乱的阴谋,并把华北从中国分裂出去。第二个计划是散布山东、四川、福建、广东和贵州内部纷争,以及共产党骚扰的消息;还散布流言说,英国正支持西藏宣布脱离中国而独立,并策动西藏军队侵入四川,以及蒙古军队将要进入包头(在山西省北部,靠近内蒙古边界)。

日本推行这两个计划的目的,是要把国际注意力转移到中国的现实局势上来,以便将来李顿报告书提交讨论时,为日本代表在国联进行诡辩作准备。

外交部的电报接着提到,山东事件实际上只是地方性纠纷,而且双方都已遵照中央政府命令开始撤兵。四川事件正由委员长亲自处理,不日可望解决。西藏军队和四川军队在西康的冲突已经平息,和平也已恢复。至于福建、广东、贵州等省的内部纷争和蒙古军队的入侵,则全属虚构。

电报说这是为了告诉我真实情况,使我能采取措施澄清流言。还说,同样内容的电报已发给我国驻日内瓦国联办事处和驻国外各重要使馆。在以后的电报中,外交部继续使我和我的同事们及时了解中国各集团间的战乱动态。

外交部关于四川和山东情况的前一电报结尾建议,如果驻外使节致电外交部转内战各方的首领,指出内争的恶果,可能有助于国内局势的改善。电报说,外交部本身曾多次致电各方,敦促他们认清国际形势,但未见成效。

我一收阅这份电报,立即嘱使馆人员起草外交部所建议的通电。同时与我驻欧各国公使和莫德惠特使、驻美代理公使施肇基及驻日内瓦的颜惠庆等人进行联系,征询他们是否同意在致内战各方首领呼吁停战息争的通电中署名。大家一致衷心赞成。联名通电的签名者有颜惠庆、郭泰祺、顾维钧、莫德惠、施肇基、驻德国公使刘文岛、驻丹麦公使罗忠诒及驻挪威、瑞典、芬兰公使诸昌年。

联名通电发出的日期是 10 月 30 日,发往外交部转致山东韩主席和刘将军及四川刘主席和刘将军,并请酌转其他各省主席。通电内容如下①:

> 近日国内传来消息,颇骇听闻。所谓长江匪患尚炽;西南将宣布独立;北方政客密议改隶伪国;山东内战方酣,兵连祸结;四川群帅争雄,称兵十万。远道闻之,忧心如捣。窃以日本向诋中国内部分裂,频年扰攘,一切公法公约俱不适用于我国,故遇事不得不图自卫。各国政界、外交团及舆论方面,均以中国内哄不已,友我者叹息,忌我者讪笑。调查团报

---

① 联名通电录自顾氏所存函电原文。——译者

告书亦谓中国内部不安,为东亚和平障碍,建议国际合作,助我改造。现三省沦亡,已逾一载。国如垒卵,檐将压焉。东案瞬将开议,日本更将为别项借口。值此国难临头,祸迫眉睫,在我全国,正应同德同心,一致对外,冀可挽救于万一。当不致有拥兵自逞、以图争长者。倘因受敌挑拨,则煮豆燃萁,何异自杀?或因争权泄愤,国家沦胥,同归于尽。诸公深明利害,务望放开眼光,蠲除意见,风雨同舟,共济危局;否则国将不国,更何外交之可言?我不自爱重,而欲求人援助,必不可能。敬希勖之,幸祈垂察。

这时,我既已呈递国书,乃按照惯例,对驻巴黎各外交使团的同行们开始了一轮礼节性的拜访,其中包括对日本驻法大使长冈先生的礼节性访问。长冈也是日本驻国联的代表。据我 1932 年 10 月 25 日给外交部的会谈报告所载,这位大使说,中国和日本应当早日进行谈判,除"满洲国"的存在和日本对"满洲国"的承认这两点外,没有不能讨论的问题。他说,日本真诚地愿意谈判,甚至愿就李顿报告书中关于建设中国的各点进行谈判。我告诉他,我对他的访问完全是礼节性的,但既然他谈到了中、日问题,我愿意把我个人的看法告诉他。我说,调查团的报告书已经公布,中国的公众舆论正等待着国联讨论解决办法。他所除外的两点正是构成整个问题的核心。如果不谈这两点,那就难以得到任何成果。

对此,他说,日本对国联感到很气愤,并感到国联对小国的高压手段尤其难以容忍。他还说,如果中国企图以生硬态度和日本打交道,那就不会有什么结果。

我说,如果日本坚持东北事件已为既成事实,则这种观点固然对中国不利,也同样不符合日本的最高利益。要是真正希望对两国都有好处,日本必须扩大视野,把目光放远一些。日本不应为目前采用的实力政策所惑而失去判断力。

与此同时,在日内瓦的各国代表通过私下会晤和试探,正设法确定正式审议李顿报告书的程序。到 10 月底已有了一致意见。代表团向外交部报告称,程序将是由争议双方在国联行政院进行陈述,再由行政院把双方的陈述连同李顿报告书一起转送国联全体大会。由于这时争端已交到国联全体大会,行政院作为一个机构将不作评议,但其个别成员则可发表意见。然后国联全体大会很可能在要求十九国委员会讨论和起草一份供双方接受的最后建议前,先举行一次辩论。虽然普遍认为日本不会接受,各大国和李顿调查团的成员还在进行调停,并且仍然反对日本采取任何强硬措施。同时,国联盟约必须维护的思想占着上风。至于日本,则一般认为其第一步可能是强调中国不存在一个政府和国际合作建设中国的必要性。然而,估计这一步不会起多大作用。大家还认为,国联全体大会在圣诞节前会通过一项决议,号召不承认"满洲国",但又认为,国联各机构为了达成最终解决办法而进行的磋商和会议,将断断续续地举行好几个月。

这就是在日内瓦人们对形势估计的概况。也有人提出和讨论了一些代替办法,以及更为具体的程序。这里有一个策略问题。最重要的是考虑到日本可能坚持不让步,特别是在"满洲国"问题上不让步,加以国联主要成员国和美国不准备对日本采取严厉措施或与日本发生冲突,因而有一种设法拖延最终解决的倾向。

11 月 2 日宣布,因为携带日本政府对报告书意见的日本特别代表在 11 月 16 日才能抵达日内瓦,原定 11 月 14 日开始的研究李顿报告书的国联行政院会议改为 11 月 21 日开始。这时,在日内瓦的颜惠庆即时拜会了国联秘书长杜吕蒙,指责日本拖延会期。杜吕蒙说,由于现在还找不出一项解决办法,所以当前要紧的是要在美国和苏联的帮助下稳步地对日本逐渐增加压力,以期能最终求得解决。他觉得国联把一切能采取的措施都对日本使出来而得不到真正的解决,这种做法并不明智,对中国也没有好处。他认为为了人道,对满洲的局势至少应有所作为,但是他也想不出办法。同时,他认为满洲的游击战肯定削弱了日本,加剧它国内的其他困难。他指出,日元已经严重贬值,因此,中国加紧抵制日货是极端重要的。他也提到调查团本身和日内瓦的人士都认为,李顿报告书的最后一章不如其余部分重要,因该章只是一些建议而已。他还说,大家都已看出,要达到最终解决,还须经过漫长的过程。因此,他相信立即让步是不明智的。

几天前,即11月1日,颜惠庆曾和出席裁军会议的美国代表团重要成员诺曼·戴维斯谈话。(应该记得,颜当时是中国出席裁军会议的首席代表。这个职位使他有更多的机会与包括美国和苏联代表在内的各国重要代表交谈,那些代表出席裁军会议而不出席国联。)因为我们出席国联的中国代表团全体成员都充分意识到美国的地位、反应和观点的重要性,并希望随时了解到这一切,所以颜在日内瓦与戴维斯保持联系,而我在巴黎则要求驻华盛顿的施肇基随时告知情况,特别是因为美国驻法大使当时不在巴黎。

11月1日,戴维斯向颜证实,法国决定维护国联盟约和各条约的尊严。他说,英国保守党人仍然坚信日本代表秩序、安定和力量,不愿开罪一个老盟友。但是,他说,虽然两国政府过去都认为只有两种选择——对日本听之任之或与它交战,但现在均改为接受美国的不承认政策。两国似乎都坚决认为日本必须放弃其现行政策而接受李顿报告书。据戴维斯说,报告书业已产生深刻印象,前九章尤为如此。

当颜问及史汀生国务卿的观点时,戴维斯说,史汀生不愿意使中、日争端变成美、日争端,并且在采取进一步措施前,正等待着国联的行动。戴维斯本人相信,国联全体大会将通过一项不承认"满洲国"的决议。他说,但在施加压力的同时,必须给日本下台阶的时间。

11月9日,施肇基在答复我的询问时说,为他提供机密情报的人员刚刚告诉他,美国赞成早日在日内瓦召开包括美国和苏俄在内的国际会议,由这个国际会议向国联 3 月份的全体大会提出报告。(当时还没有人放弃这样一种想法,即依靠召开九国公约或巴黎公约签字国的会议或委员会来解决,这显然是美国所赞成的。按照这种想法,这种会议的关于解决办法的决议应提交国联全体大会,然后由全体大会提出最后建议。)据施的情报员说,美国并不反对九国会议,但认为它将由于日本的拒绝而变得无法召开,同时也由于问题涉及九国以外的国家而不适宜。美国国务卿原先赞成中、日直接谈判,后来因为军事占领已成为事实,因而有人劝他不要这样。现在他认为仍应谈判,但是不能要求中国单独进入谈判室。必须由其他中立国参加,以保证日本不以武力相威胁。

施的电报又称,史汀生国务卿尚未考虑满洲的未来行政机构和政权可能是什么性质的,但他个人的意见是,中国必须保持真正的而不是徒有虚名的主权。例如,他认为,应有一名中国总督,李顿报告书中建议设置的外国顾问应向该总督负责。史汀生觉得,所有顾问都来自一个在远东没有任何利害关系的小国最为理想。这点恐怕难以实现,但他认为,特别要反对日本顾问参加。他也考虑到,有些顾问,特别是警察和财务部门的顾问,应当拥有相当大的权力;但盐税和海关最好能作为中国体制的组成部分留下来。然而,史汀生不排除除此以外或许还有更适宜的体制。施肇基在报告史汀生的看法之外,还说,日内瓦已经意识到美国准备对国联采取支持措施,但决不容许国联推卸自己的责任。显然,美国已将此点说得很清楚。

前一个星期,美国总统大选揭晓。我愿意补充一下,当我知道富兰克林·罗斯福当选为总统时,我立即去电致贺。我在华盛顿认识罗斯福多年,特别是我任中国驻美公使,他在威尔逊总统手下任海军部副部长的时候。我们年纪相仿,可能他比我略大几岁,当时我们在美国首都被认为是最年轻的高级官员。起初正由于此,我们经常见面,不久二人相处极为融洽,对各种问题坦率交谈,如美国政治、中国形势、中日关系、英国态度等等。因此,他当选总统,我自然愿意向他电贺,正像纳尔逊·洛克菲勒第一次当选州长时我去电致贺一样。洛克菲勒和我,很像罗斯福和我那样,经常见面。我们之间,互通情报,进行个人之间的问题讨论,且往往看法相同,但那是在较后的时期,也就是我第二次出使美国的时候。

到 11 月 9 日,也就是我收到施肇基电报的那天,中国代表团已弄清国联秘书处提出的关于讨论李顿报告书的暂定程序,我于是将该程序向外交部报告,请其提出意见:

> 国联行政院将于 21 日召开会议,但其任务仅限于向国联全体大会转送文件,包括中日双方的书面资料。
>
> 日本不承认全体大会的权限,将在国联行政院提出自己的观点。李顿调查团将出席行政院会议,并应行政院的要求,对日本的资料加以评论。国联全体大会由此可掌握日本的全部说明。这些说明如由全体大会直接向日本索取,可能是得不到的。有必要使日本在国联行政院充分为自己的观点辩护,因为如果日本以后拒绝在十九国委员会或国联全体大会发言,全体大会仍能进行而不至于被指责为没有听到日本方面的观点。
>
> 中国是否也拟在国联行政院发言尚不清楚。中国似可发言,以免形成日本观点垄断舆论。中国更可以在全体大会的一般性辩论中发言,以便在十九国委员会开会之前,在全体大会得到支持。
>
> 其他国家可能在国联行政院发表意见,在这一点上,李顿调查团可能受到质询。与主题无关的意见应予搁置一边,因为现在只有国联全体大会有权解决争端。行政院的辩论通常只是为了完成有关本案的指示,各成员国可以表示不参加讨论解决办法,因为那是全体大会的权限。假如通过决议,其内容应为将李顿报告书以及会议记录送交全体大会。
>
> 3 月 11 日的决议要求国联行政院将文件送交十九国委员会,使后者在国联全体大会开会前即可着手工作。但在全体大

会上进行辩论是有作用的,因为承认"满洲国"及"日满议定书"是出现于李顿报告书之后,而且李顿报告书完全是根据第十一条写的。全体大会还对十九国委员会的工作给予指示。

委员会将明确区分李顿报告书的两部分,第一部分是调查的结果,第二部分是调查团对解决争端的意见。由于调查团承认其建议的重要性已因承认"满洲国"而受到影响,因此暂且不谈这些建议而只讨论前八章是适宜的。前八章的结论为:第一,国联行政院的决议未获执行;第二,日本无正当理由称其行动为自卫,它使用了武力而不是和平手段;第三,"满洲国"并非自发的产物。

这些结论应列入圣诞节前的决议,作为其第一部分,加上一个不承认现存状态的声明,尤其是不承认"满洲国"。国联将拒绝与"满洲国"建立关系,或以任何方式,特别在有关贷款、条约等方面与之合作。决议的第二部分提出达成彻底解决争端的最好办法。有两个问题,即满洲前途及为避免新的冲突而向中国提供国际援助。关于满洲前途,调查团曾建议直接谈判。但这一建议必须予以摒弃,因日本无意放弃"满洲国",势将使这种谈判在军事压力下进行,这是违反3月11日决议的。在此情况下,第十章的建议只不过是象征性的,而且第九、第十两章必须根据日本承认"满洲国"并拒绝撤销此项承认以及与"满洲国"订立条约等情况加以审查。几种有可能的程序是:第一,由十九国委员会进行审查;第二,由十九国委员会加上美国和苏联进行审查;第三,十九国委员会建议由华盛顿条约的九国签字国加上苏联进行磋商;第四,十九国委员会建议非战公约签字国进行磋商。在这些可供选择的程序中,第二种似乎简便易行而又可取。至于第二个问题,即对中国的国际援助,决议可声明,由于报告书强调中国之建设因满洲和淞沪事件而有困难,全体大会宣布将对中国的建设作出不懈的努力。这种表白是对侵略的受害者中国给予道义上的帮助。

　　全体大会的最终报告,将由十九国委员会在收到上述磋商的结果后提出,其中将包括该委员会对解决争端与建设中国的建议。

外交部在电复上述报告时称,外交委员会认为,该暂定程序可予同意。并认为,李顿报告书在目前不会带来解决办法,与其谋求立即解决而无实效,不如听任事态拖延而同时由国联宣布一项强硬政策。他们认为,延长过程可使中国的义勇军与抵制日货者有更多机会困扰日本,从而可能导致今后较好的解决。

外交部的来电在上述概括意见之后,又逐段评论了所建议的程序。例如对第三段,来电称,让日本对报告书先进行攻击虽有可取,但我方决不能允许日本在国联行政院独占讲坛;我方也应发表我方总的看法,强调报告书中调查结果,并尽可能回避非军事化问题。以后在全体大会上,我方应再详述我方意见,并全面驳斥日方的论点。对关于拟议的圣诞节前决议之第六段,复电称,虽说决议的第二部最为重要,因这意味着国联自己开始承担起对这一事件促成一种永久性解决的义务,这是与我们的意图相符的,而决议宣布不承认,更是令人鼓舞。

电报还对一些具体论点提出问题与建议。但外交部复电显然是根据国内这样一种误解,即中国所能指望的,至多只是国联秘书处拟议的暂定程序,而且中国必须顺应各大国,特别是英国的明显的拖延策略,这些大国对促成该程序起了作用。各大国显然愿意拖长第十五条第三项所规定的调解进程,即使调解看来没有希望,也要如此,以避免按第十五条第四项规定做出决议与谴责。

为纠正上述误解,颜惠庆于11月15日复电说,国内对国联秘书处拟议的暂定程序应重新予以仔细研究。理由有三:第一,这个程序将使决议推迟,从而使日本得以巩固其在东北的地位。事实上,拖延正是日本的愿望。第二,此举将减轻国联责任,因国联如有意,可将责任推向美、苏两个非会员国,而苏联可能增加一些要求,致使局势复杂化。更有甚者,中国将不再能坚持要求国联做出决议。我方向国联申诉的政策可能因而落空,在国联的谈判地位遭到削弱。第三,该程序所造成的延迟,将削弱全世界对东北问题的关心程度,并使今后更难重新集中注意力。因此,代表团建议,坚决要求国联按照盟约第十五条提出报告,明确表明态度,并做出判断与提出解决办法。至于解决办法的要旨,国联可通过事先磋商,取得美、苏两国的同意。如国联建议以调解为第一步,假使调解的依据是可接受的,我方应予接受,以示诚意。但是,在全体大会提出报告后,可在国联主持下召开包括美、苏两国的会议或委员会,以便将报告付诸实施。即使仅就策略观点而言,我们认为上述行动方针,对我国亦属可取。

外交部于 11 月 17 日电复,中国当局同意我们必须坚持召开国联大会特别会议的全体会议,并催促大会根据第十五条立即提出最终报告。复电还说,如全体大会立即提出最终报告,这就更好。但是,如全体大会决定将此事提交十九国委员会,则我方应要求大会通过一项临时决议,包括已经提出的三点结论及其他有利的论点,对十九国委员会做出具体指示,并为委员会完成工作规定一个短的期限。

当南京与日内瓦之间电报往来时,我大部分时间仍在巴黎。当然,我也曾来往日内瓦,并曾作短暂旅行去伦敦皇家国际事务学会就中国事件发表演讲。但在 17 日左右,我又回到日内瓦,准备参加国联行政院会议。

郭泰祺也正好于此时返回日内瓦,于 11 月 18 日会晤诺曼·戴维斯,然后向颜惠庆和我及外交部汇报会谈要点。戴维斯告知郭泰祺,现在实际上可以确信,法、英两国支持李顿报告书的调查结果和不承认政策,尽管法国外交部近来还有些犹豫。戴维斯说,将任命一个包括美国和苏联的调解委员会。该委员会必然失败,然后再任命一个委员会,向全体大会特别会议提出报告,并建议应采取的措施。戴维斯对郭说,中美两国虽应警惕苏联使局势复杂化及国联推卸责任,但他认为,发生这种危险的可能性不大,而且国联一旦表明对李顿报告书的调查结果及不承认政策的支持态度,就不可避免地要采取进一步措施。他还说,只要国联带头,美国对任何制裁将与国联充分合作。戴维斯认为,由中国在国联秘书处的朋友草拟的全体大会决议草案的结尾部分,是软弱无力的,因为既未采取行动,亦未表明采取行动的意图。

郭泰祺则请戴维斯相信中国加强在东北的武装抵抗及在全国的抵制日货的意向。戴维斯认为,这两项行动均属必要。郭并告知戴维斯,我方反对李顿报告书提出的顾问会议的坚定立场,因它有损于我国主权。

第五节　在国联行政院及全体大会上为我国申辩
1932 年 11 月 21 日—12 月 27 日

国联行政院于 11 月 21 日开会,以执行李顿报告书行动的第一步。日本新任代表松冈洋右首先代表日方发言。据我回忆,他的确是个对手。他以政治敏锐、能言善辩和主张日本对华采取不妥协政策而闻名。他夸夸其谈,在为日本的不妥协立场辩护时,极尽玩弄辞藻之能事。这实际上是拒绝接受李顿报告书中的事实说明或建议。他的讲话,和前一天晚间在国联散发的日本意见书一样,没有任何和解端倪。

我在下午的会议上为中国辩护,以一个半小时的发言进行还击。我本人对辩论艺术并不陌生,因为大学时代我曾代表哥伦比亚大学参加辩论比赛,并在此后的公开场合有充分机会磨砺我的辩论技巧。我首先驳斥了松冈某些嚣张的论点,同时对其他论点保留发言。我对调查团的工作表示赞赏,同时简短地介绍了我作为中国代表视察满洲时日方限制我自由活动的情况。我说,日方所指责的中国明显不稳定情况在过渡阶段是在所难免的,但中国统一的努力却一再受到日本阻挠。我详细申述了日本的大陆政策，强调这是对世界和平的真正威胁。我说，中国本来并不存在排外主义。正是日本的侵略引起了反日情绪，这是可以理解的。我解释了国民党的原则。我为抵制日货辩护，指出这是反对日本侵略的合法手段，我国政府同情人民群众的抵制运动是理所当然的。我遵照政府指示强调了李顿报告书中一些对我有利的调查结果。在对报告书最后两章保留发言权的同时，我赞许解决办法必须符合国联盟约、巴黎公约及九国公约这个原则，并指出这是解决办法所应遵循的基本原则。我从李顿报告书的调查结果推出三条补充原则：第一，不得鼓励侵略；第二，必须赔偿中国的损失；第三，日本撤军仍然是先决条件，在军事占领或既成事实的压力下不能进行谈判。最后，我要求国联采取迅速而有效的行动。

国联行政院会议一直延续到 11 月 28 日，其中心是松冈与我继续不断的辩论。28 日，国联行政院不顾日本反对，终于通过将李顿报告书转送全体大会的提案。全体大会于 12 月 6 日恢复特别会议。

在国联行政院的会议中，我原先提到过的拖延倾向随即明显起来。颜惠庆、郭泰祺和我交换意见，研究怎样最好地应付此种局面。颜于 11 月 23 日致电外交部说，我们一致认为最好的策略是争取在全体大会上立即解决，其方法为坚决要求确定十九国委员会工作的完成日期，而不攻击所拟的旨在拖延的程序。

同日，外交部致电代表团略称，如日本愿意接受调解，则六十天限期，即秘书处提出的调解委员会工作所需的时间，不算不合理。但日本的"疯狂行动"迄未稍停，任何调解尝试似乎都属徒劳，只能意味着再拖延一段时日。中国当局仍希望对最终报告规定时限，并要求全体大会决议的措词尽量强硬。（关于对最终报告规定时限一节已被考虑。根据第十五条，在国联本身采取进一步行动前需要有该项最终报告。）中国当局还看出了日本不会接受国联提出的任何解决方案，因而采取了加强抵制日货和义勇军运动的政策,一面谋求国联和美国对日本施加压力,迫使其恢复理智。

同日,即 11 月 23 日晚,戴维斯宴请中国代表团,接着讨论了中国东北问题。戴维斯说,国联现在必须根据李顿调查结果采取行动,以便维护盟约。美国已经走到国联的前面,正等待国联采取行动,通过不承认"满洲国"的决议,给中国以道义上的支持和法律上的定论。然后,美国将配合国联采取进一步行动。谈到英、法的态度,戴维斯说,11 月 22 日法国总理赫里欧来电保证采取坚定立场,不过人们都知道法国外交部的老手们想向后退。他还同英国外交大臣兼英国出席国联及裁军会议的首席代表西蒙爵士保持经常接触。他认为西蒙虽装作讨好日本,但摊牌时还是可以信赖的。

最近,我们发觉德国并不友好,并得悉这是由于德国获得"满洲"大量订货的许诺。但戴维斯说,德国的态度是合乎情理的,德国相信维护条约原则,这对它也有好处。

话题转到战争债务问题。这个问题正在美国与债务国英国特别是法国之间引起摩擦。在欧洲,第一次世界大战后欠美债务问题与接受德国赔款问题紧密联系在一起。欧洲债务国因面临世界经济危机而谋求将两者一笔勾销。德国在 1931 年春夏的财政崩溃,迫使美国总统胡佛提出上述两项偿付都延期至 1932 年12 月。如今偿付期将届。英、法两国谋求将债款加以调整,美国则坚持仍按原定时间表于 12 月继续偿付。美国对法国的态度尤为严峻,因为据了解法国持有大量黄金储备。同时,1932 年 7 月 9日的洛桑协定已规定在德国以债券一次支付最后一笔款项后,即完全取消德国的战争赔偿。但签字国之间附带签订的"君子协定"又规定洛桑协定须待签字国与债权国(指美国)之间圆满达成一项解决办法后才能批准。

戴维斯称,法国有能力而且应当支付,因为法国在五个月内从美国所提取的黄金储备足以付清十年的分期付款。他说,对英国则可从宽考虑，但美国不满欧洲在这个问题上的联合阵线。他还说，他所提邀请中国参加即将举行的世界经济会议筹备委员会的建议已被一致接受。会议约在明年春天召开，他希望宋子文部长届时能亲自出席。

当时捷克斯洛伐克和爱尔兰自由邦在日内瓦均属小国中的主要国家，这也许是由于两国出席国联行政院的首席代表的声望之故。因为捷克为外长爱德华·贝奈斯；爱尔兰为总统兼外长德·瓦勒拉。据我回忆，德·瓦勒拉是一位身材高大、仪表堂堂、落落寡合的人物，但在发言时总是强烈而令人信服地捍卫他认为崇高的原则。当时他正好是国联行政院主席。贝奈斯大部分时间都在日内瓦，从巴黎和会期间创立国际联盟起，他就是我的好朋友。他消息灵通，精明强干，和蔼可亲。

11月26日，代表团，即颜、郭和我邀请德·瓦勒拉及贝奈斯共进午餐。事后，我们致电外交部报告会谈情况称，他们两人均认为将问题提交定于下周开始辩论的全体大会一事不致有困难。在辩论中，预期小国将强烈谴责日本，而对中国的友好情绪将会达到高峰。此外，十九国委员会将以此次辩论为基础起草报告。他们证实，预期十九国委员会将提出不承认的决议案交全体大会于12月中旬通过，并建议成立包括美国和苏联在内的调解委员会，于1月10日开会。他们认为，为达成一项实际可行的解决办法，势将迫使中国作出让步。

在这点上，德·瓦勒拉和贝奈斯要求我们能非正式地提供具体方案略述中国的最低条件，供他们参考。他们说调解很可能失败；如果失败，委员会可建议全体大会在最后报告中提出如下建议作为不承认决议的继续：第一，不与"满洲国"合作；第二，对日本实行武器禁运。然后，中国即可以法律决定为后盾，自行处理，而且也有正当理由加强武装抵抗及抵制日货运动。德·瓦勒拉建议，作为上述计划的替代办法，也可在满洲成立一种为期五年的临时性国际过渡组织，期满时举行公民投票。

我们回答说，中国满洲人民及领土属于中国，这是无可争辩的，举行公民投票，结果必定有利于中国。然而，我们原则上不能接受。我们认为，只有日本首先从中国满洲撤军，成立任何此类组织才有可能。于是德·瓦勒拉想知道中国所愿实现的中国满洲自治的确切性质及范围。我们答应以后再作答复。至于顾问会议，我们表示，这是与中国主权不相容的，因为这等于默认日本在中国满洲的行动还有一半是对的。我们指出，就中国满洲而论，自治与邀请外国顾问，必须出于中国之主权行为，由中国自愿向国联声明。

11月28日，颜惠庆为另一件事致电外交部。日本又施故技，编造谎言说，蒋委员长本人赞成直接谈判。有些代表团欢迎此项消息，并以此作为他们无所作为的借口，这使我们的朋友感到沮丧。为此，颜电外交部说，断然否认这一无稽之谈是至关重要的。

一周后，我在巴黎收到南京来电。电报说，蒋委员长断然否认他本人赞成与日本直接谈判的谣传。他还声明：“值此国联对中、日问题严重关注之际，炮制此类谣言显系妄图将国联引入歧途，混淆世界视听。”电报并称，代理行政院长宋子文与外交部长罗文干已据此通知各国驻华代表。

国联行政院表决将李顿报告书移交全体大会之后，我回到巴黎已有几天。我从巴黎向外交部报告，苏、波互不侵犯条约的批准以及法、波条约的缔结有其重大意义，这是法国孤立德国政策的重要例证。我还报告说，美国对法国有关债务问题的答复引起巴黎的不满，妨害着法、美在远东问题上的态度协调一致。此外，据消息灵通人士预测，赫里欧内阁若不在12月份因债务问题而倒台，亦将在1933年2月因预算问题而倒台。我说，目前有迹象表明，新内阁将接近左派，而赫里欧则仍将留任外长。

我在巴黎时，还高兴地得悉，中国政府已由洛阳迁回南京。我觉得这个消息，除表示精诚团结，足以鼓舞国内人心外，也将受到我们在日内瓦的朋友们的欢迎。外交部12月2日来电称，林森主席一行已于 12 月 1 日午前返抵南京。抵达后,他首先率领官员晋谒中山陵,随后在国民政府礼堂举行庆祝回京仪式,并发布文告。外交部来电中略述了文告内容①。发布文告的主要目的,显然是供国人阅读,以便在国联即将就东北问题做出决定之际,团结人民,支持政府。

此后不久,我回到日内瓦。政府已就即将举行的国联全体大会特别会议对代表团发出原则指示,包括在当时情况下中国的最高和最低要求。该电于 12 月 1 日发出,由代理行政院长宋子文和外交部长罗文幹签署。内称:前此根据李顿报告书内容所做的一切指示,只有在以报告书为基础获得解决的可能时,对我方才有指导意义。鉴于日本态度顽固,坚持以"满洲国"独立为先决条件,政府对在短期内获得有利解决,不抱多大希望。新指示列举以下理由:第一,当前不可能解决问题;第二,推迟有利于争取美国支持;第三,推迟将增加日本经济崩溃的可能性;第四,推迟能使我有更多机会改善自身的处境。因此,电报说,时间对我有利,我们必须坚持原来立场,即恢复中国对东三省的主权、日本撤军等。

电报还说,我们最多只能希望一旦日本崩溃,能够恢复原状,归还一切被掠财物,赔偿政府和个人损失。我们所能接受的最低条件是:

1.自愿而不是被迫建立东北自治政府。

2.有国际保证的非军事化,包括撤走全部日军,但要避免使用"永久非军事化"一词。

3.自愿雇用外国技术专家为顾问。

4.经济领域的国际合作。

5.根据 1932 年 3 月汪精卫在南京会晤李顿调查团时提出的十项基本原则谈判新条约。

---

① 见附录三。——译者

6.废除"满洲国"。

7.承认赔偿原则。

电报指示我们,除非我们有理由相信,透露这些最低条件"能导致问题的解决",否则不得透露。

出席国联全体大会的首席代表颜惠庆,将于12月6日召开全体大会特别会议时作为中国的主要发言人。他将我们拟在全体大会开幕时提出的要求电告国内,其内容为:第一,全体大会应限期尽快提出并公布有关争端的报告和公正而适当的建议。中国代表团已于1932年11月29日致函十九国委员会,要求该委员会向全体大会提出建议,明确规定根据盟约国联行政院或全体大会应完成最终报告的延长期限。大家记得,由于要等待李顿报告书,1932年初曾延长过,但未明确规定期限。第二,全体大会于公布该项报告前,宣告日本业已违反国联盟约、巴黎公约及华盛顿条约。第三,公布该报告前,全体大会应责成日本履行下列各项:

(甲)解散"满洲国"。

(乙)先将军队撤至铁路沿线,以便进一步撤离。

(丙)将东三省及其行政机构移交中国政府。

颜惠庆在去电中称,如果这些要求过于强硬,请对代表团再作指示。

外交部立即复电同意所拟的要求,但指出"进一步撤离"等字眼可能被认为超出了国联以前决议的要求,或可能是指非军事化计划,因此代表团可只说"撤走日军"。外交部说,如第三条要求之(甲)项未获采纳,则必须坚决要求强烈谴责日本,坚决不承认"满洲国"。最后,外交部说,我们还要全体大会认可李顿报告书中对我有利的调查结果,如(1)沈阳事变绝不能被认为是日本的自卫行动,(2)"满洲国"完全是日本一手制造的。

两天之后,在裁军会议主席举行的午宴上,颜惠庆有机会同英国和捷克的外交部长以及西班牙、爱尔兰、瑞典、意大利和美国的代表谈话。他所得的印象是,气氛有利于中国。英国外交大臣西蒙说,英国出于商业上的原因,出于是非感,一贯希望得到中国的正确理解。颜惠庆指出,日本在欧洲已经有六位大使,还要派松冈来当代表,说明日本外交已经破产。对此,西蒙回答说,日本外交官一般都不善讲话,松冈还好一些,但日内瓦人士都厌恶他的盛气凌人。捷克外交部长和爱尔兰代表说,他们已为全体大会的一般性辩论准备好审慎而有力的发言。捷克外交部长并暗示说,他的发言对中国有利,并反对任何违反盟约的行为。爱尔兰代表说,他发现李顿报告书有三十多处对日本不利。颜并获悉美国正在努力使全体大会的态度强硬起来,而且有十个小国已经在那天早晨交换过意见。

同日,我会见法国总理赫里欧。那时,他代表法国也在日内瓦。我把颜拟在全体大会上发言的要点告诉了他,请他支持,因为我知道他将代表法国发言。赫里欧说,由于债务和裁军问题所造成的危机,他是否能出席还说不定。不过,他答应考虑我的要求,第二天答复我。结果是代表法国出席全体大会的是保罗-彭古。

第二天,即12月6日晨,全体大会特别会议开幕。颜按照最近代表团同外交部交换的意见,代表中国首先发言。接着松冈代表日本发言。他再次详尽地为日本立场辩护,并警告与会代表说,任何解决问题的建议必须是做得到的。还说,国联为防止公开战争已经做了很多工作,藉以讨好那些希望避免采取进一步具体行动的人。

在以后几次会议上,各小国发言。他们都支持中国的立场。他们明确表示接受李顿报告书,并认为报告书足以证明日本违反了盟约。他们要求国联采取有效措施,并强调说,违反国联原则实际上就意味着取消国联。

7日,法、英、意、德四国代表相继发言,口气完全不同。他们着重讲日本在满洲行动的特殊环境和问题的复杂性。他们强调需要现实主义和寻求切实可行的解决办法。他们想延长调解阶段并避免做出决定。例如,法国代表保罗-彭古强调在满洲所遇到的"极端复杂"的情况,并力主讨论第九章和第十章,作为谈判解决的纲领。意大利的阿洛伊西男爵谈到"以现实为基础的解决办法"。他第一个在辩论中提出国际合作。西蒙爵士代表英国反复讲需要继续调解,对下一步如何则避而不谈。事实上,西蒙对中国是最不友好的。他详细引用李顿报告书中不利于中国的部分。他说,"如仅恢复原状,解决不了问题",并以赞许的口吻谈到直接谈判。他指出中国满洲和中国大部的情况"看来令人遗憾"。代表德国发言的是冯·牛拉特。他也偏袒日本。他重复西蒙的调子,说问题并不是简单的侵犯边界或宣战问题。但他反对诉诸武力并把这一问题与裁军联系起来。

综观大国的发言,确实令人沮丧,英国尤为恶劣。小国看来仍团结一致,决心为使十九国委员会采取决定性行动而继续奋斗。十九国委员会不久即将应邀研究此一问题,并提出建议,供大会通过。再者,小国已提出两个决议草案。其一是瑞士、西班牙、爱尔兰和捷克提出的四国决议草案。这个草案在当时情况下对我特别有利。它要求立即谴责日本的行动,并重申不承认"满洲国"*。当时对小国不可能有更高的要求。在毫无希望获得大国支持的时候,建议立即经济制裁日本是没有意义的。

12月8日的会议上,加拿大及澳大利亚代表均附和大国特别是英国的发言。加拿大代表卡恩猛烈攻击国民党政府和中国,甚至怀疑我国是否有权成为国际联盟的会员国。他说,这虽是他个人的意见,但他相信他的政府是会赞同的。

这个抨击确属意外,颜惠庆、郭泰祺和我把卡恩的发言电告外交部,并建议外交部指示我驻渥太华总领事向加拿大政府提出

---

* 四国决议还授权十九国委员会向美国和苏联政府"寻求合作,以便与各方接触",根据决议对日本表示谴责的调查结果,"保证争端得到解决"。第二个决议草案由瑞士和捷克联合提出,要求将全体大会所议事项转交十九国委员会。这个草案最后为全体大会通过。

抗议,并质问卡恩的意见是否真正代表他的政府。至于 12 月 7 日四大国发言中所表现的对我不利的态度,我们已电告外交部,说明所有这一切是由于日本在东北的行动坚决,而中国相反,缺乏积极对策所致。并说,一般舆论倾向于根据李顿报告书最后两章强行制定一个切实的解决办法;我们预料将为此对我国施加压力。电中还问:"何以不设法加强我国政府和我对东北的政策?"同时提出,我们认为在报纸上声扬我对英国态度不满,也许能使它变好些。

外交部 12 月 9 日复称,各大国持此态度,除日本的坚决行动与威胁外,或应归咎于他们自身的困难重重。"至于我国政策,自李顿报告书公布后,已对代表团做过极为明确的指示。"除非日本放弃"满洲国"并表现和解姿态,中国不准备做任何让步。我国决心支持义勇军活动,和抵抗进一步侵略。倘热河省失守,形势将更为严重,到时候也许更便于争取世界舆论的支持。政府立场坚定,决不以不利于中国的条件解决争端。

该电同时指出,3 月 4 日罗斯福执政后的美国政策尚不清楚。电报还问如对我施加过分压力,我可否也像日本那样以退出国联相威胁,使国联垮台。电报又称,政府工作进展顺利,预料举行即将召开的国民党中央执行委员会全体会议后,政府将更加坚强。

与此同时,西蒙爵士要求同颜、郭和我三人会面。他向我们解释,他的发言虽然生硬,但英国政府的政策,是协助以调解方式解决争端。他说,英国在远东有巨大利益,对双方都表同情。他追叙了过去的上海谈判,借以证明英国是友好的。他建议我们在最后发言中可以提这个事实。他说,任何认为他偏袒日本的想法,只会不利于和解。

我们告诉他,他的发言使我们愤慨,中国国内的反应必然不好,但他的解释可使人消除疑虑。他说,他将告诉日本人,不要把他的话误解为他站在日本一边。他还说,指责日本的决议草案不但无助于和解,而且会使和解从一开始就遭到挫折,因此最好予以撤回。我们答称,满洲问题现在是日本与国联之间的问题,而决议草案是其他代表团提出的。我们问他,他发言中所说的公正的解决是什么意思。他避不作答,但给我们的印象是基本上必须以李顿报告书作为解决的基础。

我们将上述情况电告外交部,并于 12 月 9 日又去电称,据可靠消息,加拿大和澳大利亚在全体大会上的发言系受英国唆使,英国出于财政、经济上的原因而对日友好。此外,英国为了债务问题而赞同拖延、反对不承认"满洲国",同时打击中国以恫吓美国。

同日,即 12 月 9 日,全体大会特别会议在通过捷克和瑞士 12 月 7 日所提将全体大会所议事项转交十九国委员会的决议案后,宣布休会。决议草案仅在措词上略作修改,使其更为不偏不倚。决议要求十九国委员会:

(甲)研究调查团的报告,双方的意见以及全体大会上提出的形形色色的意见和建议;

(乙)草拟建议,以期解决按 1932 年 2 月 19 日国联行政院决议提交全体大会的争端;

(丙)尽快将上述建议提交全体大会。

我们全部电告了外交部。

另一个四国决议草案未付表决,仅按上述(甲)项作为建议送十九国委员会研究。换句话说,十九国委员会研究之前,全体大会在圣诞节前不会作出谴责日本或呼吁不承认"满洲国"的决议。

总之,当时端赖十九国委员会以决议形式起草建议供全体大会最后通过,该委员会为此成立了起草委员会。我和我的同僚照例立即开始与有关代表接触。但是,正当我们强调由于日本的不妥协且在国联行政院和全体大会上发言专横,因此无法和解时,又明显地看出,十九国委员会将按照大国的立场继续拖延迟迟不做决定,并放慢调解的努力。

例如,12 月 10 日,我们约爱尔兰和捷克代表共进午餐。爱尔兰代表告诉我们,在十九国委员会那天的会议上,各代表团的意见趋向略对中国有利。但是委员会中的大国却不赞成作出强硬的决议,他们宁愿含糊地采纳李顿报告书的调查结果,使日本易于接受调解。而其他成员国则主张采用李顿报告书的前八章,这样就必然要声明不承认"满洲国",却又避免提到日本违背国联盟约。他本人认为,十九国委员会应建议成立若干小组委员会,以便在各类问题上协助拟议中的中、日谈判,同时争取对每类问题起草一个条约。

12月11日,我同戴维斯交谈,美国驻瑞士公使威尔逊也在场。戴维斯将回华盛顿,他走后即由威尔逊负责中、日问题。我问戴维斯,鉴于欧洲各大国在全体大会上的发言,是否他们对中、日争端已有默契。他说,法国的政策没有改变,他们将竭力调解;如果调解不成,他们将坚决维护国联盟约。至于西蒙爵士,他的真心还是希望促进调解,只是发言生硬,而且不策略。

威尔逊问我,中国是否真心愿意解决。我说,我们愿意在下述条件下和解:第一,全面接受我们已宣布的基本原则;第二,有中立的代表参加,但不是像在山东谈判时那样根据日本的意见作为观察员,而是像上海谈判时那样作为参加者。他说,如果国联不先做裁决并确立基调,美国是不愿意调解的。我想,为此目的,至少报告书的第九章要一致同意。

关于会谈一旦开始后的程序,戴维斯说,应该像法、德平等问题的五国会谈那样,由全体参加。他赞成我们要求确定时限的意见,但不是要限时和解,而是要根据第十五条限时提出最终报告。他认为,如果我们坚持按国联的正规程序通过报告书的调查结果,谁也不能反对。可是,如果我们要求通过一项谴责日本的决议,则由于各大国对此均无兴趣,只会给他们造成回避责任与同情日本的机会。他赞成一种不引起反感的裁决。

我说,我们要求裁决包括不承认"满洲国"以及不与"满洲国"合作的声明。他问,强硬的决议是否会引起中国舆论提出不可能办到的要求。我回答说,事情要看决议通过后的打算。如果大国真心诚意地打算在符合国联盟约及现行国际条约的基本原则下协助中国获得公正的解决,中国人民会通情达理地等待。另一方面,强硬的决议,特别是所有国家形成联合阵线一致赞同,将有助于影响日本和便于使其让步。戴维斯同意这种看法。

在此期间,在中国,外交部长罗文幹也正忙于与大国外交代表接触。根据代表团的建议,他通过英国代办向英国政府对西蒙的发言提出了抗议。罗还与美国公使谈了这件事。此外,中国报纸也一致斥责西蒙的发言。这些行动希望使英国改变其在国联的立场[*]。

接着,罗部长于12月10日第二次会晤美国公使詹森。罗的目的是强调其坚定立场,即不废除"满洲傀儡国"和撤走日本侵略者,便不可能和解。根据罗给代表团的电报,他还对詹森说,中国已失去一切,因而不怕进一步的侵略。他说,国联未能通过四国决议,使人非常失望;大国不敢谴责强盗,反而企图向受害的一方施加压力;这种局面,逼得中国无路可走。他还根据日内瓦中国代表团的报告告诉詹森,英国如何在损害中国的情况下威胁美国。罗部长告知我们,詹森立即用电报报告了美国国务院。

12日,颜惠庆、郭泰祺和我在日内瓦邀请西蒙爵士和西班牙的马达里亚加先生共进午餐。马达里亚加同意有必要确定一下调解的基础,将国联全体大会1932年3月11日的决议[**]和李顿报告书的第九章包括在内,同时把第十章附在后面作为建议。西蒙主张慢慢行动,让时间对日本产生不利的作用。他认为马上对

---

[*] 很难说中国这些行动有什么效果。12月15日十九国委员会的起草委员会的一位重要成员告诉我,西蒙仍然是把有利于中国的条款列入决议草案的严重障碍。他是起草委员会的成员已表明他本人强烈偏袒日本。但是这位重要成员又说,那天由于另一个人接替了西蒙,使草案得以"顺利完成"。

[**] 该决议中有一点称:"凡以违反国联盟约或巴黎公约之手段造成之任何局势与达成的条约或协定,国联成员国均不得承认。"该决议并确定不得在军事压力下谋求解决办法。

日本进行裁决,会破坏调解的可能性。他说,通过一项强硬的决议,也许会使中国在精神上得到满足,但是却把有利于中国的实际解决的大门关上了。我们告诉他,国联全体大会最低限度应该做到:第一,通过李顿报告书中的调查结果;第二,发表一项不承认"满洲国"和不同"满洲国"合作的声明;第三,确定调解的基础。我们解释说,第一点可以防止再去争论客观存在的事实,同时会为讨论具体解决条件扫清道路。第二点的意思已包括在3月份决议中,再次予以肯定,会加强国联在世界上的地位。第三点对保证美国和苏联应邀参加拟议中的十九国委员会的调解努力是必要的;同时对于中国的参加,则是必不可少的,因为如有保持"满洲国"的可能,中国就无法考虑调解。

西蒙承认我们要求通过报告书中调查结果的主张是有力的,但对于其他两点,他认为当前宣布这些意向是不明智的,因为这样会被日本看作是对它的威胁。我们告诉他,我们亟欲收复满洲,也亟欲拯救国联。他说最好先不存偏见地努力争取调解。如果调解失败,英国也准备支持强硬的决议,以维护盟约和国联。当西蒙提到李顿勋爵为英方的调解人时,我们表示赞同。至于调解地点,他的意思是另找别处,我们则坚持在日内瓦举行。

就在那天,颜惠庆和苏联的李维诺夫交换了恢复中、苏之间外交和领事关系的照会。苏联外交人民委员李维诺夫早在11月就回到日内瓦参加裁军会议,并在那里同颜结束了关于恢复外交关系的谈判。这项谈判一直进行了一年。中、苏关系在1927年由于中国方面报复苏联共产党在中国的活动而遽然断绝。苏联一直想恢复关系,这是众所周知的;但是中国的国民党政府总是拒绝。直到日本的军事压力日益增加,而国联在大国的把持下显然不愿对日本采取果断行动,这才迫使国民党政府重新考虑自己的立场。当时代表团报告外交部说我同苏联恢复关系出人意料,在日内瓦引起轰动,给人以良好印象。因为时机适宜,此举使日本慌了神,使中国在国联的朋友得到鼓舞。

第二天,即 12 月 13 日,颜同李维诺夫共进午餐。李维诺夫询问了一些具体事务,诸如公使馆在南京的用房,和下一步建立大使馆、领事馆等。颜没有多少可以相告,因为他还没有得到外交部的消息,只建议进行关于互不侵犯条约的谈判。李维诺夫说,这可以按正常外交方式进行。

颜于是向李维诺夫试探苏联对参加十九国委员会调解努力的态度。中国代表团刚刚获悉十九国委员会的起草委员会正在考虑执行国联全体大会的一项决议,即由全体大会授权十九国委员会邀请美国及苏联共同调解争端。颜发现李维诺夫态度消极,惟恐到日后行动时只剩下苏联单独面对日本。但是,当颜告诉他,正如贝奈斯所解释的,提出的邀请是参加一个特定的协商委员会时,李维诺夫承诺,这就使问题有了新的曙光。并说他愿考虑此事。

颜觉得苏联是在待价而沽,特别想得到美国的承认。所以他在向罗文幹部长电告谈话的内容时,敦促罗同美国公使谈下。他的想法是以可望美国承认来鼓励苏联参加委员会,因为如果没有苏联参加,就难以解决东北问题。

12 月 15 日,我会见了西班牙外交部长苏卢塔。在十九国委员会及其起草委员会上,他同马达里亚加一起,一直都在为我方奋斗。他同意我们的三点意见,即我们对国联全体大会的三项要求。他说那些反对者们争辩说,既然下一步是调解,就不应该做任何不利于调解的事,这就形成了很大的阻力。他说,由于必须取得意见一致,妥协是不可避免的。不过当前仍有希望取得:第一,关于李顿调查团报告书的价值和重要性的声明;第二,以国联全体大会 3 月决议、国联盟约和巴黎公约的原则以及报告书最后两章为调解基础;第三,确定国联全体大会最终报告的时限。我说,九国公约也应包括进去作为基础,因为它明确肯定尊重中国领土和行政完整。苏卢塔说,他将尽力而为。

至于不承认"满洲国"问题,苏卢塔说,如他所提过的,他曾试图在3月决议(即关于不承认的决议)草案中附加一个声明,但未能成功。在委员会中,他既反对以恢复原状为解决办法,也反对以维持"满洲国"作为解决办法。然而他认为后者只是迁就事实;与此相反,前者却是合法的局面。他问我们是否接受报告书的观点。我说,我们坚持在法律的一切方面恢复东三省原状,但也愿意主动作些变更,以改善行政管理。我对西班牙在正义和平事业中所做的努力向他表示感谢。他说,西班牙的对外政策是以拥护国联和促进与中国的友谊为基础的。

那天晚上,委员会将所拟草案,分送中国和日本两代表团。事实上有三个草案,即两个决议草案和一个声明草案。决议草案之一只对李顿调查团所做的努力表示感谢。声明草案是说明理由的,用以详细说明主要的决议及委员会认为可能继续用调解的办法解决中、日争端的一些条件。该草案包括任命一个委员会(实际上即十九国委员会本身),来主持中、日谈判;谈判应根据李顿报告书第九章中载明的原则并"参照第十章所作的建议"进行,并应邀请美国和苏联参加。声明中有不承认的条款,是我们在起草委员会的朋友们巧妙地加进去的。这个条款的大意是十九国委员会认为:

> 鉴于此项争端具有的特殊情形,仅恢复1931年9月以前之各项情况,不足以保证持久之解决,而维持与承认东北之现有政权,亦不能视为解决之道。

国联秘书长杜吕蒙将三个文件交给颜惠庆时,他首先朗读理由声明书的文本,并征求颜的意见。颜立即答称,我国政府将感到失望,因条件远远低于我们的期望,特别是因为没有规定全体大会准备最终报告的确切时限。(这样,调解就可能拖延,而采纳李顿报告书调查结果并谴责日本的最终报告就可能无限期推迟。)杜吕蒙对所作解释进行说明,即当前是调解阶段,他们必须避免类似裁决的任何内容,等等。至于时限,他指出,十九国委员会完全有权阻止任何一方拖延。颜问美国和苏联是否会接受邀请参加协商委员会,杜吕蒙答称不一定,但如争端双方均接受决议,则苏联和美国可能接受邀请。不过他认为美、苏接受与否并不是主要的。问他日本是否会接受决议时,杜吕蒙说也许可能,因为公开的讲话并不反映真实的看法。实际上,颜在见到杜吕蒙一小时之前,就已见过李维诺夫。李维诺夫曾说,苏联不大可能接受邀请,因为苏联不屑为国联收拾残局。不过他的政府只有在接到邀请后才能做出最后决定。

我和我的同僚研究了这些文件。然后将我们的意见致电呈请政府考虑,请就主要决议提出修改意见,使接近于我们的愿望。在同十九国委员会成员的私人会谈中,我们也提出我们的看法,但暂时保留我们的正式意见,为的是让日本先亮牌。不出所料,日本很快就向十九国委员会表明了他们的意见。而我们则立刻就从十九国委员会代理主席、比利时第二代表卡尔东·德维亚那里得悉,日本人提出了许多反对意见,最主要的是反对不承认"满洲国"那一条。他们还反对邀请美国和苏联参加新的协商委员会,理由是他们不是国联会员国,如果参加,他们将只有权利,没有义务。

总之,委员会迅即明显感到它的调解活动毫无成效。经起草委员会12月18日审议的日方意见声称,任何包含不承认"满洲国"内容的决议都不能接受。

颜在第二天会见瑞典代表时,瑞典代表告诉他,起草委员会对于日本不肯让步深感不安,而且普遍认为破裂在所难免。但是,他说,鉴于国联重要成员都因假日临近而不在此地,全体大会目前难于就重大步骤做出决定,这种决定需要在会员国间进行认真的考虑和磋商。他说,委员会认为最好休会到1月中旬,同时对破裂有所准备。他建议我们尽快正式提出修改意见,以便委员会就双方意见进行比较。于是颜告诉他,决议草案本已软弱无力,我们不能容许它更加软弱。颜的言外之意是,如果委员会希望进一步软化决议以迎合日本观点,中国就不再接受。

在当天的国联行政院会议上，我见到了我的西班牙同行。那天的会议是讨论英国和波斯的争端以及波兰少数民族问题。西班牙代表谈到了日本反对决议草案的严重性，特别是反对任何关于不承认的提法和反对邀请美国和苏联。他说，委员会认为这两件事都是必要的。他建议同各大国尤其美国接触，在假期内向日本施加压力，促使其改变态度，否则，他说，委员会必须根据第十五条第四项做出最终报告。

我从别处获悉，起草委员会那天的会议决定做出目前起草工作不可能取得进展的报告。还有，十九国委员会将于次日上午非正式集会，然后休会到1月中旬。在此期间，海曼斯主席和杜吕蒙秘书长将继续努力，以求双方在决议问题上取得一致，尽管普遍认为目前主要是日本与国联之间的问题。

18日，眼见委员会感到目前的讨论毫无成果，大概要休会时，颜、郭和我一致认为我们必须坚决要求委员会在休会时宣布休会的真实原因，用以揭露日本。尽管如此，委员会在20日一致通过的休会建议说得不痛不痒，只是说，双方对于起草委员会准备的决议文本，都表明了意见，下一步会谈需要一定的时间。另外，休会决议声称：

> 鉴于目前情况，委员会深知问题严重，要取得一致意见，必须继续努力，使前述会谈得以继续，为此，委员会认为会议以最迟延至1月16日为宜。

> 委员会决定，只要各方仍在会谈上述文本，即不予公布。

12月27日，中国代表团向秘书长杜吕蒙递交备忘录一份，提出并解释对12月15日决议草案的修改意见。原草案提到设立一个委员会，以李顿报告书第九章为基础并结合第十章的建议与各方进行磋商。我们希望改为：

全体大会：

> 决定设一委员会，其职责为同双方进行磋商，以求获得

解决;解决办法应以调查团报告书前八章就主要事实所作调查结果为指导,以前述 1932 年 3 月 11 日决议及上述报告书第九章所定原则为基础,并应特别注意不得以维持与承认满洲现政权为解决办法。

至于时限,原决议草案授权十九国委员会在征得双方同意后确定。如不能取得同意,则在十九国委员会提出工作报告(1933 年 3 月 1 日以前)时向全体大会提出有关此问题的建议。我们要求将这段文字的后一部分改为:

> 双方如未能就此时限取得一致意见,则协商委员会在递交报告的同时,或十九国特别委员会根据盟约第十五条第四项如有必要提出报告时,应向全体大会提交关于时限的建议。此时限从上述报告递交之日起不得超过一个月。

由于我们提出的解决问题的绝对必要条件之一是在法律上恢复东北的原状,行政等方面的任何改变必须出于中国自愿,因此我们还希望将理由书中的不承认条款予以修改。我们希望把相应的段落改为:

> 为此,十九国委员会认为,鉴于争端情况特殊,在充分尊重中国主权、领土和行政完整的同时,仅仅回复到 1931 年 9 月以前事实上的状况,还不足以保证持久的解决;并认为,不能将维持和承认满洲现政权视为解决办法。

第六节　根据盟约第十五条第四项拟定一个可接受的最终报告书

1932 年 12 月 27 日—1933 年 2 月 14 日

1932 年行将结束时,中国代表团的目的是双重的。一方面,我们必须争取支持,以保证十九国委员会提请国联全体大会通过的原草案不致软化下来。另一方面,对大会最终报告中应包括的内容,我们必须争取会员国支持中国的立场。据可靠方面报告,即使是杜吕蒙,这时也相信法律上的调解是不可能的。因此,看来肯定在委员会于 1 月份复会后的某个时候,全体大会将被迫提出最终报告。我们希望避免出现中国由于不得不拒绝一个对其不利的报告而处于尴尬的境地。

大多数欧洲代表团这时已经离开日内瓦回国。因此,郭泰祺赴伦敦,以与英国继续商谈;颜惠庆拟访问布拉格,以会见贝奈斯外长;我则当然前往法国,以争取法国政府的支持,并同驻巴黎的外交使团人员会晤,他们中有许多人也在日内瓦代表各自的国家。在我们都离开日内瓦之前,我们商定应由颜惠庆将争取德国、意大利、瑞典和瑞士等国的重要性电告外交部。为此目的,我们建议外交部指示驻各该国的使节开展工作,并敦促孔祥熙立即前往柏林,有可能时也去罗马。

我在法国的时间是 12 月的最后一周和 1 月的第一周。在圣诞节和新年假期里,很难安排外交拜会。于是我在回到巴黎的第一周,就料理公使馆的事务,并从报纸和公开声明中估量法国政府的态度和政策。赫里欧政府已于 12 月 15 日在有关战争债务的争吵中下台。赫里欧为了法、美关系并为使法国的政策同英国协调一致,主张向美国再支付一笔 12 月 15 日到期的战争债务,英国当时也准备支付一些。但是法国公众都反对法国再次支付。赫里欧政府因而下台。在一周之内,保罗-彭古组成了新政府。

我到达巴黎时,新政府正忙于改组内阁,并努力处理战争债务问题、德国赔款问题和限制德国重整军备问题。当中国外交部询问法国对中、苏复交的反应时,我汇报称,法国新政府对此似不甚注意。但法国报纸报道,中国和日本都在着手改善同苏联的关系,而中国已走在前面。报纸未加任何评论。显然,法国正忙于他们自己的问题,特别是自身的安全问题。

赫里欧仍任外交部长。他于12月28日晚同激进党的执行委员会会晤之后,向新闻界宣称,应执行的唯一明确的政策是尊重条约。他说,坚持这项政策可以反对日本拒绝撤出满洲,反对德国在莱茵河左岸设防,和反对奥地利同德国合并。换句话说,法国专心致志于其当务之急,使它继续保持对中国的同情比英国对中国的关心热心得多,同时也更接近国联内各小国在中、日争端问题上的立场。

12月31日晨,法国总统告知外交使团,今年早些时候举行的洛桑会议只是恢复和平的第一步。除财政和经济问题外,还有安全范围问题,各国政府应该要求和平保证。他说,如果没有安全,整个世界更要感到担心。幸而当前各国人民都坚信侵略和侵略战争是对整个人类的犯罪,如果发生争端,争端各方应根据法律寻求和平解决。

这正是法国总统对外交使团致新年贺词的时候。在巴黎,外交使团按惯例在除夕聚集到法国总统府,向他祝贺新年。总统要出来接见外交使团和接受他们的祝贺。通常由习惯上的外交使团团长梵蒂冈枢机主教致词,而由总统致答词。这次,总统的答词和赫里欧在前几天的声明相似,表明尊重条约和国际法律仍旧是法国新政府的一项重要准则。这些准则是基于法国的实际利益的。一旦实施,会使法国因维护国联盟约而在中、日问题上支持中国一方。但只有时间才能说明法国新政府是否会实施它。

第二天,1933年元旦,山海关发生一起事件,有在华北重新爆发战事的危险。山海关位于渤海湾边长城东端,在那里北宁铁路穿过华北和东北的交界线。这是一处战略要地。从此可达河北省的天津和北平并通往内蒙的热河省。

我们中国人一直确信日本人蓄意侵占热河并将其并入"满洲国",作为进一步征服中国的前奏。这个侵略计划早见之于田中奏折。山海关是它们合乎逻辑的进攻出发点。如果说当日本承认"满洲国"之时曾暂停军事行动,我们就已估计到它的再次借口侵犯,不过是时间问题。例如外交部 1932 年 12 月 2 日电报通知我,日方暂缓攻打热河是由于运输困难。但是,沈阳和日本国内的兵工厂正加紧制造装有机枪等武器的重型卡车,并装有防护钢板,每车可装士兵 20 名,以便用来攻打热河。电报说,虽然日本军方表面上伪装无意,实际内心已决定侵犯热河。他们的野心很容易从最近日本官方印制的地图上看出,他们已把热河划入他们控制的地区。电报续称,日本军方计划一面进犯热河,一面在北平和天津制造事端和混乱,以骚扰整个华北,阻挠其与外部的交通,使其无法调集增援力量。据悉关东军极力主张后一计划,但日本国内军方当局顾虑到国际批评,仍在犹豫未决。电报要求代表团斟酌利用此项情报,但不得公布。其后在 12 月底发来电报中还有很多的关于日本人准备进犯热河的情报。

1 月 1 日的山海关事件是夜间发生的。张少帅(学良)在当地的部下用电话向他报告,他于 1 月 2 日晨用电报转告我。据称有一枚手榴弹扔向火车站,日本便衣队从南门向城内开火,日军守备队的宪兵也几次开枪。但同一电报说,日方宣称日军一枪未发,开火者全系中国军队。同时,日方要求地方居民全部撤出该城,以保安全。电报说,现正谋求就地解决,但也做好一旦日方发起攻击时的抵抗准备。

根据 1 月 3 日收到的中国外交部和张少帅的来电,1 月 2 日晨日军猛攻山海关城,首次袭击被守军击退。当日下午日军增援,我守城部队牺牲殆尽。1 月 3 日我军撤出,该城当即被日军占领。

法国报纸登载的都是发自东京或山海关的日本一面之词,说进攻是中国方面发起的。他们还进一步辩称中国侵犯了日本占领锦州以后双方协议的中立地带,我在 1 月 3 日根据外交部来电发表声明,驳斥了所谓中国发起进攻的谎言,并电外交部要求查明是否存在任何与日方订立中立区的协议。因谣言充斥,令人不易辨清事实。另一则消息说,日本天津驻屯军司令中村将军曾致函少帅张学良提出三项要求:(1)道歉;(2)山海关车站交由"满洲国"控制;(3)山海关周围地区宣布为中立地区。我再电外交部及张学良,要求澄清事实。

外交部回电否认这些消息,认为是别有用心的谣言。来电详告有关战争情况,和我方的抵抗以及日军对中国军民的暴行。当时参加国联调查团的中国代表处秘书长甚至报告我,已将代表处的一切重要文件转移到我的天津住宅以策安全。张少帅来电特别指出,中村将军并未向他提出任何要求,他(张)也从未同意设立任何中立区。此外,他并答应如果对日方进行任何重要交涉,他一定立即电告我,以利于协调国内外的活动。他要求我务必不要受日本宣传的影响,并将他的电报转告颜和郭。

实际上谁先开第一枪无关紧要。事实是日本军队在中国领土上采取了攻击行动。他们使用优势兵力和武器,对中国城市山海关进行猛烈轰击。他们置日内瓦仍在进行调解活动于不顾。

日本人向全世界宣称,是中国人挑起争端,他们强调希望就地解决,并称无意扩大其行动到热河和平、津地区,希图以此来混淆世界视听。但中国方面的情报完全相反。举例来说,外交部1月4日电报转来驻日公使蒋作宾的报告,根据从日方搜集到的情报,日本陆军省高级官员原企图用政治手段迫使热河加入"满洲国"。同时准备如果此一企图不能得逞,便采取军事行动,先占据山海关以威胁平、津,并从而强将热河置于他们的控制之下。但在满洲的日本军方则认为此项计划过于迟缓,又鉴于中、苏最近恢复外交关系,不久前召开的国民党中央执行委员会第三次全会提出全面抗日*,而国联又将于短期内复会,因此更感焦灼,急于

---

* 外交部 1932 年 12 月 20 日致代表团电报内称:

伍朝枢等提案主张:

(一)援助义勇军;

(二)调兵驻防边陲;

(三)由政府领导全国抵制日货。

本月三中全会决议秘密进行,希必作参考。

(此电文录自顾氏所存函电原文。——译者)

寻找借口挑起战争。其目的是显示日本不会接受国联的任何裁决，并造成第二个冲突地区，以转移人们的视线。目前中、日双方武装部队既已开始了战斗，蒋公使认为当地日本军官不会愿意停火以使冲突不再扩大。

我将局势摘要报告当时正在欧洲的汪精卫，另电张少帅加以鼓励。我并随时将法国报刊上的反应报告政府。例如《时报》仍然宣传国联不可操之过急，而法国左翼政党的喉舌《共和国月刊》则谈论国联成员国有责任要求日本停止军事行动，如日本拒绝时，应当对日断绝经济关系。此时，新年假日已过，我开始游说巴黎的外交与政府其他有关官员，加紧宣传中国的立场。

1月3日我到美大使馆看望美国大使沃尔特·伊·埃奇。首先我向他简单介绍了日内瓦的近况。我说，中国对目前由十九国委员会所属起草委员会草拟的决议草案颇为焦虑。中国认为应当包括三点内容，并希望美国支持中国的主张。此三点是：(1)李顿报告书中所查明的事实应予以采纳(即报告前八章)，并应据以对日本在满洲的行动作出裁决。(2)国联大会应按照国联盟约的原则和1932年3月11日大会决议声明不承认"满洲国"。(3)应对所拟议的调解工作规定基础。我告诉他关于邀请美国和苏联参加调解一事，中国是同意的。

我接着说明起草委员会感到将上述三点全部体现在决议草案内有困难。关于不承认"满洲国"一点，十九国委员会的起草委员会只打算在"理由说明"部分中予以说明。但即便如此一提，也有因日本反对而被取消的危险。我告诉他，由于上述情况，中方甚为失望，中国代表团在一项致国联秘书长的备忘录中提议作某些修改。我们将送他一份抄本以供参考。

埃奇说他很愿意收到此项抄件，因为他在和巴黎的各政府官员交谈时，常常讨论到满洲问题。

我又向他说，十九国委员会鉴于中、日两国意见分歧很大，在圣诞节前决定有必要休会到假期以后。他们声称，至迟将在1月

16 日复会。所以我近几天内就要回到日内瓦。不过依我看来,假日以后也难以迅速取得进展。我发现困难在于国联办事一味拖拉。似乎国联认识到本身的软弱而不愿按照盟约行事。反之,它又似乎因为要掩饰其弱点而避免采取行动。我告诉埃奇,依我看,国联最好依据事实和法律发表一项对日本的道义裁决,而将执行和实施的问题留待以后处理。

埃奇说,这恰恰是国联不想做的事。当然,他也理解必须先试行调解。但是,他补充说,我说的那些情况也正是美国不加入国联的原因。虽然有人说美国的加入会加强国联的力量,在他看来并不如此。他还感到国联在应当做出决定时常常设法回避问题。

看到美国一直在满洲问题上和日内瓦合作,我问埃奇,当罗斯福总统入主白宫以后,美国新政府会不会改变政策。

埃奇说,外交政策方面不会有什么改变。欧洲国家盼望有所改变,不过据他所知,民主党对外交问题的看法和现在的共和党政府很多是相同的。方法上可能有些区别,目标则是一致的。两党国内政策区别可能很大,但外交政策则不然。例如对债务问题,有些国家希望新政权能放宽处理,但依他看来,大约他们也得不到什么便宜。美国外交政策通常要以公众舆论的趋向为依据,民主党自称更接近民众,当不会过于背离民意。甚至像关税问题,在南部建立纺织工厂以后,南方人的看法已和过去不同了。关于满洲问题,他说,美国政府已明确了它的立场。胡佛总统和史汀生国务卿都已阐明美国的态度,现在是要国联和欧洲各国明确表态了。

我说,我觉得欧洲各国有些眼光短浅,他们看起来总是专注于眼前利益问题,而不能高瞻远瞩。

埃奇说,像关于满洲事件这类问题,他完全同意我的评论。根据他自己的经验,不仅是满洲问题,就是对利益不太直接有关的其他问题,欧洲国家也是除了自己国家的观点以外看不见其他。他以法国人为例说,他们不能迅速下定决心。他说他乐于和法国人交往,觉得法国人很可亲,但是他们常常在最后关头拖延不决,节外生枝地提出与主题不相干的问题。最近三四年来他曾和法国人谈判过好几件事并达成协议,可是当要把协议用具体形式最后定下来时,他总是发现法国方面加以拖延,除非同时还解决其他的问题。

当我问埃奇他所了解的法国对满洲问题的态度时,他说一般印象是法国和日本有某种谅解,但他还不能弄清楚或证实它。前些时流传关于日本在法国市场上发行债券的消息,他曾去见赫里欧并向其他政府成员问起此事,他们都否认曾经有过对日本的任何谅解或贷款,甚至在塔迪厄政府时就曾否认此事。他们说虽然做过某些银行账户透支的安排,但都属于私人往来云云。

我告诉埃奇,我也曾向法国外交部提过关于传说的法、日谅解之事,他们也加以否认。但我早在去年初就了解到日本曾向法国的施奈德公司订购大批大炮。就在四五天以前我又得到消息说日本向雷诺厂订了400辆小型坦克。虽说我还不能证实此事,但消息来源相当可靠*。

埃奇说,对这消息他很感兴趣,他打算让他们使馆的武官们去证实此事,因为他们对做这类事有不少门路和联系。他说,关于对满洲问题的态度,他必须把赫里欧本人和法国外交部分别开。他认为赫里欧一贯坚定明确,同情中国的事业,但是他的态度和感情被法国外交部筛滤了多少就不易肯定了。总而言之,他觉得法国的态度总是有点不明确和不肯定。

当我问他新上台的法国总理会是什么态度时,他说,照他看来,新总理不如他的前任坚定,看来倾向于调解,就像英国外交大臣约翰·西蒙爵士那样。不过埃奇说,他认为新总理保罗-彭古

---

* 收到此项情报后,我曾于12月31日电告外交部,并补充说,日本还另向英、德、意、捷克等国订购类似的军事装备,以图影响这些国家有关满洲问题的外交政策。我建议我国也可运用同样策略,在购买军事装备时,只向对我友好的国家订购而不向对我抱有敌意的国家订购。

对此问题不会有什么肯定的观点。他大约更容易受到正在改变的环境所影响。

由于中国热切希望美国和苏联参加在日内瓦拟议中的调解活动,而苏联的答复似乎又取决于美国对它的态度。我问埃奇,美国新政府承认苏联的可能性有多大。

埃奇说,他想新政府承认的可能性要大得多。他解释说,以前对承认苏联问题存在着激烈的反对情绪,尤其是由于苏联不承认债务。那时,参议员洛奇是领头的,而他(埃奇)是一直追随洛奇的。另一方面,参议员博拉则一直致力于争取承认苏联。他说,近来他不得不承认博拉更成功。他并不是说自己改变了看法,而是仅就博拉的活动以及美国公众,特别是金融界的舆论而言,反对的情绪似乎比以前小了。这一明显改变的原因是其他欧洲国家也赖债不还,因此对苏联不承认外债的反感也就大大缩小了。总的说来,反对承认的人少了。近三年来美国国内的情况的变化,使人民更清楚认识到收支平衡的困难和打开对外贸易新渠道的需要。然后,他问我苏联对满洲问题有什么看法。

我对他说,在日内瓦我曾和李维诺夫交谈过,他给我的印象是苏联很不信任日本。在中苏恢复外交关系以前,苏联倾向于拉拢日本,日本则切盼苏联承认"满洲国"。苏联不愿得罪日本,当时它的态度是既不首肯也不拒绝。我和李维诺夫交谈以后,得到的印象是,苏联很清楚它和日本的利益是不一致的。至于拟议的邀请苏联参加解决满洲问题的调解一事,李维诺夫给我的印象是,如果国联态度认真,确实希望谋求解决,苏联就参加;如果国联成员想把责任推给别国,他和他的政府都看不出有什么理由要为别人火中取栗。

埃奇说,这实际上也正是华盛顿的态度。他认为尽管新政府赞同胡佛总统和史汀生国务卿所采取的外交政策和态度,但对参加拟议中的调解一事则持谨慎态度,要等对国联的真正意图了解得更清楚之后再说。

此时美使馆的西奥多·麦里纳参事参加了谈话,问起我和埃奇已经谈到的山海关局势。

我说我刚向大使说明,此事对我国并非意外,因为中国在前些时已知道日本的企图,而在前此六星期中,中国代表团曾警告过国联,说日本有可能重新在山海关有所行动,甚至估计到它发动新攻击的准确日期。日方诬称中国挑衅,只不过是借口而已。

大使告诉我,他最近要到法国南部去,麦里纳曾一直在注视着日内瓦和远东事态的发展。

我于是告辞,并说要送来中国代表团致国联的备忘录抄本。

1933年1月4日我到捷克斯洛伐克使馆访问捷驻巴黎公使奥苏斯基先生,专为转达中国政府对捷外长贝奈斯先生和捷政府12月在日内瓦国联特别大会上支持正义的赞赏。

当谈到中、日争端时,我说这问题虽然对中国事关重大,但我相信,对国联全体成员国也均涉及至关重要的原则。我说,这件事已经成为对国联能否起作用的考验。在某种意义上说,幸而此事发生在远东,所以欧洲各成员国还能坐下来研究解决办法。然而,找出一项正确的解决办法以树立一个完善的先例是很重要的。如果国联的朋友们争取公正解决的一切努力失败了,我担心将会造成一个坏的先例。这样,一旦不幸在欧洲发生类似的冲突,就对欧洲国家成为严重问题了。在这种情况下就没有一个完善的先例可循,而国联就会面临更严峻的考验。

奥苏斯基说,正是由于中、日争议的重要性及其与国联各成员国的重大关系,像捷克这样的国家才积极参与此事,其目的是维护和坚持国际联盟的基本原则。就争端的实质而言,捷克斯洛伐克对此没有直接利害关系,无论在中国或在日本均无需要保护的利益。但此问题的内在意义则是他的国家所至为关切的。

我说这一点正是我的想法。我理解那些所谓小国对中、日争议的看法是正确的,而那些所谓大国却显得颇无远见。

交谈至此,我转入新的话题,问到所谓小协约国的性质。奥苏斯基热心解答说,这是他十三年前在巴黎和会时期就设想和商定的一项联盟,当时正在研究对奥地利和匈牙利的和约。所谓大国借口他们事先已商定某些安排,想把他们对这两个敌国的意图强加于捷克斯洛伐克和罗马尼亚两国。他主张为了有效反抗这种企图,必须组成一个联合阵线。这个主张以组成捷克斯洛伐克、罗马尼亚和南斯拉夫三者的小协约国而得到实现。他说主要目的是显示一个联合阵线,并对利害攸关之事采取一致行动,而不是为了追求仅为其中任何一国所关心的政治目标。换言之,其目的是为了三个国家的共同利益而奉行一种共同的外交政策。在此目的指引下,这个小联盟使这三个国家都受其益。波兰不是这个联盟的成员。波兰国内形势和这三国不同,它经常和德国有冲突。如果波兰也参加这个联盟体,德国就更有进行对抗活动的借口,而中欧就要经常处于不安了。

我又问,小协约三国是否经常和法国行动一致。

奥苏斯基作了肯定的答复。他说,只要法国的外交政策和这三个国家的主要目的一致,也就是根据和平条约保持这三国的独立,他们就和法国一致行动。但捷克斯洛伐克和法国合作决不是因为愿意屈从于法国,一旦法国政策转变为对捷克不利,他的国家就会按时势需要执行自己的政策。他说,捷克的人口虽不多,但是个坚强的实体,并能对外来压力和企图摧毁他们的势力进行自卫。他的同胞最为关心保卫自己国家的独立,那是经过战争得来的,因而十分珍视它。譬如,在财政问题上,捷克对借外债极为审慎,他们担心财政上的契约有可能带来政治上的约束。在和法国交往的十四年中,捷克只是在 1932 年向法国借过一笔为数六亿法郎的贷款,这只是一笔每年偿还一部分的五年贷款,现在已付还五分之一了。在其国家全部债务中,只有百分之十四属于外债。

我说我在日内瓦时曾听说日本向捷克订购了大宗军火,不知他能否就此对我提供一些消息。

奥苏斯基说他对此一无所闻,但他将询问布拉格。当问到捷克的军火制造业时,他说这是他国内的一项重要工业。据他说,在冶金工业方面,捷克是欧洲的主要国家,甚至排在法国之前。钢铁工业所需的本来要从邻国进口的铁矿石和煤,在波希米亚地区却得天独厚。他的国家已经高度工业化,向许多国家输出它的工厂的制成品或半成品。至于农产品方面,捷克需要从国外输入小麦,这不是因为捷克不能生产小麦,而是因为大面积土地种了大麦,用麦芽来酿造啤酒,那也是捷克的一项重要工业。他强调说,捷克虽然小,在工业世界中却有重要地位,而人民也组织得很好。在一个半世纪中,它虽然处于反对它的国家包围之中,但仍能抵住德、奥的压迫,保持完整无恙。文盲人数比德国这个文化发达的大国还少。

在回答我的问题时,他说捷克和德国的关系是公正和光明正大的。德国人尊重捷克人,因为他们值得尊重。前不久他会见了德国外长冯·牛拉特,曾坦率地告诉他,捷克人希望能被容许在平静的环境中生活和工作。捷克人处于德国包围之中,因为周围都是德国的领土。但这并不是捷克人的过失。客观事实是他们在那儿生存着而且也无法改变这种事实。他向牛拉特强调的第二点是,捷克人就是要在那儿继续生存下去。他对我说,只要承认这些简单的事实,捷克和德国的关系就比较简单易处。

我表示赞赏奥苏斯基对他自己国家形势的深刻分析,并问起他们和奥地利和匈牙利的关系如何。他说,捷克斯洛伐克这个国家,绝大部分是从奥、匈领土中划分出来的,但对这两个国家并无所畏惧。奥国现在人口只有六百万,匈牙利只有八百万。这两个国家都没有能力做出什么危害捷克的事。所以前面谈到的小协约国不是针对这两个国家的。事实上这个联盟不是为了什么政治目的。当然三个成员国都希望维持独立,并且运用一切力量保卫其独立。

我问奥苏斯基,他是否也认为在德国人眼里,法国怕德国是怕德国人报复。

奥苏斯基说,法国人不是胆怯的民族,他们不害怕德国人。不过他们人人都不想再经历 1914 年到 1918 年那样的日子。这种情绪普遍存在于各阶层,从极右到极左,包括共产主义者在内。这种情绪对法国考虑问题至关重要,也是法国对欧外交政策的依据。法国坚持要解决安全问题并不是害怕德国,而是它不愿在达成一项完全的协议并得到保证可以不必再使用它的军事设施之前,就先放弃自己的军备。他说,法国在这项政策的指引下,觉得必须维持捷克这样国家的独立,也正由于看到这种共同利害,捷克才和法国合作。

当我后来到法国外交部拜访当时的副国务秘书皮埃尔·科特先生时,他马上就提到山海关的局势。

我说,日本军队在山海关的行动应不至使他惊异,因为六个星期以前中国就已经知道日本的企图,并一直在警告国联。这一新发展不过是实现日本既定的军事占领中国计划中的又一个项目而已。重要的是此次新的发展使人看得更清楚,原打算在日内瓦进行的调停再也没有成功的可能了。中国在力图恢复失地的同时,也同样急于想挽救国联。由日本侵略引起的华北局势的发展,使世界各国面临如何挽救国际联盟使其免于解体的问题。

科特(他本人也是一位法国出席国联的代表)同意我的看法。他认为目前唯一可行的是立刻执行国联盟约第十五条第四项,按其规定提出最终报告书。

我说这也是我的看法,并请他记住中国代表团在日内瓦提交国联并强调的意见,特别是要求规定完成起草最终报告书的确切期限。

科特说,一旦委员会在日内瓦复会,应当首先就提出这一点。

我说,鉴于日本最近在山海关的行动,国联有必要宣布一项对日本的裁决。

他表示同意,并说可根据李顿报告书的调查结果作出。我对他说,在宣布这项裁决以后,应当自然地和合乎逻辑地进行下一步,即根据国联盟约实施制裁。不实施制裁就不能维护国联的权威。

科特认为军事制裁还谈不上,但当第十五条试行无效时,可以研究实施经济制裁。他很快又补上一句说,但是经济制裁问题必须征得美国的赞同,否则无论法国或其他别的大国都不愿承担这类行动。他问我是否收到过华盛顿方面对这个问题的态度的情报。

我说,美国的态度依我看已很清楚。华盛顿方面认为他们在满洲问题上早已远远走到国联前面,现在已轮到国联跟上来了。美国希望国联根据李顿报告书的调查结果作出裁决。在此以后,美国政府愿意和国联商量如何共同实施制裁的问题。从华盛顿和其他美国可靠方面来的情报都指出这一点。

科特认为如果美国参加,法国会愿意实施经济制裁的。法国政府的政策是维护国联盟约和巴黎公约。他指出我也许已经注意到法国右翼报纸有些同情日本,但是他自己最近曾对他的新闻发布官们说,在满洲问题上也许日本的行动有它自己的理由,但对法国来说并不是一个就事论事的是非问题。法国对此争端中的具体事由的争执不感兴趣,但对这个争端所涉及的原则则十分关注。也许国联盟约不是为遥远的中国和日本而订的,但事实上中国和日本都是国联的成员,因此必须要求他们遵守盟约。他说这就是法国的一贯态度。右翼政治家们提醒法国政府说它没有充分顾及法国的安全问题,法国政府应当为本国的安全作出更大的努力。但是,科特说,国际联盟是为维护其成员国国家安全而组成的机构。法国政府奉行维护国联盟约和非战公约的政策以保卫国联,这正是为了法国本身安全的利益。

科特说,对盟约第十六条是不是可靠的和平保证也有争论。依他看,不论是可靠或不可靠,这一条首先要经过实施来检验。不过要实施第十六条所规定的制裁,首先要经过第十五条,只有

第十五条受到破坏,才能导致第十六条中有关制裁的实施。这就是法国主张对中、日争议目前必须先实施第十五条第四项的原因。它将为今后讨论实施第十六条清除道路。

在回答我的问题时科特解释说,法国的计划是首先要试过第十五条规定的一切可能,然后才能讨论实施第十六条。为了使按第十五条第四项草拟出的报告书生效,必须取得国联行政院的一致同意和全体大会其他成员的大多数通过。他并说,一致通过是会取得的。但是法国当然不能在日内瓦把这些应采取的各个步骤一一提出来,而只能在幕后发挥其作用。他认为实际建议可以由诸如捷克等国的代表提出来。他说,这就是目前法国政府的政策和立场。

由于科特是法国在日内瓦的代表,又是一位在法国政府内颇有影响的人物,我感到他所谈的法国在目前形势下要采取的态度是诚挚的。不过我对他说,为了使这个政策成功,必须取得伦敦方面的合作。我问他法国有没有和英国政府讨论这件事。

科特说,鉴于目前发生的山海关事件,他看不出英国会坚持另外的立场。他还说,依他看来,一旦实施诸如抵制贸易之类的经济制裁,日本至多也捱不过六个月。

我对他说,这也正是我的看法,实际上如果各国形成一个反对日本的联合阵线,日本马上就会变得理智一些。

他表示同意。

我于是提起报上的消息,关于日本在法国发行债券和日本向法国订购军事装备和军火的问题。

科特说,日本债券在法国发行是不可能的,报道是不真实的。至于军火和军事装备问题,他说是向某几家公司订购了几笔货,但并不如谣传的那么严重。他保证,一旦国联宣布对日本的裁决,不仅不许再接受新订货,连原有的合同也要禁止继续执行。

当我告辞时,科特对我说,他最近就要到日内瓦去再次代表法国出席国联,保罗-彭古总理在必要时也可能亲自出席说明法国政府的态度。他向我保证,我完全可以放心地把维护盟约和巴黎公约当作法国当前外交政策的基础。

总而言之,我感到这次谈话很有用处。这位副国务秘书并没有躲躲闪闪,相反,他清清楚楚地阐明了他的政府的态度。

还有一些迹象表明近来法国政府所持的坚定态度。1月9日中国外交部来电说,根据一些报纸的论调,担心法国政府最近要突然改变态度。我按我的印象,发电提出不同的看法。我在去电中说明,去年10月份赫里欧曾向我说,法国希望先试做调解,调解无效就必须诉诸法律。在另一场合,他又说,法国的政策是支持盟约的。这的确是赫里欧的一贯政策。近来由于法、美关系不好,英、法联合阵线又因偿付债务的问题而破裂,加上德国的不妥协态度,这一切使法国外交部害怕遭受孤立,因而感到为了它自身的利益,更有必要维护国联。这次日本进攻山海关,是对国联的一次打击,法国外交部认为必须挽救它。新的法国裁军安全方案也是依仗国联作为枢轴的。左翼党派总纲领集中于:(1)加强和平机构以促进安全;(2)裁军以防止德国的重新武装;(3)进一步缩减财政开支以实现有条不紊的预算。至于法国新闻界,左翼报纸一直同情中国而右翼报纸则经常持敌视态度。《时报》的确还在诋毁中国的无政府状态,并认为如果给日本以任何退出国联的借口就是犯了严重错误,但该报属于极右翼。

此时此刻只有英国最为难办。据在日内瓦的颜惠庆传来的消息,伦敦又在流行谣言,说美国对中、日争端的态度变得松劲了。颜为此致电驻华盛顿的施肇基公使,要他向美国国务院告知此事。看来英国是想使那些想促使对日进行有力的道义和法律裁决的国联其他成员国泄气,这些国家都指望着美国的支持。

不幸,就在此时,日本的侵略行为正有增无已。但国联成员国,尤其是各小国,已经因华盛顿自去年8月(当时史汀生国务卿正力主不承认"满洲国")以后保持缄默而泄了气。华盛顿最近否认在日本侵占山海关以后曾向日本递交过一份照会,如果真有其事,这也够使人诧异的了。鉴于法国当时很同情我国处境,而只有英国的态度成问题这一事实,我认为,此时美国表示一下决定性的态度比什么时候都更重要。可是近来报纸发表的美国新闻报道,有意或无意地提到美国官方会议讨论了许多问题,唯独不及满洲问题。据颜惠庆报告说,这种情况在日内瓦造成一种令人痛心的印象。他觉得英国正在利用这一点。

颜惠庆在和我用电话商量以后,在7日打电报给外交部和驻华盛顿的施肇基,建议他们敦促美国迅速再做一次反对日本侵略的表示,这不仅有助于国联和中国,也有助于美国自身。我们认为最好由当选的罗斯福总统参加这一种表示。我们认为这样可以抵消英国的态度,并且加强国联各成员国的决心。

1月8日我和郭泰祺一道回到日内瓦,郭是到巴黎看望汪精卫后和我会齐的。在我行前我处理了几项由于尽先办理中、日争端而耽搁下来的事务,如推荐金问泗、胡世泽和钱泰担任驻某些欧洲小国的使节,这些小国在日内瓦都表示愿意支持中国。我觉得我们当时处境不能忽视他们的帮助,也不能听任驻这些国家的使馆没有主持人。1月6日我打电报给外交部长罗文干,称赞这三人有经验,勤奋和熟悉我国的重要外交问题,并建议派他们充任某几个欧洲国家当时出缺的使节。考虑到可能会出现经费问题,我建议由金问泗兼任驻比利时和荷兰公使,钱泰兼任驻西班牙和驻葡萄牙公使,派中国驻日内瓦国联办事处处长胡世泽兼驻瑞士公使。我指出,只要把有关各使馆人员编制妥善紧缩一下,这三项任命就不致给预算带来紧张。同时,这几项任命可以适应我国当前外交工作的国外需要,并能表明我们对过去为国家忠诚服务的人的奖励*。

另一桩性质完全不同的事是法国劳工织织对在北平逮捕一

---

* 当年5月任命钱泰为驻西班牙公使,金问泗为驻荷兰公使,胡世泽为驻瑞士公使。葡萄牙和比利时的空缺也于5月分别派人充任,政府认为无需兼职。

名工会领袖并转送上海审讯一事的反应。由于法国工人强烈的愤怒，以致法国当局派警察到中国使馆，以防范法国工人代表的行动。很多组织打电报给中国使馆，要求释放在中国被捕的人。电报中警告说，如果中国政府虐待中国工人，则一贯在中、日争议中支持中国的法国工人就要改变其态度。我指示使馆人员答复这些电报并解释情况。对所有的问题都作了尽可能使其消除疑虑的答复。同时我电告外交部对此案必须谨慎从事。要照顾到法国左翼，因为他们一直支持我国的奋斗目标。

1月10日我在日内瓦收到外交部长密电，说英国对山海关事件正在谋求就地调停解决，估计英国急于保护它在附近的利益。外交部从张学良少帅处得知，9日河北省驻军司令兼省政府主席于学忠将军向他报告说，8日他应邀出席宴会，见到英国代理领事，该代理领事向于说，他本人很希望山海关事件能通过调停解决，并以上海为例，说可以得到美、英、法、意各国出面调停。于答复说，深感此项建议所表达的美意，不过他不知道日本是否愿意恢复原状。不恢复原状就没有商量余地。

外交部9日又从何柱国将军处得知（何也是张学良部下的一个将领），在8日一位英国舰长和日本海军中佐津田均来与他接触，表示愿出面调停，并探听中国对调停山海关事件的意见[*]。9日晚何柱国又接到津田中佐通过开滦矿务总局（英国人管理的煤矿企业，设在离山海关十英里的秦皇岛）转来的电话。电话说，日本政府已指示中村将军负责谈判，并立刻进行（中村是日本天津驻屯军司令）。何柱国请求外交部指示。

外交部电报说，已电复何柱国，说明山海关事件是中、日问题的一部分，与上海事件不同，绝不能当作局部问题就地解决。此外，已派外交部刘次长专程到北平与张学良接头，以免落进日本

---

[*] 何柱国将军是驻山海关的第九旅旅长。此时他的司令部设在秦皇岛，该处为英国和日本船只碇泊之地。

人的圈套。据外交部来电说,蒋委员长和宋子文都同意此项政策。此外,宋子文并以外交部名义发表声明,否认中国赞成就地解决山海关事件。

外交部续电告,外交部长已电复张学良,说明英领事的调停意见绝不可行,不能接受。首先,日本攻打山海关的目的是侵占热河,我方的抵抗出乎他们意外。提出就地解决的调停问题,实际上是使日本得以争取时间。日本国内在财政、通货、农业以及日本人民大众的思想等各方面都面临极为困难的局势。在山海关的行动和侵犯热河,是他们冒险的最后一着。因此,外交部长告知张学良,如果我们能再次坚持,一项根本解决东北问题的办法就可能在望。而且我们越显示抵抗决心,天津和北平就越安全。他还说,国联已承认调解失败,因而准备运用盟约第十五条四款。如果这时我们和日方达成一项协议,就无异于为日本解决难题。他指出,英国一贯只顾它本身的利益。上海事件达成协定之后,他们就不再顾及满洲问题了。目前由于英国在山海关、秦皇岛一带有可观的利益,英国又想充当调停人,这难道是为了我国的利益?外长告诉张学良说,政府为此要他在处理这种局势时必须坚定。

外交部长通知我,这封给张学良的电报是经过委员长和行政院代院长宋子文批准后才发出去的。此外,委员长本人另电张学良,只有日本人撤出山海关才有考虑调停的余地。

与此同时,颜、郭和我得到报告,日本准备根据辛丑条约提出要求中国军队从北平—山海关铁路一线向两侧各撤出 2 英里*。我们商定,建议我国政府采取三项外交行动。1 月 10 日我们电外交部提出,为了先发制人,政府应:(1)向日本提出另一项抗议,要

---

* 1901 年辛丑条约规定,日本有权在北京派驻一支使馆卫队,在天津派驻一支守备部队,在由北京到塘沽的铁路沿线派驻护路部队。另一方面,根据 1902 年 7 月与该条约有关的换文即裁撤时国联军统领所设都统衙门之条件中的规定,中国不得在天津周围 20 华里内或在北京至山海关铁路两侧 2 英里内驻军或行军。

求日本军队和驻北平使馆区卫队立即撤离北平、天津、山海关和铁路线上其他地点。理由是即使按照辛丑条约的规定,也不允许日本使用上述地点作为攻击中国的基地,此种活动已构成严重违反上述条约的文字和精神*。(2)我们建议另将同样内容的照会分别递交辛丑条约签字各国:

> 甲、指出日方以辛丑条约为掩护,在北平、天津两地增加和集中大量军队,进行频繁夜间演习,以及在日军最近侵占山海关时得到以辛丑条约名义在各该地所驻日军的积极支援。此等事实已构成对我国华北的和平与安全的严重危害及对该辛丑条约的公然违犯。乙、照会各该国,中国认为必须停止日本在辛丑条约军事条款项下规定的一切特权,并要求各该国施加影响,使日本的有关使馆区卫队和驻军撤离。丙、声明如日军未能撤走,中国鉴于日本在过去十五个月中对东北的侵略和最近又占领山海关的事实,足以证明其蓄谋损害中国的领土和政治独立,因此对今后由于日军的存在及其蛮横行为而引起的一切冲突所造成的后果概不能负责。

(3)建议外交部将发出的正式照会抄送国联。

1月12日外交部复电称,在接到上述电报之前,政府在10日已发出内容相同的备忘录分致英、美、法、意、比、西及荷兰等各"辛丑条约"签字国政府,要求各国政府注意到下述事实:日军"非法利用'辛丑条约'给予的特权……攻占山海关,屠杀数以千计的

---

* 1月4日中国外交部对日提出第一次抗议照会。首先述明日本宪兵在自己的营房内事先进行破坏,以造成中方应负责任的假象,嗣后又歪曲在1月1日—2日进攻山海关以前的当地局势的事实,企图以此推诿其行动的责任。照会进一步指明日军在山海关的行动显然是执行一项预先制定的旨在恶化局势的计划,并违反日本代表多次对国际联盟所作的承诺。照会最后要求日军立即从山海关撤退,以避免日后发生类似情况并惩处日方肇事的责任者。照会并保留中国政府今后提出对中国人所受损失要求赔偿之权利。

中国和平居民,造成巨大的财产损失……并在山海关和沿北宁铁路一线继续集结大量军队"等等。备忘录中申明,在此情况下,"由于中国防守部队抵抗日军侵略进行正当防御因而引起的任何法律或实际的后果,中国政府不能负责"。

外交部对代表团通报此项备忘录的电文中并称,该项备忘录原稿最后另有一节要求各该国向日本作出强硬表示。但当我国政府获悉英国正提出要进行斡旋,因此取消此节,以免被误认为中国政府吁请调停。该电又称正在考虑向日本提出第二次抗议。

同日,1月12日,外交部通知代表团,从驻日大使馆获悉:日本军事当局发觉国际上对日本侵占山海关及尔后进攻九门口(长城隘口之一)之举并未提出抗议,于是自行发表一项声明,大意说,热河是"满洲国"领土的一部分,在此地区内任何军事行动都将被视为侵略和扰乱和平,"满洲国"当局将坚决使用"自卫手段惩罚进犯者"云云。驻日大使馆认为此项声明已明显表示日本即将进犯热河。

面临日本的行动和公开叫嚣的侵略意图,个别大国,尤其是英国,仍然认为可就地斡旋以避免山海关事件的扩大。这实际上只能起到破坏作用,尤其有害的是国联仍然致力于调解。

早几天即1月7日我在巴黎的时候,颜惠庆在日内瓦和国联秘书长杜吕蒙交谈时曾问起他对我国所提修正案的意见和调解是否还有望。杜吕蒙说日本方面还未接受草案中的各项原则,因此调解将难于实现,国际将不得不按第十五条四项进行并提出最终报告书。颜要求他作出一个强有力的报告书,以挽救国联并平息美国和世界的舆论。杜吕蒙说,报告书可能相当长,要回顾争议的全部历史,包括上海事件在内,并以李顿报告书的第九章所述的原则或加上第十章作为结尾。颜指出第九章和前八章间不相衔接之处,并说明第十章连撰写报告书的人自己也认为其内容仅仅是些建议,因而不是很重要的。

颜又问杜吕蒙第十五条第六项的涵义是什么。该项规定:

"如行政院报告书除争执之一方或一方以上之代表外,该院理事一致赞成,则联盟会员国约定彼此不得向遵从报告书建议之任何一方从事战争。"

颜惠庆的问题与其说是要求解释,倒不如说是讲的反话。整个盟约体现着一种防止战争、促进和平的精神,并默许对违反盟约、用武力侵略别国的任何国家作战。第十五条暗示国联可以对侵略国作战,特别是拒绝接受业经除争执之一方或一方以上之代表外国联会员国一致赞成的报告书的侵略国。在这种情况下,设想的程序是,首先根据第十六条实行制裁,并视需要,由全体其他会员国对那个坚持抗拒的侵略国作战。只不过盟约即使在需要之处也不愿意明说战争一词而已。

杜吕蒙答说,如果中国接受而日本拒绝,则中国就有理由用任何方法对抗日本,并举希腊的"科孚"事件为例。颜又说,建议不仅是针对当事双方,也包括其他成员国应如何行事。杜吕蒙又谈到英国的态度实际上还是支持盟约的,但是不同意实施第十六条。颜强调了小国有这样的担心,如果这次日本不受到谴责,就开了坏的先例。杜吕蒙承认这一点,但又认为如果欧洲一旦有事,形势当与亚洲不同(这是中国所遭遇到的全部困难的关键所在)。

颜又问起十九国委员会在 1 月 16 日复会后的会议进程。杜吕蒙说,他估计委员会将会承认他们对调解所做的努力已经失败,并将申请全体大会授权他们进而起草最终报告书,他估计也许有两个星期即可完成。不过他问颜,如果日本接受李顿报告书第九章,但坚持要照山东问题那样组成小型调解委员会来使双方直接谈判时,中国将作何反应。杜吕蒙是在探问中国会不会同意。他的这种询问是在向颜透露仍在考虑为调解进行活动。

颜答复他说,在谈到任何谈判以前,日本必须先放弃"满洲国"。而且直接谈判是违反国联的法定程序和违背前此国联的决定的。他指出现在的事件和当年山东问题的区别。山东问题不是在国联主持下谈判的，因此也不受国联盟约和国联程序的约束。无论如何，他认为当前的问题是日本是否接受决议草案和"理由说明"，虽然二者目前都已很软弱了。这时杜吕蒙说，如果有一个小型委员会，包括美国、苏联和当事国双方坐下来谈判，也许还能达成一项解决方案。他还说，如果美国是国联成员国的话，这次纠纷也许在1931年就已解决了。

在下一周中，我和代表团其他成员继续探听日内瓦的同行们的意见，以判明在日本代表和国联代表（杜吕蒙及海曼斯）之间为找出各方都可接受的调解方式到底都进行了些什么谈判。显然日本已提出了某些对十九国委员会草案的修改意见，并在日内瓦进行认真研究中，虽说这些修改意见和中国的期望相反，并且会使草案更为削弱。显然有些有关国家仍旧相信日本会接受一项牺牲中国利益的软弱的解决方案。如果这次和日本的谈判成功了，他们还打算把这个方案强加于中国。

另一方面，我们则相信日本不过是在争取时间，尤其考虑到有消息说，日本企图通过英国某海军将领的斡旋，以实现山海关事件就地谈判解决。我们认为日本到最后，甚至会拒绝李顿报告书的第九章或者只作有保留的接受。因为它第一绝不肯放弃"满洲国"，第二绝不肯接受集体谈判。所以我们代表团继续尽全力以谋求不承认"满洲国"和提出最终报告书，这些和中国的目标殊途而同归。中国政府在国内也回避那种显然要在山海关就地解决所做的调停努力，而强调要尽力抵抗日本侵略的决心。这和我们代表团希望在日内瓦所采取的立场是一致的。

代表团将所了解的情况和意见电报外交部。随后，外交部于15日晨来电询问，如果日本接受新的解决方案，国联将其强加于我国，而我国持坚定不变的态度时，国联方面会对我方有什么反应。颜、郭和我立即复电说，我们十分赞同在日内瓦采取坚定不移的态度，这样可以迫使国联对我国的意见多加考虑，并且鼓励诸小国。我们说，调解不仅毫无希望而且有害。因为日本一心想争取时间在最终报告书通过之前侵占热河。如果中国接受国联作出的最终报告书在先，日本再侵犯热河，就会把日本置于受制裁的地位。反之，如果报告书迟至日本已占领热河之后才作出来，日本就可以置之不理而致其全力于巩固它在东北的地位。因此在电报中我们建议今后应阻止一切调停的努力，除非国联接受我们的修正案或最低限度保持草案原文不变。我们已商定要给国联全体大会和十九国委员会主席海曼斯先生去信，坚持我国提出的修正案是最低的基础，并对传说解决方案已被削弱而我方尚未收到副本一事表示不满。我们提出，如果出现我代表团确实要面对一个既成事实时，应在适当时机拒不出席全体大会，或以辞职来抗议国联的不公允。电文中并指出，上述立场与中国政府一贯和国联合作的政策并无抵触，因为如果国联在解决满洲问题上置中国的利益于不顾，则中国的这种和国联合作的政策就毫无意义了。

当日上午我们向海曼斯发出所拟议的那封信，那正是十九国委员会复会的前一天。几小时以后，颜和我到海曼斯住所贝格旅馆去拜访他。海曼斯先请我们允许他看一下我们几小时前给他的信。他看完后说，信中共有两个主要之点：一是关于12月提出的修正案；二是询问目前事态的消息。他说，在他看来，中国的修正案问题是次要的，仅涉及措词的问题。

颜表示同意，并问他决议草案和"理由说明"的原文本是否要修改。

海曼斯说，这属于所提的第二点。他说日本人从他们那一方面提出了修正案，深深涉及草案的本质，委员会认为其性质是完全不可接受的。

颜说，就草案最初文本而言，那已是最低限度的了，中国政府对此已甚感失望，希望至少要较多地按照中方提出的意见加以修正。但他仍想问一下今后将会出现什么情况。

海曼斯说，曾经提出某些建议，东京正在研究中。我问这些建议是不是日方提出来的,他说:"不是。"它们是在日内瓦会谈的结果。

颜又问明天下午十九国委员会复会后要干些什么。海曼斯说他们大约将仅仅报告一下当事双方都提出了修正案,并说明其一般性质,还指出某些建议正由日方考虑中。

我说是否能取得双方同意,看来很少把握。我觉得最好就按第十五条四项起草最终报告书。这是一项至为重要的文件,应当仔细慎重地草拟。不论它是否会论及争端的实质,它应当明确提出导致解决的程序。

颜又问起目前日方考虑中的建议内容。

海曼斯说他尚不能提供情况,因为日本方面是否会同意并没有把握。不过其中一点是由十九国委员会指定一个小规模的小组委员会担任调解。日本反对十九国委员会集体担任调解人。海曼斯说,就一个实际问题,由整个委员会来和双方谈判解决问题,显然是行不通的。他说,如果成立一个像起草委员会那样的小委员会,更为合适一些。

我说,不论特别委员会的规模如何缩小,所谓的小国应当有足够的代表。

海曼斯说他自然要代表小国,但也不能排除大国。

我说我并不要求排斥大国,但认为小国应当有充分的代表。我又说,由于海曼斯认为中国的修正案仅是文字上作修改,是次要的问题,是否可以理所当然地理解为中国的修正案将顺利通过,纳入草案文本。

不出我之所料,海曼斯的答复是否定的。他说他的意思是,中国修正案的实质已经体现在草案文本之中,因而没有必要再作文字上的修改。

我说中国政府对其所提修正案极为重视,因为它关系到原则问题。

海曼斯翻阅了一下中国修正案文本说,中国的第一点修正是要求在决议正文中援引李顿调查团的调查结果。他认为这一点已经在"理由说明"部分中讲明,因此应当说是已经完全包括进去了。

我说,要在决议文本中援引的理由是避免事实问题的讨论。在"理由说明"中引述是不够的。存在两项文件这一事实本身就足以说明决议比"理由说明"更有约束力。

海曼斯说,虽然只有决议具有约束力,但必须把两项文件合在一起才能明确决议文本的意义。

我说,假如国联大会已经正式通过了李顿调查团报告书的话,这样说是对的。但事实上并没有这样办。因此日本必然会声明不受该项调查结果的约束并对事实说明部分提出异议,从而重新展开对各项事实毫无结果的争论。

颜说,在决议中做这样的增添是为了避免对事实问题再次辩论。这以前在国联行政院已讨论了一个星期,又在全体大会上讨论了好几天也没有取得一致意见。

海曼斯说他理解这一点,并在决议草案文本上做了批注。

我说还有一点中国代表团认为也很重要,就是不承认"满洲国"和不允许它继续存在。我们提出的修正案是要在决议的调解基础中加上一句,说明不能把维持"满洲国"的存在当作一项解决办法。

海曼斯说,这一点也已经写入起草中的"理由说明"中了。

在简短但尖锐的交谈中,此时海曼斯和我已谈到问题的核心。我说这是应当在决议文本中讲清楚的原则问题。

海曼斯说,决议草案载明若干作为调解基础的原则。其中之一说到在满洲建立符合中国主权和领土完整的自治。他说如果中、日双方都坚持写入对方不能接受的修正案,调解就势必不可能了。

我说,我们提出的修正案,特别是这一点的目的就是要保证调解能成功,和避免在一开始就因意见不同而失败。委员会尽可以跳过这些难点使用笼统、含混和冠冕堂皇的言词，但首要的是应当把重点说明白，否则委员会认为这些话应当这样理解而日本则理解为迥然不同的另外的意义。在这种情况下，各方刚坐到一起就会出现无法克服的困难。

海曼斯说，如果希望调解能成功，委员会必须避免一开始就谴责日本。

我说，这不能说是谴责，这只不过是说清楚中国认为最重要的一项原则。不确立这项原则，中国代表团是不能参加任何调解活动的。我说我无论怎么强调这一点都不为过，因为如果不确知不以维持"满洲国"作为解决办法的话，中国代表团是不会接受调解的。中国代表团宁可辞职也不会默认任何可能导致这种解决办法的决议。

我于是说，我们这次访问的主要目的有二：一是提醒海曼斯先生注意我国认为所提的修正案至关重要；二是要求在委员会和日本谈判修改原草案文本取得确定协议以前，将修改之处通知中国代表团，以便有充足时间研究。此外，我和颜都希望事先申明，如果中国代表团一旦面对一项来自日方并已为国联接受的方案时，为了避免承担因我方拒绝此项方案而招致调解失败的责任，中国代表团保留全部拒绝之权。

海曼斯说他了解中国代表团的立场。他保证给中国代表团以充分研究的时间，不过他在事情有所进展之前不能把考虑中的修改之处告诉我们。他所处的地位很微妙，他感到对取得各方一致同意的调解程序的努力是否能成功负有道义上的责任。作为他个人而言，他可以说比利时对中国是友好的，并在中国有重大的商业利益。比利时对日本也是友好的，但在日本并不存在直接政治利益。作为国联特别大会和十九国委员会的主席，他希望在谋求一项解决中、日争端的程序时避免作任何可能标志对国联基本原则有所修改的安排；另一方面也避免那种理论性的、抽象的对原则的解释，以防导致远东局势发展成为一场大战。理论性的解释只能给人以这种印象,国联不是讲求实际的机构,而不过只是个研究讨论的学院。换句话说,他的结论是,他是急于尽其所能寻求一项可以导致解决纠纷的调解程序,从而维持国际联盟的基本原则。

我们用电报向外交部报告和海曼斯交谈的情况。外交部长17日复电中清楚说明政府领导人的现时态度。电报说,外交部了解到英国由于对美国政府处理战时债务问题方面很失望,想牺牲中国以混水摸鱼,只要日本限于长城之外,英国就继续支持日本的大陆政策。我们准备一方面抵抗日本,同时要防止英国的阴谋。我们已发动报纸舆论批评英国近来的态度。电报说罗部长已请示了政府领导,他们完全同意代表团对海曼斯的警告,并同意如果国联因受大国不断影响而炮制出一项软弱和令人不满的决议,我们不能屈从接受。电报中并指示代表团如一旦有此种方案提出时,应当拒绝出席国联会议。罗部长认为这样做比辞职好,因为辞职可能引起国内公众误解,以为是代表团和政府间意见分歧所致。同日,罗外长在南京发表一项相当强硬的声明,说明政府和代表团的意向仍然坚定不移,决不接受任何违背历次申明的原则的解决方案。

与此同时,我们听到一些令人鼓舞的消息。根据美国驻欧使节16日接到指示向属于国联成员的各驻在国政府提出:鉴于目前调停失败,要求他们在国联采取果断行动反对日本。这在日内瓦似乎起了很好作用。

1月16日下午郭泰祺去见英国的西蒙爵士,西蒙矢口否认他知道任何修正方案。他说只要有一线希望,他也要提倡调解。但如果调解失败,他将维护盟约。他说大会应按照第十五条第四项规定作出一项宣告其意见的报告书,李顿调查团报告书很适合作此项报告书的基础。郭说,虽然中国不期望外来的军事援助,但至少应当在日内瓦得到一项道义上的和法律的裁决。郭警告说,如果国联不能做到这一点,将会随之引起中国公众舆论的极大不满和今后在远东方面的不良后果。郭认为西蒙显然深为这种议论所动。当回答郭的询问时，西蒙说他最近和美国驻英大使谈话的实质是，即使罗斯福当政后，英、美之间的政策也不会改变。总的说来，郭认为西蒙似乎急于想抵消人们对他的偏袒日本的印象。

法国的态度仍旧对我相当有利。保罗-彭古总理在下院发言时曾说：

> 我知道在中国有动乱和不安，但它们是伴随着巨大的变革而来的。我这颗忠于法兰西大革命传统的法兰西人的心，对此是不会无所察觉的。法国并不会因对日本的友好关系使它在必须宣扬正义和法律时有什么改变。满洲的局势对日本说来也许因为有现行条约关系有些特殊，但当法国坐在国联行政院作为裁判者时，世界上无论什么条约也不能影响它的决定。绝不可能！如果它能被签订的条约影响的话（例如"日满议定书"）……世界上就再也不会有公道，也不会有国联了。

16 日人类权利同盟在巴黎开会，出席该会的巴黎大学教授们和其他知识分子一致通过致保罗-彭古总理的信，要求宣告日本是侵略者，要求法国政府在国联领导各小国维护法律和中国的正义事业，援用国联盟约实施经济制裁。

十九国委员会于 16 日开会。虽然在中国的战争仍在进行，该委员会继续迟迟不做决定。首先是等待日本正式提出尚在东京研究中的建议。委员会于 18 日才收到这些建议。由于日本代表此时特别强调说日方坚决反对非国联成员国参加任何解决方案的谈判，国联为了把争议中的问题弄清楚，询问日本政府，如果克服了这个困难问题，日本是否接受 12 月 15 日的原决议草案，因而又发生了一次迟延。日本代表团于 1 月 20 日作了否定的答复，但又提出一些新建议，并于 1 月 21 日得到日本政府批准后再度提出。这些新建议和日方原先提交的建议同样不可接受。

在此过程中,中国代表非常忙碌。首先,我们几乎立即了解到委员会研究了日方18日的提案后,同意放弃邀请美国和苏联参加调解委员会,并进一步考虑把"理由说明"部分改变成大会主席代表委员会所作的声明,日方有权对此提出保留意见。颜惠庆在20日会见海曼斯和杜吕蒙,反对任何这样的改变,并坚持要求国联大会通过一项不承认"满洲国"的决议,把事情说清楚。他重申,除非日本愿意放弃"满洲国",否则就不是诚意接受调解,中国必将予以拒绝。

我当晚去访问捷克外长贝奈斯,他刚从布拉格来此参加十九国会议。寒暄以后,我向他解释中国代表团对于显然是由日本代表提出来的四点问题的意见。这些意见是:(1)不承认并取消"满洲国",我说中国代表团坚持应在决议中明确说明;(2)邀请美国和苏联参加调解,我强调这是很有益和必需的;(3)担任调解工作的委员会的规模,我说不必如十九国委员会那样大,其比例也不应限制得太严格。但无论如何,在这个较小的组织中要保持所谓小国的比例;至于第(4)点,这个调解委员会的职责范围,我说不能只限于斡旋,委员会本身对拟议中的中、日谈判应全部参加和合作,换句话说,应当是以委员会为一方而中、日分别为另一方的集体谈判,十六个月以来一直都是如此,国联没有理由要求今后中国和日本直接谈判。

贝奈斯说,虽然他这一段期间不在日内瓦,他通过每天电话报告保持和十九国委员会的工作联系。在布拉格,日本公使曾经访问他并就日方修正案征求意见。他向日本公使说,他不能代表捷克接受这些修改。关于中、日冲突,他认为有两项原则对他说来至关重要:其一,绝不能承认"满洲国";其二,绝不能损害中国的主权。这是他所要坚持之点。他将投票反对任何违背这两项原则的决议,即使其他十八国都投赞成票,他也不会改变。因此说到刚提到的四点,他向我肯定完全同意我第一点的意见。至于第二点,他说委员会已经向日本询问,是否除了邀请美、苏二国以外他们将完全接受12月15日的原草案。这样做是为了使对日本建议的驳回(这是意料之中就要做的事)立足于充分的法律根据之上。他同意我说的邀请美、苏两国是很重要的,但是他说委员会决定放弃邀请,实在是为了对付日本代表团*。

至于第三点,他认为这个委员会大约将由十个成员组成,并适当保持小国的比例。关于第四点,他和我的意见也相符,他还说他也觉得已经有过去十六个月所发生的情况,再提出两国直接谈判毫无意义。

贝奈斯说他刚开了会回来,那天会上的气氛良好。人人对日本迟迟不作答复感到不耐烦,一致认为唯一可行的是进一步按盟约第十五条第四项办事。虽然没有做正式决定,大家都理解第二天21日再开会时就要通过这项决议。他又说,这是由于会议主席海曼斯提出推迟一天作出决定,以便再给日方二十四小时提出答复。

我问贝奈斯,假如日本答复说它撤回反对邀请美、苏两国的意见,但要委员会同意日方其他对草案文本修改的建议,委员会将如何对待。

贝奈斯说,这个问题当天在委员会会议上已有人提出来,但他反对进行讨论。他坚持说,召开这个会议的目的是讨论日本的答复,既然答复没有送来,就没有什么可讨论的。讨论一个假设的问题是无用的。他说如果答复真像所说的那样,他相信委员会将拒绝讨论它。而他也一定反对进行讨论。因此他认为会议气氛对中国方面有利,让我宽心。

我说,以我的见解,委员会应当采取坚定立场停止调解,日本

---

* 换句话说,在法律上日本有理由反对邀请非成员国参加。因此如果委员会表示愿意取消此项邀请而日本仍然拒绝修改过的决议草案,那就完全表明日本拒绝接受不是出于法律的原因。归根到底,日本所以拒绝接受的真正原因是国联反对"满洲国"的继续存在,等等。

对此根本无诚意。这样做对国联和对中国同样有利。

贝奈斯说，捷克斯洛伐克在日本没有重大利益，他没有要反对日本的理由。但他完全是为了国联，作为国联的发言人，他不能看着盟约被削弱。

我说，贝奈斯此时来到日内瓦真是件好事，因为全世界都在仰望他，把他看作全世界支持国联和国联盟约的自由观点的化身。我把以前通过捷克驻法公使奥苏斯基转达给他的中国政府对贝奈斯主持正义维护和平的努力的赞赏，又一次亲自向他转达。

贝奈斯谢谢我，并说他只是做了他认为是对的事。

我也代表汪精卫感谢他。汪对他去卡罗维发利访问时，捷克政府给他的礼遇和方便表示谢意。

贝奈斯说他曾指示过对汪的照料，对此他感到高兴。他又问汪对在捷克的停留是否满意。

我作了肯定的答复。

贝奈斯请我转达汪，知道汪很满意感到高兴。如果捷克政府还有什么可效劳之处，他将很乐于知道。

当晚，中国代表团发表一项声明，对十九国委员会，如报纸所报道那样，倾向于接受对原决议草案所作重要修改一事感到失望。声明还公布了我们前次提交国联的修正案，并强调了我刚才和贝奈斯讨论过的四点，即：

（1）不承认和取消所谓"满洲国"政权是调解的必不可少的条件，必须在决议中明确说明；

（2）邀请美国和苏联参加是十分有益和必要的，其理由前次已说明；

（3）拟议中的调解委员会不能代替十九国委员会，而是作为其附属的委员会，其组成应当保持充分反映国联特别大会的精神的大国和小国的比例；

（4）拟议中的附属委员会的职责不能仅限于斡旋，因为调解的成功,只能通过得到美国和苏联的充分合作,进行集体谈判才能达到,至于谈判的基础,前已明确。

贝奈斯的想法是,从委员会20日会议上整个气氛看来,当下一天再开会时就要正式宣布调解已告结束。事实大体上就是如此。委员会在21日开会,发现即使委员会愿意取消对美、苏两国的邀请和把"理由说明"变成一项可以提出保留的大会主席声明,日本人也不肯接受未加重大和令人不能接受的修改的原草案。(特别是要取消任何提到作为调解基础的不承认"满洲国"的字句。)一句话,日本人现在无疑地只肯接受以承认它对满洲的军事占领为基础的调解,因此,也就是不可能有调解。委员会只好按第四项办事。但同时因为只有国联大会有权做出最后决定,委员会在大会下次开会前仍欢迎各方的任何建议。

这些都在委员会21日讨论后发出的一份长长的公报中说明了。这份公报是中国方面所收到的说明委员会已提出草案并愿意接受对该草案的修正的唯一正式文件*。我在21日听到说下次大会大概要在2月份第一周举行。实际到时又推迟了,直到2月21日大会才召开。

十九国委员会在此时成立一个起草委员会起草最终报告书**。从一开始就看得出委员会里的那些大国不愿意公开谴责日本,而谴责正是中国的主要目的。中国代表团从可靠方面得到消息,说其中尤其是英国,正在编制一份软弱的为中、日双方都不能接受的报告书,在此以后它对这件事就甩手不管了。另外,瑞士的态度也明显地转向于袒护日本。我们认为如果想达到我们的目的,代表团必须出面或通过美国对各方施加压力。代表团于是致电外交部报告情况,并建议采取相应的行动。我们每个人都进行活动,强调说明中国的观点。

---

* 1933年1月21日国联公报原文见附录四。
** 起草委员会由海曼斯及英、法、德、意、西班牙、瑞士、瑞典和捷克的代表组成。

在这些活动过程中,国联行政院召开本届会议,我再度作为中国代表出席。在 1 月 24 日国联行政院第一次会议上研究了即将爆发的哥伦比亚和秘鲁的冲突和英国—波斯争端。但当晚我不得不离开日内瓦到巴黎去几天,因为要出席法国总统的一次宴会,同时孔祥熙到巴黎访问,需要一些帮助。

孔在 1 月 10 日前后到德国。他 11 日电告我说他在柏林受到热诚的欢迎。他说德国当局对日本人在山海关的行动有所非议,并问起法国的态度。在这一周内,他先去了日内瓦,后到巴黎。

在巴黎,我为孔安排了若干次访问,并安排好他同我出席爱丽舍宫的招待会。我乘此机会向法国总统勒布伦,法国总理保罗-彭古和英、美、德、意各位大使一一作了介绍。在招待会上我和美国大使曾个别交谈。他告诉我自从 1 月初我在日内瓦向他详细介绍了我方的修正案和中国的主要目的以后,他已三次和法国政府讨论了中、日冲突问题。他说目前法国政府的态度良好。

1 月 26 日上午我在使馆接待了意大利大使皮纳蒂伯爵。当日下午我陪孔祥熙到法国工商部拜访朱立安·杜朗部长。我从和意大利大使交谈中了解到意大利不赞成我国采取断然行动,因为那样很可能迫使日本退出国联。

那天交谈一开始是讨论别的事情。后来意国大使似乎因日内瓦在议论意大利出售和发运第一次大战后美国留在意大利的旧存军火之事而激起不安。他提到最近从意大利运军火经奥地利到布达佩斯的事件,并说法国报纸对此事大做文章,法国政府还在国联提出这个问题来反对奥地利。他说这不过是一笔生意而已。向在意大利的美军购买旧存军火,和美国存在欧洲其他国家的军火卖给当地生意人是一样的。其唯一的运输路线是经过奥地利。这类事一直都在进行。他说法国出资在捷克发展军火工厂并武装了南斯拉夫和波兰。运交南斯拉夫的军火是通过捷克经德国再到南斯拉夫的,这些货运谁也没有注意过。他说,国联在日内瓦这次注意起意大利运交军火给匈牙利的事情和国联对中、日冲突的一贯态度很不一致。对中、日冲突它不敢采取任何有效行动。他认为国联当被告是个小国时就狠狠加以打击,而对大国诸如日本就什么也不敢动,这是很不公平的。这种政策和态度使得国联这个日内瓦机构失去了它的威信。在提到日内瓦对意大利的批评时,他说,某些政治家们昧着良心讲话,并且举了个例子。

这就给我找到机会提起中、日争端和日本在中国的侵略行为。当这位大使提到法国报纸上刊登的赫里欧关于日本侵犯热河和山海关事件的重要文章时,我告诉他这篇文章对局势的严重性理解得很清楚。当他表示日本不会向中国领土深入时,我告诉他日本有既定的征服和扩张的侵略计划,它目前的目标当然是先占领中国北部的热河。为了做到这一点,它大概会在天津和北平寻衅,以威胁保卫热河的中国军队的后方。

这位大使回忆起当年他驻节布宜诺斯艾利斯时,在日本占领沈阳的消息刚传到阿根廷以后,他和日本公使交谈过。日本公使告诉他,日本不会放弃满洲,也不会撤出沈阳,因为日本知道不会有来自外部世界的严重反对,不论美国或苏联,在采取行动反对日本方面都无能为力。从那时起他就认识到日本决心保持其对满洲的占领。

我向他提出为了世界和平和正义,必须阻止日本实现其侵略计划的行动。但他说,日本是很认真的,如果国联逼得太紧,它就会退出国联从而更能自由自在地为所欲为。他认为满洲问题不是一朝一夕能完全解决的,而要用好多年。他告诉我,在墨索里尼当政的意大利,是同情日本的。

当我回答他的问题时,我说中国已决心抵抗任何再行进犯的日军。虽然以前在冬季战争总要间歇一下,但是日本已经对冬季作战积累了经验,因此今后随便什么时候都会在热河发生战争。我又说,中国认为国联应当宣布一项道义的和法律的裁决。不过阻止日本进犯和迫使它从满洲撤退主要还是中国的责任,中国已准备作坚定的长期抵抗。时间对中国有利,日本的经济状况无法使它保有信心,它的预算约有一半靠借债,而且日元的对外汇率已贬值到原来的四分之一,日本在经济和财政上维持不了很久。

这位大使反驳我的话说,日本在国外开辟市场的手段也是极富进取性的。他说,即使在意大利,日本棉织品和意大利本国产品竞争也很成功。由于意大利一贯反对法国对进口商品采用配额的政策,自己就不能用这种制度来限制日本纺织品进口。(他是为和日本进行大量贸易作辩解。)

我告诉他这只能是暂时现象,因为他提到的日本货廉价倾销之所以可能是由于两种因素:(1)日元贬值,因此日本国内生产成本按外币折算变得很低;(2)日本运往欧洲各国市场倾销的商品大部分是由于中国抵制日货而滞销的存货。中国继续抵制日货,日本国内商品的零售价格不可能始终保持这样低。日本所需原材料一向大量仰仗从国外进口,要用外汇偿付。日本的生活费用必然要增高,工资不能不上涨。由于这两方面的因素,生产成本必然要增高,因而削弱了日本商品廉价向外国倾销的能力。(我意图打消他以为今后还能从日本获得大量廉价进口商品的想法。)

下午拜访杜朗。虽然没有谈到中、日争端,而是有关孔祥熙访欧使命的经济方面,却也饶有兴味。寒暄后杜朗问孔是否有具体问题相询或有什么建议相商。

孔说他出访的目的有二:(1)研究西方国家经济状况以便更好地制定一项中国工业建设和商业发展政策;(2)研究可供中国商品出口的国外市场。

杜朗说,对第一点,他是个自由贸易论者。自出任商业部长以来,他并没有扩大现行配额制度。少数增添的配额品种都是由议会决定要求增加的。他认为这种配额制度在执行中并没有能够实现当初所期望的那些好处。关于第二点,他极愿就任何一种中国要在国外推销的商品提供商情,他并欢迎孔(祥熙)提出任何建议。

孔表示如果时间许可,他准备提出一份有关这方面的备忘录。

我问杜朗,他是否认为目前建议召开的世界经济会议能够如各方所期待那样给贸易以复苏的机会。杜朗说,召开这个会议的意见很好,但是这样多的国家参加,各国的利益互相抵触之处又很多,各国政府意见很难趋于一致,因而不容易取得多少成果。

我又提到由于银价下跌,影响中国人的购买力,问他是否可能在这个即将召开的世界性会议中找到解决的办法。杜朗反问中国是否心目中有什么最好的解决问题的方法。

孔说如果限制白银产量并由用金本位的国家发行银辅币,可能收效。

杜朗说他很赞同限制白银产量,因为白银产量日益增加,不仅来自银矿,而且也来自其他金属如铜、锌的冶炼副产品。至于发行银辅币一点则好处不大。像法国就打算铸造几种银辅币,但用银量很少,即使别的国家都发行银辅币,对白银市场也帮助不大。

接着话题转向法国和远东的贸易关系:杜朗出示一套直到1933年1月上旬的统计图表。从图表上看出在外贸平衡方面对法国不利。从1929年以来商品价格下降,工商业总的情况一直衰退,直到九个月以前才开始稳定,而最近已出现一些复苏的趋势。从生活费用图表上看出法国的生活费用较英国和比利时为高,但低于瑞士。

次日我陪孔到班乐卫先生的巴黎寓所去拜访他。班乐卫因病在病榻前接待了我们。我介绍了孔并问候病情以后,班乐卫谈到中、日冲突并提了几个问题,我当即向他简明地叙述了日内瓦到目前为止的情况。

班乐卫认为满洲问题是个重要问题,问题太大,难于一下子解决。他说法国有识之士的看法都同情于中国。但一般民众对事件的真相和所包含的问题则不大了解。

我着重向他指出国联根据盟约在日内瓦正在起草的报告书中提出一项法律裁决的必要。班乐卫同意这一点，但又委婉地表示，如果对日本操之过急，它可能会退出国联。他觉得各种能对日本施加压力使它改变态度的办法都很难实施。他说道义上的谴责迄今无济于事，而又难找到任何起实际作用的强制措施。

我告诉他中国很了解欧洲的局势，并不指望实施军事制裁。依我看来，只实行经济制裁就能使日本就范。如果各大强国能以统一阵线面貌出现，就足以震慑日本。

班乐卫认为军事制裁没有考虑余地，而经济制裁也只有在各大国一致，尤其是取得美国的通力合作之下才能实施。在回答我提出的中、日冲突如何才能以最好的方法解决时，他说他认为最好由四五个经过充分酝酿推举出的权威人士组成一个小型委员会进行仲裁，由他们负责在中、日之间促成协议，首先取得为时半年左右的临时协议，停止目前冲突，然后在此期限内应设法开展以最终解决各项问题为目的的谈判。

孔着重指出中国正致力于建立一个民主的体制，而日本则处于军国主义统治之下。法国是革命和民主的故乡，他希望法国把中、日冲突看作民主和独裁之间的斗争，为了民主和正义的事业而施加其全部影响。

班乐卫说，从这个观点来看，日本还处于封建制度阶段，他本人同情中国当前遭遇的困难。他也认为中国和法国未来的合作很有前途，因为中国的文明和教化不仅是全世界最古老的，而且也是全世界最优秀的。

第二天，1月28日，孔离开巴黎去比利时，从那儿转往伦敦，我又回到日内瓦。当天早晨保罗-彭古内阁由于预算问题倒台，仅仅存在了一个月。三天以后达拉第（也是左翼）组成新内阁。

在此期间十九国委员会的起草委员会一直处于为难的境地，

难以就最终报告书的内容*取得一致意见。不过到 2 月 1 日,报告的主体已写成三部分。第一部分是简单介绍,采用了李顿调查报告书的前八章内容,就争议的有关满洲的主要事实和历史背景,作了持平、公允、详细的叙述。第二部分概括了到目前为止李顿报告书未及记载的在国联行政院、大会和在中国的争端发展过程。第三部分叙述了此项争端的"主要特点"并包括结论。还有应作为大会建议的第四部分,要在十九国委员会全会讨论以后再行起草。

回到日内瓦我立即尽量多访问一些关键人物以确保十九国委员会的讨论对中国有利。报告草案的前三部分中还有些不能接受之点需要修正,但最主要的问题仍然是尚待起草的建议部分。

中国的朋友们已提出了一些属于国联各成员国应持态度的建议,如对"满洲国"不承认、不合作之类。中国外交部在回答我们电询有没有其他建议时,要求我们说明十九国委员会的建议中是否能包括要求日本自东北撤军并恢复中国主权。还提出我国期望谴责日本不宣而战的武装侵略,以便今后可以毫无疑问地援用盟约第十六条。

中国代表团也希望报告中最低限度应包括对日本作出道义上和法律上的明确裁决。如果更理想一些,我们希望能提出可以迫使日本改变其行为的具体措施。不过我们已听说起草委员会由于英国的反对,甚至连建议不承认"满洲国"这样的问题也态度软弱。英国宣称不能因此无限期受这种约束,而小国则因英国在一些其他次要之处让了步而感到在不承认这一点上不便再作坚持。1 月底我们又听说不大可能写出专门的法律性的谴责,仅能摘录李顿调查报告的有关内容以起到累积的道义上谴责的作用。

---

* 国联秘书处预料到这个委员会的任务,已经拟出供该委员会使用的初步草案,当然还继续提供协助。

反对作出法律裁决的理由是怕任何成员国都能据以援用盟约第十六条要求实行制裁,使得其他成员国为难。而如果没有这项法律性裁决,当大会通过报告书之后,日本继续对中国侵略时,只有中国一国可以根据事实而不是根据法律条文援用第十六条。这种反对理由当然只是借口。实际原因是连委员会中的小国也不敢公开谴责日本。

2月21日我到威尔逊街莱斯特先生的寓所去拜访,他是爱尔兰出席大会及十九国委员会的代表。接着又去观象台旅馆看望李顿勋爵。我告诉莱斯特,中国代表团切望根据盟约第十五条四项起草中的报告书应明确三点:(1)对作为合法自卫手段的经济抵制不得笼统加以责难;(2)由国联行政院通过并于1932年3月11日经全体大会肯定的要求日本撤退军队的决议必须坚持;(3)中国在满洲的主权必须明确维护。关于第一点,我指出目前中国抵制日货的运动开始是针对1931年7月朝鲜排华惨案的报复行动。这次惨案历时一周,华侨惨遭杀害者142人,财产损失四百五十万元。此次惨案不仅仅是日方默许,实际上是日本官方所唆使。情况如此严重,一时曾有一千多名华侨躲进汉城中国领事馆避难。到9月份日本侵占满洲,抵制运动进一步加强了。

莱斯特问起中国以前的经济抵制运动情况,并问中国过去是否用过经济抵制的手段来显示其对关系到某一外国的某种政策或事件的不满。他提到1925年对英国的抵制。我向他解释,这是由于上海的"五卅惨案"所引起的。当时英国工部局官员命令巡捕向赤手空拳的示威学生开枪,若干名学生被打死。因而激起全国的愤慨,形成了当年反英的经济抵制运动。经济抵制运动之所以不应受到责难还主要在于这是军事力量不强的国家所拥有的一种和平反抗和自卫手段。而且许多国家也常常使用经济上的报复手段并没有引起过什么议论。我举例说,像实施配额制度,保护性关税,外汇限制等,使得有时完全制止从某些国家进口某些货物。

莱斯特说,关于经济抵制问题曾经有一个给起草委员会的秘密报告,强调在和平时期诉诸经济抵制是一种不友好的行动。后来经爱尔兰代表提议,把"不友好行动"改成"刺激性的"字样,在他看来,这可以减少反对意见。因为"不友好行动"在国际法中有其具体的性质,用于经济抵制上就过重了。起草委员会总的想法是,虽然承认经济抵制对军事侵略是一种合法的自卫手段,但不应鼓励其滥用。目前报告中的说法是为了避免中国民众组织误以为委员会完全赞同这种行动。

我接着说前述的第二点是完全必要的。虽然委员会仍然是在按第十五条来处理中、日冲突,但实际形势的发展早已超过第十五条的范围。第十五条仅仅适用于处理容易导致破裂的争端。但目前日本军队已经占领了三个省份,并继续意在侵占热河的军事行动。按第十五条只不过是作出陈述事实的报告并提出解决争端的建议。除非争端的一方向遵守建议的一方进行战争,本条才认为可以实施制裁。假如日本今后不再进一步对中国进行战争,就不会出现制裁的问题。这样,在中国申诉十六个月之后,国联的努力并不能收到使中国收复满洲之效。其结果等于国联宽容了日本使用武力造成满洲的现状。这是完全违背国联盟约精神的。所幸国联行政院要求撤出日本军队的决议现在仍然有效并要贯彻执行,因此,最终报告书中无论如何也应提出撤出日军的办法。

关于第三点,我说建议部分也应明确维护中国在满洲的主权,否则岂不意味着受害者反而要受到惩罚。

莱斯特说他完全同意我提出的三点意见,虽然他不是起草委员会的成员,但他在十九国委员会内不会只因报告书已经拟出就完全同意接受。

我又说报告书中应当明白规定法律裁决,以便根据盟约采取补救措施以实现我所提的后两点。

莱斯特说,这就是委员会难办之处。因为所谓的大国害怕援用盟约第十六条实施制裁,而第十五条则没有规定任何制裁。这种根据第十五条起草的建议只能是消极性质的。事实上甚至有人认为根据第十五条连建议对日本中断经济关系都成问题。根据这种看法,有些议论以为中、日冲突问题重大,只能分期逐步进行解决,积之既久,才有可能取得满意的结果。如果要求一次完全解决,即便不是绝对不可能,也是非常困难的。

当日下午去见李顿勋爵时,我先告诉他起草委员会和十九国委员会的近况。我告诉他报告书将分四个部分。前三部分已完稿,第四部分是建议,要等十九国委员会全面讨论后再着手编写。我表示对报告书建议的性质问题颇感焦虑。鉴于满洲的实际状况早已超出第十五条的范围,因此根据这一条条文写出的最终报告书不可能改善那里的局势,除非另外还提出某种旨在迫使日本改变态度并接受一项符合国联盟约和其他国际条约的解决方案的措施,没有这样的措施的报告书,日本可以置之不理。日本甚至可以用"满洲国"的名义出兵进攻热河而它自己却推卸责任。

李顿说,这些是法理和假设性的问题,可暂不去讨论。他要把他认为将会发生的事告诉我:日本将再次提出新建议,使得十九国委员会处于十五条三项的范围之内。但是没人相信日本的新建议能为委员会接受,因此日本的再次努力必将失败。在这次失败后,日本将作出要退出国联的姿态。这个姿态将以怎样的形式出现很难预料,很可能宣称决不参加国联有关中、日冲突的活动,也许还会退出在日本国内不受欢迎的裁军会议。但估计仍然要留在国联行政院里,因为下一届将轮到日本当主席。此外大概一定会继续参加对它关系重大的国际经济会议。不管怎样,国联大会将在日本作出退出的姿态后继续进行,并通过包括某些建议的报告书。

我强调最好明确谴责日本,说它破坏盟约。这样国联才能在对中、日冲突激烈地进行了十六个月之后确切表明态度以副全世界对它的期望。

李顿同意在报告书中应具有这些内容。不过他认为最重要的是要知道为了使问题最终能得到解决究竟还要做些什么。日本肯定将在近期进攻热河。某些法学家认为根据第十五条条文不能采取制裁行动。而援用第十六条则又为各大国所不愿，因而也几乎成为不可能之事。他本人认为道义上的制裁可以充分实施而与第十六条无关。这种制裁可以产生很大作用而又不损害日本人民，他自己正致力于此。这种制裁的目的是孤立日本，使日本人民感到现行政策使其国家在国际上丢脸因而不满意于现政府。这种情况在希腊已经发生过。希腊—保加利亚争端中，希腊因破坏盟约而受到谴责，希腊人民认为其外交部长应负责任，内阁也因此而倒台。新内阁成立后就接受了国联的建议。

李顿认为这应包括：（1）对日禁运一切武器；（2）协议断绝对日经济关系；（3）协议不承认"满洲国"；（4）从日本撤回所有大使，只留代办处理使馆业务。最后这一点是我提出而他表示同意的。他认为这一条也属于不损害日本人民的道义制裁，而外交使节的大撤退会使日本人民感到这甚至是损及了天皇的威望。

谈到最终报告书起草工作，李顿认为一清二楚地说明日本破坏国联盟约的事实是很重要的。调查团报告书中所用的词句是客观并温和的，但调查团认为日本已违反盟约第十条和第十二条的意见是很清楚的，谁也不能忽略这一事实。在这种关键之处，最终报告书不要说日本本来应当怎样，或者本不应当怎样；而应当说明日本的确已经做过哪些事或的确没有做过哪些事。

李顿同意我对调查团报告书措词过于温和谨慎的看法，他说那是因为整个报告是按盟约第十一条写的。其用意是促成用调解方式来解决事件。因此报告书没有深究双方行动的动机，而一心想让双方能在今后达成一项协议。

李顿又说，调查团报告的第十章是十九国委员会提出作为可能采用的方案之一的。不过他了解到中国强烈反对拟议的会议，而日本则连第九章所述的原则都不接受。他认为国联的报告书中至少应列出日后可能达成的解决方案所应依据的原则,应当明确叙述调查团的主要调查结果和国际联盟的意见。李顿说,调查团的报告书说明日本在 1931 年 9 月 18 日—19 日夜间和此后所采取的行动不能看作合法的自卫。这一点全体团员的看法是一致的,但也有人主张在调查团报告中也应说明当时在当地的日本军事当局自认其行动是出于自卫。李顿本人觉得这种说明是不相干而且不必要的。但由于一位团员的坚持而写入了调查报告。其实这只能说明那天夜间负责当地军事行动的日军河本中尉的行为而已。李顿解释说,他认为这一点无足轻重,因为随后出现的事件已足以证实日本在当时确已制订了全盘计划,准备军事占领沈阳和满洲各地。不论河本当时想法如何,这并不意味着他的整个上级如本庄繁将军和荒木将军等和他有相同的想法。至于是否当时河本突然听到爆炸不假思索地发起了预定计划行动,或者是他在当夜事件发生以前已经知道就要发出执行预定计划的某种信号,因而当他一听到爆炸信号就立即付诸实施——这大概就是唯一可推敲之点了。

至此,我起身告辞。在李顿送我的时候,我答应一旦我得到已起草完的报告前三部分,就马上送一份抄本给他。

2 月 3 日下午我拜访了英国的塞西尔勋爵,国际联盟盟约起草人之一,是国际联盟在英国的主要拥护者。他是英国国联协会主席,国联协会联合会的代表。我对他很熟悉,曾在巴黎和会和早期的国际联盟共过事。

我先向塞西尔勋爵说明当时中、日冲突的情势和中国现时的观点。我说现在已经到时候了,国联应当不负全世界的期望公布对此问题的判断,并立即宣布在过去十六个月中日本满洲政策的真正目的。换句话说,中国希望最终报告书中具有对日本的明确谴责。

塞西尔表示他完全同意我的观点。但他说,如果他可以奉劝一句的话,他认为目前援用盟约十六条是不明智的。第一,引用本条会使各国害怕，因为他们怕实施制裁；其次，按援用此条的条件说，应当是已"诉诸战争"。

他问我认为已违反盟约哪一条。我说，显然日本已违反了盟约第十条和第十二条。塞西尔说，但是根据第十条，并无制裁之规定，受害者也无权援用盟约第十六条，这是很清楚的。至于第十二条，他说应当有两种情况发生：(1)未能达成一项和平解决争端的办法；(2)诉诸战争。伦敦的法学家们讨论了"诉诸战争"的意义，结论为指的是"处于战争状态"。目前中国并未和日本断绝外交关系，也未认为日本的行动是构成战争状态，这样，至少对第十六条是否适用一定会引起争议。

我说我认为所谓"诉诸战争"应当理解为战争的行动，也就是在寻求和平解决失败以后使用武力来取得所企望的解决。国联的明显责任是维护和平和制止使用战争手段来解决国际争端。不能仅仅用给盟约这句话加上狭义的技术性解释来逃避其责任。

塞西尔又说，引用第十六条是很严重的事，该条前三节内预期采用的措施几乎肯定地要引起战争。如果"诉诸战争"解释为"战争的行动"，则任何一个孤立的使用了武力的事件都会被当作申请实施第十六条的理由。

我说，当前这一事件中，日本已进行的军事行动具备了一切现代化战争的手段，包括陆、海、空军和野战炮、坦克、机关枪部队和轰炸机。正如调查团报告书中所说，乃是不折不扣的战争，只是未用"战争"之名而已。日本尽管实际上在对中国进行战争，但不会承认存在战争状态。另一方面，如果由中国正式宣布已处于战争状态，那也未免让中国承担过重的责任了。

塞西尔问为什么这样做中国会承担过重的责任呢？我解释说，一些法学家曾劝告过中国说，如果中国正式宣称和日本已处于战争状态，那就会给日本用武力迫使中国签订一项和约的机会，使它能合法地占有用武装侵略得到的一切。因为根据国际法，宣布处于战争状态虽在法律上对强国弱国并无偏向，但却能使日本享有一个弱国不能享有的战争之权利。

塞西尔说,他不大同意这种说法。他认为日本的目的不在于和中国进入战争状态,而是分阶段地将军事行动进行下去。目前它已占领满洲,并将进占热河,然后停止以待局势的发展。当然谁也不能断定它占了热河就不再前进了。

我说,实际上任何一个在过去十六个月中去过满洲的人都一清二楚,日本军方心目中一直认为日本正在和中国作战。这就是为什么我作为陪同国联调查团的中方代表,在满洲被严密监视而禁绝与任何在满洲的中国人来往的缘故,也说明为什么上海中国基督教青年会总干事余日章博士因公乘美轮赴美,船在开往旧金山途中停靠横滨时,日本警察搜查了他的房舱,衣箱也被撬开。事实上中国有证据足以证实日本官方认为他们是在按对中国作战的性质行事的。有一家外国公司卖给张学良将军的飞机被日军在1931年9月攻击沈阳时扣留。当公司代表提出索赔时,本庄繁将军的司令部答复说,按照《陆战法规》第五十三条日本有权扣留和没收。

塞西尔说,这可是对日方不利的证据。

我请教他,在目前局势下中国和国联如何才能维持后者的声誉与权威。他说,他认为应吁请采取下述措施:(1)禁止对日输出军火;(2)协议停止和日本进行财务往来;(3)撤回外交代表,或者第一步先召回大使,使馆事务交由代办处理;(4)协议不承认"满洲国"。他又很快声明这并不代表英国政府的意见,不过他认为实施这些措施不致引起实施第十六条所将涉及的严重后果。他认为如果中国愿意的话,可以直接向国联全体大会提出。从李顿调查团所报告的局势和事实经过看来,日本确已违犯了国联盟约,而他认为中国甚至也可以申请实施第十六条第四项,此项可根据违反盟约吁请实施,而不必同时提出已经构成"诉诸战争"状态。

2月4日国联行政院第70次会议闭会,我在贝勒路8号寓所设午宴招待部分代表,我得以和西班牙外长、出席国联代表苏卢塔先生畅谈。苏卢塔上午刚开完十九国委员会,谈起会议情况,他说委员会已研究了日本刚送交国联秘书长杜吕蒙的关于继续调解的新建议,和中国代表团2月1日要求迅速确定完成最终报告书日期的信。虽然日本新建议表明日方态度有转趋缓和之势,但委员会仍认为不足以使委员会改变其立场。委员会决定继续起草最终报告书,同时明告日方,委员会为使日本接受委员会去年12月的原报告书草案而继续欢迎他们提出新的建议。苏卢塔并说,委员会不打算为了调解而再削弱原报告书草案。不仅关于不承认"满洲国"一节原文不动,而且不允许把这一点用任何含糊的词句作为有争议的问题遗留下来。

当我说依我看报告书中应当从道义上和法律上明白谴责日本是国联盟约的破坏者时,他说报告书中将载入这种谴责。不过他表示这种谴责的措词也许比较温和。他还说在今早的会议上,他提议并由贝奈斯附议,报告书中不仅要宣称不承认"满洲国"而且要在语句上加以明确,防止任何一国将来和"满洲国"勾结,作出最后等于是事实上承认的安排。

我指出最终报告书中谴责日本固然很重要,但还应提出有关措施的建议以迫使日本改变它对满洲问题的态度。当前的事件已不属于一种可能导致破裂的争议,日本已经侵占了另一个成员国的三个省份。如果对此事听之任之,就是纵容日本违反盟约。苏卢塔说,继本报告书而援引实施第十六条的问题是讨论过的,但没有得出结论。

我继而强调报告书中对经济抵制问题不作一般性的申论是明智的。因为很明显这是军事弱国的一种合法自卫手段。我又告诉他我已向莱斯特先生说过,当前抵制日货的性质原先是对日本在朝鲜排华事件中屠杀华人惨案的报复,其后则是针对日本对满洲的侵略。

苏卢塔说,英国代表在起草委员会中坚持要谴责一切经济抵制的行动,他的态度似无通融之余地。但各小国的代表则认为如此对待这问题未免过分,因此作为折衷,采用了现在报告书中的措词(也就是用了"有刺激性"这个字眼)。

他接着谈起,报告书草案的前三部分总的说来实在比预期的还要好。虽然说了造成 1931 年 9 月 18 日以前的局势中、日双方要分担责任,但后面则说明在此以后发生的问题中国方面全无责任可负。

我提出报告书既然是按第十五条编写,则除了叙述事实经过以外,还应具备可以导致解决问题的建议,因此报告书中应当提出解决方案的基础。苏卢塔说那是会提出来的。他早上参加的会议就是为此而召开的。他可以先秘密告诉我,已经采用李顿调查报告建议的十项原则作为今后的解决方案的基础。不过他以为在目前局势下要求向国联各成员国提出建议,这比对冲突双方提建议还重要。因为可以理所当然地认为日本无论如何不会立即接受建议来解决问题,所以对各成员国如何来维护盟约必须取得一致。他最后对我说,虽然当天上午的会开得很长,还决定在下星期一即 2 月 6 日,再作一次讨论。

根据 2 月 4 日国联发表的一份公报所载,十九国委员会认为日本新的调解建议是不能令人满意的。委员会认为唯一的基础应当是日本接受去年 12 月 15 日的报告书草案,但可以有两项修改,就是:(1)不邀请国联成员国以外的国家参加;(2)承认双方当事国有权对大会主席提出的"理由说明"部分提出保留意见。该公报又说,国联秘书长已向日本代表说明,虽然在国联大会采纳最终报告书之前调解之门尚未关闭,但十九国委员会认为仍必须继续进行起草报告书,短期内即可完成。

次日上午我和李顿又做了一次密谈。李顿一直对我方很帮忙。这次实际上是他约我去的。我去后,他告诉我所以要见我是因为他已仔细读了报告书草案的前三部分,认为有些内容需要修改。他解释了要修改之点和提出修改的用语。第一,在第三部分末尾,为了明确日本破坏盟约这一主要事实,必须提到在它的侵略行为中还包括夺取了山海关。第二,应当述及日本每一次在日内瓦做出保证,都接着就在中国做出一项相反的行动。第三,他认为要说明盟约第十条和第十二条中所要求遵守的义务日本从来不遵守。他还建议作一张对照表,一边说明国联在某月某日所作的努力,另一边说明日本在当天或紧接着的所作所为。他说每当国联方面做出一项努力来改善事件的局势时,毫无例外地日本方面紧接着就扩大一次军事占领或者进行更大的军事行动。

李顿指出报告书草案中述及由于各项条约问题而引起的局势复杂化时说,问题不仅来自某些条约本身是否有效的争议,而且在于对某些双方都承认有效的条约,其意义和解释却成为矛盾的根据。他举平行铁路线的问题为例:中国方面对新民—法库铁路问题声称,中国不能永远被阻止在自己土地上建设铁路;日本则认为不得到南满铁路当局的同意,不得建设任何铁路。他又提到上海事件中他认为很重要的一桩事实,日本在 1 月 29 日晚间用飞机轰炸了闸北区。此事他在上海调查时没有收到任何正式的记载,因此未能在调查团报告中明确记录。直到他离开上海以后才通知他,并在路透社通讯的档案里查实日本轰炸机是在 1 月 29 日下午 5 时起飞的。他说日本不能以任何借口声称这是属于自卫的行动。即使在正式战争中,交战双方也不得轰炸居民区。

至于日本在满洲的军事行动,如果日军在占领沈阳以后就住手,那还可以说是一种军事示威,用以迫使中国对某些悬案的解决,也还可以说如同 1929 年苏联在北满的行动一样,而当年苏联就是那样声称的。但就日本的实际行动而言,全世界没有一个有理智的人能同意说这是纯属自卫。

李顿在解答我的问题时又说,国联根据第十五条所提出的建议对各成员国和当事双方都有效,条文中没有任何词句可以用为借口说是不包括各成员国。

在解答另一问题时又说,日本肯定破坏了盟约。但日本是不是已如第十六条及第十二条所说的那样"诉诸战争",则仍存在着个解释问题。依他看,战争已实际存在十六个月之久,只是伪装起来而已。但他知道有些法学家则认为"诉诸战争"一语不仅说有战争行动,而且还要处于"战争状态"。

2月6日十九国委员会开会,继续就如何决定最终报告书第四部分的内容进行一般讨论。国联秘书长通知他们说,据了解日本人仍在研究新的调解建议。不过根据《国联公报》所载,十九国委员会仍指示其起草委员会继续完成报告书的最后部分,因为会议认为秘书长的通知并未使局势有任何改变。

外交部2月6日的电报告知,中国政府正在估计今后情况,拟定行动方针。电报说,假定一旦日本在准备提出新的调解建议中声称接受国联对12月15日报告草案加以修改后的新文本时,我方可以坚持:(1)我方的修正案;(2)邀请美国和苏联参加;(3)保持理由说明部分的原状,不同意改成国联主席声明形式;(4)不得有起草委员会允许的对上述理由说明部分的任何保留。电报又说,国联当局在采纳12月草案后从未再征求我方意见,因此无权强迫我方接受其为迎合日方而做出的重大更动,所以我方拒绝这种调解程序是合理的。但外交部希望了解代表团对此如何看法,决定这样做以后会引起日内瓦方面什么反应,各国是否能一致同意一项最终报告? 各小国有什么建议?

当晚代表团举行宴会,主宾是苏联和土耳其外交部长,他们是到日内瓦来开裁军会议的。我和他们交谈了不少时间,并和另一位客人、西班牙的马达里亚加先生做了一次长谈,探听他对外交部电报中所提的那些问题的意见。

马达里亚加说,一般印象都认为日本会接受十九国委员会最后提出的建议。

我说,委员会给日本以保留意见之权,就会为取消调解的基础大开方便之门。日本无疑会对包含一些基本原则的说明部分提出保留。它肯定要对它所一直反对的不承认"满洲国"的原则做出保留。由于委员会无条件地同意这种保留意见权,会使委员会处于一种接受日本的保留意见从而损害国联原则的困难地位,因为接受日方保留意见就意味着默认日本的观点。虽然并不一定要以不承认"满洲国"的原则作为解决中、日问题方案的基础,但中国方面对这种局面是不可能接受的。如果这一基本原则不为当事双方一致肯定,调解就不会起作用。依我的看法,委员会摆脱这种困境的途径就是坚持只能接受对次要的事项提出保留意见。

马达里亚加也说,如果日本接受委员会容许日本有保留意见的调解建议而中方加以拒绝,那谁也不能责备中国。

我说还有一点也很重要。委员会是按照第十五条第四项起草报告书的,但是现在满洲的局势早已超出这一条的范围了。和平已经破裂。日本已经用武力占领了整个地区。问题的性质完全不同于英、波石油纠纷,那才是一场完全符合第十五条的含义和目的的纠纷。至于中、日冲突,报告中不仅应作出解决问题的建议,还应作出具体要求日本遵办的建议。各成员国所提出的一般性、消极的建议是不足以对付现有局势的。应当建议实行某些措施,其目的在于重建一个符合国联盟约的满洲局势。现状是由日本侵略造成的,应当尽早结束。报告书中应做出日本撤军安排,任何方面不得反对以此为目标的建议。事实上国联行政院曾经作出要求日本撤退军队的决议在案,而且日方也曾郑重地表示过接受这项决议。

马达里亚加同意不能忽视这方面的问题。

我又说,全世界都期望知道国联对日本侵占满洲的看法和它认为恢复到符合国联盟约的态势的最佳方案。如果报告中不提日本有义务撤退军队的话,人们将很难理解。事实上,如果不提出日本撤军的措施,全世界都会看作是国联纵容日本侵略满洲。

马达里亚加说他完全赞同此意,国联当前一定要明白讲出它对解决现状的看法。报告书是根据第十条四项草拟的,不必征求当事双方的同意,因此无须犹豫。他也着重指出,假如调解还在进行,情况就完全不同了。

当我和苏联外交部长李维诺夫交谈时,他说他认为日本可能接受十九国委员会的最新建议。

当土耳外交部长雷伊谈到最近几天各大国的态度有所改进时,李维诺夫问我,英国为什么改变态度。

我说这些变化来自华盛顿*。害怕中国抵制英货,这件事李维诺夫早先谈过,也颇有影响。特别是英国驻华公使蓝普森最近回任,看到中国对英不满的严重程度,他为了平息这种情绪所进行的努力也有一些作用。

当我问到欧洲一般形势时,李维诺夫说,他一直是乐观的。我又问他对苏联参加国联的可能性是否也乐观,他说如果国联组织能做相应改变的话,苏联打算参加。他认为有一项重要的原则,大小国家一律平等,所谓大国和小国不得区别对待。最近在和保罗-彭古交谈中,他也指出需要有一个不偏不倚的国际裁判所。如果法庭的成员们对一个国家怀有成见,那个国家是不会愿意出席的。李维诺夫说保罗-彭古欣赏并同意他的意见。他又说,一个大部分成员是反对苏联现政权的资本主义国家的国际组织,苏联是不会参加的。

我问他,苏联能否接受国联邀请参加拟议中的为解决中、日争端的调解活动。李维诺夫说,十九国委员会中半数以上的成员国都没有承认苏联。他给我的印象是,即使提出邀请,苏联也不会接受。

土耳其外长插言说,李维诺夫下午在裁军会议上作了一次重要发言,给侵略国家下了一个定义。他还说,在国联行政院中,常任代表和非常任代表不应有区别,这一点也很重要。

---

* 中国政府,至少是部分由于代表团的要求,在华盛顿进行了一些外交活动,要求美国对日内瓦的形势有所表示,并对英国施加压力促其改变态度。

我问李维诺夫，裁军会议的工作还要多久才能完成。他说会议根本还没有工作，只不过是谈谈。照目前的速度，也许会谈上五年而一无成就。不能指望这个会议能取得什么结果。

当我和土耳其外长雷伊单独交谈时，他认为当前大国间的军备竞赛比以前更厉害，裁军问题难望求得满意的解决。他说法国的方案受到德国和意大利的反对。不过在复活节以前总要采取某种方案，好向全世界表示有了一些成果。然而裁军的基本问题依然存在。

至于土耳其，他告诉我，正在修建铁路和进行内部组织工作。已在土耳其西部建成4,000英里的铁路，都是由国家预算拨款投资。土耳其已经自己制造军火，而以前只能依靠国外供应。由于国家银行发行的钞票不兑换硬通货，所以不需要黄金准备。不过还是积蓄了黄金以备应急。对外贸易是量出为入，取得很好的平衡，财政预算是根据量入为出的原则管理的。根据他的看法，欧洲局势随时都会发生变化。土耳其正注视这种变化，并认真准备应付之策。同时它很愿意同其他国家合作来维持和平。

次日，在和一些其他国家代表交谈以后，代表团电告外交部说，虽然有些人相信日本会接受经过起草委员会修改后的报告书草案，但普遍承认调解已毫无意义，尤其是看到日本侵犯热河的大量报道之后。假如日本所作的保留实际上是取消了基本原则，则中国拒绝接受将会被认为是合乎情理的。

由于代表团对美国的观点没有把握，我们致电驻华盛顿的施肇基（并抄报外交部）说明代表团认为，委员会最近关于取消邀请美、苏参加调解和允许日本有保留权的建议，即使日本接受，我们也要拒绝。但我们仍希望了解，美国是同意我们的观点，还是即使日本对基本原则亦提出保留，也宁愿进行调解。我们并希望知道美国是否赞成在最终报告书的建议中包括（1）对日禁运军火；（2）停止对日财务关系；（3）各国协议不承认"满洲国"并且不与之合作；（4）从东京撤回大使，只留代办处理使馆业务。我们认为这些措施是可取的,但还必须列出若干条具体建议要求日本遵行,如撤退军队、解散"满洲国";等等。并且,如在报告书公布后满三个月仍未见诸实施,则中国有自由行动权*。我们希望美国支持在报告书中写入此等要求日本遵照办理的具体建议条款。

另外我又电告外交部:法国以达拉第为总理的新政府的态度继续对我有利。据悉,在2月6日的十九国委员会会议上,马锡里代表法国发言时曾说:仅仅不承认"满洲国"是不够的,因为这容许某些国家仍在满洲保留领事馆,并与"满洲国"伪政权维持关系。这样就会被称为"事实上的承认",并可能在不知不觉中过渡到"法律上的承认"。马锡里总结说,为了彻底孤立这个新"政权",还要加上"不合作"的原则。

午后我和颜惠庆设午宴招待李顿并邀请了参加大会的西班牙、挪威、瑞士和瑞典代表以及国联秘书处的哈斯先生,他又是李顿调查团的秘书。我们的目的是向他们呼吁,十九国委员会决不可同意接受影响基本原则,特别是影响关于取消"满洲国"的原则的保留意见。由于捷克的贝奈斯外长未能应邀,我们就此事另给他写了一封信。

我向挪威代表兰格博士单独谈到,如果日本接受十九国委员会提出的取消邀请美、苏和允许对"理由说明"部分有保留权的提议,委员会本身势必要面临严重困难。假如日本作出保留意见,那必然是针对某些重要的基本原则而发的。中国代表团是不能同意这种保留的。因为如果没有双方一致同意的基本原则,调解就失去正确目的而不起作用。而且为了国联本身,委员会也不应在原则问题上与日本妥协。日本最反对的是在"理由说明"中提出的不承认"满洲国"的说法。如果委员会允许对这一点作保留,那就等于提出一套必然导致失败的调解程序,因为日本既提出保

---

* 盟约第十二条规定联盟会员国"无论如何,非俟……行政院报告后三个月届满以前,不得从事战争"。

留,就不可能再对此原则让步。

兰格认为原来的意图只是允许对文字方面的保留。如果日方提出对任何基本原则的保留,委员会势必要予以拒绝。我说这才是委员会在承认日本有保留权时唯一可行之道。我并表示,希望委员会对日本方面所作出的任何保留都要仔细审查,绝不要接受可能损及报告书草案中任一基本原则的任何保留意见。我还提到中国代表团前次发表的声明中曾强调邀请美、苏参加中、日问题的任何调解过程的重要性。现在看到委员会最后决定放弃对美、苏的邀请来迎合日本的意愿,深表遗憾。中国仍旧认为,如果希望建议中的调解工作能有所成就的话,此项邀请仍是至关重要的。

兰格说他也具有同感,只是此事引起了联盟基本组成问题,委员会难于坚持。

我接着提起最终报告书的建议部分说,我知道十九国委员会已做了研究,我觉得按照第十五条的内容含义,不仅应向成员国家做出建议,也要对当事双方做出建议。为此必须对日本提出具体的要求,并要它遵行。如果它不遵行建议,则国联和中国都可以洞悉日本的立场所在。更具体地说,满洲目前状况早已超出第十五条的范围,最终报告书应当提出如何重建一个国联能容许的局势的建议。换句话说,应当重申必须撤退日本军队和取消"满洲国",并要求日本履行其有关撤军和不使局势恶化的应尽之责。

兰格说,委员会曾讨论过这一点,普遍认为应当做出日本遵行建议的要求,并以此检验日本是否真诚接受最终报告书。他认为一定要向日本提出撤军的要求,而其实施则当在中国方面组织好保安警察部队之后。

在和客人们的普遍交谈中,我提出报告书中建议部分的性质问题。我说,报告书中对各成员国所做的消极性建议如"不合作"之类虽有一定益处,但满洲的实际状况需要做出要求日本遵行的积极性建议。我的看法是,现在国联在等待了十六个月之后才下了决心，那就不能忽视日本在满洲一直是在违反盟约的。最终报告书要包括明确的裁决和解决问题的建议，也应当具备在满洲重建一个与盟约相符的局势的措施内容。如不具备这样的措施内容，就可能被全世界认为是纵容日本对中国的侵略。所以我认为报告书中应要求日本撤出军队，这也是国联行政院和大会多次通过的决议。甚至日本自己也曾同意国联行政院在 1931 年 9 月 30 日和 12 月 10 日要求日本把军队撤回南满铁路范围之内的决议。这些决议还没有实现，因此应视为继续有效而应当加以执行。事实上全体大会特别会议曾经责成十九国委员会贯彻执行此项决议。

贝克说他觉得这样的建议在报告书中是很必要的。

李顿说，原则上他同意我的观点，但所提出的是个实际问题。仅仅向日本提出要求或指令它撤军，并不会比前次各项决议更能奏效。要对日方提出的在满洲的日本人的安全保障要求做出有步骤的实际安排。满洲地区广袤，如未做好维护当地和平秩序的充分准备，不宜坚持要日方撤退军队。要知道在那里中国政府当局已完全不存在了，当地中国老百姓痛恨日本人和那些参与"满洲国"的建立和统治的中国人。如果国联对日本人和"满洲国"官员们的安全没有适当保障就责令日方撤出并移交给中国方面，那是很危险的。

我说，像 1922 年在山东的情况或早些年俄国人在满洲的情况，中国政府在日军撤退后很容易开进军队接防，这类事情中国是有经验的。实施时可以分区进行，就像俄国人从满洲撤出去时那样。我以为日军从山海关到辽河一带立即撤军毫无问题，因为在此区域内几乎一个日本居民也没有。接着可以撤出辽河到沈阳郊区一带，这个地区内同样极少日本侨民。事实上整个满洲二十万日本人中只有百分之十左右住在铁路区以外。虽说近期人数增加，但增加的绝大多数是日本军人和官员。

哈斯说，不能用中国军队来接管满洲。

李顿说,对日侨和"满洲国"官吏的安全一定要有保证措施。对于后者,要保证进行大赦。

我说,中国人将会做出保证。不存在中国老百姓对日本人或"满洲国"官吏进行报复的危险。中国本土上散住着数以万计的日本人,在中国政府和地方当局保护之下都很安全。中国将接受国联提出的有关保证安全的任何合理建议。

至此话题转向如何组织一支保安警察部队以维护和平并保证日本人生命财产安全的问题上来。我告诉大家,中国有一支五六万人的保安警察部队立刻可以用来承担此项任务。去年 5 月就是这支保安警察部队的一部分从日方接管上海闸北地区的。前次也是由这支部队派出一部分去接收青岛的。现在大部分驻扎在北京和天津。

颜惠庆插话说,这支部队是由一位挪威的曼德将军训练的。对此,兰格很感兴趣。

瑞士代表拉帕德问,这支部队是不是从士兵里面征集的,是不是参加过战争,或会不会也把他们当成作战部队来用。

我说这是一支像瑞士警卫队一样的保安警察部队,从未参加过作战,也不属于军事系统。

颜惠庆指出,1931 年 12 月 10 日以前日本侵占的地区和在此以后侵占的地区两者应加以区分。按照国联 12 月 10 日决议内容,可以提出对前一地区内的日本人生命财产安全保证的问题。颜希望弄清楚对于后来日本人违犯自己诺言和国联行政院决议而继续侵占的地区究竟应当怎么考虑这个问题。

李顿认为实际上很难划清这种区别。目前看来,根据日本人一年多来的态度,显然要日本军队撤出 12 月 10 日以前侵占地区一事也只不过是在理论上讲讲而已。

在告别时李顿私下说,鉴于今天谈到的这些事,最好针对接管日军撤离地区和保护日籍侨民安全(采取组织配有中立国军官的保安警察部队等措施)等问题作为方案提交十九国委员会。同时他将再和秘书处负责起草建议部分的人员谈一下应包括重建正常局势的积极措施的意见。

报告书建议部分的性质也是件事。它使最终报告书具有判定调解已最后结束的性质。但当时调解仍在进行，就技术角度而言在国联全体大会通过报告书后调解才告结束。某些外交界人士甚至还认为日本正有意于接受十九国委员会迁就日本观点而修改过的报告书草案中的新建议。针对这种情况，我和颜惠庆觉得如果我们能促使委员会拒不接受对基本原则的保留意见而委员会也将此点明告日本，那几乎可以断言日本必然要拒绝接受委员会最后的建议。如果我们这项努力不成功，中国代表团再向委员会发出通告强调委员会的新建议是中国所不能接受和没有成功希望的，也不会起什么作用。而日本则又接受了新建议，那我们就势必非拒绝此项建议不可了。我们的拒绝可能产生不良反应，尽管也许我们能用一再说明我们的正确立场来缓和这些反应。

2月8日下午5时刚过，我在寓所接待了安东尼·艾登，他是英国外交次官、出席国联大会的代表，最近接替西蒙爵士出席十九国委员会，这似乎是英国方面的一个协调步骤。

我向艾登指出，十九国委员会允许日本做保留和取消邀请美、苏参加调解的原议，为日本破坏决议草案中的基本原则开辟了道路。现在又要把理由说明部分改变为主席声明，这就更不可取了。

艾登说，改成主席声明实际上没有什么区别，也许对阐述决议的理由更有利。因为作为报告书中的理由说明，不过是代表十九国委员会的意见，而主席声明则将是代表全体大会做出的。至于委员会允许的保留不同意见之权是指对理由说明部分而言，而不是对决议本身。委员会将坚持决议内容，不允许变更。而且这项理由说明部分本不是非要当事各方接受不可的，草拟中的决议部分才对各方具有约束力。因此，他觉得即使日本对理由说明部分有所保留，也不致带来严重后果。

我说，在我看来，任何日方对理由说明部分的保留都会损害草拟中的决议所包括的基本原则。例如，草拟中的决议说，除了根据国联盟约、巴黎公约和九国公约之外，对此问题不得有其他解决方式。如果日本对理由说明部分中所提出的不承认"满洲国"一项提出保留，此项保留必然会起到它限制决议中对此项原则的确立和运用的作用。如果接受了日本对不承认"满洲国"原则的保留，那么日本反对把国联盟约原则解释引申到要它解散"满洲国"，就变得有理了。所以我认为委员会接受这种保留，其效果等于默许削弱盟约原则的行动。而且中国参加这种不具备双方一致同意原则的调解，对中国毫无益处。缺少这种一致性，就不能导致合理的调解成果。因为双方一开始，就对可能的解决方案的基础存在误解和不同意见。中国代表团认为难于接受附有这种日本保留意见的调解方案。我甚至觉得参加这种调解，不过是让日本人玩弄于股掌之上。日方正希望用一切手段争取时间，以便推进他们军事占领热河的计划。

艾登说，他承认我的议论是有力的，他自己也对这一点做过考虑。他一定记住中国方面的看法，并对任何可能提出的日本保留意见细心研究。不过他说，委员会的提议不是新做出来的，1月中旬委员会就通知日方，并且也曾通知了中国代表团。

我说，中国代表团从委员会1月21日的公报中了解到委员会本身考虑到当时调解已经失败，并且决定按第十五条第四项起草报告书。虽然正如那天公报所说，从技术上讲，调解之门还开着，但是中国代表团理解到实际上已放弃调解了。委员会两星期以来一直在按第四项起草报告书。所以委员会在2月4日对日本的建议，实在出乎中国方面的意料之外＊。我问艾登，他是否认为目前和日本进行有关调解的谈判，是按日本很有可能同意的想

＊ 1933年1月21日《国联公报》原文见附录四。1933年2月4日《国联公报》原文见附录五。

法而安排的,抑或是英国政府宁愿看到调解成功,而不愿意看到国联不得不按第十五条第四项作出最终报告书。

艾登说,曾经有个时期认为无法取得可行的调解程序。但近几天来日方显得很盼望调解。英国政府以其本身地位曾向日方说过,以接受调解为宜,并且指出邀请美国参加调解的重要性。但不论是进行调解,或是提出最终报告书,英国政府盼望早日看到此事告一段落。所以他才在委员会内要求在同日本洽商调解问题的同时进行起草报告书。

我说,中国代表团曾以备忘录提出对委员会草拟的报告书文本的某些修正意见,在此备忘录中阐明了中国代表团的观点,最近在代表团1月20日发表的公报中又作了进一步的阐明。我希望委员会已经研究了这些观点。即使日方接受委员会向他们提出的新建议,中国代表团也不可能接受它。

艾登说,委员会的意图是如有可能,先征得日方的同意,然后再征求中国代表团的意见。中国代表团可以同意,也可以拒绝。虽然他近来已了解到委员会很少向中国方面征求意见,但并不存在置中国代表团于不顾的想法。

艾登又说要以他个人身份提一件事。最近蓝普森爵士曾向英国外交部发来一封电报,他已仔细看过。他请中国代表团不要相信关于英国代表团在委员会里说了些什么的谣传或闲话。他请中国方面根据最终报告书的内容来判断英国的态度。谣传和闲话往往失实。英国的政策是维护盟约和克尽它对国际联盟应尽之责*。

---

* 如前所述,蓝普森于1933年2月1日返任,并致力于改善中英关系。其中一部分是使英国政府明了中国人对英不满的严重程度。例如在外交部1933年2月3日致代表团的电文中提及:

"蓝普森抵此后几次和我(罗文幹)会谈。看来他是在诚恳致力于增进双方了解。经常将此间对英情绪电告其政府,并附其本人见解。他声称昨天英国外交部发表声明,否认英国和日本有秘密谅解和关于'不承认'问题对别国施加压力之事,实出于他所作的努力。此说可信。"

我说,中国的不安最初是由西蒙爵士在全体大会上的发言引起的。它招致了中国报刊上很多的批评和误解。我告诉他,我自己也迫切希望中、英之间不要引起任何误解。我回顾了 1925 年的情况,当时由于"五卅事件",两国关系很坏。我作为致力于消除误解和改善两国关系的一员,曾与蓝普森的前任麻克类合作过。所以如果由于在日内瓦有关中、日问题的英国政策而产生任何严重误会,我将首先感到遗憾。

艾登说他很感激我对他坦率的交谈。他希望今后任何时候中国代表团如有事要联系,就可和他联系,他将很高兴能为之效劳。

同时,2 月 8 日,日方向杜吕蒙交了新提议。美好的文词并不能掩盖日本人不打算同意任何要求他们解散"满洲国"的调解。他们也不愿接受李顿报告书。在当时情况下,即使大国也不准备再认真研究这个新提议了。起草委员会径直拟订最终报告书中的建议部分。我们间接听说内容将包括:(1)开始撤退日军;(2)组成集体谈判委员会,包括美国和苏联;(3)以李顿报告书第九章作为解决方案的基础。

同时,由杜吕蒙代表委员会写了一封信给日本代表团要求进一步澄清日本的新建议,尤其是说明日本政府是否接受李顿报告书第九章第七项原则为调解基础之一。此项原则要求在符合中国主权和行政完整的条件下在满洲建立高度自治制度。委员会并口头向日方传达了委员会的观点:继续进行对热河的军事调动将严重危及调解的努力。

正如我们电告外交部那样,十九国委员会的态度之所以显得坚强起来的原因有二:一、日本似乎面对和国联全面摊牌而有些示弱;二、国联方面也怕纵容日本会在欧洲招致类似的动乱。到 2 月 10 日,普遍的印象是调解确已告终。于是此时使代表团忧虑的问题是:(1)起草委员会草拟的建议内容软弱;(2)国联大会通过最终报告书之后要采取什么性质的步骤还在未知之数。

颜惠庆在 10 日和苏联外交部长李维诺夫会谈,主要是关于苏联在中国某些城市派驻总领事的事。李维诺夫也说起国联不会做出任何涉及第十六条的事。他认为要收复满洲只能靠中国自己。与此同时,我们通过朋友了解到起草委员会不肯在建议中明确提出责成日本从满洲撤军或停止敌对行动的要求,因为恐怕会自动导致实施第十六条,而中国也会立即据以援引这一条。

2 月 14 日代表团已对即将完成的建议草案有较为完整的了解。事情已无转圜余地。日方在答复杜吕蒙 2 月 9 日的信中坚持日本政府"深信维持和承认'满洲国'是远东和平的唯一保证"和以此为基础进行中、日直接谈判,问题才能得到最终解决。委员会到此不得不作出最后结论:日本的反建议中不存在可接受的调解基础。调解之途已穷,委员会采纳了包括建议在内的报告书草案。国联大会将在一周后召开。

由于耗费了如此漫长的时间和巨大的精力才达成建议中所包含的结论,因此附录于此。可以看出,虽然建议内容比一度预想的要好些,然而到头来既未能要求日本立即撤退或停止敌对行动,也没有建议国联成员国采取强有力的措施以迫使日本接受调解。

本部系叙明大会关于此项争议所视为公允适当之建议①

第一节

大会之建议,系注意本案件异常特殊之情形,并以下列各项原则、条件及观念为基础:

(甲)本争议之解决办法,须遵守国联盟约、非战公约及华盛顿九国条约之规定。

查盟约第十条规定:"联合会会员担任尊重并保持所有联合会各会员之领土完全及现有之政治上独立,以防御外来之侵犯。"

依照非战公约第二条,"缔约各国互允各国间,设有争端,不

_____

① 本译文摘录自 1933 年《外交年鉴》。——译者

论性质如何,因何发端,只可用和平方法解决之"。

依照华会九国条约第一条,"除中国外,缔约各国协定,尊重中国之主权与独立,暨领土与行政之完整"。

(乙)本争议之解决办法,须遵守1932年3月11日大会决议案第一第二两节之规定。

在该已经本报告书援引之决议案中,大会曾认盟约所载各项规定,对于此次争议完全适用,而以关于

(一)严格尊重条约之原则;

(二)联合会会员,担任尊重并保持所有联合会各会员领土之完整及现有政治上之独立,以防御外来侵犯之诺言;

(三)将彼此间所有一切争议以和平手续解决之义务;为尤应适用。

大会曾采用1931年12月10日彼时在职之行政院主席宣言中所定之原则。并回溯行政院十二会员,于1932年2月16日致日本政府之申请书中,曾重申此项原则。宣言凡蔑视盟约第十条之规定,侵害联合会会员领土之完整及变更其政治之独立者,联合会各会员,均不能认为合法有效。

大会曾申述意见,以为上述支配联合会会员国际关系及以和平方法解决争议之原则,实与巴黎公约完全相符。大会于尚未采取最后步骤以解决此项交其处理之争议时,曾宣告上述原则及规定,负有一种必须遵守之性质。并声明凡用违反联合会盟约或巴黎公约之手段所缔造之任何局势、条约或协定,联合会会员,均应不予承认。

最后大会并郑重申说,此次中日争议,如由任何一方用武力压迫,觅取解决,实与盟约精神相违背。并回忆1931年9月30日及12月10日经当事双方同意之行政院所通过之决议。

(丙)为使中、日两国间得以尊重上述各国际之承诺为基础,树立一种能垂诸久远之谅解起见,解决此项争议之办法,须遵照李顿报告书中所定之十项原则,即:

（一）适合中、日双方之利益　双方均为国联会员国,均有要求国联同样考虑之权利。某种解决,苟双方均不能获得利益,则此种解决必无补于和平之前途。

（二）考虑苏联利益　倘仅促进相邻二国间之和平,而忽视彼第三国之利益,则匪特不公,抑且不智,更非谋求和平之道。

（三）遵守现行之多方面条约　任何解决,必须遵守国联盟约、作战公约及华盛顿九国条约之规定。

（四）承认日本在满洲之利益　日本在满洲之权利及利益,为不容漠视之事实。凡不承认此点,或忽略日本与该地历史上关系之解决,不能认为满意。

（五）树立中、日间之新条约关系　中、日两国,如欲防止其未来冲突及回复其相互信赖与合作,必须另订新约,将中、日两国之权利利益与责任,重加声叙。此项条约,应为双方所同意之解决纠纷办法之一部分。

（六）切实规定解决将来争议之办法　为补充上开办法以图便利迅速解决随时发生之轻微争议起见,有特订办法之必要。

（七）满洲自治　满洲政府,应加以变更,俾其在中国主权及行政完整之范围内,获得高度之自治权,以适应该三省地方情形与特性。新民政机关之组织与管理,务须满足良好政府之条件。

（八）内部之秩序与对于外来侵略之保障　满洲之内部秩序,应以有效的地方宪警维持之;至对于外来侵略之保障,则须将宪警以外之军队,扫数撤退;并须由关系各国订立互不侵犯条约。

（九）奖励中、日间之经济协调　为达到此目的,中、日两国,宜订新通商条约。此项条约之目的,须为将两国间之商业关系置于公平基础之上;并使其与两国间业经改善之政治关系相适合。

（十）以国际合作促进中国之建设　现时中国政局之不稳,既为中、日友好之障碍,并为其他各国所关怀。因远东和平之维持,为国际间所关怀之事件;而上述条件,又非待中国具有强有力之中央政府时,不能满足,故其圆满解决之最终要件,厥惟依据孙中山博士之建议，以暂时的国际合作，促进中国之内部建设。

第二节

本节所载各项规定，系构成大会根据盟约第十五条第四项所作之建议。

大会既确定解决本争议应予适用之原则、条件及观念，爰建议如下：

（一）兹因满洲主权既系属诸中国：

（甲）鉴于日军进驻南满铁路区域以外及其在铁路区域以外之动作，既与解决本争议应予适用之合法原则不相符合，而在尽早期间成立一种与各该原则互相吻合之局势又在所必要；大会建议，此项军队，应予撤退，而鉴于本案件之特殊情况，此后建议谈判之第一目的，应为布置上述之撤兵，并决定其方法、步骤及期限。

（乙）鉴于满洲之地方的特殊情形，及日本在该处所有之特殊权利利益，以及第三国之权利利益，大会建议，于一适宜期间内，在满洲建立一种隶属于中国主权下并与中国行政完整不相违背之组织。此项组织，应具有甚大范围之自治，应与当地情形相适宜，同时并应注意多方面所订之各种现行有效条约，日本之特殊权益，第三国之权益，以及一般的第一节（丙）项所述之各项原则及条件。至中国中央政府与该地方当局权限之划定及其彼此间之关系，则应由中国政府以宣言方式行之。该项宣言，应具有一种国际承诺之效力。

（二）兹因在上述（一）（甲）、（一）（乙）两建议内所处置各问题之外，调查团报告书在上述第一节（丙）项所定解决本争议之原则及条件中，尚提及某某其他各问题，而各该问题均系与远东和平所系之中、日良好谅解有关；大会建议，当事国双方，应即以各该原则与条件为基础，将各该问题解决之。

（三）兹因实行上述建议之谈判，既应由一适当机关进行。

大会建议，当事国双方，应依照后开方法，开始谈判。当事国双方,并应向秘书长通知,就关于其本国方面而言,是否以对方接受为唯一之条件,接受大会之建议。

当事国双方进行谈判时,应由大会按照以下方法所组织之委员会予以辅助:大会兹邀请比、英、加拿大、捷克、法、德、爱尔兰自由邦、意、荷、葡、西、土耳其政府,一俟接到秘书长通知当事国双方业已接受大会建议之后,立即各派委员会委员一人。秘书长并应将当事国业已接受大会建议一事,通知美国及苏联。各该国如愿意指派委员会委员,并应请其各派一人。又秘书长在知悉当事国双方业经接受大会建议后一个月内,应采取一切适当步骤,以开始谈判。

为使国联各会员国于开始谈判后,得评判当事国双方是否遵照大会建议起见:

(甲)委员会无论何时,如视为适当,对于谈判情形,而尤以关于实行上述(一)(甲)、(一)(乙)两建议之谈判情形,得缮具报告。关于(一)(甲)之建议,委员会无论如何,在开始谈判三个月以内,应缮具报告。各该报告并应由秘书长分送国联会员国及在委员会中派有代表之非会员国。

(乙)委员会得将与本报告书第四部第二节之解释有关之一切问题,提出于大会。大会应依照盟约第十五条第十项,以通过本报告书之相同情形,予以解释。

第三节

鉴于本案件特殊之情形,故所作之建议,并非仅事恢复1931年9月以前之原状。亦非维持及承认满洲现在之制度,盖维持并承认满洲现在之制度,与现存国际义务之基本原则及远东和平所系之中、日良好谅解,均属不相符合。

国联会员国之通过本报告书,意即在避免足以妨碍或延宕本报告书建议之实行之任何行动,而以对于满洲现行制度一事为尤甚。无论在法律上或事实上,各该国均将继续不承认该项制度。各该国对于满洲之时局,意在避免采取任何单独行动,且系欲继续在各会员国及与本事件有关之非会员国间,采取一致行动。

至关于签字九国条约之国联会员国,应回忆依照该条约之规定:"无论何时,遇有某种情形发生时,缔约国中之任何一国,认为牵涉本条约规定之适用问题,而该项适用宜付诸讨论者,有关系之缔约各国,应完全坦白互相通知。"

为极力便利在远东成立一种与本报告书建议相符合之局势起见,兹训令秘书长,将本报告书,各即分送一份于非战公约或九国条约签字国之并非国联会员之各国,并向各该国声明,大会希望各该国赞同报告书之见解,并于必要时,与国联会员国采取一致之行动与态度*。

---

* 以上引文为《按照国联盟约第十五条第四项所拟报告书草案》第四部分'建议内容'"。国联出版处文件编号 A(Extr.),22、1933、VII。(本译文摘录自 1933 年《外交年鉴》。——译者)

第二章 继国联最终报告书 提出结论意见后的活动

1933 年 2 月 14 日—1934 年 6 月

第一节 关于根据盟约第十六条实行制裁问题

1933 年 2 月 14 日—5 月

1933 年 2 月 14 日十九国委员会通过了根据盟约第十五条第四项的规定所提出的关于中、日冲突的报告草案。大家相信国联大会无疑也会通过。日内瓦的直接反应是,委员会采纳这一报告及其建议书是中国在道义上和外交上的莫大胜利,而日本则是完全被孤立了。各方也认为,报告书的草拟者在建议书中避免使用任何涉及立刻和自动实施盟约第十六条的措辞,是由于列强都还不准备援用这一条条文的缘故。但大家认为,按照盟约第十二条规定的等待期三个月满期后,各国很可能不得不援用此条。与此同时,中国应当依靠自己,竭尽全力抵抗侵略。战争愈扩大,各国愈难回避援用第十六条。我代表团于 2 月 15 日把这些意见呈报南京。

俄国人对于最终报告的建议书草案的反应颇有意思。当颜惠庆在 17 日裁军会议上与李维诺夫谈话时,李维诺夫认为,建议书是公正的,报告书给予日本的道义裁判也很严正,日本作为一个傲慢的国家,会感到很难受,但是它定然要继续实行其军事计划。当问到苏联是否愿意参加拟议中的顾问委员会时,李维诺夫回答说,因为日本不会接受建议书,所以估计国联也根本不会发出邀请参加顾问委员会的信。

李维诺夫又说,他很不理解中国军队为什么不抵抗。他对苏炳文将军很失望,他认为苏将军只要破坏一个铁路隧道就能牵制日军六个月*。他认为山海关也没有认真坚守。他回忆说,在裁军会议的论战中,他曾多次痛斥日本不宣而战的侵略行为,并说苏联已充分做好准备,随时还击来犯者。

颜、郭和我,与往常一样,继续探询国联代表们的意见。同时我们也对报告书草案加以仔细研究和讨论,然后于 17 日向南京发出如下电报:

> 建议仔细研究此项建议书的影响及其含义后,随时指示方针,以资遵循。就我等所见,对我方不利之点有三:
>
> (1)撤军取决于日本是否同意谈判和是否同意作撤退准备以及撤退的方法、步骤和细节。谈判性质及范围,均较 1931 年 10 月 24 日的决议更为广泛,可能包括组织武装警察及解除东北三省武装等问题。
>
> (2)对万一日本拒绝接受建议书一点未能定出对付办法,虽在最后一章略有补充,但仍嫌不够。
>
> (3)倘在日本尚未接受报告书之前,即由我国宣布东北三省自治,这无异于使中国受到惩罚。因此必须阐明,在日本尚未明确表示愿意接受全部报告书之前,决不能作此宣告。十九国委员会提出特殊情况之说,看来是处于进退两难之境。委员会既要维护盟约的尊严,又怯于援用第十六条的制裁规定。对于日本这个问题,一方面其在我东三省之权利,均已明确订于各有关条约之中,而另一方面,盟约各项原则的普遍适用性亦必须承认。

---

* 关于苏炳文以及俄国人参与他的活动的背景资料,参看 1932 年《国际问题观察》,第 438—439 页。

至于对我有利之处，我们认为亦有三点：

（1）中国对东三省的主权获得确认。

（2）会员国承诺，无论在法律上或实际上都不承认"满洲国"，并继续保持一致行动，避免单独采取行动。

（3）日本在铁路区以外的一切军事行动以及扶持和承认"满洲国"等行动均遭到明确的谴责。报告书中规定须另一方承认方为有效，则即使我们现在接受而如日本拒绝接受时，对我方亦不起约束作用。关于此点，我们在大会上必须取得明确的解释。

电文在结尾时，提出代表团的下列重要意见：

报告书的通过达到了我国向国联呼吁的主要目标，并给我方以行动之自由。但如我国不决心依靠自己行动来坚决捍卫我领土，则其价值即将消失，而历时十七个月之外交努力亦将完全付之流水。

我在这里所说的行动自由，是指中国可以采取主动措施的自由而言，它包括与日断绝外交关系和对日宣战的自由。

电报最后一段所阐明的立场，我认为是极其重要的。特别是因为电报发出之时，中、日两军正在热河发生冲突，当时盛传日本即将攻取热河并将其并入"满洲国"。日内瓦的各国代表对这种形势发展知之甚稔。最终报告书一旦被大会通过，他们很快就要讨论中、日问题应如何处理。倘若中国届时仍不能团结自救，顶住日本狂澜，则各国代表还有什么理由建议本国政府履行报告书而支援中国？

外交部17日的电报正与我们的电报交错。来电说政府认为报告草案中的建议书总的来说是公正的，并授权我们代表中国予以接受，至于如何接受，何时接受等具体策略问题，着由我等斟酌决定。由于报告草案要求中国发表声明，当时南京各界对于我国在表决时究竟投什么票，是弃权还是赞成，议论甚多。该电又称施肇基从华盛顿来电说,美国表示在报告书全文未公布之前,不加评论。

接着,南京发来一些互有抵触的指示,但到 2 月 22 日外交部来电称,外交委员会当日下午开会,一致决定中国应该投票赞成包括建议书在内的全部报告书。但他们希望代表团能使大家明白,日本撤军是首要的事,应该首先着手处理。

就在前一天,即 2 月 21 日,特别大会复会,然而在做出最后决定之前,却又再次拖延。主席海曼斯在会上仅仅报告了十九国委员会自 1932 年 12 月 9 日上次大会会议以来的活动情况。而大会对最终报告书草案的讨论又拖延到 2 月 24 日才举行。

21 日大会会议后,中国代表团就做出决定,报告一旦通过,我们就应立即提出热河问题,要求大会对此局势采取适当措施。我们认为这是一个非常恰当的时机。第一,日本正在日内瓦散发备忘录,为进犯热河作辩护,说该省是"满洲国"的一部分,根据"日满条约",日本应尽防御的责任(其意思是防御张学良的军队,据说张军正在集结,以防卫该省,抵抗日军进攻)。此备忘录又称,除非将来战略上有必要,日军不拟向平津推进云云。这无异说,他们事实上已有进攻这些中国主要城市的计划。第二,海曼斯这天在大会上已提及日本进攻热河的打算,并表示不赞成。第三,代表团从外交部不断发来的报告看出,日本大举进犯热河已迫在眉睫。提出这个问题的目的,一方面是为提醒大会不要在通过最终报告书之后,就万事大吉,撒手不管中、日纠纷。另一方面,日本进犯热河可以指为诉诸战争的行为,可以作为实施制裁的依据。如果中国提出实施制裁的请求,而国联又准备在将来采取具体措施,就可以进行制裁。

在先,我已就这一问题与贝奈斯和马达里亚加两位先生商讨过,他们都同意代表团提出热河问题和要求大会采取适当行动的想法。但他们不能确定究竟应怎样向大会提出建议。日内瓦的舆论赞成以某种形式延长大会期限,借以注视事态的演变。颜惠庆已与英国代表团的艾登商讨过,艾登承认,对热河现势充耳不闻是荒谬的,并称他对此甚为忧虑。我们据实向外交部作了报告,最后在电报上请求示知热河省边境真实的军事情况,以及日军是否确已开始进犯。虽然我们一直收到许多报告,但并不了解当时的确切情况。

2月22日外交部回电同意我们关于热河问题的决策,并认为是明智和必要的。至于中国目前的形势已十分紧迫,日本"发动进攻时刻"指日可待,空袭和小规模的冲突日有所闻。据报纸报道,南岭(热河边境上一个城镇,位于热河与东三省间唯一的铁路线上,由北票到锦州之间)已发生剧烈的争夺战,但尚未接到官方证实的消息。总而言之,日军大规模进犯已迫在眉睫。后来又接电报说,据可靠报道,北票在21日晚陷落。

转天,南京时间2月23日,日本驻南京公使馆一等秘书上村向外长罗文幹提交一份关于热河的最后通牒①,狂妄宣称:

(1)热河省内张学良军及其他反满军队之存在,不但与满洲国之主权抵触,且与热河省治安之恢复,不能两立。故此次满洲国实行肃清该省内之匪贼及兵匪余党,日军乃在日满议定书之关系上,应与该国军队协力之立场。而满洲国常向上述张学良军等要求撤回关内,未能容纳其要求。故因实行上述热河省肃清事业之结果,而引起与满洲国军协力之我军与张学良军及其他反满军队之冲突,此乃因张学良军等留驻热河省内不得已而出此。且其责任,应由不接受上述满洲国要求之中国方面负担之。

(2)……惟张学良军及其他反满军队,如坚欲出于积极的行动,则难保战局不及于华北方面。若因此发生任何事态,其责任悉在中国方面。

---

① 日本的最后通牒和下文中国政府的答复均照录自《外交年鉴》原文。——译者

中国政府对此立即作出如下答复:

> 自民国二十年九月十八日以来,日本以其武力侵占东三省,设立伪组织,兹又不顾一切,调集大批军队,进攻热河。热河为中国之领土,与东三省为中国领土相同,中国政府派兵往热防御外国之武力侵略,乃系行使其固有之主权。日本政府竟要求中国军队退出热河,显系扩大侵略范围,破坏中国领土主权,日本政府自应绝对负攻热之全责。至东三省伪组织,为日本一手造成之傀儡,为举世皆知之事实。其所为之一切非法行为,日本政府尤应负其全责。……

外交部将这两份文件立即电告我代表团,并要求我等转请国联秘书处立即分发传阅。此事发生于特别大会开会宣布其决定的前一天,正和传说日本已经开始进犯热河的消息相吻合。

2月24日召开特别大会,中国向国联提出控诉以来已过了十七个月。要求国联对一个军事强国加以裁制,这还是第一个案件。谁都知道这个大国是不会接受国联裁决的。无怪乎当最终报告书被提出来,经过简短的讨论和一致通过时,坐得满满的会议大厅呈现一片紧张气氛。所谓一致,是指按照盟约规定而言,实际是日本投了反对票,暹罗(现名泰国)弃权。

投票表决之前,颜惠庆代表中国讲话,表示欢迎报告书,并接受建议书(他知道如日本拒绝接受报告书,则中国即不受其约束)。最后,日本代表团团长松冈板着面孔发表了简短的声明。他说:"日本政府不得不认为日本就中、日之纠纷而与国联合作之努力已达终点。"日本代表团随即步出大厅。一个月后日本就完全退出了国联。

报告书规定,会员国对中国满洲局势不得采取单独行动,而应继续在会员国内部以及与有利害关系的非会员国之间采取一致行动。为了这一原因,并根据盟约第三条第三项的规定*,大会

---

* 盟约第三条第三项规定,大会可以处理"关系世界和平"之任何事件。

在 24 日下午会议上议决,建立一顾问委员会,其成员有十九国委员会的成员,外加加拿大、荷兰,并邀请美、苏两国参加合作。委员会的目的是随时观察远东形势,并在本届会期内主席认为有必要召开大会时予以协助。

当大会主席提出要设立这一新机构,并进行投票表决之前,为使大会重视热河的严重局势,我起立发言。我着重说明日本在热河的行动是明目张胆地蔑视国联对它的三次警告,以及新的军事行动将会产生严重后果。摆在国联面前的问题是"我们应该怎么办"?我指出,国联的创办人早已拟订一套控制侵略的制裁方法,而日本最近的行动就是诉诸战争的行动。我呼吁大会授权即将建立的顾问委员会,迅速开始行动。并说,盟约中的种种制裁措施,正是针对像远东目前这样的严重局势而制订的,只有根据盟约的规定迅速行动,才能使全世界相信国联确有诚意履行其维护国际和平的崇高使命。

会后,我将顾问委员会的建立以及我对热河问题的发言,向外交部作了汇报。此外并附告日内瓦的舆论认为大会既已采纳报告书,并正在组织顾问委员会,大家"希望中国能善自努力,出兵抵抗"。

当我就热河问题发言时,实际上我是指望能够实施制裁,而当时确已存在这种可能性。但实施制裁有其先决条件,例如,必须存在"诉诸战争"的条件,才能实行第十六条规定的制裁。

但事实上,甚至在拟订最后报告书的时候,就有争论。有的说中国和日本的外交关系仍然存在,这表明中国自己也不认为日本的行动是诉诸战争的行动。代表团经常受到责问说,既然中国认为战争存在,何以至今仍未与日本断绝外交,或撤回代表?倘若中国的行动并不表示战争存在,怎么能希望别国去这样做呢?代表团在 1 月底把这种质问以及代表团一向所作的回答向外交部作了报告。代表团所作的答复是:中国不愿使事态恶化,但自最终报告书公布之后,局势有了很大的改变,因而中国的态度也就有很大的变化。

外交部 1933 年 2 月 2 日电告代表团,政府可能在原则上决定与日断绝外交关系,召回公使,东京公使馆暂时委派代办负责。并说,外交部实际上早已通知蒋作宾公使做好准备,一接紧急通知立即离开日本回国。又说,蒋委员长同意蒋公使离开东京,但这是初步的,并且是机密的消息。外交部希望这问题能在国防委员会 2 月 3 日的会议上决定。嗣后又接来电称,2 月 3 日的会议上并未做出明确决定。但自 2 月 3 日到 2 月 24 日国联大会通过最终报告书这一期间,政府又继续研究此事。外交部屡次来电都说有断交的可能,并征询代表团和各国的意见及可能有的反应。

我们在 2 月 11 日发给南京的报告中已经说过,弱小国家不能理解我们为何不召回驻东京的公使。我们在 15 日致南京的电报中说,国联内有很多朋友都希望我们在最终报告书通过后立即与日本断绝外交关系,因为这种关系是日本用来反驳存在战争状态的有力理由。他们建议在申请实施第十六条期间,应就今后的行动与美国磋商,谋求美国在外交上给我以支持。2 月 19 日外交部回电称,关于此问题正向华盛顿询问中。

2 月 24 日接外交部电称,立法院已秘密通过一项决议,建议立即断绝与日本的外交关系。立法委员们认为,国联迟迟不愿做出经济制裁的决议,其原因在于中国本身仍与日本继续保持外交往来。他们(立法委员们)指出,采取上述建议有如下优点:

(1)有利于全国抗战;

(2)能使治外法权问题得到解决;

(3)能使不平等条约得到废除;

(4)它标志着抵制日货运动的全面胜利;

(5)国联会员国和九国条约的签字国将会实施经济制裁。

该电又称,上述建议已送新成立的国防委员会,并已转交外交部讨论和提出意见。现外交部在详细研究的同时要求代表团提出自己和法律专家们的意见。当然,已理解到立法院所提的第

二、第三点在国际法上是行不通的。应该考虑的重要问题是,断绝外交关系后,列强是否真正能够实行经济制裁。电报最后说,在国外工作的代表们提出的意见很受政府各方面的重视,因而希望我们能早日回复。

我们当日就给了回电,说明我们的朋友坚决认为大会通过最终报告书之后,中国必须在热河迎击日军,撤回驻东京的公使。以后随着形势发展,国联定然会再次出面干预。而且,由于日本退出国联,使得每个人都认识到对一切有关各方来说事态严重。我们的朋友觉得,我国有理由指望各国今后将采取更加坚决的行动。

至于代表团的意见,现应予以明白说明。实施制裁,也就是成功地援用盟约第十六条,是与大会通过最终报告书有着天然的相互关系的。从逻辑上讲,倘若中国继续执行与国联合作的政策,实施制裁就是代表团下一步必须追求的目标。我们盼望朋友们所说的将有更加坚决的行动这句话,在制裁这一点上能够说对。

但是我认为与国联合作,只不过是中国在报告书通过后关于处理中、日冲突问题上所应遵循的妥善政策中的一个方面。而另一方面则应着眼于华盛顿。我在 2 月 25 日致宋子文的信中曾作如下的陈述:

> 近几个月来,日内瓦有一件值得注意而且是日益明显的事实,即每当国联行政院、大会和委员会开会时,有一个能对会议讨论过程起影响作用的幕后因素,就是美国的态度。草拟最终报告书时,伦敦政策的明显转变,法国态度的强硬化,都无疑是由于美国政府的努力起了决定性的作用。李顿报告书中对于"满洲国"采取了不承认、不合作的坚定明确的立场,也要归功于这一因素。所谓诸小国的态度,一年半以来虽然对我国的事业表示了赞助,但这种赞助与其说是出于他们对我们的友好,毋宁说是他们出于拥护盟约的热忱。就是这些小国,在争取一个好的报告书的斗争中,是勇敢还是态

度暧昧,也是视美国当权的领导人的意见是温和或是坚强为转移的。

欧洲之所以重视美国的态度,其主要原因之一在于这个大陆上的政治形势令人不安。当裁军讨论的回声尚在日内瓦缭绕之际,总的来说,欧洲大陆各国却从来没有像今天这样武装到牙齿。一方面,存在着对报复的恐惧心理和对维持现状的顽强决心;另一方面,又存在着对压迫的痛恨情绪和对解救苦难的变革的炽热欲望。倘若目前这种局势任其因循五年而不予改善,则很可能会因一件不能控制的偶然事件而引起另一次世界大战。由于怀有这种忧郁心理,欧洲各国都竭力争取美国的同情和友谊,这不仅是为将来能得到援助着想,同时也希望得到眼前的接济,以便克服为可能发生的国际大战作好准备所遇到的财政难关。

言念及此,不禁使我产生这样一种想法,我们在继续执行与国联合作政策的同时,必须更加重视华盛顿,并大力培养与它的友谊。由于美国历来主张我国领土完整的原则,中国更需要培养这一友谊。

我在信函中最后又说:

通过按第十五条第四项制订的最终报告书,标志着中、日冲突中一个历史阶段的结束,因而我认为政府应当根据这一新形势重新调整其政策。为了使政府能更好地了解日内瓦的形势和气氛,以及欧洲重要国家所最关注的问题,我们三代表中,应该有一人回国去作口头报告。我自己很想担任这项任务……因为我想利用海上旅途的机会,使我的身体得到休养。这里的医师每在我因失眠症而苦恼时,极力劝我及早休息一段时期。去年九月在北平时,医师也提出警告,催促我休假,以作预防。

值此紧要关头,国内如有任何我力所能及之事,悉听指使。

那时正在讨论采用军火禁运方式的制裁问题,美国对日内瓦事件发展的影响,在这件事上表现得最为明显。当时国联行政院正在讨论南美的两次冲突,一是玻利维亚和巴拉圭在查科草原上的冲突,另一是哥伦比亚与秘鲁在累堤西亚地区的冲突。当时我出席了行政院的会议。这两次冲突都令人格外担忧,即日本的侵略行为如不能阻止,就可能给未来的侵略者立下一个先例。因此,人们的注意力都集中在实施制裁问题上。

华盛顿的胡佛总统和国务卿史汀生正咨请国会,遇到国家之间发生纠纷或冲突时,如果军火出口会鼓励使用武力,在征得主要军火生产国的合作下,授权总统宣布禁运武器和弹药。胡佛总统特别在查科纠纷上愿意运用这种权力;而史汀生,据了解他对远东问题也同样关注。他最近在众议院外交委员会审议这个提案时,出席作证说,只要有一个拥有广泛代表性的重要国家集团宣布某一国家是侵略者,同时也已公布全面禁运,美国为了保持其应有的"国家尊严"和一个和平国家的立场,事实上就非参加不可。

史汀生这项声明,实际上是美国把旧的中立概念做了新的解释。按照旧的中立概念,中立国或非交战国的义务是在双方交战国之间完全保持不偏不倚。按照这一旧解释,中立国如实施禁运,应同等地适用于交战国双方。史汀生非但否认这一旧的解释,而且更进一步说明美国为了保持它的荣誉,将来几乎必须参加任何对侵略者施行的国际制裁。

我出席第71次国联行政院会议时,看得很清楚,美国当时对禁运的立场在道义上支持了那些主张集体行动的会员国,至少对南美洲的弱小国家是如此。在2月25日的行政院会议上,英、法两国要求行政院在会员国中组织禁运,以阻止向玻利维亚和巴拉圭供应军火。

同日,2月25日,顾问委员会召开第一次会议,遵照大会决议邀请美、苏两国参加合作。在开会期间,委员会接到通知说英国政府已与其他各有关国家政府洽谈向远东运送军火问题。委员会于是请求有关各方经常向它提供与其"工作有重大关系"的新情况。

在这一点上,我愿补充说一下,我们在日内瓦看来,南京政府并非不愿意在国内创造条件,为国联援用盟约第十六条奠定基础。例如:(一)准备与日本断绝外交关系。(二)准备对日本进行坚决的抵抗。至少我们在日内瓦的人认为政府似乎正朝着与日本断绝外交关系的方向前进,而且有希望像我们衷心要求的那样也走上坚决保卫国土,抵抗日本进一步侵略的道路。代表团收到很多国内来电,都谈到政府和抗日前线上的将领们抵抗日本的坚定意向。

至于断绝对日外交关系,外交部一再征求代表团的意见,此事令人鼓舞。2月26日接外交部来电说,对日外交政策有三种可能:(一)完全断绝外交关系。外交部认为这样做是合乎逻辑的,但询问我们实际利益究竟如何。(二)召回公使蒋作宾,在东京保留代办。外交部说这是折衷办法,但与日本的罪行不相称。(三)维持现状。但外交部不知道这样做是否会妨碍各国实行制裁,要我们征求李顿勋爵的意见,并尽速回答。

李顿当时在英国,但关于这一问题我以前已与他和塞西尔勋爵谈过,同时代表团也曾彻底讨论过,因此我们在当天(2月26日)就作出了回答,内称:经我们再三考虑,并充分认识到日本有可能对我采取报复手段,我们认为如果想援用制裁条文,则完全断绝外交关系是必不可少的一步,因为,日本有诉诸战争的行动是援用制裁的唯一依据。如果我们自己不认为目前情况是日本已诉诸武力,就无法要求别人认为日本已处于诉诸战争的地位。外交关系是不能与一个把战争加于我们头上的国家同时并存的,那也是同我们国家的尊严不能相容的。至于第二种选择,从法律上讲是毫无意义的,实际上是懦弱和虚伪的表现。而第三种选择,即维持现状,这正是国联一直反对我们要求援引第十六条实施制裁的依据。除非政府想立刻着手与日本直接谈判,否则我们认为这一办法没有任何好处。再说，从国联通过报告书，谴责日本为侵略国，又从日本目前正进犯热河来说，与一年前的形势已迥然不同，对于与日本断绝外交关系问题，我们应该以新的眼光来看待。最后提到李顿已去英国，但我与他在圣赛哥谈话时，他已表示赞成外交制裁，并赞成其他一些国家在中国与日本断绝外交后也召回首席使节。另外，我也将塞西尔勋爵的看法一同汇报外交部。

接着我又把代表团的总结意见草拟成第二份电报，于2月26日发出。电报说，国联在处理中、日问题上，自通过报告书后，已完成一定阶段的工作。今后我们的外交活动的性质和范围（即我们发动外交战和争取外交支持的能力），全靠我们国家抵抗日本侵略的实际效果来决定。

电报又阐明我们的主张说，友好国家殷切希望我们坚决抗战，以便国联能有充裕的时间来准备下一步行动。他们认为，无论国联将会采取什么行动，都要看中国做出了什么样的抵抗。同时，日本宣传说中国军队全无斗志，他们轻而易举地攻取了热河。我们认为日本从两年前战争一开始就采取对中国各个地方军事集团逐个击破的策略（即先东北，后热河，不久还要攻华北）。现在已经到了我们应该迅速拟订全面计划来对付这种局面，以便组成联合阵线对抗日本的时候了。热河至关重要。当我们请求国联援助之时，当国联正在研究确定如何进行下一步行动之时，如果我们不能长期坚守，国土一片接一片地沦于敌手，这样我们就只能更加招致世界的轻视，丧失友好国家的同情。到那时，我们恐怕纵有奋发自强之心，亦将为时已晚。因此我们认为大会既已通过报告书，最低限度我们也要使形势能符合第十五条第六项的要求，然后我们才能促请援用第十六条的规定实施制裁。为此我们在电文中提出应尽速与日断绝外交关系。电报说：

> 依照第十六条第一项规定，在实施经济制裁之前，必须先有诉诸战争的行为。日本侵占我国领土，屠杀我国人民，

于兹已一年有余。我们在国外向国联宣布日本犯下的罪行。但在国内,中、日密使却往来频仍,官方屡设酒筵款待日人。所有这些,国外无不引为怪事。日本人在避免战争的借口下正在进犯热河,据他们说,这是为了维护傀儡政权下的和平与秩序。但国联报告已拒绝承认傀儡政权,因此,日本入据热河,无论在道义上或是法律上,都没有任何依据。目前在这一案件上,谁是谁非的问题业已彰明昭著。我们向国联的控诉既已获胜,自应立即向全世界宣布与日本断绝外交,以便杜绝国外再说中国自己也不把日本侵略视作战争,从而不能援用盟约第十六条。

电报最后说:

> 我们希望外长罗文干速将上述各点提请讨论,俾使早日制订决策。对此我们不胜企盼。并将于最近拟订一份对日断绝外交关系的步骤方案,另行电告。

翌日,发生一件意外事情。英国外交大臣西蒙爵士向议会宣布,在未经国际磋商并做出决定之前,将不批准向中、日两国出口军火(现已订立合同者除外)。此事意味着一个主要的军火生产国,对于中、日纠纷虽然自愿承担禁运军火的义务,但却是暂时地对中、日双方不加区别地这样做。正当日本已被国联宣告为侵略者而中国被宣告为侵略的受害者(最少自 1931 年 9 月 18 日以来是如此)时,两国却受到同等对待,一律被切断供应!

中国处在这样一种微妙的环境中,一方面既为英国强把我们与日本混为一谈而感到气愤;而另一面却又因英国已步向共同采取对日制裁的行动而受到鼓舞。就这一问题,代表团经过研究后,在 2 月 28 日电告外交部,建议通知英国驻中国公使说*,西蒙

---

* 我以后在国联行政院讨论对巴拉圭和玻利维亚实施禁运军火提案时所抱的态度,是表示在下述谅解下同意这项提案,即倘若行政院事后发现其中一方犯有侵略罪行(当时认为双方同样都应受到责难)则应只对该犯有侵略罪行之一方实施禁运制裁。

在议会上所说对中、日两国实施禁运军火之辞,既不合理,也不公正,因最后报告书上已经阐明会员国要竭力防止有损害或迟延执行建议书的行为,而这一建议书中国已早表示接受。对英国驻华公使的这一通知,是当时中国最多能做到的事,也是至少应做到的事。

与此同时,代表团收到外交部对我们2月26日电报的回电,2月26日电是催促与日本完全断绝外交关系。回电说,关于断绝外交关系问题,政府当局正按照我们的观点和其他方面的意见在慎重审议,一俟做出决定,当即电告。同时又要我们速即陈报前电答应拟订的对日断交的详细方案。

2月27日收到这一电报时,国联实施对日制裁的机会可以看出已经变小了。其原因不仅是由于政府不果断,未能迅速决定并宣布与日断绝外交关系,并且也因很多消息传到日内瓦,说中国在热河的军队非但没有守住阵线,抵抗日军进攻,而且接二连三地放弃了战略要地。更有很多令人沮丧的报告,说士气不振,叛国变节,溃乱败退,未经一战就丧失国土等等。

代表团坚决相信,并曾提请中国政府领袖充分注意,有可能采取国际行动的先决条件是中国首先进行自助的意志和能力,与日本断绝外交关系就是其中的一环。但是,在此紧要关头,更为重要的是中国的实际军事形势,外国以及他们在日内瓦的代表正在密切注视着这种形势的发展。

代表团根据政府的指示,为了鼓励我们的朋友,挫抑我们的敌人,在日内瓦一再郑重表示,我们有持久地、坚决地抵抗日本的准备。颜、郭二位和我都是这样向朋友说的(政府在南京、北平也是这样讲的)。我们一致认为,在最终报告书通过之后,我们这样做是必要的,因为中国的申述,乃是基于中国一定要在热河进行抵抗这样一个设想。但是,事实完全相反,据报地方军队不战而逃离防地,而中央政府亦未给予任何支援,这使颜、郭和我深感我们的处境十分困难,不得已乃决定联名申请辞职。

当我们讨论这一问题时,热河的战况越来越坏,甚至连中国人也不能理解我们的军队何以竟如此败坏,如此缺乏抵抗的意志与决心。由于我们在日内瓦推行的政策得不到国内的支持,由于敌人的种种非难,并由于朋友们一再责问(他们看到中国军队这般软弱无能,与中国代表团在国联大会上辩论时所持的强硬态度适成强烈的对照,感到迷惑不解),我们已无法再忍受下去。不论每次我们怎么说,宣称要坚决抵抗,但是到了第二天,传到日内瓦的消息总是又丧失一块土地。迄今回忆,犹感难堪。

下面是我们在 28 日发往外交部的电报,请求转呈政府。其中所述都是由衷之言,绝非虚饰*。

> 转呈国民政府钧鉴。前年三省之陷,不战而走,世界为之骇异。此次热河之役,日人宣传,谓我军并无抵抗诚意。松冈在国联且谓我军勇于内战,无意对外。连日热河要地,纷纷失守。各国论者,以我军凭崇山峻岭之险,有主客攻守之异。而战线屡缩,失地频闻。友我者对于我国是否真心抵抗,群来惶问;忌我者谓我本无自助决心,国联原可不必多事。惠等待罪海外,无法答辩。且自报告书公布后,军事方面重要甚于外交。将来外交前途,多视军事为转移。惠等心余力拙,应付乏术。应请准于开去代表职务,另委贤能接充。不胜盼祷之至。颜、顾、郭。

这份联名辞职电报确实起到一定程度的作用。推其原因,或许是因为它着重反映了国内外舆论的趋向。国内当政要人接二连三地向日内瓦来电,要我们忍住这四面受辱的处境(对这一点他们很理解),继续坚持工作。更为重要的是,来电中提到中央政府答应要更加重视东北的军事形势,并要改进外交政策和策略;军政部长何应钦将先行北上就近指挥;军事委员长蒋介石随后也要亲自前往;代理行政院长宋子文早些时候曾去热河一行,振奋

---

* 辞职电录自顾氏所存函电原文。

了士气。人人都决心抵抗。

最先收到的慰留电报是由林森主席和五位院长联名签署的。同日,3月1日,收到外长罗文幹的电报,内称我们的电报他已在国防委员会会议上提出来,出席这次会议的有林主席、五位院长和全体委员,会议上一致通过发电慰留我们。

罗外长又说,代表团将会收到唐生智和朱培德将军分别发来关于战争实况的报告。确实,在3月3日我们收到了由这两位将军和军政部长何应钦将军署名的电报,其内容与其他电报相似,无非表示抚慰和挽留之意。另外又解说热河失守是因为敌军装备优良,但这不是决定性的。北票、开鲁、朝阳等地不是主要战场,为了缩短战线而予以放弃,以利待机反攻。战争胜负,虽难预卜,但将军们誓竭全力抵抗,这是他们一贯的决心。

3月3日外交部转来国民党中央执行委员会致代表团的褒奖和勉慰电报,同时还叙述一些其他事情,其中提到委员们愿与我们共同奋斗。最后一份是蒋介石亲自慰留我们的电报,日期是3月1日交罗外长于3月4日转发的。

代表团在这种情况下,当然只有鞠躬尽瘁,继续工作。但是形势是十分困难的。3月3日我电告外交部说,日内瓦的朋友和参加顾问委员会的其他代表们,都因热河境内瞬息之间相继丧失很多战略要地而感到惊诧。看到许多中国将领叛变投敌,有些人就开始议论,日本声言中国人拥护"满洲国"和缺乏民族统一的观念等语,似乎有几分可信。此外,我又电询赤峰、凌源、平泉诸地是否确已全部沦陷。

大约在同时,我与郭泰祺又联名草拟了一份致罗外长的电报,先送莫斯科颜惠庆,征求同意并签名。颜于3月1日离此赴莫斯科就任我国驻苏联的首席新任使节,他离开后由我接任中国出席国联和裁军会议代表团首席代表。我之所以在3月初把给罗外长的电报送他签字,是因为这是回复罗外长对我们代表团于2月28日联名辞职一事发来的电报的复电。

罗外长在来电中说①：

> ……文武上下，一心一德，事终有济。若稍露分裂痕迹。正中日人之计。且我国军人亦将谓我外交官为撒娇卸责。弟与兄等共患难一年有余，甘苦与共，万望此时暂勿言辞。

我们的复电如下：

> 日侵热河，丑诋我国，谓我系私人军队，不知御外为何物。热河仅派杂军虚应故事，不久即将溃退。弟等依中央宣言，力加驳辩。并谓报告书既已通过，是非大白，我将尽力抵抗，自助以助国联。乃事实之来有令代表难以发言之苦，权有前电另委贤能之请。国威日堕，无娇可撒。痛切陈词，原为负责。顷闻赤峰、凌源重要阵地又已失守，深盼不确。窃谓政府果决心抵抗，似宜以全力迅赴事机。否则议论未定，热河已为三省之续，正中日人之计。再绝交一事，俟热河军事结束，更难进行，此后外交之运用，自愈难著手矣。

此电经颜回电同意后，在1933年3月5日发出。

3月4日代表团收到外交部一份公开电报，对于中国败北失地、叛变投敌，以致引起日内瓦各国代表的惊诧等报道，一概予以否认。相反的，却给了我们很多令人鼓舞的消息。说我军在建平大战告捷，反攻凌源，获得胜利。何应钦将军首途北平，与少帅张学良并肩督战。另一电报又说蒋介石委员长目前已离南京前往华北。

郭泰祺和我阅后，立刻按照指示向外公布。但是消息刚一公布，赤峰、凌源陷落的报道即被证实，热河省会承德也可耻地丢失了。局面实在使人难堪。为此，我和郭又另拟一份电报向罗外长报告上述消息，电文说②：

> 建平凌源得利之讯方交发表，而承德失守之惊耗同时已

---

① 此处及以下所引罗、顾往来电文均录自顾氏所存函电原文。——译者
② 此处电文录自顾氏所存函电原文。——译者

见于报端，并谓已经北平中国官方证实。今晨各方纷来询问，谓我事前大张其词，决心抵抗，不料毫无布置，一至于此。热河大于瑞士四倍，凌源、承德亦相距二百里，乃承德之兵不战而退、敌军摧枯拉朽，如入无人之境，较之法国攻摩洛哥土人尚为容易。可见松冈丑诋中国之语，皆已证实，其鄙视我国之心，溢于言表。吾代表团前遵训令宣传抵抗到底者，今竟无词以对。窃谓日人蓄意并吞中国，热河不已，将及华北、华北不已，将及华南。际此国家存亡之交，宜有坚毅果决之谋，恐非局部应付所能渡此难关。未知中央究竟持何政策，前方军事真相如何，尚祈开诚密示，庶可内外呼应，不致对外论调太离事实也。

我们现在的处境，颇像讲坛上的发言人，台上说得天花乱坠，而台下发生的事实却完全相反。我曾经暗自注意，正常的国际间政治活动——外交，在程序上和运用上确有很多传统的方法和一定的门径。精通这些知识和机智地运用这些手法，原是我工作上和职务上分内之事。我研究过外交术和外交史，懂得哪些话可靠，哪些言论可以视为是实在的。但在中国却还有一种所谓"内交"，即施行于内部的外交，这无疑是更难的，因为不能摸透政府领袖的真实意图。政治上的利害歪曲了事实的真相，政府经常不将事情的真貌全盘告诉国外代表，有时甚至只说些表面上正确，而实质上不真实的话，因而常常给国外代表的工作造成不必要的困难。就以目前热河全面崩溃而言，我们在日内瓦的感受尤为痛切。

上述电报经颜惠庆签名后，于 3 月 5 日发给罗外长。是日，接南京电报，叙述一些热河溃败的情况。我以代表团名义又向外交部发去一电称，据闻我们的军队不是向敌投降，倒戈反击，就是逃跑；也有些部队，战争刚一开始就不战而退。我等闻讯后不胜悲愤。通过这些情况，我们很谅解中央政府实有难言之隐，为了保全民族的颜面，不能向外报道这些事实，以免世人讥笑。但我们必须知道应如何向外界解说。回复的电报仍是一篇老生常谈，无非说些我军装备不良等语。并说政府反省国土沦丧的痛苦之后，现已决心革除18、19世纪的陈腐战略，今后将集中全力，刷新军事训练。

在这一段时期内，我一直以电报与外长罗文幹交换关于与日断绝外交关系的意见。3月1日罗外长通知代表团说，一俟蒋委员长返回南昌*，关于与日断绝外交关系一事就可做出决定。罗又要求将代表团所拟断交程序方案电告。3月2日我就将一份相当详细的计划电告罗外长，建议首先召回驻东京公使蒋作宾及其馆员，宣布召回公使的理由是因日本继续侵略，现又进犯我国领土热河，因而维持外交关系已失其作用，且尤使国际上产生误解。公使馆人员撤离后，一切有关中国的权益，可委托友好国家代为照管**。

电文最后说，这份计划是由郭和即将赴苏的颜和我共同讨论取得一致后制订而由我签名发出的，现提供政府审议，希望政府迅将审议后所做决定电复为盼。

外交部收到我们的计划后，于3月3日电告代表团（这时仅有我与郭两人），内称在国防委员会最近一次会议上，经过谨慎审议决定，第一步先召回驻东京公使蒋作宾，至于立即与日断绝外交关系一节，蒋介石委员长以及其他一些人尚在踌躇未决之中，但同意蒋公使回国。总之，外长已于当日电蒋立即回国，所有使馆事宜由参事江华本接管。召回原因待商量决定后公布。我们送去的计划将在5日的会议上讨论。同时，要求我们将意见电告华盛顿施公使，言外之意，施似乎不甚同意我们的观点，他已向南京电告相反的意见。

外交部前曾于3月2日给我个人来电说，在实际与日断绝外

---

   * 2月末蒋委员长已南去指挥政府军与江西共军的战争，南昌是江西省会，蒋在该处设有行营，战争开始后，他就回到南昌。

   ** 上述3月2日电报原文见附录六。

交关系之前,政府急于想知道法国政府的态度,诸如法国是否同意我们打算采取的办法? 我们与日断绝外交后,它是否也愿撤回驻东京的使馆首席人员? 它是否支持实施盟约第十六条?

3月3日代表团发出加急电报,报告日内瓦对热河最近消息的反应。我对上述问题的回答就附在这份电报后面。我指出,根据最终报告书,各国有义务采取联合行动,任何国家不会单独召回大使,更不可能在我们自己还未决定这样做以前他们倒先做起来。但为了探询法国的立场起见,已与法国派驻特别大会的首席代表保罗-彭古约定次日见面会谈。

10日下午走访保罗-彭古,主要讨论两个问题,即与日断交和各国实施禁运。我先说中国政府自大会通过最终报告书后,因鉴于日本继续侵略和在热河采取军事行动,刻正考虑与日断绝外交关系,请问法国是否愿意以任何方式支持这一行动。

他回答说,虽然中、日之间已存在事实上的战争状态,但是断绝外交关系就等于宣战,这样就造成法律上的战争状态,日本就可以据此封锁中国所有口岸。他认为中国政府应该慎重考虑可能造成的后果。至于法国,它只能与其他大国一致行动。

我说,实际战争正在进行,中国与日本断绝外交关系的行动倘若能有国联会员国,尤其是大国采取同样行动,给予声援,困难就会少得多。最终报告书的通过,就是大会的裁决,而维护盟约是所有会员国的共同义务。再说,由于日本进犯热河,并又威胁进攻华北,实施制裁的时机已经到来,但不知法国在报告已经通过的情况下,是否考虑实施对日制裁,例如外交上或经济上的制裁。

保罗-彭古说,法国政府的政策是在世界任何地方,不论是远东还是欧洲,都支持盟约,但不能支持可能使局势更形恶化的任何措施,也不能把目前尚未卷入中日两国战争的国家推入战争。关于制裁问题,他说,如无美国参加,就无法考虑。法国之力不足以单独行动,也不能有任何会脱离各国尤其是脱离美国的举动。法国不愿惹起美国不高兴。

当我向这位法国部长请问法国政府是否有对日实施军火禁运的打算,他再次表明赞成国际行动,因为一个国家如想单独行动,那只能对交战双方采取同样的行动。他解释说,只要盟约第十六条尚未实施,就不能对交战一方实施制裁,而只能对双方都实施禁运,在这种情况下,中国遭到的损失远比日本更甚,这对中国是不公正的。我问他大会所建立的委员会是否准备考虑禁运问题。他说如有美国代表参加,"二十一国委员会"可能对禁运问题作出决定。

保罗-彭古又问及热河的战争局势。我说情势并不像日本蓄意宣传的那样恶劣。他又问苏联的态度如何,我说苏联对局势极为关怀,并准备与别国合作共同对付日本。因为它非常理解,真正的威胁来自日本。我又补充说,因为它不想单独与日本对峙,所以很谨慎。

因知罗外长急于想知道我所探询的法国态度,所以我立即电告这次谈话内容,并总结法国政府的态度是避免扩大冲突范围,但愿意在美国的领导下参加国际联合制裁。

我又在 5 日、6 日分别电促政府速就对日断绝外交关系问题做出决定。5 日我收到罗外长给我代表团关于国防委员会最近一次会议的报告。估计会上已讨论了代表团拟具的对日断绝外交关系的计划。事实上罗外长早已提出这一计划,并曾详加说明,但由于战局紧张而被搁置。罗外长还曾向委员会建议,利用日本退出国联的机会,提出与日断绝外交,藉以取得国联的支持。整个问题还要再次讨论。与此同时,业经决定在日本退出国联之际,我国可以"回国磋商"作为召回蒋公使的理由(他于是晚离开东京)。罗在电报中又说:

> 鉴于局势极为紧张,务请与政府通力合作,如有任何建议,自当慎重考虑,但一切行动务必遵照政府的方针。

我在 5 日的电报中提出,国联通过最终报告书之后,我们的第二个目标是实施第十六条,而我们的绝交行动是援用该条实施制裁的先决条件,鉴于禁运问题复杂,舆论倾向于第一步先采取外交制裁。我主张值兹日本正在继续进犯之际,正是我们采取断交行动的好机会。假使等到热河全省沦陷,日本很可能停止进攻。到那时,舆论对制裁就会冷淡下来,而中国也难以用断交行动或其他压力来推行目下的外交政策。(我是在强调3月5日、6日有颜惠庆签名的致罗外长的联名电报最后所提出的意见。)

我在6日的电报中说,日内瓦的友好人士对于热河的结局深感失望,极力敦促我们立即与日断交,藉以消除国外的不利印象,并表明我们在军事上虽遭挫折,但精神上并未自馁,仍要坚决继续奋斗。同时我又指出,为了促请实施国际军火禁运起见,有一条可以用来申论的理由,即日本军队在军事装备方面之所以能占优势,而使中国被挫败,乃是由于最近国外向它提供了武器、弹药和飞机。我很想知道政府能否在这一方面提供一些情报资料,以便我能有事实来支持这一论点。

代表团发往南京的电报中,有些措词是相当尖锐的,因而7日罗外长来电告诫说,倘若代表团与外交部想要我们的军人支持我们一贯的外交政策,我们就应避免引起他们的敌意和不满情绪。罗说他已暂定在日本通知退出国联之日,就宣布先召回驻东京的公使和公使馆的主要人员,以断绝与日本的外交关系。但在这一时刻到来之前,他认为我们必须尽力向军人说明要冒这一风险的必要性。我们在国外必须懂得国内军人的心理,他们的心理是风险不能冒,但由此而招致的羞辱,却要我们在国外的人去承受。因此,我们不能操之过急。我们可以经常去电催促他设法取得军人们的同意。就他来说,他拟于日内晋谒蒋委员长,当面陈明他本人对于当前局势之主张的有利方面和不利方面。罗认为只有做到这些,政府才能做出最后的决定。确实,一星期后,他赴保定谒见蒋委员长。另有南京来的电报也称蒋已赴华北视察军情。保定地处平汉铁路线上,蒋在该处设立了行营。

问题在于罗外长和日内瓦的我代表团一样,是一个主张与国联合作共同处理中、日冲突的外交政策的支持者,这一政策意味着在 2 月 24 日大会通过报告书以后要冒风险。风险就在于报告书通过后,下一步的行动就是要求其他会员国对日实施制裁。但是其他会员国,尤其是大国,由于国际上政治和经济的混乱局面,因而犹豫不决。他们反驳说,既然中国自己不愿冒自卫的风险,他们就不能也不应该冒着直接卷入冲突或招致报复的危险而对日实施制裁。与此同时,南京政府有些领导和我们的军事首脑们之所以不愿冒险加紧抗日,或掀起外交上和经济上的抗日斗争,也正是因为他们不能事先获得国际上给予支持来应付可能出现的后果的保证。他们害怕一旦日本正式对我宣战,封锁我港口等等,而国际上都袖手旁观。他们还害怕在刚刚对江西共产党的威胁做好应付准备之时,被迫外内两面作战,以致腹背受敌。

　　归根到底,问题还不仅在于没有作战的准备。当时中国尚非完全统一。不统一现象远非仅仅是一个共产党问题,因为中国依然分裂为一些地方集团,中央政府只不过是其中最强的一个集团而已。中央政府不敢派遣军队与一个或数个地方集团共同抵御日军,因为这样会削弱自己的力量,失去了自己的优越地位,而助长地方势力出头露面。这是国民党早期的典型思想,与若干世纪以来的中国历史状况有很大的关系。

　　代表团并不是不同情这些人的见解,他们既有国内,也有国外的原因而不敢实心实意地依仗国联。但是在通过国联最终报告书之后,我们却意识到我们的政策确有成功的机会——这既是能为中国获得国际援助的政策,也是尊重和支持国联盟约的政策。

　　代表团和我本人,从一开始在巴黎和会上发起组织国际联盟之时,就拥护威尔逊政策,主张在世界上建立维护正义与和平的稳固基础。事实上,中国一向被看作是一个与大国对峙的集团的领袖。大国始终抱着自己的扩张、渗透和剥削的政策。小国为了保护自己,首先要维护世界的正义,因此他们把国联看作是救世主,坚定不移地努力建立国联,希望国联能做些具体工作。中国代表团一向抱有这种小国观点,在过去以及在中、日冲突中也一直受到这些小国代表的支持,例如捷克斯洛伐克、斯堪的纳维亚国家、爱尔兰以及西班牙等。我们同样相信必须为贯彻盟约而作出贡献,决不允许把它置之不理。只有大国才踌躇不定。英、法两国认为凡事如无华盛顿合作,就一筹莫展。代表团很现实地看出,执行盟约希望渺茫。但尽管如此,我们仍然不能就此罢休。西班牙、捷克斯洛伐克的贝奈斯都做了最大的努力,其他国家也都尽了它们的力量。中国、欧洲、美洲的舆论也都愿赞助这一正义事业。

简而言之,很不容易做到像罗外长所说的那样有忍耐性。正当收到他的电报时,就听到不少新谣言,说中国政府已开始或即将开始与日本直接谈判停火,以达成和解*。有的人甚至认为这是蒋介石和何应钦这次去华北的真实原因。我对谣言从未置信,尤其因为散布谣言向来是日本军阀的惯伎。但在这时,有一点非常清楚,我们的某些军事首脑确有与日本进行谈判和妥协的意愿,而所以不敢明目张胆地这样做,是因为害怕激起公愤,推翻政府。因此不仅对这些恶意中伤的谣言有必要加以认真反驳,而且必须加倍努力去争取实现与国联合作的政策,同时按照罗外长的建议,提出一些供他用来说服我国军人的资料。

这时在日内瓦,国联刚收到苏联关于邀请其参加顾问委员会工作的答复。诚如我在 3 月 8 日对外交部的报告中所称,苏联的回答是颇有礼貌的谢绝,而其措词则使日内瓦的人都清楚苏联是

---

* 例如,3 月 7 日,这天接到罗外长的电报后,我就电请外交部转告蒋作宾公使,请他公开驳斥最近日本发表的无稽谰言。3 月 4 日在一次国联秘书处的会议上,有几个会议成员询问关于蒋作宾公使由东京回国的真实原因。中国在秘书处的成员回答说这是断绝外交关系的第一步,至于何时断绝,正在考虑之中。当天上午(3 月 7 日)在另一次秘书处会议上,一个日本成员说,他接到他的外务省来电说,所谓蒋公使离任是断绝外交关系的第一步,绝非真实。他说,事实上蒋公使启程回国时,曾谒见内田外相,并说他此次回国的目的是要与政府磋商如何开展中、日直接谈判的问题,一俟获得结论,随即返回任所。在座的人听闻之下,无不震惊。我希望蒋公使对此能作出直接的反驳。

在以美国的承认作为交换条件。至于美国方面,对此邀请预料很快就能致复,因为罗斯福已就职。大家认为一俟收到这一答复,中国问题顾问委员会将再开会。

3月13日我想向外交部发一电报,因事关重要,使我想起要先与莫斯科的颜惠庆和伦敦的郭泰祺联系,请他们同意联署。虽然顾问委员会即将开会,会上将讨论今后采取什么行动,而南京迄今尚未做出具体决策。但另一方面,政府似乎决心要挽回热河的败局。例如外交部要我在9日严词驳斥举行直接谈判的谣言,10日外长罗文幹又亲自通报说,他与日本公使馆一等秘书的谈话,有力地嘲笑了后者的提议,说中、日之间建立和平的时机已经到来云云。另外,我又从外交部获悉,张学良少帅已经辞职,可能由军政部长何应钦接替为军委会北平分会主任,代表蒋委员长,也就是委员长和政府在华北的代表,他并且可以有几师中央军作为后援。再者,委员长将暂留驻华北,人人决心抵抗日军再犯,颇有驱逐日军退出热河之概。但在外交活动方面,尚无决策以配合新的军事方面的决心。

我的3月13日电报首先述明代表团的信念,倘若中、日外交关系不予断绝,则对召回东京公使一举就无必要,事实上也不应该发表正式声明。要是声明中不谈及中、日冲突,那是无的放矢;要是把召回公使说成是对日本抗议的标志,这是很不够的,而且是否召回公使就国际法律地位而言并无差别,尤其因为我们在其他很多国家中,有的公使已离任而只有代办,有的根本没有委派公使。因此这种说法,实在弊多而利少。

我在电文中继而提出如下一些问题,既然不对日采取断然立场,外交部希望日内瓦代表团贯彻什么政策?又希望代表团去推动别国或顾问委员会采取什么态度?又说:“不指示政策,不仅使我们处境十分困难,而且我们留驻日内瓦也完全失掉作用。”进而指出,各国只有在事态的演进中和形势的逻辑发展所逼之下才肯插手。但在目前,英、法的舆论逐渐有了采取有效制裁的要求。

因此说:"我们必须以援用第十六条为我们的目标。"同时又问政府是否真打算收复热河。

自美国接受顾问委员会邀请合作的答复到达日内瓦后,会议就着手安排于日内召开,因此我们的政策问题更显得刻不容缓。会议在3月13日召开。虽然美国答复的内容,我仅略知其要点,因并未立即公布,但我仍先电告外交部和华盛顿的施肇基说,希望美国代表到了顾问委员会,首先能表明美国虽不准备做倡导人,但认为对冲突双方都实施禁运的办法是难以接受的。如此表明态度就会加强我们朋友的信心。而且也很适时。因为据我所知,英国正拟宣布在顾问委员会做出决定之前暂不实行目前的对双方禁运办法。

后来,就在英国宣布停止对双方禁运这一天,国联也正式公布了美国的答复。英国的声明中部分提到,虽然英国政府单独保持禁运是无济于事的(可以听出,近期内不会采用联合行动),但英国政府仍然坚信,关于这一问题,必须加紧达成国际协议,并要在日内瓦积极促其实现。美国对国联的答复表示,美国需要运用独立判断,不宜于指派任何人担任顾问委员会的成员,但是相信参加工作是很有益的。因而美国政府已命令驻伯尔尼公使在遇有必要时,可以参加工作,但无投票权。这一表示重要之处在于,美国政府在一份广为宣传的函件中表明它与国联的大会报告有了正式的联系并表示赞同之后,现在又愿意参加商讨国联进一步在中、日冲突上可能要采取的联合行动的问题。

14日,在国联行政院的早会上讨论但泽港设治安警察问题之后,我与英国外交大臣西蒙爵士谈了话。他对日本如此迅速地占领热河很感惊讶。他还说英驻中国公使蓝普森爵士和英驻东京大使林德利爵士二人的报告,都说日本无意再向前进犯。他问我们的态度如何。我说战争的结果是在意料之中,这是由于日军装备优良和运输便利所致。但是华北军队现在已由中央政府接管指挥,并且加以整编,以期重振旗鼓,收复失地。

这天,接着又收到外交部的电报说,外长罗文幹于13日在北平会见英、美、法公使时,向他们阐明中国既然已接受世界各国赞同的报告书,则按建议书行事是我们在道义上、法律上应尽的义务。所有流言蜚语,把蒋委员长在华北与直接谈判联系在一起,纯属无稽之谈。中国决心抵抗,并正在采取预防措施,以确保平津地区的安全和秩序。罗外长并指出,日本有进犯平津一带的可能,并且强调,倘若第三方面的利益遭受损失,中国不能负责。电文还说,罗外长的立场受到了国防委员会的一致支持。该委员会认为,要是十天前就表现这种抗战精神,情况会更好一些。

第二天下午,中国问题顾问委员会召开会议,挪威代表兰格当选为主席。会上讨论了如何回答美、苏两国的信件。此事讨论完毕后,美国驻伯尔尼公使威尔逊就应邀前来参加后一部分的会议。委员会在威尔逊的参加下,决议成立两个小组委员会:一为探讨禁运军火问题,由英、法、德、意、比、捷克斯洛伐克、瑞典、荷兰、瑞士、挪威以及西班牙所组成,美国应邀参加,因此它包括了所有主要军火出口国;另一小组委员会的工作是研究由报告书第四部分第三节有关不承认"满洲国"引起的问题,例如研究"满洲国"参加国际邮政和电信联合组织,向其"公民"颁发护照和领事关系问题等,该组由英、法、德、意、荷、瑞士、挪威、西班牙、爱尔兰、土耳其、葡萄牙以及墨西哥等组成,美国亦应邀参加。

马达里亚加曾积极推动建立军火禁运小组的工作,而小组委员会在3月15日也顺利地建立起来,但是问题本身并未得到讨论。谁都知道这是由于美国在这个问题上行动缓慢,致使顾问委员会对此的兴趣大为降低(因美国须先由国会制定法律,然后授权总统发布施行禁运的命令)。在这种情况下,我决定促请顾问委员会讨论各国同时召回在东京的首席使节的决定。因为此种程度的外交制裁似乎较易为各国所接受。

3月16日裁军会议散会后,我在会议大厅里与爱尔兰派驻该会和国联的代表肖恩·莱斯特先生做了一次会谈。莱斯特先生曾向顾问委员会建议成立小组委员会，以研究并采用各种步骤处理那些由于不承认"满洲国"而必然产生的许多复杂问题。

根据我的谈话记录，我首先赞扬他在顾问委员会上提出的建议，并向他表示如下的意见，军火禁运问题虽然显得较为迫切，但莱斯特先生提出的问题，从长远着眼，更为重要。

莱斯特说，他的提案不是轻而易举地通过的。虽然并无公开的反对，但却有很多表示疑虑的意见。可是他仍然很高兴，由于他的坚持并得到马达里亚加先生和贝奈斯先生的协助，他的建议终于被采纳了。

我建议说，军火禁运问题，如要达成协议，恐需一些时间；但由会员国召回首席使节的问题，似可立即讨论。这件事对各国来说并不费事，但对日本人民的精神影响却很深远。中国原已准备与日本绝交，但是愿意和其他会员国同时行动。

莱斯特说，这个问题最好晚一些时候再提。实际上，在15日的会议上，马达里亚加从桌上递给他一张字条，建议他提出这一建议。但他当时决定暂缓，因为他认为把事情赶得太紧未免有欠明智。对大多数会员来说，会议已经做得够多了。所以他不愿使大家有被逼之感。但他感到颇有希望，他认为委员会内部的形势正向有利于中国的方向发展。法国、波兰以及捷克斯洛伐克等国的代表都赞成采取一定的行动。

这天晚上，在勃朗峰路27号晚餐以后，莱斯特告诉我说，他已与贝奈斯及马达里亚加两人谈过，他们一致同意，召回首席使节一案最好由瑞典提出来，因为爱尔兰与日本没有外交关系。他同时认为法国也会赞成。

第二天，我在裁军会议主席韩德逊于和平饭店举行的午宴之后，得到机会试探英国可能采取的立场的概况，接着我也提出自己的观点。先是与英国首相拉姆齐·麦克唐纳谈话，后来西蒙爵士又把我拉到一边做了一次交谈。

根据我与首相谈话的记录，我首先祝贺他前一天在裁军会上的演讲,称颂他的讲话是一项伟大的贡献,表达了世界上很多地方的人想说但又觉得自己不在其位,不便去说的话。

麦克唐纳向我表示了谢意,并希望他的演讲能得到正确的理解。

我表示希望麦克唐纳先生不仅作为欧洲的,而且也是远东的和平缔造者。远东的形势确实不允许再拖下去了,尤其因为远东的形势对他所从事的伟大事业,即裁军与和平,必然要产生重大的影响。

麦克唐纳完全同意我的看法,并说,远东形势与裁军会议的成功有着极为密切的关系。他问我现在那儿的情况如何?

我说,虽然中国军队头两个星期在热河由于运输困难和日本方面在装备上的优势而遭到挫折,但现在正在整编中。军政部长已直接指挥所有前线部队,将会再接再厉地阻止日军进一步的侵犯。事实上,战争仍在长城某一关口上进行。

麦克唐纳说,中国的军队不能坚持,早在他意料之中,至于中国军队的运输困难,他原也想在战前就告诉中国。由于这些原因,所以他认为,在日内瓦通过决议,作出许诺,鼓励中国军队冲向前线进行抵抗,等到真正抵抗一开始,他们又发现朋友们并不能给予物质援助,这对中国并无好处。他认为虚伪的鼓励只能使中国的困难更为深重。他因此明白表示,正如在裁军会议上一样,就远东形势而论,英国政府不能作出任何事先的承诺。

我说,我很理解他不能作出许诺。但我仍然认为,鉴于远东的局势对世界和平是严重的威胁,应该立即采取某种行动以防止演变成为事实。就目前的情况而言,各国应该联合一致,从外交、道义和经济各方面采取必要的措施,以使日本恢复理智。

麦克唐纳说,此事在很大程度上要看美国准备怎么做。英国单独行动是没有用的。他认为华盛顿迄今没有任何表示要有所作为,因此最好把此事暂时搁置,以待恰当时机,由各国设法使中、日重新和好。他又说,他的儿子小麦克唐纳和英国国防大臣黑尔什姆勋爵昨天在日本大使馆与松冈先生共进午餐。他正考虑派他的儿子去远东详细研究中、日和解的可能性。

谈话开始时，我顺便对他在 20 年代在归还威海卫租借地问题上所给予的帮助表示谢忱。当时，我是外交总长，而麦克唐纳先生是英国外交大臣，同时还是首相。当时在谈判中遇到困难，我就通知我国驻伦敦的公使，向他请求帮助和合作，而他也给予了合作。

他说，回忆起来那是 1924 年的事，当时驻中国公使麻克类爵士负责谈判归还租借地的协定。他为当时完成这件事而深感快慰。

至于西蒙爵士，他把我拉到一边说，他很想和我讨论远东的形势。他说保罗-彭古先生在会议桌上告诉他说，法国很希望能采取点什么行动。他回答保罗-彭古说，关于目前的实际情况他并无消息。他要我向他提供一些情况。他又说日本人对他很不公正，竟把他根本没有的意图硬派到他身上。日本记者报道说他不反对日本进占热河，可是他心里丝毫没有这种想法，实际情况是他曾告诉日本人说，如再推行其政策，势必陷入更大的困难。例如华北，有很多外国使馆在北平，英国和其他国家在那儿还有许多其他利益。他的用意是警告日本不应再继续推行其现行政策。在他的心目中丝毫没有不反对日军侵占热河的意思。

我说这正是我们中国人从日本那儿得来的印象，他们尽力想说成进犯热河是得到英国的同意。兹承西蒙爵士纠正，深感欣慰。

西蒙说，他曾向日本大使松平先生抱怨此事，松平对此表示道歉，他似乎对日本联合通讯社办的糟糕事由衷不安。西蒙爵士又说，这家通讯社还编造了蓝普森似乎受命替日本与中国接触，使得蓝普森大发雷霆。西蒙爵士说，他从来就没有，也未想要请蓝普森去做这件事。

我说，歪曲事实，以适应他们的需要，是日本通讯社的惯伎。我对日本这种诡计不以为奇。至于华北形势，扼要地说，张学良已经辞职，中央政府已直接掌握该地局势。我说，让我告诉他一件机密的消息，南京政府已派遣中央军去华北，以期重整旗鼓，击退日军。

然后，我又说，为了不使形势更趋恶化起见，列强亟须采取协调行动，以使日本恢复理智。中国并不希望英国，也不想使其他国家卷入到纠纷中去。但是，可以采取行动的范围仍然非常广阔。例如道义方面的，外交方面的，甚至经济方面的办法都可以采取，其目的是共同一致地向日本表明，它如再坚持其侵略政策，就真正是违抗全世界的责难和舆论了。

西蒙爵士说，英国是忠实不渝地遵守国联的决议的，它所以立即宣布军火禁运，其理由也在于此。他的国家是以具体事实来证明其行动意向的唯一国家。纸上的决议是轻而易举的，但无补于实际，只不过鼓励日本人更加猖狂地推行其政策而已。

我说，我所以迫切要求立即采取行动的原因也在于此。日本军人一向藐视国联，向其国民大事宣扬说，国联大会的报告书只不过是再一次给中国一张纸面上的许诺而已。为此，向日本表明各国准备以实际行动来支持报告书是极为必要的。

西蒙爵士说，他的国家随时可以行动，业经宣布的禁运，就可证明。但是单独行动无济于事。他说，不知道我所了解的华盛顿的态度如何。据他得到的消息是，华盛顿为国内的事已经耗尽精力，无暇过问中、日事件。

我说，我与华盛顿施肇基博士联系过，据称，美国虽不愿做带头人，但准备参加任何国际上的一致行动。

西蒙爵士说，他一直在考虑进一步如何行动的问题，但一切都要看美国的态度如何。他希望中国能向华盛顿提出此问题，询问美国确实准备如何行动。

事后，我把这两次谈话电告外交部，并建议说，鉴于保罗-彭古、麦克唐纳和西蒙在对日本采取适当行动问题上都提出同样的条件，罗外长应致电华盛顿施肇基，(一)劝说美国采取更为积极的政策;(二)直接与国务卿赫尔秘密磋商,关于美国在外交和经济制裁上究竟能给予我们多大的支持;在制订禁运军火及军用物资的具体规定时,只能对日本一方施行;同时商谈召回首席使节和抵制日货进口等问题。

我在日内瓦担任裁军会议和国联两项繁重工作外,又兼任巴黎使馆的事务,为了业务的需要,不断在日内瓦和巴黎之间来往奔波。但更感困难的是使馆和国联代表团两处的库存已耗用殆尽,政府的接济又杳无音讯,因而困难更形严重和复杂。为此,我不得不在 14 日向外交部再次发出如下的报告①:

> 法馆前积欠电报房租等费,人言啧啧。法外函电代催,殊碍体面。抵法后,各外帐均按时清付,信用稍复。大部谅同此旨。惟到任五月,筹垫不赀。上月承汇另款万元,不敷归垫,更难为继。本月房租及谢前代办任内欠租共四万五千佛郎,瞬即届期。恳速拨另款两万元,电汇为祷。

19 日我与郭泰祺联名再发一电如下:

> 我团两周来,库空如洗。因电报局再次催付时,警告说,今后一切文电,除预先付费者外,概不受理。拟恳迅即电汇三千英镑为祷。

我添写了这一段,仅仅旨在说明代表团在非常时期和非常环境中,为争取与国联合作的政策获得成果,其艰苦挣扎的状况。

3 月 23 日,在日内瓦我和郭给外长罗文幹发去一电,此电经与颜惠庆商议后他也同意联署。早在 3 月 13 日我们曾电请外长指示决策一事,他终于给了回答。略谓以军事当局困难重重,才影响了决策的制订。并进而说,现在正待日本或封锁中国口岸,或进攻平津,才可与日本绝交。

在我们的电报中,先对军事困难情况,略表同情之意,并向委

---

① 电文录自顾氏所存函电原文。——译者

员长深致敬仰之忱。然后指出，俟日本封锁我国口岸或进攻平津之后再与之绝交的想法，似有欠当。我们的意见，封锁与对我宣战相差无几。但是，我们早已知道，日本总是力避使用"战争"之名，以其害怕各国因航运和贸易利益受到牵累之故，可能导致以国际联合制裁的行动对其报复，因而至今他们还未施行封锁。他们显系等待我先行宣布断交，以便卸责于我。至俟日本进攻平津之后方与断交，这无异表示我置热河与东三省于不顾，进而证实了日本的荒谬叫嚣，说什么该地区远离山海关，不属中国领土。

我们的意见，认为应在军事上略有准备以后，立即断交。在日内瓦我们正拟一全面计划，拟提交国联新顾问委员会，要求国联根据盟约第十六条对日实行制裁。我们建议到递交时，再就我国对日绝交碍难之处，发一声明。我们说，一俟计划拟就，随即电陈外交部。

回忆当初，罗外长曾想在日本退出国联的同时，发表声明，与日断交。但在中、日冲突期间，迄未声明与日断交。日本退出国联的通知于 3 月 27 日到达日内瓦，据其通知说，中国并非一有组织的国家，国内、国外情况均极混乱，因此国际公法和盟约均应修改，才能适用。它反谴责大多数会员国不了解事实真相，在日本承认"满洲国"问题上，提出诘难。职是之故，日本决定退出国联。

国联秘书长当日即回答了日本政府，令其注意盟约第一条第三项所订的义务*。这两份文件均已正式公布。顾问委员会亦拟于第二天召开会议，讨论此事。我立即向外交部发电报告这些新情况，并建议外交部正式发表表明中国立场的声明，并恳复电示知，以便将副本抄送国联，存入档案。

3 月 28 日我向外交部报告，顾问委员会亦在同日召开会议。决议认为所有有关中、日冲突的重要论据，在最终报告书中已陈

＊ 注：盟约第一条第三项规定：凡联盟会员国，经两年前预先通知后，方得退出联盟，但须于退出之前，将本盟约所规定之一切国际义务履行完竣。

述无遗,对日本的退出通知,无须再发表声明,予以答复。至凡与不承认政策有关联的问题,顾问委员会经几度讨论后,已决定请秘书处草拟一份报告书。同时还决定,关于禁运问题,俟对秘鲁的禁运问题与有关各国政府磋商得出结果后,再行讨论。

这一决议的结果使顾问委员会或各小组会都暂行休会,一直到4月底复活节以后,始行复会。但关于不承认问题,秘书处仍照常工作,并在报告书拟妥后,分发顾问委员会各会员国。不承认小组委员会只有在各会员国有充裕时间审核报告书后,再召开会议。对于禁运问题,瑞典代表在比利时代表的支持下,倡议提早召开禁运小组会议,进行工作。但英国代表提出反对。这一反对确实起了作用。3月22日我向外交部报告说,为秘鲁、哥伦比亚纠纷问题新成立的顾问委员会,曾要求美国参加合作。美国接受这一邀请的答复内容,与其参加中、日冲突问题顾问委员会时的答复大意相同。威尔逊参加了会议,会上,主席建议对秘鲁实施军火禁运。休·威尔逊的发言却说,在国会未批准特别法案以前,美国对本案不能作出答复。因此,各国政府得悉美国这种立场后,咸认为批准禁运提案,只不过是在原则上做初步考虑而已。

在此期间,国内正风云动荡。蒋委员长在华北,汪精卫刚返自欧洲,但未立即复任行政院长,中国的各个实力集团之间,在对日政策上显然未能协调一致。3月25日前后,委员长命令前线司令官采取守势并将军队由山海关地区向西逐渐撤到滦河一线,然后返回南方。这些情况,我是事后才得知的。凡此乃向日本表示中国无意挑动战争。3月31日奉外交部电告,汪精卫复任行政院长和国防委员会主席之职,代委员长负责处理华北的局势。据说这两位领袖,已协商一致。

4月1日,汪院长电示郭和我,并嘱转告莫斯科颜惠庆。电文称:

> 昨黄季宽兄由平来京,报告军事详况。华北一带,以前

张学良毫无设备，现重新着手。军数复杂，防备空虚。上个月内仅能对内整理，对外防御，一切反攻收复失地均谈不到。所言皆实在情形。季宽素主抵抗甚力，宋、孙及中央等军队御战甚出力，已非昔比。除宽予准备期间，别无他法。两兄来电，同人传观，甚佩荩筹。国际对我渐形冷淡，国民失望于反攻之无期，均可顾虑。但两害相权取其轻。国联经济绝交之进行，固足以困日本，若日本因此向我急攻，则布置未周，全盘动摇，尤为可虑。特密陈军事实情，乞两兄缜密考虑。①

数日后，我将所拟备忘录的意图及其内容，或称援引盟约第十六条的计划大纲，分别发送外交部和宋子文。这一最后将提交给国联的备忘录，系经法律界权威人士广泛磋商后草拟而成。一方面鉴于国内形势，不宜要求按照盟约全面实施制裁，另一方面又鉴于欧洲形势动荡不安，各大国都不愿援用第十六条，苏联又拒不与国联合作。综上原因，我们的建议内容，自应采取温和的办法。再者，美国舆论正专心贯注于国内问题，罗斯福总统又举棋不定，小心翼翼。抑有进者，据日内瓦朋友们的意见，咸以第十六条主要是经济性质的，固以逐步施行为宜。中国提出备忘录还有一个重要用意，即迫使国联进行讨论，使得对中、日冲突问题日益冷漠的情绪，复苏起来。

备忘录所持论点有如下列：

（1）日本已违反盟约，特别是第十、第十二、第十五各条的规定。

（2）日本的行为，乃其战争意图的确凿证据。

（3）盟约中"诉诸战争"一语，据权威解释，系指凭借武力之行动。援用第十六条，并非必须备存在战争状态的条件。否则，第十二及第十五条中的同一词语就将是准予使用除战争以外的武力，而这是荒谬的。

---

① 此项电文系抄自顾氏所存函电，黄季宽即黄绍竑。——译者

(4)中国已召回驻东京公使,但未完全断交,以免日本借以扩大进犯中国沿海及其他领土:但一俟盟约、巴黎公约及华盛顿条约的签字国保证一致行动后,中国即行宣布断交。

建议的措施分为两部分。备忘录的第一部分是对日本的措施,内有:

(1)经济措施,包括:(甲)宣布禁运武器、弹药,军用物资以及其他可用于制造武器弹药或军事目的的物资;(乙)禁止进口日本的某些主要产品;(丙)禁止使用日本船只载运货物或旅客;(丁)禁止承揽向日本出口货物的保险业务;(戊)不对日本船只提供船坞设施。

(2)金融措施,包括:(甲)不向日本提供一切贷款和信贷;(乙)禁止证券交易所买卖日本公债和证券;(丙)不保护今后在日本或其占领的中国地区的私人投资。

(3)外交措施,包括:(甲)同时召回驻东京的外交使节首席人员;(乙)最后同时断绝外交关系;(丙)撤销发给日本领事的许可证书;(丁)撤回派驻日本的领事。

(4)法律措施,包括:凡日本根据所参加的国际公约而享受的特权,应予中止。

备忘录第二部分的措施,是建议以各种形式支援中国,包括:

(1)向中国提供贷款和信贷,以加强其国防力量。

(2)以赊销方式供应武器、弹药以及其他必需的防御物资。

(3)向中国派遣军事、金融以及经济专家,为制订更有效的抗日计划提供意见,并参加制订工作。

我将备忘录副本另行航寄外交部一份,提供政府研究和讨论,并俾与友好国家磋商时之用。同时我认为将来正式提出时,在某些具体措施上还需作一定的修改。为此,我建议外交部请政府予以审慎考虑,并请在我们于日内瓦提交顾问委员会前,先试探华盛顿的意见。我还电莫斯科请颜惠庆就备忘录提出意见,直接电陈外交部。又将副本寄往华盛顿,以便施肇基也能提出建议。

外交部于 4 月 7 日复电称,备忘录已呈送国防委员会,日后将予讨论。蒋介石和汪精卫正集中全力研究国内政治、经济的整顿和抵御外敌的政策。在抵御外敌方面,如不能守住滦河以东地区,则将以滦河为该地区的第一线。同时,据报江西共军情况也有很大威胁。

汪精卫另发来一电说,中国领导人宁愿采取不带刺激性的对日政策,以争取时间加强军事力量,来迎击日军对平津的必然进攻。汪电续称:

> 弟意,撤回驻使,等于日只损面子,于我无大利益,不如侧重请国联以经济援助中国,庶实力增益,抵抗较有把握。①

我补充说明一下,随着时间的推移,中国虽日益努力争取国联的经济技术援助,但各国对日本采取联合行动的可能性则完全消失。

汪院长来电日期是 4 月 8 日。其后两周,来自国内的或有关方面关于中国的报道,相当混乱。一说战局失利,中国军队已撤至滦河西岸,现正力图坚守防线;一说中国正和日本谈判,谋求和解之道。关于战局的报道是可靠的,而与日本谈判的报道,则由外交部予以否认,称之为荒谬无稽之谈。

我在巴黎逗留约一周期间,4 月 22 日,曾前往布里斯托尔饭店访问当时美国出席裁军会议的首席代表戴维斯。我的目的是讨论裁军会议和在中国战场上及国联论坛上的中、日冲突问题。

我在国联有关中、日冲突的工作和我在裁军会议的工作,在某些方面日渐重叠。当然,裁军会议完全是另一个会议。它由国联主持召开,因为这是盟约规定的,也就是说,裁军问题是盟约制定者视为极其重要的问题,盟约的条款中就有裁军的规定。因此,国联各成员国均出席裁军会议,甚至非成员国,如美国和苏联

---

① 原文摘自顾氏所藏函电。——译者

也都参加。

中国参加国联全体大会的三位代表就是参加裁军会议的三位代表,这是为了便于工作。我先是出席裁军会议的第二代表,因我是出席国联全体大会的第二代表。颜惠庆离任后,我成为首席代表,而中国驻丹麦公使新任出席国联全体大会的第三代表罗忠诒成为出席裁军会议的第三代表,原任第三代表的郭泰祺则成为第二代表。

如所周知,裁军会议召开已久,但迄未能达成共同协议。这种情况今日依然如故。裁军问题,即使是限制军备,虽极重要,但迄无成就。不难设想,当时远东的困难局势是裁军问题未能取得进展的主要原因之一,这是我在 4 月 22 日与戴维斯讨论的要点之一。

根据我的谈话记录,美国大使馆的麦里纳参加了这次会谈。谈话开始,我表示首先愿向戴维斯阐明中国对裁军会议的态度。我说,中国一贯热爱和平,并愿与其他国家为促进和平而合作。中国较其他国家更为渴望裁军会议取得成功。但由于目前中国处境困难,中国代表团于 1932 年 6 月提出了总的保留条件,即在中、日冲突获得令人满意的解决之前,中国不能承担裁减军备的义务。鉴于美国迫切希望裁军会议取得成就,我愿作此说明,以免戴维斯误解中国的态度。

戴维斯表示很理解这种立场,并认为中国的态度是正确的。

我说,中国代表团在此项保留条件的前提下,已积极参加该会议,竭其全力,为其成功作出贡献。事实上,中国代表团对英国的协定草案中有关安全问题的第一部分曾提出了若干修改的意见。然后我向戴维斯说明了中国提出的四点修改意见之要旨及其实质,并称,虽然由于美国不是国联的成员国,它或许不认为这些修改意见的某些部分是重要的。但中国的立场是,会议应致力于加强并巩固现有的和平体制,而决非予以损害或削弱。我在裁军大会总务委员会讨论英国的协定草案时,已表明了这一观点。

为了赶上草案的公布,故提出修正意见。然后我就修正意见一一加以说明。

戴维斯听完我的解释后,表示这些修改意见都很妥善。他认为中国代表团提出这些意见是很正确的,尤其是第一点,它旨在不仅要排除战争,而且要排除诉诸武力的行动。至于另一问题,即被攻击国家的申诉权问题,戴维斯表示理解中国的观点,并说现在的提案并不是美国政府制订的。当他提到中国代表团可能会提出为什么只允许中国拥有 100 架飞机的问题时,我说我在 3 月份的全体委员会上的发言已提出这一点,因为与允许瑞士和暹罗各可拥有 75 架的数目相比,此一飞机数目是不合理的。

然后谈到远东局势问题,我告诉他,日本军队在长城以内继续进犯,显然其下一目标是攻占北平和天津。

戴维斯认为局势确实非常严重。他认为当时正在安排中的罗斯福总统、英国首相麦克唐纳和法国外长赫里欧的三方会谈,必将讨论远东局势。

我指出,在远东问题得到解决之前,裁军问题或世界经济复兴问题难望取得进展。

戴维斯表示同意。

我说,我认为威尔逊虽被任命为美国参加日内瓦顾问委员会的正式代表,但戴维斯却起着主导作用。日内瓦人士一致认为并希望戴维斯到达日内瓦后,将积极推动顾问委员会的工作。我特别强调说,会议的大多数人都急于采取措施以实现全体大会通过的报告书,但均感不便领先。在各大国的代表中,法国表现积极赞同的态度。实际上,保罗-彭古不久前曾对我说,法国政府愿意维护国联盟约,并参加其他政府特别是美国所愿采取的行动。

戴维斯插话说,法国的态度完全正确。

我说英国的态度并不实际而欠诚意。在 3 月中旬的一次非正式谈话中,麦克唐纳给我的印象是他想暂把中、日问题搁置一旁,以免进一步刺激日本,以便能谋求一种最终能和解的气氛。

换言之,英国的态度似乎是观望和拖延。我问戴维斯,他在伦敦时印象如何。

戴维斯说,尽管在他最近一次访问伦敦时,没有深入讨论这一具体问题,但所得印象大致与我略同。

我指出,有必要采取某些具体步骤,以制止日本军国主义者继续向其民众宣传,说什么不必认真对待国联全体大会的报告书,或其后美国对报告书发表的赞同意见。

戴维斯问我,该怎么办?我心目中有无可行的具体方案?

我指出可由各大国采取一致行动,实行经济制裁。

戴维斯说,禁运军火已在讨论中,但他认为除非各国准备坚持到底,宣布禁运不仅于事无补,而且有害。换言之,为使对日禁运生效,运往中国的货物必须护航。但日本势将封锁中国海岸,阻止货物运达中国,这实际上就是对日作战。

我说,当然有日本与其他列强发生冲突的危险,但可以为保护向中国输送武器的船只安全做出安排。日本海军虽易封锁华北及华中口岸,但不可能有效地封锁中国全部海岸。我坚决认为联合阵线共同决心向日本施加压力,则其本身就足以迫使日本改弦易辙。谁都相信,甚至日本也不得不承认,日本现在虽不怕对任何一国作战,但与列强联合力量作战似有忌惮。因此,为了防止另一次世界性冲突,必须采取行动,借以结束目前的中、日冲突。

我告诉戴维斯,某些参加顾问委员会的成员,正在研究国联秘书处拟订的备忘录,其中关于贯彻执行不承认原则的方法,诸如不承认与“满洲国”政府订立的条约和协定以及“满洲国”的护照和货币,或不买卖其公债和证券。同样,取消其国际性公用事业如邮政、电报及无线电联盟的成员资格及其权利。不承认原则是美国首先宣布的,现经国联通过,似此无异支持了美国政策,希望戴维斯带头推动讨论,促使这一原则生效。其简捷办法是由顾问委员会对贯彻这一原则的步骤作出原则性的决定,然后责成小组委员会研究具体步骤,并提出报告由会议通过。

戴维斯认为日内瓦"目前的间歇"是不可避免的,静候华盛顿三方会谈的结果是必要的,也是明智的。会谈所达成的协议,可提交日内瓦,通过顾问委员会予以实现,正如裁军问题在华盛顿所达成的谅解,应通过日内瓦裁军会议来贯彻,对经济问题的谅解,应通过伦敦经济会议来贯彻一样。他说,目前要务是中国人民应团结一致,坚定迎击日本的继续侵犯。如中国人民联合起来,形成统一战线,世界上任何反对中国的国家均难得逞。目前美国正全神贯注于国内问题,诸如贸易、商业、经济等,但早晚必将考虑远东问题。戴维斯认为,其他国家亦需一定的时间考虑局势,然后做出决定,因而不能理解中国的焦躁情绪。只要中国人民能团结抗战,则稍有迟延,无碍大局,何况迟延是无法避免的。如中国内讧不已,不能团结抗日,则由于其首先不能自助,外援亦将于事无补。其言外之意,如中国国内局势不断变化,则日内瓦各国将爱莫能助。

戴维斯说,松冈在美国发表日本的观点,称中国将领仍在内讧,华北人民则并非完全反对"满洲国"。松冈还说,有些中国将领甘心投降"满洲国"军队,故美国人对中国的同情感,实乃寄托于虚无缥缈之间;换言之,在美国人的心目中,他们所同情者乃一面临悍然侵略而团结一致,秩序井然的中国,实则事与愿违,其想象之中国并不存在。

我回答说,松冈发表这些言论不足为奇,借以欺骗美国人民而已。松冈之言,是他及其前辈以及日本政府大肆宣扬的日本观点。实则中国并无内讧,中国人民团结一致,决心继续抗战。所谓华北某些阶层民众对"满洲国"抱有同情之说,均系荒诞之词,纯属日本人的捏造。

戴维斯说,他得悉中国在外患临头之际,终于团结起来,颇为欣慰。只要中国人民同心协力,日本的威胁决难持久,因其他国家终必亦将援助中国。

我说,据南京指示,我得前往纽约会见宋子文,所以在戴维斯前往日内瓦之前,急于与他会晤。

当时,我曾接外交部来电,嘱我与郭泰祺同往纽约会见宋子文。宋负有特殊使命,正取道纽约前往华盛顿。嗣后我方得悉,他应罗斯福总统私人邀请,在赴伦敦出席世界经济会议途中,顺道访美。表面看来,宋作为财政部长将在华盛顿商讨经济问题,为经济会议进行准备,但可以设想,其目的是为摸清美国底细,特别要摸清在中、日冲突中,以及在国内建设方面,能从美国得到哪些援助。

我原定于29日乘船赴纽约与宋会晤,但4月27日,此行决定作罢。因为中、美双方都认为郭和我赴美与宋会商,可能会使美国政府为难,并过分突出宋子文访美的政治意义。宋建议,我将访美日期推迟到他正式被任命为出席世界经济会议代表之后,但我决定不如完全取消为妥。结果是宋直接前往华盛顿,我与郭决定在他由美来欧后再与他会商。由于当时不能与他面谈,我准备了一份书面材料,供他参考。

材料寄往华盛顿交宋子文时并附一封说明信*。信的日期为1933年5月3日,交由曼哈顿轮寄往华盛顿,该轮将于5月11日到达,即宋抵华盛顿后数日。该信旨在简要说明国际政治形势的特征,以供宋在与美国当局会谈前做准备时之用。至于他在会谈中亦将涉及的经济问题,则他在财政经济方面自有广博知识和丰富经验,无须赘述。

该信部分内容如下:

(3)一切国家在观察国际问题时,无不从本国利益出发,而对其他国家的问题,除涉及其本国之权益及其威信者

---

* 这些材料是:国际形势及中、日冲突的备忘录;英国提出的裁军协定草案全文;中国代表对该草案的发言及对该草案第一部分关于安全问题的修改意见;关于英国、日本和下一次世界大战的备忘录,以及援引盟约第十六条的备忘录草稿。

外，均漠然置之。英、美两国受世界萧条冲击最烈，故致力于政治缓和与经济复苏。而其他国家，受冲击较轻，不甚迫切，颇愿参加合作。但对如何合作，则意见不一。盎格鲁撒克逊民族各国以为裁军亦即缩减军备，可保安全，从而促进和平。法国及其各卫星国，则与此相反，以为必先保证和平与安全，裁军始能取得重大之进展。观点之所以各不相同，实由于其观察问题均自其特定地位之特殊观点出发使然。

（4）基于同样原因，法国及其盟国认为大多数经济困难起因于政治。由于对未来怀有不稳定及不安全之感，竞相采用高税率、限额制度，以及外汇限制等手段，致使经济战愈演愈烈。故经济裁军与军事裁军相似，须以全面政治缓和为先决条件，以达到安全日益增进，和平有可靠保证。至于生产过剩、货币混乱、信贷失调及通货紧缩等，则均视为次要因素。

英国出于其具体处境，急需妥协以弥合对立意见。麦克唐纳切望世界经济会议获得成功，3月份于日内瓦提出所谓英国之裁军计划。该计划之设计，一方面既适当满足法国安全保障之要求，另一方面又不使美国难于接受。

（5）最近举行之罗斯福、麦克唐纳及赫里欧三方会谈，本为商讨经济问题而安排，但必然也将涉及和平安全及裁军等政治问题。会谈内容虽未确知，但显系美国已全面赞同英国之裁军计划，此点已由戴维斯最近在日内瓦宣布，并称接受法国认为必不可少之协商与管理办法。

（6）不论任何地方，在一定时间内，举凡国际间讨论世界问题时，必须优先考虑政治或经济问题。因此一般现已公认二者之间是相互关联又相互依存的。这是我在上文中所要阐明的一点。

（7）根据上述理由，我代表团在裁军会议上之立场，即愿与会议合作,但在中、日冲突获得解决之前,仍保留最终意见。换言之,如我国国土仍遭日本侵略,则我决不承担减缩军备或限制增加军备之义务。在保证我国免受侵略之前,不签署任何裁军协定。与此同时,我国仍将尽力合作,并已提出若干修改意见,特别是有关安全问题的那一章。

我就裁军问题详予论述,因其能左右各大国对中、日冲突之态度,而中、日冲突最终又必然影响裁军会议之成果及全面和平与缓和问题。如中国不签署裁军协定,日本亦必不签署。事实上日本已通知会议,讨论裁军问题时,必须立足于既成事实来考虑一切有关因素。如日本不签署,苏联亦必不签,波兰则将以此为拒签之理由,从而又影响德国。

目前日内瓦裁军会议在远东局势问题上玩弄捉迷藏游戏,日本代表照常出席,不过缄默不言而已。这种形势,最后还得摊牌。

(8)以上所述均可用为促使美国及其他大国更为关注中、日冲突之论点,以期冲突能早日得到解决。此系迫不及待者。良以日本正疯狂备战,其矛头所指,系美国,系苏联,或兼而有之,但并非指向中国。盖对华战争早已超过备战阶段。我国并不希望世界大战,我们需要的首先是国内安定,进而实施建设计划。我国也不能获利于另一次世界大战,亦不认为美国希望战争。但要避免战争,必须从速以一致行动结束远东之僵局。必须先有明确一致的行动计划,始能达到共同的目标。反之,拖延因循,另一次世界大战今后很难防止,且有日益不可避免之势。

……此信并非就某一专题作系统论述,而系提供对目前局势中若干突出问题之梗概,以供参证,俾便推进我们的事业。目前华盛顿、伦敦及日内瓦为世界三大重要中心,其中华盛顿首屈一指,最为重要。该地始终为首创精神之源头,这种首创精神将通过日内瓦各种会议或伦敦经济会议予以实现。为此,谨祝阁下顺利完成重要而艰难之使命。

早在4月23日,我回复了汪精卫的来电。汪电略称中国还需时日准备抗战力量,因此必要暂时采取对日安抚政策。我复电表示,代表团非常赞成政府上述的要求和政策,但称:

> 我拟准备期间,增加抵抗力量,诚属善计。惟国力薄弱,同时仍宜运用国际,俾达直接制裁或间接物资助我之目的。否则,日久各国渐形冷淡,或将视为已成之局。

4月24日汪精卫复电说,从当今各国处境来看,我如发动对日直接国际制裁,恐难如愿。如他先前所说过的那样,他强调需要间接援助,以便借助经济援助以增强我抗战力量。嘱我考虑其建议,并与宋子文会商。其时我预定乘船赴纽约会宋的计划尚未改变。

我于24日晚在日内瓦收到汪电,同时还收到外长罗文幹22日来电。罗电内称政府希望立即停火,并要求英、美、法从中斡旋。又强调指出,政府虽想谈判,但仍不愿讨论任何政治问题,特别是直接或间接承认"满洲国"的问题。

罗电到电报局时,我还在巴黎,并正打算返回日内瓦,因而未及时送到我手中。24日见电后,立即复电。我说,中、日冲突一案已成为盟约和非战公约是否有效的严重考验,各小国特别是一向同情我国的小国,均极为关心。国联全体大会的报告书最后一节宣称,对于"满洲国"问题,各国一致同意决不采取单独行动。我委婉告诫万勿同意停火,如停火则将使一致意见以及嗣后国联对中、日事件所作的各项决议均告失败。鉴于停火谈判可能达不到我们的期望,而日本将会继续进攻,我认为我们不得不保留与国联周旋的余地。

上述电报发出后,不久又收到外交部 23 日来电,内称政府认识到目前形势与当初上海的形势完全不同,因而明确决定不进行停火谈判,也不签订任何休战协定。倘若日本进犯平津,我们将坚决抵抗。但外交部次长刘崇杰现在北平正会见英、美、法等国公使,敦促他们为其在平津的利益着想,警告日本不要继续前进。我们这一行动,丝毫没有终于承诺停止敌对行动的意向。外交部并嘱凡违反上述"事实"的谣言,坚决予以否认。

外交部 4 月 26 日来电,回答我关于这种"谣言"的报告,并重申上述决定,内容如下:

> 我决不直接谈判,决不签订停战协定,决不设立缓冲地带,亦决不邀请第三国帮助促成停战协定,至多只能接受暂时事实上的中止敌对行动。我部态度与政府最高当局一致,坚定不移。

此外,外交部还电告了战况,看来形势有所改善。

我返巴黎后,于 4 月 28 日向法国外交部提出拟议的大国警告日本的问题。原来我打算会见保罗-彭古本人,因我的赴美计划,需和他进行多方面的商讨,但当时适他外出,而当他回来时,我又决定留在欧洲。因此我同意在 4 月 28 日约见政治司司长巴吉东。

根据我的谈话记录,巴吉东首先说明保罗-彭古已于前一天旅行归来,但因近几天事务繁忙,故由他接见,以便有充分时间进行商谈。

我说,我想会见保罗-彭古,是因我行将赴美,特来向他辞行,但因赴美行期推迟,故已不必急于与他会见。无论如何,得有机会与巴吉东会谈,感到非常愉快。我愿与他谈两个问题。第一,我想知道关于美、英、法三国政府就日军在华北继续挺进一事联合提出警告的问题,法国政府是否已答复驻南京公使韦礼德。

巴吉东说,因这一时期华北形势有了变化,所以尚未答复韦礼德。他得悉由于日军撤退,形势大为缓和。

我告诉他说,天津以东,长城与沿海之间地区的日军虽向后撤,但仍沿古北口附近向北平推进,一场大战业于 25 日揭开。看来日本的意图是进逼北平。

巴吉东问我是否愿意重新要求英、美、法三国政府在东京联合进行干预。

我说,于此尚未得到指示,而我的来意是询问已否予以答复。据我了解,中国外交部代表在和三国驻华公使会谈时所提出的,并无要求从中干预或斡旋之意,而是建议三国政府主动就日军在华北继续推进的后果,向日本提出警告。接着,我提出第二个问题。

4月4日接外交部电报说,苏联新任驻华大使即将到达南京。中国政府相信,这正是向美、英、法、德、意各国建议将双方公使馆升格为大使馆的时机。外交部嘱我与法国政府洽谈,并汇报法国政府的反应。与华盛顿和伦敦的洽谈也将同时进行,与意、德两国的洽谈将在适当的时候进行。

第二天郭泰祺和我发出回电。我与郭讨论此事后,一致认为最好先向华盛顿洽谈,因美国对中国更为同情。华盛顿一旦同意,必将影响伦敦和巴黎;如英、法的不利反应发生在先,则将不利于美国对这一提议的反应。不久得知,就在同一天,施肇基在华盛顿拜访了美国国务院,了解美国政府对双方将外交使节升格的态度。在进行了解时,施说明我国在伦敦和巴黎也在进行探询。国务院答复施说将研究这一问题;同时并向施指出,目前情况甚为不利。尽管如此,外交部还是要求我先非正式地与法国政府联系。

据此,我于4月28日对巴吉东说,我的第二个问题是中国政府希望把外国在中国的使节和中国在巴黎、伦敦和华盛顿的使节互相升格的问题。我说,据我所知,这一问题已向美国国务院提出。中国政府要我了解法国政府的意见。如法国政府同意,将正式提请法国政府研究处理。虽然中国政府深知由于中国正处于中、日冲突的困难境遇之中,目前时机不很相宜,但有两点考虑,促使我们提出这一问题。第一,苏联大使刚到达中国,即将呈递国书。迄今为止,他是驻中国的唯一大使。但中国政府认为中国与法国以及其他大国之间的关系,和与苏联的关系同样重要。而且,为了不使中国人民错误地认为中国与苏联的关系更为重要,中国希望其他各国的使节也同样应当升格。由于中国人民惯于不仅从等级差别上,而且从不同礼遇上得出印象,升格就更为可取。第二,鉴于国联全体大会有关中、日冲突的报告书迟迟未能实现,以及至今没有制定对日制裁或对华援助的具体措施,但如现在使节升格,则是各国对中国的一种友好姿态,表明各国同情中国与日本对峙的目前处境以及将在外交方面支持中国的愿望。据我所知,美国方面正在研究,我希望法国也能给予同情的考虑。

巴吉东答应把我的全部意见向保罗-彭古汇报,将来或由保罗-彭古邀我当面答复,或由他转告。

我向他表示谢意后,随即告辞。当时我没有预料到对中国的使节升格建议,最后一个作出反应的竟是法国政府。

在此期间,国联秘书处按照顾问委员会的要求,完成了"关于各国政府由于不承认'满洲国'而应采取的措施"的初步报告。报告书的日期是 4 月 25 日,当时已广泛散发供阅读或研究。它涉及的问题有邮票和邮政业务,币制,特许权,护照,更换领事,及加入国际协定等。中国代表团认为报告书表明顾问委员会的工作有所进展,但在许多方面不能令人满意。代表团立即开始准备,以便提出意见。

5 月 7 日,我还在巴黎时,接到罗忠诒公使的电报。他在我缺席时负责代表团的工作,当时郭泰祺已前往伦敦。在罗电上合签的有胡世泽、钱泰及金问泗,内称不承认小组委员会可能在周内开会并可能邀请中国出席发表意见,并称有必要与友好国家的代表团联系,就修改文件草案中不妥之处进行洽商以取得谅解。来电催我立即赴日内瓦。

据报道,戴维斯、保罗-彭古、贝奈斯及蒂图列斯库等重要人物均将抵日内瓦参加 5 月 8 日的裁军会议常设局会议。因此,我的同僚希望当他们来到日内瓦时,我们可在小组委员会会议上或非正式谈话中,向他们提出关于不承认问题的具体建议,以重新引起他们对中、日事件的关注。否则,英国的明哲保身政策将有得势之虞。但是上述人物并未如期到达。小组委员会于 5 月 10 日开会,讨论的却是秘书处的报告。由于时机不成熟,未邀请中国参加或发表意见。(就法定程序来说,中国尚不应见到提付修改的草案。)这次会议未获成果,仅要求成员国提供更多的情况,特别是有关在满洲的领事情况。秘书处草拟的报告,被批准为初步报告。整个问题将由顾问委员会全体会议在近期内讨论,或者说是如此通知中国代表团的。

同一天,即 5 月 10 日,我致电在华盛顿的宋子文。他已于前几天抵达,并嘱我回复我国驻华盛顿公使馆向我询问顾问委员会的进展情况及其前景的电报。我电复了日内瓦的最近发展梗概。关于不承认问题小组委员会的工作,我说日内瓦普遍认为美国作为不承认政策的倡导者,应该带头推动委员会通过贯彻该政策的措施。

至于另一个探讨军火禁运问题的小组委员会的工作,实际上已经停顿。如我在 10 日去电所告诉宋子文的,各国都在等待罗斯福在国会开会后的态度。(令人惊奇的是 4 月 17 日美国众议院通过了军火禁运的议案,内容大体与前胡佛政府提出的相同,因而问题现在要看参议院的了。)我告诉宋说,和不承认政策一样,法国和英国都希望美国领先。西蒙爵士和保罗-彭古都同意这个意见。戴维斯给我的印象则是除非各国在任何情况下都愿意把禁运坚持到底,否则禁运将无助于中国。其言外之意是在世界动荡的局势下,各国不可能承担这样一种潜伏着战机的长期义务。

这就是到 5 月 10 日为止的日内瓦形势。当时已很明显的是,如果各国对日本果真采取任何行动,必自国联顾问委员会的两个小组委员会开始。因此,我于 5 月 12 日收到外交部来电时,不胜惊愕。该电嘱我向法国政府详细阐明目前中国事态的发展,特别是日本再次大举进犯滦河以东地区,意图占领平、津,以及我国的不变立场,即根据盟约、非战公约、九国公约及辛丑条约,有关各国有义务制止日本破坏平津地区的和平,因而我国曾要求英、法、美三国公使警告日本勿再继续进犯,但并未建议安排休战或停战。

我确实不明白外交部提出这一要求的确切目的何在。因此,我于同日即 5 月 12 日复电要求予以澄清。说来有趣,据我所知,外长罗文幹 14 日回电说,我国要求各国出面警告,只是为了消除蓝普森爵士及其他外交官所得的极为有害的印象。这些印象是由某些在北平不负责任的人所造成的,他们曾寻求调停人并曾建议停战。(以前的一些电报曾提及北京大学校长蒋梦麟等人的活动。)罗外长说外交部完全了解各国,特别是英国不愿提出警告,而且即使提出,也不会产生效果。但外交部现已说服各军事将领,使他们相信仅仅靠大国挽救危局是徒劳无益的,以前这类联系所带来的危害业已由新闻报道充分说明,这些新闻报道说中国愿意向日本屈服。罗电又说,至于盟约第十六条,政府当局普遍相信此时此刻正式援用,于我无益,但我们最终仍可敦促援用。

总之,鉴于当时中国国内各政府首脑及国外各大国的态度,当时争取援用第十六条,是不恰当的,也是不切实际的。但又过了几个星期,中国代表团才真正得到指示放弃对日实行制裁的企图。这些指示与华北军事形势的恶化恰好相合。

第二节　塘沽协定和以对日制裁为中心转为以对华经济技术援助为中心

1933 年 5 月 15 日—9 月

1933 年 5 月 15 日清晨,我从巴黎回到日内瓦参加国联行政院的特别会议,听取玻利维亚和巴拉圭代表就查科事件陈述各自的意见。我曾表示支持法国的声明,力促采取维护盟约的强硬立场。关于这一事件的顾问委员会再次讨论了对双方实施禁运的前景,而且和平常一样,注视着美国的行动。

第二天早晨,在金问泗的陪同下,我与挪威代表兰格博士在君士坦丁路的国际议会联盟常设局会晤并进行了一次长谈。当时兰格任中、日冲突顾问委员会主席。

我说,自从国联全体大会于 2 月 24 日通过报告书以来,华北形势由于日军进犯而继续恶化。日军在通过报告书的翌日,发动全面进攻,占领了热河。嗣后,日本的侵略扩大到长城及其以南,占领了滦河以东河北省的三角地带,并向西推进,威胁平津。我回顾了国联全体大会决议成立顾问委员会(其任务是监视局势的发展,随时向大会汇报)的经过,并询问兰格主持的委员会是否不久将就审议的进展情况和结果,提出报告。

兰格说,他理解局势的严重性。他解释了会议的工作如何划分为两个小组委员会进行等等,以及禁运问题的讨论如何由于该小组委员会需要等候美国对此事的行动而推迟,而美国的行动则尚待参议院的讨论。他说,一俟听到美国出席顾问委员会的代表威尔逊的消息,他就召开那个小组委员会会议。至于另一个小组委员会的工作,国联秘书处已就执行不承认政策的措施草拟一份初步报告,并已提交该小组委员会予以讨论。

当问到这份执行不承认政策的报告是否还在小组委员会时,

兰格说,由于上次会议上有人提出了某些需要研究的新问题,因而将在日内瓦即将召开的该小组委员会会议上重新予以讨论。他列举了新问题中的两个,即鸦片问题和"满洲国"要求参加奥林匹克运动会的问题。一俟这些新问题得到澄清,修正后的报告由小组委员会通过后,就报请顾问委员会全体会议予以最后通过,然后再以建议书的形式分送各成员国和美国。

关于"满洲国"参加奥运会的问题,我指出,此项国际体育比赛具有或多或少的官方性质,运动员按国家编组参加,如允许"满洲国"运动员参加,则在公众心目中,将造成他们是一个单独国家的印象。关于贯彻不承认政策的措施问题,我表示希望在贯彻这些措施中应该防止一切损害不承认政策的行为。这种政策是国联和美国都已承担责任的。

兰格表示同意。

我接着谈到秘书处报告书中的一些具体问题。关于"满洲国"加入国际协定问题,我表示对这样一种理论感到担忧。这种理论认为"满洲国"作为以前中国领土一部分的继承者,可自认为受中国所签的国际协定的约束。我指出,把"满洲国"当成满洲继承者的理论,必将产生使满洲的非法现政权合法化的后果。诚如国联全体大会的报告书所指出的,倘若没有日本军队,这个政权就不能继续存在。

兰格说,上述那种理论是不能接受的。

关于那些一个新国家凭单方面通知即可加入的国际协定一节,我说,"满洲国"并未被承认为一个国家,所以它的这类通知可以置之不理。

兰格说,按照初步报告所建议的程序,一个国家接到这类通知后,可征询其他国家的意见。再者,成员国已得到事先警告,不得承认"满洲国"加入国际协定。

谈到在满洲的领事地位问题,兰格强调有保留或更换的必要,以保护各有关国家侨民的利益。他还提到在中国的外国领事有不需中国政府发给认可证书的事实,以前广东不承认中央政府时,在该省继续执行任务的外国领事们,照常与之交往。

我解释说,虽然一些旧条约没有明确要求认可证书,但新任领事须有正式通知书,以便使其能执行任务。而且广东和"满洲国"不可同日而语。因为广东从未宣布独立,在叛乱时期,驻该地的外国领事仍作为向中国政府派出的领事继续执行任务。

谈到外国侨民可能在"满洲国"取得特许权问题,我怀疑那些不承认"满洲国"的政府,是否能准许其侨民在那里获得特许权,如准其获得,则无异于逐渐使各该国采取承认政策。我的理由是,如果这些侨民获准取得特许权,则既得利益的大量积累必然迫使特许权所有人向他们自己的政府施加压力,由不承认政策改变为承认政策。"满洲国"授予外国公民以特许权将是对外国的诱饵。因此,各国最好是禁止其公民在"满洲国"取得特许权。

兰格说,将达成这样一种一般谅解,即明确侨民拥有"满洲国"的特许权者,一切风险由各该本人负责。

我说,关于护照问题,国联成员国不应承认"满洲国"当局签发的护照,不论是叫护照也好,或通行证也好,而且各国政府也不应为所谓"满洲国"人在离开东北时发放护照或办理签证事宜。兰格表示同意。

接着,我们讨论禁运问题。兰格说,主要困难在于实施。像英国政府实行过的那种对中、日双方实施禁运的办法,可能不会令人满意。另一方面,单独对日本禁运,必将立即引起严重的纠纷。日本将随之封锁中国口岸,并搜索开往中国运送军火的船只,把他们带到日本口岸。这都是各国,尤其是大国最害怕的纠纷。至于其他国家,例如西班牙和瑞典,从上年以来就已禁止向远东输出武器;挪威则禁止向南美交战各国出口武器。

我说,日本即使封锁,由于中国海岸线长达二千英里,也不能有效。再者,共同负责制裁的含意自然是由参加国按比例分担风险。

我和兰格还概括地讨论了日本国内形势。在讨论过程中，我强调指出，我认为国联的行动应能增强日本那些或多或少反对军国主义政策并主张与国联继续合作的人的实力，不论他们是否掌权。另一方面，国联决不应做任何有利于日本军人集团的事。

彼时沿长城一带战火又起，战斗激烈，中国方面损失惨重。来自各方面的报道说，亟需增援。据 5 月 16 日行政院长汪精卫致中国代表团的电报称[①]：

> 连日古北口、南天门一带战事极烈，我中央军死伤二万余人，如无援军，势必崩溃。而江西吃紧，各方观望，援兵不继，已在意中。今日国防会议决议如下：
>
> （一）如敌进攻平津，决极力抵抗，断不放弃。
>
> （二）在可能范围内设法保全平津，其法拟先由我方自动撤至炮程线外，如彼方不前进，即可造成事实上休战状态。除严令各军遵照外，有请驻外代表必须注意者数端：
>
> （1）两月以来，我集合三十余万大兵，在长城一带极力抵抗，前后伤亡已数万人。绝非不抵抗而失热河可比。
>
> （2）国际及各国，除道德上之同情外，未曾依据条约制裁日本，亦未与中国以实力援助。
>
> （3）经济制裁，军事制裁，各国既难办到，请不必提出。因非徒无益，且助长日本之敌忾。
>
> （4）暂时休战，两军设定相当距离，在四月杪，事实上在滦东方面已经作到。乃日军撤退滦东以后，我方步骤不齐。前敌将士见日军撤退，遂以少数部队进驻滦东，请派县长，而大张捷报，侈言收复。各界又不明敌情，妄相猜测，反以为日本内馁，故不敢进兵平津。观察既误，持论遂乖。日本因此遂又进攻示威。此次能否再度停战，固未可必。而欲得此机会，必须于此大加注意。

---

① 此电和以下 24 日、25 日电文均录自顾氏所存函电原文。——译者

以上是供我们参考的事实及决定,汪精卫要求我和代表团其他人员予以注意。

到那时为止,日内瓦的朋友们一直敦促中国代表团要求顾问委员会给予发言的机会,以便对有关不承认问题的报告草案发表意见。但鉴于华北形势危急,国联无所作为,以及我政府不愿援引盟约第十六条,我断定如正式提出申请并最终获准参加顾问委员会会议,只能起掩饰国联软弱无能的作用,而且可能引起中国民众的幻想。因此,我谢绝了这一请求,并称如顾问委员会发出邀请,我们将派代表参加。5月18日我如实电告外交部,并说明我已同时拜访兰格,阐释我们对执行不承认政策的意见,代表团正催促会议其他成员对草案文本进行我们所期望的修改。我请示政府是否同意这个态度,还是希望代表团要求申诉。外交部于20日复电称,国防委员会批准了我的决定。

5月15日返回日内瓦时,如我在巴黎那样,我受到关于中国局势种种谣言的冲击。罗外长尽可能随时将情况见告。汪精卫向我传达了国防委员会的决定。汪善于文墨,通常亲自起草电报,其电文之率直,远过于出自秘书之手笔。但当时汪、罗均非核心人物,亦未亲临华北,而若干决定是华北就地做出的。无论如何,当时他们经过深思熟虑的报道,在数量上远不如来自各方的谣传之多。这些谣传说,中、日和谈确在进行,甚至说已经结束。随河北新的军事失利消息的传来,这类和谈传闻就更多了(5月22日至23日之间,日军已抵北平正东之南北走向的密云至通州一线,并正进攻北平郊外的顺义和通州)。按照外交部指示,根本否认谈判正在进行,也否认中国当局将要或可能放弃领土,我和代表团其他成员对这些谣言力加驳斥。在塘沽协定确实签订之前,我们一直认为至多会有一个纯军事性质的河北局部停火。

5月24日行政院长汪精卫把根据国防委员会决定发给何应钦将军和黄郛将军的电报内容,通知中国代表团。何任军事委员会北平分会主任,负责指挥前线军队;黄则任5月初新成立的华

北政务整理委员会委员长,负责政务。电文称:

> (一)外交方面,近来英、美意见日益接近于对日斡旋,俾我得有较有利之解决,当可做到。但恐缓不济急,于我目前平津之危,恐来不及解救。惟外交既有此希望,子文兄八日来电,力请注意,不必灰心。

关于这里所提到的宋电,下述情况颇为有趣。我于5月9日,即宋抵达华盛顿的两天之后,把哈瓦斯通讯社发自东京的一则电讯的大意,电告华盛顿,供宋参考。该电讯称,东京外务省发言人宣称,得悉宋由华盛顿电嘱南京切勿不惜代价签订停战协定,因如日军逼近北平,可望美国出面干预云云。我提醒他说,这可能是一种试探,想从他那里或从代表团获得消息。但我并不确知宋已否就斡旋问题亲自与美国当局联系。5月15日收到施肇基从华盛顿来电,他只是说华盛顿的会谈是"令人满意的"。他还说,美国政府虽拒绝带头,但"愿意对国联的任何公正决定予以合作"。无论如何,国防委员会在草拟上述致何、黄二将军电报时,肯定已收到从华盛顿发出的同样的可能更为详尽的消息,因宋对华盛顿的访问已随着5月19日与罗斯福发表联合声明而告结束。国防委员会各委员必已明确美国仍决不带头,而英、法也曾拒绝承担带头责任,因此在外交战线上即使有任何进展,也是极为缓慢的。

南京致何、黄电续称:

> (二)军事方面,江西军队不能调开,其他军队则不听调,例如两广,高谈抗战,但至今迄未出兵。中央对于华北各军苦战三月,不能不急筹援应。但能做到若干,诸兄亦不难洞悉。

> (三)财政方面,子文兄赴美赴英,已在接洽。即使有望亦缓不济急。平津若失,则海关收入骤形短缩,其他一切筹款方法,亦唯有更形拮据。

根据以上外交、军事、财政情形,对于应付平津大局,决定原则如下:

(甲)如日本来攻平津,我将士唯有尽力应战,不可轻易放弃。盖平津情形适与去春淞沪相同,极系世界之视听。我若示怯,从此国家人格将不堪问。且战事愈烈,愈易引起各国之干涉也。

(乙)如暂时休战,希望尚未完全断绝,仍希继续进行,即在交战中,此种接洽,仍不防并用。

以上两项原则,切盼两兄根据办理,中央当共负责任也。

此后,国防委员会肯定立即得到了谈判已在进行的报告。5月25日汪精卫来电告知国防委员会就前线谈判"停火"做出新的决定。决定称:

现在前方停战谈判已经开始,逆料对方进行方针不出两种:

(甲)对方以强力迫我屈服,承认伪组织及割让东四省。如果出此,我方必毅然拒绝;无论若何牺牲,均所不避。

(乙)对方鉴于我方牺牲之决心,列强之环视……此次停战目的在敌军退出长城以北,我军不向之追击,保留相当距离,以免冲突。如果出此,则我方鉴于种种情形,可以接受。惟以不用文字规定为原则。若万不得已,只限于军事,不涉政治。并须留意协定中不可有放弃东四省之疑似字句。

通知上述决定的电报,与5月24日汪精卫来电一样,实际上是发给宋子文、施肇基、颜惠庆和我的。但收报局却为伦敦,由郭泰祺转日内瓦交我。我于5月26日复电,我指出,国联的最终报告书以及顾问委员会关于不承认政策的报告书,虽目前对我并无实惠,但却具有重要意义。这些报告书可为我们提供法律依据,能激发国际上对我的同情,并对东北事件的今后发展具有重大关系。我们设法实现局部停火的行动,将直接或间接产生承认或忍受日本侵略成果的作用，在这种情况下，我们将成为国联报告书的第一个违反者，这反过来又将影响我们的国际地位。

接着我提出建议，如拟议中的停战协议，确实限于局部停战，则我们应将原文抄送国联参考，以示我们无意违反国联全体大会的报告书或无视国联而自行其是，借以防止误解。同时，我们也可声明，在最近三个月中我方确曾全力抵抗，军民损失，均极惨重，而各国却迄无只手相援，亦无锱铢之助。我意这将说明，我们是出于不得已而达成停火的。一俟国际形势好转，我可重新要求国联和美国予以积极帮助，以实现公正解决。届时他们将不能以我们目前在河北的行动为借口，而拒绝承担责任。

同一天，即5月26日，日本出席裁军会议的代表团将东京一份来电的内容非正式的通知其他主要国家的代表团和国联人士。该电称，中国军队业已投降，停战协定业已订立，但协定是属于军事性质的。日本代表团又说，中国害怕群众反对此事，不得不予保密而加以否认。在这种情况下，我当即询问保罗—彭古和艾登，东京已否向他们的政府保证不进犯平津。保罗—彭古说，他已训令法国驻东京大使马特尔查问。他和艾登都答应分别用电话向巴黎和伦敦了解情况，但迄无确息。为此，我又电询外交部是否已缔结停战协定。

南京的首次回答是并无签订停战协定之事。但随后我于5月31日下午收到汪精卫在南京就"河北停战协定谈判"发表的公开声明全文。声明强调谈判纯属军事性质，以及虽经我方最近英勇抵抗，但谈判是不可避免的。声明还着重指出，有关中国政府即将割让领土的臆测是毫无根据的。汪在声明中宣称，政府将对局部的姑息政策承担责任；这种姑息绝不是承认对我领土主权和国际地位的侵犯或损害，而是旨在"为久劳之军队，穷困之人民，得所苏息"。他呼吁全国人民予以明察。

6月1日外交部把后来通称为塘沽协定的全文通知代表团。外交部电报解释说，这是何应钦于5月31日夜交给外交部次长刘崇杰和亚洲司司长沈觐鼎而后送到外交部的文本。很多官方文件亦载有相同的全文,其中包括五点。扼要地说,协定规定设立一个非军事地带,其范围为自平津北至长城,由中国警察维持秩序。

某些条款,显然不妥。例如,协定第一条规定,中国军队"应避免一切挑战扰乱之举动",而另一处却规定"日本军队为核实第一项实行之情形,可使用飞机或其他方法视察之"。而且协定中有一些不当的政治含义,迟早必将引起纠纷,还会令人久久难以释疑,以为协定还附有秘密政治条件。

外交部6月1日来电着重说明,外交部以及当时在华北的刘、沈二人,在协定签订之前一无所知,并称,协定全文已由双方军事当局发表并由各报刊载。但政府决定另向国内外发表声明。声明由汪精卫于6月2日发表。这份声明不知是否根据我5月26日的建议,其中强调我国在过去三个月间的认真抵抗及重大损失,以及平津受到威胁和我国维护国际协议的愿望。

6月5日,罗文幹电告他已呈请辞去外交部长及其他职务,理由是华北停战协定签订之前,外交部竟无所知。但国防委员会嘱叶楚伧和实业部长陈公博出面挽留,要罗至少留任到伦敦世界经济会议结束之后。罗特征求我的意见。

我记不起我是如何回复他的,也记不起他是否及时收到我的复电而影响他的决定。但据我保存的文件资料来看,他的辞职曾使我打消了在参加即将召开的伦敦经济会议之后请假回国的计划。如罗辞去外长,我觉得我在国联的责任必将加重。

事情的结局是罗文幹并未辞职,而是肩负特殊使命,前往新疆与盛世才将军办理交涉。8月间,据称他身负使命不能回南京执掌外交部。8月18日后由行政院长汪精卫兼任外交部长。此后,曾留学日本的国民党中央政治会议秘书长唐有壬继刘崇杰出任外交部常务次长。这一更替明显表明汪精卫首先需要有一自己人,即他的挚友,任其次长;但更重要的是,唐是有名的日本留学生,有很多日本朋友,并熟悉日本情况和意向。这给我的印象是,政府可能今后在外交上致力于与日妥协。归根到底,罗文幹十分赞成抗日及与国联合作的政策,而不满对日姑息政策。刘崇杰是罗文幹的追随者。盛世才是东北人,原为张学良部下将领,是一位积极反抗日本侵略东三省的将领。

有必要就塘沽协定再说几句。协定是由日本在华北的侵略军代表与国民政府的代表签订的。它当时就很不受舆论的欢迎。我并不确切知道当时政府是在什么情况下决定签订这一协定的,但从外交部向我解释政府政策的电报和指示中(其中有些是提供给我的情报),我得到这样一种印象,即政府首先解决江西共产党问题的决心,较全力遏制日军对华北不断入侵的决心为大。在当时阅读中国出版之中外文报刊的人们看来,情况确是如此。他们认为这就是中央政府面临日本侵略者无休止的渗透而采取对日本姑息政策的真正目的。

宋子文博士于5月29日电告将于5月30日乘船离美,预计6月5日抵达伦敦。宋问我能否偕同颜惠庆前往瑟堡港与他会晤,然后一起赴伦敦参加世界财政经济会议,我们三人都是该会议的代表。我立即复电同意,并进行必要的安排。6月5日,即会议前一个星期,我到伦敦与宋见了面。6月15日我匆忙返回巴黎。

6月16日我在巴黎法国外交部会见政治商务司司长巴吉东,目的之一是为宋访问巴黎进行安排。但在会谈中,我们也涉及了停战协定问题。巴吉东说,事前他曾接到驻南京公使韦礼德来电请示是否应从中协助。法国外交部回复说,他的协助应仅限于出于人道主义的考虑而促成停火,不得涉及外交问题。巴吉东还说,法国外交部认为停战协定的条约在实质上本应完全避免提及领土疆界。他指出协定第四点,关于撤军问题,规定了应该撤出中国军队的地区,并规定由中国警察维持这些地区的治安和秩序,它明确这只限于长城以内地区。这就是说,整个满洲排除在外,正如这位司长进一步说明那样,这意味着中国间接放弃了长城以北地区的警察权,这就很可能造成今后的误解。他认为最好在这一点上提出保留条件。

我对他说,据我所知,中国政府的意图,只是在一定地区的局部停火,且仅限于军事方面,而不涉及任何政治问题,同时也无意使协定涉及有关满洲事件的任何问题。但是否把协定送交国联参考,则尚在考虑之中。如中国政府决定这样办理,届时可明确提出他所建议的保留声明。这位司长又说,就国联的观点而言,协定的内容将直接或间接引起对满洲事件本身的误解,因此有必要设法予以澄清。

法国人确实老于此道。这位司长一眼就看出协定的言外之意与东北事件有牵连,并提请我注意。我也曾看出这一点来,并曾想向政府指出,因此很高兴能把这次会谈如实向外交部报告,而勿须直截了当地明说连一个没有直接关系的外国人尚且提请我们注意这个问题。

停战协定对国联的实际影响是使顾问委员会禁运军火小组委员会的工作失去了紧要性。此外,美国参议院外交委员会决定修改众议院通过的禁运决议案,规定美国总统颁布的任何禁运须对交战各方同等适用。这就完全压制了国际上原拟实施的限制向日本运输军火的进展。

至于另一关于不承认问题小组委员会的工作进展也并不快。该小组委员会就贯彻执行秘书处有关不承认的各项内容的报告书草案问题,于6月2日举行会议。会议研究并作出通告草案,分送各成员国。该通告系关于不承认"满洲国"所涉及的各种问题以及满洲的鸦片输出入问题。通告草案送交顾问委员会后,于6月7日由全体会议批准通过。终于由顾问委员会于6月14日向全体会员国及有关系的非会员国发出通告,其中阐明了会议对实行不承认政策的各项建议。此文件能否生效,其希望寄托在各国政府的积极反应。国联秘书长在发出该项文件的说明信中称:

（摘录原电抄件。——译者）

> 顾问委员会深信贵国政府愿就 1933 年 2 月 24 日全体大
> 会报告书所附建议书中之有关事宜，采取本通告所建议之措
> 施。如承早日将贵国决定见告，不胜感荷。

在此后数月中，国联只接到极少数国家的复函及个别肯定的
答复。美国政府被看作是不承认政策的首创者，但直到 1933 年
11 月，威尔逊才代表美国政府通知国联秘书长说，美国政府对不
承认原则的观点依然未变；它同意顾问委员会的结论，它的做法
除有关鸦片运输的少数细节外，也与顾问委员会所建议者一致。

从全面考虑，此时实为中国首脑人物制订新对外总政策的时
机。6 月底，颜惠庆、郭泰祺和我从伦敦致电外交部建议撤销中国
参加国联全体大会的代表团。我们说，鉴于我国政策业已改变
（意为处理中、日冲突之政策业已改变），国联顾问委员会已无所
作为，以后裁军会议亦将休会到 1933 年 10 月，我们认为，为节省
开支起见，宜将代表团从 6 月 8 日起予以撤销。我们指出，自 4 月
以来未接汇款，为了结清电报、印刷及补助费等应付帐单，最少需
要 7,000 美元。

外交部于 6 月 30 日复电称，汪精卫认为不宜结束代表团，外
交部正筹划汇出所需之最低金额（后于 7 月份汇出）。更为重要
的是来电指出，我们可以放心，在任何情况下，决不会偏离前二电
所述之政策，至少在宋子文回国以前是如此。

事实上我们刚收到所提及的有关政策的来电。6 月 29 日，外
交部以密电告知宋、颜、郭和我称，今后外交方针经政府商定如
下：（摘录原电抄件。——译者）

（甲）对日本

　（一）根据三大公约及国联议决案，继续努力，冀达国际
解决目的。此为根本方针，但步骤上应随时考虑如绝交、经
济制裁等案，非俟国际酝酿成熟，不宜轻易提出。外交上活

动,须估量国际上力量,为相机之处置。

（二）倘日本先有交还东三省之表示,我可表示愿建立中、日新关系。否则,作为悬案。

（三）东案未解决以前,军事冲突虽停,仍应采用各种必要策略,惟须避免政府策动方式。

（四）力图国内建设,培养民情、充实国防。

（乙）对欧美

（一）诚恳说明中国不得已停战之情形及今后和平奋斗之决心。嗣有对日言动,随时密告,以期谅解。

（二）说明中国坚守国际条约之轨道,赞助军缩及经济会议之工作。关于东亚,愿与英、美诸国协力。

（三）争取英、美对我建设上经济之援助。

（丙）对苏联

（一）无论中东路问题如何*,勿使中、苏关系再趋恶化。

（二）通商会议仍设法进行。

（三）赞成美、俄接近趋向。

6月30日,我与宋、颜及郭在伦敦多尔切斯特饭店会晤。我们广泛讨论了中国制订近期对外政策问题。我们都是出席经济会议的代表,当然会利用相聚的机会讨论国内和国际形势、过去和将来的对外政策,以及我们目前面临的工作。但是外交部的来电也促成了这次特别的会晤。这主要是因为我们认为来电所提出的驻外使节应遵循的原则过于消极。

根据我所记的摘要,我们首先全面研究了国际形势,因为它对中、日问题已经或可能产生影响。我们认为二月份热河失守是不幸的,因为它使国联内外帮助我们的国家大失所望。热河失守

---

* 苏联已决定将满洲境内中东铁路的苏方股份售予日本,可能是为了缩小两国间的分歧。日本明确表示,苏联必须与"满洲国"官员谈判。莫斯科予以同意,但苏联并未承认"满洲国"。谈判于1933年7月开始,日本以"中间人"参加。

发生于国联成员国通过全体大会报告书之次日,这些成员国曾指望有了这一国际裁决,中国会更有效地抵抗日军。至于塘沽协定,从它对国际舆论的影响来看,就显得更不合时宜了。它造成这样一种印象,即中国愿意通过让步解决与日本的严重纠纷,并且愿意默认日军侵略所造成的现状。那些密切注意中、日冲突的人,认为塘沽协定是日本总参谋部和外务省在策略上获得成功的产物;他们的策略旨在挫败国联干预远东的政策,及用先发制人的办法阻止中国方面在华盛顿或在世界经济会议召开前夕采取任何有效行动。总之,导致缔结塘沽协定的政策,国外普遍不理解,需要到处进行大量的解释工作。

自停战协定订立以后,国内外对中、日问题的关注就一落千丈。报刊上很少见到这方面的报道。两年来中外人士共同努力的成果迅速消失。但令人更为沮丧的是,在中国的外国观察家报道说,中国评论界以及中国报刊对满洲局势也已普遍不予注意和关心。这种形势发展正是日本出于其自身利益所梦寐以求的。日本自霸占我东三省和热河以后,一直希望这个问题不仅为全世界、而且为中国所忘却。它希望巩固其掠夺成果而不受干扰。

与会者一致认为对于满洲问题应有一个具体、明确的方针。我们研究了外交部对驻外使节指导原则的来电,认为目前的国际形势以及全中国的最高利益都需要一个更为积极的政策。

首先,世界上其他国家,即使是那些与中国进行大量贸易及有其他利害关系的国家,不到他们认为必要的时候,决不会进行有利于中国的干预。倘若中国本身愿意采取消极政策而且不急于解决与日本的严重问题,他们自然不愿有所作为。倘若中国不能自助,他们就认为更无援助中国之义务。过去的历史证明,只要他们本身的重大利益不受损害,他们是极其愿意承认既成事实的。

就中国来说,对日本采取消极政策实在是太危险了。这不仅意味着向全世界表示中国自愿放弃东北四省,而且有导致实质上被瓜分的可能。当前的形势与甲午战争后的形势颇为相似。现在和那时一样,中国的屈服投降会被那些野心勃勃的国家理解为中国是一个完全不能保持自尊和独立的国家。日本由于最近攫取到大片领土而国力大增,各国会认为与其因反对日本而引起纠纷和冒战争风险,不如走一条最明智的道路来与它抗衡,那就是牺牲中国而为他们自己占有新的领土或势力范围。这令人不禁想起 1895 年中国这个纸老虎被戳破后,列强抢夺我国领土和租借地的情景。可以断言,倘若中国不再为收复和保卫其领土和权利而奋斗,必将出现同样的危险。各国根据他们对一个独立自主国家的标准来衡量,很自然地会从中国的消极政策中断定中国不配被视为国际大家庭中具备独立自主标准的一个成员。

这种危险绝非想象。欧洲的国际局势近来日益恶化,这是由于德国的事态发展及其对法、德关系的严重影响,也是由于裁军会议及世界经济会议的前景不容乐观。这种形势必然导致世界各大国在国际问题上抱更加现实的看法,并执行一种更加权谋狡猾的政策。

再者,我们担心,欧洲政局的持续不稳可能导致在今后五到十年内爆发第二次世界性的灾难。果真如此,日本一定再次向中国猛扑过来,勒索新的领土和权益,从而严重危害中国的政治独立。1915 年日本就是这样干的。当时世界大战刚爆发几个月,日本就像晴空霹雳那样向中国提出了"二十一条"。1931 年 9 月,日本在沈阳重施故伎。当时世界经济危机刚刚由于胡佛总统宣布延期偿付债务而得到证实,而英国这个世界金融业的巨头则正准备放弃金本位。日本鉴于前两次都轻而易举地迫使中国就范,会毫不迟疑地利用欧洲的严重局势,在亚洲大陆推行其臭名昭著的田中奏折的扩张政策,特别是针对中国。

日本既已实现其征服我东三省和热河的政策,它的当务之急是与苏俄或美国周旋。究竟先解决哪一个问题,则须视其在华盛顿与莫斯科的外交策略的成就而决定。倘若日本不能与美国取得谅解,且与英国在印度市场上由贸易竞争而引起的摩擦继续发展并加剧,则可能努力加速与苏俄恢复友好关系。因为在对付美国时,日本不能忽视盎格鲁撒克逊民族联合起来的潜在可能性。但是不论发生何种情况,中国除非在危机来临之际已有充分准备,必将遭受劫难。从新战争中崛起的胜利者日本可能把朝鲜的命运加诸中国。

考虑到上述情况,我们一致认为必须制订一项持久抗日和迅速准备应付即将来临的国际危机的积极政策。至于如何实现这一政策,我们在讨论中认为由于目前中国军队及国防实力与日本相比差距较大,且由于缺乏西方国家直接有效的援助,不宜于也不易于在塘沽协定之后重新进行军事对抗。在目前情况下,断绝外交关系的时机也未成熟,因为国联内外的其他国家都不愿参加这种外交制裁,还因为中、日刚刚同意停战。

但在经济方面,中国处于组织有效抵抗的有利地位。日本是一个工业国,依赖于三大市场,即中国、印度和美国。日本的满洲政策很不受美国公众的欢迎,而在印度市场上,日本则因印度取消了日、印贸易协定而受到威胁。因此,中国如能制订有组织的经济抵抗计划,必将事半功倍。目前对日货的抵制应予加强,且应采取措施使之对日本更为致命。对于以经营日货为生的商人,应帮助他们转而与中国的友好国家联系并经营类似的贸易。对那些能够生产长期取代日本廉价商品的日用消费品工业,应予扶植和鼓励。

在执行这一经济抵制政策中,中国可以指望西方国家的同情甚至积极的支持,因为这个政策帮助了中国,同时又可使他们从中获利。为了引起他们对这一政策的兴趣,可以研究和试行把政府国外采购集中组织起来的办法,使之为实现我国外交政策的目的服务。

要在莫斯科和华盛顿进行持续努力,以培养国外特别是苏俄和美国公众的关心。在与日本贸易竞争方面,可以与英国结成经济联合阵线。可以制订并实行一项有组织的宣传计划,使西方公众经常关注中、日问题,要特别在西方这样一些国家向公众宣传,这些国家的外交政策的制订一向受舆论的影响,其实现也依靠舆论的支持。

除非国内外都经常关注中、日问题,否则,我国收复失地的希望就会随时间的流逝而消失。

当然,在国内方面,我们认为绝对有必要千方百计地实现各方的全面政治和解,以组成真正的统一战线来应付目前的危机,并为即将来临的更大危险做好准备。这样,就能商定一项积极的外交政策和国内建设的最低纲领,而政府在执行中,就能得到全国人民忠实而积极的支持。百端待举,但鉴于国家有限的财力和经济发展的落后状态,各项事业不可能齐头并进。我们认为最好在开始时,把力量集中于少数基础企业和基础工程。

我的记录的最后部分如下:

概括起来,我们认为对中国在国内和国际的最为有利的政策如下:

一、经济方面的抵抗

(1)继续并加强抵抗日货。

(2)通力合作以引导向友好国家采购。

(3)建立消费品工业以长期取代日货。

二、政治方面的抵抗

激励在东北的义勇军活动。

三、外交活动

(1)继续努力保持对远东局势的普遍关注。

(2)继续努力推动国际一致行动,以达到加速解决中日问题的目的。

四、国内建设

(1)重新努力实现政治团结。

（甲）与广东方面达成和解。

（乙）政治缓和和实行宪政。

（2）制订国防计划。

（3）建立基础工业。

（4）发展全国战略运输网。

由于我们的讨论具有高度的机密性,我们决定由宋子文亲自向政府首脑详细转达我们的论据和结论。因此,对外交部关于新政策纲要的来电,我们只简单地答复说,来电已收悉,但由观察国际形势所得的结果来看,我们认为某些问题还需要商讨。为此,我们请求中央政府等候宋子文回国后详细面陈。我们的复电于7月11日分别发往外交部、行政院汪院长和蒋委员长。

为了进行经济建设,宋子文在美国和伦敦已着手争取外国借款。在华盛顿,宋与美国复兴金融公司商定了5,000万美元借款。由于中国政府准备用这笔借款购买美国的剩余棉花和小麦,故称为棉麦借款。政府将产品出售后,将以所得之收益用于复兴建设事业。为在欧洲争取借款,宋已进行初步试探,筹设一个由中国和外国的委员组成的协商委员会,以最终取代1920年成立的国际银行团来协助中国实现需要大宗财政支持的复兴建设计划。这个新委员会与旧的银行团不同,它一旦实现,最后决定权将掌握在中国手中,它本身将拥有足够的资金承担大规模开发工程与偿付中国未偿清的外债,它将不设日本委员。

中国的复兴建设很有希望得到国联的技术援助。6月28日,宋子文以行政院副院长兼财政部长身份,代表中国政府致函国联秘书长并附材料一份;该材料首先概述中国与国联以往的技术合作情况如下:

> 国联行政院于1931年5月会议期间,曾研究中国国民政府1931年4月25日的电报。该电称,我国政府决定成立全国经济委员会以制订全国的复兴建设计划,并请国联各技术

机关予以合作。

国民政府当时曾扼要提出合作措施，共计五项，即：

（1）首先，在筹划和组织初期，如以往在卫生事业方面之办法，国联可派人员襄助，就制订计划及嗣后国联合作之办法提供意见，其期间以实际可行且适合于中国政府之需要为限。

1931年5月19日国联行政院会议同意我政府要求，同时批准秘书长关于合作办法之建议。国联行政院就我政府之第一项要求决定：

在实际可行并适合于中国政府需要之期限内，供职之人员须能供给中国政府以国联各技术机关工作情形之消息，以及为中国政府所能利用之方式。为此，秘书长认为应派技术机关的主管人再次访问中国。

关于第二、三、四项决定：

由国联秘书长将合作要求转达主管的技术机关办理，但须照章经国联行政院批准。

自国联行政院通过以上决定两年来，我政府承国联各技术机关派遣专家前来合作，对他们的协助甚为感谢。国联秘书长应我政府之请，曾推荐担任我政府高级职务之人员，使我政府最后获得国联秘书处两位重要官员的协助，他们作为国联机关的联络代表在中国工作数月，成绩卓著。为此，我政府愿借此机会对秘书长及行政院表示感谢。

该材料接着列举今后意见，并要求国联派遣技术代表前来中国，以保证继续合作。其内容如下[1]：

兹可欣告贵会者，国民政府已作初步之考察，并鉴于其所有之富藏，决定先在某某数省着手建设，以为国内其他各处之模范。国联行政院在现在情形中，如能采取办法，俾国

---

[1]　此件转录自1934年《外交年鉴》。——译者

联对于中国建设之事业,克与国民政府继续合作,无少间断,例如派一专门人员,常驻国民政府及所属之全国经济委员会,中国政府殊深欣感。

国联行政院的下次会议定于 7 月 3 日举行。届时秘书长将向会议提出中国的要求。因此,在我与我的各位同事在伦敦多尔切斯特饭店会晤后不久,我就离开伦敦赴日内瓦参加国联行政院会议,以尽力获得早日同意中国的请求。

7 月 3 日上午,国联行政院开会前,我在秘书处与爱文诺会谈。爱文诺刚接任秘书长。我告诉他说,我刚接宋子文来电称,技术代表最好派驻全国经济委员会,而不要派驻中国政府。

爱文诺表示不同意。他认为由于全国经济委员会不对外,技术代表不能派驻该委员会。

我说,技术代表不是外交人员,所以不存在对外的问题。将他派驻全国经济委员会最为相宜,特别是因为他的工作是协调与经济委员会的技术合作。

我们接着讨论了委员会的组成问题。这个委员会成立后,将就国联与中国技术合作事宜采取必要措施,其建立将由爱文诺以秘书长名义向国联行政院提出建议。我说,我认为应以中国、捷克、法国、德国、英国及美国各国代表为委员。

爱文诺认为现在讨论委员会的组成,为时过早。他说,这是一个棘手的问题。他曾探询有关代表团的意见,他们还都没有行动起来的准备,这件事需要有一点时间来考虑和进行必要的安排。

我要求他尽快办理。爱文诺说,他不能保证美国答应参加这个委员会,甚至也不能保证中国能派代表参加,并说,不能把任何委员会强加给国联行政院。

我回答说,中国与国联继续进行技术合作,是中国倡议的,因此,设立任何委员会,当然应有中国代表参加,而且任何形式的委员会,倘或中国不接受,就不能强加给中国。

当天上午,国联行政院开会时,爱文诺提出了中国的要求,并建议设立这个委员会。我做了简短的发言,其中说明了中国提出这一要求的目的和早日予以审查的愿望,因为国联行政院在9月份以前可能不再开会。德国代表冯·克莱尔就委员会的组成讲了几句,表示需要时间来考虑。接着,国联行政院通过了建立委员会的意见。爱文诺为了尽快指派委员会成员,建议在征求其同僚的意见后,向下午的会议提出人选意见。

会后,当我还在会议室时,冯·克莱尔向我解释了他对委员会组成问题持踌躇态度的原因。他说,他对秘书长建议的委员会要求给点时间来考虑其组成,并非有意拖延,希望我予以理解。他说,德国政府完全同意中国的建议,但是委员会的成员是一个重要问题,大家都需要一点时间来考虑。他希望国联行政院在本届会议结束之前,能组成这个委员会。

我对他的关心表示谢意,并表示理解他发言的用意。

稍后,我又见到爱文诺。他说,除参加委员会的各国政府代表外,国联行政院主席将为当然委员。下届行政院会议将由波兰代表担任主席,他将以这个身份参加委员会。我提议邀请挪威也参加。然后我又去见西班牙代表。他向我建议,委员会原则上不仅应包括关心中国复兴事业的国家,而且也应包括不关心的国家。他在提出这个建议时还说,西班牙本身不想参加这个委员会。但我决定把西班牙列入中国推选的委员名单内。

那天下午,我与哈斯在秘书处的休息室讨论了这件事。哈斯是国联秘书处交通运输部部长。他不仅曾在中国担任李顿调查团的秘书长,并曾为国联与中国的技术合作事宜两度来华。他是中国的好朋友。

他问我已否与各代表团谈论将由国联行政院任命的委员会的组成问题。

我说,我上午曾与爱文诺谈论这个问题。我认为委员会应包括国联行政院的四个常任国,加上美国和行政院的其他三四个成员国,例如捷克、挪威和西班牙。中国也理应参加。

哈斯问为何要西班牙参加。

我说,西班牙代表上午曾与我联系。虽然他并未表示西班牙想参加这个委员会,但是由于西班牙的代表一向同情中国,所以中国希望该国参加委员会。

哈斯说,这将使委员会非常庞大。

我说,爱文诺告诉我,下届行政院主席是波兰。增加西班牙可以使所谓大国与其他国家力量均衡。这种均衡是有益的,而且在中国能造成良好的印象。

哈斯说,挪威在国联行政院的席位即将期满,很可能由丹麦继任,或者也可能由西班牙继任。

我认为那将出现委员会的改组问题,而在9月份改组是不适宜的。我说,宋子文又用电话催办,所以我迫切希望委员会当天就能指定技术代表。

哈斯说,就具体人选而言,没有问题,因为这个人必须是中国政府完全同意的。但他认为当天提名是不可能的,因为据他了解,有些代表团还没准备好在这个问题上发表意见。

嗣后,我又与秘书长进行了一次谈话。就在下午会议之前,爱文诺找我再次商谈委员会的组成问题。我向他提出的委员国名单是中国、英国、法国、德国、国联行政院主席、美国、捷克、挪威和西班牙。

他询问包括西班牙的理由。在他看来,那是不必要的。他说,国联行政院只有13个成员国,假如其中9国被选为委员会的成员,那剩下的只有4国。

我说,西班牙一向对中国友好,其代表对中国表示同情。另外,我认为有必要包括几个在中国没有巨大利益的国家,从而形成大国与其他国家之间的均势。爱文诺对这一解释表示满意。

在下午的会议上,国联行政院主席那赫喇提议委员会由国联行政院主席和中、英、法、德、捷克、意大利、挪威以及西班牙等国的代表组成,并建议必要时可邀请其他国家委派代表参加工作。这就给美国一个参加委员会工作的机会。经我对提名正式表示同意后,提案就通过了。这就为推选国联技术联络代表扫清了道路。

此后,我和爱文诺联系,要求他提出技术代表的提名问题。我说,我希望即将召开的委员会会议能指定技术代表。爱文诺说,这事不可能在那天会上办成。那天委员会开会的目的是该会本身的成立以及请各委员就技术代表的职责发表意见。他认为这是提名前的必要的准备工作。他又说,至少有四个代表团对提名还没有做好思想准备。他们当然希望有点考虑的时间。

果然,第一次委员会会议只讨论了一些准备事项。但会后进行了非正式商谈,参加的有国联行政院主席那赫喇、法国代表马锡里、意大利代表比安凯里、秘书长爱文诺和我。

我首先要求确定下次会议的日期。马锡里认为有必要再召开一次会议,但现在不能定日期。我说,我非常希望早日指定派往中国的技术代表,理由很多,其中之一是宋子文作为全国经济委员会副主席,主管技术合作事务,目前他正在欧洲。由于他即将回国,我认为最好在他行前确定人选,俾使委员会与宋就技术代表的工作性质及其职权范围进行商讨。

爱文诺说,他对中国政府的愿望还不很清楚。据他理解,技术代表的任务不是政治性的。但仍有必要把这一点讲清楚,并有必要详尽说明中国政府的真实愿望。他认为这一步骤是必要的,以免不仅在中国,而且在欧洲造成错误的印象。

马锡里说,他刚接触这个问题,还没有时间考虑或向政府请示。但由于委派的人是国联的代表,首先必须了解其任务性质和权力范围。

我说,这正是我准备讨论的问题。但是意大利代表和马锡里都认为需要时间来考虑。

马锡里于是建议我准备一份照会或备忘录,就技术代表的任务的性质和范围,阐明中国政府的要求。

我说,我理解这样一份备忘录是很必要的,并愿着手准备。考虑到宜于迅速行动,我认为或可在伦敦举行委员会会议,因宋子文正好在那里。我问那赫喇是否打算前往伦敦。

那赫喇说,他因查科问题需要留在日内瓦。

爱文诺说,他将于那天晚上赴伦敦。到达伦敦后,他将能判明什么时候能在那里举行委员会会议。

我自己从日内瓦前往伦敦,再由伦敦前往巴黎。7月12日,我在巴黎访问了莱热,当时他是法国外交部的秘书长。我想谈四个问题,最后一个是由新成立的国联行政院与中国进行技术合作的委员会遴选技术代表问题。委员会当时定于7月18日开会。问题在于中国希望委员会选派波兰人、国联卫生部部长拉西曼,而其他委员则担心这将给这个职位及其工作带来过多的"政治色彩"。的确,对日本来说,拉西曼是个不受欢迎的人,因为早在1931年9月他与向国联提出中国问题一事有密切联系,当时他正在中国办理国联的技术工作。

但这只是7月12日我和莱热商谈的最后一个问题。根据我的谈话记录,我还提到报载法国驻东京大使就苏联拟向"满洲国"出售中东铁路一事提出抗议。我希望知道抗议的主要内容。

莱热说,法国驻东京大使并未提出任何抗议,理由非常简单,即法国不承认日本在满洲的地位,也不承认两年来的事件给中东铁路所造成的局面。法国大使当然曾向日本外务省提到这个问题,但其意义毋宁说是表示不赞成满洲的形势继续存在下去。换句话说,法国大使明确指出,法国不承认由于1931年9月以来所造成的局面而对中东铁路采取的任何措施。莱热又说,法国政府是向莫斯科提出了抗议。但抗议是代表民间利益的,因而不具有政治性质。他回顾了中东铁路是根据中、俄协定由华俄道胜银行兴建的,而该银行的资本的百分之六十五是在法国筹集的,其法国股东即为中东铁路的所有人。法国政府是代表他们提出抗议的。但是苏联政府反驳法国的权利要求说,道胜银行是一家俄国银行,并已为苏联政府收归国有,因而应与其他国有化的俄国银行同样对待。莱热说,鉴于抗议属于法律性质,法国政府认为当前没有进一步提出权利要求的必要。事实上,道胜银行在法国的清算人已推选两名代表赴莫斯科与苏联政府交涉。据莱热了解,苏联政府对他们采取同样立场,因而对该行提出的权利要求不予受理。

我说,根据我所得到的消息,苏联与"满洲国"代表在东京就出售中东铁路举行的会谈没有取得任何进展,实际上已成僵局。事实上,我个人怀疑日本支付铁路价款的诚意。

据莱热分析,日本急于控制这条铁路,但代价越低越好。

我说,根据我所听到的消息,在巴黎的所有中东铁路债权人和股东将在那里举行会议。我问莱热是否知道会议的目的。

莱热用电话与负责远东事务的亚洲司副司长高思默联系,并得悉没有听到有关这个会议的正式消息。他同意我的意见,即在巴黎举行会议是很难取得成果的。

我就此补充说一下出售中东铁路的问题。从 4 月份听说这笔交易正在研究之中起,我就不时关注这个问题。这一方面是因为我是驻法公使,而这条铁路涉及法国很多私人的利益;另一方面,作为参加国联的中国代表团首席代表,我担心苏联与"满洲国"的谈判对不承认原则可能产生的后果。例如,我曾向苏联外交部长李维诺夫指出,苏联向日本或"满洲国"出售中东铁路的建议具有承认"满洲国"的含意。他于 5 月上旬回答说,苏联没有接受关于不承认的协议,因此,如"满洲国"接受其建议,苏联并不受这个协议的约束。他的话明显地说明了苏联的意向,因此我立即致电南京及华盛顿的施肇基和宋子文,提出我关于阻止出售该铁路的意见。该电于 5 月 11 日发出,内容如下:

> 查中东铁路为世界交通之重要环节,美国对东北铁路素
> 深关注;举其要者:一曰哈里曼—诺克斯计划,二曰 1918 至

1921 年美国曾参加中东铁路之联合管理；三日华盛顿会议之讨论与决议；四日苏联向"满洲国"或日本出售必将危害不承认侵略所得之原则。有鉴于此，实宜与美国政府共商阻止售路之计。日内瓦友好人士建议我国将此问题提交国联全体大会之顾问委员会，但考虑此举或将激怒苏联，不若先与华盛顿磋商谋求一致行动为宜。法国报界对售路之议极为重视，以为有加速日本占领华东沿海各省及于我国西部建立日本控制下之蒙古傀儡政权之可能。以上各节，谨请裁夺，并予示复（摘录原电抄件。——译者）。

7 月 12 日，我与莱热谈的另一个问题是，据报纸报道，法、苏两国正进行谈判，以期就侵略者的定义缔结条约。我问他这个报道是否属实。

莱热作了否定的答复。他解释说，在订立非战公约时，有两种议定书，叫做李维诺夫议定书。其中一种为苏联与其邻国签订的，另一种则由苏联与其相距较远的国家如捷克和土耳其签订的。这两种议定书均称为不侵犯条约。根据条约的条款，两种均欢迎其他国家参加。最近李维诺夫和土耳其外长路过巴黎时，他们曾非正式表示希望法国参加这两个条约，并希望和法国签订一份类似最近苏联与捷克以及小协约国的成员国所订立的关于侵略者定义的条约。关于这些李维诺夫议定书，莱热说，法国政府既未被正式请求参加，也未收到副本。他答复苏联和土耳其外长所提出的意见说，法国政府在发表意见之前，愿意首先研究一下这些议定书的全文。至于拟议的关于侵略者定义的协定，就问题的实质而言，法国政府完全同意。事实上，虽然在日内瓦提出这个问题的是波兰，但法国政府一直希望有关侵略者的定义获得通过。但是法国政府相信，只要裁军会议尚未失败，法国政府如单独参加有关侵略者定义的协议是不妥当的，这样做好像裁军会议已经失败。他认为如果在日内瓦通过这样一个定义。以便所有国家或至少大多数国家都成为签字国，则更为有效。倘若裁军会议最终失败,那就有可能分别洽谈订立有关侵略者定义的协定,因为倘若不能使所有国家参加,则部分参加也是好的。

我表示同意莱热对这个问题的看法,然后提出了将外交使节对等升格的问题。首先我追述了4月末我曾在法国外交部提出这个问题,以及宋子文也曾向莱热谈及此事。我问莱热能否进一步说明法国政府的态度或它与英国政府商谈时后者的态度。

莱热说,关于与宋的谈话,他记得很清楚。他说,这个问题曾与伦敦磋商。如果他记得不错的话,这个问题中国已提出三四次之多。客观地说,并作为一个技术性问题而言,大家都同情中国政府的愿望,但问题确实在于时机,以前讨论这个问题时,大家都认为办理此事最好等到中国出现一些全国性的新形势,例如呈现更为稳定的局面,或更广泛的政治团结。伦敦的看法是近年来的情况依然如故,没有出现宜于变更外交使节地位的新局面。

我问是否因为有华盛顿条约,法国和其他国家认为他们首先必须统一意见和协调行动。莱热说,不存在这种协定。但有这样一种谅解,即一个国家未与其他国家磋商之前不得有所行动。这种谅解具有在各国首都之间随时交换情况的性质。他记得巴黎与伦敦曾达成谅解,后来与罗马达成,然后又与华盛顿达成。

接着我说,中国政府希望把外交使节升格的理由之一是,不愿意在中国民众中造成这样一种印象,即中、苏互派大使说明中、苏之间的关系在各方面都较与其他国家的关系为重要。

莱热认为,就苏联来说,正如日本一样,由于地理上的原因,在中国建立大使馆是适当的。例如,法国在瑞士以及英国在里斯本都设有大使馆。这种大使馆的建立都出于特殊的考虑,而不是一般的政治重要性。

然后,我提到7月3日国联行政院设立的特别委员会,以及该委员会即将开会讨论派遣技术代表前往中国参加国联与中国的技术合作事宜。我预料马锡里将代表法国出席会议。

莱热同意可能是这样。

我问道，会议在选派技术代表方面将不会遇到困难，这样设想是否正确。

莱热说，任命的本身不会有问题，至于人选，就难说了。他知道中国极愿拉西曼被任命，但有人反对，不是出于个人原因，而是从全局考虑。在得悉伦敦不赞成拉西曼之后，莱热已要求法国驻伦敦大使了解英国代表在会上将对提名拉西曼抱什么态度。他说，拉西曼很能干，但反对者的理由是他曾公开偏袒一方，在中国向国联申诉满洲问题中尤为如此。他的活动过于引人注目，他的同情过于明显，他的名字过多地在报刊评论中出现。莱热补充说，杜吕蒙也认为拉西曼作为秘书处的职员，如果不是如此偏袒一方，一定更为有用。

我问莱热，英、法两国是否心目中另有人选。

莱热说，据他所知，讨论人选主要是国联秘书处的事，而不是个别政府的事。

我说，推选拉西曼有个好处，即他熟识中国政府的很多首脑，尤其是熟知宋子文，而宋是全国经济委员会的副主席，直接主管与国联技术合作事宜。这种合作不仅对中国，而且对国联当然都有很大好处。

莱热认为拉西曼是否合适可能在委员会会议上讨论。他正等待法国驻伦敦大使关于英国态度的答复。

在此期间，我准备了致国联秘书长的备忘录，详细阐明中国政府对技术代表的任务性质和范围的要求。7月3日特别委员会成立时，曾建议由我准备备忘录作为实际遴选技术代表的预备工作。这份备忘录业经宋子文和南京批准。它强调说明中国政府委托技术代表的任务纯属技术性质。我在7月14日将备忘录送交爱文诺，并建议从速分发各委员。

7月18日，委员会第一次事务会议在巴黎国联总部召开。议程是提名技术代表以及就其工作性质及范围通过决议，并决定委员会的今后工作。四天以前，秘书长爱文诺曾向当时在伦敦的美国国务卿赫尔发出一份备忘录以说明委员会的宗旨等,并称如美国政府有意,欢迎美国代表前来参加首次会议。结果是美国驻巴黎大使馆的麦里纳以非正式的观察员身份参加。

会议本身非常简短,因为所有决议事先都已达成。宋子文和我都参加了。爱文诺报告了他与赫尔国务卿令人满意地交换意见后,国联行政院主席提议邀请美国参加。宋子文和英国代表附议。在接到美国正式同意的通知并在麦里纳到会后,原曾为此暂停的会议当即复会。宋子文说明了中国的意见。拉西曼被一致同意选派为技术代表,并由会议通过一项决议,强调其任务"系纯粹技术的,而绝无政治之性质"。

由于夏季休会,其后日内瓦在这方面没有什么进展,这是在我意料之中的。至9月23日国联行政院恢复例会时,墨西哥的那赫喇作为大会报告起草人宣读了关于委员会成立的简短报告。他在结束报告时对委员会的努力表示感谢,并说明美国政府同意接受邀请,以非正式观察员身份参加工作。我在会上再次强调合作不带任何政治性质,并对国联和委员会迅速派遣技术代表前往中国表示赞赏。之后,会议通过了那赫喇的报告。拉西曼于10月到达中国,开始新阶段的工作。

与此同时,日本双管齐下:一方面怂恿外国承认"满洲国",以及外国在经济方面参加"满洲国"的开发事业;另一方面阻止外国在中国投资,例如宋子文打算筹集的外资。早在7月17日,我曾同时电告外交部、汪精卫和蒋介石,最近我一再得到报告称,日本人一直致力于在英、法、意等国筹集投资于东北的贷款,用于兴办各种企业,以发展其经济。他们还对人们说,在日本的保护下,外国投资可获厚利,而不像在中国那样,由于局势不稳定,往往蚀本。我说,这些活动的目的显然是利诱各国承认"满洲国",同时阻止其他国家在我国投资。为此,我正竭力驳斥这些论调,并防止对我国的误解。

夏末,日本加强了宣传工作,以阻止其他国家及其国民在日本占领区以外的地区资助中国的开发事业。日本报纸掀起了一个运动，恶毒攻击各国对中国的援助或所谓的援助，以及各国的所谓抗日立场。运动矛头特别指向美国。同时，日本官方针对国联在与中国技术合作方面已做的和将做的努力，以及宋子文的顾问委员会计划，向各大国提出警告。

宋子文为了发展中国经济，一直在欧洲旅行，推进其咨询委员会计划。作为欧洲之行的最后一站，他在巴黎逗留。当他到达巴黎时，我们两人曾参加的世界经济会议，在显然失败之后正好宣布休会。那天是 1933 年 7 月 27 日。

宋对法国的正式简短访问的日程包括参加外长保罗-彭古在法国外交部举行的午宴，第二天中国公使馆的午宴，和会见法国总统勒布伦。总统亲自授予宋一等大绶荣光章，以表示法国对中国的友谊。法国总统还向宋保证，法国将全力援助中国的经济建设。29 日，他离开瑟堡港乘船去加拿大，之后，大家都注意到他给人留下了极好的印象，而我则为能陪他进行访问而倍感愉快。8 月 1 日，在他赴加拿大及华盛顿途中，我将此情况电告他。在返国之前，他将在华盛顿再次会见罗斯福总统。

宋离开巴黎后不久，我也前往地中海海滨度夏。9 月初，我返回巴黎。几个月来的紧张工作之后，海边空气和海水浴确实令人心旷神怡。

不久，我开始恢复工作。在堆积如山的待复信札中，有上海刘易斯博士的几封来信。来信详细地向我叙述了塘沽协定签订后，在表面宁静的夏季中日本对华政策的倾向。

日本在中国一直忙于巩固其在华北的控制地区，包括非军事区在内。刘易斯 7 月 28 日来信说：

> 塘沽协定签订后，中国军队按照协定的规定，秩序井然地撤退了，而中国当局由于在该地区有敌对部队，未能恢复以前行使得很好的管理职能。这些情况都是有案可查的。敌对部队不仅有驻在该地区的所谓"满洲国"军队，而且还有

"杂牌军",估计为数二万人。这些"杂牌军"不愿离开,而日军及"满洲国"军队均不愿把他们驱逐出去。

这些"杂牌军"是怎样到达那里的呢? 他们怎么会是用日本枪炮装备并在后方安全无事呢? 给养又是哪里来的呢? 在6月至7月间,经过极其艰苦的交涉,才决定把部分"杂牌军"编入新成立的由解除武装的军队改编而成的保安队之中。中国军队依照停战协定不能进入该地区,也不能强制解除这些"杂牌军"的武装。

……最后,在该地区的"杂牌军"由中国当局发给慰劳金,或答应由一些他们不致骚扰的部门予以雇用。这时才宣布恢复沿海的铁路联运。正常状态恢复在望,人人稍感安心。

但7月26日华北日军司令部发表了一项节外生枝的通告。它利用辛丑条约,而不是根据塘沽协定,提出要由"服部旅团"留驻由唐山到山海关的铁路沿线地区。这是塘沽协定所不允许的。

服部旅团是一支日军作战部队,曾参加过满洲战役。该部队以前在这一地带所控制的是沿海岸线颇有经济价值的地区,诸如铁路、港口、设防地点、避暑胜地,以及矿区等等。日本的占领命令与塘沽停战协定相抵触,既未得到中国的认可,也未经各大国同意。其所以能这样做,就因为日本是帝国主义。那一带还有许多"土匪",是由于日军在满洲和热河省的长城以外进行围剿而窜入的。他们是中立地带混乱的根源。

8月11日刘易斯来信报告说,东京陆军部发表了对华政策的8月3日声明。该声明坚持日本将使"1915年的'二十一条'再次生效","必要时……不惜以武力促其实现"。刘易斯认为该声明极为重要,(据他了解,声明没有用英文发表)因为这是公开宣布日本的野心勃勃的大陆政策,而不久以前日本曾在日内瓦坚决否认这个政策。按照刘易斯所告,这个声明还说,日本不仅要恢复

"二十一条"，而且要求中国偿还借款，并威胁说，如得不到满足，就将以武力夺取作为借款抵押的交通运输线。第三，虽然日本已退出国联，但要求参加国联对中国的一切援助，包括派遣专家和贷款。第四，倘若中国坚持与国联及英、美合作，则日本决心以武力实现其在华的目标。刘易斯还强调指出，日本在宣布这一政策的同时，其1934至1935年度的陆海军支出预算大幅度增加，正常开支与特别开支都是如此。

刘易斯是住在上海的美国人，对中国非常友好。他和海外及居住在中国的外侨有广泛联系。根据我的回忆，他当时是中国外交部的非正式顾问。无论如何，出于信心，他一直忠实而沉着地为中国的满洲问题做对外联系工作。我9月12日在给他的复信中，表示同意他的看法，即日本陆军部的声明看来意味深长。我说，虽然它未在欧洲发表，但无疑这是东京的宿愿。然后我向刘易斯列举日本当时在欧洲的宣传要点：第一，不管各方的批评和反对，日本决心推行"东亚和平新秩序"的政策；第二，由于在东北的冒险行动扩大了日本的势力范围，因此其国防力量需要加强，尤为突出的是，日本坚持要求增加其海军军舰的比额。我说，这几点充分证明日本所执行的真实政策，正如刘易斯惠予见告的声明所反映的一样，我担心我们今后将面临更加复杂的远东局势。我接着写道：

> 由于在满洲的冒险行动轻易得逞和各方未加有效抵制，日本军国主义决心铤而走险，尽速推进其梦寐以求的大陆扩张政策。正是这种疯狂行为常常把一个国家推上最终毁灭的道路。

当我正要邮寄这封信时，我又收到刘易斯8月22日第三封信，其中有一部分述及中国对日本最近声明的反应。例如：

> 日本政府发言人谴责中国当局对日本缺乏"诚意"，这个特殊用语是日本用来表示中国人不肯"屈从"。日本军部对

待中国的态度无疑是要使中国屈从,但必然会得到而且事实上也得到了相反的、因而也是使日本失望的效果。它加强了中国对日本的蔑视和反抗的决心。我想日本的特工人员从他们搜集到的中国街谈巷议和官方言论中,必将看到中日提携精神的希望已经完全破灭。

因此,东京关于在远东的日本门罗主义的意见,在大多数其他东方人听来,只是喋喋不休的饶舌。此间舆论绝不接受这个主义。因此,当日本要求中国疏远西方、国联和美国而与日本携手时,中国任何派系或地方集团都不答应。这表明日本人是多么不理解亚洲大陆民众的心理。他们的近邻并不帮助他们。他们利己的野心使他们看不到现实。注重实际的和平主义的美国人远较日本军国义者理解中国人的心理……

当时向我提供消息的其他人士比刘易斯更为接近中国执政的真正核心。1933年9月15日,我在致我的朋友和同事何士的信中,是这样概括形势的:

从中国来的旅客和朋友的来信都说满洲问题暂时平息。任何地方都很少听到谈论这个问题。虽然没有宣布改变政策,但时代的趋势似乎表明不再执行有力抵抗的政策了,至少在目前是这样。果真如此,我深信它最终将是莫大的错误。我正继续努力使他们了解我的观点。正如你亲自在当地看到的,很多与日本来往密切的中国显要人物,一直在扬扬自得地鼓吹改变政策。似乎他们的影响与日俱增。我可以肯定,就中国最高利益而言,他们最终必将失败。

我还把我所发现的足以说明中国真实情况的下列动向告诉何士:

罗文幹被派往新疆;汪精卫现兼任外交部长;我们的朋友外交次长刘崇杰已由唐有壬继任,唐是汪精卫及黄郛的亲密朋友;

日本驻华公使有吉已由东京返回南京;而3月份自东京召回的蒋作宾公使则已奉命于本月末返任。

至于远东的总形势,我提到了日本外相内田最近辞职,前驻莫斯科大使广田则可能继任外相。局势虽表面平静,但我相信,由于欧洲前途不稳定,远东即将出现更复杂和更令人不安的情况。我告诉何士,日本内阁的即将改组及今后两个财政年度日本国防预算的显著增加,都是时局的风向标。

十天后,我电宋子文向他报告国联行政院在技术合作方面的行动,并问他:"中日关系之真实情况如何?"宋于9月27日复电称:

> 外交政策由于意见分歧,暂定为避免与日本冲突的完全消极之政策。但利用敌人之压力,以中间人自居而图培植势力者,颇不乏其人。

自9月21日以来,我一直留在日内瓦以便参加9月23日的国联行政院会议和9月25日的国联第14届大会。我就是从日内瓦致电宋子文的。政府再次要我作为第二代表与颜惠庆和郭泰祺一起参加国联大会,但因颜已赴新疆会晤罗文幹而不能按时到达日内瓦,所以再次由我暂时率领代表团。

9月19日,在得知颜不能出席后,我电外交部请示有关我将在国联全体大会开始辩论时的发言问题。我特别需要知道外交部认为东北事件在发言中应如何提出。外交部回答说,国防委员会已就此做出决定,并已通知日内瓦的中国代表团总部。我们收到这个决定后,就看出政府对这个问题的重视程度,因为这个决定实际上是我将据以发言的三点详细提纲。第一,中国政府仍然坚持认为日本在华北的地位是非法的。时间的推移仅使其范围扩大而并不改变其非法性质。第二,尽管国联旨在解决远东局势的决议迄未付诸实现,但中国仍然继续信赖国联。第三,中国希望继续得到国联的技术合作与援助,并对此表示感谢。决定特别提到最近的技术合作计划是与政治截然分开的*。

汪精卫知道国防委员会的指示不能使我和郭泰祺满意,故在9月22日来电告诉我们,指示的要点在于:

> (1)为说明中国之立场,即不承认日本在东三省及热河之一切不法行为。不承认伪满洲国之存在。(2)不积极要求国联对于日本加以制裁。此为审度国际形势及中国现在所处地位所不得已。然经党军政各负责同志先后充分交换意见,并由国防会议正式决定,万恳两兄勉抑悲愤,以协事机,是所至祷。①

我立即回电说,我们理解他的困难处境,而且自然将以指示为我们发言的指针。但我们仍希望国内能有所进步,国力能逐步提高,以使我们的外交努力能获成果。

在以后的几天中,我根据指示精神,并按照代表团关于使全世界继续关注中、日问题的热切希望,终于备妥了发言稿,并于9月29日国联全体大会开始辩论中轮到中国发言时在会上发表。

首先,在对国联执行日常工作的成绩表示赞许之后,我特别赞扬了国联对成员国的技术援助以及国联各项技术机关和秘书处全体的人员的工作,我代表中国向国联的技术合作表示感谢。接着,我说:

> 国联之此种技术合作,诚如印度代表所指明者,纯属技术性质而绝无政治性质,因而无懈可击,且能获得中国各界之广泛赞同。中国政府有鉴于此,于7月请求国联行政院派遣技术代表来华协助全国经济委员会协调在华之国联其他专门人员之工作。我国政府甚愿继续执行此种合作政策,以期中国国内之复兴建设宏图及经济发展事业得以加速进行,斯则有利于中国,亦有利于世界其他国家。

---

* 政府对国联中国代表团首次发言的指示全文,见本册附录七。
① 汪电要点录自顾氏所存该电原文。——译者

就国联而言,其日常活动固属重要,但世人所关注者,仍为其政治方面之成败。盖促进与维护国际和平,实为国联之宗旨。准此而言,过去一年,实为国联成立以来最令人沮丧之一年。

在此幻想破灭中,中国作为受害于远东另一国联成员国之武装侵略下的牺牲者,感受尤深。犹忆 1931 年 9 月 18 日之夜,日本不宣而战,掠夺我国领土。十七个月之后,国联大会于 1933 年 2 月 24 日一致通过报告书,宣布其裁决。报告书缕述事实真相,并根据国联各其他成员国的意见,确认日本占领我东三省系违反盟约、巴黎公约及华盛顿九国公约之行为,其所扶植之新政权系违反民心,且与远东和平不相容。报告书为中国所接受,而为日本所拒绝。

国联大会通过报告书之翌日,日本总参谋部显系作为对国联声明之回报,居然置盟约第十二条及第十五条于不顾,攻占热河,将侵略行动扩展至长城以南,直接威胁中国古都北平及华北大商埠天津之安全。中国政府集合其一切可用之资源,全力抵抗,但面临装备精良且备战多年之日军,实难独力阻挡侵略军之猛攻。经 50 天之苦战,我军伤亡三万,不得已于 1933 年 5 月 31 日在塘沽签订停战协定。此后日军虽已逐步撤离平津一带,但东北四省(满洲及热河)仍为日军所占领,此实有违盟约第十条之规定。

中国政府认为东北四省之被侵占,系日本对世界所赖以维护安全、裁军及和平之各项条约的持续违犯。我政府坚决维护其一切权利与要求,绝不承认或默认非法之既成事实。此种既成事实,唯有当中国在物质上或国联其余各国在政治上尚无力维护条约之尊严时始能存在。我国坚持此种态度,不唯系尽其孤立无援之力,抵御日本侵略,以维护其领土完整与政治独立,抑且抵制变盟约为废纸之企图。此种企图目前出现之方式为迫使中国政府放弃通过国联与西方合作之政策,而采取"亚洲是亚洲人的"之原则。

1933 年 2 月 24 日国联大会之报告书,中国于其通过之日,即宣布愿予接受。该报告书至今仍为中国以及国联一切成员国完满解决争端的唯一基础。因此,中、日问题今日仍与当日相同,其时各国聚会于此,一致同意无论法律上或实际上均不承认满洲之非法政权。其后美国对报告书之赞同,又为大会之庄严裁决增加了力量。

现今形势之唯一不同,在于问题较彼时更为严重。日本非法占领华北之热河及河北省之一部分,以及日本与太平洋其他国家之关系日益紧张,均足证明。但就法律观点而言,则无任何变化。仅凭光阴之消逝自不能改变争端之法律性质或盟约规定的义务即不承认原则,亦不能因时光流逝而长期无视其对世界和平所产生的后果或无视对盟约之继续违犯。

接着,我就国联未能把最后报告书付诸实现的含意陈述如下:

国联全体大会特别会议所一致通过之报告书迄未付诸实现,实属憾事。尤为令人遗憾者,对报告书之裁决,迟迟不见行动。此不仅由于对中国权利之侵犯未能如愿予以纠正,且由于此种拖延有损伤盟约声望与危害世界和平之虞。盟约为国联之根本法规,亦为大战之唯一宝贵产物。人类渴望和平之信念及文明世界之前途均寄望于盟约。如不能予以维护,则此种希望必将毁灭。

国联行政院主席在本届大会开幕词中对世界通货经济会议与减缩及限制军备会议均未能取得成果而表示遗憾。世界各国民众对两会之召开曾寄以厚望。但两会之一无所成,实不足为奇。其失败固有种种一般的及特殊的原因,而远东局势之危急与两会评议中所呈现之迟疑态度实有莫大之关系。盖国联盟约、巴黎公约及华盛顿九国公约等庄严文件所规定之国际义务若任由一签字国践踏而不受惩罚，则世界其他国家对缔结新条约与承担新义务持谨慎态度，又何足为奇？如盟约在苏伊士以东已成废纸，则安能在欧洲实现？国联之普遍原则，诚如瑞典代表所强调者，必须不惜任何代价予以维护。

令人尤为不安者，若此种众目睽睽之破坏盟约案件不能依公认之国际法原则及现行的条约义务予以解决，则必将严重阻碍经济方面之废除限制与军事方面之裁减军备以及为一致维护和平而达成国际协议之努力。其理由很简单。国联对此案件缺乏有效行动，已助长某些人所宣称"强权即公理"之说法，事实上亦即助长了侵略。保障安全之条约既可置之不顾而不受惩罚，则无异于鼓励以巩固国防为名而行努力扩军之实。

在远东留意国际事务之观察家均认为远东地区乌云密布。国联大会报告书预言日本侵占满洲与和平不相容，实道破严酷之现实。当前出现之大规模海空军演习、舰队集中以及军费大幅度增长等均说明军备竞赛业已开始。亚洲最强大之海军国，亦为世界海军大国之一，已宣告在现有条约限制期满之后，将进一步扩充其海军。其政府首脑公然宣称今后五年将为该国有史以来之最大危机时期。最近在加拿大召开之太平洋关系会议上，一发言者指出，目前扩充之海空军，系为今后作战之用，此种意图，毋庸讳言。远东之种种迹象，均说明数年之内必有大战。

此即远东形势之现状。最近发生之事态已使中国成为国联与远东保持联系之唯一主要国家。本人作为中国代表，理应将国联特别大会自2月休会以来之远东形势，如实报告。

至于欧洲形势，为与会代表所熟悉，中国代表不再赘述。尽管观点各不相同，但无可置疑者，欧洲局势虽不若远东危急，亦远不能令人满意。唯望不失时机，吸取远东事变之教训，勿使历史重演。

本人认为，今日世界全局之关键在于是否有决心保卫国联，维护其威信，加强其权威，并赋予实现其决议之一切手段，抑或任其与年俱衰，不予支持而任其瓦解，以至最终使此维护世界和平之最高组织退出世界舞台。至于中国方面，虽因国联大会之报告书未能实现而深感失望，但仍坚信国联之根本宗旨并愿竭尽全力使其日益兴旺。反之，若陷世界于无秩序状态，重现大战前之频繁动乱与冲突，最终导致万劫不复之大祸，则诚不可思议。

欲使国联在巩固世界和平及保障今后安全方面有所成就，必先有和平之意愿及为共同利益牺牲之决心。基于盟约及巴黎公约之集体和平体系，其根本原则为各国共同维护世界和平，且为其实现而不惜遭遇意外牺牲。在现实世界中，焉能无所作为而有所得。为享和平之成果，必须付出代价。

世界之命运，正处于需要作抉择之重要关头。基于力量均势之和平与基于集体负责之和平，二者必居其一。前者耗资巨大，且以战争无可避免为前提；后者最为经济，因和平之维护以共同努力与共同牺牲为前提，且亦最为稳定，因国际纠纷悉凭正义裁决。质言之，裁减军备抑重整军备，经济复兴抑危机持续，战争抑和平，此皆有待吾人之抉择。为了文明世界与人类幸福而作明智之抉择，实所至望。

正如我几个星期后致刘易斯的信中所写的那样，在这种时机发言，我是相当为难的，因为远东局势棘手，欧洲总形势也不稳定，而且这样情况还在持续发展。但我觉得我必须坦率发言。我的信继续写道：

由于我的发言所谈的问题不仅对中国，而且对世界和平事业都有深远的重要意义，所以我为大会听众的欢呼和报界的良好评论而感到高兴。这篇发言显然说出了人们的心里话,说出了人们内心的忧虑和想法,而这是其他代表所不愿直率讲出来的。

我的发言没有得到日本各界的热烈反应,这是不足为奇的。日内瓦报纸登载了东京电讯;电讯说,日本外务省因我在国联大会的发言中又一次提到满洲事件,而命令其驻华公使向中国外交部提出抗议。据推测,日本公使将声言中国政府对我发言所表示的态度予以默许,将使日本有必要采取严厉措施予以对待,并希望中国政府为了远东和平和中、日友好关系而撤销我的发言及其态度。

10月2日,我把上述东京电讯汇报外交部。我说,我的发言要点完全符合政府指示。我既未要求国联制裁,也未提出其他具体主张或要求。我的发言限于国联过去一年的工作及对世界和平的展望。至于满洲事件,既然连其他国家的代表也继续表示不平,中国作为直接受害者,岂能缄口不言。会内会外都认为我的发言不亢不卑,因而都来向我表示祝贺。当他们听到日本的抗议时,都说这是对我国尊严的侮辱,这种侮辱说明日本想以对待朝鲜和台湾的方式对待中国,并企图剥夺我们在国际上独立发表意见的权利。这些人士认为我们应仔细注视此一局势。但是,我在结束电文时问道,日本是否真的提出了抗议? 它又打算干什么呢?

第三节　世界各国对中国兴趣淡薄后我的工作与态度

1933 年 10 月—1934 年 6 月

一、国外对 1933 年最后数月中国发生的事件的反应
1933 年 10 月—12 月

国联召开了十四届大会,各国代表在会上都作了第一次发

言。但之后不久，国际局势却日趋严重，似乎证明只凭讲话其力量是有限的。我在结束讲话时说，"为了文明与人类的幸福"，希望在座诸君在裁军与重整军备、经济复兴与延续世界危机、战争与和平两条道路之间都能做出明智的抉择。可是世界的抉择并不明智。国际形势以悲观和猜疑为背景，每况愈下。1933年10月中旬，新的纳粹德国采取了退出国联和裁军会议的行动。当时正以巨额经费扩充军备与发展海军的日本，比任何时候更加迫切地想与苏俄在西伯利亚决一雌雄。有关德、日联盟的传说，使我于1933年11月底函请政府注意，因为中国雇用了大批德国军事顾问。苏俄以及其他国家开始恢复旧联盟或结成新联盟。比如，小协约国密切了合作。法国与苏俄订立了互不侵犯条约，而苏俄和美国则于1933年11月首次互换大使，在经济战线上，许多观察家担心即将出现通货竞相贬值的情况。

在这种形势下，世界注意的中心便从中国及中国问题上转移了。1933年末，暂时引起外国注意的中国的三件大事，只是给人留下不良的印象。第一件是宋子文辞职，第二件是在河北省与日本人谈判，第三件是闽变。

1933年10月25日，宋子文辞去一切职务，并立即通知了我和郭泰祺。他在随后的电报中解释说，这是为了不使我们进行无益的否认，而显得消息不灵。我们听到有关他的消息后，曾迅速以电报作出反应，这促使他立即进行解释。我们的电报说：

> 惊悉事态急转直下，促使钧座毅然出此。对日政策现况如何？吾等能否竭尽绵薄以挽狂澜？

不久，宋子文同意保留他的国家经济委员会的职务，继续致力于国家建设。这样，政府便可将其辞去财政部长等职务说成只是由于难以身兼数职。熟悉中国情况者则均不甚相信此说。郭和我都认为辞职是对政府对日政策及在江西耗费巨额军费的异议。11月2日孔祥熙正式接任财政部长。

就在那时,据谣传和一则新闻电讯称,中、日继塘沽停战协定之后又达成了新的协议。11 月 3 日我电外交部询问事情真相。汪精卫于 4 日复电称,据行政院驻平政务委员会委员长黄郛将军电告,关东军将派代表前来商讨通邮、铁路交通和海关设置等问题。这些问题是"满洲国"与中国之间急需解决的实际问题,同时又极为棘手,因任何正式协议均将暗示我方承认"满洲国"。黄郛请示如何处理。国防委员会于 11 月 3 日进行讨论并做出决定。决定称,各国既已经禁止与伪"满洲国"通邮,我国更应采取坚定的立场,拒绝谈判。至于铁路交通及设置海关问题,决定由主管部门草拟详尽计划以适应形势的要求,并派负责官员至北平参加与关东军代表的谈判,但必须坚持不承认伪满政权的原则。

汪电续称,不管那些不负责任的电讯如何误传,事实就是如此。我方为谨慎从事并防止对谈判产生不必要的障碍,对此事可不加争辩也无须辟谣。但在其后两周间,由于谣言蜂起,汪精卫便不时电告并进行解释,嘱我据以消除误解。比如 11 月 12 日他来电说,谈判严格限制在关东军代表与华北军政当局之间,而且尽管不可避免地有一些其他接触,但绝无传说的伪满代表参加谈判之事。

我于 13 日回电说,如政府授权地方当局进行谈判,则地方当局与日方达成的任何协议仍构成我们的国际义务。如果我方的小心谨慎是为了防止批评我们承认伪政权,那就不能只限于使外交部避免与日本直接谈判。我还谈到,地方当局的谈判所要造成的结果的重要性,我认为汪必已预见及此,因而我才冒昧提出我的看法。换言之,即使是由地方当局出面,仍然构成对侵略结果的默认,这尤其是因为谈判的实质实际上涉及政府间的重大问题。

汪精卫于 11 月 14 日回电。他说,关东军代表一直在讨论有关塘沽停战协定未解决的问题因而这不属于两国外长间,而属于双方地方军事当局的讨论事项。安排军事细节并不产生国际义务,因此已就地安排,不过只是口头上的,没有交换签署的照会。开放邮政业务和铁路交通之类的事情尚未讨论。一般说来,铁路交通问题比较紧迫。倘若有必要谋求解决这一问题,则须由中央政府决定其范围与目标,地方军事当局不能自行处理。中央政府对此正予以慎重考虑,绝不能引起承认伪政权的怀疑。

不管怎样,1933 年 11 月的北平谈判,并未解决通邮、通车及设置海关三个问题,但外交部函电未提及的一些问题,如允许日本人租借土地和在非军事区内居住的问题则得到了局部解决。直到 1934 年夏交界处才设置海关,北宁铁路才恢复通车,恢复邮政业务的协定则于 1935 年 1 月才缔结。

我于 1933 年在巴黎得到的又一条中国消息是福建政变。首次新闻电讯与汪精卫 11 月 20 日给所有驻外使馆的通电同时到达。外交部长通知我们,福建刚刚发生政变,在福州成立了一个由李济深和陈铭枢领导的人民政府。

据汪精卫说,这是一个亲共反蒋的运动,指责政府与日本达成秘密协定,并以此为反蒋的借口。汪说,其实蒋正在江西指挥对共军作战,政府不仅未与日本订立任何密约,甚至也未就通车问题进行谈判。这种谣言毫无根据,显然失实。汪还说,两广已表示反对李、陈领导的运动,广东还派兵加强对粤闽边界的控制。预计动乱不致蔓延。同时,政府不仅加紧镇压,还注意到预防在外交上发生麻烦,并已责成各使馆向驻在国政府说明情况。

闽变领袖之一陈铭枢原是十九路军总指挥,该军 1932 年初在上海以英勇抗击日军而著称。就在闽变发生前几个月,恰好发生这样一件事,外交部于 1933 年 9 月 22 日来电嘱我签署十九路军向法国厂商订购的六架飞机的放行证书。当然,闽变一发生,外交部又来电要我设法阻止这些飞机离开法国。这给公使馆带来了一些麻烦。

我于 11 月 23 日接到汪来电后便立即回电告诉他说,这家公司尚未与我使馆联系申请放行证书,我们刚刚再次与之联系查询。他们说,对于中国方面购买飞机以及向中国装运之事一无所知,而且如果这些飞机是以外国名义购买或发运的,或者是由某一其他国家负责发运的,则均无法查对。

很快就真相大白了,它确实是外国给予闽变叛军的外援之一。我国外交部于 25 日又来电称,为切断由国外支持福建政变的一切渠道,首先已向各国驻华公使发了照会。外交部现在要我直接与法国政府交涉,商讨指示其官员并要求其国民不要向政变者提供武器飞机、金钱或其他有助于政变的物资,也不要允许其船只为政变分子运送这些物资,并商讨对故意违犯者给予法律制裁。这就促使我去拜会法国外交部秘书长莱热。

我于 11 月 28 日拜会莱热。他询问福建政变幕后的人物和目的、中国民众的反应以及政府采取的对策。我根据外交部的来电,尽可能地向他详细说明。当我提出我国政府请求制止法国任何方面对闽变的任何支援时,莱热表现了颇为合作的态度。他声称,法国政府承认南京政府是中国唯一的政府,而且法、中两国政府的关系一贯是真诚友好的。福建政变是中国内部事务,因而法国的政策认为此事完全应由中国政府处理。法国政府可以发表声明,保证无直接或间接进行干预,以及援助福建集团之意,也不愿法国公民给予这个政变行动以援助。自各国有关向中国运送军火和飞机的旧协定期满以来,法国虽然没有发布专门的禁令,但法国政府可向全国和印度支那等地的军火制造公司发出指令,只要福建政变依然存在,未经南京政府许可,不准向中国出售或运送这些物资。同时为了断绝转运物资,莱热认为法国政府还可以禁止发往经由香港转往大陆的货运。他又说,由于此事紧迫,有必要在当晚下达指令,而这是可以办到的。但是法国政府对于福建事变之前由中国政府批准装运的货物和已在途中的货物,无法予以制止和禁止。

于是我告诉他,我国政府已派出军舰沿福建海岸巡逻,以阻截这样的货物,因而这一点看来是不成问题的。

莱热同意这是阻截以前订购并已持有证明的货物的唯一办法。至于对闽变的财政援助，他说绝无可能，因为根本不会有一家法国银行愿意给他们贷款。关于禁止法国轮船运输军需，他说对大公司不必担心，但对那些较小的公司就较难制止。但他又说，他愿意研究一下这个问题，设法制止所有这类运输。

关于十九路军订购的飞机这个具体问题，我很快从我国外交部得知有两架飞机已经交货，还有三架在运往海防途中。南京要求法国政府在海关将飞机扣留，或者如已运出，就授权印度支那总督将货转运上海交付中央政府。使馆向法国政府提出了这一要求，法国政府同意尽力把货扣住。12月中，法国公使韦礼德通知我国外交部，三架飞机已予扣留。

到了12月下旬，福建政变力量显得越来越弱。它得不到中国其他地方领袖的支持。原以为会给予支持的粤系一直保持中立，这一派是素以反对南京的政策闻名的。这样，南京就能采取有效措施来扑灭闽变，而不致引起全面的纷乱。实际上，闽变到1934年1月就平息了。

12月4日我给行政院长兼外交部长汪精卫发了一封电报，其中汇集了欧洲列强对于中国这些事态发展的印象。汪嘱我们在国外必须继续努力谋求外援，我的电报就是对他的答复。电文说[①]：

> 综观彼赴救者之心理，常以救援者为向背。求援者拟如何自助，所求系何种援助，至何种程度，或经济，或外交，甚或军事，须自通盘筹画，密定方案，备有步骤，方可使彼认识而筹商一切。自五月杪以来，首都、平、津、大连、长春、东京间，频还信使；而抵货之声，消沉已久。且闻华北仇货销场超出近年记录；中部亦日进月增。彼以事实为重，睹此殊难了解。致对我政策及用意，不无怀疑。对弟遵照政府电旨种种解

---

① 此电和以下汪精卫的复电均录自顾氏所存函电原文。——译者

释,视为空谈。最近闻变突起,内乱复兴。中央用兵原非得已,然外人则又多讪诮。此间应付,实感困难。务祈将国内政局情形及我自助与求救具体方案,随时见示,俾便时时灌输于赴救者之耳中,不胜感盼。……

汪精卫立即复电。电文称:

现时各国只知自救。即使与他国开仗,亦纯为自救起见。不过吾国若利用之以图自救,则其功效亦无殊赴救。吾辈唯有努力挣扎,以待此机会耳。数月以来,犹之头门已破,困守二门,寂无声息,不但赴救者易起疑心,即家中人亦将以放弃大门相责。但既无力出击,除困守外,实无他策。此意当为赴救者所谅。至家中人,只知遇事掣肘,及攘臂大谈,只有听之而已。所稍可告慰者,数月以来,虽消极无能为,犹未至积极妥协送礼,贻兄等羞,尚祈谅察。

后来到 12 月底,我收到何士先生一封有趣的信。他告诉我好些事情,其中有美国对近来中国事态发展的看法。来信日期是 1933 年 12 月 26 日,即何士对美国进行四周访问并返回其本国加拿大后不久。他在华盛顿和纽约各访问两周。

何士写道:

目前在华盛顿很少听到谈论中国。听到一点,恐怕也都是反对的意见。华盛顿官员似乎有一种感觉,认为中国使他们失望,只是心里不十分清楚怎么会这样。他们都认为宋子文辞职后会官复原职,但实际并非如此,此事造成了不良的印象。在他们看来,中国现政府中没有人能代表政府达成协议或承担义务。福建政变也使他们担心,其程度可能远远超过事情所值得担心者。这主要是由于报道了福建新政府的显要人物中有陈友仁,美国人都知道他。美国各影院都放映了大型轰炸机轰炸福建小村庄的影片。许多据说是官方摄影。如果是真的,很难理解为什么会让它发到外国,因为这些照片要多糟有多糟，他们给观众造成强烈的印象，而观众几乎包括所有的美国人。

使得华盛顿官方人士恼火的另一个原因，是他们认为日本人正在与汪精卫、蒋介石、黄郛以及中国其他各派系协调合作。宋子文与罗斯福总统似乎曾在华盛顿进行秘密和私人会晤，宋将此事电告汪精卫。而在二十四小时之内日本驻华盛顿使馆便得到了会谈的全部内容……

我在华盛顿和纽约发现的一个美好而令人鼓舞的事实是，尽管中国有种种错误以及现政府软弱无力等等，美国官员、新闻界和一般公众对中国具有潜在的信任感，对中国人民有着对任何其他民族所没有的友谊。一旦中国有了稳定的政府并做出一两件必要的事情，这种友好的感情必将迸发，变得空前强烈。对此我是深信不疑的。

我惊讶地发现，即使是纽约的银行界与金融界也认为，只要中国能清除一两种小的和比较不重要的不良现象，很快就可以重新从纽约筹集巨额款项以发展其本国资源。我希望在巴黎见面时与你讨论此事。你可能比我知道得更清楚，宋子文来访期间，在获取大宗款项方面已接近成功。

二、我在巴黎的工作与回国
1934 年 1 月—6 月

1934 年 6 月中旬，我请假离欧洲回国。回国前的上半年，我大部分时间在巴黎，处理法、中两国间的日常外交问题，以及满洲事件和国联决议引起的一些特殊问题。比如，在后者中，就有传说法国在满洲投资的问题。

早在 1933 年 8 月，外交部就嘱我调查关于法、日两国联合投资建设满洲的传闻。我向法国外交部询问后，于 8 月 4 日答复我国外交部。法国外交部官员对此事一无所知。他们解释说，传闻所涉及的可能是法国商人在满洲的个人活动，而日本人故意予以夸大。他们说,法国政府绝不会支持法国商人在满洲投资。然而如果有人置此于不顾而甘愿冒险行动,法国政府也无法制止。

1933年10月下旬,路透社报道日本已和满洲达成外国在满洲投资的协议,据说其中包括一个法国投资团体,叫做法国经济发展协会。我国外交部已请在北平的法国公使韦礼德注意此事,并要求我在巴黎再次向法国外交部查问。

在我派人去法国外交部后,于10月26日复电外交部,据告上述报道纯属无稽之谈。不过确有一位奥立维埃先生代表法国经济发展协会与一个日本财团签订协议,要组织一个联合机构为满洲从法国采购铁路物资,还要在南满兴办一家制铝工厂。但这都是民间安排,与"满洲国"毫不相干。法国政府无权制止法国人在满洲做生意,然而可以并且当然会制止法国人向"满洲国"提供贷款。他们告诉我,实际上法国政府对满洲的态度不会背离法律,中国政府可以放心。此外,法国政府还为更正报纸上各种失实的报道而发布了电报指令。

不到一周,法国外交部就报纸有关奥立维埃组织一家法日公司在满洲投资的报道发表声明。声明说,外交部接到法国经济发展协会的报告称,奥立维埃应民间投资团体的请求,已去满洲,这些团体要他前往访问的目的只是探讨贸易与投资的可能性。

1934年2月19日,我会见法国外交部秘书长莱热,再次提出此事。曾有一则新闻报道称,这位奥立维埃自称代表法国经济发展协会与南满铁路当局签订了将法国资本投入满洲的初步协议。我急于要确切了解其背景以及法国政府本身对法国金融界这一行动的态度。

据我的谈话记录所载,我提醒莱热,早些时候我曾对他谈及此事,当时承他向我担保,只要满洲依然处于现状,即处于日军占领之下,法国政府就不会批准将法国资本投入满洲。我还对莱热说,对奥立维埃的行动大肆宣传,如不加以解释,会造成这样的印象,即法国政府的政策已有改变。

莱热说,法国政府在去年秋天已经向奥立维埃声称代表的协会提出此事,并警告该协会:法国政府不赞成奥立维埃近期访问满洲。莱热了解到,尽管该协会劝告奥立维埃放弃此行,他却依然主动前往远东。为此,莱热解释说,法国政府十分不满,已向驻中国和日本,包括满洲的领事和外交代表发出指令,不得给予奥立维埃的活动提供任何方式的支持和帮助,并且无论出于什么目的,都不得代表他与"满洲当局"接触或为他进行谈判。莱热说,大约一周之前,该协会在接到法国政府不赞成其行动的再次通知后,即电告奥立维埃立即返回法国。莱热要我相信,所有这些都说明奥立维埃的行动纯属私人性质。

　　关于法国资本投入满洲的问题,莱热说,法国各大金融集团对法国政府的政策均不感意外,他们之中没有一家会故意违背政府的意愿进行投资。他又说,日本在去年秋天曾设法诱使法国银行对日贷款,可是一切努力均已落空。他向我保证,法国政府对国联大会 1933 年 2 月不承认"满洲国"的决定,政策依然不变,而且只要中国本身不首先采取承认的步骤,法国政府的这一政策就不会改变。他的这一解释消除了我的疑虑,因为法国是对日态度可能软化的国家之一。

　　我接着提出中、法之间关于印度支那的协议问题。协议本身已于 1930 年达成,但附件尚待双方取得一致意见。到目前为止,主要是在南京由中国外交部与法国公使谈判。以前很少叫我参与此事,直到 1933 年 11 月,附件的签署显然由于印度支那反对中国对外国大米征收进口税而受到阻碍。于是外交部来电说,对方由于会对我方施加很大压力迫我让步,继续拖延是没有好处的。外交部要求我请求法国政府对印度支那当局施加影响,予以解决。我从外交部了解更多情况之后,便向法国外交部提出此事。比如,1933 年 11 月 28 日我会见莱热,就曾与他讨论。当时我去见他,主要是为切断福建政变者从法国获得军需的渠道。那一次,莱热说他乐于尽力催促印度支那总督从速处理。然而不久之后,由于印度支那方面仍然坚决反对我国征收大米进口税,谈判彻底中断了,而印度支那是对华出口大米的主要地区。

1934年2月19日,我在与莱热交谈中,强调应该恢复12月中断的谈判并由双方商定两份货物清单作为协议的附件。这是两个由一方给另一方最低关税待遇的互惠货物清单。我从两国利益出发极力催办,并指出,中国政府对于法国提出的问题已做了种种让步,实际上已超出了问题的本身。在种种让步之中,我提到了中国进口印度支那煤炭的关税,甚至还有中国进口印度支那大米的问题。我告诉他,中国政府已同意对大米解禁,并已表示愿意作出保证,对印度支那进口货不实行限额制度。至于目前在谈判中形成障碍的大米进口税问题,我解释说,这项关税是全国性的,适用于拟将大米输入中国的一切国家。我敦促法国政府施加其影响以使问题获得满意解决,而不要坚持印度支那当局在大米进口问题上的立场。我谈到印度支那及与之毗邻的中国省份的繁荣在很大程度上有赖于早日达成一项商务协议。

莱热说,由于这件事属殖民部主管,并由于他对详情不完全熟悉,他需与殖民部商议之后再给我答复。他要我放心,他将尽力而为。

附带说一下,当时驻巴黎中国使馆的大部分工作是处理与印度支那有关的问题。这显然是由于印度支那与中国相邻,与中国有历史上的关系,还有大批华人在当时甚至还控制着印度支那的商业。在此时期,即1933年末到1934年初,我记得我还处理过法国对进入法国殖民地货物征收新的附加税以及法国有关印度支那公民身份的新公告的问题。从那时以来,法国的行动似乎有损于印度支那华侨的利益。为此,外交部要我弄清事情真相,向法国政府进行交涉。我当然照办。

我于2月28日与殖民部长赖伐尔交涉关于印度支那的中、法协议问题。我去见他有两个目的,一是讨论该协议,一是祝贺他在新内阁中担任部长。

1933 年 10 月以来，四届法国政府倒台，第五届则刚刚在巨大威胁之下上台。最初是 10 月底由萨罗接替达拉第出任总理。不到一个月，他又被肖唐取代。虽然如此，最重要的部长职位并未易手。激进社会党依然是内阁的骨干。1934 年 1 月底受所谓斯达维斯基事件的影响，肖唐又被新内阁代替，而新内阁仍掌握在激进党人手中。然而新的达拉第内阁与前几届同样短命。2 月 6 日巴黎和其他法国大城市发生骚乱，达拉第被迫辞职。于是由法国前总统杜梅尔格组成一个国民政府或联合政府，包括国会中除社会党人和共产党人以外的几乎所有各党派的领袖。这个杜梅尔格政府至少可支持到这一年年底。

　　我告诉杜梅尔格的殖民部长赖伐尔说，协议本身是于 1930 年谈判并签署的，只剩下分别开列中国和印度支那商品品名的两份清单有待双方商定，作为协议的附件。对这两份清单本已取得一致意见，但因碰到一个难题，即中国从印度支那输入大米的进口税问题，谈判终于中断。中国政府实难同意法国政府关于完全取消大米进口税的要求，因为中国农民的处境很不好，他们大多依靠稻谷为生，因此，中国政府有必要采取措施来保护他们的利益，或者倒不如说是减轻他们的负担。我告诉赖伐尔，在谈判过程中，法国代表替印度支那提出了许多超出商务协议之外的问题。中国政府方面本着使谈判能取得成果，从而使协议尽早生效的真诚愿望，一再作出让步。我指出，在印度支那煤炭进口税上的让步就是一例。因而我请求他运用他的影响来推动去年 12 月中断的谈判，并促使谈判尽快获得成果。

　　赖伐尔告诉我，他充分理解印度支那与中国有着密切关系，在经济方面尤为如此。然而关于商务协议，他说，他知道中国进口印度支那大米的问题对印度支那至关紧要。他本人将乐于尽一切可能使事情便于进行，但对于我随后可能要与他充分讨论的细节，他愿使部里熟悉这一问题的政治司司长参加。

　　赖伐尔派人把约瑟夫司长请来后，我们继续交谈。赖伐尔向约瑟夫介绍了我谈话的要点。约瑟夫说，主要困难在于中国对外国大米征收进口税。我再次指出中国已作出的让步。比如，对印度支那大米的解禁以及不再坚持实行限额制度。我说，至于大米的进口税，对于所有国家均普遍适用。

赖伐尔（他当了一辈子政治家）说，这必然会使印度支那蒙受巨大损失，从而有必要从其他方面得到补偿。他说，国家间的商业，实质上是一件在平等交换的基础上进行互惠安排的事情。

约瑟夫接着说，前一天殖民部与外交部的代表已就此事举行了会议，很快就会拟一个函件送交外交部。

我说在一周之前，我曾拜访莱热，就同一问题与他商谈。赖伐尔于是建议说，在此情况下，不妨由我同约瑟夫和殖民部经济司司长更深入地进行探讨，以寻求共同之点，这样对我可能是有用的。他又说，他本人当然准备随时再会见我，而且一旦事情进展到要由他的部做最后决定时，他将尽力而为。接着他问约瑟夫，印度支那向中国出口多少大米。

约瑟夫说，他一下子说不出确切的数字，但大约是二十万吨。他又说，前一阵的广州封港几乎把全部生意都扼杀了。

我接着又提到中国在印度支那煤炭进口税问题上，已经作了让步。赖伐尔说，或许是中国需要印度支那的煤炭。我随即指出，中国本身生产大量煤炭，然而每年还进口煤炭，不仅从印度支那进口，而且从日本进口。但煤炭不是中国必须进口的货。华北地区的产量就很多，可供本国特别是沿海工业城市之用。

我告辞前，赖伐尔再次向我表示，一俟我与上述两位司长交谈后，他将乐于再次会见我。此后，约定 3 月 2 日在殖民部与约瑟夫和经济司负责人凯勒面谈，瓦朗坦将代表法国外交部商务关系司参加。

3 月 2 日会见时，我首先应凯勒的要求，扼要说明了中国的观点，我解释说，我无意在那时进行谈判，只是急于与在场的法国代表共同努力，打开僵局，使中断的南京谈判能早日恢复并取得结果。我强调指出,中国政府对法国驻南京使馆提出的许多问题已作让步,尽管其中有些问题与商务协议这个主题很难说有什么关系。我反复说明协议本身已于 1930 年达成,只剩下两个附件有待双方商定。

凯勒列举了法国方面对中国的让步,比如,拟在印度支那建立中国领事馆,对中国货适用最低税率,及减少汇兑附加税等。

我回答说,在印度支那派遣中国领事是法国早就同意的,而凯勒提到的最低税率则只限于少数中国货物,几年来这些货物的总值是不大的;至于减少汇兑附加税则很难算是让步,因为中国货币并未贬值。

凯勒仍然坚决要求在结束谈判之前,必须就煤和大米取得一致意见,因为这两项是印度支那的大宗出口商品。他极力主张中国必须在大米进口税方面予以通融,才能取得进展,因为中国征收大米进口税,印度支那向中国出售大米可能就无利可图了。

我指出,我国政府明确指示,大米进口税不可能取消,也不可能降低,因为这是保护中国农民的最起码的手段。

瓦朗坦接着提出的外交部看法,与殖民部大体一致。由于双方的观点相距甚远,大家同意不再继续讨论,并同意这次会晤中进行的讨论可当作非正式的,对双方均无约束力。

将近三星期之后,我于 3 月 20 日见到法国外交部亚洲司副司长高思默。我的主要目的是通知法国政府,我国中央陆军大学校长杨杰将军即将来访。杨将军的法国之行是为了研究空军、化学战和国防工程的。我借见到高思默的机会又提出商务协议问题以及据报奥立维埃与南满铁道株式会社达成贷款协定的问题。

关于达成贷款协定的问题,高思默向我保证,法国外交部一直在注意此事并正尽力予以制止。他说,事实上他已见过法国经济发展协会的理事长,那位理事长对他明确表明,并未授权奥立维埃谈判任何协定,只是让他考察满洲的商业与工业状况。高思默告诉我,该公司对奥立维埃也很失望和不满,因为他动身去远东之后,除了要钱之外,没有寄过只言片纸或任何汇报。高思默认为奥立维埃为人不够严肃,不宜轻信。

关于印度支那商务协议问题,高思默对我说,坦率地讲,法国政府认为中国政府在谈判过程中征收大米进口税是失礼的举动。目前,法国政府对于重开谈判无能为力,应由中国政府就大米关税做出姿态。

我对他说,我个人认为,为了印度支那以及与之相邻的中国省份的利益,应当找出打破僵局的办法。

这位副司长随即说,如果我愿意,他可以再次安排我与外交部负责商务的官员会谈,以寻求妥协的可能性。

我告诉高思默,我认为劝使中国政府取消或者即使是降低现行的大米关税都是很困难的,而且,无论如何,我需要一点时间进行考虑,或许还要请示南京,然后再与高思默安排另一次会谈。

1934 年 4 月 14 日,我再次拜访法国外交部秘书长莱热。外交部秘书长是常任官职,而且实际上是一个很有影响的职位,在法国,因为内阁经常变动,尤为如此。新任部长对一些主要问题,特别是与远东有关的问题并不熟悉。他们通晓重大政策,但不了解一般外交事务。秘书长则为行政部门高级官员,不受政治变化的影响,而是关注着政策的连续性,这很像英国的常务次官。虽然他不能作出政治上的根本政策,但由于熟悉每个问题的经过和详情,他处于能施加很大影响的地位。如果外交部长要执行内阁决定的某项政策,秘书长当然必须照办;但如系须由部长本人决定的问题,则部长必定首先请教秘书长。由于秘书长对问题的经过十分清楚,并由于他有一切论据和事实来说明他的论点,他很容易使他的观点被采纳。比如,前外交部秘书长贝特洛,不仅熟悉部内事务,而且熟悉政府与金融界、实业界和知识界的关系,因为他们都和法国对外关系有关。因此,就大多数问题而言,可以说秘书长的话要比部里其他人的话可靠得多。对大多数问题,如外交部长尚未请教秘书长,就只能说:"嗯,这件事我不太熟悉;我要查一查,考虑一下。"如果他了解情况,那就意味着秘书长已经及时告诉他了。

4月14日我拜访莱热的主要目的是向他交涉雪铁龙公司拍摄的《黄色旅程》电影片问题。我国使馆以前曾要求法国政府出面干预,将某些令人不能容忍的镜头及解说词删去。由于使馆的抗议至今不起作用,我觉得有必要亲自去交涉。

莱热对使馆就此事提出抗议表示遗憾。他解释说,首先,在法律上政府无权对雪铁龙公司发布强制性的命令,因而外交部很难出面干预。其次,令人遗憾的是雪铁龙摄影队在中国的时候,摄影队成员与中国政府发生多起摩擦。据摄影队员讲,中国当局使他们在中国遭受很多苦难。莱热还了解到,全体摄影队员实际上还相当长时间地被监禁。莱热认为,在这样恶感的背景下,外交部就更难促使该公司采取必要的措施以使中国使馆满意了。

我告诉他,摄影队员在中国的不愉快经历实出于误会,中国当局是在困难的处境下接待摄影队的。当时新疆省正在打内战,该省当局认为有必要采取保护措施以免摄影队发生意外。

莱热出于对中国的同情,愿意尽力而为。他说,他现在准备亲自通知知识界某些有影响的人物向雪铁龙公司交涉。当天是星期六,他希望到星期一能取得某些实际效果。然而,他说先要说明,改变片名是不可能的,影片中令人不能接受的部分和不友好的语言则是可以修改的。他当着我的面叫来外交部法国艺术作品部门的负责人马科斯,指示他尽快办理。

在我问过莱热关于使苏联加入国联的谈判情况之后,他说,他愿借我来访的机会提一下西沙群岛的问题。他说,这些岛屿的主权问题是中、法谈判的主题,而且至今尚未达成协议。据他了解,中国方面正在群岛上建立无线电台。中国在谈判期间坚定采取对这些岛屿主权要求的行动,只会使形势复杂化。海军部对此极为不满,打算在这些岛屿上采取反措施。他作为中国的朋友,不愿看到发生这种冲突,因而一直在加以阻止,希望我能够运用我的影响不使中国政府兴建拟议中的无线电台并尽快继续谈判。他又说,这并不意味法国政府有意采取非和平手段解决问题。但如中国坚持自行其是,他将不得不取消谈判。在该群岛地位尚在讨论中并达成协议之前,中国对现状加以改变,这是不能容许的。他认为,这种进行控制的公开行动改变不了主权的根本问题,因为从法律角度看,在争议未达成协议前采取的行动不能改变该群岛的法律地位。

我说,早在北洋政府时代就决定在该群岛上建立观察站,现在不过是拟将这一决定付诸实施。然而,我了解他的焦急心情并乐于把他的观点电告我国政府,以劝使政府推迟兴建电台。我答应在接到南京的答复之后便通知莱热。

第二周,杨杰将军抵达巴黎,并由我陪同拜会法国国防部长,4月18日在国防部,由我介绍杨将军与贝当元帅会见。根据我在接见时的记录,我告诉贝当,杨的首要目的是研究国防问题,这也是蒋介石将军专门派他到海外考察的主要课题之一。我说,法国具有实际上欧洲装备最精良的军队及全部现代化的防御体系,因此,杨将军特别注意,在考察中希望尽可能多看一些,尤其是想多看一些防御工事。

贝当保证将尽量让杨多看一些,并称法国没有什么可保密的,因为他认为法国没有什么不能让杨看的。他解释说,法国军队尽管装备精良,其实是用于防卫的,其国防工程体系也是如此。他说,杨可能也知道,防御所需要的费用一般比进攻要多。他说,防御性的军队在很大程度上须依赖昂贵的防御工事,而进攻性的军队则更多地依靠人和机动火炮。

杨和贝当交换了一些看法,由我亲自充当翻译。然后,特别是当杨简短地解释了中国必须加紧防御准备的原因之后,贝当问中国的防御对象是谁。我告诉他,中国从最近的经历得出教训,必须立即防范日本。这时贝当说,日本人是武士道精神的民族,好战而致力于扩张,但中国还有一大邻居俄国。我告诉他,在目前来说,来自日本方面的危险比俄国方面大。

当我就贝当熟悉远东形势而恭维他时,他说,他一直以极大的兴趣注视着远东局势,尽管他大战前去过一次之后就未再到过那里。他说,法国在远东的权益不如美国或英国大。法国在远东的权益主要是在印度支那的殖民地,而这块殖民地与法国相距如此之远,以致一旦受到威胁,法国便无法加以保卫。迄今为止,印度支那的安全是靠日本与美国的不和。日本不敢冒美国从背后袭击的危险而去进攻印度支那。法国最感关切的就是这种形势,他一直十分关注太平洋问题的发展情况。

我说,贝当元帅讲的很对。印度支那面临来自日本的危险,而另一方面,中国与印度支那的关系一直是友好的。事实上,中国知道,印度支那及与之相邻的中国南方各省的繁荣都取决于两个地区的密切联系和友好合作。

下一周,在法国外交部与莱热的会晤中,他提出了两个我们以前讨论过的问题。首先,他想知道我是否接到我国政府关于推迟在西沙群岛设立观察站的答复。

我说,我尚未得到答复并认为迟复是由于有必要与地方当局联系。我答应一有回复,立即告知。

接着,莱热问我,关于影片《黄色旅程》的问题是否已得到满意的答复。当我告诉他,我正等候佳音但尚无消息时,他表示惊讶,并给部里的马科斯打电话。他和马科斯通话的时间相当长,我没有听到内容,看来马科斯尚未能从雪铁龙获得迅速的答复。莱热对他说,必须迅速采取有效的行动,而且倘若雪铁龙公司不以应有的速度进行,他认为法国政府将正式出面办理。他善意地向我保证,将尽快使此事取得满意的结果。

我这次拜访莱热是在 1934 年 4 月 23 日,实际是为了查明法国政府对中国政府认为极为重要的一件事情的态度。日本外务省在东京公开发表声明,随后外务省发言人又对日本的对华政策做了补充说明。这就是著名的天羽声明,因为外务省发言人是天羽英二。天羽声明包括日本这样一些看法,说日本负有维护东亚和平的特殊责任,因而为了中国与日本的最高利益,日本必须反对西方列强以对华技术和财政援助为名的任何行动。

日本最近被激怒的起因不只一端。拉西曼博士为中国将来与国联进行技术合作所作的中国之行获得明显的成功,日本人对此肯定十分痛恨。最近据各方面的消息,宋子文的中外合作发展中国经济的计划已取得进展。据说这一合作目前将通过一家信贷公司进行。《纽约时报》的一篇快讯,甚至把这家公司明确说成是专门为抵消日本在华商业和投资领域中不断增长的优势,及防止日本参加对华的外国贷款。还有一些其他谣传,都同样传说新的机构将大量把外资引进中国,唯独不要日本资本。

与此同时,在军事领域中,南京政府在外国军事装备、专家和教官的帮助下,经过努力,在建设空军方面已获得一些成功。在其他军种中也有外国顾问和技术人员。日本人对这些情况一清二楚。他们不仅对西方介入中国心怀嫉恨,而且害怕中国在西方间接的或通过国联的帮助下强大起来,从而更能对抗日本的统治计划。

4月23日,我对莱热说,从本质上讲,这包括两个要点:首先,日本打算控制中国对其他国家的外交关系;其次,是日本的所谓亚洲门罗主义。我国政府要我了解法国政府对日本在东京声明中的要求和说明有什么看法。此事在中国已激起极大义愤。中国政府已于19日发表非正式声明,阐明中国的看法。一句话,中国不能接受或容忍日本政府的这些要求。中国作为主权和独立国家,完全有权自行处理商业、财政或其他任何方面的对外关系。日本要求主宰中国和亚洲事务,这是违背国际法和条约义务的,中国绝不能容许,而且我确信法国政府或其他各国也不会容许。

莱热问,中国是以什么方式得知日本声明的。

我说,没有接到正式通知,然而从日本外务省随后对日本报界代表发布的声明以及后来向外国新闻记者提供的译文,可以清楚地看出日本政府的意图。

莱热说,日本驻巴黎大使未以任何方式将原声明或其以后的说明通知法国政府,也未由日本政府通过法国驻东京大使予以通知。

我说,法国报刊的评论似乎表明是对日本要求的特殊重要性和意义的理解。我问这是否反映法国政府的想法。

莱热说,英国代表曾拜访他,并提出同样的问题。他告诉英国代表,法国政府恪守条约义务,无意改变其维护与中国诚挚友好关系的政策,这同维护与其他国家的关系一样,除非另有特别的条约义务。他提到的特别条约义务是指华盛顿会议的条约。

我说,我从华盛顿的同僚那里了解到,美国对日本要求的反应是极为愤慨的,英国的态度也大体如此。我告诉他,或许一个关心远东的大国会采取步骤,公开表态。我问莱热,法国政府是否可用某种方式也表示一下观点。

莱热解释说,日本并未以任何方式就此问题与法国政府接触,他认为这一事实表明日本政府必已感到其他国家都不会赞同其主张。而且由于未得日本的正式通知,他认为法国不宜主动采取任何步骤。当我问及法国政府可否间接表态时,他说在报纸上与日本政府论战是无济于事的。然而,如果日本直接把问题向法国政府提出,法国无疑将予以明确答复。他说,法国政府完全赞同中国的观点,绝不会接受日本的要求。接着他问我,日本的声明的直接起因是什么,是否由于莫内在上海进行的国际贷款的活动。

莱热指的是曾任国联副秘书长的法国金融家让·莫内。宋子文最初邀请主持他拟议的中外联合顾问委员会的人正是莫内。这个委员会的设想虽被搁置,莫内还是来到中国研究此事,并组织了一家金融公司。后来这家公司于1934年6月开张,称为中国建设银公司。它不是中外合营,而完全是为了中国建设的中国机构,但既不排除外国人参加经营,也不排除外国资本。

我告诉莱热,日本政府在远东的目标之一始终是要统治和控制中国,中国与国联合作必然使日本极为不满。日本所反对的不只是莫内的活动,而是中国与国联合作的整个设想。

莱热问我,中国国内形势是否与日本声明有关,他想知道当前中国国内形势如何。

我告诉他,福建政变瓦解之后,中国中央政府的地位大为加强,广东虽对一些问题的看法仍与南京不尽相同,但对南京政府已不公开反对。中国其他地方也没有公开反对的问题。中国中央政府的权力虽然可能尚未达到应有的范围与起到应有的作用,但不再面临挑战。

莱热接着问我,日本人在华北的活动情况以及日本军事势力扩展到多远。我告诉他,据我所知,日军已从长城以南及天津、通州以北的河北省非军事三角地带撤退。在内蒙古,日军尚未越过热河省和察哈尔省交界的多伦。

谈到此时,由于我想确切了解法国政府对日本最近声明的看法,就把话题转回。我问莱热,关于我从他那里所获悉的法国政府的态度,我应如何向我国政府回复。

莱热说,中国政府可以放心,法国政府决不会接受日本声明中所提出的要求。关于中国与其他国家的关系,法国过去和将来都尊重中国的主权和独立,并将遵守国际法和履行国际条约的义务。

事实是天羽声明与九国公约和门户开放政策背道而驰。但在当时的国际形势下,最为关切的国家,即英、美、法,对此问题在观点上只采取温和态度。英国在给东京的照会中,只是要求对天羽声明加以澄清,特别是澄清它与九国公约条款的关系。美国在四天后致日本的备忘录中强调互相尊重条约的必要性。备忘录委婉地表达了美国的看法,即"在涉及其他主权国家的权利、义务和合法利益的情况下,未经其他有关国家的同意,任何国家都无权自作主张"。随后法国和意大利也向日本发出了照会。

报刊上登载了法国外交部就法国照会所作的声明,这促使我于5月4日再次拜访莱热。一开始,我提到外交部的声明,其中包括法国政府与日本大使馆就东京对华声明互换的照会。我问他,法国报刊所载是否完全可靠。

莱热作了肯定的答复,并称他很高兴有机会对互换照会的情况加以解释。一周前与我就这一问题交谈之后,他便采取行动,询问华盛顿,美国政府是否认为这是运用华盛顿九国公约中有关中国的第七条规定的适当时机,以使其他国家能以应付局势(第七条规定签约国之间应坦率磋商)。美国国务院作了否定的回答,并表示不愿援引该公约。莱热解释说,法国政府采取行动试探华盛顿,是由于美国是九国公约的受托国。但由于美国政府反对运用公约规定的磋商程序,法国政府便自行采取行动,询问日本政府有关日本外务省发言人发表的政策声明的真实意义和要点。

莱热在解释中向我保证,表面看来相当长的一段时间没有采取具体行动,这并不表明法国政府态度不积极或漠不关心,而只是希望更充分地审查问题,以奠定采取行动的基础。日本人长时间未在巴黎或东京对法国使馆进行外交活动也增添了法国采取主动的困难。

莱热接着讲,他了解到英国政府也已与华盛顿商讨运用九国公约程序的可能性,并也同样得到不赞成的答复。然而5月1日,日本驻巴黎使馆的参赞突然来到法国外交部向高思默递交一份抄件,内容是日本政府对英国政府询问的答复。这个抄件是为供法国政府参考而递交的。高思默已奉命宣称法国政府对这一礼仪举动表示赞赏,但保留进行答复的权利,并把日本方面的这一行动看成是日本政府意图的正式表达。当时曾问日本代表,按照日本政府致英国照会的内容,日本是否还尊重中国的主权和独立以及所谓门户开放政策的原则。日本代表作了肯定的答复。

然而,高思默保留将来有权公布法国政府致日本大使的答复。按照礼节,公布日本的照会须征得日本大使的同意。这又用了一天。莱热说,因此法国政府的答复和日本的照会直到 5 月 3 日才公布。

我说,我很高兴看到法国政府对此事的立场,既坚定又明确而且提出得非常策略。我认为比英国的答复要好,英国的答复有些不必要的细节。我记得,根据西蒙爵士的声明,英国的答复称,英国了解到日本尊重中国的主权和独立以及门户开放政策,但特别协定另有规定者,或日本享有的且为其他国家承认而不分享的特殊权利除外。我认为这段"除外"完全没有必要。中国驻伦敦公使曾立即质问英国外交部,此段作何解释。回复是指某些特别权利,诸如中东铁路和日本租借地。这一回答更清楚地表明,提到这些特权只能使问题复杂化。我对法国的明确说法表示满意。我说我可以肯定中国和美国都会表示欢迎。

莱热说,法国的答复是按照我上次拜访时他对我说明法国政府态度的措辞起草的。法国认为重要的是所涉及的原则问题,而且处理这个问题只能以法律和条约为基础予以审查。法国政府正是据此估量局势的。并希望其态度能得到理解。

我告诉莱热,日本在华代表于 4 月 25 日到我国外交部向中国政府解释 17 日东京声明的含义和意图。其解释与说明和日本致英国政府的复文相同。中国代表重申中国政府的态度,并明白无误地告诉日本代表,在影响中国主权和独立的问题上,中国政府绝不能容忍外来的干涉。关于中国与国联的合作,中国代表指出,原则问题在日本退出国联之前即已确定。不仅如此,1931 年 5 月日本驻国联行政院的代表在赞同这一技术合作原则时,讲话的热情不亚于行政院中其他国家的代表。

我接着谈到当天早晨哈瓦斯电讯报道日本外务大臣在会见日本陆军和海军次官之后,现正草拟致各国的第二个照会,再次阐明日本的对华方针。我问法国外交部是否得到同样的消息。

莱热的回答是否定的。他认为此事可能性不大。但他认为有可能日本外务省在交换一轮看法之后,想把结果公诸日本民众。因此,所传草拟中的声明只是给日本民众听的。

我们换了话题。我提到太平洋的局势以及日本与美国日益紧张的关系。但是,我说,我认为双方尚无立即发生冲突的危险。莱热接着谈到俄、日之间的局势,这是我们以前曾经谈论的问题。比如,2月19日我拜访莱热商讨奥立维埃的活动时,我曾提出这个问题以试探法国对待远东国际局势的态度。当时我曾告诉他,据我国政府得到的情报,俄、日在该地区的关系令人十分不安。尽管两国间的紧张局面有所缓和,我担心那可能只是暴风雨前的暂时平静。我曾对他说,日本在立即对俄作战的问题上,意见似有分歧:据我了解,文职官员对与苏俄交战的后果甚为担心,他们之中包括金融界和实业界。东京的军界则一如既往,希望尽早开战。我曾表示愿意了解莱热的看法,以及一旦突然发生冲突,法国的态度如何。

当时莱热告诉我,法国外交部所得的远东情报也表明日本军界急于发动对苏战争,他们认为进一步拖延会对日本不利,特别是因为苏俄一直在积极准备自卫。他说,在日本一般都是军界最后占上风。当时他认为战争可能在春天爆发,因为日本军方确实希望在苏俄做好准备之前发起攻击。他说,法国政府的政策肯定是保持中立。他曾告诉我,法国政府与苏联政府的全部商谈均以欧洲合作为目标。他说,他们的合作限于欧洲,并称,每当两国代表商谈时,法国政府都清楚地向俄国人表明这一观点。

5月4日我告诉莱热,据我所知,苏联政治家虽然目前似已一致认为最近不可能打起来,但他们仍认为与日本的冲突是不可避免的。

莱热告诉我,关于这一点他了解的情况正好相反。俄国人三个月之前就肯定当年会打起来,现在则放心得多了。他又说,日本人认识到苏联做了充分准备,显然也决定不急于立即开战。莱热认为,由此可见远东局势不像几星期前那样动荡。

一星期之后,1934 年 5 月 11 日,我在法国外交部与杜梅尔格内阁的外交部长巴尔图交谈。一开始,我先说,我没有早一点拜访,因为我知道他就职的头几天一定非常忙。但我不愿再推迟这次礼节性的拜访,特别是因为我急于与他面谈。

外交部长说,他不像预料的那样忙,但无论如何,他总愿意接见我,并且同样急于和我畅谈。

我对他说,最近法国政府就东京声称要主宰中国与其他国家的关系问题对日本的答复,在中国备受欢迎,中国政府和中国舆论都高兴地看到法国政府采取的明确立场完全符合国际法和国际条约义务。

部长感谢我给他带来中国方面的友好信息,并且说,法国的答复在美国也深受欢迎。他很想知道我从华盛顿收到的消息是否也一样。

我说是这样。我接着谈到中国与国际联盟合作的政策,因为该政策似又激起东京的反对。我告诉他,问题的原则已于 1931 年 5 月在日内瓦确定,当时日本代表也表示了日本政府的赞许。但在上午的电讯中,我看到东京日本当局表示日本反对这种合作。我说,中国过去和现在都相信,与国联合作是中国与其他国家互利合作的最好方式。然而从最近新闻报道看来,日本不愿意看到这种合作持续下去,唯恐这会加速中国的发展。因此,假如日本在巴黎或日内瓦展开外交活动,企图反对中国与国联合作的政策,我希望法国政府坚持其最近致东京复文中所宣布的政策,维护法律和条约义务的原则,并伸张正义。

巴尔图说,他可以坦白地告诉我,法国政府愿意保持与日本的友谊,同时也不会改变对中国的政策,特别是因为这一政策是建立在法律和条约义务基础上的。

巴尔图提出一个新的话题,他问我中国人口的数字。我告诉他,据 1910 年人口普查,人口总数为四亿一千五百万。他问以后是否又有增长。我说,我认为最近几年由于种种原因,人口的增长与减少相抵,实际相等。然后我又询问法国非常关心的裁军会议的前景。

巴尔图说,他最近与会议主席韩德逊有过一次谈话,对他说明了法国政府的态度。他说,法国不能违反和约(显然他指的是凡尔赛和约)而自愿赞同德国重整军备,但是法国也不愿意否决裁军会议。法国认为应继续讨论并仍应尽力商定共同的解决方案。巴尔图还说,他曾告诉韩德逊,1932年希特勒曾给当时的德国总理冯·巴本看过一份文件,其中说德国的唯一出路是武装自己,造成既成事实来对付当今世界。现在希特勒当了总理,既成事实也已造成,巴尔图认为各国应当予以重视。

我告诉他,我确信裁军想取得成就,不能仅依靠一两个国家的努力,而应依靠所有利益攸关的国家,包括德国在内的真诚合作。

法国外长同意我的看法,并称这是取得成功的唯一条件。为此,他感到遗憾的是英国政府迄今没有提出更为确切而具体的建议。他说,英国政府的态度一直是暧昧的。法国认为,只有以条约为基础才是坚实的基础,不然的话,根本不可能解决问题。

巴尔图在回答我的询问时说,他最近要去日内瓦,先参加国际联盟行政院会议,然后参加裁军会议。我告辞时,他又说,希望中国方面继续遵守门户开放政策,对各国都开放门户。我向他保证,这正是中国政府的政策。

以后的几天里,我也前往日内瓦参加裁军会议和国联行政院会议,同时料理一些其他事项,这些事项预定将在国联几个有关中国问题的委员会进行讨论。国联行政院有关与中国技术合作的专门委员会的下一次会议上,拉西曼博士将就他一年来在中国的工作提出第一个综合报告。日本人一直向其他国家表示反对拉西曼,并断言他在参与政治活动。日本强烈反对他连任,他的任期大约到7月份。我和中国代表团的看法是,如果国联不支持他,实际上就是对日本天羽声明以及日本要求做中国对外关系决策人的纵容。

国联全体大会有关中、日争端的顾问委员会已把与满洲通车、通邮的技术问题列入议事日程。这个问题是英国政府提出来的,并涉及不承认"满洲国"的政策。中国代表自然觉得必须在不危及不承认政策的情况下予以讨论解决。

到达日内瓦后,我向哈斯提出这个问题。哈斯是国联秘书处交通运输部部长,又是顾问委员会的秘书长。我曾记录了5月13日早晨我与他的谈话,因为它不仅记述了我1934年春在日内瓦进行的工作,而且反映了当时中国代表面临的问题,故摘录于此。

会见一开始,我说有两三个问题要与哈斯先生讨论。我问,对英国政府提交国联的与满洲通车、通邮的问题,他认为应当做些什么。

哈斯说,他一直在研究这一问题,并且为了征求万国邮政联盟常设局的意见,曾两次前往伯尔尼。他说收获不大,因为没有与目前这个问题完全相似的先例。原以为大战期间德军占领比利时可作为先例以资借鉴,然而进一步考察就发现这两种情况并无类似之处。同盟国与协约国之间几乎没有经过比利时的直接和认可地点的通讯。

接着,哈斯将他拟订的一份草案给我看,并称此件尚未给委员会中任何人看过。我看过之后,注意到草案包括三个要点:

1.声明万国邮政公约并不适用;

2.声明国际运输,尤其是邮件运输,不损害不承认所谓的"满洲国"的原则,因为这是技术问题;

3.建议在与满洲现政权安排国际运输时,应当永远明确这类交往不能视为政府与政府之间的往来,而只是管理部门与管理部门之间的往来,且绝不得解释为对现政权的默认。

我问,草案为什么有意扩大英国政府最初提出的问题的范围。我注意到,实际上英国政府所提出的是长春"满洲国"和英国邮政管理部门之间结算经满洲转递邮件的邮费账目问题。英国递交国联的照会确已超出这个问题，而提到了邮政设备的一般问题。但现在的草案似乎更超出这个范围，而提出了有关一切国际运输的建议。我说，我认为"国际运输"一词含义十分广泛，诸如海、陆、空运似乎均可包括在内。我认为甚至还可以引申到将缔结与运输有关的商务和财务协定都包括在内。

哈斯说，他也认识到这一术语含义十分广泛，但促使他提出这一建议的原因是他感到将来一定会提出类似的问题。有关铁路运输和其他交通运输问题都会提交国联予以解释。他认为，如果顾问委员会每次都作一番背离或削弱不承认原则的解释，就会给人一种国联总在让步的不良印象。他认为一劳永逸地确定一条原则，即以一次总的让步来排除步步退让，更为可取。

我不同意哈斯的看法。我说，我认为国联方面这种总让步，比只限于目前情况下对提出的具体问题的让步给人的印象要坏得多。我认为在坚持不承认原则上的总后退对国联本身的名誉也是不好的。我说，如哈斯所知，在中国有人反对国联，也有人对国联抱好感。但即使是后者也对国联在满洲问题上的作为极为失望。使他们依然支持国联的一个原因，正是这个1933年2月国联全体大会上宣布的不承认原则。如果现在国联自行放弃了这一原则——因为如果通过了决议草案，实际上就等于放弃这一原则，这是由于其他如外交往来及缔结条约等问题差不多都是些形式与程序问题，而国际运输问题则实为实质问题——国联的反对者将从这一拟议的行动中找到抨击日内瓦的借口，而国联在中国和世界各地的朋友则只能完全放弃对国联的支持。

哈斯说，草案还出于另一种考虑，即想使中国更便于对付日本。日本政府不仅在通邮问题上，而且在通车问题上，都一直在迫使中国达成协议。他知道中国政府由于担心舆论的反对，一直犹豫不决。因而他认为，像草案所建议的这样一个总的解释，将保护中国政府不受中国舆论的批评，从而缓和对抗日本的形势。

我说，关于中国政府对中国与满洲通邮、通车问题的态度，即使在政府各级领导中，意见也不一致。有的认为，为防止日本在华北采取进一步军事行动，眼下达成协议是合算的。其他人则坚持反对任何协议，以免危及不承认原则。正是由于这种意见分歧，使得中国政府在与日本谈判这些问题时踌躇不前。然而，即使是支持与日谈判者也无意放弃或削弱不承认原则。对于他们，谈判只是权宜之计。如果他们被迫与日本解决这些问题，也是非常勉强的。担心舆论的批评和反对，其实倒是次要的。

再则，我接着说，国联本身放弃不承认原则实际上是使中国政府与日本之间的局势恶化，而不是改善。只要这一原则维持不变，日本的外交野心就受到限制，而且中国所同意的日本任何要求，就属于对日本的特别让步的性质，因为中国总可以用对国联一致通过的不承认原则负有义务为自己辩解。中国自己接受了这一原则，因此不能主动予以削弱或损害。但如国联公开宣布，安排国际运输无损于不承认原则，那么，中国对已经提出的问题被迫与日本解决时，日本就不再视为让步或予以尊重。相反，日本必将提出其他要求，而把接受目前的要求只看作理所当然。总之，任何大大削弱或放弃不承认原则的企图都有利于日本，是帮助日本而不是帮助中国。因而我强烈主张，如果要采取行动，最适当的办法是把活动限制在通邮一个问题上。

哈斯同意我的看法，并称将修改草案。然而他说通邮问题确实有困难。

同我一起去拜访的中国驻瑞士公使胡世泽博士说，第一步应推迟讨论英国的照会。长春政权（"满洲国"）曾提出结算转运账目问题。中国行政机关已付清到1932年12月31日止的邮件转运费。

我注意到，根据邮政协定，付转运费是一回事，承转邮件又是一回事。我说，中国专家告诉过我，邮政联盟有些成员同已有十年至十五年未清算转运账目，但他们的邮件仍由其必须通过的国家作为义务予以转递。

哈斯说,避不采取任何行动是不可能的,但把行动限制在具体问题上是可行的。

于是开始讨论将中国邮件交给日本在大连的邮政管理部门,然后通过满洲发往欧洲的可能性,这样做是符合英国在提出这一问题时的打算的。至于欧洲发往中国的邮件,自然也是如此。实际上,当时欧洲发往除中国以外的远东各国的邮件一直是通过满洲的,而满洲与欧洲来往的邮件则一直由西伯利亚铁路运送。

我说,如果由国联秘书处据此提出建议,则结算账目的问题将来还会出现。中国专家曾告诉我,如果中国寄往欧洲的邮件交由大连的日本机构经满洲转运,日本方面不会坚持要求中国付转运费。但中国无论如何不能同意与长春的实际政权结算账目。除非不要求付转运费,中国邮件经满洲寄往欧洲的问题将不予考虑。

哈斯说,一旦解决了邮件运输问题,支付问题作为细节自然就随之而来了,对这个问题在措词上可不使结算账目具有强制性。他认为可在三种办法中选择一种:第一,在无损于不承认原则下,发表一个经满洲的运输安排的声明;第二,发表一个只限于通邮和各种邮政事务的声明;第三,把声明只限于转运邮件。

我说,我认为唯一要解决的就是邮政运输问题。第一点所说的一般运输问题会像原来的"国际运输"一词一样遭到反对,而第二点中"各种邮政事务"的提法将引起许多涉及背离不承认原则的问题。比如,这将暗示就寄送包裹、汇款等等有达成协议的可能。我认为目前只能选用第三种办法。

哈斯表示同意,并称将据此拟订新的草案,拟妥之后立即再与我商讨。

我在日内瓦只逗留了绝对必要的几天,便返回巴黎。这次返回的目的不仅是就我在巴黎使馆的未了事项继续进行日常工作,而且要尽快结束一切琐事,为我请假回国做好准备。

在我即将离开之前,6 月 11 日,我对法国外交部进行了两次重要访问。当天下午我见到莱热秘书长,主要讨论了中国与法国之间有直接关系的问题。我首先介绍了萧继荣参事,在我暂离期间他将担任临时代办。

一开始,当我介绍萧时,彼此寒暄一番。莱热对我突然离去表示惊讶,并希望我早些返回。我告诉他,我夫人将留下来。他对此表示高兴,因为他把这看作我返回巴黎的保证。

我提到中国引进外资进行建设的问题。我告诉他,汪精卫最近就这一问题给我来电。我认为莱热本人必定熟知让·莫内在上海的活动,特别是他成功地组织了一家有许多中国银行参加的中国建设银公司。我想了解,一旦制订具体的经济发展计划并送交法国的银行,且法国的银行认为可行时,能否指望法国政府予以支持。我补充说,当然我知道,如果是国际性的筹措资金,中国自然将为同样目的寻求美国和英国政府的支持。然而由于巴黎是最大的金融市场之一,我特别想了解法国政府对这一问题的态度。

莱热说,他认为如果向海外银行提出任何计划,当然不是把他们作为旧的国际银行团的成员而向他们提出,因为某些日本银行也是成员。他指出,将任何中国计划提交给作为国际银行团成员的法国银行,他们都必须征询该团中日本银行的意见。

我对他说,据我了解,中国政府无意恢复旧体制。

莱热说,法国政府不会反对中国从法国银行获得财政援助,只要由此所得的资金不是用于国内战争。比如,假定资金是为纯属经济性质的巨大的公共工程计划而筹集的,法国政府肯定会予以支持。至于贷款条件,自然需与银行本身谈判商定。法国政府方面对这些贷款没有理由在政治上加以反对。他又说,如果中国进行对外战争。当然有权按照其意愿在法国借款或采购。

我接着提到拉西曼作为国联在中国的技术代表的任职问题。我对莱热说,由于拉西曼的任期是截止到 7 月底,因而 5 月份在日内瓦的国联行政院的中国专门委员会会议上没有提出这个问题。但中国政府希望他能连任,我想了解能否指望法国政府亦予赞同。

莱热说,法国政府对拉西曼本人并不反对,然而他的连任问题当然要取决于国联行政院的中国委员会的多数票。据他了解,多数不赞成他连任。

我说,据我了解,即使他能连任,由于没有必要早日返回中国,他也不会立即返回。大量的工作可由国联的专家与已来和即将来到日内瓦的中国专家合作完成。

莱热说,他也知道不必立即派技术代表前往中国。他说,国联经费不很宽裕。如果以后需要派人,届时将予办理。但如并非急需,则重订拉西曼的聘请合同就会被其他方面认为派人到中国去只是为了政治目的。

莱热与我接着讨论德、日协定的可能性。话题由我提出。我说,上周在日内瓦,我从我认为可靠的消息来源得知,德、日之间正进行军事协定的谈判。中国驻柏林公使刚刚来到巴黎为我送行,他说,他曾就此事询问德国外交部。但当然他未能得到官方的证实。我对莱热说,对这类事情,当然德国政府直到谈判结束与取得成果时才会披露真相。我问莱热,他曾否得到类似的情报以及是否知道谈判的进展程度。

他告诉我说,他听到各处都说起同样的报道,但对这些报道没有官方的消息予以证实。可是,倘若报道完全属实,他绝不会感到意外。德、日在这方面的意图是很清楚的。当德国准备在欧洲与某国家作战时,当然愿意日本同时进攻俄国,以使英、美等国家陷于远东而无法援助欧洲。同样地,当日本准备进攻俄国时,也愿意德国在欧洲同时行动,以使得想援助俄国的国家陷在欧洲。换言之,日本与德国的政治利益是一致的。因此,他还认为日、德双方都趋向于达成密切合作的协定。莱热指出,另一方面,虽然德国与日本的政治利益相近,其物质利益,即其在华的经济及工商业的利益却与日本不一致。倘若德国与日本达成协议进行合作，中国就会认为德国站在日本一边。结果，德国在中国的物质利益就会遭受损失。因而莱热怀疑德国与日本合作的真实迫切程度。他认为，无论如何，德国尽可能对中国隐瞒事实是可以理解的。

莱热显然是指德国内部的不同看法。纳粹分子即德国军方都赞成与日本合作，以便成功地在欧洲发起攻击，而德国的商业界则想做生意。他们不急于打仗，尤其是日本发动对华战争必将影响他们在中国和远东的商业利益。我告诉莱热，他所说的与中国驻柏林公使所了解的情况完全一致。我也估计德国方面对与日本结成亲密同盟大概不会还有所犹豫。当时我预期德国与日本迟早会达成谅解，因为他们的政治利益是一致的。德国在欧洲的政治利益与日本在远东的政治利益属于这样的性质，就是任何一方准备发动进攻时，需要另一方协调一致的行动，一个在欧洲，一个在亚洲。

当天早些时候，我拜访外长巴尔图时，也和他讨论了德、日协定和许多其他国际问题。这次会面寒暄之后，我们先就日内瓦裁军会议以及各国代表在会议期间的紧张活动交换了意见。我还向他介绍萧继荣将作为我回国期间的临时代办。然后，我问巴尔图，他作为当时公认的国际形势权威，对欧洲总形势有何见教，以便我回去向政府汇报。我问他，欧洲局势中是否有使他不安的因素。

巴尔图表示很高兴并表示愿意回答这个问题。他认为欧洲的总形势虽然不能令人满意，并且谁也不应对之持乐观态度，但还看不到在最近的将来对和平的威胁和危险。他说，萨尔这个难题，现在已通过德国和法国相互让步获得解决，他曾对德国代表勒森纳男爵说，他既不会完全坚持法国的观点，也不会屈从于德国，但他愿在相互让步的基础上予以解决。巴尔图说，这一点他办到了。

萨尔问题长期以来一直是德国与法国之间非常棘手的问题。

1870 年普法战争之后,萨尔盆地属于德国。当地人口的绝大多数是德国人。然而第一次大战结束后,根据凡尔赛条约,由法国人享有萨尔丰富矿藏的权益,而将萨尔的行政管理权全部移交给国际联盟。萨尔的最终命运将由 1935 年 1 月的公民投票决定。多年以来,普遍认为萨尔的公民将投票返回德国的怀抱。但当希特勒掌权因而亲德的投票将意味不是回到波茨坦或威玛德国,而是回到纳粹控制的德国时,公民投票的结果就不那么肯定了。这个问题日益紧迫。例如,法国与德国已就保证反对报复行动等问题进行谈判。

我曾经是国联行政院关于萨尔问题的报告起草人,对萨尔问题的最初情况多少有些了解。那时国联的萨尔委员会主席经常到日内瓦汇报,并把他遇到的困难提交国联行政院。我认为巴尔图的说法是正确的,即解决问题的唯一办法是进行折衷安排,而他正是这样办的。

巴尔图说,执行这些安排的问题尚待实现,他希望与德国代表进一步谈判以保证协议的顺利执行。如果德国在萨尔地区显示武力,法国军队就在附近,不会坐视不管。他说,幸而已达成一项解决办法。

我对巴尔图这番话表示感谢,并且说,我特别高兴听到这番话是因为欧洲的严重分歧肯定会影响远东的局势。我说,如他所深知,不仅日本与中国的关系不能令人满意,而且俄国与日本的关系也相当紧张。我说,实际上,根据各方面的报道,俄、日之间的战争似乎是不可避免的。这场战争一旦爆发,由于有可能在中国领土上进行,中国受害最重。我由此引出一个问题,征询巴尔图的看法,即谈判中的法、俄恢复友好关系,在亚洲一旦爆发日俄战争时,能否有力阻止中欧或东欧的任何国家在欧洲肇事。

当我提出这一问题时,巴尔图说也许我指的是波兰。那年年初德国与波兰缔结了一个条约,标志着法国同盟体系中首次出现裂痕,尽管波兰仍是法国的盟友。我告诉他,我也指德国。于是他说,波兰位于德国与俄国之间,不经过法国的盟邦波兰,德国难以到达俄国。德国可以出兵奥地利(后来正是这样的)。他说,那是个危险的地方。今年2月在他的创议下,经过法国政府与意大利政府和英国政府的共同努力,稳定了奥地利的局势。墨索里尼完全同意法国的观点;英国虽然最初对陶尔斐斯采取的强硬镇压措施很不高兴,但也不愿意看到奥地利毁灭于德国的压迫之下。陶尔斐斯是奥地利首相,他曾竭尽全力防止德国的威胁,但是失败了,巴尔图接着说,很难逆料德国是否会不利用远东的冲突进军奥地利,他只能说,就最近而言,对欧洲的和平尚无威胁。法国方面肯定不想打仗,如果其他国家要打,他们也必须三思而后行。不幸的是,当年年底,在欧洲前线已可以清楚看到新的危险地带。最令人不安的事件之一是巴尔图本人的遇害。我动身回国后不久,一直致力于加强法国同盟体系的巴尔图先生前往马赛与南斯拉夫国王亚历山大讨论维护东南欧和平的方法。两人均遭到一个政治刺客的枪击,巴尔图身亡。

在6月份我与巴尔图最后一次会见中,我问的第二个问题是,苏联进入国际联盟的问题是否能获得解决,以使其出席日内瓦当年秋季的国联全体大会。苏联进入国联与否对中国有很大关系。1934年4月14日我与莱热交谈中曾就这个问题向他试探。当时我特别问莱热,法国在苏联加入国联的问题上所起的作用。我想从他那里了解,法国政府是否真的为了促使苏联加入国联一直充当苏联与国联谈判的中间人。莱热说,前外交部的保罗-彭古曾向一位苏联代表谈过,如果莫斯科有意加入国联,法国愿予促成。但自巴尔图主持新外交部以来,外长对苏联驻巴黎大使未提此事,也未通过法国驻莫斯科大使向苏联政府提出。莱热说,无论如何,法国政府未曾代表莫斯科进行任何谈判。法国的立场是乐于看到苏联加入国联,并愿促其实现。莱热当时曾指出,苏联提到它尚未加入国联的原因之一是包括小协约国在内的一些国家尚未承认苏联政府。他认为美国对莫斯科政府的承认以及包括小协约国在内的国家对承认苏联问题的讨论,不久会使莫斯科感到满意;他说,法国一直在这方面进行协助。

实际上,法国一直在协助进行此事,并且在继续大力协助。巴尔图本人对此事非常积极,因而我在 6 月 11 日特别问他进展情况。

巴尔图说,苏联坚持与欧洲几个重要国家缔结互不侵犯条约,以之作为加入国联的条件。而法国政府一贯主张为了达成这样一个互不侵犯条约,苏联有必要先加入国联。巴尔图告诉我,无论如何,他正在谈判这样一个条约,其中包括波罗的海国家、捷克斯洛伐克、波兰和苏联,而且他还坚持将德国包括在内。他说,法国与苏联都认为,没有这样一个互不侵犯条约,就体现不出洛迦诺公约的好处。他曾认为应使德国和波兰随时了解会谈的进展,并希望他们都加入互不侵犯条约。他发现困难在于波罗的海诸国家。

巴尔图继续说,在苏联加入国联的问题上,仍有某些国家,因为未承认苏联政府而打算反对接受苏联。这些国家有荷兰、西班牙和瑞士,其中瑞士最反对苏联加入国联。然而他认为国联设在日内瓦不等于苏联必须与瑞士建交才能成为国联的成员。他强调说,互不侵犯条约和他正在进行的缔结该条约的会谈,其用意都只限于欧洲。

于是我对他说,他对欧洲局势的概括使人很受启发。我又说,在日内瓦我曾听说,特别从苏联方面听说,日本与德国正在谈判建立军事同盟。我想知道巴尔图对此有无确切消息。

他说,他也曾听说此事,但尚未得到证实。他认为日本与德国的政治家彼此情投意合,但他认为两国间实际上尚未就联盟问题达成协议。

我向巴尔图致谢告辞时,他请我向我国政府转达法国的友好感情。他真挚地祝我旅途愉快,并盼我尽快返回法国。不久我登轮归国,直到 1936 年春才返回法国。

第三章　归国度假

1934 年 6 月—1936 年 3 月

我从马赛乘法国船航行了三个星期,于 1934 年 7 月初回到上海。不久,我即去南京报到,并向行政院长兼代外交部长汪精卫陈述欧洲列强正紧张地为可能发生的战争作准备,及我国为日本侵华向国联呼吁的现况。林森主席和蒋介石委员长都不在南京。他们在长江上游离首都不远的江西牯岭——一个著名的避暑胜地。委员长从牯岭打电报叫我去那里见他。当然,我是打算去那里见他和林森主席的。

在我到达九江附近时,委员长派他的秘书长,我多年的老朋友杨永泰来接我,并陪送我到他的总部。杨永泰是政学系的一位领袖。在途中他告诉我,政府里有些人想要我不回欧洲,留在国内任外交部长。但是在与委员长短暂的会晤中,他并没有谈及外交部长职位的事(当时的外交部长是由行政院院长兼任的)。不过,他留我在凉爽的牯岭度夏。我对林森主席的拜望完全是礼节性的。

在牯岭我住了短短七天,拜访了几位政府人员——几位老朋友,同他们共进几次午餐和晚宴。委员长也款待我一次。然后我回南京转上海。不久,我去青岛避暑,享受一下我喜爱的令人神爽的海水浴。

青岛的夏天我过得很愉快。说实在的,我在那里的逗留,即使不把游泳、爬山和在海滩漫步包括在内,生活也是非常有趣的。青岛市长沈鸿烈,一位中国的海军上将,是我的老朋友,对我的招待真是无微不至。他十分殷勤好客。对我的生活与休息的安排是用了心的。他是委员长政治观点的忠诚拥护人。他跟杨永泰不一样，他不是政学系的人。不过政学系的几位领袖都在争取他成为一员，或非正式的一员。他是一位很能干的人。

在青岛还有一件高兴的事：我有几位住在别处的老朋友到青岛来看望我。这样，我见到李石曾（李煜瀛），他是国民党中的一位元老和政治家，在法国政界颇有声望，并常到巴黎去看我，见面的还有蔡元培，他是有名的学者，前北京大学校长，中央研究院的创始人，也是国民党的元老。

当我收到蔡的来信说要到青岛来看我时，我深知他爱喝黄酒，为此特托一位北京朋友送一坛陈年老酒来招待他。这位朋友非但找到一小坛五十年的老酒，还不辞辛苦，亲自送来。好在他是交通部的参事，因此能不费事地拿到由北平到青岛的火车票，及时赶到为招待校长而设的午宴。我当然约他同餐共饮。我们是一点钟入席，一坐三个小时没有离位。他和蔡元培也是熟人，大家兴致勃勃，饮着佳酿，闲话北京往事。我和蔡都非常感谢他亲自小心翼翼地把酒送来，以免由于在火车上和在人力车上晃动而影响酒味。我们那时正在窗前眺望，遥见他坐在人力车上，把坛子夹在两膝间还用双手紧扶，护着这坛珍品。像这样的陈酒，如果摇动就会变浊，失去佳酿的香味。他一到，我们立刻接过酒，用水烫热（这是黄酒的正当喝法），大家品尝，真是芬芳醇厚。总之，这次午餐是令人欣慰难忘的。

暑期一过，我回到上海家里，并去探望我的大哥和姐姐。那时我仍是驻国际联盟中国代表团的首席代表。我知道那时的第二代表郭泰祺能够处理国联第十五次大会的事务，因此我可以不必回日内瓦。至于中国在国联行政院的席位已届期满，在1934年9月投票选举后转给土耳其，所以我也没有必要为此事回去。

我在上海住了将近一年半，偶尔为公务去南京；也到各处游山玩水，如杭州的西湖，江苏省丝业中心无锡和它驰名的惠泉，用它的泉水沏茶，清冽无双。

我日益忧心忡忡地注视着日本对华北加紧的军事侵略。关于最近国际联盟对中国提出的控诉的态度,我已经向外交部长汪精卫和蒋委员长作过汇报。当然,中国代表团在日内瓦活动的进展,主要列强对我们的控诉的态度,还有我个人在日内瓦和巴黎的观察与看法,一直都有电讯和定期报告,足能使他们对事态有充分的了解。因此我也没有更多的特殊重要情况可作介绍。其实,我所着急的是想要明了政府对整个事件的实际对策。

根据我同委员长及汪精卫的会见,我很自然地得出一个明确的概念,就是他们都对日内瓦国际联盟失去了信心。他们重点关切的是日本更加猖獗的军事侵略与日本在华北的傀儡代理人。我国政府每天都接到日军在我们领土上进行侵略的报告,这自然只能使人感到国联的迟钝与无能。虽然国联全体大会在 1933 年 2 月通过了最终报告书,谴责日本,维护中国,但是看不到对日本进行制裁的具体行动,中国的领土也没有归还给中国。无论如何,委员长和汪精卫必然会觉得,如中国的一句老话所说:"远水救不了近火。"

回顾 1933 年中国的情况,我们都记得,热河很快的失陷和这一败溃在日内瓦产生的不良影响。国内群众的反应更为激烈。当热河轻易地被日军占领,国内群情激愤。著名的领袖人物,如北京大学的胡适、蒋廷黻、丁文江等,公开要求政府对日本的加紧侵略采取积极的抵抗措施。

在国民政府对时局尚无有效措施之时,日本却变本加厉地策划将华北从南京的统治下分割出去。日本先巩固了 1933 年 5 月塘沽停战协定的既得利益,1935 年 6 月的何梅协定和土肥原—秦德纯协定,使其蚕食范围更为扩大,将塘沽停战协定延伸到察哈尔,并将该省一大部分划为非军事区。答应地方政府施行有利于日本的政策,并招聘日本人作政治与军事顾问。何应钦与梅津(当时日本的天津驻屯军司令)签订的有关协定更远及河北省的重要城市。这个在当时保密的协定规定:中国军队进一步撤出河北,取消河北省国民党党部,解散河北省的秘密抗日团体,在全中国禁止抗日活动。

日本的下一步是在华北推行自治运动。把塘沽协定规定的非军事区分为两个行政区,冀东行政区总部设在通县(通州),由殷汝耕任行政督察专员。1935年11月,日本关东军的一个代理人,唆使殷汝耕在通县成立所谓防共自治委员会。殷立即声明脱离中央政府并设立内政、财政、教育和建设四个部来管理这个自治区。这个自治区有35个县,五百万人口,财政收入约占河北全省的百分之二十二。

日本炮制的自治区一出现,整个教育界的领袖人物,包括前面提过的几位著名学者,发表了一个联合声明,反对建立所谓自治区的阴谋活动。他们要求国民政府采取一切办法以保障我国的行政和领土完整。这个行动立即激起全国学生团体的响应,触发了1935年12月9日和16日的全国性学生运动。

在这两个日子之前,中央政府也已采取了一系列的决策来应付日本人操纵的这个分裂华北的活动。1935年11月26日,南京行政院做了一些安排后决定:(1)取消设立在北平的军事委员会分会。(2)委任原分会负责人何应钦为行政院在北平的首席代表。(3)委任宋哲元(直至年初时的察哈尔省主席)为河北、察哈尔两省的绥靖主任。(4)撤销殷汝耕的冀东行政督察专员职务,并下令通缉。(5)撤销非军事区的两个督察专员公署,所有该署事宜直接由河北省政府经办。(6)命令宋哲元和商震负责维持上述两个地区的秩序和治安。

日本对这些措施的反应是迅速的。据报告,东京于同日命令关东军、日本在天津的驻屯军以及驻在中国各地的军官继续推动所谓中国自治运动。并且通过当地的一个日本官员,命令宋哲元在1935年11月30日宣布自治。据悉,南京的日本总领事往见行政院副院长孔祥熙,申明对下令通缉殷汝耕不满,并说,派何应钦将军到北平,对华北局势的安定没有好处。同日,日本关东军继续向山海关进逼，并加紧扩建天津机场，而且还占领了北平东面的丰台车站，劫持平汉铁路的一列火车。这一切暴行的险恶目的，都是为了阻挠中国军队为防止所谓华北自治运动的扩展北上作战。在北平，日本宪兵队逮捕了北京大学校长蒋梦麟博士。蒋是反对所谓中国自治运动的群众舆论领袖之一。日本人还恐吓说要把蒋押到"满洲"大连。与此同时，宋哲元仍然不肯就任河北、察哈尔两省绥靖主任职务。鉴于华北局势的紧张，委员长命令何应钦去北平和宋哲元商酌，并与宋合作以稳定华北局势。

实际上，中央政府一面急于维持对华北的控制，一面又想对日本姑息，并将这种意图，暗地里全部告知在北平的英、美两国公使。这两位公使，将得到的消息报告了他们各自的政府。结果是，华北局势在英国的议会上提出。伦敦和华盛顿开始进行磋商，发出语气相似的声明，强调中国的情况与他们两国的条约权利有关。并暗示，对中国主权与领土完整有关的华盛顿九国公约仍然有效。东京很敏感，他们很快通知日本驻华北的人员，对推动华北脱离南京的工作，不要操之过急。经过中国政府与华北几个军事领袖交换意见，并为应付南京日本总领事所提出的立刻行动的要求，中央政府发出通令，委任宋哲元等十六人为新的冀察政务委员会委员。这十六人是从华北各地区和各政治团体中选出的。其中，前西北军系统的，实际上是宋哲元系统的六人，东北军系统的四人，段祺瑞的安福系三人，旧直系一人，还有天津士绅三人。虽然最后提出的七个人都是有名的亲日派，不过，在新成立的委员会里，他们只占少数。

根据何应钦与宋哲元所草拟，呈准国民政府后公布的规章，新委员会管辖河北、察哈尔两省和北平、天津两市。这个委员会的权力，包括在中央政府的法律和法令范围内并经中央政府同意，可以颁布法律和法令。经南京的批准，可以支配辖区内的国家税收和一部分国家铁路的收益。

据宋将军就任冀察政务委员会委员长的政策宣言，他将谋求符合睦邻关系的政策。他还说,自从塘沽协定之后,河北与察哈尔两省就和日本有着特殊的关系。为了两国的利益和东亚的和平,应该互相帮助,并竭诚培植密切的友谊。他说:"我将尽最大的努力,作出最大的贡献。"

于是,华北完全与南京国民政府脱离关系的危机,用这个妥协办法闪避过去了。中、日双方对这个办法都不满意,但至少能暂时解决问题。然而,这个暂时解决的办法,也不会维持长久。

以殷汝耕为首的河北省东部自治政权和日本包办的察哈尔东部六个地区的傀儡政权,都未受到触动。宋哲元谋求与关东军解决问题的努力,也未奏效。反之,日本驻天津总领事在1936年1月初,借口塘沽日本侨民两次遭到中国人侮辱,向宋将军强烈抗议。在这之前,日军一个分队试图强行开进北平,还打伤了中国的守卫,但这位日本总领事竟反咬一口,胡说廿九军(宋哲元部)向日军开枪。为此并向宋将军抗议。日本人坚持要宋将军亲自到天津与日本驻军司令官讨论这两件事。幸亏宋将军的和解态度并表示歉意,两件事方告平息。

日本推行以武力或阴谋控制中国,并从南京政府统治下分割华北的政策,就是我离职一年半多以后回法国时中国的大致情况。委员长看到了这个危机,但他却先是忙于在华中的江西省和共产党作战,在共产党于1934年10月长征去陕西后,接着又肃清该省残余,并从南到北进行尾追。他也看到日本用"满洲国"作为军事准备基地以侵略华北的野心是不会停止的。可是,中国目前的力量不足以同时对付共产党的威胁和日本的侵略。要对付日本这个外来的威胁,还需要有进行准备的时间。

在日本玩弄军事阴谋渗入华北这段时期,政府没有跟我交换过意见。我对情况很了解,因此也不感意外。政府的政策是以尽可能小的牺牲对日本让步,以争取时间,一方面彻底解决共产党内患,另一方面为对付严重的势不可免的日本外来侵略做准备。这个政策被认为是各种选择中较为现实的,尤其是因为不能指望从国联或英、美这样的西方民主国家得到什么牵制日本的力量。此外,日本外相广田的所谓对华三原则*之一是要中国与日本协商合作,来防止共产主义的蔓延,尤其是在华北地区。这一点,在委员长领导下的国民政府是可以接受的。

在广田宣布"三原则"之前,国际联盟常设法庭法官王宠惠回海牙时,就接受了一个秘密使命。要他去会见广田外相,建议把两国关系加以最大的改善。他去东京时还要走访日本首相、海相和陆相,以及其他高级官员。在王博士与日本外相第一次见面交谈之后,第二天南京的国民政府就发布命令,禁止反日言论及抵制日货。王博士在东京与广田外相第二次会谈之后,蒋委员长和行政院长汪精卫很快就向全国发出通电,命令停止并禁止一切反日活动,强调中国政府已决心以行动及具体事实来实现改善中、日关系的意图与愿望。

蒋作宾不久即被任为中国新大使去东京。他于1935年6月20日,即日本新大使,前公使有吉明在南京向林森主席呈递国书六天之后,向日本天皇呈进了国书。在这次外交使节相互升级之后,蒋大使与日本外相和其他日本官员的会谈仍沿着王宠惠的路线,但更为细致深入。中国方面,旨在谋求迅速改善两国关系,以期制止日本军方在北方各省进行的脱离南京管辖的公开和暗地

---

* 1935年10月4日东京的日本内阁,通过了广田外相的对华三原则。其头两条是:(1)中国必须绝对放弃以夷制夷的政策,不应依赖欧洲和美国的力量与影响来包围和遏制日本。如中国继续表面上和日本友好而实质上与欧美亲近并借以对抗日本,则中国与日本就决不会有培育友谊与密切关系的可能。(2)中国、日本、"满洲国"三个国家,一定要长期保持满意的相互关系。这是中国与日本取得密切关系的最起码的条件和首要原则。为达到这个目的,中国与日本必须首先取得真正的密切关系,按日本的观点,中国如果正式承认"满洲国",就是中国有诚意的明证。从中国的观点,也许由于各种原因,不能立即承认,但无论如何,中国必须以 a 防止"满洲国"与邻近的华北地区发生争执,b 维持"满洲国"与华北接壤地区的密切经济关系,来表明尊重"满洲国"的存在这个既成事实。

的活动,并防止日本进一步在中国其他地区煽动分离运动,以免削弱国民党在全中国的统治地位。国民政府为进一步表明改善中日关系的意愿,于1935年11月派出一个由银行业和商界闻人组成的经济使团前往日本,与日本工商业领袖增进友谊并发展经济合作。这个使团在日本很受欢迎,并受到广田外相的热诚款待。广田是对华政策三原则的倡导人,是一位有影响的领袖人物*。

几乎在我回国度假的整个时期,我都密切注意着日本军阀在华北的持续不断的活动。这些活动是:瓦解中国政府的团结,阻挠中国的发展,图谋按田中奏折纲要来统治中国,并建立日本在整个东亚的霸权。我既未参预国民党对如何最好地应付当前局势的讨论,也没有人征询我的意见。我愈来愈清楚,南京对国际联盟的迟钝与无能感到失望。南京政府的领袖们对伦敦和华盛顿是否会迅速而有效地支持我们不妥协地反对和抵抗日本的政策,已不抱希望。实际上,1935年下半年,日本利用了西方国家忙于处理意大利与埃塞俄比亚冲突的时机,加剧了对中国的侵略活动。尽管全国舆论强烈反对日本违背条约规定和睦邻的基本道义对中国进行赤裸裸的侵略,南京政府仍步步退让,不采取坚决的抵抗政策。已经很明显,南京根本不再指望西方来有效地支持中国的坚决抗日行动,而是百般迁就,希望能赢得时间,团结全国,建立坚实的抗战力量。那时经常参预政府谋划与咨询的军政两界重要人物为何应钦、熊式辉、张群等人,都是留日学生。这就可以看出政府的中心思想。当然,在外交部,受过日本教育的汪精卫是行政院院长兼部长。最活跃的次长唐有壬也是日本留学生,经常和日本各行各业的代表以及政界、商界人物接触。

---

* 本文所述1935年6月后的事件,发生的时间,有关的人名,系根据吴相湘所著《第二次中日战争史》一书,第一册,第102—137页。此书是我在1974年9月阅读的。

我在上海的时候,汪精卫派徐谟,当时的另一位外交部次长,来传达了一个机密的信息。他说汪想让我去华盛顿当大使*。他说驻巴黎大使的位置固然重要,但驻华盛顿大使的位置更重要。他还说我做过驻华盛顿的公使,了解美国,了解美国人民和美国政府的政策,美国人也了解我。这一切都对汪所推行的政策至关重要。

我没有接受这个提议,理由是:当时任华盛顿大使的施肇基和我是熟人。他不仅比我资历深,还是我的姻亲,又是我的好朋友。他是中国的一个杰出外交家,处理外交事务有丰富的经验。他过去在华盛顿任过职,对美国人有认识,还是个在美国首都很受欢迎的人物。我看不出调动他的理由。

此外,其中还有点人事问题。在凡尔赛和平会议那段时间,我和施在一开始合作很密切。但是由于北京造成的一点意外事故,我们间发生了摩擦。在总统委任的五名会议代表中,我的名字排在施的前面,这就在我们之间产生了很大麻烦。总统徐世昌没有按照外交部部长陆徵祥的推荐而把我的名字排在施博士的前面,引起了施对我的误会。他认为我在北京搞了幕后活动,但正如我当时告诉他那样,这绝对不是事实。鉴于这段经历,我希望让汪精卫知道,我实在不想有类似的事件重演,造成又一次误会,影响我们的友谊。我反复申述施也是在美国受教育的,做过多年公使,和我一样熟悉美国情况。美国人都了解他,在华盛顿的人都喜欢他。由于公私两面的这些理由,我觉得政府实在没有必要让我去替换他。

在这个时候,对我的任命一定已经在国民党的中央政治委员会通过了,因为一般程序都是正式决定某一位置的最优人选之后才去征求本人的意见。一旦本人同意,下一步就是向拟派去的国

---

* 美国于1935年5月8日同意与中国将外交使节升格。1935年6月25日,现任公使施肇基提升为大使。《中国年鉴1935—1936》(上海中国年鉴出版公司,1935年,第1815页)。

家的政府征求同意。这一次我拒绝了。拒绝的理由,我告诉了徐谟,并请他转达汪精卫不要坚持要我接受这个任命。

当天晚上汪精卫听到徐谟的报告之后就从南京打电话给我,邀我去南京面谈。我第二天去了,汪在官邸接见我。从我们的谈话中我发现施在推行汪的外交政策方面,不能与汪及南京政府合作。那时候,作为行政院院长的汪精卫准备实行一个不但在经济上,而且在政治上与美国交往更为密切的新政策。他认为中国过去对美国的政策消极,没有明确的目标。他要代之以一个新的,他叫做建设性的政策。

汪认为施肇基在华盛顿过分消极,跟他的合作也不够。由国民党制定、政府执行的外交政策,施总不能很好地贯彻执行。施好像跟国民党有些误会。此外,施是位有多年经验、资历很深的老外交家,因而常常固执己见。事实上,施是个倔强的人。他不喜欢任何国民党人,也不信任他们。也许就是这个原因,汪精卫认为施不是一个可望合作的好伙伴。

总之,汪认为美国对我国最为重要。所以我们制定外交政策要以美国为主。我们对美国应该有一个更为活跃和建设性的政策。他觉得中、美合作是中国在目前国际情况下要取得成功的关键。这不只对我国,对亚洲的未来也是重要的。他是从这点设想才提出要我去美国替换施肇基做大使的。他觉得他的这个新政策很重要,必须选一个他很信任并能密切配合工作的人。

虽然我把告诉过徐谟的理由重复一遍,但是汪嘱我抛开一切私人因素。他说他对施个人没有成见,只是认为换人对国家有利,对国家这一政策有利,而这些都得到蒋委员长的批准,而他也是赞成的。实际上在他问到我是否赞成这个新政策时,我回答他,这一直是我的想法,并且一直是这样做的。他强调,他和我的谈话纯粹是为了国家的最大利益。他再度要我接受这个职位。我回答说,我的处境已经解释过了。从他说明的情况,我也很明白他邀我的理由。不过,我还是没有答应。

我辞别后就立即回了上海。第二天早晨使我大吃一惊的是美国大使馆驻上海的商务参赞安立德先生打电话来,为我的新职位向我道贺,并且要见我。我答应和他见面,但想要知道他从哪里来的消息。他说这消息是在《字林西报》上见到的*。我听见后很诧异。当他来见我时,我向他解释,事情还在酝酿,我不知道消息怎么泄露出去的。同时,从消息的泄露,我肯定这件事早已在政治委员会上做了决议。这是那些委员们乐于谈论的问题,所以,对这类事要保密几乎是不可能的。我只好告诉他我知道事情在进行中。不过,在人选是否受欢迎尚未确定前,外交惯例要求保密。他告诉我这个消息使他们驻上海商会中的人们,实际上是全体美国公众都很高兴。

汪精卫催我尽快起程,不过事情有了变化。我在和外交部或徐谟研究人事安排等各项实际事务时,和汪精卫又进行了一次谈话。在他脸上有明显的不愉快神色。他明白表示孔祥熙在这件事上挡了路。孔说他接到施的电报,抗议所传的对他的调动。看来在我和安立德交谈之后,几天里发生了更多的意外枝节。合众社把这个新闻发到美国,施博士见报大为震惊,并立刻给孔祥熙打电话抗议,并质问为什么要换他,他犯了什么该撤换的错误。孔那时是财政部部长。施说他正在孔的命令下,竭尽全力与美国财政部谈判出售中国白银。他问孔,是否想要中止他代表进行的谈判。

孔祥熙作为政治委员会的成员,对这即将发生的人事调动,肯定是知情的。但在遭到暗示以停止白银谈判相威胁时,他才出面干预。以出售白银筹集现金,为一旦采用所谓的管理通货之用,这是孔的主要政策之一。因此,孔提出把调动推迟至少三至六个月。到那时,估计白银谈判定能结束。汪勉强同意了。因为

---

* 由于哥伦比亚图书馆里没有 1935 年的《字林西报》,不能肯定该报是否于 1935 年刊登过此项报道。

把中国通货改为纸币也是政府的重要政策。为了实施这个政策，要从出售白银筹集大量资金，构成充分的外汇储备，以保护中国的"元"。这段插曲过去，终于在 1936 年派王正廷去华盛顿做大使。

与此同时，中国在巴黎的公使馆升格为大使馆的问题也有些发展，而我则以上述的波折纠缠，延长了在国内的逗留。1933 年 1 月，中国和苏联外交使节的相互升格，给我国造成一个机会，向其他主要国家，如伦敦、华盛顿、巴黎、东京、柏林和罗马，提出类似的问题，在那年 4 月初，我接到南京政府的指令，建议中国在巴黎的使节与法国在南京的使节同时升格。这事当时也在别国首都提出。

在我 1934 年离开欧洲之前，和法国外交部谈了好几次，对方不热情。这个谈判拖得很久，在主要国家中，法国是最后一个和中国互换大使的。

只有罗马对这件事很痛快。墨索里尼亲自做出决定，意大利向中国提议将中国使节升格，并立即将这一决定通知我国公使刘文岛（双方在 1934 年 9 月换文，意大利的大使是 1935 年 1 月到职的）。

意大利的行动可以说是个创举，是异乎寻常的。因为西方国家一般在对待中国问题时，总是要彼此互相磋商，取得一致意见，方采取重要的决策。不过欧洲的协调在变化。这次墨索里尼显然不想知道其他国家抱什么态度，也不在乎其他国家的态度。

日本是第二个同意和中国将外交使节升格的国家，并于 1935 年 5 月互派大使。紧跟日本的是美国和英国，然后是德国。主要大国中只有法国继续犹豫不决。

根据我的电报存底，5 月底法国外交部通知巴黎我公使馆，法国政府将向国会提出一个特别议案。议案于 6 月 4 日提出，可是随后又通知我们，法国国会将休会，已经没有时间受理这个议案。这件事只能延到 1935 年 10 月底国会复会时再议。

这时外交部要我们在巴黎的代办通知法国外交部,我国政府拟任命我为驻法大使,并欢迎现任法国公使韦礼德升为大使(这当然是非正式的交换意见)。不幸韦礼德未活到当大使,他于1935年下半年就去世了。那齐亚被委为驻中国公使,并内定在法国国会通过使节升格后,出任大使。

中同政府很快同意那齐亚的任命,同时敦促法国政府迅速行动。12月初,我们的代办获悉法国政府6月4日提交国会的议案,几天之内将会得到批准。可是,又出了意外,这个议案里附有一个政府要求增加预算的内容。国会上议院的财务委员会认为这与政府宣称的紧缩开支政策不符,无法通过。因此,政府打算将此议案分开,单独再提出。

公文程序又拖延了一阵,直到1936年1月,法国外交部亚洲司才通知我离职期间的代办萧继荣说,使节升格已属既成事实,并将于日内公布那齐亚提升为大使。萧用电报通知了南京的外交部和在上海的我。

中国在巴黎的外交使节升格是由法国总统的命令公布的,并刊登在1936年1月24日的政府公报上。那齐亚也同时被任命为法国驻中国的第一任大使。法国外交部又通知中国公使馆,说中国驻法国的第一任大使,照例也应事先征得法国政府的同意。不过,在通知上又说,法国总统特意要外交部通知中国政府,若是顾维钧公使被委为第一任驻法大使,他是非常受欢迎的。

外交部在接到驻巴黎公使馆报告之后,按应有程序,对拟派我为首任驻法大使事征求法国政府同意。2月1日收到法国外交部的复信说,法国总统很高兴地接受我为首任驻法大使。2月8日,我正式由国府主席命令提升为驻法大使。

中、法双方在完成使节相互升格的外交程序手续之后,我当然想早日离国去巴黎赴任。不过,还需要去南京向新外交部长请示,并和外交部商谈巴黎使节升级后的预算增加问题。但是1935年末发生了几件重要大事故和变动。1935年11月初,行政院院长兼外交部长汪精卫在国民党大会堂院子里,与其他领袖们坐成一排拍照时,有人行刺。幸而汪只受了点轻伤。但结果是他辞去了一切职务去医院疗养。不久,12 月初,外交部次长唐有壬在上海遇刺,中弹身亡。这些不幸事件在南京引起极大的骚动混乱。委员长只好再度掌权兼任行政院长,并委派对他忠心耿耿并深受信任的顾问张群任外交部长。这个新委任我不感意外。因为综观政府的对日政策,一般都估计到外交部长的最佳人选,必将是另一个亲日的日本留学生。由于这些重大的变化,以及我即将去法国,我必须去南京进行商议。

张群对我的看法似乎是印象很深。他要我尽快到法国去,以便就地了解情况,并及时将国际局势,详细向南京汇报。

我于 1936 年 3 月 26 日离开中国去巴黎就任大使新职。7 月末,法国的与我相对应的那齐亚,由中国政府接受为大使。

第四章 任驻法大使的第一年;欧洲局势的进展及对华新政策

1936 年 3 月—1937 年 3 月

我在 1936 年 3 月 26 日搭"维多利亚"轮离开上海,同船有去罗马的刘文岛大使,在船缓缓离开码头时,我心情很抑郁。在我上船之后看见几个朋友还在岸上时,我又下船和他们再行话别;等我再要上船时,一位侍者阻拦我,使我几乎上不了船。来码头送行的有宋子文、段祺瑞将军、意大利大使罗亚谷诺和卫成司令等约 150 人。

航海三星期,我到达欧洲。这时已是 4 月中旬,在我呈递国书之前,有很多事务待理。正式呈递国书为 1936 年 4 月 30 日。

关于这段经过,我想略述一二。法国礼宾司司长富基埃尔是大使引见人,他和国民议会下院秘书长卡里尔分乘总统府汽车,先后到我寓所。随员六人,其中有使团的武官及其助理,陪我前往(总统府);一行共五部汽车。

当我走进爱丽舍宫时,总统勒布伦和我握手。我宣读颂辞后,呈递国书。总统随即作答辞。在那个时代,颂辞还是必需的。至今,如在伦敦,这种场面虽然仍需颂辞,只是已不用诵读方式而只将文稿送上即可。在华盛顿,颂辞甚至不必面呈总统,只给国务院归档了事。

法国总统勒布伦在对我讲话后的答辞里,还赞扬了我个人。我想这是礼貌问题,1932 年我做公使递国书时,他也是这样做的。在他读过答辞并向我道贺之后,我向他介绍了我的随员。他也向我介绍了总统府的办公室人员西维尔。然后他随意和我谈了几分钟,外交部部长弗朗丹当时站在一旁,我辞别时,富基埃尔和卡里尔两位法国代表继续相陪,一直送我到家。喝了点香槟酒。稍坐了几分钟始行离去。

同日,半小时后,德国大使即将呈递国书。实际上,德国大使比我先到达巴黎,可是法国外交部把我呈递国书的时间安排在前。我想大概是我比他早一步拜访了法国外交部的原因。或者是德、法关系不睦的因素。关于这类事,外交部可以全权安排,他人不能过问。

头一天,在外交部办公室我已依约见过该部秘书长莱热。他为这次两国外交使节升格拖延时日表示歉意。当我们开始谈到远东的具体情况时,他说他一直不赞成中国首都迁到南京。他认为南京处在军舰火炮射程之内,而北平在外国侵略时,至少易于防卫。迁都南京就使日本更便于侵略华北。

1932年初次去法国时,虽然我知道我的法语应付全面是很不够的,但我打定主意要重温法语,以求只用法语与法国当权人士交谈。除了已经提到我对法语有爱好之外,还另有两个原因:第一、一般仍认为法语是外交上的正式语言。作为一个外交家,按理应能用法语交谈,其流利程度应不亚于任何其他语言。第二、法国官场,尤其是法国的外交官,他们对法语都特具自豪感,除非万不得已,他们是不用其他语言和你交谈的。因此,第一次到法国后,我就打定主意,决心对法国官员只说法语。为了约束我自己,我对自己定了一条规矩:在交谈中,尤其是在正式会谈中,除法语外,决不用其他外国语言。我觉得这是我能从速改善我法语的唯一办法。

起初,我感到困难,有时我得绞尽脑汁去寻求正确的词和最好的词组以表达自己的思想。不过困难是可以克服的。我在哥伦比亚(大学)学过几年法语。在准备博士论文时,我对法国外交档案做过许多研究。但对法语会话则缺乏练习。

我到达法国不久就证实了我的看法。无论到什么地方,会见什么人,都只说法语。即使我们法典编纂委员会的顾问和出席国际联盟代表团的顾问宝道,在法国外交界还做过全权公使,能说一口流利的英语,可他对我说话,从来不用英语。素负盛名的外交家,法国外交部的秘书长莱热,他说的英语不亚于任何英国人,可他对我也从来没有说过一个英国字。即使我在说法语时碰见困难有点结结巴巴,他也不肯帮忙。不过他能听懂我在法语句中的英语结构。对一般的部长们说来就不一样了。他们有些人虽是法国的第一流学者,但完全不懂英语。因此,我必得说法语。而且这也有助于增进人们的联系。无论如何,我早年在法语上的苦功并非徒劳。1936年我讲法语就感到比1932年或1933年容易得多,而日子一久,就更能运用自如。

正如我所料,在巴黎不但能遇到很多一流外交家,还有机会遇到很多显赫的政治家。实际上,我是尽量争取多结识一些法国的领袖人物。并且多与赫里欧一类人物发展友好关系。他是我刚到巴黎时的法国总理。在我驻法期间,他一直是下议院议长,而且是法国政界最重要的人物之一。在法国政府里的莫泰是几届内阁的殖民部长,是我的好友,还是孙中山的老友,更是中国的好友。

我还不断注意与英、美两国在巴黎的大使保持密切联系。他们跟我一样,也认为巴黎是一个观察事物的好中心。现举蒲立德为例。他在1936年下半年,任驻法国的美国大使,原从莫斯科来,从1934年美国承认苏联后,他就是驻那里的大使。他对远东几个主要国家与苏联的关系特别关切。我与他过从甚密。即使我们没有机会见面交谈,也时常借电话说几句。对欧洲较小的国家的外交代表,我也经常和他们往来。特别是因为我和国际联盟的联系,在那里,很多代表同时兼任伦敦或巴黎的大使职务。由于这些条件,虽然我不是一个有讲法语才能的外交家,但对巴黎工作很感兴趣。

在这方面,我可以提一下,我到巴黎不久发生的一件令我相当吃惊的事。1936 年 7 月我接到外交部部长张群发来的一份密电。告诉我,政府有意调我到莫斯科任大使,接替颜惠庆博士。我感到困惑不安。我才到巴黎不久,又是新派的首任大使,我不明白为什么要调我去莫斯科。现在,我才知道调动我的问题已成过去。然而政府发出那个电报的原因,我是略有所悟的。

颜惠庆感到在莫斯科的职位非常苦恼。差不多所有非共产主义国家的代表们都有同感。他们都或多或少受到不断监视,行动也受限制。在莫斯科的生活,完全与在西欧任何大都市或新世界(指美国)不一样。颜想告退还有他个人的缘故。他曾不止一次地告诉过我,到 58 岁或 60 岁时他一定要辞职。因为他家族里没有一个男人活过那个年纪。1936 年他已近花甲之年了,所以要辞职。倘一定要留他在外交界工作,他希望到一个离中国本土相近的地方,希望到东京去。在那里,他和我不同,能结交很多日本朋友。不过,政府显然没有允其所请。因此,他毅然坚决辞职。政府这时也只能接受辞呈另委他人。大概是这个缘故,点了我的名。

这封电报解释莫斯科这一职位对中国说来是非常重要的;和法国比,莫斯科的任务更重要得多。在我们外交工作中,莫斯科当然是和华盛顿、伦敦及日本一样,处在一个战略的地位,而法国的地位一直被认为较为次要。不过我仍然认为巴黎地处欧洲腹地,是个很好的观察哨。我已经建立了很好的联络关系来观察欧洲情况,以谋求从各方面对中国事业的支援。政府要调我去莫斯科,其真正的原因,我还在怀疑,但是,我正在安排大使馆的工作,使之走上轨道,并力求中国在法国的表现有个堂皇的气派。调动的事,从一开始,我就打算既不考虑,也不接受。

考试院院长戴季陶赴德途中到法国来观光。有一天,我以试探的口气谈了我的尴尬处境。他的态度很坦率诚恳。他认为我的想法完全正确。我在法国的交往和工作对中国更为重要。莫斯科对中国虽然是个重要岗位,只是谁到那里也搞不出名堂来。

他同意我拒不就任。

三天之后,6 月 25 日,我送出了我的答复,说明我不能接受的理由。主要是我是首任中国大使,法国政府官员一直对我很友好,而且由于我作为首任大使而使他们感到十分高兴,在这种情况下把我调走,法国会认为是不友好的举动。至于苏联,我对它情况太生疏,怕也难做出成绩。倘政府一定要我去,我要求至少推迟六个月,藉以消除法国方面可能引起的误会。当然,这很清楚的暗示了我的勉强。政府明白了我的意思。8 月初张群复函说他了解我的处境,只是抱歉,不能等那么久。他们决定派蒋廷黻去莫斯科。一年前蒋曾去莫斯科成功地完成了一桩特殊使命。

现在回想,很难说调我去莫斯科的事是谁的主意,是张群还是委员长。不过这件事他们两人之间一定讨论过多次。我猜想很可能是委员长的意见。因为一提中国的外交界,总是或多或少将我和颜博士相提并论。所以他们认为颜走了,当然该我去继任。在那时,尤其是当日本人在中国,特别是在华北加紧活动之时,或许他们认为莫斯科这一职位,颇为重要,也希望最近与莫斯科的龃龉得以平息,他们需要派个富有相当经验的人去那里。

再加几句,很偶然,大约两年之后,南京又要我去莫斯科。这加强了我的想法:政府急于要派资历深的外交家到重要的岗位上。大概这就是我常被点名的原因。

在我就任大使的头一年,我费了很多时间和精力去给大使馆找一个新馆址。并把它适当地装潢起来。1932 年我到法国时就感到使馆的屋宇太不成格局,并决心另找一幢。我的建议得到政府的许可。在我不打算租房而准备买房的时候,我知道为中国政府买房而不是租房,应该十分慎重,要从各个角度考虑,这就要花很多时间。我对能够很快很容易地就买到一幢合适馆址并不抱太大的希望。另一方面,使馆又实在太差,叫我感到非立刻另找地方不可。这样,我就先准备先租一处,住上两三年,在这期间再设法找一个永久的馆址。作为头一步,我先请我的夫人去看那些愿意出租或出售的房产。有时她独自去,有时我陪她一起去。在她发现某处比较合适时,我们就一同再去仔细看。这是个乏味的工作。

在我离巴黎回国时,心里已经有几处中意的房子。房主都急于脱手,想洽商成交。可是好几处都要价过高,我简直不想还价,此外,每处都有点问题。这处只租不卖,那处只卖不租。另一处房子需要根据我们使用条件适当改建,可是卖主不同意改变那幢房子的整体布局,认为应保留它的历史价值和意义。

那是我 1934 年回中国时的情况。我主要考虑的是要得到政府肯定的回答:一、同意买房。二、指示财政部部长拨款。最后,我不能以只是口头承诺为满意,我要确实知道专款已经筹妥,即可拨给外交部。买房的款需要 25 万到 50 万元,超过这个数目,财政部长必定会坚决地反对。总而言之,政府在财政上经常是相当拮据的。

我还得安排新房需要的装修和陈设。首先新房应当比旧房大。其次,旧房在巴比伦街已经三十多年,家具陈旧到行将散架的样子,为这新使馆,我们样样都要买新的。

但是,在我回国时,所有这些都只不过是一时的想法和打算,还有待于外交部研究批准和财政部的同意,总之,为了同政府商讨购买新馆舍和装修、陈设,是我要回南京的理由之一。

1935 年年中,法国同意使馆升级之后,新馆舍的问题更显得迫切。当我从国内回巴黎时,政府已对我表明,准备购买一所供大使馆用的新房子。必要时,也可以先租用一所。外交部部长还告诉我,可将新房陈设装修布置得像个大使馆的气派,其款项业已备妥。政府同意买房是因为有几位政府要员去过巴黎,亲眼目睹使馆的房子太不像样。不过他们第一要我能找到合适的地点;第二要先知道需要多少钱。钱永远是个大问题,而且不是外交部能做主的问题,关键是财政部。在这件事上,我记得外交部部长不只得到财政部口头答应的数目,并且还与财政部部长洽妥,将这笔款事先划出来备用。这样,外交部无论什么时候需要用款,财政部都能立即拨付。假如这只是一个口头允诺,我还会担心真要用款时,他们会说库存不多了。把这笔款划成专款专用,是绝对必要的。实际上,让财政部部长付出 25 万到 50 万元是不成问题的。那时候孔祥熙也很关心中国在国外的声誉,因此他完全同意大使馆应该有一个像样的馆舍,并愿提供必要的资金。

我为此事还亲自和外交部长商谈。我说为大使馆买一幢新房子是一方面,另一方面还需要把它装潢陈设得有个恰当的气派。我告诉他,旧公使馆里几乎没有一件能派用场的东西——陈旧、破烂、不适用。这就需要钱来更新。首先是应该有一辆新汽车,我们原有的旧雷诺敞篷车在欧洲已不时兴了。还该备置其他物品,诸如一套缀有标记的餐具,每间屋要用的地毯之类。我记得,他很同情这件事,让我估计需要多少钱。我想总计要用十万美元。

1936 年 1 月间我还在中国的时候,巴黎代办萧先生曾经给我打电报报告说,他在耶拿大街找到一幢很理想的房子。他说,他请颜大使和王宠惠去看过,他们都非常满意。我回到巴黎,亲自去看了,我同意想买下来作大使馆馆舍之用。于是开始交涉。但房主坚持要用金法郎付款,我们不能答应。于是找房的工作又从新开始,打算临时租用一所房子,但主要困难是一般房主出租的限期都很短,只能一二年。

1936 年 5 月间,社会党人在法国掌权,情况发生了变化。5 月 21 日我给外交部部长张群和财政部部长孔祥熙的电报里告诉他们,现在房主担心应付的税率会提高,都急于将产业削价脱手。他们不愿房子长期租出,以免受到束缚,在需要时反不能及时出售。他们还怕房租税额要增加,因此租金要价高,出售要价低。这时,许多国家诸如比利时、波兰、南斯拉夫、葡萄牙和爱沙尼亚都买了新房子作馆舍。我建议政府也趁此机会,一劳永逸地解决这个问题。我还建议可以用抵押借款买房。

6月,张群和孔都同意了买房,不过款项是用别的方法筹措的。我们从大约十二幢房子中选出最适宜的三幢。三幢都合用,要看谈判条件才能肯定。最后我们选中乔治五世大街,与西班牙大使馆为邻,靠近景色优美的爱丽舍宫的一幢私宅。这笔交易是1936年下半年成交的。我仿佛记得付了500万法郎。总之这笔交易是很合算的。价钱讲妥后就打电报给外交部。因为是备用专款,所以就汇来了。从1937年3月1日起,大使馆的馆址正式改设乔治五世大街十一号。

　　大使馆的装饰完全一新,花费了相当时间,因为一些设备都是从中国、法国、英国和比利时来的古色古香的东西,餐用玻璃杯盏和镀金餐具等是我私人东西,原从英国定制。而镌有中国国徽的瓷餐具和玻璃器皿是从捷克定制的。客厅的家具有18世纪末法国款式。得到在巴黎和纽约著名的古玩店老板卢忻斋的热情支持,慷慨地借给我们不少中国的古玩。他还借给我一对威风凛凛的瓷狮子摆在楼梯口,一幅挂在餐厅墙上的壁画,以及别的东西。并约定,只要驻法大使由我担任,这些东西就由我保存,一俟我离职即行归还。在1937年初,一切布置就绪之后,馆舍显得非常漂亮。客人和参观者交口称誉,说是表现出中国爱美和风雅的传统。

　　另一件事就是在一切安排妥当之后不久,我们举行了一次正式宴会。时间是1937年下半年,中日战争爆发之后。我们迁入新居后的第一次正式宴会当然是为法兰西共和国总统勒布伦及其夫人而举行的。我热衷于举办这次招待会是要为中国外交使团创个先例。这是从19世纪80年代驻巴黎中国使团建立以来,第一次作主人招待法国元首这样的贵宾。按照外交惯例,尤其是在巴黎,除了竭力使晚餐的菜肴丰盛精美之外,餐后还要有供欣赏的表演节目作余兴。

　　幸喜正巧有好几位中国业余男女演员从美国来到巴黎。他们是为促进公众对中国抗击日本侵略的战争的同情而演出的。

他们在美国的演出受到欢迎。这些人都出自名门望族,并受过很好的教育。他们热爱祖国,仪表大方,我们选了适于他们才华的戏剧节目。只是他们人手不足,还需要补充几位能手。也凑巧,使馆人员在华人中找到两位。一位是张学良少帅弟弟张学铭的夫人,另一位是我的二管家。他们二位从小就喜欢唱京戏,还唱得很好。有了这二位的合作,演出班子算组成了。还从华侨中临时凑了一个乐队。中国戏和西方歌剧一样,不能没有伴奏。

从这些人数虽然不多,但是从显贵的观众长时间鼓掌看来,我们这次演出是很成功的。法国总统和夫人破例走出来和每个业余演员握手并热情地向他们道贺。我想他们非常欣赏这个节目,除了音乐悦耳动听之外,也由于在当时的法国首都,独具一格。

在外交舞台上,中国使团表面上很不活跃。从 1936 年以来.由大使馆办理的所有与法国有关的外交问题,都与中国没有直接关系。我们不活跃的原因有几点:

首先是欧洲的风云,尤其是德国对莱茵区的占领,引起了反响。意大利对埃塞俄比亚侵略的加剧并在 5 月获胜。西班牙在这年 7 月爆发了内战。这些对法国说来都是大事。此外,这一年来,德国在一个希特勒领导下越来越蛮横、越来越富有侵略性,跟意大利的墨索里尼更为接近,狼狈为奸。1936 年 10 月,德、意达成一系列协议,形成所谓的欧洲轴心。到 11 月,广泛谣传的德国与日本要签订条约,也已成为事实,法国开始感到四面楚歌。

在这段时间,由于国内情况与经济凋敝,法国政局更为动荡不稳。社会党人掌权,标志着法国政治局势起了急剧的变化。潜在的反对意见和指摘,在法国政界中大量存在。法国分成了两派。害怕共产党的*,同害怕德国和法西斯的相争。因之,不顾国际关系的日趋紧张,法国的政治领袖们所密切关心的是国内问题

---

* 人民阵线于 1936 年 6 月间组阁,这是一个左翼的联合。其中以共产党、社会党及较为保守的激进社会党为主,共产党不断取得更多的发言权。

胜于国际问题。即使注意到国际问题,重点也仅放在欧洲。

其次,从我回法国就任中国第一任驻法大使并得到政府同意购置新馆舍以来,我就忙于找新馆舍和做必要的安排。

第三,中国在国际上的地位起了变化。到 1936 年夏,国民政府在南方已经成功地确实控制了广东、广西两省。共产党在江西及附近一带的军队,也被迫从西南退向北方的陕西。同时,没有动用军队就平息了 1936 年 6 至 8 月间的"南方叛乱"。政府终于感到可以进行建设了。而建设需要大量的资金援助。此外,中、日关系,从军事上讲,自从签订何梅协定和在北平成立冀察政务委员会之后,基本上已趋稳定。日本方面以及在中国政府里,商业金融界里,都有强大的呼声,要寻求一个可以使中、日得到谅解,经济上可以合作的途径。

一言以蔽之,当时中国的注意力,绝大部分集中在工业和经济建设上。因而重点也就从想满足军事和外交上的需要,转向从欧洲市场,特别是从伦敦、柏林、巴黎和罗马,寻求财政信贷和借款。这类事情只是间接地通过大使馆办理。所有中国使团的工作就是为这种谈判铺平道路而不是直接参与。这些事都由财政部的特派员或特使进行。

当时中、法之间也没有急待解决的问题,即或有悬而未决的问题,也属于次要性质*。这就说明巴黎大使馆的活动处于迟滞状态的原因。中国在国外的其他使团也如此。如在伦敦和在华盛顿,那里的中立派和孤立主义还在占优势。不过这并不意味着巴黎大使馆在别的事务方面也不活动。

从我任中国首任驻法大使以来,我就密切注意欧洲的局势。因为在某些方面有一种感觉,认为欧洲的国际关系可能导致世界性的冲突。我 4 月间到达欧洲,这时已经是风吹草动了。照例,人们对事态的解释总是有乐观的和悲观的两方面。我要尽可能

---

* 这包括在印度支那对待中国籍人的问题及 1936 年 4 月的广州湾事件。

准确地审时度势,作出结论以便向政府汇报。这就是我到达巴黎后集中精力的主要方面。

根据外交惯例,新到任的使节要拜访外交界的各个同行和法国政府的官员,并等待对方的回访。这种交互拜访,给我一个极难得的机会以探询各国代表和法国政府一些领袖们的观点和看法。

4月末,我拜访了法国外交部部长弗朗丹,并送上一份国书的副本。借此机会,我问他对整个欧洲大局的看法。他说欧洲形势确实令人焦心。不过,他还是寄希望于国际联盟,以它为中心,进行磋商,找出维持世界和平的道路和办法。他还认为只有欧洲局势取得相当进展之后,才可能考虑远东问题,同时,他还觉得欧洲局势肯定会有一段捉摸不定的时间。例如,在法国,即将大选,而大选之后必然要有的政府改组,会造成一时的混乱。

实际情况是在5月3日的大选中,左翼人民阵线获胜,弗朗丹掌握外交权的政府被认为是反动的政府,彻底垮了台。共产党在国民议会里得到82个席位,比过去席位增加三倍。5月8日葡萄牙公使来访,他很熟悉法国政局。他认为,社会党人一旦掌权,就不会像他们在选民面前表现的那样激进。罗马教皇使节认为,民主体制在小国譬如瑞士,能行得通,但在大国则行不通。这个意见是我们在讨论大选后的法国政治情况时,他提出来的。

罗马教皇使节是位和蔼可亲的人物。当我问到他关于意、埃纠纷时,他抱怨英国嘴里说的是一套,做的又是另一套。他显然是指英国对制裁意大利模棱两可的态度而言。不过,他希望和平解决。翌日,我拜访意大利大使时,他对英国的意向也把握不定,显得对局势感到忧虑。他说,不然的话,意大利充当欧洲和亚洲的桥梁,在远东和欧洲的问题上可以起到有益的作用。总之,我们畅谈了远东、欧洲的形势及法国的政局。

自然在那时,中国和意大利的关系是很友好的。意大利驻中国的使节早日的升格,墨索里尼的女婿齐亚诺伯爵对中国也很友好。齐亚诺曾在上海当过总领事。他的夫人,墨索里尼的女儿,在上海也颇有人望。他们非常热衷和中国人交往。在上海时,他们和宋子文、陈公博、罗文幹及我们夫妇都是好朋友。我去北戴河时,他们也常来过访。有一天,齐亚诺夫人还救过我的命。那天天气很不好,我因为爱游泳,没有来得及弄清海浪的力量就游了出去。她看见我在水中挣扎,立刻跳进水中救了我。齐亚诺伯爵以后在1936年夏担任了意大利外交部部长。

5月8日,拜访了英国驻巴黎大使克拉克爵士。我们讨论了意大利在埃塞俄比亚的战局。他带有轻蔑的口吻认为那已是既成事实。6月4日他回访时,口气依然如故。他还觉得继续对意大利制裁是多余的。我们认为他是个现实主义者。

比利时大使登特根伯爵和我在5月14日晨有一次交谈。他为人和善友好,精力充沛,曾任职于北平和东京。照例,我向他提出欧洲问题。我问他对于欧洲局势有何看法,以及德国追求国际威望和它的扩张政策究竟要走多远,他的回答饶有风趣。他说我好像在问:"这辆汽车要开多远。"他的答案是:"这要依驾驶者的意志而定。"他说,德国已经把自己武装成一个完整的机器,它野心的限度,就是它活动的限度。它感到它自己的力量并决心拿到它认为应得到的东西。

我觉得比利时大使简明扼要地总结出了他对局势的看法。不过,他这种悲观的论调,与匈牙利大使在回答同一问题时的乐观情绪大不相同。匈大使说,在欧洲列强的各个阵营之间是有很多问题,但他相信,这些问题和矛盾是可以和平解决的。

展望国际前景,我忧心忡忡。和我有同感的又一例子是地处欧洲中心瑞士的公使杜南特先生。他从瑞士回来以后答复我的提问时说,在一个全副武装到牙齿的欧洲,瑞士虽然是一个中立国,也不得不加强军备,整顿防务,以免遭到突然袭击而措手不及。他感到瑞士四面都是强邻,武装自己是必要的、正当的。瑞士人民不愿在明媚的清晨一觉醒来后,被告知他们的城市已于昨夜被敌人占领。他说,武装备战要有十亿法郎,征兵年龄的界限要从原来的 18 岁至 50 岁加以扩大。新的防御制度规定,瑞士每个州都要有本地的军队,就地抗击来犯之敌。尽量减少过去那种须从别处调兵遣将的情况。我们这次交谈的时间是 1936 年 6 月 19 日。

我和外交使团的同仁们以及法国政府官员的谈话是广泛的。但是从以上所举数例可以看出,交谈中显示出三种观点,其中对国际前途持悲观论的占多数,这也是意料中事。自从我来到巴黎后,欧洲情况在不断恶化,以德、意为一方,英、法为另一方的关系,剑拔弩张。而且依我的看法,英、法是在想尽一切办法来避免摊牌,这样就给德、意一种印象,认为它们可以放胆推进,不必担心会遭到强烈反抗,这是一个很不幸的局面。

可以回忆,例如,3 月初,希特勒违反洛迦诺公约,武装进占莱茵区。其他洛迦诺签约国最初的反应,认为违反公约是一严重事件,尤其是法国迫切希望对德国采取强烈措施。可是它很快就发现英国并不打算行动,伦敦害怕和德国导致关系破裂。比利时也举棋不定。另一方面,罗马本是洛迦诺签字国,可它要求交换条件,即先取消它对埃塞俄比亚入侵而遭到的石油禁运制裁,然后才肯采取行动。在这些情况下,法国不得不采取消极抵抗办法,只是对于莱茵区问题拒绝和德国谈判。与此同时,法国内阁决议通过一个以防万一的军备计划。然而,法国政府和社会上却有一部分人主张撇开英国而和柏林直接交涉,而另一些法国政界领袖,则赞成恢复建立攻守同盟政策,放弃依赖任何集体安全体制的观念。

至于实际发生的情况,则是:法国政府立即采取的措施是召回伦敦、柏林和罗马的大使进行会商。经过一系列内阁会议,最后决定了下列措施:(1)不准德国在莱茵区修筑防御工事。(2)对整个欧洲,法国支持集体安全和互助制度。这不言而喻,就是放弃对德国制裁的强烈政策,而甘愿与德国进行洽商。到头来,法国和英国一样,决定不采取强硬措施以免和德国可能摊牌。

这样一来,却引起了法国本身的问题。法国作为欧洲大陆一个主要的强国,其政策及其情况,自然具有很大的重要性。可是,如前所述,法国不幸处在内外交困之中。视此情况,法国自身的政局不能日趋稳定,国防不能日益增强,在国际上也不能采取坚定的立场。我发现这不仅是我个人的看法,我的外交界同行也持同样的观点。

内阁已经改组,1936 年 6 月 4 日,勃鲁姆在工人阶级的欢呼声中就任第一个人民阵线政府的总理。工人们欢呼新政府,是因为每周的工时缩短了,每年付工资的假日增多了。一般老百姓对变动是欢迎的,而军界人士并不满意,因新政府上任后有一项法令是削减军事预算。左翼人士始终认为军人挥霍无度,政府有钱应该用在最需要的地方。同时,军人内部也出现了分歧。

马其诺防线是传统的法国军事领袖们关于国防战略的重要思想。从我同普遍群众及和一般政治家的谈话中,我感到所有法国人也同意马其诺防线是法国的安全堡垒。在军事方面,法国人相信他们的军事领导人的判断。当然,那时法国人仍然相信比利时的中立,并且相信一旦发生公开战争,德国会尊重它的中立。不过,也有例外,例如戴高乐将军,那时还是个年轻军官,他主张军队机械化,认为这样可以提高现役兵员的战斗力,同时还可以减少兵额。但是,这个论点,在传统的军事领袖中,包括高级的军事权威们在内,不受欢迎。他们仍然相信马其诺防线,并认为军力的大小纯由兵员的数量来决定。

除了军界之外,其他各界,如商界,对勃鲁姆政府的支持也有分歧。不过,要从任何一个集团概括出一个综合观念,也很困难。总之,当时法国政局中紧张的斗争情况,是尽人皆知的事实。每一政府官员、每一著名的参议员和下院议员都在争取内阁的席位。他们在国会里仆仆奔走,今天入这一派,明天又入那一派,都是为了乘机钻入内阁。

法国的政界领袖,正是被这些国内的情势束缚了手脚,以致不能对国外情势采取恰当的措施。尽管一般人都因国外形势而感到不安全。可是国内形势使其本身在实际上,无法协作来加强国防力量。

法国的这一面的邻邦是新兴的德国,另一面的邻邦是7月里爆发了内战的西班牙。西班牙由于对墨索里尼给它的帮助而感恩戴德,今后可能成为另一个法西斯国家或不友好的近邻。这就使法国受到两方面的威胁。同时,由于意大利在埃塞俄比亚的胜利,法国在地中海和重要的北非殖民地均正受到威胁。所谓的法、苏互助协定,小协约国和波兰的态度,由于种种原因,都不能认为是充分可靠的。这可以看出,当时法国的外部安全是很有问题的,所以法国曾力求向英国靠拢。

由于法国对欧洲的政策路线,唯英国的马首是瞻,因了解英国的政策也很重要。前文提过,我和英国大使克拉克会晤时,曾对国际形势的一般趋势和英国对意大利与埃塞俄比亚的政策,交换过意见。我们首次会晤是在意大利占领埃塞俄比亚首都亚的斯亚贝巴数日之后。那次会谈,表现出他对意大利的侵略行径显得漠不关心,有轻率地接受现实的意思。他说对意大利的制裁是不会成功的,因为还没有一个大国决心去贯彻实行它,他对制裁无结果毫不感到意外,因为在意大利占领了埃塞俄比亚全部国土之后,这个既成事实就更难变动。他说,意大利都没有想到征服埃塞俄比亚会如此轻而易举,但意大利有强大的空军和机械化的陆军,使只有原始武装的埃塞俄比亚无能为力。列强应该以此为鉴,修改国际联盟公约,删除有关制裁的第十六条。

简言之,克拉克大使反映了他们国家的意见——接受既成事实并因此从内心就反对继续对意大利进行制裁。不久我就从他那里得知,英国不等意大利提出要求,就召回了驻埃塞俄比亚首都的公使。一句话,英国已准备承认意大利对埃塞俄比亚的征服。

关于德国,这位大使认为,德国是整个欧洲问题的症结。假如德国目前不能用和平方式达到它的愿望和要求,克拉克担心,四五年内,德国军力羽毛丰满之时,它将说到做到,为所欲为。这就要导致整个欧洲的危机和大的灾难。

对于苏联的政策,他的见解是,苏联虽然赞成欧洲和平,但它在本国东部的军事配备是能独立自卫的。他认为也不应排除苏联可能先发制人,向日本进攻以占上风。他还认为苏联尽管目前在讲和平,十年之后,它可能又要闹世界革命。

关于这些谈话,我在向南京的报告里指出,英国主张修订国际联盟公约,取消有关制裁的第十六条。这个意见得到一些欧洲小国的支持。这些国家认为,制裁真要达到目的,必然会导致战争,倘执行得温文尔雅而不彻底,必然会毫无效果。

在我拜访苏联大使时,他声称苏、日关系已不复紧张,他告诉我,最近有一千多日军,配有坦克、重炮,侵入外蒙古,越过边界30多公里。他们在试探苏联的防务准备。但是,装备有最新武器的外蒙古军队,予来犯者以沉重的打击,日本侵略军几乎全部被消灭。第二天,驻莫斯科日本大使在一个宴会上发言,用一种罕见的和解语气,说日本欢迎苏联国防人民委员访问日本。苏联大使从这篇发言中领悟到,广田内阁是乐于缓和苏、日紧张关系的。他补充道,如果东京对关东军的行动不能控制,两国间的冲突仍属难免。

当我问到他,关于传闻日、德之间已在1月4日缔结了一个互助秘密条约的问题时,这位苏联大使说,这已是既成事实,他可以向我加以证实。他还说,这个条约签订之前,连德国外交部部长都蒙在鼓里。因为这个条约是德国的军事参赞在东京签订的。就我们所知这位苏联大使说的并不对,因为德、日条约是秋季才签订的。但是由他的话可以看出,谣言流传既广且深,各方人士已经对于只要是逻辑上说得过去的事,就信以为真了。

欧洲局势愈来愈糟是意料中事。我在5月16日答复外交部的提问时曾报告,意大利已秘密通知法国,它将把整个埃塞俄比亚并入意大利帝国版图。法国劝告它不要走极端。不过这个劝告只是耳边风,罗马不多几天就发出合并埃塞俄比亚的通报。伦敦和巴黎对这件事的唯一反响是保留最后意见。当国际联盟理事会开会讨论此事时,英、法两国代表同意意大利问题不仅是对他们自身的问题,而是联盟作为一个整体的问题。

中国的政策,在与本身利害攸关时,要与英、法及华盛顿合作。因此,南京当局急于要知道法国对意大利行动的真正意图。情况表明,法国对意大利的吞并行为似乎采取的是默认态度。南京要我澄清这件事。我答复说:法国对意大利的吞并通知,迟迟未作肯定答复,并不意味着法国对这件事的默认,法国政府要我们等待观望 6 月国际联盟开会的讨论结果。

会议召开之前,我于 5 月 28 日曾和驻罗马大使刘文岛一起去德国巴特瑙海姆和汪精卫进行了一次会商。尚能忆及,那次会是讨论意大利提出的意大利愿意撤销在中国的治外法权,交还在天津的租界,换取中国停止对意大利的制裁(制裁是国际联盟会员国因意大利侵略埃塞俄比亚而采取的行动)。墨索里尼要刘文岛代表中国在五天内答复。刘希望得到汪和我的帮助。我同意这么办,但条件是我们应首先取得英、美的谅解,并保留我们不承认意大利征服埃塞俄比亚的态度。汪精卫也认为这很必要。并说,目前英国对我国虽帮不了多少忙,但是如果跟它对立,可能为害很大(英国对这个问题的态度虽然有一百八十度的改变,可是各方面仍然认为英国是制裁意大利的领头人)。

下一周是法国人民阵线政府在巴黎就职之日,我开始对内阁成员进行逐个拜访。6 月 9 日,我接待了法国新任外交部部长德尔博斯。他称这次拜访是"交际性的"。我们在谈话中提到彼此都认识的朋友,如班乐卫和郎之万,谈到对意大利的制裁,法国的态度和我们对德国、日本的相似立场。他非常和蔼。虽然不是一个职业外交官,可是看来他具备了外交家的气质,语言流利,态度可亲,老练机智和思维敏捷。

13 日回拜德尔博斯时,我们又谈到对意制裁,也谈到国联盟约的修改问题。谈了半个小时后,我就去回访外交副国务秘书维安诺。他认为法国新政府的外交政策仍将以国际联盟为基础,并且不赞成修改盟约条文,而只对之重新作一些解释,诸如国联支持具有军事制裁内容的区域性互助条约,凡不是该条约签字国的国联会员国,只承担从事经济制裁的义务之类。

当时,对修订盟约的问题我个人颇为关心,因为外交学会已经邀请我参加修订委员会。并且,当时修订盟约的关键是制裁问题,是应该取消还是应该加强。这个问题在讨论意、埃问题时曾经常常涉及。

6 月 17 日我去外交部和马锡里讨论意大利的问题与制裁问题。他说法国在等待英国带头行动。不过,他认为英国内阁决议主张取消制裁已是预料中事。他说对了。那天的第一份晚报就登载了英国内阁的决议,主张取消制裁。关于这个问题我给外交部发了一份长报告。6 月 19 日巴黎的勃鲁姆新政府支持英国的决议。等到国际联盟大会在日内瓦召开时,已经有 18 个国家取消了制裁或者发表了他们取消制裁的意图。在这种情况下,很明显,大会将一致通过取消制裁。对国际联盟来说,这件事就算结束了。埃塞俄比亚只有听凭命运的安排。

6 月 27 日,星期六,我去外交部拜会了国务部长肖唐。他是一位非常使人愿意接近和文雅的人,对国际联盟,对制裁和修订公约问题,极为熟悉。当天下午,我给日内瓦《国家论坛报》写了一篇改组国际联盟的文章。星期日我乘火车去日内瓦出席大会。让我从我的日记上摘录几段来看看这次大会的动荡不安。

1936 年 6 月 30 日

下午五点,特别大会开幕,比利时范策兰被选为主席……他读了意大利将来"开发"埃塞俄比亚政策的备忘录。其中还有一张开列着埃塞俄比亚酋长、省长、官员和各团体领导人呈递给意大利当局表示服从的书面材料。这是一张令人沮丧的名单。埃塞俄比亚皇帝发言。记者席上的意大利记者立即掀起一阵吵闹和骚扰。主席召来宪兵把他们"撵走"并把他们带到警察局去。这是同情皇帝的表示。皇帝的发言很动人。他叙述了意大利的战争方法,坦克,飞机向河里、湖里、田野里倾撒毒物,不分男女老幼,杀人如麻,就连牲畜也不放过。他是用他本国语言讲的,译员译成英文和法文。他庄严沉着,表现出一个在战争中丧失国土的君主的一副动人的形象。

1936 年 7 月 1 日

10:30 开大会,三人发言。勃鲁姆的演说坚强有力。我和艾登交谈,他说情况很棘手。他原来那种无忧无虑的表情好像不见了。勃鲁姆发言的重点是德国问题,并认为战争可能爆发。

1936 年 7 月 3 日

上午 10 时,大会开会……在聆听巴西亚发言的翻译时,一个捷克的著名作家勒克斯开枪自杀了。他坐在国联秘书处成员的席位里,离我二十呎远。先是,在安静的气氛中突然一声枪响,人们惊问时,我回答说,一定是左轮枪的声音。接着只见一个脸色苍白的人站了起来。他举起右手说:这是最后的手段,然后慢慢地向右倒下。顿时全场骚动。主席宣布暂时休会,并问大厅里有无医生。宪兵也赶到了,一个侍者捡起一束黄色大信封装着的信交给爱文诺。这些信是从捷克来的。那人被抬到后屋,几分钟后又继续开会。主席宣称这个"悲痛事件"直接或间接都与大会无关。不过,他和爱文诺都面露激动之色。*

---

* 据事后报道,勒克斯是犹太人,他以自杀来象征国际联盟的破产和全世界犹太人将为之殉难。

1936 年 7 月 4 日

大会以压倒多数通过取消制裁,只有埃塞俄比亚一票反对这项决议。面对着一个会员国"扼杀"另一个会员国,国际联盟的懦弱无能,令人厌恶不已。人人感到不平,但都是敢怒不敢言。欧洲黑云压城的紧张空气,支配着整个大会。

我在 1936 年 6 月和法国新内阁的很多成员相互拜访,借此机会探询他们对国际形势的看法。曾和我交谈的除总理和外交官员外还有海军部部长、商业部部长和空军部部长。6 月 25 日我和年轻而精力充沛的新任空军部长科特的谈话给我留下特殊的印象。我初到法国任公使的时候,科特是彭古内阁的外交副国务秘书,同时还是法国派驻国际联盟代表团的活跃的成员之一。1936 年 6 月我们再度相逢时,我发现他对我非常热情友好,我对他也是如此。我愿意跟他建立友谊,因为他是在日内瓦对日本入侵满洲提出抗议的第一个法国代表。

25 日我对他的拜访除了礼节性之外,还有一个迫切的目的。就是想要他为中国军队购买法国军用飞机。关于这件事,他谈到法国是第一个在国联大会上抗议日本的行动的,还说,中国和法国的主要利害关系是相同的。因之,他非常乐于增进两国间的密切关系。对中国在法国采购一事,他愿提供一切方便。他还说他准备让我们看看法国最新式的战斗机。

话题遂又转到欧洲局势。我问到他的看法时,他坦率地表示担心,并说对局势感到悲观。虽然德国的军事布置要到明年(1937)年底才能完成,可是它们却毫不迟疑地占领了莱茵中立区。这个行动,德军总参谋部曾经反对。而希特勒不顾一切,由他做主下命令执行。就像意大利总参谋部起初不同意墨索里尼向埃塞俄比亚宣战一样,随后还是照墨索里尼的意思办了。科特指出,照目前形势,在欧洲战争一触即发。法国本身正在积极准备以应付万一。

只在一周之后,国际联盟以压倒多数通过取消对意制裁。对这一决议，许多观察家，包括我在内，一致认为这标志着集体安全体制的彻底破产。仅仅几个星期之后，西班牙就爆发了内战，进一步将欧洲分裂成两个对立的阵营。一开始德、意就支持佛朗哥将军为首的叛军，苏联则支持当政的西班牙人民阵线政府。法国人民阵线政府内部意见也不一致。但是最后他们联合英国，成为不干涉协定的主要倡议人。可是与此事有利害关系的列强，对它却不予置理。

当欧洲局势动荡不安之际，远东方面，中、日关系依然十分阴暗。中国政府的政策仍是争取与日本和平解决。这是政府中大多数人赞同的政策，只是事实证明，这个政策越来越站不住脚。尽管力求在经济和工业合作的基础上和日本进行谈判，但这些谈判——接连破裂。

在中国方面，谈判的失败主要是由于公众舆论反对与日本建立任何友好关系。虽然在南京政府里多数赞成与日本和平解决。但其中也有两派意见不一。一派以委员长为首，代表人物如何应钦之流，主要是在日本留过学的，特别是那些进过日本士官学校的官员们。例如其中包括张群。他在 1936 年任外交部部长。把委员长对日本安抚姑息的政策发挥得淋漓尽致。再往前追溯，委员长南昌行营的秘书长杨永泰也是日本留学生。另一派的领袖人物有孙科、宋子文、孔祥熙、李石曾，国民党和军队中的桂系，还有北方的军事领袖如张学良等都主张继续加强抗日。中国社会舆论因受这些派别人物及西北共产党的支持与鼓励，更是群情鼎沸。1936 年期间学生的抗日情绪逐步高涨，以致在后半年导致多起严重反日事件。

在日本方面，和平谈判的失败主要是由于日本国内和在满洲的军人的反对。虽然那时的军事冲突很少，而在满洲的关东军仍以巧取豪夺的各种方式加强它对华北和内蒙的控制。因而，例如1936 年 5 月 22 日，因为根据广田三原则的精神进行谈判以求和平解决的办法，一直不见具体成效，所以我以个人名义电询外交部部长:日本是否仍然坚持三项原则;中国要求日本不得在华北增兵有无进展;政府出兵山西以抵御日本对该省进一步侵犯的报道是否属实。我即将去柏林会见程大使,收到回示后拟将情况告程。以后在11月初,守卫绥远的中国军队,与受日本支持的蒙古军队,发生了激烈战斗。

换句话说,日本在提出以所谓广田三原则按日本的意图通过外交途径解决中、日问题的同时,日本的军事当局,尤其是关东军的头目们,依然在推行占领和控制华北的政策。原以为何梅协定可以制止日军在华北的渗入,事实上却丝毫未能遏制日本的侵略行动。谈判解决,中国方面当然欢迎,但显而易见,这是东京经过日本军方同意用来掩盖其进一步侵略华北的帷幕。

与此同时,欧洲的形势亦有发展,德、意侵略欧、非的政策已是路人皆知。接着,在年末,日本又同德国缔结了反共产国际互助协定,也加入了德、意的行列,进一步说明中国越来越孤立。全世界已处在战争灾难的边缘,这将使中国的处境更加恶化,对于中国抵抗日本侵略更加不利。

由于我,当然还有我在伦敦的同事,曾经连续不断地报告欧洲列强的动向及最后日、德缔结反共产国际协定,委员长指示外交部长重新研究中国的整个外交政策。从日、德签约来看,日本已加入德、意轴心,改变了全局。表明三个强国都致力于一个共同的侵略目标,德、意在欧洲,日本在亚洲。也可以看出我们与日本谈判,试图以经济与工业合作为基础重新建立友好关系的意图,是不会有成功希望的。日本方面,在军人集团影响下,正在积极准备条件进一步对中国进行侵略蚕食。这个条约的签订,日本的立场更为清楚。证明日本的军人集团和纳粹的军事将领们不顾文职官员们的反对推行侵略的努力胜利了。事情已经清清楚楚,无论中国谋求按经济合作的方式和平解决的愿望如何忠诚,日本外交代表们的态度显得多么诚恳,实际这种尝试是毫无希望的。外交部根据我和几位同事不断从国外提供的情报也慢慢地领会到了这一点。

举例言之。1936年5月5日,我到巴黎不久,就去拜望当时的法国总理萨罗,事后并将谈话内容立即汇报南京。萨罗曾任印度支那总督,多次任殖民部部长,一向关心远东事务。他先问我远东情况。我对他说,表面看,似乎平静,实际危机四伏,日本正强化在华北的行动。倘使爆发战争,影响不会局限于中国,而必定会波及各方。因此我提出希望欧洲和美国虽然面临紧张的欧洲局面,但不要忽视远东的动乱情况,特别是中国抵抗日本侵略的情况。我进一步表示希望几个大国,能竭尽全力与中国、日本和苏联合作,以维持远东的和平,防止将来某强国的侵略行动(当然我是指日本)。

萨罗说,他曾两度任印度支那总督,对远东局势一向都比别人更为关心。他有一种想法,甚至可以说是一个信念:整个世界的未来与太平洋问题的关系是密切相关的。中国是一个大国,幅员辽阔,资源富饶,而周围的邻邦对它虎视眈眈,伺机吞噬。他说,这就是问题的核心。倘这个问题能得到妥善处理,对欧洲和美国也会有好处。如处理不当,或远东爆发了战争,它必然会影响到全世界。

这段谈话也反映了我的长期信念。我深信团结一致维持和平的重要性。因为亚洲的紧张会影响欧洲,反之亦然。这也使我有理由相信更多的欧洲和美国的领袖们,终究会接受这一观点,并认识到远东各国互助合作的好处。

7月21日,我发了一份私人电报给委员长和外交部长,内容是我和激进党领袖,国民议院议长赫里欧的一段谈话。赫里欧是首先倡议法、苏订立军事互助条约的法国政治领袖。他还为推动这个计划亲自去莫斯科,并最后在那里成功地达到了目的。

会谈是在7月11日。那天早晨我去拜访赫里欧,我们进行了一次推心置腹的谈话。他诚恳坦率。他一直对中国和中国人抱有好感。他给了我一个伟人的形象,单纯,有理想,法国资产阶级中的佼佼者。因此,他在当天下午来回访时,我很高兴。这次我们畅谈了欧洲和远东的国际形势。

在其他的话题中,我提到在远东订立一个互助条约的问题,包括在远东有实际利益的国家,如英、美、法等。在回答我的问题时,他的意见既使人颇感兴趣,又具有深意。因此我向外交部部长作了汇报。

赫里欧说,华盛顿的九国公约,主要目的就是为了保障中国的政治独立和领土完整。不幸英国和美国借口军事准备不足,不能履行维护和捍卫这个条约的义务。唯一与中国有共同利害关系,并能广泛支持和给予援助的国家是苏联。两年前他曾到苏联观察。看到他们的军事准备已很完善,空军力量在欧洲也可称首屈一指。结果,他动议并缔结了法、苏互助条约。他接着说,现在苏联的重工业也有很大发展。他相信十年内,苏联经济和物质资源之丰富堪与美国媲美。中国如能与苏联携起手来,安全上可以放心,并能全力以赴,从事建设,开发资源。如果中国受到威胁,定能指望可以从西北方面(苏联)得到大量的军火与物资。

如果中国担心俄国人干涉它的内政,赫里欧认为一如法、苏条约上载明的互不干涉内政一样。中国可以在同苏联的条约上规定不得干涉内政。赫里欧补充说,法、苏条约签订后,苏联完全停止了国内对法国不利的共产党宣传。如果中国愿意先试探苏联对签订互助条约的意见,他出于一向对中国的爱慕和友谊,将乐于运用他与莫斯科的关系,从中斡旋。

我说我可以立刻回答的是非常感谢,并把他的友好建议牢记在心。谈到传闻日、德有秘密军事同盟问题时,他认为毫无疑问,这已属事实。关于中国雇用德籍军事顾问一事,他觉得中国采用这个办法,一旦与日本冲突,将对中国不利。他举出土耳其为例:在第一次世界大战之前,土耳其由于雇用德国军事顾问而吃了亏。为中国计,最好聘用瑞士、比利时或荷兰人作军事顾问,较为明智可靠。

我将这些情况向政府用电报汇报时,还补充说,我在南京时即曾提过,在我们决定对苏政策时,需要先探询英国的态度。我即将去伦敦与艾登交换这方面的意见。艾登当时是外交大臣,我和他在日内瓦工作时颇为相得。我还说,赫里欧的话和建议值得认真考虑。倘若我们能确立他所建议的那种合作路线,一旦我们遇到困难,可以得到帮助。

我还汇报了我最近与苏联外交部部长李维诺夫的谈话。他说日本虽然仍在积极对苏备战,可是最近日本外交人员对他的国家好像采取了一种比较温和的姿态。因此,他预料年底之前,苏、日冲突不会发生。

在电报结尾时我问南京,日本是否仍将注意力集中在把华北五省从中央政府的管辖下分离出去,其政策有什么新的表现。我要求知道一些关于日本对华政策的消息和评价。

对中国来说,中、苏合作仍是一个需要慎重处理的问题。中国的多数领袖,长期以来对苏联怀有戒心,对中国共产党的活动也非常警惕,认为这些活动完全受命于莫斯科。大家会记得赫里欧对中、苏关系的这个方面也颇敏感,所以他对我说到在法、苏条约签订后,苏联就停止了某些宣传活动。但是有些人由于感到中、苏两国对遏制日本在远东的扩张有着共同的利害关系,因而对莫斯科意图的怀疑逐渐冲淡。

中国和苏联已在 1933 年 12 月正式恢复了大使级的外交关系。到我与赫里欧谈话时,关于签订中、苏互不侵犯条约的问题已经讨论过几次,但还没有成就。这时日渐增多的国内各界人士,其中包括长期反对南京政府以及现在政府中的一些人士,都企望政府能采取坚定的抗日政策,全国各方面的人士都会参加。一般地说这些人对苏联有了一种新的看法。例如,1936 年 9 月初是由第三者替我安排了一次招待陈铭枢等几位客人的便宴。陈是在政府成功地解决了广西问题之后来到巴黎的。他谈到莫斯科的新政策是"把反对日本放在一切之上"。因之,他认为中国共产党也将倾向于与南京合作,共同抗日。条件是:(a)组织一个国防政府。(b)组织抗日联军。一周之后他再次来访时,同来的有一位刚从柏林来的年轻中国知识分子。他谈到需要组织一个抗日联合阵线。

这就是我于1936年10月与外交部几次电报往来所谈中、苏合作问题的背景。但在我继续说下去以前,我想先补充一些在秋天出现的中、日争端。

9月20日我从巴黎去日内瓦,参加国际联盟第十七次大会。一星期后在公开辩论中,我为中国发言时,我自己都感到平淡无味。因为政府指示,不要在大会发言中提到日本侵略的问题,我不得不删掉有关中、日问题的一大段。它几乎占原稿三分之一。我从前提到的政府与日本的谈判,在中国发生一连串反日事件之后,按照日本要求刚刚重新开始。日方再次要求经济合作、北方五省自治及联合防共。中国对之避而不谈,而要求日本放松在北方的控制。很明显,政府在谈判进行的紧张复杂阶段,要我压缩讲稿,以免对谈判造成不利的影响。

在日内瓦,我和英国代表团的哈里法克斯勋爵提到这次谈判和日本要求的性质及其严重程度。我问他,在需要时,我们能否指望英国政府出面调停。他答应向外交大臣艾登报告,但没有表示赞同的意见。艾登是代表团团长。两天后,9月30日我告诉法国外交部长德尔博斯关于我们的情况,并询问法国政府有无可能予以协助。他建议与英、美一致行动,并说他将立刻去见艾登。他十分同情,还认为此事将牵累及欧洲。

当天上午(9月30日)我还和苏联外交部部长李维诺夫交换了意见。我问他在中、日冲突中苏联能给我们以什么帮助。他似乎很谨慎小心,不表示意见。他说远东问题是欧洲问题的一个部分,也可以说这两个问题是整个世界问题的两个部分。他答应去和艾登谈谈。

10月1日,我在秘书长爱文诺的午宴上见到李维诺夫。他告诉我,他和艾登的谈话无任何重要结果。法国外交部的马锡里那天也在场。马锡里悄悄地告诉我,外交部长德尔博斯和艾登昨天晚上见了面。他们双方决定分别同东京进行斡旋,并将与我国政府联系。艾登自己说,他已经通知巴黎并分别电告他的驻中国和驻日本的大使,通知中、日两国政府。现在,他希望美国也共同行动。艾登还说他最近接到英国驻挪威和驻法国的大使的电报,认为当前形势不像我们说的那样严重。

同日我还见到美国驻伯尔尼公使威尔逊,我也问他对目前远东的紧张局势与中、日谈判,他们能否协助使之有所好转。10月3日我除同法国总理勃鲁姆谈话外,又和李维诺夫再次交谈。李维诺夫告诉我,他也曾和勃鲁姆谈过。他听说,勃鲁姆将与美国商量向东京说明他们的意见。10月3日的正式午宴上,英国代表团的克兰伯恩勋爵坐在我旁边。他说,艾登告诉他说,回伦敦后将亲自过问远东的问题。

以上是我为争取美国、英国和法国,共同地或分别地进行调解,以缓和日本的要求,在日内瓦谈话的要点,所有重要谈话我都已及时上报外交部。其中一份报告是关于我早些时候和李维诺夫的谈话。报告了李维诺夫如何谈到同我方合作的谈判,已经在南京进行。在另一份10月1日的报告中,我询问这些谈判有无新的进展。

外交部10月6日给我回电,说委员长和部里都不知道中、苏合作的消息从何而来。电报接着说①:

> 鲍大使在华多年,酬酢频繁,而从未经由正式途径提议或讨论关于中、苏合作之任何办法。若与不负责任之人员,或竟与当局意见相左之人商谈外交问题,讵能认为政府意旨。鲍大使对于我国政情,认识似尚未清。

电报还指示我,再遇见苏联外交部长时,请秘密地告诉他,任

---

① 此处电文录自顾氏所存函电原文。——译者

何有关中国和苏联关系的事,不要在正式的外交渠道之外进行讨论。如果通过其他途径,则中国政府丝毫不受那些谈话的约束,也不承认其讨论结果有约束力。电报里还嘱我,向苏联外交部部长暗示,中国政府不满意鲍格莫洛夫大使,希望换一位新大使。最后还嘱我以个人身份,探询苏联外交部部长对中、苏合作的意见,并回报。

10月10日我电告当天和李维诺夫会谈的情况。我们谈了远东局势,谈到日前蒋委员长和日本驻中国大使的会面,鲍格莫洛夫大使、欧洲的局势和合作等问题。不过我的报告只限于外交部来电所提的问题。我问李维诺夫,我们上次谈话中他所说的,关于中、苏合作这一想法是否即指几年前所谈签订互不侵犯条约那一最初建议。李维诺夫回答"不是"。他说他心目中想的是关于我们两国合作的具体计划的一些谈话。我又问他指的是最近的谈话,还是很久以前的。李维诺夫说,自从提出讨论迄今已有几个月了,事情反反复复进展很慢。不过,莫斯科方面始终不了解讨论是否停顿了,或是中断了。

我随即提出,这种有关两个国家合作的重要问题,鲍格莫洛夫为什么不通过正常的外交途径。李维诺夫回答说这是中国的内部问题,他不想干预。我当时就又说,鲍格莫洛夫在中国当大使已经好几年,社会接触也很多,可是,他很少和中国外交部直接打交道。我说,鲍格莫洛夫大使好像对中国情况不很了解。李维诺夫却说,鲍格莫洛夫大使与中国政府间关系很友好,在中国又有很多朋友。他说:"我完全信任鲍格莫洛夫大使。"这是一句关了大门的话。

于是我试图探明他所谈到的两国合作究竟是怎么一种想法。我在后来向外交部报告说,李维诺夫表明他的意思是一旦中国与某一邻国发生激烈冲突时,苏联首先将给以物资支援,因为它不能没有借口就立刻对那个国家公开采取敌对行动。当我问到苏联政府能否与中国达到军事合作的程度。他说苏联有一个时期曾经向外蒙古派过军队。不过,中国政府对此不满。一句话,苏联早就有心与中国合作,可是中国好像还没有打定主意朝那个方向迈步。"幸好,"他说,"你们的新任大使蒋廷黻不久将到莫斯科,我想他肯定会带有你们政府的具体回音。"李维诺夫又说,他将在10月10日回莫斯科,希望11月中能和蒋大使充分商讨。

我估计,情况是鲍格莫洛夫不愿意把这样关系重大和应特殊保密的事跟外交部部长张群谈。因为张是日本留学生,有很多日本朋友。由于这个原因,他一定是只和他认为是亲苏的或亲西方的国民党人如孙科和孙的好友傅秉常谈了。傅后来由孙科以立法院外交委员会主席的身份推荐为驻莫斯科大使。

其实,李维诺夫所谈的情况,我当时并不感到意外。因为政府那时的政策仍然是全力从事与日本重新建立友好关系,虽然成功的希望非常渺小。鲍格莫洛夫,一位熟谙远东情况的苏联外交家,比中国政府更深知用友好的方法解决和日本的问题是不可能的。他更深信,发生冲突的日子或迟或早,是一定会到来的。由于中国的外交部部长是日本士官学校的留学生,而且众所周知,他在日本还有很多朋友,这位苏联大使鲍格莫洛夫自然要小心翼翼。只与中国政府中那些对日本的对华政策持怀疑态度,真正相信与欧洲(包括苏联)合作的人交换意见。情况大概就是这样。这也说明中国外交部部长见到我给外交部的报告,说李维诺夫早些时候告诉我和南京进行的中、苏合作条约谈判迟迟无进展的电报时,大为吃惊的缘故。

另有一种说法,并且也有些迹象可以证实这一说法*:鲍格莫洛夫确曾和某些当局人士或其代表讨论过这个问题,不过政府,就是说兼任行政院院长的委员长和外交部部长张群想要在谈判

---

* 例如:据蒋委员长说:"1936年春,日本公布所谓'广田三原则'之后,张群……曾多次与鲍格莫洛夫会商……以寻求一个联合保卫东方以及西方和平的办法。正当会谈进行之时,俄国于3月12日公布了它和外蒙古的'互助条约'。"见《苏俄在中国》,第48页,"蒋介石"条。(纽约:法勒,斯特劳斯,吉奥克斯)

获得成果以前绝对保密。

11 月间,陈铭枢和李杜将军来找我,为帮助西班牙政府购买军火和军用物资一事,要我支持与合作。西班牙政府和佛朗哥将军领导下所谓反共和政权的叛乱相周旋已经有三个月。虽然德国和意大利支持佛朗哥,苏联在较小的程度上支持现政权,法国和英国则差不多在战争一开始就采取对内战不干涉政策。12 月9 日,法国外交部发出命令,毫无例外地禁止出口运送一切军事物资去西班牙及其属地。在英国的支持下,法国提请其他国家也采取同一步骤。到月末,所有欧洲国家都参加了这个拟议的不干涉协定。9 月,在伦敦成立了一个不干涉委员会。

陈铭枢和李杜的想法,是要中国大使馆出面向各国说是为中国购买军火,然后将之转运给西班牙共和军。西班牙政府的代表以及在欧洲的其他中国人,也同样来找过我。他们告诉我,这种为西班牙政府购买军火的事是得到法国总理和空军部部长支持的。只是法国外交部长反对,他坚持不干涉协定。我提到这件事,是为了说明在国民党内,有些领导人物是反对政府追求与日本友好及与德国合作,而赞成与苏联和欧洲的民主国家合作的。

这些人之中的陈济棠和他的秘书事先约好于 11 月 2 日晚来我处。我们三人共进晚餐,畅谈许久。陈问我中国的外交政策应该怎么做和能够做什么? 我详细地谈了我的观点,并提出我心目中想的办法,即订一个远东的洛迦诺式的互助条约。我还谈到过去在满洲问题上坐失良机,以致在外交上无法为中国得到不失体面的解决方式。我还回答了陈提出的关于英、美及苏联支援的可能性问题。他认为把美国和苏联拉到一起是好事。在回答我的问题时,他谈了他对欧洲的印象。

11 月 18 日我参加了一个鸡尾酒会。大家那天的话题是法国内政部部长萨伦格罗在里尔自杀的事。很多人认为勃鲁姆内阁可能因此倒台。英国大使馆的新任参赞突然闯进来,宣称柏林已正式承认佛朗哥的西班牙政府。

同日报载东京和柏林即将宣布签订一项合作反共协定。据来源可靠的消息，这不是联盟，只是：1.相互交换技术和科学情报，尤其是有关军备方面的；2.发生战争时，相互支援军火及武器；3.以日本的原料交换德国制造的军火和机器。据说，意大利也参加并促成对"满洲国"和埃塞俄比亚的互相承认。如果这些情况属实，对中国来说显然是影响深远的。

19日的一些晨报又登载了德、日联盟和德、意承认西班牙的佛朗哥将军。我对联盟一事感到不安，尤其是听说意大利以反共为基础将加入这个联盟。我打电话给法国外交部的莱热约定时间见面。我又向南京发出电报，报告法国对这两件事的评论。法国认为这搅乱了整个局势并危及世界的和平。

莱热很忙，建议我去看德尔博斯或巴吉东，要不然就等两天。我决定先和外交部部长德尔博斯谈谈。我还回访了美国大使蒲立德，也想和他就局势交换意见。21日我和苏联大使波将金进一步坦率地谈论对传闻的德、日联盟和欧洲局势的情报与看法。11月25日我拜会了外交部政治司司长巴吉东，又谈了德、日签约的事，附带也谈及广州湾问题和印度支那华侨国籍问题。当天晚上，报纸登出德、日协定已经签字，并于中午时间在柏林公布。我坐下来草拟一份答复外交部部长张群的电报稿。他来电问我，在目前情况下，采取什么政策为宜。

我认为重要的是为了要中国应考虑决心采取什么政策以对付日本的侵略。外交部部长以私人名义电报询问我在世界总形势，尤其是结合远东的实际情况，我们应该遵循什么最佳政策。这明显地表示了政府的关切。看来欧洲和远东事态的发展，确向南京指明：与日本谋求和解（即使是为了争取时间以充实和加强国防）不会有结果，国家的外交政策必须加以修订。换言之，在1936年末，政府在各方面的驱策下，已在考虑重新制订政策这一问题。这些驱策，来自国外的有我和郭泰祺极力主张，在国内的有孙科，北方的张学良，国民党内以陈铭枢为代表的西南方面，以及广西集团。这些集团都有社会舆论支持。舆论的呼声是:头号敌人是日本而不是共产党。可是委员长和汪精卫则说头号敌人是共产党。政府要考虑制订新政策,并急待了解它的可能性,大概是这个原因,外交部部长张群才发电向我征求意见。我在11月26日以一份长长的电报,坦率作了答复①。

> 虚怀谋国,不胜钦迟。我国处境危急,地位孤立。各国对我虽多表同情,均非为我奥援。临难求助,呼应不灵,盖无与国所致也。惟选择与国,宜以彼此国策相容而不背为最要。前此我与德、意接近,凡军事上之一切人材器械,大都取之于彼。当为一时权宜之计,原非得已。现德、意与日结合,实际上同以侵略、主战、反对国联为政策。是不特与我国策国情相背,恐于我国前途有害。日本或将藉口我国不肯与日订立防共专约,逼我加入柏林协定,以绝中苏合作之途径,而遂其侵略之计。是宜一并拒绝之。在我,诚如尊见,亟宜改弦易辙,以图自存。弟意现英、法、俄、美均属持盈保泰,无侵略野心,主和平,尚合作。英、法、俄且重视国联,愿谋集团安全。美则虽未加入国联,其对盟约上一切维持和平办法,素表赞成。且此四国,均与远东有领土及其他重要关系。其对日本之侵略国策,尤与我国目前利害相同。而于外交、军事、财政或工业上,均有能力助我。故如我于保全领土主权行政完整之固定范围内,实无与日本妥协之望,则宜速谋与此四国接近。先从根据国联盟约与英、法、俄商定互不侵犯条约入手,以期达到成立区域互助公约之目的,而补国联之不足恃。至美原为九国公约之发起人,对远东尤为关切。似可与之开诚相洽,或有运用该约之可能。现在罗斯福总统已连任,论者咸料其于国际上将有积极之贡献。此次远道参加泛美洲会议开幕典礼,并拟演说,似具有深意,洵堪注目。闻今

---

① 顾维钧致张群长电录自顾氏所存函电原文。——译者

夏罗斯福总统曾对陈光甫隐示其欲组太平洋和平集团之深意，并谓中国亦可加入云云。虽系非正式谈话，亦足见其对华之态度。综核内外情势，我国此时似宜于财政上、军事上、物力上、技术人才上等，凡需要外援者，通盘筹划，拟定办法。以我整个外交政策，就各国之情形，分头与之接洽援助。惟是推行外交政策，须先联络感情，尤恃彼此国内舆论之援助。如派遣有组织有准备之考察团，邀请彼邦名人访员赴华游历讲演，增加经济商业上之关系，诸如此类，均足为增进友谊，促成提携之助。现在德、意军事顾问，似宜逐渐解聘，改聘他籍。凡与我军事有关系之重要技才器械，亦宜另向与我立场相合之国聘购，以示提携，而免有事时反受牵制。法当局对我军械技才仰给于德，屡为我虑，尤以法军界为甚。而苏俄之对中、苏合作，每多遁辞，或一以疑我对日交涉与抵抗，政策未决，一以我军事上人才器械取给于德，致多顾虑。或且疑我提议合作并无诚意。现在欧洲方面，英国鉴于德、意之虚张声势，威逼太甚，故其军备虽未完成，亦不得不采取较强态度。一面恳切与法合作，以资抵抗，期使稍戢其锋，俾和平赖以维持。同时，英、法两国竭力联络美国，树立所谓民主和平阵线，冀挽狂澜于未倒。我国处今日情况，在亚与苏俄同利害，在国际上与英、法、美同立场，能合作也。辱承垂询，缕陈管见，仍祈裁核。

同日，11月16日，我发给外交部一份长报告，叙述在日、德签约后从新闻界的评论上表达出来的欧洲各国的反应。南斯拉夫的报纸说，这个新条约是个外交策略，在日本继续试图解决中国问题时，要德国牵制苏联在远东的行动。罗马尼亚报纸的看法概述为：日、德互助条约规定的是为了进一步反对共产主义，而真实意图是为了双方更便于侵略。这件事，看来将影响伦敦和华盛顿，加快他们的合作步伐，以维护和平。

瑞典报纸的一般看法是，德国和日本都完全有能力应付他们各自国内的共产主义宣传。签订这样一个互助条约,对他们任何一方都没有必要。很简单,这个条约一定另附秘密协定。瑞典的报纸还说,举个例子,瑞典就没有可能参加这个条约。

捷克斯洛伐克的报纸指出,签订这个条约的首要意图是炫耀德、日两国的军事力量,进一步推行他们各自的侵略政策。报纸还说,民主国家是不想加入这种条约的。捷克不甘心作德国的附庸,就不应放弃它寻求苏联援助的政策。至于谈到共产主义的威胁,它自己是完全能解决的。波兰报纸的论调与瑞典近似,也认为公布防共的条约,只不过是为秘密协定施放烟幕弹。它还认为,这个条约的签订会促使英国与苏联合作。

几天以后,在苏联大使馆招待法国外交部部长德尔博斯的宴会上,我和苏联大使波将金交谈时,他告诉我英国现在认识到德、日条约的影响,而转向争取与法国、美国、苏联和中国更好的合作。

由于报纸这些评述,印度支那新总督布雷维在我对他回访时对我说,在他到印度支那上任后,他将采取与接壤的中国当局合作的政策。他还说他将妥善考虑印度支那华侨的待遇问题和华侨子女的国籍问题。他说他确信印度支那与中国有共同的利害关系。他认为在紧张的国际局势中,中国和法国在远东,从坚实的基础上密切合作,对疾风骤雨的世界,是个起稳定作用的因素。

四天之后,在我设午宴款待殖民部部长和新总督时,我先和殖民部部长单独谈话,随后又和他们两人一起继续谈论这个话题。殖民部部长莫泰悄悄地告诉我,中国与印度支那的现时问题,会以令我满意的方式解决。关于印度支那对待华侨的问题,他说新任总督已经把我和他的谈话向他报告过。他让我放心,他已指示布雷维要给在印度支那的中国人与其他所有国家的人同等待遇,并按照最近与中国签订的协议,入籍的华人与未入籍的华人没有差别。对国籍问题,他说印度支那将照一般惯例,视未入籍华人的子女为中国公民。在他们到法定年龄时,对入籍问题有选择权。

在中、法关系中,如何对待印度支那的中国侨民的问题,曾多次提出。莫泰和我在过去也谈过。至少,从中国的角度看,印度支那几百年来是一个附属国。由于这种关系,在法国没有渗入前,我们和印度支那确有很多合作与贸易往来,虽然不是现代意义上的那种合作和贸易往来。1884年中、法之战的结果,印度支那被法国夺去成为其殖民帝国的一部分。从那以后,法国对中国的行动,一直都非常嫉视。它怕中国和印度支那恢复以前的关系,或者用任何方式恢复中国对印度支那人的影响。这就是造成我们与法国不时发生纠纷的原因。有很多中国人仍然住在印度支那,在那里务农、经商甚至办工业。法国在管理这些中国人时特别嫉视,常常使这些人抱怨不满。致使中国政府不得不在巴黎或西贡进行调停干预。

对这种特殊情况,中国人一直抱怨说,和在印度支那的日本人与欧洲人相比,中国人一向遭到歧视。一般地说,中国人都喜欢有双重国籍。在印度支那他们愿意当归化的公民,同时保留他们的中国国籍,正如他们在荷属东印度的做法。在那里许多中国人入了荷籍,为的是能得到较好的待遇。中国人都愿有一个中国官方和中国领事颁发的通用护照。这样,他们回国旅行时就能够完全享受中国国籍的权利。在印度支那这种做法成了问题。在印度支那,中国人已否入籍,在待遇上是有区别的。由于这个原因,中国政府出面与法国交涉,要求修改中、法关于印度支那的旧协议,以改善印度支那对华侨的待遇。中国人希望在那个协议的基础上,受到平等的待遇。这一点,由于传统的歧视习惯,地方当局似难办到。不过,这次法国当局鉴于国际形势。看来是乐于做出更大的努力。

12月2日,美国总统罗斯福在泛美会议上发表了众所期盼的重要讲话。法国报纸一致拥护。我电告外交部说,法国报纸认为这个演说非常重要。有些报刊评论这篇演说说明了目前美国对德国的政策的关切。有的认为这是对日本的警告。所有报纸都感到这篇演说显示出美国支持民主国家,拥护世界和平的意向。

那是一段亚洲和欧洲呈现出一派惊涛骇浪形势的时期,激起世界各国当政者的密切关怀与重视。通过以下的例子可以看出当时局势的阴暗。在巴黎,我通过一位外交使团朋友的关系,订到一份新闻简报。这份简报不公开发行,仅供给情报服务社所同意的人员订阅。它是一个反法西斯反希特勒的秘密刊物。我认为它是一个德籍犹太人团体主办的,在整个德国境内都有联络点。这个油印简报是法文的,并且每期都标着"机密"字样。是一个双周刊,报道 1936 年末的德国情况。有一份简报载有德国的进军计划。说德军进攻目标不只是占领巴黎,并将继续向大西洋海岸推进,直捣波尔多港。这则报道使我非常困惑不解,我认为不可能是事实。每次我和法国人谈起可能发生德军进攻时,他们张口就是我们的马其诺防线没有人能攻破,不过,我对所谓德军的进攻的计划,半信半疑,认为不可能实现。但无论如何,我还是向外交部汇报了。这至少反映了欧洲当时的气氛。

就在这种气氛中,我和法国殖民部部长莫泰在 12 月 3 日有一段非常坦率友好的交谈。他认为德、日在这个新的防共条约中携起手来,可以推断出他们的意图。在不远的将来,不仅欧洲情势令人担忧,而且在远东也要造成威胁。他接到一份从柏林发来的机密电报,说日本一直在迫使中国和它签订一个防共条约,而中国行将同意。他不知这个消息是否属实。他接着说,中国和法国的政策与社会舆论有很多方面相似。因此他相信中、法应该合作,尤其是目前法国已经和英国恢复了过去的协约关系,采取密切合作的政策,以便一旦国际上发生任何动乱时相互支援。

至于美国,他说罗斯福总统已经再次当选,这样他就能够,而且乐于为世界和平做出重大贡献。他和他的内阁同僚即将建议总理明春去华盛顿,与罗斯福商议合作的最好办法,以维护世界和平。至于苏联方面,他觉得由于德、日共同防共条约的签署,它在世界上的影响大为提高了。

他虽然不十分赞成世界上分成壁垒森严的两大阵营,可是他认为如果英、美、法能够联合一起,欧洲的和平就会有保障。至于远东,他说法国应与中国携手订立互助和各种支援的条约。实际上,他的意见是这个条约不仅是中法之间的,而且以中国为一方,英、美、法三国为另一方,向中国提供各种支援与帮助。这样,日本就会见到中国不仅在必要时可以有四亿人投入抗日战斗,而且在外界,还有几个主要强国给予支持和援助的保证。他认为,这样,日本对先进攻中国、然后进攻印度支那,就会有所顾忌。此外,印度支那所需的物资,将可由中国供应。

他坚决主张中国应该辞掉并送走那些德国顾问,以免嗣后麻烦。一句话,他说,中国和印度支那确实需要互相帮助与合作。这是个"合则俱强,分则两伤"的典型例证。他说他即将根据这些意见,秘密地向法国外交部长建议与中国订立合作条约。他说他知道我对法国素怀友情,所以借此机会将他的想法首先秘密地向我透露。

我当即向他表示感谢他对我的信任,并告诉他中国已经拒绝了日本关于签订共同防共条约的建议。我还说,虽然在原则上我也反对世界分成两个对垒的阵营,不过侵略者为他们的共同目标已经沆瀣一气。爱好和平的国家也应团结一致,齐心合力以防止爆发新的世界战争。我告诉他,我已经秘密地向我的政府建议,中国应该争取和法、英、美、苏合作。我还表示,希望他能将他和法国外交部部长谈话的结果告诉我。他当即答应,同时要求我对他刚才说的一席话绝对保密。

在我向外交部报告我和莫泰谈话内容的电报末尾,我说:法国殖民部部长、外交部部长和总督对我所说的,由于德、日签订防共条约而引起的关切与忧虑,就中国来说也是一样。此外,还有人告诉我,法国鉴于日本在远东方面的威胁,正打算加强印度支那的防务。

我接着说,法国政界和新闻界的意见都完全赞成与英、美联合起来维护世界和平。英国和英国的公众舆论也有相同的发展趋势。为我们自己起见，同样应该注视美国的政策和态度。我记得我在离南京之前发表的意见是，远东问题主要以英国为转移。然而我在伦敦的同事们虽多方努力和英国当局洽商合作问题，但遇到的只是犹豫和支吾。英国推说欧洲局势太紧，他们已是自顾不暇。至于远东，伦敦回答说，在目前情况下，英国只能衷心盼望不要出现太大的危机。关于我们建议订立一个具体的支援中国计划，英国的回答是它现在无力支援别人，所以无法加以考虑。

综观目前世界局势和英国本身所处的地位，它对我们的那番答话也是不难理解的。不过，我觉得仍应对英国继续努力，让他们明白英国和中国在远东的共同利益。因此，我说，英国国王将于明春举行加冕。由于所有国家都要派遣特使参加典礼并向国王祝贺。而且日本已经决定（根据我得到的消息）派皇太子亲作特使。皇太子在伦敦观礼之后还将去德国。可以肯定，日本在国际场合上将非常活跃。因此中国也应指派高级人员作为特使以表示我们对英国的特殊友谊，同时，此人应该能够与驻伦敦郭大使合作。研究并提出一个和英国合作的计划，以有助于我们的事业。

至于特使的最佳人选，应是能与英国各界领袖直接接触商谈的人士。我想，孔祥熙、宋子文、王正廷、孙科和颜惠庆，其中任何一人都是恰当的合适人选。我还向政府建议，催促王正廷尽快前往华盛顿就任驻美大使，以便尽早与美国当局进行洽商。我还请求政府，对我所报告法国殖民部部长着意于中、法签订一个密切合作条约的事，予以慎重考虑。

正如人们所知，政府对派遣特使看来考虑的非常仔细。最后选定孔祥熙为参加英皇加冕典礼的特使，并指示他事毕去欧洲各国访问，以期在财政信贷和购买军火与军用物资方面，能得到支持与帮助。

关于中、法的合作协定，12 月 7 日外交部次长徐谟来电答复我前些天给外交部的电报。他说，法国大使那齐亚认为除法国外,与其他欧洲国家洽谈一个互不侵犯条约也有可能。12月8日张群部长自己给我回电,对12月3日我同莫泰的谈话,表示完全同意。

现在我想谈谈就我所知的西安事变。事变发生时,汪精卫还在德国疗养。同时谈谈我和汪的几次商谈,以及汪与我和郭泰祺的几次会谈的情况,其中有两次。柏林的程天放也赶来参加。

12月12日星期六深夜,驻伯尔尼公使胡世泽在日内瓦正帮助郭大使和我处理一些国际联盟的工作时,我们得到蒋委员长在西安被张学良扣留的消息。凌晨两点我们都已回家休息,郭打电话告诉我说他刚接到汪精卫的电话,证实了蒋被扣留的消息。更重要的是南京要他立刻回国。何应钦已被任命为讨逆军总司令,立即向西安出发拯救蒋委员长(以后我们说的"南京"是指"国民党的执行委员会",汪是其中重要的一员)。

星期日上午11时45分,汪精卫从戛纳直接打电话给我。显然汪在知道这个消息和要他尽快回国之后,立刻离开德国来到法国的海岸,以便迅速取道回国。他把告诉郭的话又跟我说了一遍,加了一句,中国的局势很严重。他要我尽快去和他谈谈。在这以后不久郭来告诉我,听说政府已将少帅免职。

几天过去没有新消息,中国那年重被选入国际联盟行政院。我再度成为中国的代表。行政院的事务和重新修改联盟公约的会议使我非常忙碌。郭大使保持和汪精卫的联系,因为我们都在焦急地等待着国内的消息。

蒋委员长被少帅扣留的消息真是晴天霹雳。这是意想不到的令人震惊的事件。这不仅对我如此,对关心远东事务的西方世界也是如此。我对整个事件感到神秘莫测,急待了解西安事变发生的实况,委员长的人身安全和少帅这一着会干到什么地步。

我在得到这一事件的消息之后,曾立刻令我的一等秘书打了一个私人电报给外交部次长徐谟,可是整整两天音讯杳然。到12月15日才终于盼到徐谟的回答。他说:

张学良一再致意这里的朋友们,对委员长的安全可以放心。经张的允诺,端纳已于昨天到达西安,但尚未见报。同时被扣留的有蒋作宾、邵力子、蒋鼎文、陈诚和钱大钧。据说钱大钧受了伤。张学良特别提出改组政府,在政府中接纳各党各派,并停止内战。这意味着要与共产党合作。侦察飞机曾一度在西安附近发现红旗。叛变者的企图尚未摸清。政府军队已迅速前进向陕西省会集结,虽然击溃叛军易如反掌,可是大多数人认为应首先考虑委员长的安全。社会舆论和各省当局,包括韩复榘与宋哲元,都谴责张学良为叛徒,日本人持的是等待观望态度。金融市场虽受影响,但尚无崩溃迹象。

15 日傍晚,在国际联盟卫生部部长拉西曼的晚宴上,郭泰祺告诉我,汪精卫刚得到南京来的消息,说委员长的被扣完全是个典型的绑架案。委员长被当作人质来勒索。这位少帅要求多划几个省归他管辖,还要大量的金钱。

12 月 16 日,星期三,我以个人名义发了一封电报给张学良,我和张有私交。我劝他以整个国家民族利益为重,盼迅速释放委员长,恢复他的自由。我还给蒋夫人发了慰问电。

同日我收到汪精卫送给我的一份他准备的声明,嘱我公布。这份声明附在汪亲笔写的一封给郭泰祺和我的信中。在这之前,我们曾经写信给汪,建议他回国之前,发布一个声明,或多或少向欧洲的领袖们保证,中国不会群龙无首,中国的情况不会马上混乱。我们认为这样做是恰当的,因为作为政府首脑汪是蒋的前任,虽然他已经辞去行政院院长的职位,他仍是国民党内的一个核心人物。他实际上是国民党中央委员会的两大领袖之一。

汪回信说:"今晨与复兄电话,今午得少兄手书,均已领悉。弟亦想起临行以前须发表谈话,因拟一稿,将全文电往南京,征取诸同人意见。顷得复电,完全赞同。兹将稿文寄上,敬祈两兄嘱人译成英、法文,设法交通讯社及报馆发表为盼。并祈将中文全文再电一通于张岳军部长，是所至荷。"

这份声明很快地译成了英文和法文，并立即安排发表。内容如下：

余于去年 11 月 1 日为凶徒狙击，身中三枪，益以数次开割，致旧有之肝肿病及胆囊炎病因之复发，复添心脏病，颇为沉顿。不得已辞去政府职务。幸军事委员长蒋先生兼任行政院院长，中枢负责得人，余得以于今年 2 月 19 日出国疗养。数月以来，因病体未愈，未得与所在国各界人士往还。最近西安事变，闻之痛心，蒋先生之一身，有关于中国前途者至巨，为国家计，为同志关系计，均不能一刻淹留。而中央执行委员会复有促归之电报，是以立即启程。今后余之努力将一以中央执行委员会之决议为正鹄。对于时局，不欲多所论列。唯有不能已于言者：

（一）近来因共同防共之说，而引起联共抗日之说，此将陷中国于大分裂大扰乱。

（二）为共同防共之说者，须知数年以来，在中国内地扰乱之匪军，其标榜为共产主义，其实际行动则为土匪。数年以来，若无日本之侵略与威胁，剿匪早已完成。然数年以来虽备受日本重重之侵略与威胁，仍能次第肃清。此可证明中国不假外力，足维治安。

（三）为联共抗日之说者，须知淞沪战急时，政府调江西军队赴援，而匪军即猛攻赣州。古北口战急时，政府调长江军队赴援，而匪军即陷抚州，攻南昌。此可证明中国非统一不能对外。

（四）以此之故，中国今日唯有排除依赖，自力图存，方能对外为诚意的平等的之结合，对内实现举国一致。

在报纸上发表时，应增加下列一段：

此外有询汪氏以 12 月 14 日莫斯科《消息报》所云云者，汪氏谓此为无根之谈，不待辩也。①

---

① 上述汪精卫的声明稿和致郭泰祺、顾维钧的信，均转录自著者所存原件。其中"复兄"为郭泰祺（字复初），"少兄"为顾维钧（字少川）。张岳军即张群。——译者

（俄国的机关报发布一条消息，说西安事变是日本人与汪精卫、张学良合谋策划的。）

我看到这一声明时并不高兴，所以在 12 月 18 日星期五接到汪从马赛打来电话嘱将声明暂缓发表时，倒觉得是件好事。当天下午我离开日内瓦赴意大利港口热那亚。同行的有郭泰祺和李平衡。李是汪的追随者，他那时在日内瓦国际劳工局。

在米兰稍停，与从柏林来的程大使一同抵达热那亚，和汪精卫住在同一饭店——米拉马尔饭店。19 日星期三中午刚过，我们三人和汪精卫还有程大使开了个会。会开了两小时。汪好像对西安事变很烦恼。他把所知道的情况告诉了我们。他感到委员长即便被释放，威信也会大受影响，不易再担当起他离开的职务。另一方面，委员长本人倘遭不幸，国内就要发生内战，中国的情况将非常危险。

汪说还有一个报告，说委员长已派他的一位助手蒋鼎文将军（当时和他一同被扣）去南京要求暂时不要采用军事行动。还说他本人将于星期六回南京（大概即本星期六，19 日）。这显然是因为进军西安的总司令何应钦声称不立即释放委员长就轰炸张学良的总部，委员长派蒋鼎文到南京去劝阻何应钦，要他不要按他的计划行事。

星期日我们和汪又开会讨论拟公布的声明草稿。我与郭都建议在目前国际形势变幻莫测之际，对中国外交政策的过去如何，将来如何，最好不用肯定的词句。我提出，这个问题在汪返国之前，应作充分研究。

在汪的原稿里，他将自己对国内外政策的观点表述得过于露骨。文中第一点，明显指出国内有两种思潮，也可以说两派。一派主张加入日本的防共协定，共同反对中国的共产主义。另一派的观点正相反，即汪所谓"联共抗日之说"，主张联合共产党共同抗日。汪文的第二点表示他是坚决反共的。实际上，汪任政府首脑时与委员长的意见完全一致。蒋让汪主持政务，是为了自己全力以赴督师作战,消灭共产党。汪在第二点中再次肯定原来的多次出兵消灭共产党的政策,并强调不需要外国援助就能成功。汪文第三点着重指出不能相信共产党,因此在处理对外与列强的关系之前,首先应做到消灭共产党,统一全中国。第四点汪说中国必须走自己的道路,实现统一,并以真正平等的地位与列强打交道。

还应该注意的是,汪的原稿还间接地解释了为什么中国不与苏联接近,对莫斯科所提支援帮助中国,共同合作对抗日本的建议不做认真考虑。显然,汪是完全赞同委员长早期的对莫斯科疏远的政策。

在和汪讨论声明中他的关于外交政策的观点时,因为其中所表示的看法有些已不确切,郭和我都建议给他做些删改。中国实际上非常需要外援,甚至包括苏联的援助和支持。我们认为日本在军人统治之下,对中国必将继续推行其侵略扩张政策。

郭泰祺和我在国外的活动,都一直在劝说欧洲各民主国家支援中国,争取有个切实具体的援助计划,扶持中国,以消除日本在远东地区的侵略,维持世界和平。为了这个目的,我和郭都主张争取苏联的援助与合作。可是汪在声明稿中书生气十足,侈谈中国将一手遏制日本侵略,一手避开苏联,中国的命运完全能由自己掌握,走上统一、建设和发展的道路。这是理想的概念,不切实际。我们和他一再争论,最后虽然有些勉强,他还是同意了我们的看法,把他那些论点从声明中完全删去。晚上我们在郭泰祺屋里,又把修改过的声明研究一次,将这件事结束。

汪在同意了我星期日所作的建议之后,星期一早晨召开一个全体参加的长会,让大家谈谈中国应该采取什么切合实际的外交政策。我先报告我与欧洲的重要领袖们如赫里欧、德尔博斯、波将金、蒲立德的谈话情况,以及外交部部长张群来电征询我对外交政策意见的回电。我总结了我认为可行的办法为两点:(1)与伦敦、巴黎、华盛顿和莫斯科签订两个合作协定,即与莫斯科签订一个,与其他三国签订一个。(2)将中、日问题国际化。不要使之被认为这仅仅是中国和日本的问题。我还着重指出与四国促进了解的必要性。

汪起初显得犹豫不决。他说,若对日本继续忍辱以争取时间来求得他国的支援帮助,这会增加中国人民的不满情绪。同时,友好国家对我们提出要达成协议或者缔结条约的建议,也会抱怀疑态度。另一方面,西安事变未了,如果马上决定对日开战,会冒双重危险。他认为,目前国内在对外政策上意见分歧,最好的解决办法,可以宣布一个抗日的政策方针,藉此将国内的各党各派,团结到一个旗帜下。

郭泰祺对我提出的需要促进与苏联及国内共产党的谅解的意见表示赞同。程天放对苏联和国内共产党都不信任,因此不能同意。由于中国在制订具体政策时不得不考虑多种因素,包括本身资源不足,大量需要国外帮助支援以维护国家的生存等。这一切都表明当时中国制订一个正确的外交政策的难题。

12 月 22 日晨 10 时,我们和汪再度开会讨论制订对外政策的问题。汪起初反对"容共",但是最后他还是认为我的意见是对的。因为中国无力同时既向共产党作战又要抵抗日本侵略,必须确定何者刻不容缓并应放在首位,何者不那样急迫可以推迟暂缓。我说,在我看来目前最大的危险是日本。汪认为我们可以对共产党采取防御政策对日本采取反攻的政策。郭和我认为应该设法使共产党的军队与政府军并肩作战,打击我们共同的敌人——日本。我们认为不能像程天放说的那样,把一部分政府军队放在一边监视共产党军队,以防其从后方袭击我们。这是一种难以办到的情况。

汪先生几次不厌其详的解释,他在南京任行政院院长的几年期间当时的环境,在对日本交涉上迫不得已采取妥协让步政策的原因。他说面对蜂拥如潮的侵略军,只好沿用汉朝著名战略家诸葛亮的"空城计"。

后来,22 日,郭、程、李和我送走了汪及其一行。我们也离开热那亚去蒙特卡洛回巴黎。25 日到达巴黎后见到哈瓦斯新闻社的一条新闻。说委员长已经被释脱险。他在赴南京途中已抵达洛阳。我立刻将这个消息转给汪精卫。他那时正在波茨坦号轮船上,即将抵达苏伊士。

12 月 26 日晨,我查阅电信收文簿,发现在我外出期间,从 12 月 14 到 21 日,整整一星期没有信电。这是值得注意的。南京和外交部都没有一个字给我。

第二天,27 日,外交部来了公文电报,证实了哈瓦斯社报道的新闻,委员长已经平安离开西安,到达洛阳,将在那里乘飞机回南京。当天我立刻打电报给作为行政院院长的委员长,向他祝贺并转达巴黎外交界和华侨社会感到的慰藉心情。

为了表明对委员长安全回到南京的消息所带来的欢快心情,欧洲很多国家的侨胞,巴黎和法国其他各地的华侨,都举行集会庆祝,程天放从柏林来信,说他们那里的华侨也举行了盛会庆祝委员长的脱险归来。他说这个盛会是华侨工人和商人联合举办的,参加的华侨有数百人。

我见到法国外交部亚洲司副司长高思默,他为西安事变胜利解决和委员长平安归来向我道贺。我向他致谢,并告诉他蒋介石蒙难时期全国人民对他的支持。这次西安事变显示出中国的团结比国外想象的还要团结。全国舆论一致支持委员长,这也表现出在委员长领导下全国的精诚团结。我还补充说,少帅这个举动,确实令人痛惜。我了解他这个人,所以也不完全感到意外。

接着高思默向我讲了他 1928 年在北平经历的一件事,他最近曾和莱热讲过。他说他参加过少帅的一次午宴。当时正是少帅指挥的奉军面对向前推进的蒋介石国民党军队,每天从前线撤退 30 公里的时候。高思默问他为什么这样泰然后撤,张说,虽然他想要忠于他的父亲和领袖,但是实际上他的心已经完全和南方(指国民党)联在一起。

高思默认为这是一种异常的精神状态。他不相信这两件事能和谐共存。在高思默看来,少帅的真正心意是对他的父亲和领袖的背叛,正如他这次对蒋介石的背叛一样。他认为少帅的性格太不稳定,反复无常。这就是国外外交界人士的印象。这些印象是外交界人士如高思默先生等的经验总结。

高思默还说他收到驻北平的法国大使那齐亚来电,少帅已经跟蒋介石一起回到南京。张现住在宋子文那里,在宋的"保护之下"。高思默补充说,他们的大使认为张会被流放。

随后几个月,我听国内到巴黎来的人们谈到西安事变的各种情况。最有意思的是杨虎城将军评论张学良的动机的一番话。杨是西安事变中张学良的著名的合作者。这是 1937 年 8 月我们在巴黎的一次谈话。

大家会记得,蒋介石恢复自由的协议中有一条是不得对张、杨二将军采取报复行为,他们是可悲的西安事变的主要负责人。少帅坚持要亲送蒋介石回南京,并愿接受对他的犯上行为(说得轻点)依法受审。杨虎城没有照张的路走,而是辞去自己的职位,也许是得到默许,离开本土出国旅行,这就是他为什么来到巴黎的缘故。我见到他时,西安事变是我们话题之一。他按照他的看法叙述了西安事变的实况。

他说有好几个理由促使他和少帅采取扣留蒋介石的极端措施。首先他和少帅都反对蒋的反共政策,尤其是蒋列出一张逮捕那些反对与共产党作战的军官名单。其中包括杨、张的部下。

实际情况也是众所周知的,虽然委员长指令张、杨肃清他们管辖地区的共产党,可是很多杨、张指挥下在西安的东北军,非常反对继续对共军作战。而是要想打回他们的东北老家。蒋介石因此亲到陕西省的首府西安督师,重新发动一次"剿匪战役"。共产党这时正忙于在陕甘边区从事建立新的苏维埃核心。

第二,杨将军说,他和少帅担心中央可能参加德、日联合防共协定。第三,他们二人都赞成采取强硬的抗日政策,而怀疑中央政府一意想采取对日妥协的政策。

杨说他和少帅制定对委员长实行兵谏的计划与共产党无丝毫牵连。在12月12日拘捕扣留委员长两天之后,共产党人才参加他们的讨论。

在事变发生后的那段时间里,我记得我从外交部得到一些情报,猜疑这次事变有中国共产党的巧计唆使,但莫斯科却对扣押委员长很不高兴。莫斯科利用它的影响,要中国共产党释放委员长,以求迅速和解。大家也知道共产党的代表周恩来,参加了张、杨主持召开的讨论如何处理这次事变的会议。因此杨所说只在实际拘留发生两天之后,中国共产党才参加,我相信是正确的。

杨还说他和少帅把他们这次行动的理由告诉了宋子文,请他转达委员长。可是宋不愿做他们的居间人。因此才请蒋夫人来出面去向委员长说明他们关于对日和对其他国家的外交政策,以及对他们统率下的士兵的待遇问题的意见。

杨对我说,在中、日两国的战争日趋激烈之际,委员长最初命令将少帅扣押在奉化(委员长的老家)有两个原因:(1)委员长认为少帅性情急躁易于冲动,应予解除统率东北军的职务。(2)委员长一度认为少帅应该致力于好好学习,培养较为沉着稳重的性格,这对他是有益的。

杨将军最后说,他一向认为任何事,在做结论之前,都要听两方面的论点。他认为"偏见"是"公正"的敌人。很明显,他说这些话的目的是为了向我说明事件发生的背景,以及当时他们的动机。因为那时正是日本威胁到国家生死存亡的关键时刻,非但国内,甚至国外,都谴责他们这个行动是危险和荒唐的。杨将军所急于向我解释的是:他们的动机完全不是为了自己,他们仅仅是不同意和反对国家现行政策,他们认为政府应该采取强硬的对日方针。

若干年后,蒋鼎文将军从南京到美国访问,于1947年4月21日来华盛顿看我。在西安事变时,他非但一直跟随委员长,他还很了解那个时候共产党的情况。他说那时候他原也赞成和共产党和解，那也是少帅的意见。不过，从那以后，他改变了主意。他说在委员长被释放的过程里，他和张学良接触密切。他说中国共产党的实力得以保存，张学良确实应负责任。

这里，我想继续谈谈南京政策的转变，由在广田三原则的基础上对日谈判修好，终于转变为采取着重争取包括苏联在内的西方列强的支援以抵抗侵略（至少是部分地）的新政策。促成这一转变的因素是多方面的。日本人在谈判中坚持要求全部接受其条件的强硬态度，自然导致了谈判的破裂。与此同时，国际上合纵连横的情况也在变化，趋势逐渐明朗。我自己和驻在伦敦的同事，以及后来到西方了解国际形势和列强对中、日冲突的态度的国民党要员们，频繁不断地发去函电，也有助于影响政策的转变。还有全国报纸所代表的公众舆论，以及素负盛名的学者们和委员长嫡系以外的各军事派系的领袖们如东北派，以杨虎城为首的陕西派，包括广东、广西乃至云南的西南派所发表的意见，也都有此要求。这些因素，加上最后少帅对委员长的囚禁，和随后少帅作为他那一派的发言人与委员长的谈话，要求政府采取积极的方针，反对日本的渗入，抵抗日本的武装侵略等，促成了国家政策在委员长平安返回之后逐渐转变。

至于汪精卫在西安事变之后匆匆返国，对政府的决策有无影响，尚待查明，我个人的看法是他回到中国已是 1 月份，委员长早已平安回京。汪一定是或多或少地把他在国外所听到的一切，以及他与驻外代表们，包括我，驻伦敦和柏林的大使和他的知己朋友李平衡等的讨论结果作了汇报。这些意见都主张积极抵抗日本侵略，不再继续对日交涉求和。大家认为这种和解是不可能的，因为除非全部满足日本的野心，就不会有任何结果。

我们国外的这些意见，无论如何，还是起了一定的作用。举例说，我和欧洲的同事曾向政府建议希望派有声望的人到西方，为中国抗日积极争取财政和物资援助，政府显然已完全同意并照办。1937年初,派孔祥熙作为中国参加英皇加冕典礼的特使。孔一行的任务还包括访问其他国家,争取支持和援助。

我和在欧洲的同事们在国外收集的情报,以及对政策的建议,在另一方面也对中国的外交政策转变起了作用。张学良在中央政府中有代表和朋友,其中一些人还身居高位。还有一些属员专为他收集和编辑有关国际形势的报告,包括我国驻外使节的报告。因此,他很可能对我国在外常驻使节以及临时奉派出国人员不断送回的情报和建议并不生疏。而他们对日本问题的看法都是赞成抵抗的。所有这些情报和资料,一定都送达少帅那里,从而使他对政府当时所追求的对日和解修好而把莫斯科提出互不侵犯与合作的建议撇在一边的政策,增加了反感。

由此看来,新的外交政策是很多因素促成的。我们必须考虑到赞成新政策的公众舆论,若干重要的军事集团和大多数驻外使节的意见,以及西安事变这件事等。此外,我们还应看到国际上列强间相互关系的变化以及国际舆论对中、日冲突看法的发展等因素。从根本上说,由于国际联盟对日本在远东的侵略行为没有采取反对的行动,接着欧洲的局势也随之恶化而日趋紧张。这才使得西方国家开始明白世界的这一部分与另一部分是互相关联和互有影响的,因而对中、日关系可能会影响到欧洲事务,这一点更多地加以注意。法国政府在中、日战争爆发后对中国所表示的同情与支持,以及给予的一些援助,可以说明此点。

远东与西方的局势的相互影响是明显的。欧洲几个主要国家和华盛顿的政界领袖们的见解和策略虽动摇不定,可是也在远东和西方发生的事件的影响下逐渐发展。德、意侵略的日益嚣张,日本国内文职当权派被军人所代替,这些都促使南京政府最后采取一个崭新的政策。

至于说西安事变真正起了多大作用,也许是它最后加快了委员长和其他支持睦邻政策的南京政府领袖们的转变。它在后来南京政府的内部改组上也有影响。不过转变是单独发生的,不是由西安事变造成的。

西安事变有一个方面,恐怕国外还并不充分了解。少帅以及同他联合行动的杨虎城将军,策划扣留委员长,逼蒋采取新政策,是受了共产党的影响。共产党对中国的对外政策并不像它对对内政策那样关心。就是说西安事变从政治方面说来,部分是由共产党人引起的。在这方面,共产党人是非常高明的。他们影响并诱发少帅下决心逼委员长和南京政府改变政策,对全国有利,对共产党来说,我觉得如果政府采取抗日政策,那么整个中国都将成为共产党从事渔钓的更有诱惑力的池塘。在后来的抗战岁月里,甚至在共产党人为实现抗日联合阵线而恳切声明再次加入中央政府之后,情况就更为明显。

换言之,转变为抗日的政策,委员长及其嫡系基本上并不反对。在蒋心里,对日谈判和宣布睦邻,主要是一时权宜之计。所谓权宜之计,是委员长看到当时中国的军事力量尚不足以对抗日本,1936年他在江西牯岭对军事将领发表的重要讲话中说到,国家必先统一,进行建设,然后才能谈到有效地抵御外侮。另一方面,认为能够得到共产党的真诚合作,从他过去十年的感情、信念和经验来说都是不可能的。不过,南京以外的事态发展使国内国外都认为需要重新考虑全部情况,在全国联合的基础上,为中国拟订一个新政策。

我想关于中国政策变化的这些情况,委员长的西安事变日记全部公开之后,总有一天会真相大白,已经发表过的似乎只是零星片断,对于中国的外交政策一些重要方面和对日本问题的方向性转变的过程,还未能使人完全明了。不过,西安事变之后,南京政府进行了改组,仍以委员长为首。在改组中,包括以受过西方教育并一直是和所谓亲西方派有密切往来的王宠惠博士,代替了日本留学生张群作外交部部长。(张群在1937年2月26日给我的告别电报中,已经提到选定王宠惠接替他的职位。)政府和共产党合作抗日的谈判也开始进行。派出重要人物到国外去改善关系,争取支援的计划也已拟订。

中国的新政策一开始就很顺利,因为一些重要人物的出国访问,如孔祥熙、宋子文、李石曾、陈公博和杨杰去到欧洲各国首都,和胡适博士成为驻华盛顿的代表,都说明各国的政治领袖对中国非常关心,在很大程度上,可以说是同情。并且,这种关心与同情都表现为实际行动。到 1936 年末,虽然日本多方阻挠,中国仍能与英国、法国、德国及比利时洽商信贷和巨额的铁路借款。在卢沟桥事变发生后,我们能从法国银行界得到金融信贷,在德国甚至在意大利,中国在一定程度上已成功地获得了某些种类的武器、军火和飞机。欧洲各国首都对中国各个使节的亲切欢迎,清楚地向中国政府和人民说明,向西方寻求友谊,甚至为我们抵抗日本争取有力的支持,不仅是个正确的政策,而日是充满美好前景的政策。

也许在 1937 年初,东京的日本领袖,尤其是军事领袖,大概已经看出,中国新政策的诞生,明明白白是反对日本的。西方对中国的同情友好,也可能加速了日本的最后冲击,于 1937 年 7 月,制造了卢沟桥事件。这只是我们的猜想。不过,要是查阅日本档案,看看中国的新政策,在多大程度上影响了日本人的思想以至决心孤注一掷,制造事件,发动和加速对中国的入侵,倒是有意思的。换言之,中国的新政策得到西方列强的良好反响,使日本不得不作认真的考虑。如果中国会最后走上国内建设的正确道路,并且变成一个强邻,这对日本称霸远东非常不利。

第五章　欧洲和远东严峻的一年

1937 年 1 月—12 月

第一节　卢沟桥事变的前奏

1937 年 1 月—7 月 9 日

南京一经放弃其消灭共产党的计划,就能集中更大的力量于军事上、政治上和经济上抵抗日本对中国的压力。委员长的第一步是重新确立政府在华北的统治,使北方军人宋哲元和韩复榘摆脱日本人的影响。与此同时,继续致力于开发资源及发展国防工作。孔祥熙被派去欧洲,争取西方的同情和在经济财政方面与中国合作。各种贷款,特别是铁路建设与开发方面的贷款,已经与英、法、德及比利时做好安排。此外,由于中国的物质条件有所提高,西方对中国评价也有改善,因而也似乎更乐于与中国政府在经济上和财政上合作。

在此情况下,本可预见到日本的关东军及其国内的军人集团会对中国再启战端,正如以后在 1937 年终于发生七七事变那样。不过,1937 年初,日本在外交上却采取了更为和解的姿态。它任命以思想开明著称的原驻法大使佐藤为外相。还派遣了一个由商业界人士组成,纯属经济性质的代表团访问中国。与此同时,它还试图与英国接近,以求更好地相互谅解。

日本外交政策上的后一着确实使中国十分不安。因为很难想象,英、日相互谅解而不意味着英国对"满洲国"以及日本在华北的特殊地位给予某种程度的承认。不过,总的说来,1937上半年的远东局势,还是相当平静的。同样,欧洲情况也似乎较前顺利。只是到1937年6月以后,国际关系一时的缓和,才首先由于欧洲的麻烦而被破坏。

4月初,即将离任的英国驻法大使克拉克约好来向我辞行。言谈中表现出有些惜别之意。他同意我的看法,即欧洲至少在目前这一阶段国际关系有所缓和,英、法的联合阵线在这方面起了很大作用。

4月底,孔祥熙到达意大利的热那亚,开始其出使欧洲的双重任务:参加英王乔治六世的加冕典礼;访问欧洲其他各国首都,争取援助和贸易的特殊途径。我和使馆的郭君提前几天前往意大利,到码头迎接孔和他的随行人员。在船上拍照之后,我们登岸到我们全体下榻的旅馆进午餐。孔祥熙提前离席,因为他要去参加中、意无线电话的通话典礼。同时,我和代表团的成员翁文灏作了长谈。除谈了别的事情外,他给我讲述了西安事变的经过,说明委员长的真正危险与如何幸免于难。

晚间,孔和他的使团与我一起在旅馆用晚餐。孔谈到他在南京的艰难历程,特别是在西安事变那段时间。翌日晨,孔约我共进早餐。因为我已在自己室内吃过,改在餐后见面。孔在十点前来看我。我们畅谈了欧洲的一般情况、中国的政策和他在伦敦与欧洲的安排。

我们到海边山上一个美丽的村庄——波多菲诺去午餐。我另外约了八个客人。孔祥熙则乘坐我的汽车以便继续谈话。下车后,我们坐在峭壁上的长凳上,俯瞰闪耀着灿烂阳光的地中海,继续叙谈。他说,在开罗,蓝普森告诉他,可以预计,欧洲在三年内不会有战争。蓝普森曾任英国驻华公使多年,1936年才调到埃及。

孔把他和苏联大使鲍格莫洛夫的会谈告诉了我,给我很大的启发,并使我懂得了李维诺夫1936年9月—10月在日内瓦对我所说的话的用意。他还谈到鲍格莫洛夫最近从莫斯科返任后所提的建议，即：五千万(元?)的信贷、举行一次会议和让蒋的儿子(可能是指蒋经国)——回国。孔还提起他本人为与共产党和解所做的努力和因此而引起的张学良的误会。关于法国，他说有三件重要事——飞机、整顿1914年借款和铁路投资。他拟向法国政府提出这些事。

孔和他的一行当天下午去维也纳，我从圣雷莫去尼斯，转内陆回巴黎，并在蒙特利马尔过夜，住在1814年拿破仑去圣赫勒拿时，曾住过一夜的那家旅馆里。我回巴黎后，于5月3日设午宴招待韦罗璧教授。他在回答我的问题时说，美国要不惜任何代价寻求和平。但对远东，则深表同情。他谈到美国人不赞成从远东撤退时，我问他美国何以撤出菲律宾。他解释说，那是由于糖业利益的肮脏动机。他还说，日本反对中国的两点理由是：不遵守条约和政治混乱，大家都明白那是日本人的捏造，并已不为人所重视。韦罗璧认为，中国在十年至十五年间将走上成功的道路。这话从他嘴里说出，是很有点意义的，因为他过去总说要五十年。

由于孔祥熙在伦敦参加加冕典礼后要在5月初到法国来访问，我在和韦罗璧谈话的那几天正为安排此事而忙得不可开交。

拜访法国外交部时，尤其在获悉日本驻伦敦大使正与英国外交部为将一般性谈话改成为正式会谈做准备的消息之后，引出几次很有趣而又很重要的谈话，例如：我5月14日与法国总理勃鲁姆的谈话。

最初，我约请勃鲁姆到我们大使馆午餐，同孔祥熙见面。但当说定日期后，勃鲁姆把椅子向我拉近一点说："这件事就这样定下了，我们谈谈别的话。"他告诉我，他知道中国这几年在政治上的安定团结，在经济上的开拓建设，都有可观的成绩。

我说我们全力搞经济建设，并已有进展。然后我问他对欧洲形势的看法，是否认为出现了普遍的缓和。

他说他是一贯的乐观派，对前途抱有希望。

我说我很高兴听到他证实了我的印象,还看到他致力于英、美、法三国的密切合作,如去年达成的三国协议*,对稳定欧洲的整个局势起了很大作用。

他打断我的话说,那不但对欧洲有益,对整个世界也起了作用。

我指出有件令中国人不安的事,即英国和日本在伦敦的对话。(我在 5 月 8 日为孔祥熙访问事会见法国外交部秘书长莱热时也曾提出这个问题请他注意,他答应在他去伦敦参加英皇加冕时尽力打听这件事。)我告诉勃鲁姆,我们担心在英国和日本寻求相互谅解时,可能恢复在中国划分势力范围的想法,即:英国承认日本在华北的行动自由,日本承认英国在华南的自由。

勃鲁姆认为英、日对话不属于那种性质。他相信英国是偏袒中国的,仍然坚持不承认"满洲国"的政策。然后他重述佐藤离开法国前和他的一次谈话。佐藤现在是日本外相。根据这位法国总理的说法,佐藤坦率地谈了他的观点,并且说在很多方面他不同意日本政府的政策。佐藤认为,为了全面的利益,也为了日本的利益,都有必要取得日、苏和日、中之间更好的相互了解。日本的对外政策,应该以与这两个国家有融洽的关系为基础。勃鲁姆说,佐藤甚至还说,他不知道会不会为了他的自由主义观点而在日本招来杀身之祸。当我提到我也曾和佐藤交谈过,他的直爽给我留下很深印象时,勃鲁姆反复说,佐藤在返回日本之前,对他自己的前途很感茫然,本已充分准备完全退出官场。佐藤现在当了外相,勃鲁姆认为,伦敦的对话,会照他的政见进行。

我表示我也非常希望佐藤能够使他的观点在决定日本外交政策时占上风,并且不要在日本军人手里遭到大的麻烦。

勃鲁姆认为,英、日对话的目的是劝说日本废除去年 11 月的德、日条约,或者至少减少它的作用,使日本回过来与英国合作。

---

* 指 1936 年 9 月 25 日的三国币制宣言。

若是这次对话涉及远东问题,他相信英国将照佐藤的观点行动,即改善中、日关系及日、苏关系。

我说,很高兴听到他所说的英、日对话不会有任何不利于中国的结果这种令人安心的话。我向他表示,我希望我能把他的想法作为他的非正式观点,秘密地向我国政府报告。

他强调说,这只是他个人的意见,因为对这个问题他并无具体的情报。

我看到,英国和法国的关系自然是十分密切的,他们的团结一致,使我相信英国一定会将谈判进展情况通知法国。此外,我说,法国在远东是个大国,它在这个地区拥有巨大利益。倘在日、英商谈中又出现在中国划分势力范围的想法的危险,或有任何危害中国的事情时,希望他能运用他的影响劝阻英国。这不仅是为了中国的利益,也是为了和平及良好关系的全面利益。

勃鲁姆认为,如果再出现像中国所担心的划分势力范围那样的事情,不仅在远东有巨大利益的法国不会同意,还会使英国和华盛顿立即发生矛盾,而英国不仅在这个问题上,而且在一切问题上都是要千方百计力求避免同华盛顿发生矛盾的。

我提出,英国之所以想和日本达成谅解,是由于苏联的力量日益强大,英国想要在远东维持势力均衡的缘故。

他认为不会那样。他说苏联一直在奉行和平政策,英国是很清楚的。苏联对日本做出让步之大,恐怕是其他国家做不到的。他反复说,他认为英、日对话属于一般性质,其目的是使英、日之间有更好的了解,并给远东带来安定,不会是像中国所担心的那样的性质。

墨西哥最近进行外交活动,要求各国一致努力,使西班牙内战早日结束。我想了解法国对此有何反应,为此,我于 5 月 15 日去法国外交部会见政治司司长巴吉东。当我获悉法国的反应果然仍持不干涉内政的策略时,我就又谈了一些其他问题。于是我谈到《晨报》上刊载一条关于伦敦帝国会议的报道,说英国赞成同美国、日本和澳大利亚协商,缔结一个互不侵犯条约。我问他是否从伦敦得到了关于这个问题的任何消息。

他作了否定的回答,并说,英国的自治领当然希望太平洋有个和平的局面。他说,很可能是想在太平洋确保安全,以便恢复限制海军军备的讨论。他记得,英国提出限制战舰上大炮口径时,日本人拒绝了。他想,这是英国政府在海军军备问题上要求与日本达成协议的建议。

我接着谈起英国和日本在伦敦的会谈在中国报纸上和群众舆论中引起许多不安。并谈了引起不安的原因。不过巴吉东和勃鲁姆一样,说会谈是一般性的,虽然会议的目的可能是为了更好的互相了解,但他不相信会上会提出什么特殊问题。

从我和勃鲁姆、巴吉东谈话之时起,直到战争在中国爆发,英、日会谈和拟议中的太平洋协定都一直是中国政府、我个人和我在国外的一些同事们所关心和认为重要的问题,视为可能导致主要大国合作以维持远东和平的途径。外交部部长王宠惠5月21日在回答我报告与勃鲁姆谈话的电报时说,我国政府已一再通知英国和美国政府,英、日洽商任何远东问题都应有中国、美国、法国和苏联参加。他让我向法国政府提出由它向英国政府建议,邀请中国、美国、法国及苏联参加讨论。

我安排了在5月21日下午去法国外交部。为做准备,我打电话给伦敦的郭泰祺,希望知道一些他在伦敦所了解的情况以及他和孔祥熙对此问题有何看法。

郭泰祺证实了我的印象,英、日对话是一般性的,还没有提出什么具体问题。他说,他和孔在头一天会见了艾登,还在同一天的早些时候会见了澳大利亚总理莱昂斯。明天他们将去拜会新首相张伯伦。和艾登在外交部谈话时,艾登说,英、日会谈只是一般性的,涉及的问题大多是有关贸易和经济的合作。中国问题只是偶尔谈到。日本人说以后他们将提出具体的建议,不过现在还没有。艾登向孔和郭保证,当讨论中国问题时,他一定通知他们,甚至建议邀请中国参加。郭说,艾登又进一步告诉他们英国建议对华北做国际联合投资,尽管日本未必同意,但他认为这个意见还是合乎理想的。关于日本为什么急于争取和英国友好,郭认为那是中国和英国在华南的友好关系与合作有所发展的结果。

我把话题转到太平洋协定上。我问郭,他们是否和艾登讨论过莱昂斯在帝国会议上提出的太平洋地区互不侵犯协定。郭回答说讨论过。他说,艾登告诉他,莱昂斯在会议上提出这个建议时,大家都感到突然。不过,目前对澳洲总理的想法还弄不清楚。他的建议仍在研究中。艾登认为,若只是为了缔结一个互不侵犯协定,那么非战公约已经够了。因此他认为要缔结的好像是互助协定,要是这样的话,美国肯定不会赞成的。郭说,不过他认为,缔结一项互不侵犯协定,即使不包括苏联,也是有用的。

然后我问孔与苏联外交部部长李维诺夫谈话之后感觉如何,李维诺夫对英、日会谈的性质内容有什么看法。

郭说,李维诺夫告诉孔,他多次建议订立太平洋协定,艾登先生好像不记得了。我提醒郭,我们自己也曾向英国政府谈过与莱昂斯很类似的建议。郭说,艾登好像也全都想不起来了。艾登明白表示,在他们和日本会谈中,若是提到与中国有关的问题,他可能约请有关国家开个会做全面讨论。在回答我的问题时,郭说,孔既没有见到法国外交部部长德尔博斯,也没有见到秘书长莱热。

一小时之后,我去外交部访问莱热。我们先一般地谈了谈他在伦敦逗留的情况,然后我问起英、日对话的事。我问他,在伦敦停留期间可曾和别人谈过这件事?

他说谈过,并说,这正是他上次和我谈话中答应要做的事。他说他曾秘密和艾登及外交部常务次官范西塔特谈过。他听说英国政府和日本代表已会谈好几次。意图在远东求得"绥靖"并维持现状。(在那时,"绥靖"一词还未具有特别是在慕尼黑会议之后的那种消极涵义。)当然,他们也讨论过一些别的有关整个世界的问题。关于远东问题,他的印象是,英国将全部精力都放在争取中、日关系的缓和上，就像法国一直在努力争取日本与俄国的关系缓和那样。莱热说，他发现英国很袒护中国，其目的是要维护中国的领土完整。他认为会谈对中国很有利。我问他英、日之间是否如报载有划分势力范围的企图时，他说没听见过那种说法。他觉得，范西塔特和他关系密切，如果有的话，是不会瞒他的。

我表示，他的话使我放心。我继续问他，澳大利亚总理提出的太平洋区域国家签订互不侵犯协定的意见是否讨论过。

他说，那个建议来得太突然，措辞又含糊。他没有重视它，甚至没有让他的随员去认真研究。

我说，倘能有这样一个协定，将对所有有关国家都有很大好处。又说，我接到我国外交部部长的电报，认为如有任何在远东谋求缓和的努力，太平洋有关的国家，除英、日之外，法、美、中、苏都应同样尽一份力量。如无所有这些国家的通力合作，就不会出现真正有效的缓和。我说，我还认为，假若召开一个这些国家都参加的会议是有用的，也许能对维持远东和平做出具体贡献。

莱热说，英国和日本不仅谈到远东，还谈到对他们有影响的和整个世界的其他问题。他说，从渥太华协定缔结以来，日本对英国耿耿于怀。而英国在德、日协定签署之后，对日本的意图也日益怀疑。英国想借此机会摒弃前嫌，重修旧好，以防日本投入德国的怀抱，而将世界分成两大营垒。通过在伦敦的一系列商谈，英国已使双方感情得到平复，也促使日本对中国奉行比较温和的政策，为世界局势的普遍缓和与合作，采取更通情达理的观点。

于是我说，除了英、日问题之外，日苏、日中、日美之间，都存在着严重的悬而未决的问题。就是法国，因为在远东有着重大的利害关系，我想也应该请来自始至终参加这些会谈。

莱热觉得，倘若提出的时机适当，会谈是件好事。但是他说，不要仓促召开会议，以免坏事。

我说,我同意他的看法。不过我觉得如果说时机尚未到来,至少也快来了。我说,佐藤在离开巴黎前和我有一次谈话。我感到他的思想比他的同胞们远为开明。从他就任外相之后,他的行动似乎表明他很了解日本在世界上的孤立和它内部的困难,特别在政治和经济的领域里。因此,看来他急于要同主要有关国家取得谅解,以改善远东局势。他与英国建立友好关系的企图,和他关于对华、对苏政策的声明,都可以看出,他已真正认识到,为了日本的利益,需要普遍的缓和。我告诉莱热,若是我的看法正确的话,日本也可能有意于讨论远东问题。此外,我们的外交部部长王宠惠已经向华盛顿和伦敦表示过,我们希望有关的国家召开一个全体会议。我知道,华盛顿对全体会议并不反对。

莱热问我,是否能将各国参加讨论的具体想法和目的告诉他。

我说,要想使缓和成功,应召开会议,由与会各国缔结互不侵犯协定作为第一步。接着,以缔结一个互助协定为最终目的。这两个协定将是远东和平的重要保证。

莱热说,日本不会很痛快地同意这样的协定。即使召开一个会,也需要慎重地摸清日本会采取什么态度。如若仓促提出,也许会弊多利少。因为日本可能会被激怒,怀疑中国策划反对它,因而采取有害于中国的措施。

我说,日本不一定会那样想,因为它也被邀请了。这些协定的圆满签订,当然必须有日本的合作。王宠惠感到采取这样一个行动的时机可能已经成熟,希望法国政府能将这个各国参加伦敦会谈的意见转告英国政府。我还告诉他,我所阐明的论点,可能符合英国的政策。因为远东和欧洲关系密切,在远东能完满地签订不侵犯和互助协定对欧洲局势会发生非常有利的影响。

他表示同意并说远东局势的缓和,不仅与法国的政策一致,并且一定会对法国有好处。这也是英国所乐见其成的。考虑了我的话,他愿意更仔细地研究考虑这个意见。同时,他还希望我把我可能了解到的其他国家关于这个问题的态度随时告诉他。至于法国政府,将于时机成熟时在伦敦和华盛顿提出此议。他个人也将把他从各方收集到的情况随时告诉我,希望共同为此宗旨努力。

5月23日我去日内瓦参加国联行政院九十七次会议(5月24日—29日)及大会的一个临时会议。第二天,在同各方人士会见之后,中午我和秘书长爱文诺及行政院其他几位委员共进午餐。席间英国外交大臣艾登告诉我,伦敦对话是一般性的,但很有用。土耳其的阿拉斯告诉我,他和佐藤很熟,1932年他曾向佐藤建议,"满洲"可以地方自治,但仍由中国管辖。佐藤在他力劝之下,答应劝他的政府采取这个办法。不过那时中国政府对国联抱的希望太大,不接受这个方案。

这时已经安排好了孔祥熙一行人来参观这次国联行政院会议。26日,孔及其一行到达日内瓦。我去车站迎接,并领他们去大会参观。27日,中国代表团全体设宴招待几个主要国家的代表,让他们和孔见面。各国外交部部长都出席,其中有艾登、德尔博斯、李维诺夫、桑德勒及格雷夫等。埃及总理和美国代表威尔逊也都出席。这一周余下的日子,也全都用于国联会议、业务和社交活动上。最后,29日下午,国际联盟会议结束,我回到巴黎。

6月1日是孔祥熙在法国首都作一周正式访问的头一天。我陪同他们一行去拜访法国总理勃鲁姆和外交部部长德尔博斯。那天他还要谒见法国总统。与此同时,德国军舰根据伦敦不干涉委员会制定的海军巡逻计划,正在西班牙海岸巡逻,西班牙巴伦西亚共和政府的空军,攻击了德国军舰"德意志号"。德国军舰炮轰西班牙港口居民城市阿尔梅里亚。还同时宣称它将与意大利一起退出不干涉委员会,不再参加海军巡逻计划。虽然德尔博斯正为此事忧心忡忡,但他还是和孔作了畅谈。

孔对勃鲁姆和德尔博斯都谈了英、日对话与太平洋协定的事。孔对他们两人说,中国欢迎莱昂斯的建议,由远东和太平洋地区国家签订一般性的互不侵犯及互助协定,希望法国加以赞助促其实现。孔还谈了增进中、法经济与投资合作的愿望。

关于太平洋协定的拟议,勃鲁姆告诉孔,法国政府的政策一直是致力于集体努力以维护和平,事实上也一直在提倡签订互不侵犯和互助协定。因此远东及太平洋地区订立互不侵犯和互助协定的意见是与法国政策一致的,而法国对此事之乐见其成不亚于中国。不过,他认为实现这样一个目标,美国的态度极为重要。孔表示同意并说,据他所知,莱昂斯曾有机会向罗斯福谈过他要提出这样的倡议。美国总统明确表示衷心赞成。勃鲁姆听了很高兴,并感谢孔把这个情况告诉他。还说,美国的合作,不仅对远东和太平洋地区,而且对整个世界的和平也是必要的。

孔指出,美国对欧洲问题,长期以来置身事外,可是对维持欧洲和平,也像对维持远东和平一样关切。孔认为美国通过远东和太平洋的国际合作,可能更易于促成欧洲局势的缓和。孔了解英国和法国的关系十分密切,而两国的团结一致正是欧洲稳定的重要因素。

勃鲁姆赞同这个看法,并且说法国政府与英国政府关系密切,同美国的关系也非常友好。去年9月三国货币协定的目的,不仅在于相互合作稳定货币,也具有为和平一致努力的意义。

孔说戴维斯对他在伦敦的使命很满意,并感到英国与美国的关系比以往任何时候都好。孔还说,三个热爱和平与自由的伟大民主国家的合作,是世界和平事业的强大力量。中国怀有同样的理想与激情,愿在维护国际和平的共同努力中,尽自己的一份力量。为此,他希望勃鲁姆运用他的影响,促使太平洋与远东和平协定的缔结。

勃鲁姆说,他一直认为中国是远东的一个伟大的民主国家,怀有和法国人民一样的向往民主与和平的激情。他愿意向孔保证,法国将竭力与其他国家一起,推动签署远东和太平洋地区的普遍和平协定。

在6月4日我替孔安排的约会之一是去法国外交部访问莱热先生。前一天在大使馆为孔和他的一行与法国政府官员设的午宴上,孔即席与勃鲁姆闲谈,主要话题是莱昂斯建议的太平洋协定。莱热虽然也参加了午宴,但没有加入这次谈话。因此我安排与莱热见面研究这个问题。

莱热说,那天午餐后勃鲁姆约他同车,在归途中已把谈话的要点告诉了他。莱热还说,他已打电报给驻伦敦的法国大使,要他密切注意事态发展,并随时汇报。两天以前他接到报告,说这个议题将正式提交帝国会议讨论,不过建议的细节尚未拟好。

孔说根据他的情报,他有理由相信英国政府已经同意这个建议,并已由帝国会议通过。

莱热认为这个建议的成功也要取决于美国和日本的态度。最近两年,美国政府对远东问题好像很保守。在满洲问题上,法国政府曾同华盛顿接触,希望对满洲问题采取一致行动,因为美国是华盛顿九国公约的倡议国。可是美国反应冷淡,缺乏热情。

孔认为美国还是愿意采取某种步骤与华盛顿公约其他主要签约国家合作的。可是英国政府,尤其是任外交大臣的西蒙爵士不肯协力。不过孔有理由相信罗斯福总统并不反对远东与太平洋地区有个普遍的互不侵犯协定的设想。美国对这个问题的看法一向与欧洲不同。

莱热说,谈到日本,最好的希望要寄托在日本外相佐藤身上。他说,他在巴黎深知佐藤,在佐藤将回日本之前,他还和他作过一次有益的谈话。那时佐藤以为他快要退休了,坦率地说出他的见解,并承认他与日本政府的政策有矛盾。佐藤认为,日本与中国为敌的现行政策是鼠目寸光。日本和远东都需要友好的中国。佐藤行前几天收到日本首相林铣十郎将军的邀请,要他担任外相。佐藤又去会见莱热,说这个邀请使他感到意外。尽管要以他抵达日本后与林铣十郎作商量的某些事为条件,但他还是接受了这个职位。他一心想的是他在推行自己的政策时,会遭到两个困难：日本的军人可能会认为它不现实而加以反对，并拒不支持；而中国方面，可能认为日本新政策是日本软弱的表现而不肯让步，使他的和解工作越发困难。在佐藤就任外相之后，他又有信给莱热。说他虽然遭到阻力，但仍耐心地坚持不背离自己的原定方案。莱热对佐藤现已辞职非常惋惜，但愿他能留在新政府里。

孔认为新外相可能是广田。孔又说，鉴于政治和经济的形势，日本深谋远虑的政治家都焦急不安，签订一个普遍协定的建议，未尝不能受到欢迎，趁机改变其对外政策，不失体面地摆脱孤立地位。

莱热于是谈到两个星期前和我讨论过这个题目，以及英、日对话的事。他说不久前他去伦敦时做过了解，确实获悉了英国对中国的友好意向。英国人关心的是德、日协定，而日本人关心的则是渥太华协定给日本在全世界的贸易上带来的严重损失。莱热还刚刚得到消息，说由于佐藤辞职，英、日会谈目前已中断。

孔说，中国对太平洋及远东地区签订互不侵犯和互助协定很感兴趣。听说英国和它的自治领已经同意，美国也表示赞成，希望法国能用它的威望和影响来促成这个条约。

莱热说，法国完全拥护这样的协定。它与法国提倡的以集体安全体制求得国际和平的政策是协调一致的。他正在密切注视形势的发展，一俟时机适当，法国政府将毫不犹豫地帮助推动这件事。

那天晚上，大使馆设宴招待赫里欧先生。这给孔祥熙、美国大使蒲立德和我一次畅叙的机会。

谈话由我提到莱昂斯在伦敦帝国会议上的建议，在远东和太平洋地区签订互不侵犯与互助协定一事作为开场。我说，根据最近了解到的情况，很有希望得到英国政府和自治领的赞同。可是协定的完满实现，很大部分要看美国的态度。

孔说，他听说澳大利亚的莱昂斯和加拿大的麦肯齐·金在华盛顿已获得罗斯福总统赞成莱昂斯建议的印象。当然，日本的态度也是重要的,它当然应该受到邀请。如它拒绝参加,那它就不能责怪别人把它排除在条约之外了。孔相信鉴于日本国内政治经济的动荡,国际上又陷于孤立,它会愿意参加的。苏联与中国的实力正不断增强,这使日本认识到,如果继续实行其恫吓与强横的政策,就不会不冒风险了。加入签订互不侵犯与互助协定,将给它一个体面下台的机会。孔问蒲立德,他对这个建议作何想法。

美国大使说,这个建议很可能成功。他相信美国政府将毫不迟疑地同意互不侵犯协定。九国公约已经多少有些偏离了原来的宗旨,缔结一个协定来稳定远东和太平洋局势是最好不过的。订一个新协定,还有利于把苏联拉进来。此外,他感到远东的局势和欧洲局势确是大不相同。他把欧洲说成是有二十二个国家挤在一起争吵不休的一团糟局面。他看不出有什么好转的希望。他说这就是美国要置身事外的原因。远东的情况则较为简单,只是中、日之间有难题。其他的远东国家之间,不存在真正复杂的问题。与这个区域有关的国家不多:日本、中国、苏联、英国、法国和美国,也可能加上荷兰。而且日本不能指望继续玩弄讹诈政策而不冒战争风险,和中、苏联合的力量进行较量。这不是日本所愿意干的事。

但是关于互助协定,蒲立德认为那是另一回事。欧洲或远东如果爆发战争,美国十有八九会被卷入,这是很可能的。可是美国目前的公众舆论,不会容许政府去签署一个承诺参与战争的书面协定。

我说,如互相帮助和支援的协定行不通的话,那么在紧急的时候进行协商的协定或许可能。因为我记得,1934 年在日内瓦裁军会议的全体委员会上,美国代表戴维斯曾宣称,美国愿意参加欧洲的协商协定。

美国大使说,美国确曾宣布过有这种意图,但那是有条件的。即美国只有在限制军备已经达成协议时,才愿意加入这种协商协定。

　　孔祥熙在巴黎住到周末,进行与他使命中经济财政方面有关的会谈。6月7日离开巴黎去继续他预定在欧洲的旅行计划。我直到6月16日在他赴瑟堡途经巴黎停留时,才又见到他。

　　6月16日晨,我去巴黎东站接孔祥熙。他对在比利时受到的款待,尤其是国王的礼遇感到很高兴。他还对他和希特勒的两小时会谈十分得意。他说,希特勒向他解释,德、日条约针对的是第三国际。因为中国本来是反共的,英国是反对搞集团的,法国和苏联是结盟的,这样,德国就去跟日本交朋友。不过,这种做法对中国并无恶意,并且德国还愿意增进和中国的友谊。孔说,希特勒还相信不会发生战争。他说,德国一个师能对付两个苏联军。既然苏联不像有进犯的企图,德国也不愿轻启战端。

　　孔还会见过戈林将军。这位将军信口雌黄地批评中国贫穷不统一。他还说希望中国或蒋委员长把所有反抗的军阀一律枪毙,为了统一中国,杀掉一百万人也不为过。

　　那天下午,我陪孔乘火车去瑟堡。他将在那里乘"玛丽皇后号"去他行程表的下一站。在轮船上我见到郭泰祺大使和郭秉文。郭秉文是孔的一行人中来欧洲协助搞经济财政事务的。郭泰祺汇报了他在英国与各方会谈有关莱昂斯建议的太平洋协定的情况。加拿大总理麦肯齐·金还告诉郭两月前他与罗斯福总统的谈话,罗斯福认为满洲问题是太平洋不侵犯协定的唯一障碍物。英国外交部次官贾德幹曾问郭,对满洲问题,中国准备接受什么样的解决条件。郭已将此事报告了南京。接到的回答只问拟议协定中不侵犯的含义是什么,对满洲问题只字不提。贾德幹也认为中国和日本的具体问题不解决,订立协定的这个想法是没有用的。他急于想知道日本对华北有何主张。他认为那才能很好地判断拟订协定的前景。他告诉郭,艾登为这个问题拟与各国政府联系,不过他要先等日本提出建议。贾德幹答应如有进展他会通知郭,但他认为如果日本提出的条件对中国确很不利时,则以不转告中国为好,因为那只会增加两国的恶感。

我于是请郭和孔回忆我早在 1932 年(?)初草拟的一个解决东北问题的草案,那对双方的体面都可以顾全到。孔也有同感。但我又说,政府必须拿定主意。如果中国政府意图让东北问题仍然悬而不决,那将使这项建议的不侵犯协定毫无用处或无法签订。郭和孔同意这个说法。他们向我要那份计划的材料,我答应去找。

"玛丽皇后号"在那天晚间起航,郭和我翌晨同返巴黎。6 月 18 日我和郭谈话时,郭将王宠惠对他所问的关于满洲问题的具体解决方案的答复给我看。方案包括两点保留条件:1.不得妨害任何一方在其自己的辖区内,采取任何手段保卫其主权的权利(这是指冀东的局面而言)。2.不得以下述四种方式中的任何一种,妨害在辖区内任何缔约一方的司法地位。四种方式为:a.条约;b.条约的附加条款(包括日本);c.交换文件(不包括日本);d.单方面的声明。按照此电,王宠惠认为一个不带解决方案的条约或公约将会是中国的胜利。

6 月 21 日是个多事之日。勃鲁姆内阁由于法国的严重财政危机,在清晨倒台了。德国在欧洲到处威胁说,除非"监督"国对西班牙巴伦西亚政府几天前炮轰德国巡洋舰"莱比锡号"事件采取严厉措施,它就要退出不干涉委员会和监督计划。因而一个月前由于炮轰"德意志号"事件而引起的危机,又重新出现。

6 月 26 日在我们的大使馆里,我和西班牙驻法大使加拉杜讨论了这件事。他说,他对英国与法国的政策无法理解。巴利阿里群岛对西班牙是无关紧要的,但对法国可是个战略要地。群岛中最大的一个马略尔卡岛,现在完全为德、意两国所占领,甚至设有意大利的行政机关。这一占领继续下去,法国在非洲的殖民地将处于极为不妙的地位,并且还将影响到法国的安全。法国不像西班牙能自给自足,大部分原料都依赖非洲的殖民地供应。这位大使接着说,德国和意大利在巴利阿里群岛有二十二只舰艇。面对着他们,在西班牙海岸英国和法国约有二十只舰艇。可是在德国炮轰阿尔梅里亚时,英、法的军舰却袖手旁观。

我们继续谈论西班牙在北非的殖民地,英国的直布罗陀以及他们与目前形势的关系。然后西班牙大使的话又回到欧洲问题上。他认为德国的目标将是包围法国,在四周都建立法西斯政权来孤立它。意大利已经成了法西斯的堡垒,比利时和瑞士也正在法西斯化。法国唯一的另一邻邦是西班牙。倘若德国和意大利在西班牙树起佛朗哥领导下的法西斯政权,那么,德国的策略就大功告成。那时,德国对法国将不再有顾忌,而无拘无束地开展其对东方的侵略政策,很可能向捷克进攻。

我指出法国虽然坚持不干涉政策,可是它对西班牙政府也曾从多方予以援助。大使承认那是事实。法国人民同情西班牙共和国,在海关人员的默许下,从水陆两路接济物资。不过,这些物资比起叛军从德国和意大利得到的东西,那就微不足道了。在我提起中国是同情西班牙共和国时,他说,中国的处境同样也是对抗法西斯主义。倘若佛朗哥最后得胜,中国也要吃苦头。他主张中国和西班牙相互同情和理解。

第二周,苏联新大使苏利茨对我做礼节性的拜访。他以前曾在挪威、阿根廷、土耳其,最近在德国任使节。他是前苏联大使波将金的好友。波将金被调回莫斯科升任外交部副部长。这位新大使问我对法国政治局势的看法。我说内阁的改组和采取处理严重经济危机的措施,应该对局势大有改善。不过,法国财政困难仍有待解决。可是我觉得这不能完全归咎于勃鲁姆内阁,因为法国的财政危机在人民阵线未当政时早已出现了。

苏利茨认为法国在社会改革方面太落后的原因就在于此。每当勃鲁姆政府采取几项措施,发动社会改革时,就遭到大量的批评和不满。

在回答我问到柏林情况和德国的对欧洲的真正政策时,他说,可以归纳成几句话。从政治和经济来看,德国还没有做好战争准备,不满和不安的情绪非但在工人与群众间泛滥,即使富有的地主,也对政府过多干预他们私人事务有所反感。苏利茨认为,只要和平阵线(即英国与法国)仍旧优柔寡断,希特勒对欧洲就会永远进行恐吓讹诈。1936年3月7日德国进军莱茵时,司令官奉有命令,如果法军越过边界重占莱茵,德军应立即撤回。但是法国没有抵抗,因此,尽管希特勒的军事顾问们曾经强烈反对这一冒险行动,希特勒的讹诈仍然获得成功。由于希特勒的恫吓讹诈屡试屡验,他自然要一再施用。除非清楚地向他表明,再这样做就会冒全面战争的危险,不然他就还会照样干。

苏利茨绝对肯定德国并不想跟苏联作战,德国深知苏联军队的防御力量。德国之所以一直在搞一个反共十字军运动,并制造一种思想意识来抵制另一种思想意识,只不过是掩饰它的真正意图而已。希特勒第一步想吞并奥地利,然后在捷克斯洛伐克制造事端。当吞并了奥地利,再跟匈牙利和波兰合作之后,捷克就会完全与法国隔离。希特勒心目中是要在捷克造成一种像在西班牙那样的状况。捷克境内有三百五十万日耳曼人,他们已经被煽动起来反抗现政府。

我问他是否认为在现阶段德国还不想保证佛朗哥的胜利,他说,德国肯定是佛朗哥在国外的主要盟友。德国垂涎比斯开湾的矿藏,还想削弱法国在西班牙边境的地位。一旦欧洲中部发生战争,法国不能无西班牙边境之忧。关于英国的对外政策,这位苏联大使说,他完全不能理解。英国好像总是急于保持体制上的面子,随时准备一再让步,以便把德国和意大利拉回到不干涉委员会里来。这反而鼓励他们坚不进来。

鉴于英国的重大利益处于危急之中,我感到英国应认真关注地中海及东方交通线的安全。可是,它好像并不关心。

苏利茨说,英国人的性格是爽直的。他们希望和德国达成某种谅解。我问他去年11月的德、日协定能否认为实质上是两国的结盟问题。他回答说,在政治方面,两国间有明确的义务,不经双方同意,不得与苏联作全面解决的谈判。在军事方面,双方参谋部有全面合作交换情报的安排。虽还没有军事同盟,但实际也差不多。例如,日本一旦对苏作战,他肯定德国会立刻进攻苏联;反之也一样。此协定尚未执行的原因是,谁来首先发动战争,德国和日本都不想带这个头。不过对苏联来说,这都无关紧要,因为它早已估计到有德、日双方同时进攻的可能。它的军事计划也是根据这个假设拟定的。苏联不会重蹈 1904 年—1905 年日俄战争的覆辙。西伯利亚很快将成为苏联的一个独立的军区,靠自己的力量就能抗击日本的进犯,正如西部可以应付德国的入侵一样。

苏利茨的意见是,要在远东避免冲突,促进和平,唯一办法是英、美、中、苏缔结地区性条约,即太平洋地区的和平协定。

我说,我一向主张,由于目前局势普遍动荡,世界性的和平难以维持,各国以按地区解决和平问题为好。日本帝国主义也许打算和苏联或中国开战,甚至对两国一齐动手,但他们可不敢同时向苏联、中国和美国三国挑战。

苏利茨认为,国际联盟作为一个维护世界和平的组织,应该加以维持。由于大家都不愿意用武力实现和平,那么,它的会员国加入地区性公约以确保他们之间的军事合作,这种做法是可取的。

我同意他这个意见,还告诉他,我中意的想法是在国际联盟的体制之内签订地区性的互助和不侵犯协定。一定要考虑到地理因素。

苏利茨也是这种看法。他说他不能想象波罗的海国家会愿意派军队去保护巴尔干国家的领土完整。反之,也是如此。

然后我问他最近在黑龙江发生的事件。

他回答说,那是关东军的单独行动,想在亚洲大陆建立一个缓冲地区,正像日本以前夺取满洲,搞一个"满洲国",现又伸入华北的行动一样。他不认为日本人想打仗。

我指出,关东军制造这个事件,可能是出于国内的政治原因。

日本国内的军阀和政党,正在进行权力争夺。军人的这个行动,未尝不是由于想以此在国内的政治斗争中增强军人们的地位。

话又说回到太平洋协定。我告诉他,我听说澳大利亚总理莱昂斯在帝国会议上建议的太平洋协定已被通过,委托英国政府在适当时机去与各国联系。

苏联大使说,他过去没有听说过,现在很高兴知道这件事。他对美国的态度也不清楚。他觉得美国是要谨慎从事。有的时候似乎是自私。不过他觉得美国在远东和太平洋地区有足够大的利益,可以指望它会赞成太平洋协定。我告诉他,美国赞成这个设想,他说他虽不知美国驻法大使蒲立德是何想法,但美国驻德大使多兹却赞成商订一个太平洋地区的互助和不侵犯协定。他说,应该邀日本参加。如果日本拒绝,就甩开它照样进行。东欧商谈区域性协定时就用这个办法,先邀德国参加,它拒绝时,其他国家继续议订,没有它,也签了约。

在我和苏利茨谈话之后不久,中国的战争又爆发了。一切关于太平洋协定以及可能发展到美、法、苏和中国都参加的英、日对话的议论,都已烟消云散。我是从7月8日哈瓦斯社的电讯中得知中、日于7月7日在卢沟桥发生冲突。据我所知,发生冲突的地方,在去汉口的平汉铁路线上,在那附近,有一条短线横接从北京经天津、去上海的铁路,所以具有战略重要性。

我立刻打电报给外交部询问详情。不过我对这个消息并没有马上过分重视,我在7月8日午前回访西班牙大使,谈谈西班牙形势和它对欧洲的影响。在马萨·海德的晚宴上,蒲立德也是客人,我又和他谈起欧洲问题。他对形势不太乐观,可是他认为英、法团结是可靠的,英、美关系一向密切。至于中国,他相信二十五年之后,它不仅将成为国际大家庭中的一个大国,还将是文明的先驱,对全世界在文化和精神上都会有很大的影响。

蒲立德的议论反映了中国统一政策和建设方略取得的真正进展。尤其是公路、铁路和其他形式的交通建设,军备的重整、军队的训练(特别是有德国和意大利的帮助,法国空军部部长科特也给予了一些帮助),以及在国外筹集资金的政策等,也反映了西方对这些进步日益有所了解,并正在改变其对中国的印象。人们可能还记得韦罗壁和勃鲁姆在四五月间所说的与此类似的话。再举一例,一个叫迪博克的法国人7月7日来访,向我谈他最近的中国之行。表示他见到中国物质的发展,精神面貌的改观,尤以政治上的团结,使他得到深刻印象。瓦伦纳7月9日来看我,也说起他周游印度支那、中国和日本,对中国经济的发展及政治的统一印象甚深。他说,中国正在为成为一个大国做准备。瓦伦纳是前印度支那总督,在2月份去远东前曾数度来看我。他对中、法合作极为关心。

第二节　中日战争爆发时的外交努力

1937 年 7 月—9 月

一、卢沟桥事变当时的外交活动

1937 年 7 月

我于7月8日获悉在华北的卢沟桥及其附近爆发战争。7月10日晨听说卢沟桥停火,双方同意撤军,心情稍得宽解。中午回访苏联大使苏利茨时,我和他讨论了这件事。我们谈话一开始,他就问我这次中、日冲突的性质。我照外交部的电报内容告诉了他冲突的起因,并说,我认为这是日本蓄意制造的挑衅事件。我补充说,双方已经同意暂时停火,军队后撤——日本撤至永定河左岸,中国撤至右岸。

苏联大使说,日本军阀特别是关东军一直在推行一种挑衅战略,最近黑龙江的苏、日冲突可为明证。当我问他对关于一支日军先遣队重占黑龙江上有争议的两个小岛,以及苏联外交部部长李维诺夫提出强烈抗议,要日本立即撤走这一事态发展的看法时,苏利茨回答说,他认为这是日本又在使用讹诈政策,事情可以通过交涉得到解决。他认为日本人还不准备打仗,只不过在试探苏军的实力或中国的抵抗意志。不管怎样,他说,苏联军队已做好最坏的准备。一如他曾经告诉过我的,苏联在西伯利亚的军队,完全能独力应付日本的任何可能的进攻,而不需要欧洲的苏军来协助。

苏利茨的看法是,日本人很聪明,他们总是选择最好的时机进行侵略。他说,日本军人趁欧洲的注意力集中于西班牙问题时挑起黑龙江事件以及最近的中、日冲突。

接着我们对西班牙问题交换了看法。照苏联大使的说法,德国和意大利也都在采用恫吓讹诈手法。目前局势的关键的确在于英国。若是英国有个更为明确的政策,采取更为坚定的立场,德国和意大利也会像过去那样缩回去的。英国、法国和苏联组成的和平阵营,在美国的支持下,不仅在精神上强大,并且实际上也能促使德国和意大利采取一种较为理智的策略。苏利茨说,他实在不懂,为什么英国总是缩手缩脚。它知道自己在西班牙问题上不能离开法国,可是它却只充当一个诚实的中间人,而不支持法国。

我指出,可能是英国感到自己还不够强大,不能采取坚定的立场,怕被迫卷进冲突的旋涡。

苏联大使同意这种看法,还认为英国的备战工作距完成尚远。不过,他补充说,德国也未做打仗的准备。它的军备确实还不如法国。法国军队不用别人帮忙就能应付德国的任何进犯。可是希特勒已经尝惯了讹诈的甜头,尽管军事顾问劝他谨慎从事,他当然还想试试。这位德国独裁者对目前这个僵局的发展,似乎胸有成竹、泰然自若。

苏联大使感到难以理解,荷兰竟然建议由英国充当西班牙僵局的和事佬,而英国竟然也一口应承。苏利茨不知道英国这次是否也和前几次一样,宁愿充当一个不偏不倚的仲裁者,而不同和平阵营的国家继续坚定地在一起。然后他表示希望和我经常保持联系,交换中国与苏联对共同关心的问题的看法。我欣然同意了。

次日晚间,哈瓦斯社报道北京南面又发生战争,东京的日本内阁召开特别会议。看来日本已决定采用战争政策,并新派了一位将军任驻天津的司令官。据报天皇将回到东京。12日哈瓦斯社报道,第二次休战后又有新的冲突。我同时接到外交部长王宠惠的电报说,形势极为严重,日本正从本土紧急派出两个师团。王想知道,如果按照国际联盟公约第十七条向国联呼吁时,法国会作何反应。我准备翌日上午去见法国外交部部长德尔博斯。

晚上我和朋友去看一个英语话剧。我满脑子萦绕着中、日问题,无心欣赏。回来时桌上放着三份电报。一份来自外交部,证实日本确已派出第十师团,第五师团将随之而至。那天夜里我辗转反侧几小时不能入睡,心里老想着这一局势,如何在德尔博斯的协助下加以解决。

次晨我告诉德尔博斯,想和他谈谈远东的形势。我说由于卢沟桥事变,我早就打算和他见面,但我推迟了。因为,第一,我知道这时外交部长忙于欧洲问题。其次,因为我希望这一冲突可以在中国国内和平解决。不幸,形势每况愈下,目前已是万分危急。日本不但从朝鲜,而且还从本土调兵。第十师团已离开日本,第五师团随即出发。中国虽然尽一切努力争取和平解决,但也决心抵抗日本的进一步侵略。

我继续跟德尔博斯说,鉴于目前这个严重情况,中国政府拟照公约第十七条的规定,向国际联盟提出呼吁。我奉政府之命了解一下,一旦提出时,法国政府是否支持。(按照第十七条的规定,在会员国——指中国,与非会员国——指日本发生冲突时,为了解决争端,可以请后者承认会员国义务。如果非会员国不接受,并向会员国作战时,可以按第十六条规定向该国施加制裁。)

这位外交部部长说,据他所接到的情报,当前局势确实非常严重。日本代办昨天早晨曾去见他,并且递交了一份照会。他把这份照会给我看。

我把照会匆匆看了一遍,照会长约一又四分之一页,内容是7月11日日本内阁特别会议后发出的公报。公报指责中国的二十九军的反日活动与所谓的连续挑衅行为。并称,两次停战均因中国不守信义而遭破坏。同时宣称日本内阁已做出重要决定,派军队去华北,以防止最近的事件重演,维持远东的和平。照会还说,日本对冲突局部化,并达成和平地解决仍寄希望。但也决定采取一切必要步骤以增强华北的兵力。目前情况是要看南京的中国政府是否作出反应并改变其造成这次严重事件的不妥协顽固态度。公报末尾说,对在华北有利害关系的各国,日本保证用各种方法避免他们的利益受到危险。

我看完之后对德尔博斯表示感谢,并说,这纯粹是日本人的看法,与我了解的实况正相反。于是我把目前冲突的情形告诉他,还着重指出日本军队用午夜在第37师营房附近演习来实行其挑衅政策。日本硬说有一个士兵失踪,被中国人杀害,坚持要进入中国营房搜查。遭到拒绝后,日本人就向中国军队开火。我告诉德尔博斯,所谓失踪的日本士兵已经平安归去,不过日本军队在中国军队撤走之后仍赖着不走,等候增兵,以便再向前推进。从一切事实来看,很明显,日本是决心在它的亚洲大陆侵略扩张计划中向前迈一步。

外交部部长说,他也知道日本与德、意有默契,要在目前欧洲动荡局面中混水摸鱼。他说,日本代办有些话使他更为担忧。日本代办告诉他,佐藤与中国和解的政策不现实,日本各界对他已有大量批评和指责,日本现政府已决定对中国施行积极的策略。德尔博斯的印象是日本在军阀主宰下,势将穷兵黩武,以推行其侵略计划。

德尔博斯说,昨晚已致电法国驻伦敦和华盛顿的大使,请他们与英国和美国协商,由三国联合出面,向东京和南京调停,以期能和平解决而不以兵戎相见。他说,他深知中国是一心向往和平,希望友好和解。不过为了避免日本方面的误解,他认为有必要向双方提出。

谈到中国拟向国际联盟呼吁一事,他说,在做具体答复之前,他自然要先和他的同事们商量。从他个人的角度来看,他认为这一步骤是非常恰当的。我问他,如果日本拒绝派代表出席国联会议,又该如何处理? 他说,日本很可能不派代表,在那种情况下,事情就十分难办。

于是我告诉德尔博斯,我正在研究盟约第十一条。根据该条以呼吁为第一步是否合宜,因为该条提到的是战争,或战争威胁影响到国际和平。德尔博斯认为那一条使国际联盟行政院有很大的活动余地,也许效果更好一些。*

我说,有一个当然不得不考虑的问题,即不幸美国不是国际联盟的一个成员国。德尔博斯立刻接着说,任何行动,没有美国的参加是不行的。我提出九国公约第七条,有签约国之间可进行磋商的规定。我说虽然向国际联盟提出的呼吁需要和美国做出安排,以取得美国对国联采取的任何行动予以支持,但根据九国公约提出的呼吁,美国当然是不能置身事外的。

德尔博斯认为,这个建议也需要研究。他答应在和他们政府中的同事们商量之后,立即回复我。

我问他法国外交部从驻东京的大使馆得到什么消息时,他说得到不多,也只是很一般性的消息。不过驻中国的法国大使馆,一直有详细的情况报告。

那天我在大使馆设午宴,招待前任印度支那总督瓦伦纳和李

---

* "第十一条赋予每一个会员国有权要求大会行政院讨论该国与另外一国可能出现的任何严重分歧……任何一个会员国觉得受到战争威胁时,有权坚持要求立刻召开行政院会议。"F.P.沃尔特《国际联盟史》,伦敦:牛津大学出版社,1952 年,第41 页。

石曾。李是几周前从中国来法国的。他是国民党的老党员，和孙中山过从甚密。李说他在出国之前和蒋介石一度坦率交谈。他发现蒋现在是下了决心抵抗日本侵略。瓦伦纳的谈话大都是关于中、日冲突。他赞成抗战，并且认为，只要中国能顶住日本的侵略两个月，就可以影响世界，使在中国的"势力均衡"改观。

那天下午晚些时候，我收到中国外交部电报，通知我，日本将于15日发动总攻，要我去争取各方协助或调停，盼能立即防止这一重大冲突。我把外交部电报的意思用电话告诉法国外交部巴吉东先生，并请他立即将这件事转达德尔博斯。也许是由于这个缘故，法国外交部部长约我15日下午见面。

当我到达这位外交部部长的办公室时，他首先问我最近中、日冲突的情形。我告诉他，在我和他最后一次见面之后，中国和日本在北平近郊又发生了三次冲突。在双方都遭受重大伤亡后，中国击退了日本的进犯。当然，此外还有些小接触，不过，日本正加紧从朝鲜、满洲和日本本土继续派增援部队。中国政府也只好派兵北上，加强抗日军队的力量。局势仍然非常危急，正如我那次向他指出的那样，倘友好国家不能及时做出有效的调解，一场大战将不可避免。

德尔博斯说，这正是他想和我谈论的问题。他说他曾建议由英国、美国及法国三方出面，向东京和南京斡旋。可是美国主张单独行动。他说他知道美国国务卿赫尔已在此方面向中、日双方的驻华盛顿大使谈过。希望他们向各自的政府转达，美国希望两国克制，不要使紧张的局势进一步恶化。他知道英国政府也已经这样做了，因此他也只好照办，而不像他拟议的那样，由美、英、法三国共同出面。他说，这就是他想和我面谈的原因之一。他补充说，虽然三国分头进行，但性质还是一致的。

德尔博斯继续说，他很理解，中国虽突然遭遇到这个与它本愿相违的需要小心处理的局面，还是希望能够和平解决的。因此，他认为中国肯定会在目前情况下仍然慎重行事。关于日本方面,他已经约日本代办立即来见他,以便进行斡旋,并劝告日本在行动上进行节制。

关于拟议向国际联盟提出呼吁的事,他已经和英国大使谈过。他们都感到鉴于目前欧洲的情况,向国际联盟呼吁不会起什么作用。他觉得求助于华盛顿九国公约可能较为合适,因为英国认为美国的合作,在这个问题上是绝对必要的。他说他已经和美国大使蒲立德谈过,他本人赞成根据目前事态的性质,援引九国公约进行协商的规定,但仍需向他的政府请示,再行答复。

在此我要补充一点,在我和德尔博斯谈完话回大使馆时,立即接到美国大使蒲立德的电话,问我目前中、日之间的情况。他还问我已向国际联盟提出呼吁一事是否属实。我把最近的消息告诉他,并指出形势非常严重。我把和德尔博斯的谈话概要也告诉了他,证实了中国有根据国联盟约第十一条向国际联盟提出控诉的可能性。我感到他的声调中有惊讶之意,于是接着说,中国正仔细研究向国际联盟呼吁的可能性。不过,在做出决定之前,很愿意征求友邦的意见。我告诉他,对华盛顿也同样进行过接触。我还告诉蒲立德我对引用华盛顿公约第七条的看法,他对此好像很感兴趣。他说自从形势恶化以来,他还没有跟华盛顿联系过。这样,我把我对法国政府进行过的活动告诉了他,因为我知道法国外交部部长会去和他商量的。

再回到我和德尔博斯的谈话上,法国外交部部长告诉我,法国内阁将于7月15日晚间召开会议讨论西班牙问题,为16日在伦敦举行不干涉委员会的重要会议做准备。由于内阁会议上还有其他本国问题要做决定,他无法将华北局势在会上提出,不过他想在次晨总统府的国务会议上提出。他回答我的提问时说,他接到法国驻东京大使馆的电报,说日本群情激昂,备战之风甚炽。

在我去见德尔博斯之前,蒲立德那天早晨打电话向我问中国的消息。他还把他们国务卿赫尔在记者招待会上的发言纪要念给我听。我还两次接到伦敦郭大使的电话。早晨,郭告诉我,他曾两次见到艾登。英国已经在东京劝日本克制。他不大赞成我们援用国联盟约第十七条。他说甚至在埃塞俄比亚危机时使用制裁都不起作用，在目前情况下，就更难收效。午后，郭泰祺又来电话说，贝克说，国际联盟赞成中国提出呼吁，建议我去争取勃鲁姆的支持。这时我告诉郭，德尔博斯不同意中国的提案，但说他要和他的同事们商量之后再给我具体答复。

我第二天下午又去见德尔博斯，按指示把早晨刚收到的中国外交部的备忘录，面交给他。备忘录里总结了目前华北紧张局势的起因，并再三说明虽然对日本军队任何新的进犯必将竭尽全力予以抵抗，但中国政府仍极力寻求与日本和平解决*。我并告诉他，同样的备忘录已经分送除日本之外的华盛顿九国公约的签字国，也送给了苏联和德国政府。

德尔博斯看了之后说，中国政府采取这个步骤是恰当的。他将利用机会与其他收到备忘录的国家保持接触。

我问他头一天接见日本代办时，这位代办可曾谈到他们政府的什么意图。

德尔博斯说，日本代办处于他的地位，自然要把这件事转告他的政府。他告诉这位代办，法国政府只是为了和平才要求日本与中国和平解决冲突。法国对中、日双方均无偏袒，只是准备为和平解决效劳。日本代办自然把造成危机的一切责任推给中国，指责中国反日。德尔博斯说，这些话出自日本代办之口也是意料中事，他本人当然对实际情况是心中有数的。

我问到那天早晨爱丽舍宫国务会议上曾否提出这件事，他回答说，曾经讨论过促成和平解决的方式方法。对于向国际联盟提出呼吁，援用九国公约或和平解决国际争端的海牙公约的相对优缺点和适用性都仔细研究过。总的说来，他们觉得在这个时刻中

---

* 1937 年 7 月 13 日，中国驻外各大使馆根据南京的指示发出一个公告：声明中国极盼和解决，不过也下定决心，必要时，对再来犯我之敌，将不惜一切代价，抗战到底。

国向国际联盟提出呼吁,只是个没有实际意义的形式,不会有结果。不过中国决心这样做,法国政府当然也不反对。只是在目前形势下,肯定不能指望从日内瓦得到什么具体的东西。此外,关于满洲事件的中、日冲突,已经在国际联盟提出过,其效果是令人失望的。国际联盟一年前处理埃塞俄比亚事件也同样令人失望。有这些不如意的先例,他认为把目前的中、日问题交给国联将是白费力气。至于制裁根本谈不上。

我问德尔博斯,他与美国大使谈话后是否在等待华盛顿的回音。

他回答说,他过去已告诉过我,法国政府赞成英、美、法联合行动。但美国不大同意,对联合行动,无甚热情。

我说,中国所盼的,是能获得实际效果的方法。华盛顿公约有利之处在于美国是公约的缔约国。

德尔博斯认为,美国处在举足轻重的地位。没有美国的参加,将一事无成。但是,既然美国不打算加入三国的联合行动,让它根据华盛顿公约加入九国的联合行动,希望就更小了。

我告诉他,我认为美国的态度实际决定于形势的发展。在情况发展到一定的程度,美国是有可能加入联合行动的。

德尔博斯说,尽管国际联盟盟约已经试过了,结果不能令人满意。华盛顿公约倒还未试过。他认为试试新办法也好。

当我把我国政府的备忘录在巴黎交给德尔博斯时,郭泰祺在伦敦也把同样的备忘录交给了艾登。郭告诉我说,艾登认为我们的备忘录是合情合理的。美国虽不愿参与在东京的共同行动,但也在单独进行。不过艾登认为美国还是有参加的可能。到目前为止,日本对英国的建议没有作答。很明显,日本对三国的调解相当冷淡。艾登说,实际上,日本接受调停的可能性连百分之一都不到。

郭还告诉我,他接到驻莫斯科蒋大使的电报,说苏联愿意参加三国联合的外交活动,而不想单独进行。莫斯科怕如果它被看成在支持中国,就会引起一场欧洲战争。郭最后还说,他听说委员长要驻南京的英国大使转告日本,中国军队的调动,只是为了自卫,这说明委员长是想早日得到和平解决的。

中国外交部 7 月 19 日来电谈华北情况说,英、美、法三国的调解失败,原因是日本的反对,或是美国的态度冷淡。电报说,有人建议与东京直接对话。我安排了下午和法国外交部亚洲司司长高思默见面。见面前一小时,在外交使团给法国礼宾司司长赠送礼物的集会上,我有机会与苏利茨大使,英国的菲普斯大使和美国的威尔逊,就远东问题做短暂的交谈。苏利茨的话对我很有帮助。

在我见到高思默时,我告诉他,我和他们外交部部长一星期前有过几次谈话,我希望他知道这些谈话的内容。高思默回答说,谈话内容已蒙部长告知。我接着提出几个问题:法国政府是否已得到什么消息;几个友好国家在东京的调解努力有无进展;德尔博斯请日本代办转达东京的信息有无回音;法国方面为中、日冲突的和平解决有无新办法。

高思默回答:过去一周里已经向驻巴黎、伦敦和华盛顿的中、日两国代表提出要求,请中、日两国政府克制,用和平方法解决争端。目前日本代办和法国驻东京大使均无回音。法国外交部没有让法国大使向日本外交部提出正式要求,只是把德尔博斯与日本代办的谈话通知了他,并要求他协力促成和平解决。高思默还说,除非中国或日本提出要求,目前没有什么新打算。

高思默认为东京最近来的电报似乎表明日本政府并且肯定还有在政府以外的开明人士都希望寻求和平解决。他们向法国大使表示,他们热望得到中国的友谊与合作,并使目前的事件不再扩大。高思默的看法是,这可能是中国向日本交涉以取得直接解决的有利时机。

我告诉他,日本人在扬言和平的同时,却不断往华北增兵,作军事部署,以加强他们部队的战略地位。中国决心全力抵抗侵略,但仍在谋求和平解决。中国去和日本交涉不会起作用,除非日本先把它最近派出的部队撤走。

高思默说,双方军队都有必要后撤,距离越远越好。

我告诉高思默,除非友好国家继续表示他们的关注,并用他们的影响来促成调解,直接解决是不可能的。

高思默说,这些国家当然要继续表示关注,不过日本对友好国家的任何干预或调停,都明白表示不欢迎。鉴于日本人的这种态度,他觉得任何调解和干预行动,都会激怒日本人而使情况恶化。它肯定会刺激日本的舆论,让军人们加以利用而更形猖獗。他说法国政府同伦敦与华盛顿每天都有接触。美国政府此次也在采取主动,已经有三次外交行动,两次在华盛顿,一次在东京。三国虽无集体行动,但它们的态度是紧密协调的。以后也许有集体行动的必要,但目前尚不宜如此。

高思默把一张北平及其近郊的地图指给我看,说日本军队很可能利用他们新修的路向前逼近。他认为日本人目前尚不准备占领全华北。它只想分割北平和天津以北地区。他问我,报载日本于 7 月 17 日星期六晚向南京提出最后通牒,我们大使馆是否得到证实。我答称没有时,他说他也那样估计。因为如确有其事,他们的驻华大使也肯定会有报告来。(事后得悉,日本确曾送出一份类似最后通牒的文件,坚持南京不得向华北增兵。)

日本人在卢沟桥造成的紧张局势日益恶化。例如,7 月 20 日晚报载,日本军队炮轰卢沟桥附近宛平的中国军队。我感到大规模战事好像终于爆发了。不过,稍后的报道说,炮轰 40 分钟后已停止。不久又有消息说,日军恢复了炮轰,中国军队仍据守县城。翌晨的报道有些混乱,一方面说发生了两次战斗,一方面又说仍在天津进行谈判。又说委员长已任命冯玉祥将军为华北战区的总司令,指挥华北的中国军队。那天的晚报登载,如果日本同意在中国军队撤出县城后日军不去占领,中国军队为表示诚意,愿后撤 600 米。这个双方后撤的协议,早在 19 日就有报道,22 日外交部电报证实了这个消息。签署人是冀察政务委员会主席、二十九军军长宋哲元。二十九军的三十七师先撤走一部,据说日军随后也退到丰台附近。7月22日的局势看来稍有缓和。

7月24日我去拜访法国外交部政治司司长巴吉东。谈话一开始我就提到有报道说法国驻伦敦大使科尔宾曾为了再向美国交涉一事而与艾登晤谈。科尔宾想向美国政府建议,对中、日华北冲突,在东京采取一项联合外交行动。我问巴吉东,此说是否属实。我急于想了解此事,因为德尔博斯曾告我,华盛顿不赞成与英、法两国一道采取集体行动。

巴吉东说这消息不确。他说,法国外交部部长正像见我——中国大使那样,也见了日本代办,劝告两国政府克制互让,并表示了法国政府希望和平解决他们纠纷的愿望,以后再没有新的外交行动。我问东京有无回音,他说日本政府的答复是,事件可以由地方解决。地方协议的各条款,一经作出,就应履行。日本的意图完全是和平的。巴吉东也说,他的印象是局势已略为松动,有明显的缓和。他表示希望这个缓和能持续下去。

我同意他局势稍有松动的说法。不过我补充说,情况虽不像以前那么危急,但日本军队在继续增加,可见局势仍是紧张的,如果日本坚持要中国政府放弃对华北的关注,中国政府绝不会同意,因为华北是中国的领土。如果日本要用强迫手段来达到目的,冲突必将再起。

巴吉东说,这确是中国政府很重要的原则性问题。他表示希望如过去一样,总能找到解决的途径。我问他,法国驻华大使那齐亚已离开北平前往南京一事是否属实。他说他昨天接到北平的电报,那齐亚可能在发报后已去南京,但他没有放弃北平之意。他说,他一直在想,鉴于近几年来华北的情况,外国使馆以逐渐从北平迁走为好。

应孔祥熙之邀,我于次日——7月25日午后前往伦敦。孔显然急于要和我谈谈国内的局势。我到达克罗伊登机场时,孔乘车来接我。在赴多尔切斯特饭店途中,他拿出几份电报给我看。其中有一份是委员长来的。电报告诉孔关于宋哲元与日本人签约的具体内容,我对此很感兴趣。其中的具体条款,与何应钦和梅津在1935年签署的何梅协定基本相同,还包括查禁所谓的蓝衣社、共产党和反日团体。电报证实协定确已签字,电文最后部分是委员长对宋哲元的协议草案所作的批示。批示说,协定要是还没有正式签字,有的地方应作修改,如果已经签字,政府也同意。

在我将离巴黎时,也接到南京来的一份关于协定的电报。电报说,从日本军队在华北的部署来估计,蒋委员长担心日本人不出一星期又要提出我们无法接受的要求。电报嘱我去见法国外交部长,请他出面劝阻东京不要再节外生枝。电报还说,倘日本再提要求,中国必将拒绝,倘若再施加压力,中国必将用武力抵抗。这样,大战势难避免。

我把这个电报交给孔和也到饭店来的郭大使看,经过讨论,我们三人一致同意,唯一的办法是以争取与苏联的军事合作为第一步,以英、美、法三国的物资援助为中国继续抗战的支柱。这样也迎合了英、美、法怕被拖入战争的恐惧心理。根据孔和郭的建议,我起草一份致外交部的电报,由我们三人署名发出。

郭还说外交部也给了他一份电报,通知他英国大使与蒋委员长在南京最近的会谈。郭说,英国外交大臣艾登在7月21日并没有对我们说过一切可能采取的措施都已经采取了的话,像英国大使对委员长所说的那样。郭又说,驻伦敦的美国大使宾厄姆曾说,当今世界分成两个阵营的事已强加在民主国家头上,而民主国家占有在物资与经济资源上的一切优势。宾厄姆大使觉得,从长远着眼,极权国家注定要失败。因为他们自己国家里的人民就是他们的敌人。

我之所以在此提到郭告诉我的消息,是因为无论英国政府的态度(比他们的大使在南京所谈要好一些),还是在美国大使所分析的世界总形势方面,都使我颇受鼓舞。可是7月25日星期一清晨,报纸登满了报道说日本人已给宋哲元发出最后通牒,限他于星期一中午以前将三十七师全部撤出北平,星期二以前撤出北平近郊*。华北局势于是恶化。

得到这些令人沮丧的消息,我们决定分头与英、法联系。请他们劝阻日本,不要实行最后通牒上的威胁。郭在当天(26日)早晨见到艾登。艾登答应电告英国驻东京的代办,劝说日本避免在华北采取行动。然后郭来和我碰头。我因在伦敦,当时无法和法国外交部部长见面,我同意去见法国在伦敦的大使,告诉他我们的消息和意见。同时我还打电话去巴黎约好和法国外交部部长德尔博斯在7月28日星期三上午会晤。我和郭讨论了这些安排。我还对郭说可以采取援引九国公约的条款召开一个圆桌会议来研究解决中、日问题的办法。

孔祥熙接到了南京的消息。我们和他商议,大家决定用伦敦中国大使馆名义发表声明,谴责日本,在南京已经同意了宋哲元与日本华北驻屯军司令签订的苛刻而有刺激性的条款之后,日本军人仍蓄意制造事端。声明进一步指出日本打算提出更为苛刻的要求,将中国的河北与察哈尔两省从中国分割出去。

星期一晚,我和孔、郭三人正预备去看戏剧《世界的末日》,孔收到委员长发来的电报。他立刻让我们看。我先看。电报在结尾时说:

> 大战终于开始了。我决定和日本断绝外交关系,并正式宣战。请通知英国政府,并请它将英国空军在新加坡的飞机借给我们。

---

* 三十七师一直驻防在北平及其近郊。在事件发生时,正根据协议的规定向南面70英里的保定转移。7月25日晚,中、日双方军队在廊坊及丰台发生冲突时,日本提出最后通牒,要三十七师立即撤走,不然日本"将采取它认为适当的措施"(《外交评论》1937年第1卷,第190页)。

这个消息使我们震惊、抑郁。虽然那天晚上我们还是去看了戏,可是我的心情沉重。目前与日本断绝外交关系是否明智,我认为我们对此问题还没有很好考虑过。中国受的压迫极为深重,在名义上是否与日本维持外交关系已无关紧要,因为我们很清楚这次日本计划要征服全中国,这是中国生死存亡的斗争。目前所有这种断交和宣战的形式对我们都无所谓。我觉得委员长只不过反映出了我们全国人民的感情。

第二天早晨,当我还在伦敦时,报纸登载日本轰炸机在通州炸死五百名中国士兵,因为他们拒绝放下武器。中国人牺牲生命的消息令人痛心,但整天没有收到南京的电报。上午十一点,我同郭去拜会驻伦敦的法国大使科尔宾。我向他说,我们外交部指示我们请求法国政府在东京运用其影响,劝日本不要再提出必然会导致战争的过分要求。我请他先把谈话要旨马上告知德尔博斯,我在次日,星期三,将去拜会他。

科尔宾先生没有表态,语气之间对中国也不很同情。他肯定对中、日冲突的背景不甚了解。对科尔宾最为难办之处,正如艾登一星期前在下议院所作的报告一样,他的印象是日本有权在华北任何地点驻军,而当前的危机是由于一次无缘无故的事件所引起的,也就是说卢沟桥事变并非日本人挑起的。

我和郭从法国大使馆出来后就去见孔。我们三人研究了仍在和法国谈判中的贷款问题。然后,按事先安排,在大使馆进午餐,为的是好和苏联驻伦敦大使迈斯基谈话。

午餐前后,孔祥熙力主中国与苏联携手抗日。可是迈斯基含糊其辞,不敢作任何具体答复。他只不过埋怨英国在中、日事件中没有采取更为坚定负责的立场,没有邀请苏联合作。他向我们解释,苏联有许多原因,包括政治情况与国内形势,不能在军事行动上积极支持中国,不过,在物资上它会尽可能给予援助。

那天下午,英国新任驻日本大使克莱琪来拜会孔、郭和我。在中、日危机问题上,他好像只知道日本人的观点和日本人的说法,试图遵循英国外交部的官方态度,希望能通过调解达到和平解决。他说日本有许多赞成与中国和平友好的人。我们觉得他好像对日本扩张侵略的大陆政策几乎一无所知,因此对我们指出的日本在华真正企图表示怀疑。

因为我下午五点还有和李顿勋爵的约会,谈话未完,我就先走了。我和李顿谈话的内容,自然也主要是华北问题。

李顿认为华北危机是国际联盟在"满洲"问题上的失败造成的。或者,像他所说的,是英国当时政策种下的恶果。他说,他不理解中国为什么不将现在的华北问题向国际联盟提出呼吁。他认为国际联盟是当前仅有的处理这类危机事件的机构。他觉得援用盟约第十一条要有力得多。我指出没有首先得到英国和法国的支持,除了唤起世界舆论之外,不会有具体结果。李顿深表同意。可是他不赞成中国和苏俄拉在一起或与苏俄合作。他说那会遭到德国和意大利的反对,并以此为反华的借口,甚至在英国大部分公众中引起对中国的误解,对中国不利。他还主张中国和日本断绝外交关系,在 1933 年他就曾那样主张过。他说,没有这个决裂,那就不能指望别的国家会和日本断绝关系。

事后我回来见孔,郭也在那里。孔告诉我没有接到南京的消息,不过他的秘书从柏林来信报告说,戈林对中国的态度有转变,已下令加速运送去中国的物资。信上还建议尽快批准装运向德国输出的锑、钼与锡。孔认为德国这次改变态度部分原因是他在柏林对戈林作的"宏论"所起的作用。

晚饭后,郭泰祺来找我再一同去见孔,因为驻苏大使蒋廷黻从莫斯科飞来伦敦和我们大家交换意见。我们一直谈到清晨两点。蒋所谈的对苏俄和它的政策的印象,我们都极感兴趣,其中包括以下各点:(1)苏联的内部情况不宜于与中国在军事上联合对日。(2)国内的食物供应即使在和平时期也是紧张的。(3)国内的军队虽然吃得不错,待遇也好,可是最近对军队的清洗和处决了八位高级将领,在全军造成了混乱影响。(4)斯大林还担心,任何对外战争,会意味着他的垮台。蒋廷黻说,那也的确是斯大林的敌人的阴谋:或者用行刺的手段,或者发动对外战争以除掉斯大林。

蒋还说,德国和意大利的大使馆都明确向他示意,如果中国寻求苏联的合作来对抗日本,那他们就不得不帮助日本对付中国。他说,苏联不会打,也不敢打,它怕战争。他说,苏联外交部部长李维诺夫为了孔祥熙想去访苏而心中不安,因为他说鉴于有引起日本误会的可能,他不得不考虑是否接待他。在蒋看来,苏联不会单独采取外交行动,除非和英、美、法三国共同出面。

翌晨,我离伦敦回巴黎。当我星期三正午回到大使馆时,有一则电讯使我高兴,它报告宋哲元指挥的军队收复了廊坊和丰台*。我的馆员还告诉我,美国大使蒲立德曾几次来电话要和我谈话。我们通了电话,约定我们两人在蜗牛饭店午餐,交换对远东形势的意见。

我和蒲立德见面时,我先把外交部证实收复廊坊、丰台的电报抄件给他看,这使他非常高兴。然后我告诉他,中国政府已下定决心,动员一切力量抵抗日本的侵略。我说,形势是很严重的。中国的耐心是有限度的,现在已到了极限了。

蒲立德回忆起他两年前跟蒋委员长的一次谈话。他说,蒋准备在必要时进行长期抗战。并说只要对日战端一启,他就要打到底,即使受挫,也决不中途而废。尽管有可能不得不将首都迁到四川,以该地为抗战的基地。蒲立德认为,那是对日本取得最后胜利的唯一途径,日本的军事和经济力量,在两三年的对华战争中将耗尽。他肯定是赞成现在坚决抗战的政策的。

关于日本,蒲立德回忆起他两年前与日本天皇的谈话。给他的印象是天皇倾向和平。天皇对他说,希望改善日本与中国、苏联和美国的友好关系。蒲立德觉得现任首相近卫文麿是真心愿

---

* 它们是平津铁路线上的小镇。廊坊是几天前失守的。

意同中国改善关系的,不过可能是被日本军人捆住了他的双手。

我告诉蒲立德,日本军部将华北的军事行动瞒着天皇。军部要求天皇批准动员国内的一部分军队。天皇拒绝后,军部采用偷天换日的办法,把军队先调到朝鲜,再转到南满。这种调遣可无须天皇批准。这样日本军部就从朝鲜、满洲再将军队运到华北增援。

蒲立德也认为,日本确已走到了它扩张的末路,终将自取灭亡。他说,日本财力脆弱,社会也动荡不稳,跟中国的战争旷日持久,日本会发生意外的后果。

我把蒋廷黻在伦敦说的话告诉蒲立德:驻莫斯科德国代办派秘书去见蒋,实际上是去警告他,中国在对日争端中不要寻求苏联的合作,并说,如果中国试图与苏联携手来对付日本,德国将不得不帮助日本对付中国。我告诉蒲立德,几天之后,驻莫斯科的意大利大使也同样派一位秘书通知蒋,说了类似的话。蒲立德听见这番话,明显地受到触动,说这是严重的和值得注意的。

然后我们的谈话转到欧洲,我问他欧洲在近期内有无战争的危险。蒲立德说,他愿意一国一国地,想到哪里就说到哪里。由于他对形势作了很好的概括,并且与远东的局势也有关联,因此,我要把他当时所谈的欧洲形势作扼要的叙述。毫无疑问,一场大危机正在酝酿之中,并且国际间的每一项重要事件的发展都会影响到整个世界的形势。蒲立德说,首先英国现在处境困难。它像一只趴在地球上的大青蛙,一只脚踏在西班牙与地中海,另一只脚踩着远东。这两处对它都是生死攸关。目前看来它已无能为力,只有不惜一切代价乞求不出乱子。德国在北非与直布罗陀对面的休达设防,意大利在西班牙对着直布罗陀部署大炮,构成对英国地中海上交通命脉的真正威胁。战争一旦爆发,英国通往地中海的交通线将立即被切断而无法再强行进入。他认为,目前地中海方面,意大利比英国占有决定性的优势。

在远东,蒲立德说,英国的地位很不牢固。如果日本在那个地区对英国的利益和殖民地发动进攻,英国目前在那里的海军也无力捍卫。欧洲形势紧张,也不可能调兵增援远东而削弱自己在欧洲的地位。美国海军专家深信,即使英国把它的海军舰只全部投入对日作战,也不见得就能稳操胜券。日本海军总能主动地挑选时间和地点,在对它最有利的时刻当头一击。可是英国肯定无法从国内舰队中抽调舰只到远东去增援。这说明了英国无论对西班牙问题还是对远东冲突都缺乏坚定的政策,而总是不惜代价避免麻烦的原因。

谈到其他欧洲国家,蒲立德认为,德国在十四个月之后就可以准备好发动战争,因为今年收成太差。它还得再等十四个月后的下一次收获。他认为,意大利一直在准备战争,其目标是英国。法国在欧洲是力求自保,在远东若有可能,则尽力争取由美国带头合作来搞集体行动。

至于苏俄,蒲立德觉得它的情况有些特殊。它需要兼顾欧、亚两条战线。从他所了解到的俄国国内情况,蒲立德认为,苏俄不准备,也无意介入中、日纠纷。

我也将我从一个法国可靠来源获得的关于英国对欧洲政策的概要告诉蒲立德。这个政策是按照英国将在那年冬季受到意大利发动战争的挑战而制订的。蒲立德说,伦敦可能是那样想的,如果属实,那更能说明英国为什么对目前远东问题采取小心翼翼的态度。

在我问起他所理解的华盛顿对中、日冲突的态度时,他说,美国的舆论一致主张不要卷入战争。美国公众对中国极表同情,但只能在不使自己陷入战争的原则下对中国加以援助。

他问,为什么中国不援用九国公约、国联盟约和非战公约。他认为中国应该援用有关维持和平、集体安全、尊重中国主权及领土完整的每一个条约和协定,以唤起世界舆论的声援。不过,他接着说,这只是他个人的意见,并不反映华盛顿的观点。华盛顿也许会有完全不同的看法。

我回答说，中国一直在考虑援用他所提到的三个国际条约。中国政府甚至还为此探询过几个主要签字国的意见。他们的反应，到目前为止，是令人沮丧的。另一方面，没有他们的支持，求助于这些条约中的任何一个，都不会有具体的效果。不过我也同意他的话，这至少可以激发起世界舆论对中国的同情。

当天下午，7月28日，我去拜会法国外交部长。我告诉他我刚从伦敦回来。在星期日下午我去伦敦的时候，南京来了电报，指示我拜会他；并通知我，根据南京所得到的情报和日本人在华北继续制造咄咄逼人的声势，日本很可能会在一周内向中国提出一个无法接受的无理要求，并将以中国的拒绝为借口发动战争。南京政府指示我，要求法国政府运用其在东京的影响，劝日本不要贸然提出这种要求。我说，很明显，中国政府要我这样做是为了和平。因为中国政府肯定会拒绝这个无理要求并将全力投入抗击日本侵略的战争。这样，两国间的大战将无法避免。

我告诉他，鉴于事态的紧迫，而我那时稽留在伦敦，就和法国驻伦敦大使谈了话，并请大使转达给他（法国外交部部长）。我表示希望科尔宾大使已经作了转达。我还告诉德尔博斯，驻英国的中国大使也已经把同样的请求告知艾登先生。英国外交大臣保证立即指示驻东京的英国代办向日本正式提出，促请他们克制，不要有危及远东和平的行动。

德尔博斯说，他今天早晨收到驻伦敦大使的电报，并立即电告法国驻日大使，请向英国驻东京的代办问明情由，以便统一口径，向日本政府提出同样声明。德尔博斯感到这件事涉及1901年的辛丑条约，该条约禁止在北京20英里之内作战。这次在东京的外交措施能否奏效，他也没有把握。

我告诉德尔博斯，事态发展不等人。日本的侵略决心已定，又提出更多的条件，包括要中国军队全部撤出北平。根据南京中央政府的指示，华北当局已经拒绝了日本的要求。日本因此开始向中国军队进攻。激烈的战斗从7月26日星期一的夜间起一直在进行。到目前为止,中国军队收复了几个重要城镇,包括廊坊和丰台两个火车站。中国竭尽全力避免冲突,而现在,冲突终于被日本强加于身。这个事件,将产生对全世界不可预测的后果。

德尔博斯说,法国政府一贯迫切希望能防止远东发生战争,并始终就每一步行动都与英、美两国政府一致,以期避免这样的冲突。法国政府也和伦敦与华盛顿一样,曾向东京及南京提出愿意从中斡旋。日本代办还说,他接到日本政府对法国愿意调解的答复,他的政府感谢法国的善意以及它的劝告、睿智和息事宁人的态度。不过华北的冲突是中、日两国政府都已深感棘手、难于解决的问题。由于直接有关的双方之间的问题已够微妙,第三者的参加,只会使问题更趋复杂。不过,日本政府为中、日纠纷正在走向和解而感到欣慰。换言之,德尔博斯接着说,日本政府的答复,用词虽然委婉,意思却是拒绝法国政府的斡旋。

我告诉他,我坚信如果法国、英国与美国集体行动,保持坚定立场,日本也许会受到影响。在欧洲,虽然战争危机不时出现,和平屡受威胁,但各国至今尚能保持和平。我以为这是因为爱好和平的国家能团结一致,同心协力,顶住了意图发动战争和侵略的黩武集团所致。法国和英国的团结,加上美国道义上的同情和支持,以及以法苏友好条约为后盾,在欧洲形成一股强大的稳定力量,使侵略集团有所敛迹。不幸,在远东没有这种势力的均衡。在这个地区有利害关系的国家没有能组成联合阵线,因而日本得以称霸而为所欲为,给和平造成极大危害。

德尔博斯说,法国一直赞成集体行动,并确信三国集体力量对日本的影响,胜于分散与单独的行动。(事实确是如此,法国看清了,而华盛顿与伦敦在这个问题上,特别是华盛顿,对在关键时刻采取联合行动总是犹豫不决。)德尔博斯的意见是,美国在太平洋有重大利益,而没有其他的顾忌,并且在地理位置上比英、法能发挥更大作用,应当采取较积极的态度。可是在他看来,美国态度冷淡不太积极。在这次事件中,他不知华盛顿究竟有无行动。

我告诉他,按照我国驻华盛顿大使给我的电报,美国国务卿星期一向王正廷大使说,他要打电报给美国驻东京大使,向日本政府提出外交声明。听说这个声明的性质与英国的很相似。

谈到爱好和平的国家组成一个联合阵线是否可取的问题,我把我告诉蒲立德的话也告诉了法国外交部部长,即蒋廷黻对我所说并使我深感不安的事,"德国代办及意大利大使馆秘书代表意大利大使向他提出警告,反对中国在华北纠纷中寻求苏俄的合作"*。我向德尔博斯说,事实清楚地说明,日本和德国、意大利之间是存在秘密谅解的。这三个国家已经结成一个集团。日本在华北的侵略,同这两个欧洲国家是有默契的。更为严重的是,日本最近提出要中国和日本联合反共,实质上是反苏。有一切理由可以相信日本在华北的行动是对苏联作战的准备步骤。遗憾的是,苏联由于国内情况而不敢坚决站在中国一边。

德尔博斯说,苏联迫切想避免卷入中、日冲突的旋涡。这一点,日本人是清楚的,因而就利用此点进攻中国。德尔博斯同意我所说的三国联合对抗苏联的意见,并认为中国大使从莫斯科带来的信息,即德、意两国的警告,是严重和意义深远的。他再次重申,法国主张爱好和平的国家合作,采取一致行动。国际联盟沦落到这个地步,向它呼吁已无济于事,他感到惋惜。于是我告诉德尔博斯,中国政府正在研究华盛顿公约签字国举行一次圆桌会议是否可行。公约的第七款指出,签约各国在有需要时可以进行协商。虽然战事已经爆发,这样的圆桌会议,仍有可能制止战火蔓延扩大,达到和平解决。

德尔博斯赞成这个意见,不过他觉得探明美国和意大利对这个提议将抱什么态度是很重要的。在他看来,美国实际上是这个公约的创始人,从道义上讲,对于维护这个条约,它比其他签约国

---

* 这是当时谈话后所作记录的原文。由于蒲立德大使致美国国务卿第 1077 号电报与此不尽相同(见本册附录八)而引述于此。

有更大的责任。至于意大利这个另一签约国,从我刚才告诉他的一段话看,他认为会持反对态度。这样一来,在决定行动时,应该而且必须先摸清意大利和美国的反应。

我说,虽然我们的政府正在研究这个方案,还未做最后决定,但我同意他的说法,重要的是首先考虑这两个国家的态度。

我告辞时,德尔博斯再次向我保证,法国政府将尽最大努力来帮助中国。他要我接受他对中国胜利的良好祝愿。

翌日晨,7月29日,华北来的消息最令人心寒。报道说,宋哲元已经离开北平,去向不明。二十九军已于27日星期二晚11时全部撤走,日本军队于8时30分开进这个古老的都城。那天我的日记本上写着:"在接到廊坊、丰台、通州胜利的好消息时,我担忧有反复,不幸我的担忧竟成事实。"中国外交部给我的电报证实了这可怕的消息,并说,收复三个地方的报道并非事实。

接到这个坏消息后,我感到没脸见人,中国将成为笑柄。宛平失守的头一天,冯治安*还在声称那是我们的神圣土地。宋哲元说,绝不放弃一寸土地,要战斗到最后一兵一卒,而两天之后就撤出北平。中国的历代故都,现在已落入日本人之手。

我打电话给在伦敦的孔祥熙,问他对这个坏消息的看法。他说他刚接到委员长的电报,询问由国外供应军火及物资的情况。他认为从这个电报可以看出蒋是决心一战的。他还告诉我,小幡西吉在上海的人表示,如由英国那样的第三者做调人,日本现在可能接受**。但我告诉孔,中国非打下去不可,除非日本先撤出北平。

不久我又收到天津及其附近发生激战的消息。30日的报纸登载日本猛烈轰炸人口密集的总站、东站、邮局等地,平民伤亡甚大。情况严重,使我很想和苏联大使苏利茨一谈,并接待前印度

---

* 三十七师师长。

** 此语引自顾维钧日记。不能肯定小幡的意思是什么。

支那总督瓦伦纳。同苏联大使的谈话是原来安排好的。

我本打算去拜望瓦伦纳，但他表示愿到我们大使馆来。我告诉他我有两个问题要和他谈。首先，也是最重要的，中国战时物资经印度支那的过境问题，尤其在日本人要封锁中国口岸的时候。这个问题影响深远，我拟在另一章里论述。第二个问题是关于苏俄。

我向瓦伦纳说，不知道法国政府是否肯作中间人，代为探询莫斯科对跟中国缔结军事同盟的态度如何。

瓦伦纳说，在目前情况下，寻求苏联的军事合作对中国是重要的。他说，苏俄对日本的利害关系和中国是一致的。苏俄所受的威胁的确比在远东的任何欧洲国家都更为直接。据他了解，苏联在满洲和朝鲜整个边境都驻有重兵，海参崴还集结有大量军用飞机。以海参崴为基地去空袭大阪、神户那样的城市，会对日本有很大的牵制和震慑作用。他觉得中国可以直接和苏俄洽商，并建议我去见驻巴黎苏联大使。

我告诉他，中国驻莫斯科大使一直在和苏联政府洽谈，我也正要去见苏联驻法大使苏利茨先生。不过我认为，法国实际是俄国的盟国，可以运用法国的影响，帮助促进南京与莫斯科的相互了解。

瓦伦纳答应去和负责外交的副国务秘书维安诺或部长德尔博斯商量。

我告诉瓦伦纳，一年前赫里欧曾经提到中国与苏俄达成一项协约的好处，并且，据我所知，赫里欧是法苏互助条约的发起人。所以，我建议瓦伦纳最好先和赫里欧谈谈；而由赫里欧去向德尔博斯提出，在法国政府中会有很大影响。

瓦伦纳同意当天晚上去见赫里欧，会谈情况随后告我。他在听到华北情况之后非常吃惊，尤其是中国军队的撤退和日本人对天津几个居民区及学校中心的狂轰滥炸，使成千上万的无辜平民丧生。他说，日本军人的这种恣意毁灭行径，激起他和他的很多朋友的无比愤慨。他坚信中国如果真的决心接受日本人的挑战，也该准备一些最新式的轰炸机，去轰炸像大阪那样的工商业大城市。这样的空袭，能让日本人民也好好体会一下被军人控制下的日本在中国的所作所为。不过，他继续说，从总的形势来看，鉴于西方的欧洲国家无暇东顾，中国的建设也未完成，暂时和日本妥协是上策，让当地的政府负责去解决，争取两三年的喘息时间，以便积蓄力量再图抵抗。

我向他解释，这可能是个好办法。不过中国群情鼎沸，如果政府再不以全力投入抵抗日本侵略的斗争，就很难向舆论交代。当他问我，一旦中央政府对日作战，广西和四川两省会不会出麻烦。我再次向他肯定，政府如果和日本人妥协、恐怕麻烦只会更多些。倘政府采取坚决抵抗日本侵略的政策，全国将一致拥护，奋战到底。

现在我想谈谈当天晚间约好在苏联大使馆与苏利茨大使的一次很有意思的谈话。他首先问我华北的最近情况。他说，他从各方面了解到中国在内部建设上已取得很大进展，政治上实际已达到团结一致。军队也得到彻底整编并已成为一支能够抗敌的劲旅。他希望知道这些情况是否属实。

我告诉他在平津地区作战的二十九军实际上是地方队伍。有组织的战争还未开始。中央派到华北去的军队没有参加前几天的战斗，可是不久即将开始对日作战。中国是有耐心的，但耐心有限度。过去几天事态的发展，迫使中央政府必须把华北问题视为全国性事件。大使馆刚才接到的蒋委员长及时的声明中说，日本的所作所为，迫使中国不得不全力以赴保卫国家主权和领土完整，这话说得十分贴切。我告诉苏利茨，他刚才说的话确是事实。正由于中国在政治团结、经济建设上都取得很大进展，日本怕我们日趋强大，才决定先发制人，动起手来。

于是谈到我来见苏利茨作非正式交换意见的正题。我想知道他了解到的苏联政府在目前中、日冲突中所持的政策。

苏利茨提出反问。问我所了解的日本政策是什么，日本究竟想要得到什么。

　　我回答，日本在华北的侵略是进攻苏联的第一步。日本的侧翼没有屏障，不先侵占华北，它对苏联的进攻就既不安全，又不会顺利。所谓的田中奏折，体现了日本扩张领土征服亚洲的野心，目的不只是攻占华北，而且还要把苏联撵出西伯利亚。我还说，这并不仅仅是推测，而是有确凿的证据。1935 年日本政府以广田三原则为依据，向中国提出三个要求。要求之一是，中国应与日本结盟共同反对共产主义，意即苏联。甚至最近向中国华北当局提出的要求中，有一条也是中、日军事合作以抗拒共产主义。一如中央政府拒绝了广田三原则，华北当局也拒绝了这个要求，中国拒绝与日本携手与苏联为敌，是日本对中国心怀不满的原因之一。

　　我更提到，由于欧洲局势的恶化，及苏联国内情况的发展，无异向日本表明，苏联不能采取积极行动，这两者合起来，使日本得出结论，认为速战速决以取得对华北的控制的时机已到，以便在日后对苏作战时可以控制侧翼。因此，日本的公然侵华就等于是对苏联的侵略和危害。在目前情况下，不知苏联作何打算。

　　苏利茨说他知道日本的真实目的，并同意我的看法，日本目前在华北的行动是对苏作战的准备。至于莫斯科的态度，他说，第一，在当前危机中，苏联全心全意同情中国；第二，苏联认为，它与中国对日本有相同的利害关系并乐于协助。至于军事合作，他估计这是我谈及苏联政策时心中所想到的问题，但他不能作任何承诺。他认为这是需要非常慎重考虑的大事，想来中国驻苏大使一定和李维诺夫谈过，李维诺夫恐怕也不能作更多的答复。苏利茨继续说，若是日本以为苏联由于国内的问题而力量削弱，那就错了。不过，苏联与中国的地理位置不同。如果苏联在远东卷入与日本的冲突，欧洲某国肯定会对它立即进攻。由于波兰的态度，苏联实际上已和德国有了共同的边界。

我告诉苏利茨,我在伦敦逗留期间已经和中国驻莫斯科及驻伦敦大使们谈过这些事,还曾和苏联在伦敦的大使迈斯基谈过。迈斯基那时正忙于对西班牙的不干涉问题,因而我和他未能充分交换意见。我继续阐述我的观点说,欧洲至今尚能维持和平的局面,是因为有个强有力的爱好和平国家集团,造成一个力量均衡的形势,使那些奉行侵略政策的国家极为犹豫,不敢贸然动武。这种遏制因素至关重要。而远东方面,维护和平的力量却没有组织起来,所以日本能在这个地区肆意逞凶。对日本的优势,这个地区缺少有效的抗衡力量。我认为问题是如何把和平力量组织起来,即英、美、法、苏联和中国,结成有决心的、联合一致的友邦。一旦这个集团形成,战争的威胁就能排除。因为日本肯定不敢冒同时与五个国家作战的风险。

苏利茨大使说,这正是苏联一直期待其实现的政策。莫斯科一贯相信集体安全与集体维持和平的力量,可是这要看英、美的态度。到目前为止,九国公约签字国,没有一个曾来邀请苏联参加他们对东京采取任何外交行动。

我记得华盛顿会议时苏联没有代表参加。后来它坚决遵守这个公约,也成了一个签约国。

苏联大使又告诉我,伦敦、巴黎、华盛顿都向东京递交了声明,可是措辞委婉,而且是向双方提出的。他们害怕采取明确的立场,仅仅劝说应该明智与克制。他们在东京的声明里,甚至连公约的任何约束都不提。他相信如果英国和美国以华盛顿公约为根据,联合向东京采取外交行动,东京将会听从并约束它在华北的部队。但是他认为因为这两个国家深恐被卷入,不敢在东京说一句重话。

我说,我的想法正是以假定英国、美国和法国都在不惜代价寻求避免战争为依据的。我在想能用什么办法,把五个国家联成一体,各负其责而共同行动。我向他解释,只要那三个国家能给物资与财政支援,中国准备和苏联并肩作战。这个阵线若能成立,我认为战争是可以防止的。因为日本恐怕也不敢向这个强大的和平力量联合组织挑战。

苏利茨大使同意我的看法,但他说,困难在于如何能把那三个国家联合起来。关于苏联的军事行动,事关重大,他无法作答。但是他补充说,即使苏联在远东不能与中国结盟,以共同行动对付日本,苏联的态度和政策也会是对中国有帮助的。例如,苏联的军事部署是在西伯利亚能独立还击日本的任何侵犯,因而对日战争一旦发生,苏联不会受欧洲战线的牵制,影响西伯利亚的战斗,而物资供应也不成问题。他还说,苏联已经沿满洲前线驻有重兵,使日本不得不用很多师来防范苏联。在他看来,这对中国是很大的帮助。日本很清楚,苏联是寸土不让的,倘敢来犯,必将碰得头破血流。

我虽然同意他这种说法,但也指出,苏联在满洲边界驻有重兵,对中国很有利,但如果日本肯定苏联军队绝不会越过边界,那日本对那里的军队就不放在心上了。

苏利茨回答说,这也可能是事实。不过,就算日本人明知苏联军队不会越过边界,但仍然不敢不设防。这样,日本仍需把若干师驻在边境上。然后他阐明他的立场说,苏联对日本的利害关系与中国完全相似。苏联要尽最大力量来帮助中国,只是由于当前欧洲的局势,苏联不能在军事合作上作出承诺。最后他说,他知道这次谈话是非正式的,但他还是愿意将内容概要电告李维诺夫,看他有什么意见和反应。回音也许要等一段时间,只要得到莫斯科的消息,他愿意跟我再谈一次。

那天晚上,我从中国外交部得知,仅在北平失守后几天,中国军队又撤出天津,实在令人丧气。我在日记上写着:

　　最令人痛心疾首的消息。中国养兵百万又有何用?

31 日我在日记上又写道:

　　日本轰炸天津市中心及南开大学,残杀成千上万无辜人民的消息,令人发指。至盼国家能有所作为。

二、战事开始波及上海时的外交努力
1937 年 8 月—9 月初

8 月的头一个星期,有东京和南京即将发生全面战争的明显迹象。南京好像有决心抗战。从外交部来的电报,我揣测到外交部认为日本人的军事准备和东京官方与非官方声明,意味着日本蓄意向全中国作战。8 月 3 日日陆军大臣在东京国会说,用军事行动彻底解决中国问题的时机已经到来,要求再拨款三亿日元。

8 月 2 日我拜会法国外交部部长德尔博斯,商谈在印度支那过境运输与苏联军事合作这两个问题。谈话一开始我就对日本侵略华北引起的关于一小队法国士兵的事件表示歉意。我希望事情已经解决。

德尔博斯说,所幸事件已在当地解决。

然后我告诉了他我刚从南京接到的几条消息。日本飞机一直在中国华中的济南、郑州和华南的杭州等处飞行。据信,他们是在对行将轰炸的城市摄影。与此同时,长江上游,河南和山西的日本领事馆业已关闭,日本侨民也已撤离。五艘日本军舰已到杭州湾,并派一队日本兵登陆进行示威,但不久即撤走。此外,在南方,几艘日本炮艇驶到广东省东部的汕头,还要求那里的中国驻军撤退。这一要求被中国当局拒绝。我向外交部部长说,这一切都说明日本将向中国全面开火。情况比任何时候都严重。

接着我提出过境运输及中、苏军事合作的问题。说到后一问题,我首先指出,目前远东局势,苏联和中国的利益有共同之处。我告诉德尔博斯,中国政府认为:如果在军事合作上能跟莫斯科达成协议,这件事就能阻止日本向中国进行全面战争。我说,事实上日本政府已经要求中国政府与华北当局跟日本结成同盟,"共同反共"。

德尔博斯插话说:"反对苏俄。"

我告诉他,中国一向拒绝日本的这一要求。日本对华北的侵略,实际上是对苏联进攻的准备步骤。因此,在目前危机中,与中国军事合作是符合苏联利益的。我告诉他,这事我在巴黎曾和苏利茨谈过。中国驻伦敦大使也和苏联驻伦敦大使迈斯基说过。我在伦敦还亲自见到这位大使。但是苏联和它的代表们对这个主张表现犹豫,不愿接受。理由是,苏联在远东军事上参加中国一边,可能会挑起一场欧洲的战争。然而,我告诉德尔博斯,我的印象是:苏联持这种态度的真实原因,大概是由于国内局势不稳。鉴于法国和苏联的友好关系,中国政府希望法国政府能设法询明苏联政府的真正意图,以便中国能在对付日本上,做出最后决定。

法国外交部长对于苏联之所以犹豫不定大概是出于该国的内部情势这一点,表示同意。他答应将我的问询秘密地转达莫斯科。接着说,他要在明晨外出休假两周。他外出期间,肖唐总理将兼理他的职务。因此,在得到回音后,将由肖唐通知我。

之后,我们讨论了欧洲的局势。我问他是否认为西班牙问题的危险性比以前有所减轻?欧洲的不稳定局势有所好转?以及前景已经明朗?

他说,西班牙问题尚无眉目。双方对任何事情都互不相让。德国和意大利表面上好像比较容易妥协,但实际他们在任何重大问题上都寸步不让。他认为,欧洲局势一直不稳。他说,谁也不知道转眼间会出什么事。我问到英国试图和意大利取得更好的谅解,是否和远东局势有关,德尔博斯说,是意大利想和英国达成友好谅解。英国为了更好应付远东日益加深的威胁,也愿意答应意大利的要求,因为英国在远东有极为重要的利害关系。

我告诉德尔博斯,我一直认为英、法、美和苏联倘能组成联合阵线,用不含糊的口气向日本讲话,仍有可能阻止一场全面的冲突。

德尔博斯认为,远东局势的重要因素是美国的态度。美国犹豫不定,深恐集体行动会使它陷入不能脱身的境地。德尔博斯说,法国在这类事情上总是赞成集体行动的。虽然法国很同情中国,可是法国不能单独行动,这点我是很清楚的。

我同意他这话,随又问到德、苏的关系是否有引起欧洲局势复杂化的危险。这位外交部长说,只是德国态度对苏联极端仇视而已。我接他的话说,这两国无共同边界,除非在地理上位于两国之间的波兰的态度有变化,否则德国不容易向苏联进攻。

德尔博斯同意,德国不经过第三国,是无法进攻苏联的。但是他觉得,波兰对苏联的态度很紧张(这证实了那天苏利茨向我说的话)。

我以沮丧的心情注视着这一时期的欧洲局势,因为天空出现乌云,说明一场大灾难可能即将来临。凶兆很多,而且许多政治家的精神都集中在这上面。但是他们都无力阻止其发展。

孔祥熙于 8 月 5 日从伦敦来到巴黎。他一来就告诉我他获得情报,莫斯科对中国的态度现已有好转。在午餐时,他又告诉我一则使他不安的新闻,说意大利对日本很友善。意大利政府指示意大利在中国的顾问们,力劝中国不要试图从日本人手里收复华北。可是在孔问刘文岛时,这位中国驻意大利大使仅说,那并非事实。孔还说,他给华盛顿的王正廷打过电话,由于王正廷以英国拒绝偿付欠美国的战债为理由来解释美国对于中国局势以及采取共同步骤的态度冷淡,这使孔颇为不高兴。(这种解释即使不算是自相矛盾,也未免过于肤浅。)

次日,我在大使馆接待日本新任驻巴黎大使杉村。寒暄几句后,他说他对法国相当熟悉。他曾留学巴黎,取得法学博士学位。后来在日本驻里昂领事馆当过馆员。他说,我们现在的会晤,并不是真正愉快的,感谢我肯接待他。

我坦率地告诉他,日本军队在华北的行为,不仅中国和中国人民忿恨,全世界都很有反感。我肯定,甚至和现时世界舆论和国际思潮有接触的杉村本人,心中也不会赞成。我说,日本军人的行为是属于封建时代的。一个世纪之前,这些行为也许会受人尊崇。在 20 世纪它们可就过时了。

这位新大使回答说，一个日本外交家的作用实在有限。但是他说，他希望并且相信，从长远看，中、日关系定会取得令人满意的结局。一个人对形势要能放眼衡量，不要陷入一时一事的影响之中。我告诉他，我对日本军队在中国行动的结局如何尚不能肯定。在我心目中，这类举动最终会导致悲惨的结果。

杉村大使随后说，根据那天他刚收到的电报，他必须承认，他在目前感到悲观。也许半月或一月后会稍有眉目，有可能达成和解。我告诉他，就目前华北局势而论，我也对眼下的发展毫不乐观，他说，他一贯相信中、日关系应该建立在友好合作的基础上。他还说，天皇本人一向是爱好和平的。牧野子爵和西园寺公爵等政治家的主张也是这样。

我告诉他，日本肯定有一些对未来有敏锐的眼光和留心世界舆论趋向的政治家。日本的困难难在这些人属于少数，影响不了在日本政治机构中占优势的军人。

杉村说，最可惜的是我们两国，经常不能在同一时间都乐意根本解决两国之间的问题。他回忆 1932 年他由日内瓦回国休假时，当时的外相内田男爵要他去中国考察，将中国的情况和公众的舆论如实向他报告。不幸的是，报告还未完成，内田就辞职了。取而代之的是广田。杉村大使还回忆起币原男爵曾告诉他，当时的中国外交部部长王正廷对日本为了改善双方关系所作的建议未作答复，很使他遗憾。杉村说，币原是开明人士，他顶住日本军人的反对，努力奉行他对中国的和解合作政策。他派他的得力助手，同他一样开明的佐分利作日本驻华公使。但是王正廷对币原的建议没有反应，错过了这一求得中、日关系圆满解决的大好时机。

我说，我认得币原，还同他合作过，尤其是在华盛顿会议时。

杉村说，币原是个卓越的研究英国的学者，是有远见的、胸襟开阔的政治家和外交家。在华盛顿会议上，他不顾东京军方的反对,贯彻执行他的政策。杉村在回答我的提问时说,币原已完全退出政治生涯,现住在东京附近。也许他在写回忆录,但对当前政治已不再过问。

我说,我了解,币原的政策是一项国际合作的政策。这是当今世界唯一合理的政策。

杉村提到,日本曾经是国际联盟的一员,相信国际之间应当合作。但是他说,世界形势已大为改观。一段时期国际联盟曾坚持贸易均等、门户开放那样的公正原则,但是这个日内瓦机构已经失去了不少影响和威望。像德国和意大利那样的国家,对国联已经没有任何诚意和信心。事实是,现代国际生活不能用固定规章来约束。他在意大利住过四年,目睹了那里经济的困窘情况。他说,甚至现在居住在内地的意大利人,一个星期至多只能吃上一顿肉。德国的经济情况也同样不妙。这些国家,人口太多,他们的工业原料不足。日本也是一样,依靠国外市场获取食物和原料。换句话说,国际间生活不能停滞不前,面临严重需求问题的国家,应该有一条出路,和一个解决它们本身问题的机会。日本不再指望由国际联盟来解决这个问题。因为国际生活的发展,在国联里是成事不足、败事有余。他相信大国间应该直接合作。因此,在法国,他将尽力恢复多年前缔结的日、法条约,促进两国的直接合作。

我告诉他,我完全能理解他所说的问题确是事实。但我认为,肯定能用别的途径去解决而不必诉诸武力。我说,国际生活的演变,必须面向法律和秩序及广泛的合作。目前世界各地的动荡不安局势,可以概括为武装侵略与正义之间的斗争。

杉村说,困难在于,人们对正义这一概念有不同的解释。一个人认为是正义,而另一个人并不一定也认为是正义。

我说,这是一件要由世界舆论来决定的事。

事后回顾我们的谈话,我觉得他很健谈,想表现得坦率,但实际相当狡猾。他承认"我谴责日本军人",并说外交家不是发动机,仅仅是制动器。

当天一小时之后,我陪孔祥熙去肖唐的办公室与他相见。在那里我们友好而坦率地交谈了远东局势和苏联的态度。此后我领他去见蒲立德。我们在蒲立德的尚蒂伊乡间别墅共进午餐,并作了长时间的谈话。蒲立德告诉我们,美国人把避免战争置于一切之上。美国的真实政策是在日本和苏联之间保持均势,不使任何一方在战胜对方之后,能强大得足以统治中国。他认为,美国无论对西班牙还是远东问题是绝对无力采取坚定立场的。甚至美国连支持都做不到。美国对力不能及的事是不说也不作承诺的。而且,美国既不想按九国公约采取主动,也不想采取日后可能要单独承担责任的行动。

孔祥熙和我与接替勃鲁姆任总理的肖唐三人早些时间的正式谈话,我作了记录。根据这些记录,孔祥熙和肖唐在寒暄之后,谈到法国财政经济情况的改善和他们对国际事务集体行动会有良好效果的信念。随后,我请他允许借此机会提出过境运输和中、苏军事合作两个问题。外交部长德尔博斯曾说,他不在时,法国政府的回话,可由肖唐转告我。在苏联有无可能与中国进行军事合作问题上,我简单地向肖唐概述中国的情况,以及中国请法国政府探询苏联政府对中、日冲突的真实意向,尤其是苏联是否准备在军事上与中国合作。

肖唐说,虽然法国政府和莫斯科是友好的,但是苏联政府对遵循它自己政策的独立性很敏感。这种独立精神,在西班牙问题上就很突出。法国政府一直在运用它对苏联的影响,劝它改变对西班牙实行不干涉问题的不妥协态度。而且最近法国还向莫斯科表明,英国政府也支持法国的努力。但是莫斯科不愿听从劝告,仍坚不让步。他(肖唐)还没有向莫斯科提出远东问题,但是,从莫斯科对西班牙的态度来判断,他认为对当前的中、日冲突,苏联不会采取站在中国一边的积极政策。在他看来,如果莫斯科有这样的意图,那它就会在西班牙问题上更容易和解一些。要是认为苏联准备在东方和欧洲两线同时应付事端,那是不合理的。谣传如果苏联站在中国一边对付日本,意大利和德国将被迫帮助日本对付中国。这种说法,无疑将使莫斯科比过去要更加小心谨慎。

我问他对苏联国内局势的看法,这位法国总理说,他没有直接情报,很难知道真相。法国深感不安的是,一位将在战时肩负国防重任的元帅,竟被发现是未来敌人的间谍,并因此被处决。这件事必然会动摇对苏联军队可靠性的信念。可是,肖唐说,独裁制的作风是不可思议的。斯大林不知道国外人士对这件事的想法,也许还会觉得他的清洗办法不仅未削弱,反而增强了苏联军队,可以同时面对两条战线的危机。他接着说,不管怎样,他会指示法国驻莫斯科大使,替中国政府探听苏联对远东危机的态度。

孔祥熙说,他对两月前来巴黎访问时,法国政府在财政和经济领域方面给予的合作,再次表示谢意。他希望肖唐会继续这种有益的合作,因为他相信,这对中、法双方都是有利的。

肖唐完全同意孔的看法,并说,他一定高兴地为维持中、法友好合作而效劳。

孔祥熙第二次访问巴黎,在 8 月 10 日结束后赴柏林,经布拉格和罗马转道回中国。那天晚上,我送走了他。在他临行之前,我参加了他和李石曾有关中国对苏政策的谈话,以及班乐卫对派法国军事代表团到中国的最初想法和蒋委员长拟将该团留在西北的主张。他们同意蒋委员长的意见:苏联如果不肯参加作战,就争取它在边境进行军事演习。

从火车站回来后,李毓瀛(石曾)来到大使馆。他说明了和苏联结盟问题的根源,以及赫里欧的中、苏合作的设想。他说,法国的想法有两个基本要点。一、中国必须打定主意,站在德、意一边还是站在美、英、法、苏集团一边。二、中国必须决定并表明其抗战到底的决心。大家认为,这两点都是友好国家决心援助中国所必需的。

我可以补充一下,李毓瀛在对法国当局打交道上是有其独特地位的。事实上,我们可以说,他是中、法间最密切的联系人。许多法国显要人物对他的话都听得进,这是由于第一次世界大战时,他组织了勤工俭学运动。这个运动是使中国学生到法国去做工,对法国的抗敌战争作了贡献。此外,他公开承认他是社会主义者,尤其和法国人民阵线政府中的成员,如勃鲁姆、莫泰很友好。他也是赫里欧的至交。

三天以后,李又来访。他已和赫里欧在埃克斯累班谈了有关苏联和中国的问题。蒋委员长通过王宠惠要他找赫里欧,想要赫里欧帮助劝说苏联积极支持中国,或者,至少在边境作军事示威来支持中国。李石曾说,他发现,赫里欧对中国仍在依赖德国军事顾问,很不放心,并希望见到中国更有力地抗击敌人。

在这前一天,我接待了杨虎城将军的来访。杨是在西安扣留蒋委员长的那位少帅的著名合作者。此后,也许是取得了某种谅解,他辞职出国旅行考察。他到巴黎大使馆来访,我照例接待了他。我急于想从他那里了解一些扣留蒋委员长的内幕情况,因为这件事轰动了全世界。我还想知道他离开中国时国内的形势。

他告诉我,他在启程赴欧之前,曾到杭州去见过委员长。蒋告诉他,在国外时,要特别注意德国和苏联的情况、态度和政策。蒋曾告诉他中国应该和莫斯科发展更为密切的关系。关于德国,他觉得委员长对柏林仍有很大信任和信心。

杨将军说,他本人赞成对日本的立场要坚强,要执行积极抵抗侵略的政策,而中央政府却仍举棋不定。他举例说明,在日本入侵华北的危急形势下,政府竟调遣二十万军队进入四川。他说,然而,中国军队未作认真的抵抗就把华北丢失了。他认为在那样的时刻,调那么多军队入川,表明中央政府并没有真心抵抗日本侵略。当然,如果用这些部队去抗击日本,从四川北调需要一些时间。五天之后我去旅馆回访杨将军,我和他就中国的外交政策和西安事变的内情作了长谈(这部分已曾记述)。

所谓上海飞机场事件,发生在 8 月 9 日。那天有几个日本士兵试图闯进中国的虹桥军用机场(在上海西四英里)。他们和中国士兵发生冲突,而被击毙,中国岗哨也死一人。起初东京日本外务省的发言人声明,在两国关系十分紧张的情况下,这种事件是难免的,开始时这个问题好像处理得很冷静。可是第二天的报道说,日本海军省突然认为事态严重,调遣第一舰队的二十只军舰到上海,完全做好战争准备。结果,约六万中国居民,纷纷逃离上海北部的闸北地区。

同一天,8 月 11 日,我参加一次午宴。席间我和英国大使馆的全权公使劳合·托马斯畅谈。我问到英国的态度时,这位公使回答说,整个局势实际取决于美国的态度。英国极愿跟美国走,因为美国是太平洋最重要的因素,而英国的政策则是同美国合作。可是美国那时的态度是小心翼翼,缄口不言。我想,他的意思是说,华盛顿显然持冷淡态度。关于苏联,他肯定,莫斯科除非直接受到攻击,不会有所举动。

几天来局势紧张有增无减。日本人巩固了上海周围的阵地,两师中国精锐部队也到达前线,准备好迎战日本的可能进犯。8 月 13 日难以避免的事终于发生了。战争在上海爆发,而且很快就由郊区扩大到市中心。

次日午前,我回拜日本大使,由于中国局势的紧张,我心情很沉重。我们双方都有意谈些琐碎小事。杉村一开头就说,他也喜欢跟我一样的独自打高尔夫球,然后谈一阵日本外交界的个别人物和日本人的性格特点,等等。

按这位大使的说法,他和佐藤都属日本外务省的所谓正统外交派,币原也是。他说佐藤是我 1916 年到 1917 年在华盛顿的同行那位佐藤的养子。币原男爵是石井子爵的红人。而广田则是地地道道的黑龙会分子。虽然广田和杉村是好朋友,交往了四十多年,但在外交政策上他们观点不一致。甚至在上学时,广田就一直认为杉村和他不一样。广田出身贫寒,杉村是名门子弟,父亲是外交官。广田的父亲是工人,本人还做过孙中山的仆人。杉村还记得很清楚,在一个炎热的夏天,他去拜访孙中山,广田给他们端茶。杉村说,广田有大志,要为中国或至少为孙中山做些事。但是他在外交上总是执行冒险家的政策。山崎(山座圆次郎?)提拔和照顾过他,山崎如果不死,会当上外相或许当上首相。黑龙会是个反俄的秘密组织,广田的实力在于他是黑龙会的一个头目。1936年2月26日的叛乱,藏相高桥和海军大臣斋藤被少壮派军官刺杀,广田由于他和这个胆大妄为的集团的密切关系,幸免于难。

杉村接着说,前任驻华盛顿日本大使出渊也是正统派,但现任大使斋藤则是另一类型的人物。斋藤当过出席华盛顿会议日本代表团的秘书。后来他在日本驻伦敦大使松平手下当过大使馆参赞。斋藤的英文说写俱佳,松平的每篇演说稿都是他起草的。因此松平很赏识他,后来推荐他作海牙公使,从海牙升任驻华盛顿大使。但是斋藤是个不择手段的人,因此在外交界人缘不好。美国驻罗马大使菲利普斯曾向从罗马调来巴黎的杉村讲过斋藤一些不中听的话。英国驻罗马大使杜吕蒙也反对斋藤,说他既过于放纵,又太爱玩弄计谋。杉村还举了一个最近的例子,说在日本决定废除限制海军力量的华盛顿五国公约时,斋藤在美国各处奔走,公开批评英国和美国拒不给日本海军相等的限额。他争辩说,既然英国和美国坚持五比五,他们就不应该拒绝日本用同样的比例。但是日本决心废止这一协定的实际原因出于国内政局。斋藤对这一问题的态度,遭到英、美的严厉批评。他没有必要采取这种行动。什么也不说,或者坦率地说国内局势不容日本继续遵守该条约,也许比较好一些。因为即或日本争得五的比例,日本的财力也无法利用这个比例。

杉村还说,他总觉得东方人不应丧失东方的文化。他仍相信礼貌谦恭的东方美德。他不喜欢斋藤的超现代化举止。在他看来,斋藤已经成为军方的工具。谈到日本各地区的日本人,杉村说,来自东京和京都的人,比较聪明伶俐,但油滑,靠不住。北方人固执倔强。住在山区的人眼光短浅,只顾目前,毫无远见。

杉村告诉我,来自北方的芳泽,说话举止都慢吞吞的。有一次,松平和芳泽打高尔夫球,松平不耐烦,半途走了。和芳泽打高尔夫球的例子还不止于这一次,同样的事在北平也发生过。大家都知道,那时北平西便门外有个很受人喜爱的球场——跑马场高尔夫球场。一些打高尔夫球的人,只要到那里看见芳泽先生在他们前面,他们就不打了。有几位外国公使亲口告诉我,有一次他们去球场,看见芳泽一个人在打球。他们就在一旁等待。芳泽每击一球后,在球场草地上坐下来,掏出一个小册子,一页一页地慢慢翻看。看了一阵,站起来,从不同角度对球端详,然后又看他的小本。总要隔五到十分钟才再打一下。有了这个经验,这些打球的人只要看见芳泽在前面打球,他们就干脆回家,以免浪费时间。

针对杉村评论芳泽说话慢,行动慢,典型的日本北方人,我说,日本的军官们则好像是来自山区。因为他们的看问题和作风都是眼光短浅。

杉村评述说,日本许多军方领导人来自山区农家,一心想的是农民利益,与工业家和资本家的利益相反。按照征兵制度,军官们从12岁到22岁先在军事学校里受训十年。这是一个男孩子一生中最重要的阶段。军事学校将他们塑造成特有的军人传统的性格。这些年轻军官完成学业后,就成为一个心胸狭隘,妄自尊大和专横跋扈的一个阶层。

杉村接着说,他不是以日本大使的身份,而是作为一个开明的日本人说这些话的。他为日本军人压制平民感到惭愧。甚至在大学里,这些年轻军官目空一切的态度,已令人厌恶。又说,军队并不代表民意,他们有时也不为群众所拥护。他告诉我,四年前他回到日本觐见了天皇。天皇和他谈了五个小时。他叙述了世界舆论和国外的情况。后来他写了一本关于日本与国际联盟的书,成为1933年的畅销书。但是不为日本军人所喜,禁止了它的发行。

我说,我充分理解到日本是有像杉村这样有远见的人。不幸他们是少数,影响不了军人和追随他们的多数群众。

这位大使说,他有一次陪同佐藤、泷平和牧野子爵觐见天皇。泷平和佐藤都说,军人之所以能有那么大的影响并控制别人,原因在于老百姓心里有话不敢说,有意见不敢提。但也有些重要人物是不怕死的。总有一天会因为他们观点开明而被军人杀害。但奇怪的是他们至今未受批评。杉村说,泷平是个有胆量的人,在1936年的武装政变中被害。

杉村认为佐藤是伟大人物。林铣十郎首相任他为外相时,他提出了六个条件。这些条件,首相、陆相、海相都同意。条件中有对苏和对华的政策,那是一项和解的政策。可是佐藤第一次出席国会发表政策声明时,很多人对他的观点表示不满。一位议员问,佐藤的政策首相是否已同意。首相说,他要研究那篇演说之后才能回答。有人以同样的话问陆相时,陆相答称,不满意。海相也说不满意。这对佐藤是很不公平的,因为他们接受了这些条件之后他才就任的。他们事先知道佐藤发言的内容,佐藤不能在国会上透露他就任外相的条件。杉村的结论是佐藤的同事们故意拆他的台。他还补充说,佐藤的演说是基于日、中关系应遵循平等和互相尊重的原则的想法而作的。

那天晚些时候和15日的新闻报道说,中国飞机轰炸停泊在上海黄浦江中的日本军舰时,炸弹误落在公共租界和法租界的大街上,炸死一千多人,受伤的中外人士更多。我非常悲痛,我有家属和朋友在上海。谈到外交方面,这次轰炸对国际的影响必然是很深远的。不过,15日也有一条令人高兴的消息:日本人在北方进攻南口失败,正在后退。

16日上午的巴黎报纸还在对炸弹落在上海法租界和公共租

界一事上大做文章。日本进攻南口失败的消息几乎不提。上海侨居着大量的外国人,还有大量的外国投资。那是中国最能引起国际关切的地方。这个特殊事故,直接影响到法国人及法国人的财产。

16 日下午,经事先约定,我见到法国外交部秘书长莱热。他解释说,德尔博斯不在时的代理外交部部长肖唐也离开巴黎去休假了。肖唐在星期六(14 日)临走前要他和我谈上海法租界炸弹事件。这就是他约我谈话的原因。然后他说,他一向自认是中国的朋友,在目前危机中,法国公众舆论也一直对中国人民很友好同情。可是中国空军轰炸法租界,激起了反感。那天有些新闻记者打电话来,问法国政府对这件事采取什么对策。由于这一可悲的事件,舆论也发生了显著变化。他感到,如果在法租界再发生这样的事,会彻底改变对中国的普遍同情和友好,甚至法国舆论将完全变得对中国不利。法国政府不愿看到这样发展的出现,但要防止却无能为力。他表示希望中国政府与法国合作,严令空军停止再向法租界投掷炸弹。

他说,不久前接到一位记者的电话,询问一则报道,说中国飞机又在法租界上空飞行,法国当局被迫向它射击,是否属实。他问我是否知情。他还说,他本人也能理解,任何一国的军事当局,尤其在目前中国这样的危机下,往往不听文职官员的劝告而自行其是。但是任何这类事件的重演,后果将对中国极为不利。因此,为了法租界的利益,同样为了中国的利益,中国空军应该避免再在法租界落下炸弹。法国当局将向任何飞越法租界的飞机射击。如果发生了这种事,对两国间的友好关系是很不幸的。法国驻中国大使那齐亚已奉命向中国政府抗议,并坚决要求不再发生这类事情。肖唐要莱热将这一抗议通知我,要我向中国政府转达一项诚挚的要求:命令中国空军尊重法租界的安全。他要我把这次谈话看作是一次友好和半官方性质的会谈。

我理解莱热对我谈到这次意外事件的心情,并表示感谢。我告诉他,这件事我已收到政府发来的两个电报。通过调查的结果,看来整个事件确出意外。那架中国飞机被停泊在黄浦江上的日本军舰炮火击中。飞行员受了伤,失去控制。炸弹从装置上脱落,不由飞行员自主地掉下去。我告诉他,更为不幸的是,许多中国人和几位友好国家的公民丧了命。我说,那是一个特殊情况。日本飞机一直在向法租界以南的虹桥机场进攻,甚至出击杭州。中国空军被迫派飞机在空战中将它驱走。我加上一句:防止炸弹落到某一特定的地点是极为困难的。我问:是否向东京提出了同样的抗议。莱热作了否定的回答,并解释说,没有日本飞机在法租界上空飞行。

我回答莱热时告诉他,根本的解决办法是日本军舰撤离黄浦江。因为就是这些军舰沿着紧靠法租界的外滩停泊,充当了日本向中国进行军事行动的基地。对准中国防御工事的炮火和空袭就是来自这些军舰。我向他保证,中国政府衷心希望上海法租界不遭战火。但是问题在于侵略者——日本。它派遣四十多艘军舰到上海来进攻中国,挑起战端。为了自卫,中国政府不得不命令部队进行抵抗。中国是侵略的受害者,再没有比消除冲突的根源使中国更高兴的事了。

莱热说,那也正是各国都盼能见诸实现的。他又说,8月14日收到法国驻华大使来的几份电报。根据1932年中、日停战协定而设立,由五个代表和中、日两国代表组成的监督委员会,8月12日开了会。五国的代表建议日本撤走它的军舰,中国将部队撤到1932年停战协定所规定的界线之外。但是由于双方都已违反协定,并将此事提交各自政府,各国大使也已向两国政府交涉。日本政府告诉法国大使说,它准备撤走它的军舰及增援部队,条件是中国先撤退它的部队和民兵到1932年协议的界线之外,并毁掉它的军事设施(这正是日本军事当局的典型作风)。

莱热接着说,五国的代表还和蒋介石将军本人讨论过。委员长表示怀疑日本建议的诚意,并嗤之为日本人的花招,想借此争取时间,调兵增援。日本政府还在东京把它的建议向法国大使解释。8月14日,日本驻巴黎大使把日本政府的看法告诉了他。莱热说,他在谈话中也表示了他自己的看法,认为拆毁中国的军事工事太过分。日本大使于是说,如果中国军队和民兵先撤到上海地区之外,日本可以不坚持拆毁中国军事工事作为撤退日本增援军舰和日本现驻上海的海陆军的先决条件。(这又是日本军人的典型作风;他们不考虑,甚至故意忽视日本人是在中国的领土上。)

莱热认为日本人的建议是有诚意的,至少在上海问题上是如此。如果日本人提议从华北撤出它的部队,他就不会这样认为了。他相信日本要使华北的冲突地方化,并且在那个地区将军事行动向前推进。它不想在上海进行大规模作战,那样实际上将分散兵力,削弱整个军事地位。更怕上海战事旷日持久,甚而蔓延到华南。

莱热接着说,五国代表转达的日本建议,由于蒋委员长对其诚意表示怀疑,而且进一步要代表们保证日本不利用这一间歇时间增派援军,大家提出请日本在南京的代办直接向中国外交部部长提出此建议。这是8月14日的事。当天晚上,战事再度展开,已无法进一步会谈。因此那齐亚来电说,五国代表认为在当地的外交努力已告失败。

我说,只要莱热认为日本大使那个建议仍然有效,我就向我的政府报告刚才谈到的日本建议。

莱热的谈话转到另一件事。他说,他了解到,我曾请德尔博斯去探询莫斯科对与中国军事合作的态度。

我回答说有这件事,并说,德尔博斯告诉我他已经将情况转告肖唐,由肖唐在适当的时候答复我。我表示希望法国政府此刻已得到了解莫斯科的意向的机会。

莱热说,蒋介石跟那齐亚也谈过这事。当我对苏联意图表示怀疑时,莱热说,两天前法国政府从莫斯科得知,苏联政府已经决定,决不介入中、日冲突。

我问,苏联的态度是否由于有什么特殊原因。他回答说,可能是苏联的古怪和圆滑作风。他告诉我,莫斯科在西班牙问题上采取强硬立场,把别人推进去,陷入越深越好。但是在远东,当危险离它很近时,它就决心实行一个非常谨慎的策略。就像我说的那样,也许是由于国内局势。苏联军队经过最近的清洗之后,实际上几乎濒于瘫痪,一时难以行动。也有可能是苏联参与中、日战争,会使欧洲某些国家在它西部边境制造事端。这一可能性,我上次曾向德尔博斯谈过。

我说,苏联应该知道,日本侵略中国,尤其是华北,既是针对中国,同时也是针对苏联的。

莱热说,这也许是真的,不过苏联也可能这样推断,如果日本与中国冲突,这一冲突可能旷日持久,甚至蔓延到华中、华南、这就会大大削弱日本的军事力量,减少对苏联的威胁。

我同意这或许可以说明苏联现时的态度。然后我转而提出中国经印度支那境过境运输权的问题。

孔祥熙第二天下午从热那亚打来电话。我把莱热的谈话告诉他,他说他已经嘱伦敦的郭泰祺向英国政府解释,日本非法使用公共租界是造成危机的根源。我和孔还讨论了以下几件事:苏联的意图、急需的军用物资、宣传纲要和采取明确必要的国外活动方针。那时我深感中国缺乏外交方针。就在上星期,我几次打电报给外交部部长王宠惠,请示外交方针,但是得不到回答。

我8月19日接待的来客中有费希尔,他是名作家和苏联对外政策的权威。他来访的目的显然是要我关心西班牙问题。谈话中他建议中国与西班牙合作,中国可以大量地购买军火,西班牙有钱,有举债能力。谈到中国的局势,费希尔说,他相信英国即使没有任何风险,也不敢有所举动。谈到苏联,他认为苏联也不会有军事行动。他觉得,中国应向国际联盟申诉,不要太驯和了。

那天的晚些时候,我与在伦敦的翁文灏通电话,问他新近莫斯科之行收获如何。他谈了一些情况，还说与苏联的军事合作毫无希望。不过莫斯科答应在军火及物资供应上可以帮忙。他还说，外交大臣艾登对驻伦敦的苏联大使所说的，苏联联合英、美、法三国进行共同外交行动于事无补，因为时机还不成熟，这些话使莫斯科深感不安。

8月19日，我拜会肖唐内阁新任副外交国务秘书泰桑。他就任时曾对我作过礼节性拜访，我这次回访也是礼节性的。他熟悉远东情况，早期在中国做过记者。他说自己在曾任印度支那总督的莫里斯·朗的内阁中工作过。

谈话中，他提到上海法租界中国飞机炸弹爆炸一事，引起法国政府的极大关切。他感到满意的是，法国公众舆论的不利印象几乎已经消失。但是他补充说，作为一个中国的朋友而不是从官方的角度进言，那种事如再发生，将使中国处于极为不利的地位。他说，法租界的安全和在上海驻有法国军队，特别在当前情况下，只会对中国有好处。但是如果那样的事重演，他恐怕同情中国的国家，如法国、英国、美国将被迫联合行动以防范来自中国的危险，正如他们防范日本那样。

我说明了造成炸弹爆炸的详情，并向他保证，中国军事当局已严令避开法租界，只要日本不利用法租界作基地对中国进行军事行动。

泰桑对于已发出那样的命令很高兴。他说，莱热曾嘱他向我再次强调，中国尊重法租界的安全的重要意义。他想知道他是否可以把我刚才说的话转告莱热。我说，当然可以。

在随后的谈话中，泰桑对法国人民相当同情中国表示高兴，并问我对法国报纸的新闻和评论的论调是否满意。我告诉他，除少数右派报纸外，总的来说对中国是很同情和友好的。

8月23日我拜会莱热，并转给他南京政府为上海炸弹事件所作的正式答复。我再次和法国政府讨论了这个问题。我告诉他，我刚刚收到南京复电。中国政府对这件事表示歉意，那架飞机为了反击日本侵略而合法自卫,迫不得已在法租界上空飞行。由于飞行员受了伤,那颗炸弹是在他无法控制的情况下坠落的。现已严令尽可能避开法租界,希望将来不会再发生这类事件。

莱热说,这些话已经听我上次讲过。他记得我说只要日本军舰从租界附近撤走,中国政府就要尽可能避开法租界。那时他曾指出,这项有条件的保证,大大降低了那番话的价值。可是他在向法国政府汇报时,把我的话解释为:如果日本军舰从租界附近撤走,这个保证可以认为是绝对会被遵守的。莱热并告诉我,在他见过我之后就立刻约见日本大使,请他敦促日本政府从租界附近撤走其军舰,以满足中国的条件,使法租界的安全得到绝对保障。日本大使 24 小时之内回了信,说日本舰只从租界附近撤走。可是上海法国领事报告说,中国飞机仍在飞越租界上空。经向中国当局提出交涉,中国政府表示,中国政府拥有租界上空的主权,有权在上空飞行。这使莱热感到意外。租界的法律地位问题,法国政府早已明确表示了它的观点。他知道中国有不同的意见。但是从法国的观点来看,租借期间一切权益自然属于承租者,像租房子的人有一切权利使用那个房子,并可采用必要的措施,保证它的安全一样。他接下去说,这是个法律问题,现在不是进行学术探讨的时候。

莱热然后要我估计这一报告对法国政府人士的影响。他谈到法国人对中国和中国的事业所寄予的同情与友好。他说,炸弹事件在法国政界中产生那么大的风波,甚至肖唐总理从日内瓦来了电话,显得很激动。他(莱热)满意地看到,这事件没有改变法国公众舆论的态度。但是他觉得中国如果想维护这一有利的局面(这对中国也是很重要的),最好千万不要做可能使法国同情心出现裂痕的行动。

他说,由于轰炸危及法租界的生命财产,租界的法国军事当局曾要求,并已发出指令,向任何飞越租界的飞机开火,不管是中国的还是日本的。如果法国军事当局不得已向中国飞机开火,莱热认为,这马上会产生一种印象,即法国在帮助日本反对中国,因为错误的一方是中国。他觉得这是可能发生的事,中国一定要尽力避免。

莱热接着说,日本人在到处争取同情上做得很聪明。他回忆满洲事件发生时,全世界都同情中国,指责日本。但是,通过日本人一系列精心安排的宣传活动,很大一部分同情心被日本拉了过去,对中国的事业很不利。目前事件中,日本又在巧妙地争取国外的好感与同情。它马上下令从租界撤走它的军舰。日本和法国军队在天津的冲突,也很快让法国人得到称心如意的解决。天津法租界内的邮局和电报局问题,日本人也表现出克制的态度。严格地说,天津已被日军占领。如果像以往的作风,坚持要接管中国的邮电局(这些邮局和电报局,除普通邮电之外,还收发军事消息),法国人也只好移交。但是日本政府对真正控制天津的日军施加影响,不让他们在当地用强迫手段实现他们的要求。

照莱热的意见,目前重要的是,中国应万分谨慎,不要失去法国的同情。因为法国工厂向中国供应军火和印度支那过境运输这两件事,政府正在考虑做出决定。中国倘继续不顾法国的权利和情绪,那些像他那样一向对中国有好感并愿意帮助中国的人,就不好开口替中国说话,即使在法国政界中,也无法增强中国的地位。

我说,中国想竭尽全力保持法国的同情与友好。我完全同意巩固法国人民友好情绪的必要性。

他然后说,他理解,法国军事当局的报告是根据中国上海地方当局的回答作出的。

我也是那样想的。这一答复,大概是在中国军队抗日自卫作战的时刻作出的。我说,可以理解,中国军队对限制飞机飞越法租界感到激动、焦急、甚至愤慨。然而,我说,我能保证,中国政府充分理解这个情势,切望得到法国的同情和友谊。我答应他立即把他这番关切的话,电告南京政府。

不久前,8 月 18 日,有新闻报道,伦敦建议中、日两国的军队同时撤离上海,该地的生命、财产、治安、均由英、美、法三国共同照管。我 19 日见过泰桑之后就去见高思默,立刻提出这件事。我说,从晨报上读到英国将向美国和法国政府提出的建议。这个建议拟同时向南京及东京提出,旨在保证上海外国租界的安全。我问他是否见到这个建议,如果见到了的话,那么法国政府对这个建议持什么态度?

高思默说,18 日法国收到英国政府的建议,主要内容包括三点:1.外国租界及其周围,包括越界筑路,不得作为战场。2.中国军队和宪兵从上海撤走,日本同时撤出其军舰、海军陆战队和陆军。3.在该中立地区,由英、美、法三国政府完全负责保卫中国人、日本人和其他人等的生命财产。高思默补充说,法国政府已于昨夜表示百分之百的赞同,并将此决定通知伦敦。

这时电话铃响了。高思默从一个非官方来源得知美国政府对英国建议也表示赞同。高思默告诉我,美国政府赞同的消息是听让·莫内说的,而让·莫内又是由孔祥熙打电话告诉他的。(那时孔祥熙仍在热那亚,由于健康的原因和为了要进行他提出和安排的那些问题而推迟了回中国的行期。)高思默说,他告诉我的这个消息尚有待证实。他又说,如果来自华盛顿的消息属实,三国政府驻中国和日本的几位大使,将奉命在次日把这个建议正式提交两国政府。我说,撤出的中国宪兵只能是在上海事件发生后新调入该地区的。我问在这种安排下,中国地区是否仍由中国当局管辖。

高思默回答说南市仍一如既往,由中国警察管理,但该地的一切宪兵都要撤走。

我说,撤走日本军舰、海军陆战队和陆军,必须是指完全撤退日本的军事力量,包括上海事件发生前驻扎在那里的军队。照我看来,这一点应当明确,日本撤走后不能借口行使治外法权(即在日租界内)再向上海派遣海陆军。我又问,三国政府在中国和日本军队撤离后,如何保证这个地区居民的生命财产。

高思默说,关于执行这个建议的办法还存在着许多问题。法国政府接受的是原则性的建议。中国在接受原则之后,他认为毫无问题,可以提出各种意见,以供讨论和谈判。他又说,作为中国的一个朋友而不是在谈公事,他愿意向我指出中国接受此建议的明智和可取之处。他说,上海不仅是巨大外国利益集中之地,还是中国财政、商业、工业及银行的名副其实的根据地。如果上海由于中、日战争完全被摧毁,这对中国将是个沉重的打击。从中国的财政方面看,上海海关的税收,构成中国政府收入的一大部分。从商业上说,它是进出口要港。工业上是中国最大的基地。如果上海免遭炮火破坏,它就能继续充当中国供应和力量的泉源。即或中国在其他各地战争失利,上海如保持完整,中国仍能自力恢复。反之。如果这一地区全遭毁坏,即使中国战胜日本,在财政上和经济上也很难重建。因此,他要我运用我的影响劝说我国政府,不要拒绝这一建议。

我回答说,我理解他的这番话,我乐于电告我国政府,不仅报告他通知我的建议的性质,还要说明他对这问题的看法(我们还谈了其他一些关于过境运输的问题)。

不久,事态发展得很明显,英国要使上海中立化的建议,美国实际上没有同意,也不会赞成。但是孔祥熙8月20日再次从热那亚来电话说,他从华盛顿得到消息,美国的态度有一些改善。他听说美国已增派军队去上海。可是美国的政府官员很为难地表白说,美国增遣兵员到上海的目的,是保护那里美国公民的生命财产,毫无介入之意。

同日,8月20日,宋子文电报传来令人振奋的消息,说中国军队十日之内将在上海取得一次胜利。因此他说,对英国的建议需要争取时间。可是8月23日星期一,有报道说,尽管中国在竭力阻止,日本人在上海还是登陆了五万人。我看,这预示日本人将大举进攻。我万分失望。星期二,日本新闻社报道,日本占据了张家口和长城的一个关口——居庸关,使得局势更令人沮丧。可是,外交部电告,否认日本在上海登陆成功的消息。电报说,只是在上海郊区的一小村落——罗店,日本人成功地登陆了约一千人,但不久即被中国军队驱赶到黄浦江边。

最后,当然是 8 月 23 日日本军队登陆的局部成功使上海战争局势改观。中国军队被迫退居守势。

9 月 11 日,虽然保卫上海的激烈战斗继续在进行,中国军队终于不得不转移新阵地。但是,在 8 月 22 日前的一周里,我还为各方证实的中国军队在上海抗战所获辉煌成就而感到欢欣鼓舞。

23 日下午 3 点,我和美国大使蒲立德作了一次畅谈。他给我看他收到的国务院关于美国对引用中立法案的态度的电报。电报说,关于英国要使上海地区中立化的意见,美国正与伦敦采取一致行动。但美国政府的看法是,战斗的责任在双方(中国和日本),不能归咎于一方。

谈到后来,蒲立德问我对英国建议中立化,将上海划出战场之外的看法。

我回答说,中国政府原则上赞成,因为中国是被迫对日本侵略做武装自卫的。我说,我们一贯希望尽可能缩小战场范围。

蒲立德认为,日本可能接受英国的建议,因为他相信日本不想将战争扩延到华中。他认为日本的真实愿望是控制华北。因此它会抓住这一机会,结束在上海和华中的战斗。他问我是怎么看的。

我说,我怀疑日本海陆军会在恢复他们自诩的威信之前停止战争。日本人完全未料到中国会进行持久和有效的抵抗。我说,我虽然同意他的看法,觉得日本不想在华中拉长战线,但我仍认为日本人在战场上获得胜利之前不会停止武装行动。可是,如果支持建议的三个国家以坚定的态度施加压力,日本也有可能接受这个建议。这能使反对日本陆海军进行侵略和冒险政策的日本开明人士更有效地发挥他们的作用。我说,日本对在中国的战争能取得胜利很有信心,但是,各国联合起来站在它的前面,日本就必然不会那样想了。日本肯定是力求避免与任何西方国家发生摩擦的。

蒲立德认为,各国在无足够兵力的情况下,无法对日本施加多大的压力。他说,英国只有一艘战斗舰在太平洋,目前势不能从地中海再调舰只去那里。法国在远东的军力更小。虽然美国舰队比英国强些,但也不多,而且它的战舰多数在美国东海岸,不在太平洋。

我说,日本指望的是速战速胜。中国军队的长期抗战,打乱了它的如意算盘。

蒲立德祝愿中国取得胜利,并认为如果中国坚持抗战两年,日本就会彻底垮台。

我随后问,美国大使宾厄姆突然离伦敦回华盛顿,是否与远东局势的任何变化有重要关系。

蒲立德说,绝对没有,宾厄姆早就要回美国。此外,国务院在华盛顿已正式否认他是奉召回去的。蒲立德说,他本人要在9月22日回美国,送女儿去上学。他说,那时候报上对他回国也定要做些文章。然而他的回国却纯属私事,虽说他也必然会去华盛顿一行。

在前一段谈话中蒲立德和我研究外国对华军用物资援助问题时,他曾说,苏联的援助至关重要。这就将我们的谈话转到苏联对远东问题的态度。

我提起苏联对其驻伦敦大使的建议遭到艾登严词拒绝,仍心存芥蒂。那位大使去见艾登,说苏联政府准备和伦敦、巴黎及华盛顿一道,在目前远东局势中,参加对中、日两国做出的任何外交行动。英国外交大臣告诉他,在现时条件下,任何苏联的参与,将促使情况更趋复杂而于事无补。从那以后,苏联就对局势袖手旁观了。

蒲立德说,那不过是个借口。他很怀疑苏联会同意给中国有效的援助。当我说,苏联内部的微妙局势是它目前持慎重态度的主要原因时,蒲立德说,内部麻烦被夸大了。最近对苏联陆军的清洗措施,只影响西部战线的军队,西伯利亚的苏联陆军并未触及,依然很强大。

郭泰祺大使于8月25日从伦敦来电话,谈到苏联态度的时候说,苏联将在物资方面接济中国。并说,除非美国和英国也介入,否则它不能做任何军事行动。郭泰祺说,苏联驻伦敦的大使迈斯基已见过他。

我本人从法国外交部以及苏联驻巴黎大使苏利茨处了解到的情况,证实了郭从迈斯基那里获得的消息。换句话说,苏联同情中国是由于本身的利益及对日本的担心。但是它不能单独行动,只能给中国物资援助。除非华盛顿、伦敦和巴黎同时介入,在那种情况下,它如被邀请,可以考虑加入这个集团。但不考虑在中、日对抗中单独行动。这个问题,到1937年8月末就绝对明确了,尽管在那个月里缔结了中苏互不侵犯条约。

有关英国建议上海中立化的事,郭泰祺告诉我说,美国还没有参加,因为华盛顿确信东京会拒绝。简言之,英国的建议已化为泡影。

1937年8月底在上海及上海以北,战争继续猛烈进行。此外,东京于25日宣布,封锁大约八百英里的中国海岸。中国必须决定,而且要迅速决定,在国际阵线上,它将执行何种路线以求有助于当时的局势。

9月2日,外交部关于中国战事的电报稍稍令人振奋。电报说,虽然在上海附近的吴淞口和罗店战事十分激烈,中国军队仍能守住所有的阵地。同一天,我拜会了德尔博斯,告诉他,中国政府已在8月21日和苏联签订了互不侵犯条约。条约全文已公布,内容与其他互不侵犯条约相同。

我告诉这位外交部部长,我欣悉这一报道大体上为法国报界所欢迎。尽管有一两家像《今日报》那样的报纸,发表了显然是来自日本和德国的消息,说这个协定尚有秘密条款。我向德尔博斯保证那种说法不实,条约中不含有秘密条款。

德尔博斯说,中国和苏联缔结这个协定是件很好的事,他完全理解它的真实性质。他还告诉我说,一两家像我刚才提到的报纸,认为条约中有秘密条款,并不代表法国报界或是法国的一般舆论。

可是我拜会德尔博斯的主要目的并不是传达上述消息,而是正式通知法国外交部,中国政府最终决定将中、日冲突提交国际联盟。这个问题,和争取外国接济中国的问题,不久即将要求我付出我的全部精力。

第三节　在国际联盟的外交活动

1937 年 7 月—10 月初

1937 年 7 月 12 日,外交部长王宠惠发来关于卢沟桥事件已使华北局势极端严峻的电报。他要我了解,如按国际盟约第十七条向国际联盟申诉,法国将持什么态度。我立即安排会见法国外交部长德尔博斯,他答应和他的同事们研究这个问题。

就我个人而言,我赞成向国际联盟提出申诉,不过我想要考虑是否可引用国联盟约的另一条,如第十一条,或其他有较大活动余地的条款。还有一个牵涉到美国的问题,我认为最有效的办法是援用华盛顿九国公约。由于三个主要国家,英、法、美国都想用协调行动而不采用集体行动来迫使中、日问题解决,以国际集体行动来处理中、日局势的问题就被暂时搁置起来。但他们的尝试很快就证明无效,并且宋哲元 7 月 19 日签订的地方解决办法也未能使局势缓和超过一星期,于是有必要重行考虑在国际联盟支持下的集体行动方式。

总的说来,向国际联盟申述这一主张,伦敦和华盛顿的当政者认为国联本身软弱无力，因而怀疑它是否行得通。法国是赞成这个主张的，显然是因为法国一向把国联看作是保卫国际和平与安全的堡垒，一心想把它树立起来。但是由于国联首先对满洲事件，接着对意大利侵略埃塞俄比亚，然后对西班牙的局势均无所作为，或行而无效，无处不使人失望。法国政府和英国政府同样感到制止侵略的任何国际行动，除非能说服华盛顿参加，仅向国际联盟申诉是不起作用的。但是，美国如能从旁支持，法国仍然希望看到中国提出申诉。

1937年8月19日，中国的战事扩大到上海后，外交部部长王宠惠又为向国际联盟申诉一事打电报给我。他说，政府已近于决定采取这样行动。他指示我请求法国政府给予支持。我约定8月21日直接与法国总理肖唐面谈。我同时征求了中国驻日内瓦国联办事处的意见。20日，他们通知我，如果中国向国际联盟申诉，应注意必须绝对防止美国援用中立法。

这就是说，我们以日本非法使用武力为依据提出申诉，类似于承认战争状态的存在，因而美国有可能立即援用中立法，从而使美国人向"交战国"任何一方出售或运送武器与军火，或给一方以正常商业性以外的借款，都成为违法。中国外交部自然对美国应用中立法于中、日冲突问题深为关切。因此，外交部一直根据中国迫切需要国外供应军火，在华盛顿寻求解决这个问题的途径。20日，外交部电告我，华盛顿已同意暂缓援用中立法。

在8月21日和法国总理肖唐谈话时，我回顾大约一个月前，我曾按照政府指示同外交部部长德尔博斯商讨了法国政府支持中国向国际联盟提出申诉的可能性。我说：当时，中国考虑到法国和英国政府的观点而未予坚持。目前局势更趋严重，中国政府得出结论，认为必须向国际联盟提出申诉，并要我同法国政府洽商，以期得到法国政府的全面支持。

肖唐说，他要和他的同事们研究之后才能给我明确的答复。此外他还要和伦敦磋商。但是我们仍对此事继续交换了个人的看法,谈话中他认为,在国际联盟里,任何有关中、日冲突的讨论,都可能加重两种思想的对立,使中国得不到任何具体效果。他说,应该考虑到,任何空洞的国联决议,即或是全体会员都支持,是否能对日本的海陆军起到什么抑制作用。他感到,在目前情况下,没有各大国的行动,日本是不会认真对待的。

我说,中国并非不知国联软弱无力,但是我国政府认为,它至少可以宣布日本是个侵略者,而将制裁问题作日后第二步处理。正式宣告日本为侵略者,将振奋世界舆论,并使世人注意到日本的行动对世界和平前景的破坏作用。我们一致同意,美国与国际联盟的合作是必需而且宝贵的。

肖唐认为,内阁会议将在 24 日或 25 日讨论我提出的问题。到那天,外交部部长德尔博斯也会结束短期休假归来。因此我安排在 25 日下午去见德尔博斯,就中探询在中国向国际联盟提出申诉的问题上,法国抱什么态度。

见到德尔博斯时,我告诉他,在他休假期间我已同肖唐谈过,中国有意将中、日冲突问题提交国际联盟,并且问过肖唐,在国际联盟会议上中国政府能否得到法国政府的支持。肖唐说,这个问题须提交内阁会议,他(德尔博斯)会给我回答。

这位外交部部长说,当天上午的内阁会议已经讨论了这个问题。结论是,中国作为国际联盟的一员,应自行决定是否提出申诉。法国一向衷心拥护国际联盟的事业,将尽力在日内瓦支持中国的立场。至于这一申诉将能收到什么实际效果,他说,我和他心里都是明白的。国际联盟在多次表现其软弱无力之后,对处理问题所拟议采取的行动都不大可能产生什么实际效益。我知道像波兰、丹麦、挪威和瑞典等这些国家最近态度冷漠,因此,我们不能指望会有实施制裁的可能。

我说,我的看法是,国际联盟可以宣布日本为侵略者。在 1933 年 2 月,大会通过的决议中,实质上就已经这样做了。

德尔博斯说,他尚未研究过那一决议,但是总的说来,中国向国联申诉,在精神上可能有些好的作用,可以将人们的注意力引向盟约的原则。国联的各会员国,尤其是大国,可以在道义上支持中国的申诉。他同意我的看法,这样做,还可以引起全世界对远东局势的现实加以注意。

在回答这位外交部长的一个问题时,我说,中国在伦敦也提出这件事,中国驻英大使希望在同日或次日见到英国外相。我还告诉他,中国也要求华盛顿在这个问题上与国联合作,就像在满洲事件时那样,同意派出一名观察员列席国联行政院的会议。

德尔博斯说,他一向认为,要取得任何具体效果,美国的合作是必不可少的。各国的协调及英、美的合作,也许能使中、日纠纷早日和平解决。如果美国能与国际联盟一致行动,在取得效果上会大有帮助。

郭泰祺大使在同一天会见了英国外相艾登。那天晚上,我们在电话里交谈了看法。关于中国打算向国际联盟申诉一事,艾登和德尔博斯的说法基本相同。郭说,他还告诉艾登,上海是英国在华利益的中心。如果中国在那里战败,日本将统治上海,控制中国市场。因此中国作战不仅是为了自己,而且也是为了英国,它在中国大陆上的利益正处于危险之中。中国如不幸失败,遏制日本扩张的重担必将落在英国的肩上。香港及英国在远东的其他领地也要受到威胁。郭泰祺警告说,虽然英国过去一直怀疑中国对日本的担心。历史却证实了我们的想法。

据郭泰祺说,艾登好像听了他的话颇为动容。但是关于向国际联盟申诉的事,艾登认为应由中国自己决定,他个人认为,不能指望有什么具体效果。他还说,对办不成的事他不愿意动手。在埃塞俄比亚战争中实行制裁,曾经使他栽了跟头。郭告诉我,艾登并没有完全回答他的问题,而是指出,1931 年—1932 年的满洲事件,英国拒绝与华盛顿合作,曾使美国不满并失望。因此,华盛顿这次袖手旁观,以免再受挫折,或再一次被欧洲诸国拆了台。艾登还说,这次他在合作方面将不会让华盛顿失望。

那天晚上我接到报告,得悉法国外交部情报和新闻司的负责人、前国联事务负责人柯美尔所做的研究结果。他的意见是如果中国要求国际联盟对日本实行制裁,这只能在承认战争状态之后,才能做到制裁。但是承认了战争状态,会迫使美国和有些国家宣布中立,因而会断绝对中国的物资供应。这个报告还说,英国正在徐缓地转向积极行动。但是如果加以催促,他可能反而不动了。换言之,英国已逐渐倾向于同情中国,行动也有积极趋势。不过英国在决定它的最后决策上,还是十分缓慢和小心谨慎的。

他还说,来自中国的战事消息,未能有助于争取国外的支援。官方的公报应该真实可靠。希望中国军队能打几个胜仗,这对国外提供物资是个鼓舞,更容易得到积极的援助。因为各国政府的当政者,一般更乐于帮助强者而不愿帮助弱者。

次日,我电告外交部,巴黎在与伦敦磋商之后,对我国拟向国际联盟提出申诉一事作了答复。伦敦与巴黎的语调相同。两国都切盼美国的合作,而且认为即使国联采取温和的行动,也不能没有美国的合作。虽然华盛顿不赞成援引九国公约,法国外交部感到我们拟议的向国际联盟申诉,至少可以保证获得像"九一八"事变时美国与国际联盟那样有利的协作。我补充说,国际间对中国的有效支援,关键在华盛顿。我已打电报给我们的驻华盛顿大使,探询美国的态度,正在等候回音。

此时中国的局势更趋危急。日本已封锁了中国的部分海岸。上海地区,中国战线已退至罗店——大场。8 月 27 日,日本在北方又占领了张家口和南口。8 月 28 日,法国几家报纸纷纷议论,是否应当请国际联盟采取措施来遏制战争。

8 月 30 日,中国代表团驻日内瓦办事处负责人胡世泽,向国际联盟秘书长递交了一份照会。照会阐明中国对当前与日本冲突所持的态度,及日本的所作所为实际上是 1931 年开始的侵略扩张计划的继续。照会强调说,鉴于日本违犯联盟盟约、非战公约和九国公约进行武装侵略,中国正在为自卫而战。

胡世泽向秘书长爱文诺解释说，照会是关于中国事件的一项声明，中国希望秘书长通知远东顾问委员会成员，这个委员会是根据 1933 年 2 月 24 日大会决议为观察中、日局势而设立的。从技术角度来讲，中国这一行动的意图，是为恢复利用这个委员会打下基础，在这个委员会中，有一个美国观察员。照会还表明中国的政策是把目前的中、日冲突，视为满洲事变的继续。

那时，南京业已决定向国际联盟申诉。外交部 8 月 27 日的电报通知我说，在做出这一决定时，充分考虑到了目前的困难远远超过 1931 年。由于这一指示，我于是在 8 月 30 日晨打电话给胡世泽，要他将上述声明送交国际联盟。

此后在中国方面，就是决定什么时候提出申诉与采取什么步骤以及援用盟约的哪些条款。我和在欧洲的同事们，尤其是那些不久将和我在日内瓦共同参加国际联盟下一次大会的同事们，保持着紧密的联系。我们在申诉的策略和程序方面，多次交换意见。我还亲自和国际联盟的官员及法律专家磋商，并要求我的同事们也这样做。同时还要继续探询几个主要国家的看法。

9 月 2 日，我再次拜会了德尔博斯。我见他有几个目的，其中之一就是告诉他，中国政府最后决定将中、日冲突提交国际联盟。我说，我们的申诉可以向国联行政院提出，但是中国政府认为，当前的日本侵略，只是它 1931 年在满洲开始侵略的继续。满洲问题最初是提交国联行政院，但是后来移交到大会。大会在讨论后就对这个问题通过了一份报告书。并成立了一个顾问委员会，以注视冲突的发展。委员会由原来的 19 国加上加拿大及荷兰组成。华盛顿接受国际联盟邀请，为了协作也成为委员会的一员。因此我告诉德尔博斯，中国所以向大会而不向行政院提出，有通过顾问委员会而取得美国协作的好处。

德尔博斯说，国际联盟想使任何行动有效，都必须有美国参加。他告诉我，他已经建议华盛顿与国联共同采取行动，以恢复远东的和平，但目前尚未得到答复。

我谈了我的看法：虽然日本的侵略政策依然如故。但是从1933年以来已有一个重要变化。日本已经退出了国际联盟，它已经不是会员国。因此我们必须援引有关会员国与非会员国之间发生纠纷的第十七条。不过这个条款要求日本派代表出席，以便对问题开展讨论。

这位法国外长说，他肯定日本会拒绝派代表参加。

我告诉他，在那种情况下，根据第十七条的程序，就需要立即使用有关制裁的第十六条。

德尔博斯认为，事情自然会那样发展，他将研究一下该怎么办。他说，法国政府曾有意通过国际联盟向中、日两国呼吁，停止敌对行动，达成和平解决。他的看法是，美国肯定会拒绝任何共同行动的建议。但是他希望华盛顿愿与国际联盟的新方针协同行动。他当然理解中国在目前冲突中所处的地位，但是他认为，从表面上说，虽然呼吁的真正对象是东京，任何呼吁都必须向南京和东京双方同时发出。

我注意到，自远东敌对行动爆发以来，地中海地区的事件也越来越多。我说，在我看来，除德国和日本之间已有协定外，罗马和东京一定也有默契。地中海局势恶化，一定会使在远东采取任何国际行动更加困难。我的看法是，两处烈火正在燃烧，一处在远东，一处在欧洲。为了和平，我说，最好先扑灭一处，另一处就容易处理了。

德尔博斯同意我的看法，并说，解决远东的敌对行动如能获得成功，就会影响欧洲局势，反之亦然。这就是他切望日内瓦采取某些行动的原因。这次的目的就是要结束中国和日本之间的战争。

接着德尔博斯问我，德国对中国的态度如何。我告诉他，德国政府继续向中国保证，在中、日冲突中，它保持中立。但是德国报纸却对中国的态度越来越不友好。

德尔博斯说，德国报纸实际是在纳粹党控制之下，它和德国政府是一回事。

我同意他的话，我说，那是德国为了它在中国的商业利益，而试图表现为不偏不倚，以讨好中国的做法。但实际上，正如报纸所透露的，德国或者德国当局是同情日本的。

德尔博斯告诉我，德国大使给他的印象是：德国以极度怀疑和不满的眼光，看待最近签署的中苏互不侵犯条约。这位大使着重指出两点：(1)条约的确含有苏联今后将干预中国内政之意，因为条约并无不得干预之规定。(2)条约签订之后，中国政府释放了在押的共产党人。

我向德尔博斯解释，那些共产党人是在条约签订之前释放的。说到苏联干涉中国内政，那又是一个歪曲解释，是典型的德国看待事物的方式。

他同意我的看法。他还认为中国政府最好找个机会，消除德国在这两点上的误会。

第二天，9月3日，我接待了波兰大使卢卡塞维兹的来访。他来见我是受他的政府的指示要和中国财政部长孔祥熙联系，向孔探索有无可能促进中、波之间的贸易。我们两人也都急愿交换一下对当前国际形势的看法。事实上我们的谈话生动地描述了在中国拟再一次将中、日问题提交国际联盟的时候，西方世界的紧张情况也与日俱增。

我问他对欧洲局势的看法，他回答说，情况相当不平静，对英国尤其如此。他听说，在一个月里就有18条船在地中海受到不明国籍的潜艇的袭击。我问他，是不是有可能查明这些潜艇的国籍，他说，问题是英国和法国是否真想知道这些潜艇的国籍。他猜想，英国是有办法查明的，但却不急于那样做。因为那会使英国政府的处境更为复杂化。他还说，德尔博斯已向他表示发愁，因为如果一旦英国和法国查明船只是被意大利国籍的潜艇所袭击时，他不知该如何处理。这位波兰大使认为对战争的恐惧才是真正的问题所在。但是，如果各国不准备在必要时打仗，和平是维持不了的。他认为,为了有效地捍卫和平,大国尤其是英国和法国,应该全力以赴地做好战争准备。

我表示了这样的看法,正是这种畏惧战争的心理,才使欧洲某些国家不断实行恐吓讹诈的政策。

这位大使认为,这正是欧洲局势一直在恶化的原因。

然后我征求他对东欧局势的看法。

卢卡塞维兹说,那里的局势比过去相对平静。他认为,远东的局势导致苏联在西线保持较为慎重的立场(他所说的西线是苏联与波兰的共同边界)。他说,一些第一流的苏联将军被处决,替补的新手缺乏经验,当然削弱了苏联的军事力量。他说,处决这些人时,他本人正在莫斯科。一位波兰将军在听到这个消息时,表现出异常高兴,因为他相信,苏联把这些将军杀掉是替波兰做了好事。这件事,即使波兰做得到的话,也要经过许多次战役才可能完成(此种说法清楚地表明波、苏之间的感情状况)。

卢卡塞维兹随后告诉我,他来巴黎之前,曾任波兰驻莫斯科大使,一直密切注意着苏联局势的发展。他回忆那时的情况——莫斯科一向指望中、日冲突会导致日本和英国交锋。这一交锋将使日本大为削弱而使局势对苏联有利。但是他不能理解,为什么莫斯科在西班牙挑起那么多麻烦,以致束缚了英国的手脚,使它在远东不能有所作为。这一切的结果,使英国在远东冲突中,不能照它所希望的那样行事。美国政府也同样不积极。他的结论是,那些有能力维护和平的国家,却不愿或不能做任何有实效的事。

我说,美国对太平洋和远东异常关切。华盛顿之所以遵行慎重的政策,并表现沉默,乃是由于摸不透英国的真实意图。美国在 1932 年曾建议英国采取有力措施。但是英国政府当时受了西蒙爵士的影响,不肯与美国合作。所以这一次英国好像急于在远东采取坚定行动,华盛顿却要提防,不使自己犯轻率从事的错误。

这位波兰大使觉得这两个国家,除了说些空话之外,什么也不会做。这就是欧洲和远东局势每况愈下的根本原因。

谈到中欧,他说,一般说来是比较平静。在上西里西亚有日耳曼少数民族问题。这要由波兰和德国来解决。他解释说,过去由国际联盟所保证的少数民族条约,使这一地区的日耳曼民族和波兰的其他民族相比,确实享受着一种特惠地位,尤其是在受教育和财产拥有权方面,但是,由于条约即将期满,波兰的德裔感到不安,怕日后受到不同的待遇。卢卡塞维兹说,按照管理少数民族的政策,这些德国人不会受到比波兰其他任何民族差的待遇,他们将受到和其他民族同样的待遇。因此,这位波兰大使不认为这一问题在德国和波兰之间,会引起多大的麻烦。

当再次谈到西欧不平静的问题时,他说,当前的不安,不仅是某些国家的对外政策,而且也是他们的国内政策所造成的。以法国为例,他说,经济和财政情况固然有所改善,但他不以为这种改善会持续很久,除非,或者直到法国的资金能重返法国。(法国的资本家,不信任以左翼为多数并有共产党人参加的人民阵线为基础的政权,因而将资金转移至国外。)

我说,资本家总是多疑多虑,在新选举之前,他们或许没有信心。

早些时候,我从南京得知,虽然吴淞和罗店的战斗很激烈,中国军队仍能坚守阵地。到9月3日,吴淞——罗店,浏河——嘉定地区全线进入激战。伦敦《泰晤士报》报道说,中国军队采取了卓越的战略。它说,这是第一次有个战役总计划,而且所有的中国将军们,都忠实并协调地执行了这个计划。4日继续报道了中国军队在上海——吴淞地区的出色战斗。报道说,日本人在那里和浦东的防线被切断。同时,令人最痛心的是,获悉日本飞机轰炸常州,死了八百人,伤了两千多人。

下一届国际联盟行政院和大会即将在日内瓦召开。我照例自己准备发言稿。9月5日,我在日记上写道,我在圣克卢得口授完毕我在国际联盟大会的演说稿。为避免打扰,我总是在巴黎郊区找一个安静地方做这样的工作。

星期一,我和一位著名的比利时法律顾问罗兰,法国外交部国联事务司司长和法国在日内瓦的代表马锡里研究中国向国际联盟申诉的程序问题。早晨我会见罗兰,他的意见是:

1.援引第十七条,必须先向国联行政院申诉。

2.第十条是提出要求的依据,必须援引。

3.第十六条已包括在第十七条之中。

4.第十一条是指尚未达到交战阶段的一般纠纷,无论如何,随着第十一条而进行的有关各方的投票,都不会顺利而且程序进行很慢。

5.一方可宣称,诉诸战争就是侵略行动的实质。(中国可以不承认战争状态本身的存在。这样做是合法的,理由是希望限制战斗的范围,并减少损害第三方面利益的可能性。)由于任何一方不承认战争状态的存在而被置于得不到保护的困境,或者要求制裁以求得到保护而蒙受直接不利,两种后果都是不公平的。

6.在 1933 年,因为美国不愿意采取主动行动,而未引用第十六条,这是既不公平也欠妥当的。

7.由于政治原因而不断进行征服,这是征服者的心理(他举拿破仑为例)。

马锡里的意见是,中国应该先向国联行政院申诉。在申诉转到大会后,问题就可以提到包括美国在内的远东顾问委员会。他认为,不宜一开始就援用第十六条。以免那些怕施行制裁的国家会拒绝宣布日本是侵略者,这样对中国的情况反而不利。至于第十一条,中国是个受侵略者,不宜援引它。他还认为,和英国联系很有必要,并建议和国联的秘书长爱文诺商谈。

9 月 7 日,外交部一份电报说,"如果日本宣战",我可以"不待指示"在国际联盟采取行动。几天前,日本扩大了它对中国海岸的封锁,看来日本宣战的可能性更大了。从远东来的战事消息说,尽管日本新的增援已到达上海,中国军队仍能守住阵地。

8 日的战况报道说,上海形势无变化,但日本陆军侵入山西省,日本海军占领了西沙群岛,并将进攻海南岛。与此同时,欧洲形势急转恶化。苏联 9 月 7 日照会意大利,声称意大利在地中海用鱼雷袭击了两艘苏联船,而意大利立即否认对这件事负有任何责任,因而造成极度紧张的气氛。许多人曾希望拟议中的地中海会议可以缓和西班牙的困局,而这个会议也前途茫茫。但是 7 日,一位《曼彻斯特卫报》记者来访时说,不管意大利与德国是否参加,地中海会议都将举行,因为英国切盼取缔潜艇的活动。

　　大约就在这个时候,我还收到华盛顿王正廷大使对我 9 月 4 日去电的答复。卢沟桥事变后不久,我曾建议第一步向国际联盟提出这个问题并提出申诉。但是为了使国联提出的任何办法得以实施,美国的支持是必要的。从程序上说,不久就可以清楚看到,如果美国有意与日内瓦合作,国联可以,而且大约也会将问题提交大会的远东顾问委员会。如果美国无意合作,势必要另成立一个新委员会。这会出现美国实施中立法的问题。因此,我急盼从官方了解美国对中、日冲突的态度,可望华盛顿给中国以多大的支持,及其能与国联合作到什么程度。我已向王正廷发过几封问询电报。最近,我在 4 日电请他告诉我美国国务卿对中国向国际联盟申诉的看法。在中、日冲突中,美国是否会像 1932 年—1933 年那样与国联合作。如果我们根据日本已诉诸战争而援引第十六条,美国是否会实施中立法。我请他早日回答。

　　他 7 日的回答说,他已见到赫尔,可是赫尔拒绝表态。国务卿面临着美国公众反对陷入国际纠纷的情绪,尤其怕被英国拖下水,想不受约束地维持美国政策的独立性。王正廷怀疑我们能否期待美国和过去一样的协作。他又说,不过,那并不是说美国对中、日冲突问题在国际联盟会议上会袖手旁观。

　　王正廷的答复并不是出乎意料。从 1937 年 7 月起,中国局势日趋危急。中国抵抗日本的困难是很大的,而且由于美国的孤立主义政策,使这些困难越来越复杂。虽然罗斯福本人清楚地看到欧洲和远东的世界形势,但美国国会并不同意他的看法。人们可以从欧洲的景象看出,美国人民总的说来还是赞成那时普遍流行的孤立主义政策的。能够感到危机迫近美国,主张美国和西方国家对欧洲的轴心国和远东的日本采取积极果断的政策的人,却是少而又少。

在巴黎,和我保持密切联系的美国大使蒲立德,在国际问题上和罗斯福总统的看法是一致的。可是他也像那位总统一样,明白美国的公众舆论远远跟不上。他清楚,总统积极帮助西方国家的任何行动,都不易在美国人中找到支持。

美国的立场当然还涉及其他的因素。美国那时的公众舆论赞成不干涉和孤立主义。部分原因,我们大家都知道,是在美国人民成分中,有众多而且有势力的德裔成分。这些人不仅在美国军事机构中,而且也在政府、工商业和学术界中,都占有重要地位。但是不管什么原因,孤立主义在美国是占极大优势的。我记得,那年晚秋我出席国际联盟大会时,罗斯福总统在芝加哥发表了一篇一般称为"隔离"的演说。这篇演说在美国的反应完全出乎他意料之外,群众的表现非常冷淡。这一篇演说在欧洲刚一报道,所有看到和平将遭到破坏的人们,无不表示欢迎。但是在美国报界对此的反应传到欧洲时,人们普遍感到失望。

国联行政院第98次会议定于9月10日开会,大会定于13日开会。我于9日晨从巴黎乘汽车出发,当晚到达日内瓦。我刚一到,常驻日内瓦的中国代表团办事处主任胡世泽向我报告了他最近的工作和与各方的联系。他说,英国的贝克已见到拉西曼博士,主张中国应提出三项要求:(1)宣布日本为侵略者。(2)不给日本武器与贷款。(3)援助中国。

9月10日是忙碌的日子。例如,在早晨我参加了一次有意思的会。这是由西班牙共和政府(被认为是个共产党政府)总理尼格林主持的国联行政院的秘密会议。西班牙外交部部长德巴约对我说:"我们现在是盟国了。"拉脱维亚外交部部长国联行政院的代表蒙特斯说,拉脱维亚完全同情中国,愿意宣布日本为侵略者,除了制裁问题外,将支持中国。这是行政院成员们普遍的情绪。

下午,我参加了秘书长爱文诺在他家里举行的午宴。我一直把午宴当作能和其他客人,尤其是法国和苏联的外交部部长们谈话的机会。首先,我和法国外交部部长德尔博斯讨论法国对日本封锁中国海岸的反应。随后又谈到中国向国际联盟申诉的问题。我告诉他,中国政府已决定援引国联盟约第十条和第十七条。我解释说,按第十七条规定,可以向日本发出邀请,但是几乎可以肯定日本不会接受。那样,中国打算要求国际联盟宣布日本为侵略者。我说,这并不是要求实施制裁,而是要全世界对当前中、日冲突的是非问题,在道义上做出判断。我对他说,这是国际联盟最低限度应该做的,也是能够做的。我向他保证,中国了解国联的实际情况,办不到的事,我们不会提出。但是有些事情是国际联盟能够做的。在道义和法律方面,国联仍能做点有用的事,以帮助受日本侵略之害的中国。

这位外交部部长认为,中国的克制精神是非常明智的。他说,要求一些办不到的事是没有用的。但是,他急于想知道美国是何态度。他说,在目前欧洲的形势下,美国的协作对国际联盟是必不可少的。没有它的合作,国联一件事也做不成。

我告诉他,我在华盛顿的同事一直在与美国政府密切联系,并告诉我,虽然美国并未答应提供帮助,但却切望表明这并不意味着它在这种局势中不与别的国家合作。我的印象是,一旦国际联盟邀请美国合作,华盛顿的回答大概是会赞同的。

德尔博斯认为,最好是援引盟约第三条,把申诉提交大会。然后大会可以将问题提交 1933 年成立的顾问委员会。

我于是说这一委员会过去曾经得到美国协作的好处。美国国务卿赫尔,在 1933 年 3 月 11 日亲自接受了参加该委员会的邀请。我认为,这一事实会使美国政府现在难于改变其政策而拒绝继续这种合作。

这位外交部部长认为这一点很重要。他说，虽然他采取的外交步骤尚未得到华盛顿确切的回音，但他知道，美国政府不愿建议召开顾问委员会，以免被日本认为这是由美国发动的一种挑衅行为。可是他感到，美国会欢迎委员会重新恢复工作。他说，华盛顿虽然没有说它会合作，但也没有说它不合作。随后他问我对华盛顿的态度如何看法。

我说，我们的想法一致。华盛顿一直主张国际联盟应按盟约的要求首先行动，然后再要求美国协作。日内瓦不要指望美国采取主动。德尔博斯的意见是中国应该直接向大会申诉，我告诉他，中国要先向行政院申诉。但有可能由我在大会上对远东局势作一说明。

德尔博斯认为这是一个好办法，因为像这么重要的问题，应该在尽可能多的听众面前提出来。

在秘书长午宴上，我见到德尔博斯之后，立刻去和李维诺夫谈话。但是，因为我们把时间完全用在同样重要的苏联可能对中国援助的问题上，所以对中国向国际联盟申诉这件事，就未得机会探询他的意见。于是我们约好，第二天早晨我到他住的旅馆去见他。

11日见到李维诺夫时，我立即通知他我将在一两天内向国际联盟提出申诉，并将援引盟约第十条和第十七条。（我已在头一天夜里见到我国代表团及常设办事处的多数成员，交换了意见。我们最后决定，建议外交部不要引用第十一条，因为外交部正在打算至少要援引第十条、第十一条和第十七条。）我向李维诺夫解释第十七条的程序，并说，虽然我无意坚持制裁，但我要求宣布日本是侵略者。我表示希望他能出席行政院有关这个问题的会议，支持中国的申诉，作支持中国的发言。他同意了。总之，他的答复还是令人安心的。他说，中国的申诉越快提出越好。宣布日本是侵略者，是国际联盟最低限度应当做到的事。但是他认为，还有一些事也应该做。例如，阻止日本从国外得到援助，而中国则应该要求得到具体援助。他建议我们,设法停止英国和美国银行对日本的财政援助。

李维诺夫说,他怕法国和英国再次想法将申诉搁置起来或者任其拖延下去。除非中国代表团催逼行动很紧,有人可能会存心拖延,以致到大会结束仍毫无结果。我表示完全同意他的意见,并说,申诉大约在9月12日星期日提出。

那天稍晚,我收到外交部长王宠惠一份令人激动的电报。他坚持援引第十一条和执行外交部的指示。电报的语气令人吃惊,简直不像他平素的作风。晚上我召集代表团开会,研究这封电报的涵义。南京也许希望调解。事后我打电报给外交部,为代表团建议避免用第十一条作了说明。又打电报给外交部次长徐谟,问国内坚持援引第十一条的真正原因。9月12日,我收到两封电报的回电,令人心中稍安。

同时,我于11日下午到爱文诺的办公室去见他,继续讨论中国向国际联盟申诉的问题。我告诉他,中国政府将援引盟约第十条、第十一条和第十七条,很想知道他对这个计划的看法。我告诉他援引第十一条的程序可能造成拖延,甚至遭到失败,因为要实行包括冲突双方的投票表决。因此,是否援引此条,仍在考虑中。我又说,日本是非会员国,要遵循的程序实际应该是第十七条的。但是这一条以前未经用过,如何实际运用这一条,我特别想知道他的意见。

他说这一条确是从未用过,虽然在芬兰和苏联纠纷中曾提出过一次。他觉得,这一条程序非常严格,如果一个被邀国家拒绝接受国际联盟的决议,除照规定进行到底之外,几乎没有别的选择。他说,照目前的情况,差不多可以肯定日本不会接受国联的邀请。那样的话,立即会导致运用第十六条实行制裁的问题。日本当然也可能完全不予理睬,这样将使国联处于手足失措的困境。但是他向我指出,在目前情况下,制裁是无论如何也办不到的。由于从意大利—埃塞俄比亚冲突得到的经验,甚至过去曾赞成实施盟约原则的国家,现在也反对制裁。他说,大多数会员国似乎对"制裁"一词畏之如虎。

在此同时,爱文诺说,国际联盟不同于一个法庭,法庭的程序非常严格,法律的条文有很明确的解释。国际联盟是政治性的机构,它的程序具有很大的灵活性。会员国和非会员国之间的冲突,不一定非实行第十七条不可。国联有过几次牵涉到一方是非会员国的事例。非会员国总被邀请参加按第十七条规定的审议。另一方面,第十一条则赋予行政院以更多的行动上的自由。

我告诉他,我充分了解国际联盟业已削弱的状况,我无意在目前坚持第十六条。但是,不仅为了中国,也为了国际联盟的利益,国联有必要坚持做一些事,在我看来是完全做得到的事。在当前条件下不能指望国联来实现盟约的全部原则,事实确是如此,但是也不能说,在中、日冲突这样严重的危机里,就什么也不能做。国联有可做之事。做一些使世界舆论得到慰藉,并对受侵略之害的中国采取适当立场的事。我向他保证,中国在这种形势下,不会给别的会员国造成不必要的困难和窘迫。

谈到可行的步骤,我告诉他,国际联盟应当宣布日本是侵略者。这是全世界大多数人都寄厚望于国联的。我说,这一宣布可以奠定法律基础,在情况发展到可能实施一些行得通的措施时,能以它作为依据。

秘书长认为,这是一个高明的策略,因为他相信,目前任何实施制裁的要求,都会吓倒联盟的其他会员国,使它们不敢支持宣布日本是侵略者。他说,要求用什么程序,当然要由中国来决定。但就目前情况而论,他肯定认为以不引用第十七条而按第十一条程序行事为好。至于采用十一条规定的哪些措施,他认为,该条包括的范围甚广,根据该条,采取任何行动均无不可。这要看大国的态度如何而定。就他所知法国和英国的意见,都不会支持任何制裁的要求。

爱文诺也提到,美国的协作极为必要。从这一观点,他认为中国的申诉一经提出，就可以要求将它转到大会在 1933 年根据远东局势而成立的顾问委员会。他不敢肯定美国现在是否同意参加该委员会，但他觉得，既然 1933 年接受过邀请，这一次也许不好不参加。我说，这个委员会既然是大会的从属机构，遇事自然会向大会汇报。我又问他，中国政府有意将申诉先提交行政院，行政院有否可能将它转给顾问委员会。

爱文诺说，盟约里并没有不让将此事转给委员会的规定。但是他建议，在向国联申请之前，由我在大会作一篇有关远东局势的发言，然后将讲稿转给委员会考虑。他认为这是个灵活的方式，既在大会上提出了整个问题，又将问题转到了委员会。

我告诉他，我要对这一建议加以考虑，不过我要向他指出，因为第十七条明确规定了行政院对这类冲突所需遵循的程序，所以应当向行政院申诉。

爱文诺认为向行政院的申诉，可在中国发言之后提出，并请行政院参照中国在大会上的发言。然后行政院可以将申诉和这个发言，连同中国政府的另外两项声明一并转送委员会。（所称中国的两项声明，他指的是 8 月 30 日的声明和一个补充声明。我曾告诉过他在我收到补充声明的外交部正式文本后立即给他送去。）

于是，我对这次交换意见向秘书长表示了感谢，并告诉他，关于申诉究竟引用哪一条款，我还在等待政府的最后指示。

当时中国的观点概括说来是：中国虽然清楚地知道，不能指望国联采取像制裁那样的有效措施，但还是急于将问题提交国联。而且国际联盟是中国能将日本侵略这一严重事件向上提交，并公诸于世的唯一机构。盟约有一个原则，即国际联盟可以宣布谁在侵略，然后据此采取反对侵略者的一致行动。即或没有这种一致行动，只发表反对侵略者的正义宣言也是有帮助的。并且，虽然我知道目前没有获得制裁的可能，但我仍想尽力提出制裁的要求。这样做，为的是至少能打个基础，有个合乎法律的依据，一旦客观情况有所改善。例如华盛顿的态度有变化,或有乐于合作的倾向,别的国家就可能开始探讨哪一种制裁方法可以考虑,并且也许能为实现制裁铺平道路。

一年之前,涉及反对意大利对埃塞俄比亚的行为而实施制裁的问题,英国和许多欧洲小国,都主张取消盟约的第十六条。那时对意大利的石油禁运未起作用。没有哪个国家,至少是没有一个主要产油国认真执行禁运。举例来说,英国那时候就控制着全世界大部分石油生产,而它却设法同意大利达成某种友好协议,以使意大利脱离德国。英国人认为这一着特别重要,因为没有德国的支持,意大利在地中海就干不出针对英国利益的什么大事来。

最后石油禁运当然失败,关于取消第十六条的问题也就拖延下来。我在那一段期间的日记上记着:开了多次会,要进行修改盟约,主要是取消制裁的规定,始终没有得出具体结果。但是,这对中国的影响极大,因为有些国家说,既然对取消第十六条有强烈的要求,中国提出要求制裁,当然是行不通的。这件事和过去实施制裁的失败,是法国当局劝中国不必要求实施制裁的原因之一。英国在更大程度上大力宣扬,除非认真执行,否则任何形式的制裁都不会生效,而且比不起作用还要糟。英国还说,如果仅仅宣布制裁而没有强力措施,这种办法只是害多于利。

9月12日,星期日,我口授了中国援引盟约第十条、第十一条和第十七条的向国际联盟申诉的照会。当天晚上将这一照会连同由驻巴黎大使馆转来的外交部补充声明,一并送交国际联盟秘书长。补充声明中提出一些最近的事实,并强调日本轰炸红十字会单位、平民、教育及文化机构等,违背了人道的准则。

13日,星期一,我参加了大会开幕式。艾登走过来和我交谈。他说,他恐怕即或引用第十七条的明确目的是在邀请日本参加,也会使美国使用中立法。他想知道美国是什么态度。我将中国对美国的看法的印象告诉了他。

我走过去和爱文诺商量,我想在大会上作第一个发言,以便给主要国家一个议论中国事件的机会。他认为这样最好。关于将中国申诉列入议事日程的程序问题,他说,主席向行政院报告后即予列入议事日程。

用了一个下午的时间,重新草拟了我的大会发言稿后,我去参加了施威策夫妇的宴会。我和另一位客人李普曼随便交谈。我讲的日本领土扩张政策,使他很受触动。他认为如果引用第十七条,将在中立法问题上给罗斯福总统以很大压力。照李普曼的看法,中立法是为了在欧洲帮助英国而设计的。现在却转而有害于中国的利益和英国在远东的利益了。他说,这不是罗斯福所愿见到的事。

李普曼还认为,英国在远东有很多利益,理应领先带头。但是,另一位客人沃尔特斯说,没有美国的合作,英国不可能采取主动。他继续解释说,美国实施中立法将使国联的一切行动完全落空。沃尔特斯是个英国人,秘书处一成立他就是参加工作的成员,是秘书长的私人助理。

次日,9月14日下午,我参加了另一次行政院会议。会议主席,西班牙的尼格林宣布了中国的申诉,并将它列入议程。然后,在艾登和德尔博斯的邀请下,我参加了他们和爱文诺的一次会商。

艾登说,最要紧的是获得美国的合作,想办到这一点,最好的方法是召开顾问委员会,因为美国不会派代表参加行政院的会。他还认为,除非中国在实施制裁问题上确有把握,得到国际联盟的完全支持,否则最好避免发生促使美国政府实施中立法的事情。

我表明了我将遵循的程序:按第十七条规定邀请日本政府参加。如果日本拒绝邀请或不予置理,中国可以向大会申诉。中国将在大会争取获得最大支持。

爱文诺说如果按第十七条进行,公众舆论将认为中国的目的在实施制裁。因为第十七条的唯一作用是引向实施第十六条,在目前这样的情况下，日本几乎肯定要拒绝邀请。他说，其实不援用第十七条，也可以向日本发出邀请。

德尔博斯问，既然实施制裁毫无希望，中国为什么要采用一项势必引向第十六条的程序呢。他的意见是，美国配合国联共同行动才是必要的。他又说，中国申诉所援引的第十条、第十一条和第十七条，都以存在战争状态为先决条件。

当我问到，不引用第十六条是否也能拒绝给日本以武器供应和贷款。艾登说，已经拒绝了日本的借款要求，至于武器供应，并非重要问题。艾登和爱文诺在回答我另一问题时却说，中国可以在任何时候要求按第十七条规定发送邀请给日本。他们都认为，应用十七条没有时间限制。现在不引用第十七条，并不意味着以后就不能引用。（换句话说，如果美国同意这样做，或者条件适当，那时候还是可以引用的。）

艾登建议我在大会发言中说采用什么程序由行政院决定。我可以指出，行政院可以自行采取行动，也可将此案提交大会或顾问委员会。艾登说，如果申诉是以日本为对象，最好由有美国代表参加的顾问委员会提出。

爱文诺认为，行政院可以征求顾问委员会的意见，这并不妨害其处理中国申诉的权限。

德尔博斯认为，迅速行动对我有利，因此我们应立即向日本发出邀请，但要顾问委员会早日开会。他说，当他问蒲立德，美国政府会不会派代表出席顾问委员会时，蒲立德没有作否定的回答。因此，如果美国不派代表，他会感到异常奇怪。艾登相信，即使撇开美国的参与不谈，在处理我们申诉方面，顾问委员会的构成，也比行政院强。

我认为，行政院应做出决定，在进一步处理这个问题之前，先了解顾问委员会的意见。这样，即使在行政院已将此事转给了大会和委员会之后，仍然可以掌握这个问题。

9月15日我在大会发了言。这篇发言旨在激发对中国的同情,使世界舆论了解情况和感到关切。发言稿用简单的提纲,详述了我三天以前所作的申诉,并提出行政院在处理这个申诉时有三条可行之路:行政院可以自己进行研究并采取行动;行政院可以要求大会这样做;或者行政院可以将情况转给顾问委员会。

发言完毕,有很多人鼓掌,翻译完毕,又有许多人鼓掌,这种情况还是不多见的。法国、英国、墨西哥、智利、哥伦比亚、苏联和别的几个国家的代表团走过来向我祝贺。随后,美联社、哈瓦斯社和塔斯社都说,这篇发言给人印象极好。美联社还认为,它正好适合美国公众的口味。国联秘书处的人也赞许这篇发言。我想这一切赞许可能是因为这篇发言正适合当时的心理状态和客观现实。

回到代表团办公室,我打电报给驻华盛顿的王正廷大使,告诉他我发言的要旨,并征求他的意见。我说日内瓦的气氛都表同情,但是一致意见是在顾问委员会里美国的参与及合作是必不可少的。我告诉他,罗斯福总统最近关于禁止属于美国政府的船只载运武器和军火到中国的行动,对国际联盟的各界人士是泼冷水,对中国是使人感到沮丧。我想知道他能否弄清楚罗斯福这一措施的动机和意义。(我指的是罗斯福 9 月 14 日就上述禁运事项所作的声明。该声明在结尾时提醒说,美国政府对于中立法的政策,仍按 24 小时规则实施。)

当天下午,我接待了《劳动报》著名的法国专栏作家塔布衣夫人和拉西曼博士。他们都认为我在大会的发言是再好没有了。到来较早的塔布衣夫人还简单地告诉了我关于地中海局势的尼翁会议的情况。会议在前一天结束,签署了一个协议,规定英国和法国海军在地中海巡逻,以防止对除了西班牙船只以外的商船进行海盗式袭击。但是,塔布衣并不乐观,她预言不出六个星期,意大利又要惹是生非。

我和拉西曼博士讨论了中国向国际联盟申诉的程序问题,讨论重点在为了日后援引制裁条款,必须制订一个明确的合法基础,以便与各国磋商。最后,在夜里十一点半,维吉埃到代表团常设办事处来,和我们研究处理中国申诉需要采用的程序问题。维吉埃是个法国人,是秘书处的政治部主任。我在日内瓦的同事们郭泰祺、钱泰以及金问泗、胡世泽和梁龙等参加了这次会商。

预定于第二天——9月16日下午召开行政院会议,所以当维吉埃一到,我就立刻将中国代表团的立场告诉了他。我说,我们代表团准备依照艾登和德尔博斯建议的方式,让行政院去决定该由哪一个机构首先来承办这个问题,是行政院、大会,还是1933年的顾问委员会。但是我也告诉他,我估计行政院将挑选顾问委员会。我还告诉他中国代表团的看法,提交顾问委员会并不一定妨碍将申诉提交给行政院,尤其是那天我在大会的发言,已清楚地说明,将申诉转交委员会,可以当作是行政院做最终考虑的准备步骤。而且,我对维吉埃说,由于中国不是顾问委员会的成员,在接受英、法建议时是以中国应被邀请参加委员会为保留条件的。

维吉埃说,他也认为转给委员会是最好的途径,因为只有通过它才有得到美国协作的可能。无论是行政院还是大会的程序都没有这个优点,而这一点是很重要的。并且由我的发言中可以理解到,中国代表团认为,提交委员会只不过是一个准备步骤,中国代表团保留日后仍有回到行政院的权利。他建议,无论如何,为了避免误会,在行政院也提出保留条件,是可取而且明智的。

至于我刚才提出的中国参加顾问委员会一事,维吉埃认为,在必要时中国完全可以要求参加,以便陈述中国的观点。但是他相信,邀请中国参加作为委员会的一员,可能有会员要反对,这些人有很深的公正感,可能会认为委员会里有中国而没有日本是欠公允的。他们认为日本会被邀,而肯定会拒绝前来。

我说,中国作为行政院成员之一,无论如何也应在委员会里有一席位。

维吉埃随后提到十九国委员会的组成情况,它是顾问委员会的基础。他指出,在成立十九国委员会的决议中,已阐明双方,即中国和日本,不包括在委员会里。

我不同意他的理由,并告诉他,从技术上说,中国为什么可以参加委员会。就目前此事而言,盟约里没有可以排除中国的条文。至于日本,退出国际联盟成为非会员国是它自己选择这样做的。而且,中国在行政院有席位,作为行政院的成员,对问题的审议,是一直可以随意参加的,它在委员会不能保证有发言权,这是不公正的。如果这次不邀请中国参加,我宁肯回到行政院,请它按第十七条程序行事。那将是唯一的抉择。

我随后问维吉埃,行政院有无可能将问题提交大会的一个委员会。顾问委员会根据授权只向大会负责并只向大会汇报。因此我想知道,如果问题是交给该委员会,从逻辑上说,是否就不该经大会提交?换句话说,我问他我在大会中所说的第二抉择(即交由大会处理)和第三抉择(即由顾问委员会处理)是否二者都可由行政院选定。但是,我指出,这样做就引出另一个问题,即大会本身是否能支配把问题交给哪个机构来处理。按1921年贝尔福宣言,除非大会宣称它将不进行研究,否则行政院就不能考虑这个问题。

维吉埃认为,从逻辑上讲尽管是有这种复杂情况,但并没有什么不许行政院要求大会委员会给以认可的规定。他建议从总的来看,最好不提出这点。

我当即问他,委员会是否可以邀请日本。如果可以,这一邀请是否可以认为是相当于根据第十七条所做的。

维吉埃认为,当然可以邀请日本。委员会所受的权限很广泛,因此如果它决定这样做时,它是可以邀请日本的。但是他不认为这样的邀请可以视为是根据第十七条的规定办理的。

我随即问维吉埃,在那种情况下,应该采用什么办法。我解释说,国际联盟有必要宣布日本是对中国的侵略者,并采取必要措施,阻止日本获得武器和借款,而使中国更容易取得这种援助。

维吉埃显然仍旧表露出像几个主要国家代表们同样的疑虑。因为他说，正式宣布侵略，可能被看成是确认战争状态存在的姿态，因而美国可以以此作为借口而实施中立法，这对中国是不利的。此外，这一宣布，会引起其他代表的担心，怕中国马上会进一步要求实施制裁。维吉埃觉得以不坚持这样的宣布为好，但却可以把目前局势看作是1931年开始的日本侵略行为的继续。

我向他指出，我请教过的几位法律专家，对这种观点在逻辑上是否站得住表示怀疑。中、日在满洲问题上的争端是按很狭窄的法律观点来考虑的。而当前在中国大陆进行的战争，是日本对全中国的敌对行为。

国际联盟能采取什么积极措施呢？维吉埃说，如果根据第十七条的方案形式采取这种措施，别的代表团会把它看成是制裁而难以获得他们的支持。就像宣布日本为侵略者那样，如果中国的要求通不过，会造成坏的影响，倒不如根本不提这个要求。中国需要的不是空洞的决议，而是具体的帮助。这些帮助只能从少数国家获得。绝大多数国家在贷款和武器方面帮不了忙。维吉埃谈了这些实事求是的看法之后，建议最好能找到一种既能有助于中国而又不必使其他国家不安的方案。他认为有效的方案是可以找到的。例如：可以通知国际联盟的会员国不给日本援助，对中国给予像信贷、武器和过境运输等必要的方便，不加限制。他表示，鉴于日本宣称要进行封锁，过境运输权是极为重要的。如果这样一个原则（不一定要作为一个方案）能被通过，有些政府就可以此为根据，准许运往中国的武器和军火的过境。这也将使中国对获得这些便利的要求更有理由。

随后我转而谈到约在9月16日召开的行政院会议的特别程序问题。我告诉他，在行政院主席做出将中国申诉提出的问题转给顾问委员会的建议之前，我将在会上发表声明。倘主席提出这项建议，我还要发言做一明确保留。

维吉埃认为，我的发言没有什么必要。倘一定要说，我应按常例,先找行政院主席安排一下。因此他建议我先去看本届行政院主席,西班牙总理尼格林,与他做好安排,在会前达成谅解总是较为妥当的。

由于要准备发言稿,第二天早晨又要去见德尔博斯、艾登、尼格林、李维诺夫和美国驻伯尔尼公使哈里森,时间太宝贵了,因此,那天晚上我睡得很少。早晨头一件事是安排和艾登、德尔博斯、爱文诺开个小会,时间是上午十一点。

爱文诺说,他刚才见到哈里森,并把情况向他做了解释,以免美国政府发生误会。由于行政院做出的决定肯定是措词含糊的,他恐怕会使美国政府认为国际联盟想在实行制裁上把美国拉进来。因此他已把全部有关文件交给了美国公使。

我说,我要求和三位先生开这个非正式的会是为了商讨在即将召开的行政院的会上要做些什么事。我说,需要取得同意的问题实际是个程序问题。如他们所知,中国提出了三个可供选择的程序,其中之一是召开顾问委员会。这样做,中国的处境相当困难。因此,我告诉他们,如果提交给顾问委员会,我将做出某种保留,即这个程序无论如何不能妨碍中国向行政院申诉。如情况需要,中国按照盟约规定,保留要求行政院按第十七条程序行事之权。

艾登说,他不愿人们有个印象,认为中国勉强地将问题转给顾问委员会。为了美国,这样的印象应该避免。他告诉我,他也见到美国公使,并敦促美国政府派代表参加顾问委员会。

德尔博斯认为,我提出的保留权和召开顾问委员会并不矛盾。他认为行政院讨论时,我可以说我乐于赞同召开顾问委员会,因为这能使有关各方参与委员会的工作,并希望委员会在这项工作中取得成功。同时,我可以保留有权将问题转回行政院。但是,他又说,我应该强调充分利用顾问委员会这一机构。

(我在日记上有这样一段记载,艾登建议我不要说任何会给人造成一种印象即中国不得不同意将问题转给顾问委员会的话。这个意见是说,不要做得好像对顾问委员会不抱多大希望,使美国感到没有必要参加,也不要做得好像对这个委员会希望太高,而把美国吓跑。)

秘书长提出由谁来当委员会主席的问题。他说,主席人选应该根据个人能力,而不是他所代表的国家来遴选。上届委员会主席既然由荷兰人莫里斯科担任,他认为可以问现在的荷兰代表格雷夫是否愿意充当顾问委员会本届会议的主席。

艾登问委员会什么时候开会。

由于行政院不久就要选举三位新成员,这些成员也将是顾问委员会的当然委员,我建议委员会在行政院选举后立即开会。我当即指出,由于过去按盟约第十五条规定,冲突双方都不得参加委员会,因而中国不是委员会的成员。现在的做法不同了,中国应该在委员会里有一席位。

爱文诺说,顾问委员会将在第一次会议时邀请中国和日本作为委员会成员。

艾登认为,所有有关国家都应该参加委员会的工作,这是很重要的。

爱文诺随即宣读了为行政院主席准备的,有关召开顾问委员会的声明稿。当艾登和德尔博斯都表示不拟在大会发言时,我要求他们二人对局势的严重性说几句话。德尔博斯起初表示想这样做,可是稍后他们都说最好还是不发言。当时还决定行政院会议不公开举行。

秘书长还说,在行政院会议上,对美国参加顾问委员会的事,以避免表示欣慰之意为好。

我们随后讨论了委员会的组成。英国外交大臣和法国外交部部长都说如果日本接受了邀请来参加委员会工作,那可太出他们意外了。德尔博斯问,是否应邀请在中国有重大利益的德国来充当顾问委员会的成员。我立即回答说可以。爱文诺也赞成邀请德国,虽然他深信德国不会接受邀请。艾登认为,顾问委员会在第一次会上就该决定邀请哪些国家参加委员会。于是我重申中国应当是委员会的一名成员,这是有必要的。

艾登在我告诉他们我要在发言中陈述中国政府的迫切需要时,他问我是否可以在行政院说明中国希望行政院采用什么样的具体措施。我说我随后将提出明确的条件。

同一天稍晚,我由胡世泽陪同前去拜会哈里森。我发现他是一个属于小心翼翼类型的人。对我提出的各点概不表态。我通知这位美国公使,行政院将在下午开会讨论中国问题,还介绍了将采用的程序大纲。由于预计行政院主席将提议把问题转给1933年成立的顾问委员会。我解释了委员会的职权,并问哈里森是否已从华盛顿得到关于美国态度的指示。我还向他重提美国当初接受国联邀请后即在委员会里有了代表,并且接受此项邀请是国务卿赫尔宣布的。

哈里森说,他没有收到华盛顿任何指示,因而他也不能做任何事。他认为,华盛顿只有在国际联盟走了头一步之后,才会研究这个问题。他说他了解到,行政院要将中国政府对此事的两个声明和我在大会的发言转给委员会,并问我,申诉本身将不转到委员会是否属实。

我肯定地回答他,只有申诉的要旨将转给大会,申诉正本仍由行政院掌握,不转给大会。在午后的行政院会议上,我将提一个保留意见,以免在这点上产生误会。

在我拜访哈里森之前,我和现任行政院主席,西班牙总理尼格林,曾作简短的交谈。我想向他解释,我从秘书长那里得悉,下午行政院为中国问题开会将采用的程序。他好像还没有和秘书长联系,但他立即表示,他不反对我在行政院的会上发言。

我们的谈话随即转到别的题目。这位总理告诉我,西班牙人对远东局势一直很关心。他们在当前的中、日危机中对中国人表示极大同情。他说,西班牙人出于关心,自战事爆发以来,已经学了许多有关中国地理的知识。他说,他想向我保证,西班牙的同情完全在中国一方,并且西班牙和中国实质上面临着同一问题,即向军国主义侵略势力作斗争的问题。

到此我已将我和各国代表以及国际联盟官员的谈话作了相当详尽的叙述。首先,因为中、日冲突对国联来说是个非常重要的问题。其次,因为从采取有效行动的角度来看和从了解友好国家准备做到什么地步来看,程序问题都是一个关键性的重要问题。这实际上是弄清什么是可能办到的事,就这些有可能办到的事提出要求,以使中国得到有用的帮助。因此,我叙述的重点,不在于国际联盟内发生了什么事,而在说明各国,尤其是主要国家,对中国,对日本,对中、日冲突所持的态度。因为由于日本军队在长城以内和黄河以南开始了大规模军事行动,中、日冲突已经呈现出一种严重局面。中国当然更关心各大国的态度和政策,而不是国联本身能做些什么,因为国联依靠的是各国的政策,不仅是依靠国联成员国,而且特别要依靠非成员的美国。取得美国的合作是有必要的,勉强各国做他们所不愿干的事是没有用处的。

一句话,行政院在9月16日决定指派顾问委员会调查"中日冲突在远东引起的局势"。委员会在本星期内即将为这件事召开第一次会议。秘书长将此事通知了委员会的全体成员及美国。9月21日委员会重新开会的那天,公布了美国的答复,同意按1933年条件,作为不参加投票的观察员,出席会议。这个答复是令人高兴的。在第一次会上,委员会不仅邀请中国和日本参加,还邀请德国和澳大利亚派出代表。中国和澳大利亚当然接受了邀请,日本和德国却拒绝了。日本的回答重申了日本的一贯标准观点,即问题只有中国和日本直接交涉才能真正解决。

前些时候,9月17日,塔布衣夫人再次来访,想随时了解中国对形势的看法,并把她知道的一些情况告诉我。她说,法郎的价格又下跌了,肖唐总理打电话叫德尔博斯在日内瓦要慎重从事,政策方面不必过于坚持,以免引起法国公众对战争的恐惧心理。第二天早上,德尔博斯是大会主要发言人之一。他一般地讲到反对战争和侵略,对远东形势,只轻轻地暗示一下而已。他使我相当失望。而另一方面，艾登20日(星期一)在大会发言时，却对远东局势作了相当详细的叙述。我认为那是一篇很好的发言。艾登后来告诉我，英国代表团的克兰伯恩勋爵曾促他再多讲些，不过，他并没有多讲，因为怕又使美国害怕退缩。

9月21日，苏联李维诺夫在大会上作了一篇从中国的观点看来很精彩的演说，坦率而扼要。孔祥熙在9月19日星期天夜间来到日内瓦，20日和李维诺夫谈过话。据孔说，这位苏联外交部部长还建议太平洋各国开个会，以支持国际联盟的行动。这个想法我当然是早已有之。但是由于中国政府给华盛顿九国公约的签字国(外加苏联和德国)的照会未能引起足够的反应，使得当时我和南京政府只好把这个主意暂时搁置起来。因此，澳大利亚的布鲁斯9月21日在大会上发言，提倡太平洋各国开会处理远东局势，使人感到意外。这就是布鲁塞尔会议的前奏，我将在那一章里做更多的陈述。

21日晨，李维诺夫在大会发言之前，我陪孔祥熙去见法国外交部部长德尔博斯。我还同样在头一天晚上安排了孔去见艾登外交大臣，并给孔准备了必需的背景材料。所以孔和艾登在20日已有过很融洽的交谈。关于孔和德尔博斯的谈话，我事先准备了谈话要点，以备在会谈中提出来，尤其是关于局势的新发展，即日本对中国首都南京进行了空袭，日本还警告在南京的外国使团，为了他们自己的安全，撤离中国首都。

日本空军残酷地轰炸中国城镇、平民和教育文化卫生设施，中国代表团一直在予以密切注意。可是9月20日深夜日本空袭南京，这是一个新情况。外交部报告说，这是战争开始以来最大的一次轰炸。日本还恫吓各国外交人员撤离南京首都，否则后果自负。在适当考虑之后，我向国联秘书长送去有关这一问题的照会。同时，我想在日内瓦直接和几个主要国家洽商。因此，我借孔祥熙见法国外交部部长这个有利机会，向德尔博斯提出了这个问题。

在会晤开始时,孔和德尔博斯谈论了国联的情况和法国对中、日冲突的态度。首先,孔对法国的同情和有力的支援表示感谢,并且强调中国抵抗日本侵略,也是为了世界的和平与秩序,保卫外国在中国的利益,以及为国际联盟本身的利益而作战。他向德尔博斯解释,为什么迫切需要将问题提交国际联盟。依照我和代表团采取的方式,他再次肯定中国希望国际联盟宣布日本是侵略者,谴责非法的封锁和惨无人道地轰炸大陆上的平民。第二,他说,应该采取措施,防止日本从国外取得支援,而同时使中国有可能尽量得到帮助,特别是贷款、武器和过境运输的便利等。

德尔博斯重申法国的同情态度,以及他的政府乐于在这个局势中尽一切可能帮助中国。关于宣布日本为侵略者,他同意孔祥熙说的,国际联盟应该宣布那样一个道义的裁决。但是他告诫应该小心从事,不要由于此项宣布而引起美国"不可避免的"行动。他自己觉得,如果做出那样的宣布,美国政府会立即实施中立法。这是一种重要的事情,因为美国政府告诉中国驻华盛顿大使的话,并不很明确。但我们并没有得出这样的印象,即如果国联采取强硬步骤,明确宣布日本为侵略者时,美国会实施中立法。另一方面,伦敦和巴黎却不断警告我和南京中国政府要小心从事,不要太坚持那个宣布。也许事实的真相是,一旦日本被宣布为侵略者,巴黎和伦敦就要被置于必须考虑实施制裁的困难境地。他们自身担心这种行动的最终后果。换句话说,他们好像在力图将自己的责任推卸给别人。

我立即向德尔博斯指出,我以前向他说过,宣布侵略和承认战争状态是两回事。中国并不坚持宣布日本已诉诸战争,而仅是宣布日本在进行侵略。

德尔博斯说,他完全理解这个区别,但是,他却不能肯定美国将如何体会。他说,最好是先查明美国对宣布一事的看法。

我告诉他,中国代表团已经又打电报给驻华盛顿的中国大使。请他弄清楚美国的态度。鉴于事态的急迫,孔祥熙也打了电报给我在美国的同事。同时我告诉德尔博斯，在一次罗斯福总统和中国大使王正廷的谈话中，显示出美国政府最近的态度，美国不仅无意实施中立法，对商船运送武器到香港或印度支那供中国使用，也不准备限制。我又说，美国总统宣布禁止政府船只运送武器到中国和日本，就我现在所知，其目的乃在缓和美国部分公众舆论中主张实施中立法的压力。

德尔博斯说，他很高兴听到这些消息，因为美国的态度与合作，对国际联盟所要采取的任何行动，都有决定性的作用。

谈话随即转到布鲁斯提议召开太平洋各国会议的问题。这时我当即通知这位外交部部长说，我刚收到我国政府的电报，就日本海军司令发出的警告一事要我和他会见，日军要求南京的外交使团和外国平民，在9月21日午前撤离中国首都，以便日本飞机可以肆意轰炸南京。我向德尔博斯指出，这一行动违反国际法和国际惯例，不应容忍。它不仅是对中国政府的恫吓，而且是对外国的高压威逼。如果这一威逼得到容忍，它无疑将对未来的空军战术创一个危险的先例，并将影响所有的国家。我劝德尔博斯向东京抗议，并指示法国外交使团，像英国那样决定仍留在南京。

德尔博斯说，这事确很严重，而且法国政府认为理由不充分，已向日本表示，法国不能接受这个警告。可是美国大使馆立即撤离南京的行动，却使他迷惑不解。（美国大使詹森，由于日本的警告，已于9月20日同他的大部分工作人员一起登上停泊在南京城外的美国军舰"吕宋"号。这一行动引起南京政府的愤慨，并使其他国家的外交使团成员进退两难，虽然多数最后还是留在原地未动。）

我向德尔博斯强调，所有别的外国使团都留下未动，发出强硬的抗议书，可能促使日本当局改变态度。

德尔博斯对我的要求回答说，他将在东京采取外交行动，并指示在南京的法国大使留在原地不动。我问他，是否可以把他刚才说的话由我电告我国政府。他说可以。但是他补充说他的话要以下列两点为条件:(1)法国政府要和英国政府磋商。(2)南京的使团留驻原地,但在实际情况直接危及他们的安全时,他们可以离开。他说,这一点是必要的,因为不能让他们面临严重的生命危险。这点当然是很合乎情理的。

第二天,我很高兴地收到电报说,英国、美国和德国已向东京就日本人要将南京炸平的威胁提出抗议。事实上,各国对日本威胁所做的口头抗议是很及时的。英国、美国和法国驻东京的几位大使很迅速地向日本外务省提出了口头抗议。英、美22日的抗议实际上是对日本广田外相对各国最初的口头抗议的答复的回答。而且美国提出的是书面的强烈抗议。23日,苏联也给东京一份书面照会。

与此同时,五十架日本飞机在22日晨轰炸了南京,几小时后又来一批,在南京住宅区扔下燃烧弹。沿河的难民区中了弹,几百人丧生。23日,广州也遭到空袭,英、美、法、苏、德和意大利再次向东京提出抗议。

9月24日,我和孔祥熙及代表团其他人员商谈研究对策,一致同意应趁机强调空袭的极端恐怖,以引起同情,并为要求宣布日本为侵略者和对日本实行石油禁运打开道路。这时全世界的舆论对日本空袭的性质和程度已感到震惊,尤其这在现代战争方式上是一个比较新的发展。

这时苏联对中国的态度是友好的。这种友好,当然不是出自利他主义的考虑。苏联外交部部长李维诺夫,像在日内瓦的其他代表一样,对中国的抵抗印象甚佳,几天来他都抱着乐观态度。他告诉塔布衣夫人(她熟识巴黎和日内瓦的每一个人)说,中国使全世界免于受到又一次世界大战的灾难。中国的抗战削弱了日本,德国也就不敢在欧洲动手了。塔布衣夫人问到有关苏联对中国的援助时,他说,苏联已经在用物资进行支援。至于苏联之所以不采用任何军事行动来帮助中国反抗日本这个问题,他所做的解释是:苏联的任何行动,都可能被认为是对日本的侵略行为。

这些话是塔布衣夫人 9 月 22 日告诉我的。

秘书处的一位苏联成员索科林 9 月 23 日举行午餐招待会。我和他谈话时,强调了日本侵略给远东局势造成的深远影响和苏联帮助中国之必要。我指出,如果苏联与中国完全合作,这也是一劳永逸的,至少可为未来十年解决日本威胁的机会。莫斯科确已在运送物资帮助中国。但是还达不到我所想的目标,所以我要想办法促请他注意。

照索科林看来,苏联只能和英国、美国一起行动。他刚说到这里,有别的客人走过来参加了我们的谈话。我们谈话的注意点都集中在美国的态度和政策的可能发展上。我们一致同意,美国公众舆论取决于形势的发展。华盛顿突然改变政策,一直是有可能的。像国务卿赫尔,新近对日本威胁轰炸南京向东京提出书面抗议,就显示了这种迹象。

25 日在印度代表阿伽汗(当年秋季大会的主席)举行的招待会上,拉西曼告诉我说,秘书长刚为法国和英国准备了一份有关中、日局势的备忘录。内容包括五点:(1)对当前局势的一个客观的陈述,不附任何谴责之词。(2)宣布不承认由日本目前侵略所造成的任何变动。(3)拒绝承认中、日纠纷只是这两个国家之间的问题。并坚持这样的看法,即从和平的利益来看,中、日冲突也是国联和其他国家的问题。(4)出于人道主义考虑给中国以援助。(5)声明保留在将来适当的情况下进行可能的调解和其他类似的措施。我感到很明显这篇备忘录的思想基础是,国联觉得它还能做点事,也该做点事。虽然能够做的事肯定是有限度的。

这份备忘录显然是同英国商量后拟就的。因为当天晚上,英国代表团给报界一个声明,说英国将支援中国。财务方面,英国拟提出免除中国当年度的应付款项,从人道主义立场,英国拟提供捐款为救济中国难民之用。同一天晚上,我接到华盛顿王正廷来电,说国务卿赫尔告诉他,美国对国联提出的任何具体建议,就像那次成立顾问委员会的建议一样,都将予以同样很好的考虑。

至于如果国际联盟宣布日本为侵略者，美国不得不实行中立法这个有争议的问题。赫尔说，国联的行动，对美国要采取什么行动不会具有"强制性"。

26日，星期日，我埋头于草拟在星期一下午顾问委员会上的发言稿。这个会议，中国是第一次有代表出席。我正苦思是否以及怎样提出从人道主义的立场出发，对日本在中国的残酷轰炸实行石油禁运，和反对日本，积极支援中国的措施等问题。在这几方面我拟出了一些决议草案。

27日中午，为下午开会做准备，我和法国外交部部长德尔博斯及英国代表团的埃利奥特和克兰伯恩、秘书长爱文诺开了个会。一般说来，他们对任何类似制裁的东西都害怕，竭力劝我不要提我已草拟的决议，也不要在会上提出任何具体措施。

郭泰祺及胡世泽和我一同参加了这个会，我请胡作记录。根据他的记录，我在讨论开始时，先扼要介绍我准备好在下午的会上的发言，以及我在决议草案中的建议。我告诉他们，我要对日本侵略军的某些行为，如利用上海公共租界作军事侵略行动的基地和空军轰炸非战斗人员等，加以谴责。我解释说，这一谴责宣言不仅对中国有必要，而且对国联也有必要。因为世界舆论期待国联对正义、公理与和平的原则明确态度。至于实际措施，应该是不得帮助日本获得贷款、武器及棉、毛、橡胶、铁等原料。此外，鉴于局势的严重性，国联即或从纯人道主义观点出发，也应采取措施以制止对平民的空袭轰炸。即便不能制止，也要力求减少。在这方面，国联应建议各成员国，不向日本或在中国的日本军队供应燃料。

德尔博斯和我有同感，并认为我对国联的要求合乎情理。但是他说，必须先看看什么事情是可能做到的。他指出，我所要求的，实际上是没有援引第十六条的制裁。他认为，要求谴责比较好办，但是否不明确援引第十六条就能获得与制裁相同的效果，是值得怀疑的。他的意见是，指定一个小组委员会去研究是否有可能实施我提到的那些具体措施。那些必须实施制裁的国家的意见应当首先摸清。他建议我应在那天下午顾问委员会作一般性较为概括的发言,我所说的决议草案则留在拟议中的小组委员会里去提。

英国代表,英国的苏格兰事务大臣埃利奥特同意德尔博斯的意见。他也认为,第一次顾问委员会全体会上讨论的内容,应当是较为一般的性质。如果中国提出了具体措施,就显示中国是在要求制裁,这会使英国政府深感为难。

克兰伯恩也觉得提出具体建议的时机尚未成熟。他也说,我要求的实际是制裁。但是根据过去几年我们得到的教训,除非肯定会成功,还是以不提出制裁为宜。不然,对国联来说是不明智,对中国也无好处。如果实施制裁,就要形成战争状态。因此,这一行动的后果,将比给日本以任何援助,都对中国更为有害。这样,委员会将不得不对中国的决议草案大事修改,这对中国及其他会员都无好处。

我强调局势的紧迫,每天都有成千上万的无辜人民丧命,世界各地舆论愤慨,指望国联能有所作为。我们并不要求制裁,我们要求国联向成员国建议,不要供应只有几个国家生产的四五种物资。此外,空袭轰炸非战斗人员应该受到谴责。至于停止对日本的石油供应,既是对中国人民的鼓舞,也使公众舆论感到满意。

埃利奥特说,除非国际联盟通过制裁的决议,英国政府不能禁止商品出口。而制裁必须要有国际联盟的正式要求和承认。

克兰伯恩说,他们对我所提到的一些物资,是不能禁止出口的,这将使国联受到挫折。虽然国联的会员可以同意谴责日本的行动,但是现在他们并不能接受中国提出的决议。如果国联通过一项语气比较温和的决议,将使中国大失所望。

德尔博斯认为不必在那天晚上就提出决议来。他劝我不要详细说明什么是必须做的和什么是可能做的。他说,他可以在以后替我活动。实施第十六条不会被接受,但是在几个国家之间内部协调取得一致则是可以办到的。他以尼翁会议为例,指出人们总是尽量同意大多数人的意见。如果有关各国都能同意,不通过国联也可以。因此,他建议我不要做过多的具体要求,而应该在小组里研究什么是实际可行的。

我说我希望此事越快越好,德尔博斯说,小组委员会在明天或后天就可以开会。埃利奥特认为,早日作出宣言为好。他说,正式禁止像棉花和石油这类物品的出口,不是英国所能掌握的。英国控制着金融,但正式要求停止给日本以贷款,却难以执行。他认为我的发言所能得到的效果是向全世界介绍事实真相和制造公众舆论。

克兰伯恩理解中国和中国代表的难处。中国的公众舆论当然要求采取强硬措施,很难告诉他们那些措施无法通过。他说,可是,没有公开谈的事并不意味着不能办成。目前的局势并不稳定,大门仍旧完全敞开着。

郭泰祺问,怎么才能制止飞机轰炸。郭强调公众舆论已经完全鼎沸,目前形势,正可以给国联一个机会恢复失去的威信。郭说,重症要下重药,因此,目前局势需要有能见效的措施。首先必须庄严宣布,国联对轰炸非战斗人员感到震惊。

埃利奥特觉得首先要办的事是掀起公众舆论。至于轰炸,只有各国对日本宣战才能制止。

郭泰祺说,照那样讲,我们只好听任轰炸继续下去了。

我接着说,如果顾问委员会那天下午的会,仅仅是指定一个小组之后就结束,那将是自欺欺人。

克兰伯恩同意局势应该由顾问委员会来对付,但是他认为,我不应试图去做办不到的事。他说我可以在发言中指明国联可能采取的行动,但不必提出正式要求。

我问下午委员会是否可以通过一项谴责空袭轰炸的声明。至于具体措施,我同意以后在小组里讨论。

德尔博斯表示同意。埃利奥特说,谴责的决议应该尽快通过。他说,小组可以在那以后开会。但是不要给人造成一种印象,认为它是在谋求实施制裁。

我说,国联是按第十条和第十一条,而不是按第十六条在行事。

秘书长爱文诺随后说,根据盟约,顾问委员会采取措施的权限极小,这就需要慎重处理。

我说,赫尔已经告诉王正廷,他将以对顾问委员会的同样赞助的态度来考虑国联提出的任何具体建议。我进一步说,国联本身按照盟约有其确定的责任;如果把决策的担子推给美国,这会给华盛顿造成不良的印象。

克兰伯恩说,世界和欧洲的局势都很困难。美国的合作必不可少。如果不清楚美国是否参加,我们就不好做出决定。如果我提出具体措施的建议,其结果将是对中国人民的欺骗。

我再次说明,那天下午的委员会可以谴责空袭轰炸,至于别的问题可交由小组委员会去审查。

德尔博斯认为,我们应该逐步顺序地进行,以观察美国在小组委员会里采取的态度。虽然美国不会带头,但他相信美国会追随我们的步调,如若不然,那一切都完了。

爱文诺问,我的建议是否很明确具体,是否要转给小组委员会。

德尔博斯认为,我不应提得太具体。埃利奥特说,如果我提出具体议案,并把它提交小组委员会去处理,这就意味着我们是提交小组委员会去执行。但实际上小组委员会很可能不会通过这些提案,那就无异是让人民受到欺骗。他说,小组委员会所能提议的只是些人道主义的措施。

秘书长爱文诺说,各国政府如要有所作为,只有相互协商,意见一致,才能做到。因此,根据盟约交给小组委员会的具体任务越少,它的活动余地就越大。他说,这是可望找出行动的可能性的唯一途径。

埃利奥特认为，不宜在小组委员会提出具体议案。比如，要求小组委员会拒绝向日本提供贷款，而小组委员会没有通过这个议案，这就意味着，愿意给日本贷款的人，就可以任意而行了。

克兰伯恩说，小组也不是不能起作用的组织。世界舆论在发展，谁也不知道会如何发展。

我因而问顾问委员会或小组委员会是否随时都可召开会议，德尔博斯回答说，小组将尽早召开会议，而且具有常设性质。克兰伯恩认为，小组委员会主席应能在他认为有需要时召集会议。

我于是提出保留向小组委员会提出具体措施的权利。

克兰伯恩说，那天下午顾问委员会的第一个决议就是处理空袭轰炸问题。

当我谈到，小组委员会应该研究如何实现对空袭轰炸的谴责时，德尔博斯说，小组委员会将掌握整个问题，并说，要有一个全面的授权。克兰伯恩接着说，中国人不应设想小组委员会会对空袭轰炸采取反对的措施。

讨论到这里，会也就结束了。秘书长声明，小组委员会将代替顾问委员会。克兰伯恩补充说，小组委员会可以有顾问委员会同样的职权范围。

散会后，我就去参加苏联外交人民委员李维诺夫的午宴。他的副手斯泰因大使坐在我左边，和我谈了各种问题。我听他说，齐亚诺伯爵只是奉意大利真正首脑墨索里尼的命令行事，感到很有趣。在他看来，埃塞俄比亚只有等待第二次世界大战，才能有机会重新从意大利统治下解放自己。他说，意大利打不了有成效的战争，只是由于英国苟且偷安，他才得以进行虚声恫吓。

顾问委员会那天下午五点半开会。我是第一个发言人。当我注意到听众人数不多时，我问主席蒙特斯，是否发出通知说明这次会是公开会议。他听了好像大吃一惊，立即请我发言。

我谈到在充分考虑到最近经历的现实情况下，国联应该和可

能做些什么的问题。在对某一点上我说:

> 如果国联在强权面前不能捍卫公理,它至少可以向全世界指出谁是为非作歹的人。如果它不能制止侵略,它至少可以斥责侵略,如果它无力执行国际公法和盟约的原则,它至少可以让人们知道,国联并未弃之不顾。如果它不能防止对无辜男女老少的残酷屠杀和对财产的疯狂毁坏,它起码可以表示它愤怒的感情,并借以加强文明世界的普遍要求,立即停止这种非法的、灭绝人性的空袭兽行的行动。

发言最后,我提议国联应该谴责日本"公然破坏国际公法、条约义务和正义与人道的基本准则"。

我那天的日记里记载了克兰伯恩和德尔博斯果然不失信,发言支持国联谴责日本空袭轰炸中国城市。由于他们的影响,瑞典代表桑德勒建议成立起草小组,立即草拟决议。此后,我为了草案的某些词句受到克兰伯恩和德尔博斯的责难,但我还是成功地坚持作了一些修正,决议也终于得到通过。决议谴责日本飞机轰炸不设防城镇,并声称这种行为是没有任何理由的,它"已在全世界激起了极端的厌恶与愤慨"。

这次会后,我感到精疲力竭,晚饭都没有吃。当我想草拟几份给南京的电报时,"我的脑子简直不管用了"(这是我日记中的话)。但是,经过一夜休息,感觉好了些。第二天,大会一致通过了顾问委员会的决议。我发言向大会表示谢意。

下午,哈里森来回访。我再次发觉此人态度很不明朗、老练圆滑并且小心谨慎。当我向他表示,中国希望国联的成员不给日本以贷款、武器、石油以及其他如棉、毛、橡胶和铁之类的原料,而将这些东西供应中国时,他听了之后支吾其词。我给他看了关于此事中国起草的决议。关于拟议的小组委员会和美国参加此会工作的问题,他告诉我,他已得到指令,如被邀请,就参加小组委员会,仍照在顾问委员会里那样办事。

同一天,得知美国已宣布并通知国联秘书长说,美国已将下述观点屡次向日本政府申明:

> 对和平生活人口稠密的大面积居民地区进行普遍轰炸,是毫无道理而且违背法律和人道准则的。

28 日下午,我分别与斯威策和德尔博斯谈到关于拟议成立小组委员会的可能性。晚上就小组委员会的组成及中国代表在顾问委员会里的地位问题,和秘书长爱文诺相当不愉快地交换了意见。晚上在芬兰代表团举行的宴会上,我又和克兰伯恩谈了这个问题。谈话中,他主张小组委员会讨论问题要有灵活性,要团结。

在 29 日的顾问委员会上,法国代表建议成立小组委员会"以推进和加快顾问委员会的工作"。投票结果通过,但对小组委员会的职权和组成未达成协议。我不得不几次发言,说明委员会通过一个决议,宣布日本为侵略者的必要。我还对拟议中的小组委员会的职权发了言。我希望小组委员会能考虑一些反对日本和支持中国的积极措施。并对如何恰当的组成小组,提出我的意见,可是我发现,除我以外,只有克兰伯恩还肯说几句话,别人都保持沉默。看来各方面均持极端谨慎的态度。

晚上,在丹麦代表团的宴会上,我和瑞典外交部部长,行政院与顾问委员会代表桑德勒谈到在大会休会之前,委员会通过谴责日本侵略决议的重要性。法国的赫里欧在场,用同情的口吻说:中国应该继续坚持要求公开谴责日本,对这个要求绝不可放松。

30 日,我草拟了一个宣布日本为侵略者的决议草案和一个小组委员会职权的决议草案,准备在委员会上提出。我认为小组委员会的职权和小组组成应在那天的顾问委员会上决定。在法国外交部部长举行的午宴上,我和其他几位客人讨论了有关的问题。波兰代表说,在我和瑞典外交部部长谈话之后,他也跟这位部长谈过。他们二人都认为,顾问委员会最好成立一个起草委员会,来草拟谴责日本侵略的决议。他们还认为在下周大会休会后,指定一个小组委员会来观察局势的发展是有益的。比利时外长也支持中国的观点。他认为,由我们草拟一个决议,提交大会作为讨论的基础是个好办法。

午后稍晚一些,应顾问委员会主席,拉脱维亚外交部部长蒙特斯的邀请,我去看他。我们的谈话颇为激烈和富有戏剧性。虽然他对我说的话肯定是在几个主要国家代表授意之下而说的,但他的态度,在我看来是完全不适当的,对这种不公正态度不禁形诸于色。我觉得他完全把地位摆错了。出人意料的是,这竟是出自一个本身曾遭受到强邻侵略的小国的代表之口。一段沉默之后,我不礼貌的站起向他告辞而去。我在日记中是这样记的:我的态度冷漠而生硬,但是抑制住自己没有再说什么话。

我心情很乱,以致在秘鲁代表团的晚宴上简直没有食欲。蒙特斯也在座。使我惊奇的是,他向我走过来,以极为愉快的表情对我说,小组委员会的组成一经宣布,我一定会感到满意。他说他先前和我的谈话。只不过是探求我的意见而已。(难道他是真的期望我会同意他的那个因为日本不参加小组委员会,中国也不该参加的建议吗!)

我刚觉得心情略为平静,就又得到一个令人不安的消息,顾问委员会那天晚上的会又延期了。等我回到住所,胡世泽来电话,说秘书处政治部主任维吉埃现在要我们撤回我们的决议草案。我愤慨到了极点。我简单地告诉胡世泽,我们的决议草案决不撤回。我也拒绝会见维吉埃。我觉得国联秘书处的胆怯、操纵和诡计,实在是太卑劣了。

结果,在 10 月 1 日上午的顾问委员会会上,大家同意了小组委员会的组成,小组成员包括中国。小组委员会的职权是:"审查中、日冲突在远东造成的局势,探讨有关的问题并向顾问委员会提出适当的建议。"我随即提出了我的决议草案,其中从多方面列举日本对中国的侵略,如海上封锁和空袭轰炸等。并要求委员会谴责这些"对国际公法、条约义务的违反"和"非法封锁中国海岸",宣布上述情况已构成"盟约第十条规定的,对国际联盟一个成员国的外来侵略"的案件。这个决议草案略经讨论就提交给小组委员会。小组委员会将向顾问委员会汇报,以便该委员会能在10月5日大会闭幕之前向大会报告。小组委员会随即举行了第一次会议。

以后几天,小组委员会决定并开始草拟一个报告,概括本案的事实,以一个关于日本的行为是否正当的声明为结尾。10月3日晚,小组委员会以及顾问委员会主席蒙特斯将第一次草案分发给各成员。4日,小组委员会在早晨、下午、夜间都在开会。在这几次会上,波兰代表说了很多支持日本、反对我所提出的概括局势情况的声明草案的话。任何人都会以为他是一个日本代表而不是波兰的代表。下午我感到我一定要坦率地跟他说明。我告诉他我们政府对他代表波兰的态度,感到非常震惊,已打电报给我们的驻波兰公使,要他向华沙的波兰外交部部长贝克要求答复。我还试图劝他,为了我们两国双方利益,改善他的显然对我国敌视和不友好的态度。他推脱说,他是在力求表现不偏不倚,并表明他反对所采取的程序。不管怎样,我的干预像是产生了一定效果。因为从那以后,在讨论中他不再多饶舌了。

在夜里的会上,我为小组委员会的报告提出一段新内容。这个新内容如果被采纳,就会为我期待的遏制日本、援助中国的积极措施铺平道路。随后克兰伯恩建议召开华盛顿九国公约签字国会议,实质是,国联所能立即采取的最有效措施是发动华盛顿九国公约签字国进行商讨以协商办法来结束中、日冲突,如果此举不成,则向国联大会另提其他建议。

克兰伯恩的建议,像从天而降的炸弹,这个意想不到的显然是将责任推卸给美国的巧妙手段,一时惊呆了所有在场的人。哈里森公使当时在场,他提出了几个问题试图得到解释。情况变得相当尴尬,大家觉得有必要暂时休会,像主席说的那样,好让成员们有机会非正式地交换意见。于是端来咖啡,让大家轻松轻松。

将近夜间十一点半继续开会,我作了一个在我日记中称之为"对提案的有力发言"阐明我的观点,支持克兰伯恩的建议,并希望它可以和中国的提案一起受到考虑和支持。换句话说,我继续坚持国联应采取一些积极的行动,同时也为克兰伯恩建议的召开华盛顿九国公约签字国会议做好准备。我不打算用这个会来代替国联的活动,因为那样只会更加造成无能为力或耽搁拖延。我的发言好像使小组委员会的成员深受感动,自此以后进展就比较顺利了。

　　夜间的会上,成立了一个起草委员会,草拟第二个报告,以便连同第一个报告一并提交顾问委员会,然后散会。这一报告将以英国和中国的提案草案为基础。第二天早晨,起草小组开会时,克兰伯恩提出一个关于他的提案的新草案。他在新草案的结论中吸取了我更多的意见,从中国的观点看来,似乎更为完善。他在起草委员会上发言时说,实际上是我在小组委员会上的发言给了他启发。我接着介绍了李维诺夫提出的关于援助中国的重要性。这时还提出了别的提案。澳大利亚布鲁斯提的那份,删去了不承认原则。我竭力争取保留这一原则,但布鲁斯说,我所建议增加的词句,将来可能使每个人都感到为难。我想他这话可能是指这样做会有碍和平。我所坚持的增加一段要援助中国的条文,取得一些进展。但我必须遵从起草委员会主席的意见,须在那天下午的小组委员会上提出。同时,大约在夜里十二点,在起草委员会上,我的秘书送给我一份罗斯福总统的在正式发表之前先行散发的演说概要。这就是罗斯福在芝加哥所作的著名的"隔离"演说。在演说里,罗斯福提出将侵略者隔离起来的必要,并暗讽美国孤立主义者是目光浅短。我将它递给克兰伯恩、布鲁斯和其他人。可以看出他们都受到触动。克兰伯恩提出的折衷方案,就可能是受了罗斯福演说的影响。

　　提给小组委员会的关于各项提案的最后两份报告草案都提到:(1)大会应邀请国联成员中的九国公约签字国,以及在远东有重要利益的国家举行会议。（2）大会应建议国联各成员国，不采取任何有损中国抵抗力量，以致增加中国在当前冲突中的困难的行动。此后，在小组委员会上我更加强调这后一点即我提议增加对中国支援的一条。由于新西兰代表乔丹的大力支持，报告中增添了一句，建议国联各成员国分别考虑能够给予中国以多大程度的支援。

那天下午，小组委员会和顾问委员会先后通过了报告草案，晚上提交到大会。大家盼望大会能立即批准，从而结束本届大会。但是，由于挪威代表汉布罗动议休会到第二天，这一希望没有能实现。在英国埃利奥特有点不太策略地要求一致通过决议草案之后，大会宣布休会到次日再开。

同时，当然有必要向南京报告日内瓦发生的情况。10 月 6 日，我请钱泰大使为此草拟电稿，陈述顾问委员会所作的报告及提案。顾问委员会通过的决议所包括的内容，确实远比字面上更为丰富。我还请金问泗大使草拟给外交部的电稿，报告小组委员会和起草委员会各成员国在中、日冲突中所抱的态度。

下午，我和克兰伯恩谈论了下一步程序问题。特别是关于发动华盛顿公约各国进行协商的事。我深恐遭到拖延。但是克兰伯恩告诉我，他刚和艾登在电话里谈过，向我保证，不必担心拖拉。午后五点，大会续开。到会的代表不多。有两位代表发言，同意顾问委员会的报告，但波兰和暹罗弃权。两份报告最后被一致通过。此后，我在日内瓦一家著名的德国饭店，设宴答谢各位同行们这一段的辛勤紧张的合作。

第一个报告虽然避免正式把日本列为冲突的侵略一方，但仍然认为日本犯有违反它的条约义务的罪行。第二个报告，建议召开后来的布鲁塞尔会议，并建议（1）国联成员国应避免可能削弱中国，或在中、日冲突中给中国增加困难的任何行动。（2）各国分别考虑对中国能作出多大程度的支援。

我个人当时的反应，及在那限制重重的环境中的收获，可以从一周后在我写给驻莫斯科大使蒋廷黻的信里看出。我告诉他：

> 国际联盟对我们的申诉所采取的行动,其结果虽然没有达到我们期望的目标,但是公众舆论要比大会初开幕时我们所预料的好,出席大会的欧洲国家都全心关注着动荡的欧洲形势,对进一步牵连到远东问题则谨小慎微。可以这样说,我们只好摸索前进,在现有条件下,争取最大的效果。大会通过的决议的最后两点,我希望,将对促使某些国家不去实施中立法,或不承认海上封锁方面有些实际价值,而且也给一些愿意从各方面援助我们的国家以国际的庇护。

至于其他,我一登上日内瓦这个竞技场地,就已经料到,如果处理得当,中国所能取得的唯一成功是在道义方面。和同行们晚宴后,我回到代表团办事处,研究要发的电报。凌晨一时,在刚刚收到美国国务院拥护国联通过关于中、日问题的报告和决议所作声明之后,我立即口授一个声明给合众社,电告美国,作为中国的反应。

第二天,我打电报给外交部和政府,说明应当利用给予援助的大会决议,对中国的需要和他们可能的供应,做出具体计划或明确要求,并考虑与有关各国洽商的可取性和明智性。我还对在即将举行的会议上,我们可采取的行动方针做了建议。

10月8日,我离开日内瓦回巴黎,去会见法国政府领导人,商谈中国物资经印度支那过境运输的问题。

第四节　卢沟桥事变后争取国外物资援助

1937 年 6 月—10 月

对中国来说,卢沟桥事变发生后,驻外代表的主要任务之一,是争取军事援助,包括购买武器和飞机,招募外国飞行员和谋求财政贷款。中国必须从法、德、意、英等国获得财政贷款以购买军用物资。中国政府要求驻巴黎大使馆为中国空军招募法国志愿飞行员，这是件急迫的事情。事实上，招募飞行员和购买飞机同样重要，因为中国的空军正在创建阶段，远未形成一支战斗力量。日本轻而易举地取得了空中优势。

所幸，财政部长孔祥熙于1937年4月离开南京去伦敦参加英王乔治六世加冕典礼之前，就接到约他访问罗马、柏林和巴黎的邀请。这些国家的银行界表示愿意和他商谈向中国提供财政援助。军火商和军需生产厂也如此表示。意大利已在帮助中国训练飞行员，并刚刚结束在中国设立飞机制造厂的洽谈。

因此，孔祥熙于1937年5月在伦敦参加英皇加冕典礼后，就以财政部长身份，遍访欧洲各主要国家首都，为中国洽谈信贷和购买武器与军用物资。他在6月初访问巴黎，受到法国政府的热情接待，只是为时甚短。他急于前往柏林。他事前所得的消息给他的印象是德国银行界很愿提供大量贷款和信贷以购买德国武器。

关于孔祥熙对德国的访问，我记得法国外交部的朋友们曾在私下议论说，孔在德国受了骗，因为他在那里受到隆重的接待。德国人给他的礼遇使他兴高采烈。他在和德国人的谈话中，甚至暗示他对法国的接待感到失望，而对德国的优遇则深为赞赏。为此，法国外交部的朋友问我，他们该怎么办以扭转孔祥熙的印象。他们告诉我，法国银行界曾就目前法国由于印度支那而处于和日本面对面的微妙局势下，他们能够做些什么和应该做些什么来帮助中国一事与孔祥熙及其代表团的财政顾问进行了深入交谈。

我的回答是简单而坦率的。孔第一次访问巴黎时虽未对我谈过对法国有何不满之处，但我觉得法国本来可以把事情办得更好些。他们追问该怎么办。我追述接近孔的人从德国来到巴黎时对我说，在德国时最使孔祥熙感到高兴的事情之一，是他的汽车无论在哪里，总有随行警车护卫，鸣笛开道，红灯无阻。他感到无比愉快，印象深刻，并回忆起在巴黎，他的汽车见到红灯就得停下。所以我说,这是法国很容易办到的事,只是我本人不愿这样建议,因为这可能对交通有妨碍。法国朋友说,这一定能办到。

之后,当孔祥熙第二次来巴黎时,证实了我的风闻。他说,他和德国人相处极好。德国人特意给他盛大的欢迎。不管他去哪里,都有警车前后护送,沿途断绝行人车辆,使他的车队畅行无阻。

德国人给孔祥熙那样隆重的接待,可能有几种原因。首先,虽然德国和中国偶尔也有些摩擦,但总的来说还是好朋友。德国有意培植和中国的友谊,以便在中国能处于较好的地位,因为它对英国人和美国人在中国的处境仍有些妒忌。第二,在中国已经有了一个德国军事顾问团,深受蒋委员长和中国政府的器重。他们也的确忠于职守,行为端正,博得我国领导人好评。德国顾问团团长法根豪森对委员长总是表现得友好和毕恭毕敬。第三,德国银行界感到他们总是面临英国人和美国人以至法国人的竞争。在向中国的铁路及公用事业贷款和取得特许权方面,德国几乎一直觉得落后于人。因此,德国想扩大在亚洲的影响,并以中国为重点。

我想可能还有一个从纳粹主义政治思想出发的因素。尽管德国反对共产党并且很希望中国加入德、日针对苏联的"反共产国际协定",但它首先是现实主义的。纳粹领导人推行明确的对外扩张政策,而且还准备在必要时使用武力。他们把中国看作是世界上非常重要的国家,既是原料的来源,又是德国制造商的市场。不仅中国地大物博,使人关切,而且中国的地理位置,面对英国和法国的辽阔殖民地,具有很大的战略价值。简言之,我认为对德国,特别是对希特勒和其他德国领袖,在第二次世界大战即将到来的时刻,中国的态度是很重要的。

然而真正的要点是在卢沟桥事变之前,中国在争取国外财政援助方面,已经取得一些成就。也许如我过去所说的,正是这些成就促使日本人决心以卢沟桥事变为序幕,发动了他们侵略中国的第二阶段。

无论如何，随着日本侵略新阶段的开始，我国加紧从国外争取援助，就成为最急迫的事情。例如，孔祥熙继续在欧洲活动，洽商信贷和为中国购买武器和军用物资。孔的助手郭秉文，为了谋求国外财政援助，也在法国和英国进行重要的谈判。与此同时，在国外的常驻外交代表也在各自的岗位上展开活动，争取同情与支援。

下面我打算先谈谈孔祥熙1937年6月第一次访问巴黎时进行的一些会谈情况，作为中、日战争爆发后有关局势的背景。其次，我将叙述1937年下半年我本人在巴黎为争取法国的同情与支援所做的努力，特别是有关经法国殖民地印度支那运送中国物资这个日益重要的过境运输问题。

当孔祥熙于1937年6月1日到达巴黎时，我陪他去法国外交部拜会外交部部长德尔博斯。他们进行了亲切的交谈，其间孔提出促进中、法经济合作以进一步巩固两国友好关系的愿望。

德尔博斯说，这正是他的心愿。他说，中国和法国都爱好和平，并致力于自由和民主的理想，因而有共同的情感和思想。他愿意与孔和我同心协力促进中、法的协作关系。

孔然后说，他期望在他访问期间，能达成财务协议以开始在货币与汇兑方面进行合作。他希望法国外交部部长能利用他的影响，支持这个意见。

德尔博斯向孔保证，他将热情赞助，并建议孔和法国财政部部长樊尚·奥里奥尔商谈。他相信孔会发现奥里奥尔是个热心的朋友。

6月2日，我在大使馆举行午宴，使孔祥熙会见奥里奥尔与法国财政部的其他人员以及法兰西银行总裁拉贝里。午宴后进行了长时间的会谈。会谈要点如下：

孔祥熙说，他新近在伦敦曾和英国财政大臣张伯伦及英国银行家就推进中、英经济合作进行商谈。其结果是一笔两千万英镑的借款即将商妥。现在,他希望在巴黎也能办到同样的事,因为他同样地渴望增进中、法的经济合作。他指出,自1935年11月中国币制改革以来,中国的外汇兑换率保持平衡,中国的各行各业全面复苏。中国政府已下定决心推行经济建设计划,在发展铁路、公路、航空等交通运输事业方面,已取得很大成绩。政府的新预算收支平衡,不需要举债来应付经常开支。孔还说,实际上他在伦敦有大量英镑存款,在纽约有巨额美元存款。这些钱长期没有动用过。

孔祥熙然后解释说,他目前的计划是在国外贷款以清理现有的内债。这些内债总计约二千亿元。照现行市场利率,中国政府平均要担负八厘利息。如能用发行四厘新公债筹到足够款项以收回全部旧公债,政府每年可以节省8,000万元。他将把这笔钱全部用于经济建设。孔希望得到一笔数目和条件与伦敦相同的贷款,作为中、法经济合作的第一步。他不打算把这笔贷款汇回中国,而是存在法国银行,作为中国发行纸币的准备金。如果法国财政部有急需,任何时候都可动用这笔钱。

法国财政部部长对孔所说中、法经济合作的可取之点完全同意。他对孔在困难中完成财政改革,很感兴趣,也很钦佩。他作为财政部部长,对这种困难深有体会。他认为孔对进一步改善中国财政状况和促进经济建设的宏图是稳妥的,并表现了政治家的风度。他说,他将乐于见到计划的实现。至于向法国政府借款之意,他感到在法国金融市场的现状下,实难安排。(人们可以回想起来,法国那时困难重重,终于使勃鲁姆内阁垮台。)

孔祥熙说,借款问题并不迫切。他不需要用借款来应付政府的经常开支。提出这个问题只是出于增进中、法合作的愿望。

这时拉贝里和法国财政部基金调拨司司长鲁夫侧身与奥里奥尔交换了一下意见。然后奥里奥尔说,他认为借款不是原则问题,原则上他完全赞成,问题只是这项财务安排应采用什么方式为宜。他觉得由中国的中央银行和法国的银行安排一种信贷的方式,即可获得同样的效果。

孔同意信贷这个主意,并问最好用什么方法来讨论这件事,以便做出具体安排。

奥里奥尔说,如果孔同意,他建议双方各指派一两位代表,作进一步讨论并安排细节。

孔认为这是个好办法。奥里奥尔随即指派鲁夫和他部里商业协议司司长阿尔芳,孔则指派翁文灏和郭秉文从事这项工作。

第二天,法国财政部长在部里设宴招待孔祥熙。在宴会上,奥里奥尔告诉我,中国和法国的秘书们已经开过会,而且开得很满意。他确信会议将取得具体成果。两天之后,法国政府在外交部设午宴招待孔祥熙,由外交部部长主持。在宴会上我将财务讨论的进展情况告知德尔博斯。他说,奥里奥尔已告知他,此事进展顺利,即将成功。

与此同时,6 月 3 日我陪孔祥熙到法国空军部拜会空军部部长科特,5 日我陪同随孔来欧的中国海军部部长陈绍宽海军上将拜会法国海军部部长杜帕克。法国空军部隆重招待了孔祥熙。孔在交谈中首先感谢科特和他的部的殷勤款待,以及受邀在布尔歇检阅法国各型军用飞机盛大的编队演习。孔说,法国飞行员的技巧和法国飞机的优良性能给他留下了很深刻的印象。

法国空军部长回答说,他这次能为孔效劳以象征法国对中国的友谊,真是非常高兴。他了解到中国对发展空军极为关切,准备以任何中国合意的方式,帮助中国建立国防中这一重要的兵种。他回忆起几年前孔曾同意由法国帮助中国发展空军,并向孔保证,他准备在人员、物资、飞机或是信贷方面,给中国所需的任何帮助。

孔感谢这位部长的盛意,并认为这对中国将大有裨益。他说,到现在为止,中国由于各种原因,大部分飞机是从别国购买的。几年前曾向法国订购过一批飞机,不过这些飞机并非最新的类型,没有达到满意的结果。错误可能是经办这项订货的商行粗心大意所造成。现在如果买更多的法国飞机,他要买最新式的。

科特说他不是外交家,愿意坦率交谈。他同意孔刚才所说的话,那些制造商没有远见。但现在情况不同了。飞机工业已大部分成为国营,整个飞机出口,由他的部监管。因此他可以向孔保证,供应中国的飞机,将与法国空军自用的一样,是最新式的。他说,他乐于这样做,因为中国和法国之间毫无利害冲突。能见到中国强大,能防御外来侵略,法国只会是高兴的。他说,多年来他一直拥护中国,在日内瓦也曾为同情与支持中国而呼吁。那时他还相当孤立。不过,以后中国的朋友逐渐增多,两国间的合作,也更容易实现了。他可以向孔保证,法国空军部乐于全心全意地进行帮助。至于信贷,则是由专职部门主管,但他乐于运用他的影响,为中国争取。他说,他有理由相信,该部门是愿意提供的。

孔再次感谢这位部长的热情帮助,并说,他将把他的所需做出具体计划,同时愿意知道,是否有可能让中国飞行员到法国空军各部门接受专门训练。

部长说,不仅可以办到这点,而且如果中国需要,他准备派遣法国空军专家去中国服务。

在陈绍宽和杜帕克后来的会谈中,陈指出,中国鉴于增强国防有必要发展海军,打算以订购几艘潜艇作为开端。他说,在国际协议明确禁止这种海军作战兵器之前,每个国家都可以任意建造或拥有潜艇。他想知道,法国海军部是否可以帮助中国获得潜艇。

杜帕克回答说他的部只管技术问题。陈所提的问题不在他的职权之内,须由法国政府决定。但他愿向陈保证,一旦法国政府在原则上予以批准,他的技术部门肯定会竭力相助。他表示,这件事可以由中国大使馆与法国外交部洽商。

陈绍宽向这位部长表示感谢,并说,很高兴有这个机会友好地交换意见。到此,我们就告辞了。

在6月5日法国政府的午宴上,我把上述谈话告诉德尔博斯,并向他提出政策的问题。德尔博斯证实了杜帕克的话,还说,杜帕克当然只管技术问题,政策方面要由他本人处理。我问他的看法,他说,原则上法国政府不反对帮助中国建设海军,而且他也的确希望办成此事。他说,如他过去所谈,中、法两国在理想和利益方面有共同之处,所以法国愿意看到中国强大并能防御外来侵略。

几天之后,和我接过头的一家法国军火制造商来访,想要知道有关为中国招募法国航空专家的问题。他认为孔祥熙在受到法国政府那样盛情的接待之后,有必要订购若干飞机。法国空军部准备随机派出机械师。他还以为最好设立一个飞机修理厂和请法国专家训练中国飞行员。他也同意应该买最好和最新的飞机。

孔祥熙于 6 月 6 日离开巴黎。临近月末,勃鲁姆内阁倒台,由肖唐组阁继任。在新内阁的主持下,7 月份法国的财政经济状况有所好转。这对孔祥熙倡议的法国信贷洽谈增加了成功的希望,但法国还另有担心之处,即中、日战事全面重开之后,他们怕日本以中国用贷款购置飞机和武器抗击日本为理由,反对法国向中国提供信贷。

1937 年 7 月 13 日,我和法国外交部部长德尔博斯谈话时,问起信贷商谈的目前情况。他回答说,他的部已经同意,财政部和法兰西银行也已认可,事情只等曾先生回来做最后确认。

他提到的曾先生,是指随孔祥熙代表团前来欧洲协助工作的中国铁道部次长曾养甫。曾最近去商请孔批准迄今在巴黎所商定的安排,其症结是法国政府对信贷使用所附加的条件。

因此,我问德尔博斯,法兰西银行是否会对信贷提出某些为难之处。他说,法兰西银行并无风险,信贷是由私人银行提供的。只是在私人银行有需要时,法兰西银行要对票据或债券按该行贴现率予以贴现。但是他还说,不幸的是华北危机可能对整个交易产生不利影响。他说在目前达成这项协议,很容易给人一种印象,认为法国并非不介入中、日冲突,而协议可能被认为是对中国的直接军事援助。鉴于法国正在设法使争端得到和平解决,他感到缔结信贷协议可能在东京起有害的作用。这可能是影响立即确定此协议的唯一需要考虑之点。他曾向曾养甫说明,唯一条件是中国保证不将信贷的任何部分用于军事;而曾也向他保证说,这点不会造成困难,因为中国并无意于用此信贷作军事性质的开支。

7月22日,即卢沟桥事变发生两周后,奥迪内带来了好消息。奥迪内是法国军火业的经理人,同法国政府与我国大使馆联系很密切。他来报告他在伦敦会见了孔祥熙,他们谈了有关航空和拟议中的两亿法郎信贷之事,这是截至目前已商定的总额。他说谈判还在进行,而前一周他并成功地从法国政府取得另一笔五千万法郎的信贷以供购买船只。他还告诉我,空军部部长科特同意让我们买最新式的飞机和高射炮。他说,如果法国政府的其他成员都像科特那样,法国甚至会派军队去帮助中国。

郭秉文遵照孔祥熙的指示,随时向我汇报并提出一些具体事务来商量。7月24日他来汇报他和国际金属矿产公司和美国冶炼公司代表的谈话,和美国纽约警察局副局长有关原油输往中国精炼的谈话,以及和法国银行界有关信贷谈判的谈话。他说,存在一些细节性质的困难问题。我借此机会,建议他从中、法合作这一广泛的政治观点来看待信贷问题,不要在细节上争论不休,要多注意重点,例如拟议中的对华财政援助代价就很高。

第二天,7月25日,我应孔祥熙的邀请去伦敦,与其他中国外交官共同研究在日本侵略的情况下中国应采取的最佳政策。这次聚商还讨论了经济问题,如中国石油资源的开发和外国信贷等。

7月27日我见到孔祥熙时,他递给我一封驻巴黎大使馆参事的来信,其中汇报与法国洽商信贷的事。看完信后,我向孔说,我准备致函法国政府,保证从法国金融界借到的款项不用于军事目的。我说，我赞成接受任何提供的信贷而不过分拘泥细节，因为华北情势危急，我们需要一切能争取到的国外援助。

我的意见终于被采纳。8月5日至10日孔祥熙第二次访问巴黎期间，信贷问题得到解决。我写信给外交部部长德尔博斯，赞同法国对两亿法郎信贷用途的条款。1937年8月9日签署协议。至于拟议的航空合同，孔起初有些犹豫。我几次力陈在危急时刻，出于政治考虑，签订这个航空协议是可取的。我说，尽量开拓多方面供应来源以及能买到多少飞机就买多少是明智的。孔祥熙终于在8月8日也签署了购买飞机的合同。

在巴黎成功地结束了信贷谈判的时候，正遇上上海飞机场事件和战事向南蔓延。甚至在这之前，平津失守以及日本准备向中国进行全面战争的很多迹象，使得一旦日本封锁中国港口，法国对向中国提供经印度支那过境运输便利的态度，亟需予以明确。

1937年7月30日，我试探了前任印度支那总督瓦伦纳的看法。他最近去过远东，同情中国。我对他说，我第一个想请教他的问题是，如果中国跟日本作战并且日本宣布封锁中国港口，在他看来，法国是否允许中国自由使用印度支那海岸，以进口武器和战争物资。

根据我的谈话记录，瓦伦纳认为这是一件使法国感到棘手的事。他说最靠近广西边境的海防是唯一能起这个作用的港口。另一个过境办法是经铁路到云南（他指的是可利用河内到云南首府昆明的滇越铁路）。他认为有两个问题要考虑，其中之一是实际问题。印度支那与作战区相距甚为遥远，从中国的军事观点看，把物资取道印度支那经广西运到广州，或经铁路运到云南，他怀疑是否可取。

我说，目前运送物资到华北前线，所需时间不算很长。云南和中国中部各省都有公路相通。从广西到广州的距离也比较短，而且由广州可将物资经粤汉铁路转运。

瓦伦纳接着说，第二个困难是政治性的。印度支那沿海没有设防。如果允许中国武器和军用物资过境,可能使法国和日本发生很大的纠纷。在这种情况下,法国无法保卫印度支那海岸,或避免在远东和日本发生冲突。法国政府即使能增援那个地区,恐怕由于所需时间过长,援军到达时已无济于事。他的意见是,设防很好的香港很适于作中转地。他还觉得西伯利亚铁路可能是适用的另一通道,因为其距离近而受日本袭击的机会少。他又说,法国可能倾向于不让中国使用印度支那海岸。

我告诉他,在与日本冲突时,中国自然要利用所有这三条渠道,而不会完全依赖印度支那。随后我提出了苏联的态度问题,和他进行了详细的讨论。

8月2日,我先将中国局势严重和日本准备对中国全面作战的消息告知法国外交部部长德尔博斯,接着说,中国政府指示我询问一下,如果日本海军封锁中国港口,法国政府是否能保证中国政府经由印度支那把军用物资运入中国的过境权。我接着又说,这项中国和印度支那间条约所赋予中国的权利曾仅限于和平时期,但按照国联盟约,对国联一个成员国的任何侵略行为应视为对全体成员国的侵略,因此一旦国联做出此种决议(我指的是1933年2月的国联决议),对此事件就不再存在中立的问题。所以我相信,对中国政府指示我向他提出的过境问题,法国政府不难予以同意。

法国外交部部长回答说,这实际是由殖民部部长处理的问题,但他将向殖民部部长提出,并呈请内阁答复。

实际上,正如德尔博斯解释的,我不会从他那里得到答复,而是要从肖唐那里得到法国内阁的答复,因为德尔博斯将短期度假,由总理暂时代理外交部部长。事实上,仅在四天之后我就见到了肖唐。这次和这位法国总理兼代理外交部部长的谈话,是在孔祥熙第二次来访巴黎期间,当时我为孔安排和肖唐的会见并陪他前往拜访。8月6日我向肖唐指出,经由印度支那的过境权,是1930年签订并于1935年生效的中法条约保证赋予中国的。我说,中国政府当然要继续行使其权利,但同时也愿知道法国政府方面是否有特殊困难。当肖唐说德尔博斯并没有对他谈过这个问题时,我想起德尔博斯曾经说过,这问题首先要由殖民部部长研究,然后法国政府才能做出决定。

肖唐说,印度支那只有一条铁路通往中国,增加它的运输量是个实际问题。他觉得最好先研究一下这条铁路还能增加多大运量。此外,如果中国和日本交战,供应和运输军用物资一事,将立即引起中立问题,这方面也应当考虑。

我说,按国联盟约,对一个成员国的侵略,经国联行政院做出决议之后,应视为对国联全体成员国的侵略。因此,从法律观点解释,不存在中立问题。

肖唐说,如果国联能按照盟约实施制裁,当然最好不过。但不幸的是,在对满洲问题、埃塞俄比亚冲突以及最近的西班牙战争的处理不见成效之后,国联现在是软弱无能的。这样一来,军用物资的供应及过境的许可势必引起纠纷,并成为有关国家的直接问题。这些国家将不得不承担必要的责任,并相应地应付所形成的局势。

我在 8 月 16 日应邀与法国外交部秘书长莱热商讨上海轰炸事件时,趁机再次提出印度支那过境运输问题。我说,鉴于日本可能对中国口岸进行海上封锁,这个问题特别重要。我还提到法国外交部部长曾告诉我这个问题将提交殖民部部长研究,并表示希望知道外交部是否已得到回音。

莱热说,这个问题其实不是殖民部的事,而是一个总政策问题。当我向他指出过境权是中、法有关印度支那条约所保证时,莱热突然插话说,"在战争时期不行"。他接着说,印度支那过去在中国和其他国家发生战争时,总是严守中立的。甚至在中国内战时期,印度支那也守中立。

我说,目前情况下,日本明明是侵略者,而中国是侵略的受害者。由于中国、法国和英国都是国联成员国,而按照盟约,对国联的一个成员国的侵略，将被视为是对所有成员国的侵略，所以，只要国联行政院做出属于此一性质的决议，就不会发生中立问题，因而从法律观点看，也就不致出现因需要遵守中立而发生的困难。

可是秘书长向我指出，从现实观点看是有困难的。如果法国允许利用印度支那运输武器弹药，日本可以认为这是敌对行为。于是日本可能进入上海法租界，甚至在印度支那制造麻烦。而这种麻烦是法国难以应付的。在天津法租界，日本人已经要求接管中国邮局，而英国对此的拒绝，则被认为是站在中国一边与日本为敌。

我指出，在印度支那过境的不会是中国军队，只不过是武器和军用物资。莱热问，华南是不是没有兵工厂以及需经印度支那运送的是些什么武器弹药。我告诉他，如果发生封锁，从欧洲和美国来的货物可经印度支那转运。当然还有其他途径，即香港和广州。但是我了解，英国政府不会反对利用香港，因为香港和广州商业来往很密切。印度支那和华南之间也如此，两地在贸易和经济上密切相关。为此，我诚挚地希望法国政府对这件事予以同情的考虑。

莱热嘱我放心，他将向中国表示最大的同情。不过我日记中对这次谈话记录有这样的评语：西方国家是现实的，除非有利害关系，他们不受感情或原则的支配。

8月19日我到法国外交部回拜新任副国务秘书泰桑时，又直接向法国外交部提出过境问题。在那时，获得供应及其运输的问题已变得更为急迫。例如16日深夜，我的一等秘书给我家里来电话，说刚译出的外交部密电要我立即联系法国当局商借供应物资。8月17日外交部又来电要一些非法国生产的炸弹和炮弹，并问能否在印度支那买到。这时，虽然新建的中国空军正赢得声誉，但我推想损耗肯定很大。因此，当孔祥熙17日从意大利热那亚来电话时，我告诉他飞机和军火都是急需的。

为此，当8月19日见到泰桑时，我迫切地提出了供应物资问题。我告诉他，上海战事如火如荼，中国对日本的侵略决心抵抗到底。因此，从国外供应武器弹药是头等重要的事情。我说，中国政府已在法国订购了几批武器弹药和飞机。我希望法国政府对这些物资的发运，尽可能在各方面提供方便。如有必要，中国政府可能要将这些物资卸在印度支那港口。然后由陆路运到中国。因为中法条约已保证了过境权，我相信这样办不会给法国政府造成困难。

这位副国务秘书回答说，他不能代表不在巴黎的德尔博斯发言，不过他本人看不出有什么理由要改变中国和法国之间在贸易、商业和运输方面的正常关系。他说，日本坚持认为，它在中国进行的军事行动是局部性质的，就好像是在殖民地的远征行动。日本拒绝承认这些军事行动具有国际战争性质。如果是这样，泰桑认为日本就不能要求国际法认可的交战状态权。因此，其他国家有权出售、发运和处理卖给中国的货物，包括武器弹药，与一般品种没有区别。他理解这个购买和发运的原则，对中国很重要。他又说，正因为是一个中国的朋友，他愿敦促中国政府防止发生任何会影响法国人民同情心的事件，以免迫使法国政府采用严守中立的政策。当然，他指的是中国飞机误炸上海法租界的事件。

我向泰桑保证，中国政府会和法国政府一样切望避免任何类似事件。我说我完全了解要善于保持包括法国在内的友好国家的同情，也了解自由贸易对中国的重要意义。

见过外交副国务秘书之后，我立即到亚洲司拜会高思默。我先和他讨论英国最近关于上海中立化的建议。随后我重复了我向泰桑说过的话，既然日本的军事行动已经大规模展开，就有必要加速发运中国向法国订购的飞机和武器弹药。我向他表示，他作为签发法国出口许可证的负责人，希望他尽快办理这项手续。

他回答说，这不过是他们司的例行公事，但由于目前中国和日本间发生严重的战争，他已将此事提请总理做出决定，因为此事涉及向冲突的一方提供武器和军用物资的问题。

我向他指出，敌对行动虽已发生，可是日本并没有向中国宣战。因此，从法律观点看，还没有中立的问题。敌对行动发生以来的局势，与以前没有区别。

高思默解释说，一批货物从马赛到中国，至少需要五个星期。在当前的中、日武装冲突情况下，这五周时间内会有什么新发展，难以预料。如果在这段时间里，日本向中国宣战，这批货物可能被日本海军在公海拦截和没收。高思默说，在这种情况下，法国政府就有很大责任。（他是一位老练的公务人员，总是着眼于任何可能发生的事。）

我说，如果那是个财务责任问题，我们可以在不损及订货尽快获准发运的权利下达成一项谅解。

高思默说他愿意坦率地说清楚，由于这些订货属于军用物资范围，这首先是个总政策问题，超出一般常规行政事务的范围。他又说，如果途中物资在公海被没收，那等于法国实际上是将这些货物送给和法国的朋友中国作战的日本。尤有甚者，这些货物虽已付款，但在交货之前仍属于法国货主名下所有。由于货款是由法国政府的贷款项下支付的，一旦被扣留或没收，其损失将落在法国政府身上。因此，这是一个事先应由政府决定的责任问题。

我再次向高思默指出，财务责任可由双方商定。我力请尽速将这些物资发运。无论如何，我表示希望高思默能运用他的影响，不使法国总理做出不利的决定。我告诉他，英国和美国政府都没有限制从他们那里采购和装运武器和军用物资的自由。因此，我希望法国不要率先改变局势。

高思默说他觉得内阁不会下达不利的决定，但是一定会像他所提到的那样，对中国发货的批准将附有一定的限制条件。这就是说，损失的责任要弄清。他预料这样一个决定将在三四天后做出。

前面提到外交部 8 月 17 日来电的要求，希望能从印度支那买到某种炸弹和炮弹。当时我立即查询那里是否有存货，并同大使馆的一位经纪人莫斯汉及我的武官们商议。但我无法和法国政府洽商,因为殖民部部长外出了。

8月19日李石曾来和我研究向法国求援的最有效方法,特别是关于中国抵抗日本侵略需用的武器弹药的供应。他告诉我,殖民部部长莫泰是他的亲密朋友,就要回巴黎。他将安排我和莫泰会晤,对这件事好好谈谈。20日他来电话说,他已见到莫泰,约会已经作了安排。他还说,他已向这位部长建议更有效的合作方式。但问题在于宋子文已经请莫泰在争取供应方面帮忙而又紧急指示李去办理同一桩事。因此,头绪紊乱,职责重叠。

同日,大使馆的经纪人在和法国外交部官员谈话后向我汇报,他说,外交部官员在批准启运武器弹药方面怕承担责任,需请其上级做出政治上的决定。

我已经约好第二天即8月21日去见肖唐总理,谈有关中国拟向国际联盟申诉的事。我还要向他谈军需品问题,这给会谈之事增加一些迫切之感。因此,我在和肖唐会见谈到第二项问题时,对他说,我愿和他谈一下武器弹药的供应问题。中国已在法国订购了几批货。尽管现在有敌对行动,但国际法意义上的战争状态还不存在,因此我希望这些军用物资的贸易和运输自由不发生问题。中国既被迫进行大规模抵抗,物资供应就成为当务之急。我告诉他,根据我得到的情报,英国的情况一如往常。在美国,虽然有部分舆论鼓噪要实施中立法,罗斯福总统却决定不那样办*。

肖唐说,这个问题已由内阁非正式讨论过,等外交部部长德尔博斯回来后,再继续审议。这个问题有几方面应予考虑。鉴于当前的敌对行动状态,和平时期离开法国的货物,可能在宣战之

---

* 1937年美国中立法部分内容:(1)总统在发觉外国之间存在战争状态时,应宣告这一事实;(2)一旦总统作出这种宣告,出售或装运武器弹药及军事装备给交战国的任何一方,或给予以"正常和平时期商务往来"习用之外的贷款或售货,将自动成为非法;(3)总统应自行裁夺制定货品清单,所列货品今后须在离开美国海岸之前,将其所有权转让给外国人,并由外国船只承运,方得运往交战国。这最后一条规定是1937年法案的主要修订内容,并成为所谓的"现购自运"办法。博格《美国与1933年—1938年远东危机》,马萨诸塞州坎布里奇:哈佛大学出版社1964年,第335页。

后到达中国。宣战之后,日本一定会宣布封锁中国海岸,而唯一的输入港口就是西贡。如果日本人得知此事,将视之为帮助中国反对日本的行动而向法国寻衅。法国在远东的海军实力很有限。事实上,肖唐知道那支海军分遣舰队由不超过四艘舰只组成。因此,他说,由于向中国供应武器弹药而引起的日本和法国间的任何事件,都会具有严重的性质,而法国又不能有效地予以处理;特别是目前的欧洲局势不允许法国分散兵力。

肖唐接着说,莱热已向他报告了就英、美对供应问题的看法与两国大使交谈的情况。美国大使对莱热说,美国政府虽未运用中立法,但已通知美国工厂避免进一步向远东供应武器弹药。肖唐觉得这表明审慎从事是必要的。

我说,根据我得到的情报,我知道美国态度未变。肖唐提到的通知,很可能是针对对日供应的。至于日本宣战的可能性,我以为从日本的态度来看,那是很小的。最近日本内阁决定,把中、日冲突叫做"中、日事件"而不叫"华北事变"。换句话说,日本仍然希望避免形成国际法意义上的战争状态。只要没有这种战争状态的宣布,我盼望贸易和运输的自由得以保持。

肖唐说,法国政府非常同情中国并且理解供应物资对中国的重要性。内阁虽然尚未做出决定,但前此讨论的倾向表明,可能会允许私营公司自担风险而不受限制地供应中国,但政府兵工厂和国有化工厂则不得直接供应中国。

于是我说,中国政府想知道,有无可能将法国政府供某些武器使用的库存弹药作价转让给中国。

肖唐回答说,这件事法国实难办理。首先,法国重整军备的计划正在全力推行。鉴于目前德国的威胁,据专家们估计,当前的政府库存尚感不足。第二,法国本身自卫的重要性高于一切,任何削弱自卫力量的举动都会激起公众和议会方面的抗议。他又说,德国军事代表团仍在南京。这一事实使事态更加微妙。他深信中国不愿见到法国变弱。此外,他的意见是,小量供应对中国起不了大作用,而大量供应又必然会推迟法国政府为法国本身安全制定的重整军备计划。

我说我知道印度支那有一些属于殖民地政府的库存武器和弹药,并问是否可以卖给中国。

肖唐说,他认为在印度支那可提供的库存量不大。即使有一点,可能已为新近从印度支那调到上海去的两营法国士兵所用。鉴于敌对行动目前正在大规模进行,肖唐认为供应问题要有一个切实可行的解决办法。

肖唐说,他愿作为一个朋友,而不是作为法国政府首脑进一言。他认为中国应该探讨其他可能的供应方式。他说,他过去任国务部部长时,曾有过一年应付西班牙局势的经历。那时武器弹药的供应对西班牙政府具有同样紧迫性和重要性。他本人曾一直认为:一旦保证不干涉,就应说话算数。但是西班牙仍不断得到来自包括法国在内的不干涉协议国家的供应,这并不是什么秘密。西班牙的做法是,在某个小国组织一家公司,表面上从事进出口贸易,一切军火采购和运输都由这家公司出面。他认为这个例子可能对中国有用。他说,只要是一家著名的中立国国籍的外国公司,它的订货就可以自由发运,而且政府没有加以干预的义务。

我问贸易自由是否限于私营公司。我说,我觉得他们的供应量可能不大,因为许多大工厂均已国有化,而比较重要的物资正是这些国有化工厂生产的。

肖唐回答说,如果第三国的一家公司向私营公司订货,后者总有办法与国有化公司商定分配到由国有化工厂提供的某些物资。这类事情在工厂之间是很容易安排的,而且从表面上看,国有化公司不能被指控为供应交战的一方政府以反对另一方政府。

我感谢肖唐提供的情况和建议,并说,他刚才说的确是解决供应问题的较好办法。至此结束了我们的长谈。

我回到大使馆时,接到奥迪内的电话。他说,他能保证向中国输出飞机(科特领导的空军部既同情中国又善于开动脑筋)。但是陆军部的物资则难以输出。我还见到李石曾。他已见过殖民部部长。这位部长也像科特那样,对武器的供应和出口问题非常同情。李还和莫泰讨论了扩建印度支那的法国兵工厂的可能性。

1937年夏季,我在巴黎的一项主要工作,逐渐成为敦促法国排除各方面的干扰,协助尽快获得和调运武器、弹药、零件及其他军需品。8月23日我得到消息说,日军五万人在上海登陆,先施公司和公共租界的其他建筑物遭到轰炸,死亡达五百人。日军的残暴行为使我更急于加速启运军用物资,从国外获得供应是绝对必要的,因为中国还不能完全生产自己所需用的武器弹药。中国军队所用的枪炮各种型号不同,原来是从不同国家购入的。有不少是来自法国,这就必须从法国获得能适合于所用武器的枪弹和炮弹。

8月23日奥迪内应邀来访。他证实,空军部主管的全部订货在批准启运方面,将不受留难或推迟。陆军部主管的订货则可能被阻止。为此我派了一位代表去见殖民部部长莫泰,请他转达副总理勃鲁姆,要求维持对中国发货的现状不变,并使内阁不做任何新决定,以免造成延误,甚至使中国军需供应的调运情况更趋复杂。

由于我急于要知道美国对供应中国武器弹药的态度,那天下午我去见蒲立德大使,并请他在我和法国人的交涉中从旁美言几句。根据我那次谈话的记录,我向他解释说,战事既已在上海和中国其他各地全面展开,武器弹药的供应就成为一件头等重要的事。我从和法国外交官员的谈话中得到的印象是,美国虽然还没有实施中立法,可是美国政府已经知照军火商,在向远东供应军火时,要加倍谨慎。迄今为止,法国外交部对签发中国订购的武器弹药的出口许可证,只当作例行公事办理。但是,最近有关部门已把它作为政策性问题提交政府决定。法国内阁已予以讨论,并可能在星期三(25日)做出决定。同时,法国很想知道美国和英国对这个问题的处理办法。因此,我希望他能将美国政府对出售和发运武器弹药的态度见告。

蒲立德说,几天前莱热和他谈话时,曾提出同样的问题。他告诉莱热,由于情况未变,美国政府没有实施中立法。此后,他打电报给美国国务院查问并已得到回电。他把回电给我看,内容说美国政府不认为中国和日本现在的敌对行动已构成战争状态。在这一状态到来之前,不会实施中立法。电报说,如总统在记者招待会上所宣布的,是否实施中立法,实际上要逐日根据情况而定,因为敌对行动的发展,是不能预见的。

蒲立德又说,关于知照美国军火工厂目前不向远东供应武器弹药一事,他毫无所知。他重复说,情况未变,尽管如电报所说,很难做出 24 小时以后的情况预测。

我说,我自己也从华盛顿得到消息说大致情况未变,因此我很高兴听到他证实美国政府对出售和发运武器弹药问题的态度。我表示希望蒲立德能运用他的影响,尽量推迟中立法的实施。

蒲立德说,据他了解,日本也反对实施中立法。他对日本的真正动机感到怀疑,是否日本在目前作战中,也需要从国外购买武器。

我说,我觉得日本的反对不是真的,而更多的是为了迷惑国外视听。

蒲立德说,如果日本封锁中国海岸,唯一的供应路线是经由印度支那,或是经由西北的新疆。他认为从苏联陆运的数量总是有限的,并问我,南京是否已和莫斯科建立了融洽的关系。

当时我还没有收到外交部来电通知我中苏互不侵犯条约于 8 月 21 日签订的事。因此,我告诉蒲立德,苏联对中、日冲突的态度有所好转。虽然它不可能提供军事援助,但我了解,在装备方面它愿意提供物资支援。

美国大使说,飞机大概可以飞到中国,但他不知道货物的陆运办法。他问,莫斯科的援助是否确已开始。

我说，虽然已许诺援助，但我还不清楚是否已经开始。他强调指出，苏联的援助至关重要。

接着，我告诉蒲立德，孔祥熙前一天来电话说，美国国务院对王正廷要求援引九国公约的答复是，如果中国坚持援引该公约，美国将不得不实施中立法。孔和我都不能理解这两个问题有什么关连。我问蒲立德能否予以解释。

蒲立德说，所有中、日两国大使和国务院的正式谈话记录他都有，但他不记得有这样的话。可能是说直到中、日之间存在战争状态时，中国才能援引九国公约；而在这种情况下，美国只好实施中立法。我说，九国公约并未提到存在战争状态的问题，因而援引该公约不需要以战争状态为先决条件。蒲立德说，如果我能把王正廷从国务院得来这一印象的那次谈话的日期告诉他，他将能给我一个更为确切的回答。

我说，王正廷在华盛顿可能没有听明白对他讲的话，我将致电华盛顿查明谈话日期。后来，我通知蒲立德，那次谈话的日期是8月6日。蒲立德为此向华盛顿查问。25日他来电话说，接到国务院的回音，赫尔及国务院的任何人，都没有说过把中立法和拟议援引九国公约联系在一起的话。这使我头脑中的情况得以澄清，同时我立即将这个消息电告王正廷。

在此期间蒲立德于23日告诉我，他将打电话给莱热，按他对我讲的意思阐明美国的态度。同日稍晚，我本人见到莱热。我将中国政府对轰炸事件的答复交给了他，并同他讨论了军需供应及其通过印度支那的运输问题。

当我提出对中国供应武器弹药问题时，莱热证实这个问题将由内阁在星期二(24日)讨论，并由国务会议在星期三讨论。他还说，美国大使已打电话给他，扭转了他误以为美国政府已知照美国工厂不得向中、日两国供应武器弹药的印象。他说，美国大使指出，他那个印象没有根据。美国政府并没有实施中立法，因为目前不存在战争状态。

我告诉莱热,我也得到情报,英国和美国对向中国出售与发运武器弹药的态度都没有改变。

莱热说,他问过英国政府对这个问题的看法,并了解到英国还未做出决定。实际上,伦敦好像还不能肯定该怎么办。不过,他可以告诉我,法国政府大概会决定允许私营公司不受约束地供应中国武器弹药并和中国政府一起承担货物离开法国领土后的任何风险。但是,由国营兵工厂直接供应中国武器之事,不论是通过巴黎法国政府还是通过印度支那殖民地政府,都是不能批准的。

我问,既然不存在战争状态,可否维持现状不变?关于刚才解释的对私营公司和国营兵工厂区别对待之举,在宣布战争状态或实际存在战争状态之前,应是不适用的。但我认为私营公司应包括业已国有化的工厂。我还表示希望法国政府目前不做决定,而维持现状。

莱热回答说,问题既然已经提出,即或维持现状不变,也需要做个决定。关于工厂,空军部已经对某些工厂实行了全部国有化,对另一些工厂则实行部分国有化;但是陆军部的国有化工厂都是全部国有化的。莱热还说,内阁成员中间意见不同。他们上星期五讨论了这个问题,但由于意见分歧,明天还得开会。他认为,向空军部国有化工厂的订货没有问题,但是向陆军部所属工厂的订货另当别论。陆军部需要该部国有化工厂的全部产品,这些工厂产品的生产速度还赶不上政府的需要。他告诉我,他本人一直在为中国呼吁,正像我所希望的那样,请政府允许私营工厂自由行动。他问了我刚才提到的货物,是什么时候在法国订的。

我告诉他,大多数货物是在华北事变之前很久订的,肯定都在上海事件之前。莱热说,他充分理解中国保持国外供应货源畅通的重要性。他认为,美国实施中立法,对日本有利而对中国不利,因为该中立法规定,只要买方派船自行承运,美国仍可向交战国出售武器弹药。该法案的原意是偏袒控制大海的英国和法国;

一旦欧洲发生战争,这两个海上大国仍能控制公海。但是在远东,现在看来,实施该法案就意味着只有日本能购买和装运,因为日本有一支庞大的海运船队,而中国却没有。

我说,据我了解,该法案还规定购货必须用现款支付。日本人虽然能用自己的船装货,但能否以现款支付也是应加考虑的因素之一。另一方面,英国和法国从美国购买,则不仅有船装运,而且有钱支付。

他说,他愿意就此谈谈我向法国政府要求经印度支那过境运输的问题。他说,虽然还未做正式决定,他可以将回答非正式地告诉我。大致是中国武器弹药在印度支那过境权的问题,只有在战争状态存在时才会发生。但法国政府希望,通过国联的斡旋及调解,当前的冲突在发展为正式战争前,就能结束,因此法国政府觉得目前不必做出答复,而愿保留到必要时再予以研究。

他解释说,这一态度的含意是,目前不存在经印度支那或其他任何地区的过境问题,因为中国仍能由其自己的港口进货。但如存在战争状态,日本人必将随之封锁中国口岸,那么这一问题就需要加以考虑了。换句话说,法国政府现时无意拒绝中国使用在印度支那的过境权。相反,法国政府对中国非常同情和友好。另一方面,英国和美国的态度很冷淡,表现为十分谨慎。至于我曾请法国政府代为探索的苏联的态度,他说似乎是完全无动于衷。只有法国比任何其他国家都更乐于帮助中国。莱热希望中国不要做任何有伤这种同情心和友谊的事。

总体来说,正如莱热讲的那样,法国的态度确实对中国极表同情和友好。法国政府极力以各种方式尽可能地满足中国的需要,尽管是在不公开对抗或激怒日本的总政策的范围之内。另一方面,以中国的观点来看,或者实际上也是从英、美两国的长远利益来看,当时伦敦和华盛顿所持的态度与奉行的政策似乎是谨慎得远远超过实际所需。

我想中国政府当时认为,而且可能总是认为英国和美国政府能多帮忙,而心目中对法国的期望比较少。但是作为驻巴黎的中国大使,一个充分意识到中国的严重局势及日军暴行的人,我自然感到必须竭尽全力劝说法国尽可能地多予协助。正好,这时的法国政府是左派掌权,一般来说是反对德、意、日轴心及其侵略扩张主义的。好几位内阁成员,例如空军部部长科特,对远东局势的看法和我一致。莱热本人非常欣赏东方文化。通过他的赞助人贝特洛(一位公认的远东问题特别是中国问题的权威),他无疑会意识到中国在远东的重要性,从法国在印度支那的利益角度来看,更是如此。因此,即使在政府的高级圈子里,也有不少人对中国同情和不时给中国以支持。

现在我愿意谈谈法国人民对中国抗战的同情。虽然政府和当政的人,在表示他们对中、日战争的看法时非常慎重,但普通老百姓都倾向中国一边,认为日本是侵略者。随着战争的持续,这点尤为明显。大使馆收到许多信,甚至还有捐赠,都来自和我或和使馆馆员素不相识的男男女女。一位法国姑娘将她男朋友给她的订婚戒指送来。她说自己是个穷姑娘,但由于十分同情中国,想把这个戒指捐给大使馆。我很受感动,但戒指无论如何不能收下。我回信对她的热情深表感激,并将戒指退还。虽然这只是个特殊的例子,却真正象征了法国老百姓的普遍态度。在欧洲各民族中,法国人大概是对国际正义事业最为敏感的,而这个例子正好清楚地反映了法国人民的普遍感情。

当我在8月25日见到外交部部长德尔博斯时,我说,我知道国务会议当天早晨开会讨论了法国供应武器弹药的问题。

德尔博斯说,法国政府采取了维护私营公司有贸易完全自由的原则。至于法国政府直接供应中国的可能性,他说,那是实际上行不通的。但是国务会议确定和批准的原则,留有很大的活动余地,可使中国获得供应。例如,空军部部长说,就他的部而言,中国订购的飞机及发动机等,完全可以供应,没有困难。当我表示赞赏这一决定时,德尔博斯说这件事应该完全保密,希望点滴都不要泄露出去。

我说，我知道还有一些诸如枪炮之类的订货，只有陆军部管辖下的工厂才能生产。我希望执行这些订单也不会有什么困难。

这位外交部部长向我保证，内阁决定的原则，对此同样适用。换句话说，向私营公司订购的货，不论属于陆军部或空军部管辖，都可以自由交付。当我问他，这是否并不意味着已向陆军部所属国有化工厂订购的货物要受限制时，德尔博斯回答说，陆军部部长没有作任何说明，因此他认为这一原则对执行中国的订单留有充分回旋余地。

随后我提到中国所订货物经印度支那过境的问题。德尔博斯说，这方面也适用同一原则，即接受中国政府订货的私营公司，拥有完全的贸易和运输的自由。

为了把问题弄清楚，我问德尔博斯，这是否意味着除了属于法国政府的货物外，工厂供应的货都可以过境。

德尔博斯说，他认为这种问题不会发生，因为法国政府不能直接向中国供应武器弹药。如果货物是供法国政府使用的，那当然不会有过境问题。他在回答我另一要求澄清法国立场的问题时，确认这个决定旨在维持现状，即就对中国的供应而言，贸易和运输完全自由。

接着，他提出一个令人相当窘迫但又很重要的问题。他说，日本人以某种方法得到了孔祥熙在法国达成的协议以及飞机和武器弹药订单的细节，甚至似乎还得知我和法国政府有关供应和过境问题的讨论细节。他说，日本大使对法国的态度，反复提出抗议，有时竟在我和法国政府商谈的第二天就提出来。

我不知道日本人怎么能这样快就得到情报。就大使馆而言，我早已严令保密。当然，在巴黎还有一些中国代表，专门负责洽谈订货及签署合同，还有一些法国人也在协助我们。为了便于他们工作，我把商谈情况随时告诉他们。我不清楚这些人对保密重视到什么程度。这是个问题，因为至少有六个中国人和几个法国人每天和我碰头。这些人都是指派专做这些工作的。

无论如何，德尔博斯说，日本人认为法国政府确实在帮助中国反对日本。但他已答复日本的抱怨，说既无战争状态，就不能限制通商自由，而且他了解日本自己也不认为目前中、日间的敌对行动，在任何意义上已构成战争状态。

我告诉他，情况确实如此。日本也不希望把当前在中国的战争认作具有国际战争的性质。

德尔博斯指出如果日本向中国宣战，对日本当然有某些好处；如果日本不承认和中国之间存在战争状态，肯定对它有不利和不便之处。可是日本既然决定不把现在的敌对行动看作是战争，法国方面就不会有中立问题。他接着说，日本好像对中国和法国之间的商讨情况，几乎全都知道，这一事实清楚地说明有了庞大的间谍组织，而且在大使馆，在孔祥熙的随行人员中，或是在南京的外交部里有人泄密。

我对他说，这确实使我非常震惊。他希望我采取措施。我说，我一定向南京报告；另外，我个人还要电告孔祥熙，要求今后采取一切可能的防范措施。

同一天，郭泰祺从伦敦来电话，向我报告英国政府对我们要求它支持中国向国联申诉的答复。他还谈了他和苏联驻伦敦大使最近会谈的结果。迈斯基大使对郭说，苏联愿向中国提供物资援助，但希望知道如何运输。这说明甚至在 8 月 25 日日本宣布封锁约八百英里的中国海岸线这一消息到达各大国首都之前，及在 9 月 6 日日本对中国海运封锁扩大到除青岛和租借地以外的全部中国海岸之前，运输问题就已经很严重。

我不止一次地说过，过境运输便利对中国持续抗日的政策是至为重要的问题，可以说是生死攸关。日本宣布封锁中国海岸及关闭中国港口使这个问题更为迫切和危急。因此，当日本宣布封锁时，中国政府需要争取各国合作以使日本取消封锁，或由各国采取联合行动来应付局势，以便于将武器和其他军用物资运进中国。

经李石曾安排,我于8月27日与莫泰进行了畅谈。我们讨论了把法国政府在印度支那的库存物资转让给中国,印度支那过境运输,组织中、法合资的武器采购公司和日本封锁等问题。我还向莫泰建议就日本的封锁声明促成各国发表一个联合声明,我对他说,声明应指出封锁是不合理和非法的。莫泰完全赞成。

几小时后,伦敦《泰晤士报》记者就远东局势来采访。他认为英国对日本封锁中国海岸和对日本军用飞机射击英国驻华大使乘坐的汽车,击伤大使,都未能做出有力的反应。但是他说,美国国务卿赫尔给英国政府的慰问电显然表示了团结精神。据我日记所记,伦敦《泰晤士报》称这次枪击事件是前所未有的,并使局势成为"无法容忍的"。巴黎温和保守派的《激进新闻报》,甚至更进一步把这一事件视为在远东排除欧洲利益和丧失"白种人"声誉的前奏。

关键是日本在这一段时间内对中国侵略的后果使英国受到越来越大的压力。和我谈过话的许多国际形势分析家,都认为英国比过去更愿意在远东局势里承担责任。因此,有希望由各国就日本封锁采取联合行动,不过这种帮助始终未成为现实。

9月3日波兰大使卢卡塞维兹来访。他告诉我,他接到波兰政府的指示,要他和中国财政部长孔祥熙接头。波兰的商业界愿意探讨和中国进行贸易的可能性,波兰政府想趁孔祥熙在欧洲期间同他商讨这个问题。他想知道孔祥熙当时是否在巴黎和能否抽时间访问华沙,波兰政府将乐于在那里欢迎他。

我说,中国对和波兰发展贸易关系也很有兴趣,孔祥熙一定愿意商讨这个问题。但孔因心脏病正在巴特瑙海姆疗养,并已暂定9月18日启程回国。

卢卡塞维兹大使问孔在归国途中是否经过柏林。如果孔时间太紧,可否派代表去华沙商谈此事。我说,孔打算不久从意大利启程。他又问可否安排他和孔在国联全体大会期间在日内瓦见面。他说他愿意为此专程去日内瓦。

我答应用电话或其他方法通知孔祥熙并于接到回复后立即告他。就在那一周我和孔祥熙通电话时谈了此事。最后商定派郭秉文去华沙和波兰政府洽谈。当我把这个消息告诉波兰大使时，他很高兴。

　　为洽办此类事务刚从意大利回来的郭秉文，于9月6日向我汇报。他谈到在罗马和齐亚诺伯爵的一次谈话。他说，齐亚诺答应将意大利能供应中国的货品以及供应条件开列清单。但是齐亚诺相当激动地抱怨说，他看到尽管意大利对中国友好，但中国却是在敌视意大利。

　　同一天，中国空军聘到三位法国飞行员，他们在西班牙都有丰富的作战经验，使我过了一天高兴日子。

　　9月9日我离开巴黎去日内瓦参加国际联盟会议，对日本继续侵略中国提出控诉。前一天的新闻报道说，日本已侵入山西省，日本海军已占领西沙群岛，并将进攻海南岛。

　　我刚到日内瓦几小时，外交部就来电嘱我立即探询有关法国对日本封锁的态度以及对由法国船只装载运往中国的武器一旦被日本扣留或强购的态度。第二天午饭时间，李石曾作为宋子文在欧洲的个人代表来访。他说刚接到宋子文来电，要求从法国政府得到印度支那过境权的明确保证，以便中国政府立即开始在中国通往印度支那的公路上设置各项设施，并着手修筑从广西连接印度支那的轻便铁路。

　　我已经约好在爱文诺秘书长的午宴上会晤法国外交部部长德尔博斯。事实上，我在跟李石曾谈话后，立即去参加午宴并会晤德尔博斯。根据我对那次谈话的记录，我告诉德尔博斯，中国政府来电要我和他谈日本海军非法宣布封锁中国海岸的问题。我的政府强调这一措施的非法性，并愿见到法国政府和其他国家一起提出抗议并宣告不予承认，我说，日本的意图显然是要阻止国外向中国供应一切武器与军用物资，但这些供应，对中国继续抵抗日本侵略极端重要。我向他着重指出，中国抵抗日本侵略，不仅仅是保卫自己的领土与利益,并且具有保护外国在华利益的作用。

德尔博斯说,法国政府对此等封锁深为关注,并已采取措施与英、美协调行动。法国内阁已讨论这一问题,并决定在东京采取外交步骤。他告诉我,有两种可能的选择:其一是由各有关外国分别指令该国舰队的海军司令,将其靠近中国某处的本国商船的国籍通知当地的日本海军司令,并且不允许日本海军军官登船;另一办法是只允许日本海军军官登船查明船只的国籍。法国政府赞成第一个办法,即不允许日本海军军官登上法国商船。法国已通知英、美,告知谈判正在进行中。德尔博斯非常希望能组成联合阵线和采取共同行动。他同意我的意见,即三个海上强国在远东采取一致的坚定态度,日本海军就不会坚持干涉外国的商船*。

在我和法国外交部部长谈完之后,我立刻找李维诺夫征询他的意见。这位苏联外交人民委员显然已急于要跟我谈论远东局势,因为他一见我就说,中国的辉煌战绩肯定使日本人大吃一惊,并探问远东战线的最新消息。

我告诉他,中国军队在上海地区仍坚守阵地,而在北方,日本军队的迅速推进也是意料到的;日本再往内地深入,将遭到更为坚强的抵抗。我接着对他说,中国面临的最重要问题是武器和军用物资的供应,我希望苏联尽力予以援助。我说,我毋需再强调在目前远东形势下中国和苏联利益的一致性,因为我很清楚,日本的侵略继中国之后,苏联将首当其冲。

苏联外交人民委员说,苏联已经做了很多工作,在南京和莫斯科都曾磋商此事。他说,苏联实际上已经进行了一些援助。他想知道中国是否从法国、英国和美国获得援助。

我回答说,中国从这些国家获得一定数量的信贷和军用物

---

* 日本的行动属于"和平封锁",即不是因为日本宣战而针对中立国海运的,而只是针对中国海运的。外国船只可以继续运送军用物资到中国,但有些外国船只被日本军舰拦阻,日本海军要查明这些船只的真正国籍,以确定它们并非伪装的中国船。

资,但是日本的封锁使得远输日益困难。尽管在封锁中中国仍能经南部得到供应,但中国将不得不更多地依靠苏联的供应。我说,苏联似与日本仍维持相当正常的关系,但是中国抗战的成败,对苏联利害关系之重大,与中国是相同的。

李维诺夫问,苏联和日本的关系,怎能看作是正常的呢?

我回答说,在我看来,关系肯定是正常的,因为中国和日本作战而苏联没有。我认为苏联政府肯定可以不冒直接引起敌对行动的风险而能够对日本施加压力,从而帮助中国。

李维诺夫说,他已经对日本采取了坚定的态度。他已命令关闭日本在西伯利亚的所有领事馆,只留两处;最近还扣留了在苏联海域的二十多只日本渔船。他说,与此同时,日本的态度看来非常温和,东京对莫斯科这些举动并未作出严重的反应。

我觉得这是不够的。我对李维诺夫说,首先,苏联可在靠近满洲的边境进行军事演习,使日本不得不在满洲留驻军队,而不把全部武力投入中国战场。

他说,苏联在边境已部署重兵,这是永久性的示威。我说,那样的示威起不了预期的作用,因为日本很清楚苏联的军队是不会越过满洲边境的。李维诺夫反驳说,这样仍然可以对日本起到威慑作用,使他们担心害怕。

我指出,在南满中国人民正奋起抗日,最近有二百多日本兵被他们所谓的中国土匪击毙,北满也有同样的活动。但问题最终还是落在必需的武器供应方面。我说,在北满似可由苏联设法组织供应。

李维诺夫说此事也许能办到。

那天夜里我致电外交部,将这几次谈话扼要汇报。我还说,我和郭泰祺研究了法国对封锁的看法,郭同意去见英国外相艾登。我问外交部是否可电华盛顿,嘱王正廷大使敦促赫尔对封锁采取强硬态度,因为只有英国、法国和美国的联合行动才能有效地制止日本对中国海岸的封锁。

第二天我再次见到李维诺夫。我要求他支持英、美、法三国针对封锁的外交行动。我还告诉他,中国和英、法正就物资援助问题交换意见,而且有希望取得成果。

在我和李维诺夫谈话记录的脚注里,有一段有趣的补充。写的是 9 月 18 日我出席罗斯柴尔德男爵在其别墅举行的午宴,又见到了同时做客的李维诺夫。在和他谈话中,我提到一则新闻报道说,日本派十河子爵赴法,要求法国政府劝说苏联与日本缔结互不侵犯条约。我问苏联外交人民委员,他认为日本使节能否完成使命。他立即回答说,既然有中苏互不侵犯条约,莫斯科就不可能和日本再签订这种条约,因为那是违反中苏协议条款的。这个答复至少暂时使人放心。

四天之前,即 9 月 14 日,中国政府和我本人均因美国国务院的一个声明而大吃一惊。这项声明似乎使由各国采取联合行动以遏制日本封锁的一切希望破灭。声明说:

> 凡属美国政府所有之商船,在另行通知以前,今后不得运载总统 1937 年 5 月 1 日公告中所列之任何武器弹药或军用器械前往中国或日本。凡其他悬挂美国国旗的商船运载所列的任何物资前往中国和日本者,在另行通知之前,须自行承担风险。实施中立法问题,暂维持现状。政府将随时确定其政策。

16 日我在日内瓦拜会美国驻伯尔尼公使哈里森时,我尚未收到声明的正式文本。因此,我向哈里森索取一份,并要求他解释报载的措词。我设法向他探听美国的意图,但正如我前此所述,哈里森非常谨慎,而且不愿发表意见。后来王正廷在华盛顿探听,得知对美国政府所属船只的规定,没有多少修改的可能,可是王正廷了解到美国政府的意图,并不像南京最初听到这条消息时所担心的那么不利。

9 月 21 日,我陪同孔祥熙拜会德尔博斯。孔祥熙在国联全体大会期间到日内瓦逗留数日,我为他安排了和法国外交部部长的这次会晤。在这里,我愿意回顾一下我们三人的谈话,因为它具体说明我争取法国政府的援助与我在国联争取各国集体行动是如何相辅相成的。

首先,我把中国在日内瓦的迫切要求汇总向德尔博斯说明一下。中国希望国联宣布日本为侵略者,谴责其非法封锁和轰炸不设防城镇与平民。中国还希望国联提出措施,以防止日本获得外国援助并使中国获得尽可能多的援助,特别是信贷、武器和过境运输方面的支援。中国提出这些迫切要求,又可转而导致讨论并取得国联宣布日本为侵略者的可能性。德尔博斯着重指出,这可能引起美国实施中立法。我当即申辩说,这不是不可避免的。我向他解释,从罗斯福总统和王正廷的一次谈话来看,美国态度的最新迹象似乎是美国不仅无意实施中立法,而且也不准备阻止商船把武器运往香港或印度支那。我说,据我所知,美国总统宣布禁止政府船只把武器运往中国和日本,旨在平息美国某些阶层要求实施中立法的舆论压力。

几个星期之后,国际联盟通过了顾问委员会关于远东问题的报告书。这给中国以道义上的甚至法律上的支持,后者正是中国在争取各国援助中所求的。就在那第二天,即 10 月 7 日,我致电外交部强调:第一,需充分利用外援(指国联建议各成员国自行考虑能向中国提供的援助);第二,要有具体计划或建议以与有关各国进行联系。我仍然对法国的态度略感不安。法国政府迫于难测的日本威胁,似乎对以过境便利支援中国日益犹豫不决。

法国殖民部部长曾就中国广西当局所购物资经印度支那转运问题和我联系。他虽曾致函保证愿意协助,但也对局势担心,因为他收到驻东京法国武官的警告,莫泰部长秘密地告诉我,武官警告他,如果关于法国政府同意中国采购的军用物资可以得到印度支那过境运输便利的报道属实,日本当局就要采取必要措施加以阻止。莫泰因此力劝我们在处理此事时,应特别谨慎与严格保密,并劝我们避免租用德国船只,以免泄露情报。我在 10 月 7 日将上述情况电告外交部。

10 月 8 日晚 9 时,我从日内瓦回到法国首都。我的参事向我报告有关中国空军聘请法国飞行员以及为中国需用的物资取得法国的出口许可等事。问题是我们不能很快取得出口许可。

10 月 12 日我如约访问法国外交部新任亚洲司副司长贺柏诺,直接向法国外交部交涉此事和印度支那过境便利问题。谈话中,我着重指出,从国外供应中国的武器和军用物资,必须保持连续不断,这是极其重要的。

贺柏诺说,以前没有出现过困难,过境运输之事,事实上需要政府再次做出决定,以协调各部行动。换句话说,以前是属于部长权限的事,由有关各部处理,不需提交内阁。中国曾觉得这很方便,因为空军部部长和殖民部部长都对中国非常同情,虽说这当然是出于他们自己的原因,主要是他们认为这是符合法国利益的。

贺柏诺解释说,日本一直对利用印度支那为中国所购武器和军用物资做过境运输一事特别注意。他说,日本反复向法国有礼貌而又坚决地提出抗议,表示如果给予中国在印度支那的过境便利,日本将被迫采取措施以应付此一局势。当法国驻日海军武官为海南岛之事提出抗议时,日本人再次强调此意。

当然,海南岛位于中国东南部海岸之外,一边离广州和香港不远,另一边离法属印度支那也不远。因此,日本若占领这个岛,就会成为对香港的英国人和对印度支那的大片法国殖民地的经常威胁。9 月初日本海军占领了西沙群岛,又进攻了海南岛,这不仅使中国而且也使法国担心。显然这导致了法国海军武官的抗议,殖民部部长已将抗议的结果告诉了我。

但我向贺柏诺指出,到那时为止,日本人尚未能在海南岛登陆。

贺柏诺说,情况虽然如此,但日本军舰一直在该岛周围游弋,可能有占领该岛之意。他说,无论如何应该考虑到,倘若继续给中国以过境便利,一旦日本实行其所谓"应付局势"的威胁时,对中国会产生怎样的后果。贺柏诺认为,日本显然打算轰炸滇越铁路和从印度支那边境到中国内地的公路。此外,他认为即将修建的谅山*到广西南宁的铁路也将遭到日本空军的轰炸。他说,鉴于日本空袭对京汉铁路造成的破坏已使部分运输暂时中断,日本人不难破坏滇越铁路,或中国边境内的公路。在这种情况下,经印度支那运输的物资就到不了中国政府手里。其结果与法国不允许中国所购货物经印度支那过境运输并无区别。

我打断他的话说,这并不意味法国政府将拒绝对中国提供这些便利。

他说,法国政府无此意图,而是正在寻求某种办法,既能按国联决议的精神给中国以需要的援助,又不致造成日本与法国的纠纷。

我说,我当然知道中国必须审慎利用法国的援助,以避免使得法国为难。

贺柏诺说,考虑到各方面的因素,他认为最好不要依靠印度支那作为唯一的供应渠道,经香港和九龙也可转运。

我告诉他,那两个地方实际已加以利用。接着,我提出发运飞机和航空物资的出口许可证问题。

贺柏诺简单地回答说,必要的许可证已经签发,而且没有困难。

我又提出从陆军部管辖下的工厂发运军用物资的问题。

贺柏诺说,那些工厂物资的许可证问题,已提交政府决定。他认为不久即可找到适当的解决办法。

紧接着,我提出运往中国的飞机准予在印度支那装配的问题。我告诉他,关于飞机的发运,由于机件体积往往很大,内陆运

---

* 谅山是靠近印度支那和广西省边境的印度支那铁路终点站。这条铁路有时被称为谅山——东兰线,连接河内,因而便于通往海防港。至于计划将该线接到南宁的铁路,一个法国银行团在卢沟桥事变前夕获得了特许建筑权,并即将开工。

输有困难。中国政府希望能在靠近印度支那边境的地方进行装配,然后从那里飞到中国。

贺柏诺说,他理解这个办法对中国有利。但鉴于过去所经历的困难,他认为很难安排在印度支那装配飞机。他说,外交部已签发出口到中国的许可证的一批货物将不予组装,并准许经由印度支那运出。我说确有此事,货是发往长沙的。但我希望以后的货最好在海防开箱组装。贺柏诺问我是否也在香港这样办。我告诉他,飞机可能也运往那里组装。随后我们的谈话转到棘手的欧洲国际形势。

10月18日是个多事之日。先是贺柏诺派人把大使馆的郭参事请去,并告诉他,法国政府已决定禁止军用物资经印度支那过境去中国,但允许把国有化工厂的武器和飞机出口到中国。法国对过境便利的禁令使人非常失望,尽管一星期之前我已见到种种迹象而有所预感。

那天下午一点,李石曾来访并对我说,做出这一决定的国防委员会会议,未请殖民部部长莫泰参加。莫泰查问为何不请他,人家告诉他是忘记了。李是莫泰的亲密朋友。他说,莫泰大发雷霆,并将在第二天的内阁会议上再次提出这个问题。

我口授一份致法国外交部的备忘录,反对终止过境便利,并约见外交部部长德尔博斯。德尔博斯有事,我在晚上7时半会见了外交部秘书长莱热。我们谈了一个小时,有时谈得相当激动。我回到大使馆时,李石曾、郭参事和殖民部部长的儿子居斯塔夫正等着我。居斯塔夫来索取我的备忘录副本和10月6日国联全体大会决议全文。郭参事向我报告,他见到当时的陆军部部长达拉第的一位老朋友,并获知达拉第是出席那次国防委员会议上唯一反对拒绝向中国提供过境便利的人。那位朋友还告诉郭,达拉第很不满意,将在第二天的内阁会议上重申他的观点。郭即将去见达拉第,我交给他一份备忘录副本和国联全体大会决议,嘱他转交。

根据我当时口授的记录,那天晚上我会见莱热时,我先谈到贺柏诺那天早晨对郭参事的声明,并对法国政府决定取消国有化工厂和私营工厂产品间的区别表示赞赏。但是我告诉莱热说,对于禁止中国政府所购军用物资经印度支那过境的决定,我感到惊异,而且我肯定南京政府得知时将很失望。我说,中国还没有建立军需储备,不得不依靠国外供应以保持武器弹药和其他军用物资的不断应用。日本的封锁使得通向海岸即使不是不可能,也是很困难的。由于日本还要加强对中国海岸的封锁,中国政府指望以印度支那为海外供应的主要渠道。

我对莱热说,印度支那过境便利是由与法国订立的若干协定向中国政府保证的,因此是有条约根据的。除了协议第二十三条和第二十四条有关由一家法国公司承建滇越铁路外,1930年5月6日中法协定第六条规定了印度支那和中国西南各省的关系。这一条规定,凡属中国政府的武器弹药和军用品在印度支那过境时,免征一切关税。既然日本从未宣战,也未承认日本和中国之间存在战争状态,则从法律观点看,情况没有变化,从印度支那过境到中国的权利,也不应受到损害。我接着说,此外,国联全体大会最近在日内瓦通过的决议,建议成员国不要采取任何削弱中国抵抗力量从而加重中国在当前冲突中的困难的措施。法国政府拒绝向中国政府提供过境便利的决定,当然会大大削弱中国的抵抗力量,而且有违法国代表团完全赞成的国联决议的文字和精神。

我说,中国政府肯定无意将全部过境重担完全加之于法国政府。事实上,就在我来访问法国外交部之前,我收到了南京外交部来电,说已与英国政府商定,由香港总督在中国派驻香港的代表提出请求时,向中国提供从香港过境的便利,从而避免因需由驻华英国大使馆和伦敦英国政府进行安排而造成的延误。至于美国的态度,一个月前罗斯福总统在和中国驻华盛顿大使的一次谈话中,曾就美国政府关于禁止政府所属船只运载军用物资前往中国的声明作了解释。罗斯福总统表示,私人商船可以把这类物资运往中国,如因封锁而有必要时,可以取道印度支那向中国交货。当问罗斯福如果这些船只遭到日本海军刁难,美国打算怎么办时,他说,美国政府对前往印度支那的在途船只将予以充分保护。据此,我向莱热表示,希望法国政府至少也像其他国家政府那样帮助中国。

莱热听了我的长篇叙述之后,要求我首先向中国政府作解释,并请不要失望。他说,法国政府从中、日敌对行动开始以来,一直尽力帮助中国。它一向和各国一起,在东京进行外交活动声援中国。它已命令暂停执行有关向交战各国供应武器与飞机的现行法令,而且现在又取消了向中国出口法国国有化工厂的武器弹药的禁令。甚至最近对过境问题的决定也不适用于飞机。飞机可以飞到印度支那边境,然后飞往中国,因为这是经由空中航线,而不是所谓陆上过境。他还说,法国代表团在日内瓦创造了一个对中国有利的气氛,而且尽可能地帮助中国。他要求我不要认为法国政府没有为中国办什么事。相反,法国办了很多。至于过境问题的条约根据,那是个法律问题,他无可争辩。但是事实上,印度支那政府过去也常禁止给中国货物以过境便利。例如,在中国内战时期总是实施这种禁令的。

对此,我说那完全属于另一种情况。内战时期,双方自然都声称自己是中国的当权者,而在这次和日本的冲突中,则是一个统一的中国要求一贯由条约所保证的过境权利。

莱热说,从这次敌对行为开始以来,中国尚未能利用印度支那的过境便利,因此不应对现在没有这种便利而感到失望。至于经香港过境运输的安排,其价值似乎只是理论上的。实际上,英国驻巴黎大使也希望允许香港的货物经印度支那运往中国,因为随着粤汉铁路的一部分为日本空军所破坏,中国不能从香港的过境特许中得益。他说,英国人也切望经印度支那运送他们的货物,因为他们担心如果取道广九线运输的话,那条铁路也会遭到轰炸。接着,莱热问我,美国和苏联对中国有何援助以及中国是否已从美国获得供应。

我说中国已从美国获得供应。

他指出，美国和中国没有共同边界，所以牵涉不到过境问题。苏联和中国的西北部有从蒙古到新疆的漫长边界，但从陆上边境运送物资来支援中国似乎帮助不大。

我解释说，苏联现已开始了大量援助。但由于缺少通过边境的运输设施和公路，除飞机可经这条路线飞到中国外，其他物资只能海运，并且也需经印度支那运进中国。

莱热指出，我的话正好证明法国的难处。法国首当其冲，成为唯一因经印度支那过境运输而面临和日本发生纠纷的国家。他说，根据各方面的情报，法国政府认为，如果印度支那被用来转运中国的军用物资，日本肯定会采取行动；而日本一旦采取行动，不仅对中国不利，而且会给法国造成麻烦和难堪。首先，日本肯定将轰炸滇越铁路和广西连接印度支那边界的公路。铁路很容易炸毁，承担损失的是法国的股票持有人，日本和中国都不承担责任。如果公路被破坏，并将影响从谅山和龙州到南宁的新线工程，中国即使从印度支那得到供应，也将无法运走，正如因粤汉铁路被日本炸毁，致使军用物资不能运到一样。

我说，关于中国大陆被连续轰炸而遭受破坏的危险，中国可以采取某些防空措施。

莱热认为公路途经山区而铁路很长，用高射炮是难以保卫的。

我说，中国面临外国入侵，形势危急，不惜铤而走险。京沪线的情况，证明他的论点是不成立的。尽管日本飞机轮番轰炸，中国仍能保住该线继续作为运送军队和军火到上海前线的动脉。

莱热又提出另一个危险。如果法国向中国提供过境便利，日本定将占领海南岛和西沙群岛。这些岛屿的位置，一方面不仅威胁印度支那、香港和新加坡，另一方面也威胁中国大陆。如日本占领这些岛屿，可将其作为进攻华南的空军基地和军队的集结点。不使日本占领这些岛屿是非常重要的。蒋介石将军曾亲自通过法国大使那齐亚,要求法国政府向东京提出抗议,以劝阻日本不要把占领的威胁付诸实现。法国政府已三次向日本驻巴黎大使提出,并向东京的日本外务省交涉。但是直到目前,广田未作保证,而总是推诿,说此事属海军部主管,他须等待该部的研究结果。英国驻东京大使曾恳请法国大使坚持向广田催促答复,原因是当前日本视英国为敌视日本的核心,英国在东京的处境不佳。

莱热接着说,问题还有另外一个方面,就是暹罗问题。这可能对中国无关重要,但对法国则关系极大。由于暹罗是在日本影响之下,日本很容易怂恿它对印度支那滋事。法国海军武官在东京和日本海军大臣谈话之后,得到的印象是,如果印度支那向中国提供过境便利,日本一定采取积极措施,即占领这些岛屿。一向全心全意为中国出力的殖民部部长莫泰,也正接到来自印度支那总督的消息,表示担心日本人有可能占领海南岛。如果日本实行占领,印度支那将任凭日本摆布,而香港和大陆之间及香港和新加坡之间的交通,亦将如此。法国对此无力应付,因为法国在印度支那没有多少海军和空军。至于其他国家,如英、美和苏联,迄今无意采取共同行动以对付日本。因此,一旦与日本发生纠纷,法国势将单独和日本周旋。苏联和满洲有共同边界,本可以很容易地采取行动以减轻日本对中国的压力并迫使日本把大部分兵力北撤,但迄今无所作为。

我说,苏联很可能在边界进行示威。我接着说,在谈论印度支那过境便利问题时,有另一方面不可忽视。如果法国第一个屈服于日本的压力,对法国在远东的威望将给人以极不好的印象。我坚决认为日本尽管威胁,但还是不敢冒犯任何西方国家。日本在中国已经忙不过来,在北方还要注视苏联的动态。日本的政策是讹诈政策,欧洲某些国家也是如此。我希望法国不要上当。

这些看法似乎触动了莱热。他说,日本从来没有直接对法国表示要采取强硬措施,它也没有以任何方式威胁法国。但各方面的情报使法国政府相信,日本将占领那些岛屿或轰炸中国境内的交通线,使形势大为恶化。

我说,我感到法国有一切理由尽力帮助中国,以使中国抗日获得最后胜利。因为如果中国目前的抗日政策失败,日本的侵略会超越中国边界而影响其他国家。此外,不予过境便利,将为今后开创一个危险的先例,因为谁也不能肯定未来岁月的局势变化。可能有一天,印度支那也需要从中国这边的过境便利。

莱热说,他理解这些意见,法国政府正因此而对中国做了颇多的帮助。但在目前情况下,必须从现实出发考虑问题。

我问,是否以取消印度支那过境便利作为条件和日本达成谅解,换取日本保证不占领西沙群岛和海南岛。

莱热否认二者之间有任何联系。他说,这两件事从未相提并论。他并未从广田那里得到日本不占领西沙群岛和海南岛的保证。日本确曾问过法国政府有关向中国供应武器弹药的政策,但法国政府仅随时将其决定通知日本。法国政府认为供应武器是其本身的事务,因而从未和日本进行过讨论。不过,法国政府确曾知照日本,正如知照中国一样。

我说,我了解法国政府有关供应军用物资的政策,是对中、日两国平等供应,因而不能视为特别有助于中国。

莱热说,他知道日本确曾自法国购进军用物资,不过数量远远少于中国。

我说,对中国取消过境便利的决定,将会严重影响中国反抗日本侵略的力量。已经有大批货物集聚在新加坡等候开往印度支那的船只,实际上有三艘载有军用物资的法国船正驶向中国口岸。我问,这个决定是最后的或仅是临时性的。

莱热犹豫片刻后回答说,无论如何,对当前而言是最后的决定。但如果其他国家在布鲁塞尔采取更为积极的态度,并愿以更为一致与有力的行动援助中国,法国政府自然会重新考虑其决定。

莱热当然是指即将开会的九国公约签字国及其他关心远东局势的各国的会议,那是由国联在日内瓦建议并通过召开的。比利时政府同意作为会议的东道国,并于两天前向公约各签字国发出邀请,建议1937年10月30日在布鲁塞尔开会。

我当即问莱热,鉴于该会议不久即将召开,法国政府可否将决定推迟到会议开始之后。我说,这段时间对中国极为重要,因为日本必将争取速胜以影响该会。

莱热说,事实上,拒绝过境只适用于武器弹药,而不适用于飞机。他又说,这一点当然是他不愿大肆宣扬的。

我问,在那种情况下,可否用飞机装运武器飞越边界。每架飞机一般至少可载两吨,有二十架就可载运四五十吨。我请他将我这个意见转告德尔博斯。

这时,恰好莱热接到德尔博斯的电话。他放下电话后,说要去见部长。他将请部长考虑有关允许用飞机载运武器弹药飞越边界的建议。

10月19日,即与法国外交部秘书长为向中国提供过境便利这一关键问题而进行重要谈话的第二天,我会见了美国代办威尔逊。他来了解美国政府关心的中、日冲突的最新发展情况。

我说,他无疑已从报上注意到军事局势的发展。但是前一天在巴黎的发展情况使我极为忧虑,那就是法国外交部口头通知说,法国政府已决定取消为中国政府所购供应品及军用物资提供经印度支那的过境便利。我对他说,中国在印度支那的过境权是有条约根据的。我还把国联全体大会的决议内容告诉他,即建议各成员国不要采取可能削弱中国抵抗力量从而加重中国在目前冲突中的困难的任何措施。我说,日本的封锁,使得中国海岸难于进入。中国军队所依靠的海外供应,只能从印度支那或香港运入。因此,法国政府不准供应中国的物资取道印度支那将会大大影响中国的抵抗能力。法国内阁对此事意见分歧。所谓决定,是国防委员会会议做出的,还需由内阁批准。内阁将在当天上午再开会,在做出最后决定之前,大概将有一番激烈争论。

威尔逊记录了我的话,特别是关于滇越铁路协议的条款和规定印度支那和华南关系的协议。然后他提出布鲁塞尔会议问题,我们进行了讨论。

第二天我拜会了法国外交部部长。我告诉他,我刚收到中国政府来电指示。我向他表示,中国政府对法国政府的决定感到非常遗憾和失望。正如我已向莱热解释的,印度支那的过境权是由修建滇越铁路的协议无保留地向中国政府保证的,而且更具体地由1930年5月18日签订的中法条约予以保证。该条约第六条并规定,属于中国政府的武器弹药及军用物资经印度支那过境得享免税待遇。换句话说,法国政府的决定如果维持不变,就等于剥夺条约赋予中国的权利。我又说,在日内瓦国联全体大会通过决议之后做出这个决定,使人更为惊讶,因为不予中国军用物资以过境便利,将大为削弱中国的抵抗力量。实际上,中国政府来电指出,武器和军用物资的源源供应,对中国当前的抵抗侵略是生死攸关的问题。不予过境便利,是对中国的沉重打击。中国政府鉴于这一行动可能引起的严重后果,尚未将此事在国内公开,以免对前线的作战部队产生严重的不良影响。我又说,我星期一留给莱热一份备忘录,希望部长已经了解其内容。

德尔博斯记下了我的话之后说,法国政府做出那个决定,出于三方面的考虑:第一,很清楚,日本人在反复抗议中国军用物资从印度支那过境之后,可能采取空袭印度支那交通线的手段;但德尔博斯个人认为这种情况不大可能发生。第二,日本人是出色的间谍,他们很可能雇人进行恐怖活动,破坏印度支那的公路和桥梁。这些穿越人烟稀少的空旷山区的工程,耗资巨大,而恐怖分子则可轻而易举地予以破坏。另外还要想到暹罗在日本的影响和煽动下,可能给印度支那制造困难。第三,日本可能占领海南岛,并且法国将单独面临与日本的纠纷,而得不到英、美的支持。

德尔博斯接着说,他本人赞成政府的这一决定,但是他愿意坦率地说,他没有考虑到它的严重后果。在听到这将对中国产生严重后果之后,他已经要求国务会议主席肖唐召开内阁会议,就整个问题重新审查。他说,做出这个决定丝毫没有对中国不友好的意思。他要求我转告政府不要误解法国政府的本意。法国政府已经仔细研究了援助中国的最大可能性。取消国有化工厂向中国出口武器的禁令,以及准许飞机在印度支那组装后飞越边界到中国,都是特为中国着想,俾用以弥补不予过境便利可能造成的不便。他说,当然这种消息应予保密。

我说,我理解法国对印度支那交通线安全的担心。但如果怕的是日本可能空袭中国境内,中国可采取必要的空防措施。例如,京沪铁路几乎每天都遭到日本的空袭,但是中国政府仍能保持它作为输送部队与给养到上海前线的交通线。

德尔博斯说,他考虑得更多的是印度支那的公路交通可能遭到破坏。尽管百般警惕万分小心,还是不可能防止这种破坏,因为日本人是如此出色的间谍,就像德国人在巴黎一样。事实上,哈瓦斯通讯社从东京发出的报道称,日本人对运往海防转中国的货物,知道得一清二楚。他派人取来那份报道给我看,其中列举在海防卸船的武器和军用物资。日本声称这些货物是准备运交中国政府的。

我看完货单之后说,这是日本人歪曲事实的惯用伎俩。事实上,还没有中国政府的货物到达海防。

德尔博斯认为最好是采取措施预防日本的间谍活动。他追述日本代办曾给他看孔祥熙在法国订购货物的一份详尽的清单。

我说,我已向中国政府报告此事,并已用新密码替换了旧密码。

德尔博斯认为这样做很明智。他说,在南京的政府部门里,必有泄密之处。

我说，中国政府已枪决了很多有间谍嫌疑的人。

我说这是一个需要谨慎行事以免日本方面使法国政府为难的问题。中国政府准备并乐于以一切可能的方式与法国政府合作，以绝对保证在享有过境便利方面的机密。

德尔博斯建议可做出类似英国政府与中国刚做出的那种安排，即不经英国驻南京大使馆和伦敦英国政府安排，而授权香港总督与中国政府代表就地办理中国军用物资的过境事宜。

我说，如果就此事与法国商定完全由印度支那地方当局与中国代表就地安排，则将免除法国政府的为难。宗主国政府当然可以不过问地方发生的事情。

德尔博斯认为必须找到某种不需知会法国政府而又能做好过境便利安排的办法。他将我提出的由当地安排的建议记在一张纸上，然后说，有人问过为什么在布鲁塞尔会议前夕，法国政府做了一项看来对中国不利的决定。不过他认为这项决定在某种情况下可能成为对付日本的有用论据。如果在布鲁塞尔会议上其他国家决定援助中国并同意予以经过各自领土运送军事物资的过境便利，则法国政府在向中国政府提供印度支那过境便利时将会处于更有利的地位。因为法国政府可以告诉日本说，法国以前曾禁止过境，但不得不尊重与执行会议的一致决定。

我说，考虑到会议即将召开的事实，更是不要做危害或削弱中国抵抗力量的行动的又一理由。最好是维持原状，不要加进任何不利的因素。我再次敦促重新考虑法国政府的这项决定。

德尔博斯向我保证，将重新审查决定。他希望能找到使中国满意的办法。他再次请我转告中国政府，不要误解法国政府此举的动机。

鉴于日本关于封锁的声明和日本对粤汉铁路的轰炸使局势更加恶化，中国政府的军需品经印度支那过境运输的问题变得更加重要了。因此我紧接着约定在10月22日会晤国务会议主席肖唐，以便吁请他予以协助，并探问内阁在重新审查此问题后所做的决定。

在我会见肖唐的前一天,我接待了国联秘书处的拉西曼。他来谈日内瓦的新动态,并称莱热认为中国抗日不会持久,日本必将胜利,因此冒犯最后胜利者是没有意义的。比较好的消息是,李石曾从里昂来电话,说莫泰为了以过境便利支援中国,不惜以去就相争。

22 日晨,我和法国总理在马提翁大厦他的办公室会谈。我一开始就告诉他,国外的源源供应是中国继续抗击日本侵略的生死攸关的问题。中国不像日本那样有物资储备,不得不依靠欧美的常川供应。法国政府不予过境便利的决定,使中国政府深为失望。南京小心翼翼地不公开这个消息,以免影响前线战斗部队的士气。我并提供细节,说明中国在印度支那的过境权是有条约根据的。我还提到国联全体大会的决议,并指出,不予中国经由印度支那的过境便利,将严重削弱中国的抵抗力量。这不仅对中国本身重要,而且对整个远东的和平与安全也是重要的。迄今为止,中国抗击日本侵略已取得辉煌的战果。在上海和山西,中国军队都成功地遏制了日军。如果中国的抵抗由于海外供应不足而遭到失败,日本侵略其他国家的危险就会增加。因此,我诚恳地要求他重新考虑这一决定。

听完我的话,肖唐笑了。他说,好像是命中注定,法国在欧洲和远东的邻居都遭到外来的侵略。不过所谓的决定还不是政府的决定。由于当时一位秘书缺席,各位内阁成员对结论有不同的解释。因此,此事将于当天下午由内阁加以讨论。他说,与此同时,德尔博斯和莫泰已就此事进行了几次商讨。他们现已同意允许中国军需品取道印度支那,指示已经发出。甚至在午后内阁做出决定之前,这类物资就不需要例行的起岸许可证即可起岸。已做出的唯一决定,是把印度支那过境问题放到布鲁塞尔会议去解决。肖唐进一步指出,取消过境便利的想法,是考虑那条耗资巨大的单轨滇越铁路有受到破坏的危险,因为从空中炸毁它是很容易的。他也知道印度支那几乎是中国唯一的供应渠道,因而将使法国单独面临日本的报复性暴力行为。他说,这也是法国应当预为绸缪的。

我问,在布鲁塞尔开会之前,一切照旧,供应品可继续经印度支那过境转运,这样理解是否正确。

肖唐回答说,为了确保无误,他要打电话给德尔博斯加以证实。他和外交部部长在电话中谈了一会之后,告诉我说,他记忆得不错,可是他原来以为他只有一个模糊的概念。他解释说,在等待内阁下午做出的正式决议之际,业已发出指示,一切供应品即使未发给正式许可,也允许其通行,俾使目前在途货物也得以在印度支那起岸而无困难。他又解释为什么法国政府拟将向中国提供印度支那过境便利的问题提交布鲁塞尔会议做出全面决定。他说,如果这样办了,日本人再向法国抗议时,法国政府就可以说法国只是由于会议的共同决定而承担义务,法国的行动因而有了依据。如果日本为此对法国以报复相威胁,其他国家就有义务与法国相互支援,而法国也不致独当日本抗议之锋了。在会议考虑之前,如果日本对使用印度支那转运不满,法国政府可以说物资是供印度支那自用的。

肖唐停了一下又说,莱热送给他一份有关这个问题的报告,他还没来得及看。他请我允许他当时看一下。他在翻阅那份有五六页打字纸的报告时说,鉴于粤汉铁路遭到破坏,印度支那几乎是唯一通向中国的渠道,从而使法国成为面临日本报复的唯一国家。他看完报告后,再次强调法国政府拟将问题提交布鲁塞尔会议,以与其他国家一致采取共同决定,实施国联全体大会援助中国的决议。这样,法国准予过境的任何行动,将具有与其他国家集体行动的性质。

我于是向他解释,减少日本轰炸中国本土的危险是个加强空防的问题。连接上海和南京的京沪铁路,是运送军队和给养到上海前线的干线。我指出,该线虽然每天遭到日本空袭,但由于中国的空防,仍能正常运行。

肖唐说,他认为其他国家对中国的援助不如法国。苏联在中、日冲突中有重大利害关系,照他的看法,理应比其他任何国家更加积极援助中国。可是看来苏联并未援助中国,而只是进行宣传以使其他国家支援中国。

我告诉他,实际上苏联已开始以各种物资支援中国。肖唐问我这些物资是怎样运到中国的。我说,我们有两条路线,陆路至中、苏边界,海上经印度支那。肖唐似乎有些不安,他说鉴于日、苏之间的关系,如果苏联的供应也取道印度支那,必将被日本视为敌对行为。他担心报复将随之而至。

为使肖唐放心,我说,苏联的供应也取道香港。目前由于粤汉铁路尚在修理中,供应不得不经印度支那。但是修理的时间不会长,一旦修好,苏联的供应仍取道香港。我把向莱热提出的建议也向肖唐提出,即为了不使法国政府为难,可援用中国政府和英国政府商定的从香港过境的办法,即一切有关过境事宜,由印度支那地方当局和中国的代表就地处理,而不提交巴黎。

肖唐记下了我的话。他说前一天美国大使蒲立德和他谈话时,也对法国政府不给中国供应物资过境便利的决定表示惊讶。蒲立德说,他将报告美国政府。肖唐把实际的情况向蒲立德作了介绍,并说法国政府已决定把问题提交布鲁塞尔会议考虑。肖唐建议我去见蒲立德,向他解释实际情况并纠正他对法国政府单独决定向日本示弱的错误印象。他说,那不是法国政府的意向,法国只想避免孤立。如果即将召开的布鲁塞尔会议决定一致支援中国并同意给中国以过境便利,法国将毫不犹豫地继续承诺。

我对肖唐说,我知道美国政府很关心远东,也很关心即将在布鲁塞尔召开的会议。我试图改变他的印象,即他认为罗斯福总统和美国政府不准备实践总统自己在芝加哥演说的精神。

于是肖唐说,蒲立德对供应中国的物资经印度支那过境的问题,极为关心。他希望中国不仅把法国货物和苏联货物从印度支那转运,最好还将一部分英国和美国的供应品也从这条路线运输,从而使日本人明白印度支那实际上是供应中国的国际通道。

那时蒲立德大使刚从美国回到巴黎。事实上,因为我知道他就要回来,已在 21 日打电话给美国代办威尔逊,请他向蒲立德介绍法国对过境问题的态度,并请蒲立德向法国人说项。22 日我见过肖唐之后,即打电话感谢蒲立德在过境问题上向法国人进行了说项。我们约好第二天单独共进午餐,机密地交换意见。

在见到这位美国大使时,我再次感谢他在过境问题上的及时介入。

他告诉我,他和我通电话之后即于 22 日晚见到德尔博斯。德尔博斯对他说,法国政府已决定将过境便利问题提交布鲁塞尔会议。但在提交之前,将继续对在途的中国订货提供过境便利。他说,德尔博斯知道我们已约好见面,故请他转告我这个消息,并强调应予绝对保密。蒲立德接着告诉我,他从德尔博斯那里了解到把问题提交布鲁塞尔会议的目的是,如果法国由于提供过境便利而与日本发生纠纷,就可以要求其他国家给予支持。

关于法国理应准许中国军用物资过境这一点,我向蒲立德说,不仅国联决议没有赞同法国拒绝提供此项便利,而且 1930 年中、法之间有特别条约保证了中国军用物资经由印度支那过境。因此,我表示希望在布鲁塞尔会议上提出这个问题时,美国尽可能支持中国的立场。

美国大使对中国的抗战表示钦佩,并说这一次中国真正提高了它在全世界的威望。他认为中国的抵抗非常了不起,并悄悄问我,照我的看法,中国能坚持多久以及对国外的供应确实需要多少。

我将我掌握的情况告诉了他,并说,在任何情况下,持续不断地供应对中国的抗战是必不可少的,而且随着日本封锁中国海岸,越来越需要依靠印度支那作为过境通道。

蒲立德问我,苏联是否大力援助中国,他们的供应能否经陆路运往中国。

我说，国联在日内瓦通过的决议，使苏联援助中国有所依据。从那时起苏联相当认真地援助中国。有些飞机可能已由陆路到达中国北部，但由于缺少道路和设施，大部分物资仍需海运。

蒲立德说，据他得到的情报，他的印象是苏联并未尽力援助中国。他认为苏联希望战争拖长，使日本筋疲力尽。无论如何，苏联的军事援助是不可能的。当我说，我半年来就是这样理解时，他说，俄国人是信不过的，他们的话是靠不住的，他们惯于对不同的人讲不同的话。我还是说，苏联可能在蒙古边境进行一些示威活动。

四天之后，我和苏联大使苏利茨交谈。谈话将结束时，我提出法国有意在布鲁塞尔会议上提出中国军事物资经由印度支那的过境便利问题。我告诉他，最近法国政府拒绝提供这种便利，我力劝法国政府改变其决定，以及暂定在法国代表将问题提交会议之前，维持现状和继续提供过境便利等。

苏利茨说，法国向中国提供这种便利，完全符合月初在日内瓦通过的决议的精神。我说，它不仅符合国联最近的决议，也符合保证赋予中国这种便利的1930年中法特别条约。

但苏利茨认为如果在布鲁塞尔会议上提出这问题，这可能意味着重新讨论日内瓦已经解决了的问题。我理解他是指成员国应尽量支援中国而不应帮助日本的问题。他说，会议既然有德国和意大利参加，就不可能在布鲁塞尔做出赞成的决定而只会使国联的决议成为无效。

我解释说，日本的封锁使得中国的军需供应只能集中取道印度支那，在法国人看来，这将突出法国和日本的矛盾。据我了解，日本已向法国反复抗议，甚至以轰炸印度支那的铁路及占领靠近印度支那的某些岛屿相威胁。如果这种威胁付诸实现，法国势将单独受制，因而希望布鲁塞尔会议做出一致决定，以便在日本制造麻烦时，法国政府可谋求其他国家支持共同对日。我告诉苏利茨,正由于这些情况,法国曾多次询问如何利用中、苏陆上的边界。

苏利茨说,法国代表团在日内瓦的态度,使他认为法国的政策大概是基于这种考虑,即按法国的观点,日本得胜并非他们所希望,而中国得胜可能引起印度支那人民的独立运动,这同样不符法国的希望。苏利茨告诉我,他曾向德尔博斯谈起拉加德在日内瓦的态度使他感到奇怪。德尔博斯回答说对此一无所知,并问保罗-彭古的态度如何。保罗-彭古是日内瓦国联全体大会的法国首席代表,拉加德是他的副手。但苏利茨又说德尔博斯本人很同情中国。

我告诉苏利茨,中国代表团对拉加德在中国问题上的态度非常不满意,他的干预总是偏袒日本而不利于中国。

此后我又听到李石曾的消息。他打电话说,莫泰在过境问题上,以去就力争,坚决不让,从而促成了决定的改变。李还说,勃鲁姆曾说以前的决定根本不成其为决定。此外,如果内阁不对莫泰让步,莫泰就会把争论公之于众。

据李石曾说,莫泰部长和科特部长还计划在印度支那设立飞机装配厂。至于赫里欧,他仍然极力主张与苏联合作,及建立小工厂来生产供应品。他正物色人员前往莫斯科,时间约在李去莫斯科前后。

10月28日我与戴维斯和亨培克会谈。戴维斯被任命为美国出席布鲁塞尔会议的首席代表,亨培克是他的副手。他们正前往比利时首都参加会议,因而会议自然成为我们谈话的内容。

当讨论中国在会议上的目标时(这个问题后面还要论述),我自然谈到中国相信各国应做出决定并见诸具体行动,以拒绝支援日本而援助中国,包括向中国提供军用物资与运输便利。在这方面,法国政府可能将过境便利问题提交布鲁塞尔会议决定。

亨培克当即询问是否有经过西北来自苏联的物资。

我说,有些物资取道陆上边境,但是笨重的大件必须海运。

部分货物已在途中,另一些则在准备中。但是由于交通不便,还需一些时间才能启运。他问哪些大件必须海运,我说坦克和重炮。

可是戴维斯说,中国最需要的是机关枪和飞机。亨培克补充说,上海的战事说明坦克用处不大。

我说上海有很多小河和池塘,但是在北方平原广阔,坦克可以有效地发挥作用。

亨培克认为大地封冻后可以使用坦克。

戴维斯觉得重炮作用不大。

我说在防御时重炮作用不大,在进攻时则是必需的,这是最近的战役中都证实了的。日军每次发动攻势,都先用重炮猛轰中国阵地。

我们的谈话回到会议本身的前景。戴维斯认为调停和积极措施不能并行,只有在调停失败后,才能研究积极措施问题。对过境问题由会议做出有利决定,看来希望不大。几天之后,莱热告诉我,他本人认为积极措施在日内瓦商讨比较妥当。

10月30日,即我率领中国代表团前往布鲁塞尔参加九国公约签字国会议的前夕,我见到法国外交部秘书长莱热。我们谈了会议的前景,法国对会议的态度和法国在布鲁塞尔提出过境问题的意图。

我提起一周前德尔博斯对我说的话,并说在此之后我的想法是,鉴于某些可能偏袒日本的国家将出席会议,不宜在会上正式提出中国军需品经由印度支那过境的问题,因为不大可能取得一致同意。亲日各国必将反对,这只会使局面更糟。所以最好和几个主要有关国家在会外商讨。

莱热记下了这个意见,并称某些国家定会反对。他说,必须注意不使日内瓦为帮助中国所取得的成果被削弱或成为无效,他认为按道理讲,采取实际措施或制裁应在日内瓦而不在布鲁塞尔讨论。

关于过境问题,莱热要求我转请中国政府不要误解法国政府的情感,法国政府丝毫没有改变它对中国的友好态度。以前他对我谈的那个决定,只是理论上的,实际上法国政府已决定允许全部已订购的供应物资通过印度支那不受阻碍。他知道有些飞机已经飞过印度支那边界。至于武器弹药及其他军用物资,都将作为供国内消耗的订货部分而允许通过印度支那。

莱热认为对中国重要的是实际效果,而不是理论原则。他说,德尔博斯已电告驻南京的法国大使那齐亚,要他向中国政府特别是蒋介石委员长解释,法国政府无意改变其对中国的友谊和支援,并说明如果法国政府将过境问题提交布鲁塞尔会议,也必将本诸国际合作与团结的精神办理。

我说,我已向南京发电解释法国政府的态度,莱热现再次予以肯定,实为欣慰。正如我从德尔博斯和肖唐那里所悉,不仅来自法国的供应物资可通过印度支那,而且在和其他国家商量解决问题之前,从各处订购的货物也可通过。此点是令人满意的。

莱热表示同意,并说促使法国政府最初犹豫不决的,是由于现实地考虑日本的可能行动。他知道日本飞机曾飞临广西省某些地区上空,而且日军的一支分遣部队已在北海登陆,尽管日军以北海作为基地的进展不大*。但另一方面,如日军占领海南岛与西沙群岛,则必将用为向大陆进犯的军事和航空基地。在这种情况下,在北海登陆就将会更深入内地。事态的这种发展对中国都只会有害而绝不会有利。法国政府出于避免这种不利事态发展的愿望,曾一度对中国供应物资经由印度支那过境问题重加考虑。

我对他的解释表示感谢,然后又提出有关布鲁塞尔会议的若干问题。会议定于 1937 年 11 月 3 日召开。第二天中午,我乘车

---

* 北海是广西以南、广东省西部的一个港口城市,西临印度支那北部,东南为海南岛。

前往布鲁塞尔。

途中经过在第一次世界大战中曾沦为战场的欧洲田野。树木未壮,屋宇犹新,这不禁令人想起在战争时期,古老村庄被夷为平地的情景。然而,世界并未接受教训,到处又是一场新战争的气氛。

第五节　关于中、日冲突的布鲁塞尔会议
1937 年 10 月—11 月

一、会议背景
1937 年 10 月

卢沟桥事变后,日军在中国的行动进展很快,甚至扩张到上海及其周围。显然企图要推翻在南京的国民党政府。这次中国政府与在沈阳事变后东北和南京的中国当局所采取的立场迥然不同,决心进行认真的抵抗。在华北、上海及其周围展开了军事行动。

中国军队在上海进行的抵抗开始时有效地阻止了日军的进展。中国军队在德国专家帮助下构筑的防线,在颇长一段时间内证明是有效的。事实上一开始日军曾被迫后撤,因为投入此次防御的中国军队是政府所能调遣的最精锐部队。

当时日本军国主义者的明显目的是赶走中国政府,占领南京,并控制沿海一带,迫使中国政府完全垮台,以实现一项有利于日本的解决办法。因此,当遭到南京的有力抵抗以后,他们就不断增援和加强兵力,决意要压倒中国方面的抵抗。尤有甚者,他们还开始轰炸人口密集的中国地区如上海、南京、广州等地,造成平民的重大伤亡。此事引起全世界极大的议论。

在此情况下,中国不仅急于谋求西方国家的同情,更要取得

他们的合作和增加援助。中国不失时机地将事件提交国联,并且要求国联采取有效措施以遏制日本军国主义者。

我记得,在申述中国事件时,我特别强调日本军国主义者完全不顾国际公法,轰炸中国不设防的城镇如沿海城市及上海这样人口众多并有外国租界的中心地区。我所领导的中国代表团坚决要求国联采取积极措施以约束日本。当时局势虽然引起国际间很大的同情,但实际上国联本身和国联成员的诸大国,由于国联近来的经验和多难的欧洲局势,显然均不愿采取任何有效的措施。

同时,由于日本侵略的第三阶段是按田中奏折进行扩张的所谓大陆政策的继续,当然中国方面感到极为忧惧。当时中国民众团结起来支持政府,与沈阳事变后当时的局势相比,政治上的统一进展很大。但日内瓦的国联所能加惠于广大中国人民者,不过是通过了顾问委员会的两个报告书,宣布日本违反国际条约,和一项决议,要求各国联成员国不得采取任何损及中国的奋斗目标或削弱其抵抗力量的措施,并各自考虑其所能对中国提供的援助而已。第二个报告书还提出国联大会应首先根据九国公约第七条的规定,邀请成员国中该公约各签字国开始在彼此间并与在远东有特殊利益的其他国家进行商讨,谋求一项通过协议结束中、日冲突的办法。大会是在 1937 年 10 月 6 日通过这些建议的。那天大会通过了两个报告书和阐明主要建议各点的相应决议。

仅仅两天以前,在一次已近半夜的顾问委员会的小组会议上,英国代表克兰伯恩勋爵首先提议召开一项以九国公约为基础的会议。当时以我为发言人的中国代表团不断催促他们采取有效行动,委员们已讨论了几个小时,得不出定论。事实上我刚刚提出了一项具体提议,要求国联成员国做出某种承诺,以实际行动制止日本的侵略。就在此时,克兰伯恩几乎出于每个与会者的意料,提出最好以华盛顿九国公约,或者更具体地说,以该约第七条为基础召开会议来处理这一问题。此项条款规定,如果亚洲出现需要注意的局势,各签字国得在彼此间进行全面的和坦率的磋商。美国驻瑞士公使哈里森被指派为出席顾问委员会的观察员,当时在场。听到这项提案后,他也和其他与会者一样感到诧异。他们想不到此时此地竟然会提出这样明确的建议,把问题从国联手中转交给所提出的所谓特别会议来处理。

显然,英国的提案可以说是想"把烫马铃薯扔进华盛顿公约的篮子里",实际上是硬塞给美国政府。当时我问哈里森对这个提案的意见,以及是否华盛顿曾经研究过这个意见,或者伦敦方面事先曾向华盛顿打过招呼。他说,就他所知,近几天来从未收到华盛顿有关这种想法的消息*。

实际上,这个提案当然有它的来历。即以中国而言,中国政府就曾经单独提出和支持过由华盛顿九国公约来处理这个事件的想法。卢沟桥事变发生以后,中国政府一方面正处于面对日本侵略进行坚决抵抗的艰难境地,另一方面则加倍努力争取友好国家的支持和援助。关于后者,显然需要两类援助:1.具体的援助如财政信贷、军火武器之类;2.各国支持中国的一致行动,对日本联合施加压力,使它改变侵略政策,也就是某种形式的国际行动。

由于难于找到应付局势的办法,南京政府为了想使第二类援助能够实现,提出从头检阅各项有关中国和远东的条约。其中华盛顿九国公约规定了在缔约国的利益受到严重影响的情况下,彼此应进行磋商。此次事件是直接涉及违反该约第一条尊重中国主权及领土完整的规定。华盛顿条约还具有美国是签字国之一的明显优点。我在1937年7月初的那种情况下,就是如此考虑而以个人名义向政府建议应当援引这项条约的。

不管怎么说,根据九国公约召开会议的想法中国方面在1937

---

* 后来我在布鲁塞尔向美国代表团的亨培克探询。我说我起初怀疑在克兰伯恩提出这项提案之前,伦敦已经向华盛顿磋商过。他说伦敦并没有这样做。他说以前曾提出过这个问题,那时华盛顿已经打电报给哈里森,说美国政府不同意此事。这次和亨培克的交谈是在1937年11月17日。

年 7 月就想到过,也提到过,但是从来没有做过正式提议。和外国的商谈(例如,和法国外交部部长德尔博斯在 7 月 26 日和 28 日的会谈中,我曾首先提到召开九国公约签字国圆桌会议,并说,中国政府有意提出召开这样的会议……)都是秘密的和非正式性质的,为的是争取各国的最大同情和合作。这个利用华盛顿九国公约的主意,最先曾在中国驻华盛顿大使和我本人之间谈过,先是在议论美国当时采取的小心谨慎和顾虑重重的态度时提过,后来又在讨论未来行动的可能性时提过。

我在上文也述及,在若干国家出席国联的代表团间,曾几次提到过与此有关但比较更为笼统的召开太平洋国家会议的意见。这个情况发生在国联行政院决定把中、日问题交付顾问委员会讨论而顾问委员会还没有正式为此开会之际。如有一次在 1937 年 9 月 20 日,苏联外长李维诺夫在和孔祥熙会谈时,曾建议召开太平洋国家会议以加强国际联盟的行动。另一次在 9 月 21 日,澳大利亚代表布鲁斯向国联大会发言中也提出召开太平洋国家会议来讨论远东局势。布鲁斯说:

> 目前在东亚发生的这场冲突,不仅和国联成员国,也和非成员大国的直接重大利益有关。诚如盟约第十一条所称,在目前阶段,明智而有效的办法是由国联行政院安排召开一个对远东局势十分关心的各国会议,不论其是否为国联成员国,其目的在于和与此争议有关的国家进行接触,并设法找出一项解决办法或相互协调某些必要和可能的措施。

那天我陪孔祥熙去会见法国外长德尔博斯。交谈中,孔祥熙提到召开在远东有直接利益的太平洋国家会议,以便直接地处理远东问题的想法。孔说,这种会议不应是代替而是要加强国联或顾问委员会。由于是在远东有利益的各国组成的较小团体,行动起来可能较为迅速有效。他表示希望法国政府能够同意,并与业已表示同意的英国和苏联协作。

法国外长说,这样的会议本来是和法国的意愿一致的。但是也正和其他与远东有关的事情一样,美国人的参与和合作是不可少的。法国自然力图与其他国家协作,但他希望中国也要利用其在华盛顿的影响取得美国的同意。

在那天晚上的顾问会议上,曾就在国联以外召开一次关心远东的各国会议,以加强国联行动的意见进行过讨论,不过这种想法很快就被撇开,而着重研究了在顾问委员会下设立一个小组委员会,并请美国参加的问题,这个主意很快就实现了。因此,虽然英国各自治领集团曾表示过召开这种太平洋国家会议的必要性,他们并没有作出任何正式建议。直到两星期后,克兰伯恩在顾问会议上提出这个主意之前,大家也没有认真注意过他们的这个意见。

可能在这段时间里,英国各自治领集团国家之间对布鲁斯提出的建议曾作了几次讨论。驻英大使郭泰祺肯定已经向英国外交大臣艾登提到过这种想法。英国政府和各自治领也在探索某种确切主意。他们都明了远东局势,内心也同情中国;但他们更清楚欧洲的局势,和英国由于海军分散在全世界五个地区,能有效行动的力量很有限,因此,他们急于谋求美国的有力合作——这也是他们所持的一贯主张。

我觉得,当时不仅英国和澳大利亚,还有法国和苏联也都认为,在当时国际形势下,只有美国尚有行动自由,并具有能力和影响,可以有所作为。这就是为什么在9月21日澳大利亚代表团团长布鲁斯在国联大会上首倡此议,而两个星期以后,英国又以相同的意向在顾问会议上提出了更为具体的建议。

结果在10月6日,国联大会一致通过远东顾问委员会提出的两份报告书。第二份报告书中建议由国联邀请成员国中的九国公约签字国尽早开始按该公约的规定进行磋商,及在彼此间充分而坦率地交换意见。当然,为了将美国包括在内,该报告书并建议,如属可能,并请其他在远东有特殊利益的国家参与此项工作。

10月6日,还在大会开会通过此项议案之前,我就和我的助手们商议如何进行此项"磋商"的程序。随后又和克兰伯恩会谈同一问题。他说,他已经和英国外交大臣艾登用电话交谈过了。他向我担保,让我不必担心会有任何迟延。

10月7日,我继续和助手们商议,我提出对此项"磋商"要有两手准备。1.假使日本会出席此项建议召开的会议,我们应有一套解决东北问题、华北问题以及一般性的中、日冲突问题等的具体方案。2.假设日本不出席,我们应有一项建立中国和其他主要国家的联合战线,和缔结区域性的互不侵犯和互助条约等的方案。

在10月8日上午,我召开在日内瓦的中国代表团会议,并与金问泗大使、钱泰大使和胡世泽公使以及代表团的法国顾问宝道共同讨论互不侵犯和互助问题。最后仍须由我自己来考虑政策问题和做出决定。我随即在下午动身去巴黎。

几天以后我接到金问泗大使来信,内附两个文件。其一是与我们问题中的经济和财政方面有关的建议提纲,要我核定;其二是外交部次长徐谟10月9日来电,电中说:

> 北方的抵抗未奏效……但最高军事当局相信敌军难以突破我长期修筑的黄河以南防线。……我方仍坚守上海防线,守军之英勇堪称楷模。敌军非先突破苏州、无锡和镇江三道坚强防线不能进迫南京,而此非有更多增援及更大伤亡不可能办到。
>
> 政府诸公因制裁未成而感到失望,目前正急待九国会议的商讨结果。窃以为,任何措施,包括"不承认"政策,甚至经济制裁在内,如果缺少以武力威慑为后盾的统一而坚强的立场,均不可能遏制日本。目前中国唯一可行之道,只有顽强抵抗,以唤起世界舆论及促成采取行动以反对日本。
>
> 如各国能以合理而具体的条件进行调处,虽日方势必拒

绝,我方亦将予以接受……

我在复金大使的信中说,我同意徐谟对中国目前可行政策的看法。我又说,目前迹象表明,日本的态度受到欧洲形势发展、尤其是德、意的态度的影响。日本是否将参加此一会议尚难预料。复信于 10 月 14 日发出。

在此我想简单描述一下当时的国际形势和各国对日本人所谓的"中国事件"(中国认为是明目张胆的侵略)的态度及其所持政策。这一点对理解九国会议召开时的气氛颇有必要,而且更能有助于认识这个会议为什么和怎样以失败告终。

我从巴黎发往南京的某些电报的内容,也颇能对此提供一些情况。如 10 月 8 日我致外交部一电,内容是对有关中、日冲突的国际形势的一些看法,这是我到达巴黎当天根据剪报得来的。我提到意大利报刊公然出面袒护日本。墨索里尼的发言人盖达认为,日本在中国的行动是保卫其合法利益和"净化工作"。墨索里尼本人在《意大利人民报》上撰文说,日本所采取的对中国的渗透方法是合法的。我因而建议外交部,由我国驻罗马大使提出抗议,也许可以起一些遏制的作用。电文中继而论及美国的观点,我说,美国的孤立主义死硬派如华盛顿的参议员博拉和奈等也需要加以特殊注意,以防其将罗斯福总统的影响完全抵消(我是指罗斯福 10 月 5 日在芝加哥演说中所表示的立场)。我建议由我驻美大使王正廷在华盛顿亲自走访各方,并提供关于中、日冲突的适当文件,也许会有助于在华盛顿博得对中国当前危险局势的同情。

我对法国的态度有些担心,觉得他们受到日本人的压力,也许不能也不愿再坚持对中国的已然很有限的支持。这一点我在前一节论及对中国援助及过境便利问题时已经提到,目前还有其他迹象。

10 月 9 日我致电政府报告刚收到的一份机密报告的要点。内容是说,在前一天法国内阁会议上,海军部部长鉴于日本的威胁,要求一笔三亿五千万法郎特别拨款,用于派遣一个舰队增强印度支那的法国海军,以防止印支沿海地带发生任何麻烦事件。但是由于财政部部长的反对,法国内阁未能就此做出决定。财政部部长是以国家经济情况为理由而反对这项提案的。报告中并提到内阁在对意大利政策上也有分歧。最新的说法是内阁中和平主义分子占优势,政府决定尽管意大利已经拒绝了法国原先的建议,仍要在伦敦不干涉委员会中再一次和意大利讨论西班牙的局势。

电报续称,从法国总理在巴黎美国俱乐部的一次演说中,不仅可以清楚地推断法国对欧洲问题,也可推断出它对远东问题的真实态度和政策。法国总理的那次演说的要点是说,罗斯福总统芝加哥演说将会给全世界以深刻而持久的印象。演说阐明了法国也热烈赞同的各项原则。法国相信,一个国家的生命,就和一个人的生命一样,建立在永恒的道德和正义的法则基础之上。违背合约或诺言,或者任何故意损害一个国家的完整或一个民族的自由的行动,必然严重地影响他人的利益,实际上也影响了整个世界的和平。为了防止这种暴行,任何一个国家采取的单独行动是无效而危险的。只有全体和平国家协调一致的坚定决心,才能对任何破坏国际法律的侵略行为设置一道不可逾越的障碍。法国总理强调说,这种表明人类良知的原则,由世界最强国家的首脑以最高权威身份发表出来,对于法国人实在是最大的鼓舞。

电文中并述及法外长曾向美国驻巴黎代办表示法国政府对罗斯福总统的声明的感激之意。我并说,罗斯福总统的演说,由于言词意外强硬,在法国的影响尤其巨大。特别是大家认为,政治上不如罗斯福那样敏锐的人,只能在有把握得到全国的支持时才会发表这样的演说。法国公众舆论认为这是罗斯福对民主国家提供的一次稍纵即逝不可再得的机会。

简言之,不仅法国官方的反应如此,而且由报纸反映出来的法国公众对罗斯福演说的看法也清楚地显示出亦是如此,即归根到底,法国是看到欧洲形势日益恶化而感到不安,认为只有美国重视和愿意参加到保持世界和平的共同努力之中才有安全保证。这也是西欧其他民主国家所具有的态度。

一般欧洲国家的态度,由于西班牙的局势而变得更为复杂,在那里,佛朗哥已进行武装政变推翻民主西班牙政权。其简况如下:佛朗哥得到德国和意大利的支持,两国给他以军事顾问、军火、物资等各种军事援助。而苏联则支持当时一般认为是倾向共产党的新政府。英、法两国都很关心西班牙的形势,都切望能够达成一项解决西班牙问题的办法。两国都曾设法保持不干涉西班牙的政策,以与伦敦不干涉委员会取得一致。但是"不干涉"政策由于没有得到全部有关国家的合作,已被证明是行不通的,当时好像已到了完全被抛弃的地步了。

10月12日我在法国外交部向亚洲司副司长贺柏诺问起西班牙的局势。他说,希特勒拒绝遵守不干涉政策,使局势更为困难了。不过法国政府中的主张,不倾向于立即开放比利牛斯边境以运送武器和作战物资到西班牙,而倾向于再次设法通过伦敦不干涉委员会进行谈判。

我在10月15日向法国外长德尔博斯问起他对西班牙问题和地中海局势的看法。我说,我希望这次法国和英国对意大利所作的程序上的让步有助于达成一项关于整个问题的解决办法,而这对远东局势又能起有益的作用。

德尔博斯说,法国和英国希望能给意大利再一次机会以达成协议,不过他并不很乐观。他认为,在建议召开的不干涉委员会上达成一项总的解决方案的希望不大。他的印象是,意大利要留在西班牙。我提醒他,意大利坚持要把西班牙问题重新提交伦敦不干涉委员会,也许是因为他们想拖延时间,以便让佛朗哥获得最后胜利,德尔博斯认为,这正是墨索里尼心里的打算。

说到法国和英国对西班牙局势的立场,及其对召开会议谋求解决远东问题的连带关系方面,苏联驻法大使苏利茨的评论是很中肯的。我在 10 月 27 日访问了他,当时我急于了解西班牙问题对总的世界形势及对远东问题影响的重要性,因此向他提出一些有关这方面的问题。

苏利茨说,比利牛斯边界对法国极为重要。它一向是个几乎不设防的边境,因为有一个友好的西班牙在另一边。可是德国援助佛朗哥的目的,是要把西班牙和法国拆开。德国和意大利互相勾结在西班牙及地中海的活动,也是为了把作为宗主国的法兰西和它在非洲的殖民地分割开来。苏利茨认为,这种形势对法国以及在直布罗陀的战略地位也受威胁的英国,实在极为严重。不过在他看来,法国和英国还未完全认识到全部事情的重要性。这就是苏联的观点,我以后还要谈到。

在此以前,我在 10 月 16 日,接到伦敦郭泰祺大使对我询问最近英国的立场和态度的复信。他说,虽然英国政府自称和中国同具及早召开九国会议的愿望,但他们的当务之急是地中海问题,这一问题近几天来已超过了远东的局势。他说,克兰伯恩和常务次官都对他说过,迄今他们还没有对会议议案和议程提出具体建议,但答应在会议召开前和他研究此事。郭认为,他们首先考虑的显然是设法通过调停和协议达成一项中、日冲突的解决办法。

几天之后,蒲立德返回华盛顿期间的美驻巴黎大使馆代办威尔逊来访,并作长谈。我们联系印度支那过境便利之事而议论起法国的外交政策问题。威尔逊说,他觉得,法国是那么全神贯注地注意着西班牙和地中海方面的形势,以致无暇顾及远东。他和法国外交部人士的交谈,更肯定了他的印象。

我说,法国的官员如莱热和贺柏诺等对远东局势都很了解,可是法国政府的首脑人物好像对此事不够关心。我曾经努力想让他们感到,如果远东局势能通过国际协调一致的行动而取得解决,那对欧洲会起到有益的作用。

威尔逊说,"和平不可分割"(罗斯福芝加哥演说中语)本是个法国词汇。这本是他们的政策。奇怪的是,法国人民和政府好像看不出远东和欧洲局势之间的联系。这种联系，罗斯福在芝加哥演说中讲得很清楚。在罗斯福心目中显然认为，要为推动世界和平而努力，就要从远东问题着手，因为美国人民对此很熟悉而且很关心。从这儿开始着手，就比较容易唤起美国公众支持总统的世界和平政策。

威尔逊是在谈话快结束时说这一番话的，在谈话开始不久，我曾问起他对美国政府的观点有什么印象。

他回答说，从官方，他什么也没听说过。但作为纯个人意见（也许不致全错），他从罗斯福总统在芝加哥的演说和其后在海德公园的声明，可以推断他心中有个用和平手段解决中、日冲突的主意。事实上，海德公园声明已明白表示，美国希望用调停而不是用战争来实现解决。他又提到罗马尼亚驻美公使最近经过巴黎，此人和美国政府中人士关系密切。据他对威尔逊说，罗斯福曾经接到过日本愿意接受调停的暗示。威尔逊说，这是在芝加哥演说之前的事。

当我称赞罗斯福总统芝加哥演说时，威尔逊也同意这是一篇很强硬的演说。他说，这清楚地显示美国政府政策的改变，而这种发展是他并没有料到的。事实上，当 10 月 5 日有美国新闻记者打电话告诉他说，罗斯福总统发表了一篇演说，其中提到为取得对中国问题的解决而准备对日作战的打算时，他简直不相信是真事。经过对这篇演说，以及国务卿赫尔在 7 月 16 日的宣言和 8 月 23 日的声明，仔细研究之后，威尔逊认为它们之间有明显的联系。他说，总统演说可说是国务卿以前两个声明自然形成的高潮，而其意义则由总统在随后的海德公园声明中加以明确了[*]。

我问起美国公众对总统芝加哥演说的反应。

威尔逊说，总的说来颇能为美国公众所接受。大多数人赞成

---

[*] 根据皇家国际事务学会《国际事务一览，1937》卷 I："在 10 月 12 日发表的炉边谈话中，总统谨慎地避开提到芝加哥演说中使用的那个一致行动之词，告知听众，建议召开的九国会议的目标仅仅是调解，从而预示了美国将会采取的政策。"第 276 页。

演说中的主张,那就是美国应当采取某种行动来促进和平。只有少数人,特别是在中西部、西部和沿太平洋各州,因为怕美国会卷入战争而对此有所指摘。

威尔逊对罗斯福总统演说的解释,和他谈到将要召开九国会议之事时提出的问题相当一致。他问起我中国对由这个会议进行调解的可能性有何看法和中国是否能接受在华北成立一个自治政府。

我回答他说,中国政府还没有通知我对此点的看法。但人们可以回想起中国政府在 7 月份对各国政府照会中曾经明确,中国政府同意接受任何符合于国际法的和平解决方式,诸如调解、斡旋、仲裁和谈判。至于解决的条件方面,我指出,我曾在日内瓦的顾问委员会上声明过,任何为目前中、日冲突而定的解决方案,都必须以现存的国际条约为基础。我还说,应当回忆一下蒋介石今年 8 月在牯岭和南京发表的声明,他提出了和平的条件。这些条件也载入了日内瓦顾问委员会的报告书中。我告诉威尔逊,参看这些可以使他对中国的意愿有个明确的概念。当然,这些原则如何具体实现,还有待于讨论和谈判。

过了几天,蒲立德大使从华盛顿返回巴黎。我们马上约定共进午餐,详细交换意见。当我问他对建议中的布鲁塞尔会议的前途有何看法时,他说,罗斯福已在芝加哥作了重要的演说,而且恰当其时。

我告诉他,这对中国代表团在日内瓦的起草委员会末次会议上进行讨论很有帮助。

蒲立德解释说,报纸纷传,总统芝加哥演说是受了他的影响,他说,这完全是一派胡言。演说稿大约在发表前一周或十天就准备好了,而他则是到发表后的两三天才知道的。他和这演说毫无干系。人们仅仅因为一年前总统在肖托夸发表的炉边谈话是由他拟稿,就武断地说这篇演说也是由他出的主意。

关于即将召开的远东问题的会议,蒲立德说,在他即将离开美国回巴黎的时候,他知道美国政府没有制订什么计划。他说,罗斯福总统希望这个会议开成个真正的会议,也就是说按照九国公约第七条的精神,各签字国真正互相探讨,并且会商能有何作为。因此,美国代表团赴会时,没有固定的主张,也没有像过去开一些国际会议时那样常常和其他政府事先有什么谅解。

在前一天,10 月 22 日,我和法国总理肖唐会谈,主要是关于印度支那的过境问题。肖唐表示,如果九国会议决定赞成普遍援助中国,法国政府就会毫不犹豫地继续向中国提供此项便利。于是提到美国很关心远东并且也要参加即将召开的会议。

肖唐说,美国虽然关心,但蒲立德在和他交谈中给他的印象是,美国未必会做到罗斯福芝加哥演说所提到的那种程度。他知道,这篇演说引起了美国国内许多不良反应,而罗斯福总统现在看来,希望采取更小心一点的态度。依肖唐之见,罗斯福会继续提倡有关当前形势的各项道德准则,但并未表示出任何要据此采取行动的决心。

为了缓和法国总理不安的情绪,我谈起罗斯福总统最近有所保留的态度,也许是希望促使日本人参加布鲁塞尔会议,而不给他们以拒绝的借口。如果日本一旦不来参加,那就会造成另一种形势,那时美国可能就会同意会议采取一种坚定的态度。我也向法国总理表示,希望会议能取得具体成果,并说,中国政府希望法国政府在会议中支持中国的正义立场。

肖唐说,他也很盼望会议能为中国取得某些具体成果。当我问起法国代表已否任命和谁将出席会议时,他说,德尔博斯外长将代表法国政府出席。当问起代表团的组成时,他说,德尔博斯是正代表,外交副国务秘书泰桑为副代表。

10 月 26 日在一次午餐会上,我见到不管部部长——前议会上院议长和前印度支那总督萨罗。他是一位法国政界的领袖人物,不仅熟悉远东问题,并且对处理这些问题很有经验。1922 年他是出席华盛顿会议的法国全权代表,并代表法国在九国公约上签字。因此我和他是老相识，能和他交谈，听取他对即将召开的关于中、日冲突的会议前景的看法，我感到很高兴。

谈到即将召开的会议时，我表示希望会议不仅在保障中国权益方面取得成功，也对普遍的和平和各国的安全有所贡献。因为，依我看来，这是近年来美国第一次同意和欧洲合作谋求一项具体的国际问题的解决办法。我对他说，如果这次合作的试验成功了，就可能导致美国和欧洲为了维护世界和平而进一步合作。这肯定会有利于欧洲的局势。

可是萨罗说，恐怕这个会议不会有多大成就。成败的关键操在英国和美国手中。罗斯福在他的芝加哥演说中采取强硬态度，这当然很好，可是此后罗斯福再没有为了准备实现其言论而采取具体措施以制服日本的表示。当然，他明白美国目前处境和1922年在华盛顿会议时不同。如他当年所亲见，那时美国的地位如此强大，使它能够出言坚决甚至粗暴。但是，现在美国正忙于处理国内的社会和经济问题。很可能它觉得现在已不能用强硬态度对付日本了。

至于英国，萨罗承认，英国的舰队集结起来会是全世界最强大的舰队。但是在他看来，德、意、日同盟的真正目标是针对英国的，所以英国舰队不得不分成五部分：一部分在北海监视德国；一部分在西班牙沿海的巴利阿里群岛；第三部分在巴勒斯坦；第四部分在苏伊士监视意大利；第五部分在远东监视日本。它的海军如此分散于世界各处，陆军简直不值一提，而空军也刚刚扩充，萨罗认为，大不列颠无力采取如它本愿的那种强硬政策以对付日本。当然英国感到它在远东的利益已经受到损害。他认为，日本陆军的成功甚至会危及大英帝国在印度的交通。英国的处境十分脆弱，必须依仗美国。

谈到法国，萨罗说，法国的同情以及物资帮助都在中国一边。法国相信，中国即使在目前的对日冲突中获胜，也不会对印度支那采取侵略政策。侵略政策是不符合中国的文明和传统的。但是法国已经被欧洲完全绊住了。它在印度支那几乎说不上有什么强有力的军事力量。一旦和日本发生纠葛，它实在无法自卫。不过他还是向我保证，要尽可能地在内阁中为中国帮忙。

我和萨罗交谈的那次午宴，是塔布衣夫人所设。其他客人包括法国外交部的泰桑先生，蒲立德大使，还有一些是主人在新闻界的同行。塔布衣夫人告诉我说，泰桑（他将出席布鲁塞尔会议任副代表）不大愿意支持中国，因为他怕日本破坏滇越铁路，或者占领靠近印支海岸线的海南岛。（其实按近来围绕中国军事物资过境便利发生的危机，我已经颇为熟悉法国政府圈子的态度了。）因此，当我和萨罗长谈时，我告诉他，日本既不会破坏滇越铁路，也不会去占领海南岛，以及日本人为什么不会这么做。但是萨罗反过来告诉我，日本人在上海对英、美已经干了些什么。

塔布衣夫人也认为美国不会有很大作为。与此同时，我获悉会议日期已推迟到 11 月 3 日，中国方面在上海地区的损失已经导致上海战线的动摇。此时此刻看来，会议的前景不妙。

上星期德国驻英国大使里宾特洛甫曾去罗马访问，各国首都均在揣测他此行的目的。当我在 10 月 27 日和苏联大使苏利茨交谈时，我也问他对里宾特洛甫罗马之行的真正目的有何看法。我还提到，从一个一直是可靠的消息来源听说，这位德国大使此行目的之一是劝说意大利参加 1936 年 11 月 25 日签订的德、日《反共产国际协定》。

苏利茨说，当他从报纸读到这条消息时，他是不相信的。虽然意大利没有正式参加德、日《反共产国际协定》，实际上已经推行了与两国同样的政策。因此他认为，可能发生的是德国企图拉意大利参加处于《反共产国际协定》背后的政治和军事协定。

我提出德国方面这次行动的真正目的是对英国施加压力。我总认为，德国一直希望把英国和法国拆开，并把英国拉到自己一边。

苏利茨说，德国的政策的确就是这样。它一直希望先破坏英、法的团结,然后把法国和苏联拆开。孤立法国是德国外交政策的一部分。他认为,这就是德国力图削弱小协约国,与波兰建立友好关系,把比利时从法国拉开的真正目的。同一政策指导着德国对西班牙事件的态度。

为了鼓励他对时局继续发表意见,我说,也可能里宾特洛甫是希望和意大利政府就在即将召开的讨论远东问题的会议上所应采取的政策达成谅解。我说,我理解德国和意大利两国虽然同情日本在华北的进军,但不赞成日本把它的军事行动扩展到上海一带,是恐怕日本过多消耗实力和资源,削弱在北方的作战力量。

这位苏联大使说,这很可能是意大利和德国要追求的目标之一。两国都切望日本能在华北实现其反共政策。

我又问这位苏联大使,自从6月份勃鲁姆内阁辞职,肖唐内阁组成后,法国的外交政策有什么重要变化。

苏利茨认为,法国外交政策的主要路线仍然未变。虽然勃鲁姆对西班牙问题和第二国际更感到负有义务,他还是倾向于不干涉。对德国,勃鲁姆完全主张采取和平与和解的政策。肖唐当然比勃鲁姆有更多的行动自由,但他的内阁的政策在总的纲领上与其前任勃鲁姆内阁几乎完全相同。那就是对西班牙不干涉,和维持英、法合作。至于对德国,苏利茨认为,肖唐,特别是达拉第(国防部部长)似乎不像勃鲁姆那样持和解态度。照苏利茨的看法,肖唐似乎了解德国的意图,因此主张要格外谨慎、不轻信和保持警惕。所以这位苏联大使说,在外交政策的实施上可能稍有差别,但是政策本身依然相同。

当我问起他是否发现法国政府对苏联的态度有什么不同时,苏利茨认为,也看不出什么显著改变。即使在勃鲁姆内阁时期,苏联也从未提出通过一项军事安排以具体实现《法苏互助条约》的问题。按他所说,法国政府始终高度重视英国的疑虑而不愿实施此项条约。苏联也从未提出这类实施的要求。其实,这项条约对法国比对苏联更为重要。苏利茨说,德国一直设法暗中破坏这项条约,然其用意并非在于使苏联困窘,而是想孤立法国。苏联不像法国那样和德国具有共同边界。任何军事合作的安排对法国总比对苏联更有价值。一旦欧洲发生侵略战争,法国将受到德国的进犯而苏联则不会,因为苏联和德国没有共同边界。

这就是欧洲当时的恐惧、互不信任和紧张气氛,构成了讨论中、日冲突的会议的部分背景。关于会议的安排,自从在日内瓦通过举行会议的意见后,就出现了会议何时召开和如何召开的问题,以及有关会议组成、议程、议案等采用何种程序的问题。表面看来此项会议的安排是桩简单的事,华盛顿条约本身已提供召开这个会议的合法根据,但实际并非如此。关于邀请哪些国家参加一事,就是个意料不到的微妙复杂问题。条约签字国包括中国和日本,当然在被邀请之列,但还有某些国家当时并没有参加华盛顿会议,而是事后应邀参与此项条约的,如斯堪的纳维亚半岛诸国,墨西哥和玻利维亚,甚至还有德国,虽说德国从未批准该项条约。由于这些复杂情况,究竟应当邀请哪些国家,一时颇成问题。

10月12日,我到法国外交部去见贺柏诺,问起召开九国公约会议一事的进展情况。他说,伦敦和华盛顿已就若干问题交换了意见。会议如何开法及邀请哪些国家参加等问题,均在积极讨论之中。为了说明后一问题之复杂,他又指出,可能被邀请的国家有好几类。美国和日本是条约签字国,但不是国联成员国;国联成员国如墨西哥、玻利维亚、丹麦和瑞典,都是事后参加这项条约,但是他们在远东并没有直接利益;苏联虽然是国联成员国,却不是该条约的签字国;而德国虽然事后参加该条约,但一直没有正式批准,而且目前已不再是国联成员国。

还有会议在何处召开,以及由谁出面发出邀请的问题。显然从一开始就没有一个国家盼望在它的境内召开这项会议。像贺柏诺在10月12日对我所说,美国就不主张在华盛顿开会,而建议在瑞士召开。但经过和伦敦、巴黎商讨后,觉得还是在比利时或荷兰比较适宜。此后不久,我听说比利时并不热衷于在它国内开这次会议。比利时人很踌躇了一段时间,最后才同意在布鲁塞尔召开。

我于 10 月 15 日访问法国外交部部长德尔博斯,告诉他中国政府希望九国公约会议能尽早召开。我解释说,日本近来在上海前线发动了第五次攻势。和前几次一样,这次也失败了。但根据最近消息,他们企图在会议召开以前对中国军队取得迅速的胜利。为此,他们将使用一切可以利用的手段。我告诉法国外长,他们在最近向中国人进攻时已经使用了毒气。此项事实已由两位医师证明:一位是上海红十字会的埃廷格医师,另一位是国联卫生处驻中国代表包西克医师。我说,由于日本的侵略意图,尤其是他们必然打算早日取得全部胜利以阻止会议上的任何行动,会议的召开越是推迟,局势就会变得越加不利。

德尔博斯说,他完全同意中国对早日召开此项会议的希望,但是他了解到,迄今比利时还未就在布鲁塞尔举行会议作出正式答复。据说,比利时之所以踌躇,是因为如果会议在比利时召开,就只能以比利时政府的名义发出邀请;一旦会议以失败告终,比利时政府所承担的责任就未免过重了。布鲁塞尔为此提出最好还是以英、美两国政府的名义发出邀请。这就是等待解决的问题。

我继而提到某些国家虽然收到邀请,但却有拒绝接受的可能,这就要看邀请的根据如何。例如,已经摆明的事实是:假如此项邀请是根据国联的决议发出,鉴于德国、意大利、日本一贯对待国联的态度,德、意、日三国就可能拒绝出席。邀请苏联和德国也是个问题。

德尔博斯说,邀请根据还不是太重要的事。如果认为根据国联决议来发出邀请不可取,那也可以改用顾问委员会的名义,或者根据九国公约本身发出邀请也许会更好些。但关键在于开成会议。不管怎样,他肯定地认为德国和苏联在远东都有重大利益,因此要么都请,要么都不请。他认为邀请一方,排除另一方是不明智的。

我告诉这位法国外长,对此我和他有同感。如果提到国联决议不受欢迎,则九国公约签字国可以用他们自己的名义召开此一会议。至于会议前景自然要视日本是否同意出席而定(在当时这是个最大的问号)。

德尔博斯认为,事实上,日本十之八九要拒绝参加。

我对他说,如果日本真的不来参加,会议形势的确会更困难。那只有一条路可走,就是采取某些积极措施以对日本施加压力,使他们修改政策。

德尔博斯则认为,由于德国和意大利参加,使会议很难一致通过任何提出的措施。

我表示同意后,又接着问他,是否从华盛顿或东京得到什么有关日本对会议所持态度的消息。

德尔博斯说,他得到的消息也是和我一样的一般性消息。日本总认为目前在远东的冲突仅关系中、日两国,只应由两国自己解决。我说,这是别的国家不能也不应承认的论点。德尔博斯表示同意并说,这仅是日本的观点,肯定不是其他大国的观点。

10月15日当晚,钱泰大使从布鲁塞尔的大使馆打电话告诉我,九国会议将于10月30日在布鲁塞尔召开。第二天郭泰祺大使从伦敦通知我,由于比、英两国外交部15日在伦敦会商结果,一些使比利时政府犹豫之点已予廓清。他说,正如我所知,比国政府迟迟不决,是由于它不愿发起或承担责任,以及避免可能引起德国、意大利和日本的不良反应。

当天发出对九国公约签字国的邀请书(包括除比利时外的原签字国美、中、英、法、意、日、荷、葡各国,和后来的参加国玻利维亚、墨西哥、瑞典、丹麦和挪威等国),按邀请书的说法,召开此会议的目的是"根据九国公约第七条,检查远东局势并友好地商讨一项和平办法,以加速结束该处现在发生的令人遗憾的冲突"。

郭泰祺在16日写给我的信中说,英国的意见是很清楚的,首先就是要设法通过调停求得解决。根据他的理解,这一点作为此次会议的目的在邀请书上载明,是企图使日本,同样也使德、意更便于出席会议。他说,英国当局并没有接到任何日本接受邀请的明白表示,但他们似乎以为日本大概会同意参加。

10 月 18 日,美国大使馆的威尔逊先生问我对日本参加会议可能性的看法。当时我回答他说,据我的消息,可能性还未全被排除。威尔逊于是告诉我,罗马尼亚驻美公使当时正在巴黎,据说他在华盛顿时,一点也没有听到日本决定出席会议的消息。

10 月 23 日,我和美国大使蒲立德交谈。他问我日本是否会出席会议,和是否将邀请德国和苏联参加。当时我对他说,日本肯定要拒绝出席,它还要反对邀请苏联同德国一起参加会议。蒲立德又说,意大利在报纸上公开宣布的那种态度,使他震惊。意大利和德国在会议上将扮演的角色值得注意,因为他从各方面了解到,他们将在日本不出席的情况下为它辩护。(这一点也与我了解的相同。各方消息都说明,至少意大利接受邀请就是为了在日本缺席的情况下为之辩护。)

10 月 22 日,钱泰从布鲁塞尔打电话来,说肯定要对德国和苏联发出参加会议的邀请书。但是,当我在 27 日和苏联大使苏利茨会谈时,此事实际还没有办。这些国家先要等日本的回答。

当苏联大使苏利茨问我是否得到关于传说英国和美国打算谈判一项解决中、日冲突的办法的消息时,我告诉他,就我所知,英、美、法在东京表达的都是一般性意见,目的在于劝说日本出席布鲁塞尔会议,没有为解决中、日冲突提供任何可以依据的具体基础。

在会谈结束前,苏利茨又问起对苏联和德国的邀请是否已经发出,因为苏联外交人民委员李维诺夫最近给他的电报中还没有提到此事。

我回答说,邀请还没有发出,因为比利时政府还在等候日本的回答。虽说日本肯定会拒绝参加会议,但它是九国公约签字国之一，所以还要等它对邀请苏联和德国与会的提议的答复。

苏利茨认为，很可能日本要反对邀请它的国家。

我说，据我了解，日本的答复今晚或明天就会送到布鲁塞尔，不过，日本大概是不会赞成邀请苏联同德国一起参加会议的。我问他，李维诺夫会不会出席此会议。

苏利茨说，他不能肯定，因为李维诺夫在莫斯科很忙。可是他认为，李维诺夫为目前局势一直与各个方面都有接触，因此是最合乎理想的苏联代表。

事实表明，当天晚些时候，布鲁塞尔收到了当时所预料的日本拒绝出席会议的答复。于是比利时政府又向德国和苏联政府发出了邀请。随后，德国以不是九国公约签字国为理由而拒绝，而苏联则接受了邀请。开会的日期则已经推迟到 1937 年 11 月 3 日。

在此应补加一句，德国在答复中闪烁其词地表示，愿意"当具备了友好的调停所不可缺少的条件时，对一切谋求和平解决此项冲突的努力"进行合作。事实是德国不愿意开罪它的盟国日本，同时又希望避免损害对中国的友好关系。

后来，当 11 月 6 日我陪我的同事驻德大使程天放去看在布鲁塞尔的美国首席代表戴维斯时，程对他说，自中、日之间冲突开始以来，德国内部的态度一向就有分歧。纳粹党领袖人物如戈林、戈培尔、里宾特洛甫等强烈倾向日本，而受到和中国进行大量贸易的德国工业家支持的勃隆伯格、牛拉特和沙赫特等则倾向于中国。作为总体而言，德国希望在冲突中保持中立。但当日本把战争扩大到上海时，德国并不满意，因为怕这样会削弱日本对抗苏联的力量。最近，德国报纸已公开亲日，从日本方面来的新闻全文刊载，而来自中国方面的消息和声明则被忽略。

以上所述的国际气氛及欧洲形势，和会议的各种安排，使人可以从中了解会议的一些背景，包括对会议可能取得何种成果的预期。下面我更具体地综述一下当时在布鲁塞尔对会议成就的各种不同的期望。

关于会议能做和应做些什么,各方意见不一。不仅仅是中国为一方和其他与会各国为另一方之间有分歧,而且分歧也存在于中国以外的各国之间。中国主要期望会议径直做出决定,依据国际公法和维护世界和平的原则,宣布日本是侵略者。其次,希望得到以贷款、武器、军火等各种物资支援的保证,也不排除显示列强共同意志的示威,如海军、陆军的演习等。例如英、美、法的海军演习和苏联在中国和西伯利亚边境上的陆军演习等等。但是其他国家绝大部分都不从这些内容来看待这一会议。他们的想法集中于一点,即设法通过九国公约其他签字国的合作帮助,在中国和日本之间,以斡旋或调停的方式达成一项和平解决办法。为了做到这一点,他们首先希望达成休战或停火,通过邀请日本参加会议,以便大家有可能直接对话,以劝导日本接受调解。这些其他签字国显然是在打如意算盘。中国则说,日本不会接受调解,而是决心推进它所谓的"大陆政策"。

因此,各国的目标和中国的目标实在是大相径庭。在我和各国代表的交谈中,在我的驻伦敦和驻华盛顿的同僚们和那里的当局交谈中,都表明这些国家把重点放在先实现停止敌对行动,然后通过斡旋或调解取得迅速解决。(就是那些小国也有这种愿望。早在 10 月 12 日,金问泗就从荷兰写信给我,说他刚刚见到荷兰新任外长帕廷,帕廷认为日本有可能参加会议,而会议首要之事就是安排休战。)尤有甚者,由于这种偏向或强调迅速解决,与会各国不愿意研究他们如何对中国实行援助。他们说,将和日本商谈停止敌对行动,不能同时又考虑支持敌对行动,因为这是自相矛盾的。

表面上这似乎合乎逻辑。但是我和我的同事在不同的时间地点,屡次向各国指出,斡旋或调解不仅毫无成功的希望,而且反有促使日本加紧在会议之前或会议刚刚召开时争取军事上速胜的更大危险。日本人肯定不乐意各国插手并对日本施加压力以促成一项解决办法。因此,我们说,各国越是致力于通过斡旋或调解以促使日本就范,日本军事当局就越加努力推进其军事行动。这就意味着中国比以前更迫切需要从各国得到物资援助。

以后我还要说明,各国由于对解决中、日冲突的努力和希望不断受到日本的阻挠,而变得越来越失望了。他们觉得对于采取任何有效行动无能为力,除非同时下决心谴责日本,或有效地援助中国继续抗战。我以上所述,虽失之笼统,但也许能简明扼要地介绍出此次会议的目标,以及中国和其他可能与会各国之间,在最初的希望和目的上,实际存在着矛盾的情况。

关于在布鲁塞尔会议上中国的立场和比较现实的期望,可以从我在会议开幕前和南京政府来往的一些有关准备在布鲁塞尔采取的政策的电报中得出更明确的概念。由于我急于得到政府指示在即将召开的会议上所应采取的方针,曾在10月13日致电外交部,说明我方必须有具体明确的方针策略。我提出在会议上可能面临的三种情况,要求政府给予指示:(1)日本可能拒绝参加而继续其侵略行动;(2)日本拒绝参加,但可能同意谈判一项关于中、日冲突的和平解决办法;(3)日本可能出席会议。如果日本拒绝参加并继续侵略,会议应通过对日本的积极措施。如果日本拒绝出席,但却同意谈判一项解决方案,我方应坚持在有关中、日冲突的谈判中,应有在远东有重大利益并曾经声明局势与他们有关的国家参加或列席,就如1922年在华盛顿会议谈判山东问题,和在1932年谈判上海停战时一样。如果是第三种情况,日本同意出席会议,则在会议上将会讨论出一项和平解决方案的一般原则,至于悬而未决的中、日冲突问题,则将直接谈判;但也必须有第三方面作为中立观察员在场,谈判结果应报告布鲁塞尔会议及国联大会。

我指出,在会议上可能提出的中、日间现存未决的问题有:1.东北四省,也就是满洲问题;2.华北问题;3.上海中立区问题;4.所谓与日本经济合作及向日本供应原料问题;5.走私及关税问题;6.空中交通问题;7.所谓反日运动和中国抵制日货问题;8.取消辛丑条约中的日本驻兵权问题;9.由于日本侵略而使第三方面受到的生命、财产损失的责任问题。

我在电报结尾说,为了使我方做好充分准备,希望政府逐项考虑,确定方针,及早电示代表团。否则,一旦会议进入讨论,必然又与前此在日内瓦相似,急促求成,来不及再详细请示,以致在交涉中可能失去有利的机会。

在决定于布鲁塞尔召开会议并由比利时政府发出邀请书以后,我于10月22日接到外交部电报,告知政府已指派我和两位同僚为出席布鲁塞尔会议的代表,并已指示驻布鲁塞尔大使馆将中国代表名单通知比利时政府。我在复电中提及此会议的特殊重要性质。我说,如果日本来参加会议,各国将尽最大努力在中、日冲突双方之间达成解决办法。各国很可能对我方施加压力,迫使我方作出巨大的让步,以取得一项解决办法。另一方面,如日本拒绝出席,由于可能有德、意和葡萄牙等国参加,会议也很难达成一项积极措施来反对日本,因为这种措施不可能得到一致通过。

在电文之末,我报告政府说,鉴于当时的环境,作为首席代表,对所负责任殊感沉重,唯恐不能胜任。因此我吁请政府参照当前国际形势和国内舆论,早定决策,指示代表团应在会议上争取的目标。

10月23日我续电政府,要求电告从国联大会闭幕以来直到目前日本军事侵略的发展情况。政府显然已预见及此,当晚我就收到来电,详列自1931年9月18日以来的日本侵略行为共十八项。10月24日,收到政府给三个代表指示的电文。内称:

政府对九国公约会议决定方针如下:

(一)依照当前形势,会议无成功希望,此层我方须认识清楚。

(二)但我方对各国态度,须极度和缓;即对意、德二国,亦须和缓周旋,勿令难堪。并须表示会议成功之愿望,我方求在九国公约规定之精神下,谋现状之解决。此系我方应付之原则。倘各国以具体问题征询我方意见时,因日本以武力侵犯我领土,应先知日方之意思,故先请其转询日本后,再由我方予以考虑。

(三)我方应使各国认识会议失败责任应由日本担负,切不可因中国态度之强硬,而令各国责备中国。

(四)上海问题应与中、日整个问题同时解决,切不可承认仅谋上海问题之解决。

(五)我方应付会议之目的,在使各国于会议失败后,对日采取制裁办法。

(六)我方同时应竭力设法促使英、美赞成,并鼓励苏联以武力对日。(以上摘录自该电原文。——译者)

两天之后,1937 年 10 月 26 日,代表团收到另一封电报,指示代表团在会外应采取的活动,及通过这些活动应达到的目标。电文说:

(一)继续运动各参加国政府及社会,加紧对日一致之经济压迫(积极的排斥日货,消极的不以财力物力帮助日本),务使国联谴责日本之决议事实化。

(二)向参加各大国请求战费借款及军械贷款,尽量予以满意之条件,关于运输事项,尤须随时予中国以最大之便利。务使国联不减少中国抵抗力并帮助中国之决议具体化。(以上摘录自该电原文。——译者)

政府这封电报是与我在当月 13 日所发的一封电报有关的。13 日所发的是我在要求明确指示在会上的方针以外的另一电报。在那封电报中我提出,鉴于在英、美两国民间和法国社会主义者及劳工界中广泛发起自动抵制日货的运动,若干友人建议我方派出一组熟谙英语或法语的劳工界领袖人物向外国的劳工组织呼吁援助,以促进各国关心及加速组织有效的抵制活动。我并说

"阿姆斯特丹工会国际"也准备接受中国的申诉,而意大利前首相(凡尔赛和会时期)尼蒂现在是在法国的反法西斯运动领袖,他也愿意在这方面帮助我们。

10 月 28 日在巴黎的布里斯托尔旅馆和戴维斯及其助手亨培克会谈,提到关于与会各国的意图,美国的态度和对会议实现一项中、日冲突解决方案的能力的预测——可说是极为有限的预测——等等,颇富意味。其时日本拒绝参加会议的通知刚刚收到。

戴维斯在谈话之始提到罗斯福总统在华盛顿接见王正廷大使和胡适博士*时曾经就中国代表团在布鲁塞尔会议上可以采用的策略提出某些建议。戴维斯说美国希望能有所帮助,并且愿意会议成功。他认为我在日内瓦掌握局势颇有技巧,已能从国际联盟取得了最大可能的成果。而日本方面则颇为不满,批评国联在日本缺席之下过于偏袒中国。为此,他认为中国代表在布鲁塞尔会议上似乎可以用一点策略。

戴维斯建议我先发表一篇讲话,说中国理解日本需要原料,和为其过剩的人口寻找出路。他认为,我甚至还可以提出中国愿意在经济上和日本合作,这对两国都有利,也是中国人所期望的。但是经济合作是不可能由日本侵略和屠杀数以万计的中国人来促进的。

戴维斯还建议我应当提出中国方面希望在没有外来干涉下致力于经济建设,这一点正是九国公约第一条所赋予的权利,而日本有义务约束自己不要干涉中国的事务。我可以指出日本由于侵略中国,不仅使得中、日经济合作成为不可能,而且也违反了九国公约。为了保护自己的主权和领土完整,中国就自己方面而言,已经竭尽所能地抵抗日本的侵犯。但日本的行为并不仅仅是反对中国的行动,同时也在反对九国公约各签字国。因此,各国

---

* 胡适当时专程到华盛顿,争取美国人士的支援和同情。

有责任采取步骤来对付日本违反条约的行为。此外，各国的利益也因日本的行动而受到损害。因此，现在要由各国来尽自己的责任。为了不影响各国自由发表意见，中国愿意退席，给各国以讨论的完全自由。

这最后的一点意见才是戴维斯所提中国应当以说什么开始、说什么收场的一番建议的主旨所在。那就是要中国主动提出要从会议退席。这实在是个严重问题，因此我回答说，虽然我不想用外交辞令，不过他刚刚提出的意见如此之重要，以致我必须立即报告政府请求指示。

戴维斯说，我当然应向政府报告，这也是他先和我交谈的目的。他接着解释说，这并不是美国政府方面的正式提案或建议，而仅仅是一种供中国政府考虑的意见。他希望不要把它理解为美国政府有任何强加于中国政府之意。鉴于事关重大，中国理当自己做出决定。（显然他是因为我讲了要向政府请示以后才能发表意见的话才加上这几句的。看来他大约得到正确的印象：我多少感到有些出乎意料，而不是不同意他所说的话。）

我对他说，中国是以签字国之一的身份参加会议，而不是来作原告。九国公约第七条规定，由全体签字国进行全面协商。即使中国政府认为可以接受戴维斯提出的意见，也很难向中国的公众解释，为什么仅仅为了日本刚刚拒绝参加协商，中国就应当从一开始就放弃条约赋予自己和各签字国相同的参加协商的权利。我对戴维斯说，日本拒绝参加正是它无视九国公约的另一行动。我说，事实上，如果中国主动提出退出协商，它自己也可能被看成是违反条约。

戴维斯说，事情不能这样看，条约中有些部分中国不是参与者，例如第一条，其他各国则都是这一条的参与者。因此，有关此条各国应在他们之间进行协商。中国抵抗日本，因为日本侵犯了中国的主权和领土，但日本的行为也是对各国的侵犯，他们在中国的利益已遭受日本在中国的行动的损害。因此，他们要弄清对于他们所遭受的侵略能做些什么。这不关中国的事。

我说，如果我没有误解他讲的话，他打算把条约签字国分成两部分，并把协商也分成两部分，这是我所难于理解的。的确，中国不是第一条的参与者，因为这一条规定要尊重中国的主权和领土完整。我记得，当时中国代表团提出不参与这一条的讨论，那是因为，如果也参与讨论，等于说中国自己并没有打算尊重自己的主权和领土完整，那未免显得太离奇了。

亨培克插话说，虽然中国不是第一条的参与者，但并不是唯一的处于这种地位的国家。条约中另有某些部分，其他国家也不参与，例如关于中国保持中立的部分等等。他认为，虽然各国参与不同的部分，但他们对全条约的签字说明他们承认全部条款载明的内容。因此，从法理上说，签字国之间没有区别。

戴维斯于是解释说，他并不是想强调法理问题，关于这方面我是完全对的。他说，虽然中国完全有权利参加会议的讨论，可是他想在各国讨论在双方之间进行调停的方法和手段时，如果中国也出席，讨论的各国未免要感到受拘束。其中有些国家也许认为牺牲中国的一部分以使日本妥协是有利的。

亨培克加上一句说，当然会上还会有某些国家是完全支持中国的立场的。不管在哪种情况下，中国代表出席讨论都会使这些代表有些为难而不能无拘无束地发表意见。

我问，建议中国退席是不是仅指这项讨论会而言，讨论会要开多久？

亨培克说，"退席"这个词令人不愉快，也不准确。他说，戴维斯想的是暂不参与，或者暂时离开会场休息的意思。中国代表在任何时候只要想回来就可回来开会。

于是我又问，是不是这种退席完全是自愿的，同时中国与会是否应被认为是和各国处于同等地位，例如每次会议都同样通知中国代表出席等等。

戴维斯的回答肯定了这点，并说，中国代表团可以提出离开会议室到另一间屋子去,等到别的国家希望请中国来参加或者中国自己希望参加时就回来参加。

我接着说,中国希望这个会能获得成功,并且准备和其他与会各国充分合作。不过我个人则怀疑日本在目前的情况下会接受调停。确切地说,既然会议是根据九国公约召开的,我认为任何准备进行的调停或和平安排都必将以此项条约为基础。

戴维斯肯定了我的看法,说是完全正确,并说,公约的第一条是建立和平的唯一基础。

我说,这一点非常重要。中国在实行抵抗日本侵略的政策中是得到全国一致支持的。全国各党派都拥护政府的抗战政策。像我告诉他那样,前几天有位朋友刚从中国来,告诉我,甚至中国的店员只在夏天受过很短期的军事训练,都急于拿起武器参加对日作战。这连我也感到惊异,对照中国人反对军人的一贯态度和瞧不起军事生涯的传统观念,这的确是惊人的事。毫无疑问,中国现在既然已实行抵抗政策,就一定认真准备抵抗到底。除了以九国公约第一条为基础的和平方案以外,任何其他和平都难于为中国现政府或任何一个政府所接受,因为公众舆论强烈拥护抗战到底的政策。

在回答我关于会议议程的问题时,戴维斯说,美国政府想先停止敌对行动,再使九国公约受到尊重。

我向他保证,中国将充分合作,使会议在他刚刚说明的基础上得以成功。不过我怀疑日本是否有意接受调停。我说,主战派在日本当权;除非各国表现为一个坚定的联合阵线,并且决心采取强制措施来对付这个局势,否则,这些主战派是不会愿意停止在中国的军事冒险的。但是,假如列强表明可能采取其他措施,如果日本不听取其本国自由主义分子的意见,这些自由主义分子就可施加影响来反对主战派的政策。我强调说,日本国内的情势并不像中国这样,日本人对侵略中国是有分歧的。很大一部分日本人是反对在中国作战的,虽说他们的言论自由已被军事当局所钳制。

戴维斯说,他常常听到好些关于日本国内自由主义分子反对军事集团的政策的话,可是他认为,目前他发现,这类自由主义分子并不存在,或者在日本不起什么作用。

我解释说,日本人中间的分歧并不仅仅是意见上的问题,而是目前受到威胁的物质利益问题。日本军方推动的政策,对国内意味着要将大工业国有化,这种政策确实是遭到控制这些工业的大金融集团的反对的。军方的政策也意味着摧毁了在中国的市场,而这个市场又是对日本工业至关紧要的。所以,只要各国明白表示,决心要采取行动以孤立日本,严重打击日本在海外的商业及贸易和它国内的经济,日本人就不得不在自己的实际利益和目前的军事征服政策之间认真衡量。实际上控制着日本主要工业的七八个大家族都反对任何危及他们在国内和海外利益的军事冒险。

戴维斯说,他认为日本是会听听各国的意见的,除非它自认足以实现对中国的完全征服,而各国又不可能在一起做出任何有强制性的事。他问我,中国对日内瓦(国联)寄托过什么希望,现在又认为其他各国应当采取什么行动。

我告诉戴维斯,在日内瓦也好,现在也好,中国认为各国应当停止对日本的任何直接或间接的支持和援助,而将这些援助施之于中国。说得更清楚一些,一切日本继续对中国作战所需要的东西,欧美各国应拒绝供应。众所周知,日本以及中国都从国外购买大量武器弹药。至于这一点如何才能办到,那是需要讨论的。有好多方法可行,不一定非采取禁运方式不可。

亨培克问起,对于向中国提供援助方面,中国有哪些打算。

我回答说:武器、弹药、军用物资、信贷和过境便利。中国不像日本那样有物资储备,而一切仰给于进口。中国有足够的作战兵力,不需要其他国家的直接军事支援。但是,的确需要用以进行抵抗的物资供应。我告诉戴维斯,法国政府可能在会议上提出从印度支那过境运输的问题,要求做出原则决定。这就引起在前节提到的我们二人之间对军事物资供应途径,以及中国最需要什么物资供应的讨论。

戴维斯又说,他认为,除非以军事实力为后盾,否则禁运和经济制裁是不起作用的。他又说,以美国而言,例如禁运石油,可以使日本就范,但需要经过立法程序。他并问我的看法,要对日本停止供应多长时间才能迫使它改变现行政策。戴维斯自己则认为日本的物资储备充足,可以支持一段颇长的时间。

我说,这在一定程度上是正确的。但是中国是不会放弃抵抗的。日本也许能打赢两三次重大的战役,但并不足以迫使中国人退出战斗。而且日本在战争中所占领的地方必须驻兵防卫,到后来就会耗尽了日本的军事力量。

戴维斯表示同意,并说日本可能赢得战争,但是征服不了中国。至于采取积极措施问题,他觉得,这实际上只能靠英、美合作。他又问我,估计英国的态度将如何。

我告诉他,在日内瓦我曾和英国代表坦率交谈过:英国代表团的一位领导人对我说过,在远东问题上,英国是愿意和美国合作的,而且会做到美国能做到的任何程度。当我向他提到在1932年华盛顿准备在远东采取行动而英国却不支持时,这位英国代表回答说,这一回决不会由于英国的不合作而无所行动。至此我及时指出,我看到英国在1937年的精神和1932年似乎大不相同。

戴维斯表示同意,但是他指出,英国的手已经完全让欧洲问题粘住了。他怀疑英国实际上究竟还能有多大作为。

我说,只要日本认为各国并不认真考虑采取实际步骤,它就要继续趾高气扬。只有让日本明白,如果再不接受调停,其他后果就要随之而来,这样调停才有可能成功。

戴维斯认为,当此各国正试图进行调停之时,又讨论其他方案,是不合理也不适宜的。他认为调停和同时采取积极措施,在任何时候都是不相容的。只有调停失败以后,才能提出采取积极措施的问题。他说,美国政府一心要在会议中起促进作用,并使会议得到成功。美国希望能结束目前的敌对行动,并使九国公约受到尊重。不过美国代表团并不能随心所欲。调停失败后究竟能做些什么,要根据中国国内局势的发展,美国公众舆论的状况和各国政府的态度而定。至于美国政府的立场,他说,首先希望进行帮助,但既不能把守大门,也不能当带头人。

在此期间,上海战局的发展不利,因此,戴维斯接着问我,局势是否令人过于失望。

我说,我倒不觉得失望,军队的撤退不过是退守到原定的防线。我说,撤退实际上是过于推迟了。继续坚守闸北和江湾造成了防线上的薄弱环节,难以固守,只是中国军事当局在日本没有为此付出代价之前不愿放弃而已。我又说,中国政府切望以华盛顿九国公约为基础来结束敌对行动。

戴维斯再一次同意,九国公约是唯一的基础。

亨培克也说,必须是公正的和平。

戴维斯过了一会又问我估计德国和意大利的态度如何。

我说,就我所知,德国人的态度是有分歧的。亲日的纳粹党人为一方;而外交部、国防军和工商业界为另一方。至于意大利,虽说最近墨索里尼公开宣称意大利向着日本,可是我从得自罗马的情报中了解到,墨索里尼内心希望在中、日冲突中保持中立。不过在表面上,德国和意大利都装作完全站在日本一边。

戴维斯同意我对德国态度方面的分析和情报,但是他说,关于意大利方面他没有得到情报。

在谈话快结束时,戴维斯着重说,他所谈到中国代表团可以采取的策略一节,并不是美国政府的主张、提议或建议。事实上他知道罗斯福总统在和王正廷大使和胡适谈话时也说明了这一点。他又重复说,中国面临重大利害问题,必须自己做出抉择。我问他,报上所传美国政府和英、法政府曾经为了邀请日本参加布鲁塞尔会议一事与东京方面会谈,是否确有其事。戴维斯说,没有举行这种会谈。英、法政府所进行的只是劝说日本接受邀请,参加会议。从没有讨论过什么具体问题。

亨培克添一句说,从来没有为了要日本参加会议而许过什么愿。

由于美国政府的态度在会议上至关紧要,我对戴维斯的建议和暗示这原是罗斯福总统在华盛顿对中国大使交谈中提出来的说法,感到吃惊。因此,我在和戴维斯谈话以后,打电报给华盛顿的王正廷,以查明此事的确实情况。三天以后,王正廷电复说,罗斯福总统的确如戴维斯所说那样,提出过这些建议,而他(王)已经报告蒋委员长了。电中又说,他自己没有对此事附加评议,不过他个人相信,只要中国事先得到会议将给以支持的保证,这样做不失为一种好姿态。

王电又说,他相信罗斯福总统会和英国、法国一致行动。最后这一点我并没有把握,因为我觉得华盛顿正想把责任推给伦敦和巴黎。同时我已经肯定地从法国和英国政府了解到,这两国不打算单独行动,而是准备和华盛顿联合行动,而且不会比美国政府走得更远。

我在 28 日会见戴维斯以后,马上用密电向南京报告戴维斯在和我谈话中提出的建议。我请求来电明确指示。在 10 月 29 日,经与我的同事郭、钱二大使商量后,又用电报申述我们对美国建议的看法。我说,这种要我们从调停人讨论中离席的策略,对国内公众舆论说来很敏感。可是西方人的心理对此却觉得是我方公正和助人为乐精神的表现。如果我方不同意离席,西方国家总归能办到背着我方会商的。他们甚至可以将调停失败之责归诸我方的拒绝离席。我说,在任何情况下,我方应明确表示,我方的离席完全是自动退席,我方保留在任何时间参加讨论的权利。我并说,在考虑其他能使日本就范的方案以前,调停的尝试是不可避免的。我要求将政府的意见告知。

最后我在电报中说明,各国必定会逼我们提出具体的建议和一定的让步,而戴维斯已经在逼我们。我方难于始终坚持不做具体提议而又不招致不利,等等。我强调"必须使谈判的最终失败的责任落在日本方面",并请政府给以更全面的有关具体问题的指示。这些具体问题已在我前此几次电报中向政府陈明。政府的复电发来时我已到达布鲁塞尔。

10 月 30 日,我和莱热长谈,我在会晤开始就对这位外交部秘书长说明,在我启程去布鲁塞尔之前,希望和他交谈,以便了解法国政府对此次会议的态度,有什么提议要在会上提出,以及对会议的议程有什么意见。

莱热半开玩笑地说,目前不存在法国政府。因为外交部部长和很多内阁部长都到里尔去开激进党的年会去了。他说,德尔博斯要到星期一(11 月 1 日)才能回来,而他(莱热)希望在德尔博斯星期一晚上去布鲁塞尔之前能进行一次讨论。他告诉我,比利时驻华大使纪佑穆由比利时政府派到巴黎来向法国政府探询同一问题。据纪佑穆谈,艾登也没有在布鲁塞尔应当做些什么的具体想法。德尔博斯希望最晚在星期二上午和艾登讨论此事。只有到那时候才能商量出一些肯定性的意见。至于美国代表戴维斯,他也没有什么具体建议。按莱热的说法,戴维斯所说的就是一句话,那就是美国是带着一心参与到底的愿望来开会的。

我说,中国代表将带着合作的精神出席会议,希望会议能产生令人满意的结果,成为一次成功的会议。我说,根据报纸消息,在会议上可能提议调停,以恢复和平。我问莱热,他对这种调停的成功可能性和对日本可能采取何种态度有什么想法。我对他说,中国对日本决定不参加会议感到遗憾;这个决定,只能更突出表明日本不顾它自己的条约义务。不过,中国自己这方面必将尽力和其他签字国合作使会议获得成功。我接着说,我认为,任何这类调停必定理所当然地是以九国公约第一条为基础的。而各国出席这次根据公约召开的会议,至少须表示尊重条约所规定的各自应承担的义务。此外,公约第一条已规定了任何解决方案的基础。

莱热说,他不知道日本将会采取何种态度。布鲁塞尔会议虽然由国联倡议,但是是根据九国公约而召开的。为了避免节外生枝,从逻辑上应认为会议是为解决中、日冲突的一次单独的政治和外交尝试。它的任务能否实现未可逆料,但是为了保证它有成功的最大可能,应当把会议和国际联盟分开。莱热又加上一句说,这也是比利时政府的看法。他说,根据纪佑穆所谈,即使会议的技术性部分,也要如此处理,以给人以此会议和国联没有任何密切关联的印象。如果会议一旦失败,人们还可以回到国联去。莱热认为,制裁问题不应当在这次会议上提出。按他的看法,所有这类问题都应当在日内瓦(国联)讨论。

我说,前几天新闻报道,法国政府和英、美两国政府一道在东京采取了一项外交步骤,我不知道那是否只限于劝说日本接受邀请参加这个会议,还是也讨论了别的问题。

莱热回答说,这次活动只是为了劝说日本接受邀请参加会议,此外没有提到任何实质性的问题。

谈话到此,我向这位法国外交部秘书长提出,在这次会议上正式提出中国军用物资在印度支那过境的问题是不适宜的。因为会议上有亲日国家出席,会使这个问题得不到一致通过。据我回忆,莱热在回答时特别着重说,必须注意决不允许有任何削弱或取消在日内瓦为援助中国已取得之成果的行为。他反复重申他的见解,认为从逻辑上说,任何有关对日本的积极措施或制裁问题,都应在日内瓦而不是在布鲁塞尔会议上讨论。

谈话到后来,我问起法国代表团几时启程,和拉加德先生是否随团前往。我告诉莱热,拉加德在日内瓦顾问委员会讨论时,态度之不友好,使得不仅中国,而且还有别国代表团都为之惊讶。我说,拉加德似乎很不同情中国,而且只要他插手,就只能有利于日本而不利于中国。

莱热说，这次法国外交部已指派贺柏诺先生随代表团前往。他附带提到说，他觉得诧异的是，外交人员在中国呆了一段时间回国以后，不是非常亲华，就是严加非难。他认为那些对中国友好的人一定是由于受到中国文化、文明和人民友好相待的影响。而那些变得不友好的人，一定是因为在中国的生活使他不满意。不过他对贺柏诺评价颇高，说是个从中国回来而且很同情中国人民的人，很有见识、能干、很懂得做事要恰如其分。莱热希望我在此人身上不致发现有什么令人不快的因素。

我说，贺柏诺给我的印象是能干而且对新中国和中国的精神具有深刻的理解。

莱热说，他很欣赏我坦率地把对拉加德的态度的意见告诉他。他告诉我，拉加德这次也要派到布鲁塞尔，但不担当主要职务，而是帮助贺柏诺。拉加德一直接触与国际联盟有关的各项问题，而贺柏诺则刚刚从远东回来，还不熟悉那些在国联进行的有关中国问题的事项。莱热说，因此，已经嘱咐拉加德不要太引人注目，因为如果给人以布鲁塞尔会议和国联密切关联的印象是不适宜的。当我谈及我从德尔博斯那儿了解到这位外交部部长要去布鲁塞尔，但是待不了多久时，莱热说，在德尔博斯不在时，将由泰桑先生而不是拉加德代替。

二、在布鲁塞尔会议上为中国辩护
1937 年 11 月 1 日—15 日

我于 1937 年 10 月 31 日到达布鲁塞尔参加讨论中、日冲突的会议，为的是给自己留下几天时间，以便和提前来此参加会议的其他代表团作初步交谈。到达以后，我感到气氛普遍低沉。例如，在 11 月 1 日下午，两位美国记者来访。他们告诉我，美国代表团和新闻界，对会议的前景颇为悲观。不过，美国代表绝不会签署任何为中国代表所不愿意签的文件，也不会在任何事情上强中国代表团之所难。

11月2日星期二下午,我连续会见了比、美、英、法和苏联代表团团长。我第一个见到的比利时的斯帕克谈到,要再次邀请德国和日本出席会议。我见到李维诺夫时已过晚上九点,他表现消沉、悲观,而语带讥讽,听起来他准备当个来宾,会议开幕时也不演说(事后证明并非如此)。戴维斯紧紧追问我中国为了和日本达成解决的办法愿意做出什么让步。英国外交大臣艾登作为英国代表团长,告诉我关于议程的情况。他说,星期三(11月3日)会议开幕式的程序已经商定:比利时外长斯帕克将被选为会议的主席,在他发言以后是戴维斯发言。艾登和德尔博斯本来想在下午发言的,应戴维斯的要求,都改在上午发言。其用意是让三大国都先说了话,以图影响意大利代表,让他感觉到如果发表激烈的与三国代表相反的言论是不合宜的。我将在下午代表中国发言。

一小时以后,我去拜访法国外长德尔博斯,看到他的副手泰桑先生也在座。德尔博斯先打开话头说,他估计艾登已经将当天下午他们几个(戴维斯、斯帕克、德尔博斯和艾登)开会商定的开幕第一天的安排告诉我了。

我对他说,我已经听说他将在第一次会上发言。

德尔博斯说,他原来打算在下午召开的第二次会上发言的。可是戴维斯坚持要艾登和他紧接着发言,因此他只得在上午讲话。他说他还没有准备好发言稿,看来今晚为此要熬到半夜。

我对德尔博斯说,中国政府要我向法国表明中国愿意在会议上合作。中国切盼会议取得成功,并准备为此而竭尽全力。目前,会议的首要目标是恢复中、日两国间的和平,中国素来主张和平,对此自表欢迎。但是中国所能接受的不能是不惜任何代价的和平,而只能是公正的和平。中国并没有去向日本开战,而只是抵抗日本的侵略。中国一直为公正的和平而作战。否则,中国早已可以不计代价取得和平而根本不必打仗。

德尔博斯说,他完全同意中国政府的观点。和平只有一个基础,那就是华盛顿九国公约。他说,法国素来维护条约义务的尊严。他请我确信法国对中国观点的同情。

我问德尔博斯有没有接到东京方面的情报,或任何可以表明日本对会议态度的迹象。

他说,他接到法国驻东京大使的一份报告,看来日本的意见颇有分歧。陆军和空军已取得辉煌战果,而真心想告一段落,而海军却因为本身战果不显著,不甘心落在陆、空军之后,而坚持继续军事行动。

我于是提出关于通过印度支那运送军事物资问题。我们讨论了一番,德尔博斯又转回到会议问题上去。他说,如果意大利站在日本一边,就要在会上造成困难。另一方面他认为,葡萄牙不至于给中国造成什么困难,因为葡萄牙要顾及它在远东的利益。虽说它对西班牙问题很关切,并且总是站在德国和意大利一边,但它了解,在远东,它的利益是和中国一致的。

我希望亲自准确了解意大利的立场,和对布鲁塞尔会议的态度,因此,在星期三上午,约见意大利代表马柯迪伯爵。伯爵刚从意大利来,他是国联在沈阳事变发生后派去调查东北局势的李顿调查团成员之一。在回顾了当年在调查团的一段相处后,我问马柯迪,他认为会议议程应当怎样安排。

他说,前一晚上到布鲁塞尔后已见到德尔博斯,但没有机会和他谈起会议的事。他说是在火车站见到德尔博斯的,而斯帕克则和他在汽车里匆匆谈了几句(显然这两位代表到车站去接他)。他又说,日本大使听说他从罗马来到布鲁塞尔,即前来访问,谈了一小时。(这对我并非意外,因为我和其他人都了解意大利将多多少少是间接地代表日本,在会议上提出日本的观点。)他告诉我说,就他所知,开幕会上只有斯帕克作为会议主席讲话而没有别人发言。

我告诉他,最近的安排是,其他主要代表紧接着斯帕克发言。戴维斯先讲,接着是艾登和德尔博斯。

他说,他本来只打算在下午发言。但如果其他代表在上午发言,他也必须在上午发言。至于意大利政府对会议的态度和政策,他对我透露,在任何发言中他都将说明白,这个会议与国联完全无关,也不能由它承担判断是非之责,因为事实是很难弄清楚的。他说,意大利接受邀请参加会议,因为它是华盛顿九国公约的签字国。不能打算在那儿谴责冲突的任何一方。谁开的第一枪,这个决定责任谁属的问题是很难确定的。依他看,会议的唯一作用,不过是把双方约到一起进行直接谈判,自己达成解决。(这正和日本在对中国交涉的问题上所坚持的一样,就是中国和日本之间所有问题都必须在两国间直接解决,别国不得介入和干涉。)

马柯迪接着说,恢复和平应当是会议的主要目的,或者说,只有帮助冲突双方建立直接接触,才能达到这一目的。在完成这一点以后,会议应认为已经完成任务。他还说,意大利认为中国和日本都是它的朋友,对于两国之间的冲突,它希望保持完全中立。

在他作这番说明中间,电话铃响了。显然是从东京打来的。马柯迪不住地让对方等一会儿再打来,又说要等到晚8点以后。看起来他有点窘,并向我解释说,这是一家东京报纸要求他作一项声明(我不知真假如何)。他说,新闻记者到处一样令人头痛。并问我从这儿是否有直通南京的无线电话。我说有,可是不容易接通。我们继续交谈,可是当我们谈话进行之中,电话铃又响了起来。这位意大利代表显得很着恼,我听他用不耐烦的腔调对话筒说,他正有事忙着,现在不能交谈(我猜想是他的一位同事正向他转达某些日本方面的信息)。

在结束谈话前,我指出现存的中、意之间的友谊,尤其是伯爵和我之间的友谊,伯爵本人对远东问题的充分了解,及对中国的同情等等,表示中国代表团希望在会上能得到意大利代表团的支持。

这位意大利代表说,他必须讲的话当然并不代表他自己的观点。他的发言稿在罗马就写好了。(可以断定不是他自己写的，而是别人为他写的。)而且他必须遵照政府的指示行事。但他可以担保，中、日问题是一件事，交情是另一件事。中、日问题以外，他的私人交情是不会受到任何影响的。他希望我们两个代表团继续维持友好联系。(他是个令人愉快的人，不过当然是一个老练的外交家。)

在我和意大利代表谈话后，布鲁塞尔会议紧接着就开幕了。准备我在布鲁塞尔会议第一次会上的发言可不是一件容易的事。归根到底，中国在会议上是处于为难的境地。各主要国家不愿意采取任何具体有效措施来加强其对付日本的地位。但中国面临迅速恶化的军事形势，需要具体的援助。就在会议开幕前夕，日军突破了上海周围的中国第一道防线。日本以其巨大增援，看起来将在中国防线两侧的长江口和杭州湾登陆，显然企图占领杭州，对南京展开钳形攻势。

当各主要代表(英、美、法、中)非正式磋商会议可能和应当做哪些工作时，我屡次受到他们的忠告，劝我采取有节制的策略，而不要把门关起来，以免影响日本接受邀请的可能性，或以某种方式参与会议。他们甚至不愿多谈对华有效援助的可能，因为怕这会成为一种借口，说会议不是真诚地在中、日间调停以谋求一项和平解决方案。

因此，我遇到了在第一次会议上应如何发言的问题。在起草这项发言稿之前，我曾直接或间接与各主要国家代表交谈，包括意大利和苏联，以及斯堪的纳维亚各国的首席代表。但是，艾登和戴维斯都力劝我应当语气和缓，并指出，任何强硬的声明都可能对日本最后决定来不来参加会议或是否接受调停起不利影响。但另一方面，国内军事形势恶化，民情高涨，要求继续抗战到底。

在我准备的演说稿中，斟酌考虑了别国代表的劝告，中国的局势，以及我国政府由于军事情况恶化和人民要求继续抗战的热情高涨而陷入的窘境。我的确不愿意发表任何演说，其内容可能使与会各友好代表认为应对会议失败负责。但无论如何,我必须通过会议向全世界为我国伸张正义,和强调中国为争取公正的和平而抗战到底的决心。我们谋求和平,但不是不惜任何代价的和平。

考虑到和各国代表团所交换的意见,和为了尽量符合外交部给我的电报指示,我不断修正演说稿,添添改改。正如我在开会前一天,即 11 月 2 日的日记中所记的:

> 在口授我最后几段演说稿时,精神体力均感到疲劳之极。直至凌晨 4 时 30 分才完成。几位僚属彻夜进行抄写翻译和复印。

会议于 11 月 3 日星期三上午 11 时在研究院大厦开会。会议在一个狭长的大厅中举行,桌上竖立三英尺高的灯柱,好像路灯。先由比利时外长斯帕克致开幕词,内容不坏。戴维斯在演说时声音很低,难于听清。大厅的音响效果不佳,而摄影记者们又不断拍照。艾登的演说简短,显然给人们以英国追随美国之后的印象。德尔博斯强调条约尊严的原则。马柯迪继后发表了准备好的演说,婉转地为日本利益辩护,用语谨慎。

下午会议复会。李维诺夫为了是否先我发言而变了几次主意,最后决定在下午会上首先发言。我继而作了 40 分钟的演说。在我多年来出席国际会议的生涯中,很少感到紧张。但这次我确实感到吃力而且出汗,也许是由于上一夜少睡了觉。不过别人告诉我,我的发言反应良好。我代表团主管新闻的一位秘书后来告诉我说,报纸上对我的发言的评论是"和解而坚定"。我觉得这正是我所希望起到的作用。戴维斯、亨培克、贾德幹和斯帕克都来告诉我发言很好。英国代表团的一位顾问蒲纳德爵士说,我已掌握了含蓄的艺术(我觉得这是一种英国艺术)。他说,我的演说温和而有力,正由于其温和而益觉其有力。

会议开幕以后,就提出了安排由少数国家进行调停的问题。

某些代表认为,日本虽然拒绝参加全体会议,但他们希望,如有一个由少数几国组成的调停委员会,日本也许会同意参加。会议第二天,代表们正式或非正式地分头私下会商,集中研究是否组织这样一个小型委员会,或小组委员会,它的职责范围是什么等等。还就它的组成频繁接触,但什么也没有决定。

当晚,斯帕克以会议主席身份举行宴会,席间我曾与亨培克及李维诺夫长谈,并和戴维斯交谈。戴维斯对指派拟议中的小组委员会的困难颇有牢骚,而李维诺夫看来比以前要积极得多。

当时我问起李维诺夫他对会议之事得到些什么消息。他说,他和戴维斯交谈了一次,得到的印象是,美国的态度比他想象中的要好些。戴维斯没有讲,如果日本不接受调停,美国会有什么举动,但是李维诺夫相信,美国是打算做点事情,而不会让会议轻易失败的。

然后他告诉我,七个签字国及苏联在斯帕克的办公室中举行非正式会议的经过情况,所提出来研究的意见就是设立一个小范围的小组委员会负责调停工作。意大利本打算阻挠,但发现处于孤立地位,最后也让步了。非正式会议在中午一点半结束时,大家相信对此提议已经意见一致。但在下午两点半再开的非正式会议上,这个意见却因意大利的态度而落空了。

我问亨培克关于商谈组成一个在中、日之间承担调停的小组委员会的进展情况。亨培克说,八国在上午十一点到午后一点半曾经会商。意大利代表首先坚持反对调停,而主张将冲突两方找在一起,由双方直接谈判求得解决。而会议上多数的意见则是成立一个小型的小组委员会作调停机构。戴维斯提议由三国组成,就是英国、美国和比利时。经过反复商讨和辩论,他以为他们终于达成协议成立此项委员会。可是意大利一定是将此事报告了罗马,并且得到了新指示。亨培克说,这是唯一能解释为什么意大利的态度在下午的会上变得那么毫不妥协的原因。加之,他说,法国也要加入调停委员会,于是意大利认为也有参与其事的好理由。可是,如果有意大利,苏联也要求参加小组委员会。于是,所有上午所作的努力到下午变得一无所获。目前戴维斯正和艾登及德尔博斯商谈,希望说服法国不要坚持小组委员会里的席位。

谈及中国的军事形势,亨培克说,拉加德曾和他谈过此事,给他的印象是,中国坚持不了多久。按拉加德的说法,中国的抵抗年底以前就要结束。因此,依拉加德看,会议对支持中国的抵抗立场起不了什么作用。亨培克则说,中国一定会继续抵抗。他和拉加德打赌:六个月以后不论情况如何不利,中国都不会停止抵抗。拉加德同意和他打赌。亨培克问我的意见,我说和他的看法一致,并说,中国全国一致拥护抵抗日本侵略,决心坚持战斗到底。

亨培克说,他并不习惯于打赌。不过,这次他非常有信心。所以他要和拉加德赌个输赢。他说,平常人们只按表面统计数字来判断局势能不能坚持下去,而忽略了心理因素。而中国人抵抗的精神很强烈,而且准备付出牺牲。他说,即使在华盛顿,军事权威们也只会根据有关部队、大炮、坦克、飞机等数字来判断形势变化,而不考虑部队的精神和士气的因素。

由于亨培克是个文人,我觉得他的见识不平常。当然,他是中国问题专家,曾经担任过近十年的美国国务院远东司司长。早年还在中国杭州教过书。所以他对中国局势的了解要比美国或法国的国防部高明。

我对他说,目前日本人民并不一致赞成日本在大陆上的军事冒险,但是中国人民却完全拥护抗战有如一人。

在一次出席会议的主要国家代表私下会谈中,他们要求我公开声明,当承担调停的代表们开会讨论斡旋和解决方案的方法时,我愿意离席。此事以前已由戴维斯向我提出,我并已向政府请示。外交部复电在星期一晚到达,指示我国代表在一定条件下可以同意此项要求。但此事仍使我感到为难。

作为华盛顿九国公约签字国之一,中国有权参加所建议的讨论。但另一方面,事情很微妙。从未来的调解人的角度来看,他们当然觉得只在他们之间讨论对中、日双方的任何提议较为自如方便。但我认为,中国是日本违反公约进行侵略的受害者,当然应当要求尊重公约。根据此点,中国理应参加全部的讨论会议。为此,戴维斯、斯帕克、艾登和我进行了多次商谈。我说,我必须能使我的立场为国内所理解。我是奉命作为中国首席代表参加会议的,尤其是代表身受侵略之害的中国。有什么理由将中国代表排斥在外?

他们解释说,这并非排斥中国代表,而是为了方便未来的调解人,由我自行斟酌,主动提出退席。这才定了下来。他们保证,只要我觉得需要再参加会议,随时可以回来。根据这种谅解——这只是为了方便调停进程的主动退席,我同意宣称,如果会议要求,我愿意在自愿的基础上退席,但保留在任何时间重行参加会议讨论之权。于是我们开始商量如何由我提出此点,而又不使任何人感觉为难。意大利代表,日本的非正式发言人马柯迪出人意料地说,中国代表完全可以自由参加会议而无须离席。他的发言使我们解脱困境。主席于是立即宣布,会议一致希望中国代表仍旧参加讨论起草对日本提出调停的建议。

马柯迪之所以提出中国代表不必退席,表面上似乎是表示对中国的友好。不过我认为,他的真正的目的是再一次抓住机会以反对美国和英国提出的任何有关中、日冲突的议案,只要这种反对的行动本身不损及日本的地位。显然,在这种情况下,是不会损及日本的地位的。日本反正不会来参加会议,也不会接受调停。我可以肯定这一点,马柯迪也必然作如此想。只有英国和美国在打如意算盘,以为只要各国对待中国和对待日本相同,看起来不偏不倚,日本就可能接受调停。马柯迪此次做出支持中国观点的姿态,对日本的地位并没有什么不利。因此,我把他对中国友好的表示当作日本绝对拒绝的征兆。

会议继续讨论提交东京的提议草案,要求日本指派代表与会议的一个代表小组交换意见,以取得和解和进行调停。在讨论此草案时,艾登和戴维斯不赞成特别提明日本对中国的不满。我认为,他们希望避免重提日本政府在拒绝出席会议所作声明中所强调的对中国的不满有几点理由:首先,我以为各国并不甚考虑这些所谓日本的不满,鉴于其在卢沟桥事件以来的行为,实际上这些只是借口而已。在某种意义上,重提这些不满之处,只会起对它默认的作用或使其不必要地引人注意。同时,如果提到这些日本的不满之处,自然也要提到中国对日本的控诉,这就会使文件过长,改变其语调,也许反而会刺激日本。

　　艾登和戴维斯又提议,最好由一个小组来起草。他们要求我支持他们这两点提议,可是我不愿意在我刚刚声明自愿离席之后,马上带头讨论这个问题。至于设立小组委员会,特别是关于其构成问题,决定将此难题暂时搁置,等候日本表示对这次会议发出的第二次呼吁所持的态度后再议。

　　第二天,11月6日,会议忙于起草对日本的书面回信。除了出席会议,我并领着前一天晚上刚到的中国驻柏林大使程天放去看望戴维斯。我自己也去访问英自治领事务大臣马尔科姆·麦克唐纳,他是出席会议的英国第二代表。

　　和戴维斯的谈话集中在可能由德国在布鲁塞尔会议以外进行调停中、日冲突的问题上。但在会议正打算自己来调停时,这是个很微妙的题目。实际上当时有好多谣传,说德国想要在中、日之间促成一项和平协定,中、日双方也在直接谈判解决的条件。(就在前一天,柏林的新闻通讯误传希特勒已正式向中、日双方驻柏林代表提出愿出面调停,并已为双方所接受。)我深恐这些谣言在布鲁塞尔会议上会起不良作用,因此,代表团对于此种纯属谬传之谎言立即予以否认。我并电外交部,要求核实真相,如果确属造谣,亦请外交部断然否认。6日当天,外交部来电再次肯定说,外交部发言人已断然否认外传中、日间正在讨论解决远东冲突的条件,或在布鲁塞尔会议以外进行调停的报道。

11月6日,我向戴维斯介绍程天放的用意,就是要对美国代表介绍德国的态度,并试探他的反应。为此,我对戴维斯说,我的同事程天放刚从柏林来,带着美国驻柏林大使多兹的介绍信,因此我很高兴介绍他和戴维斯见面,以便有机会向戴维斯谈谈他同德国政府成员交谈后所获的印象。

戴维斯表示感谢,并渴望听取有关德国政府领袖人物所持的态度和政策。程说,自从中、日武装冲突开始后,德国人的态度就有分歧。他继而作了更具体的说明。

戴维斯说明,他自己也有德国人对中、日冲突态度分歧的印象。程于是说,他在华北的武装冲突开始以后,曾和德外长牛拉特交谈数次。他曾问过牛拉特,为什么德国不向日本提出停止侵略,并劝日本和中国谈判解决办法。牛拉特用反问的方式回答说,为什么德国应当做这种事?程回答说,德国是日本的朋友,得到日本的信任,而英、美则被日本视作仇敌。

戴维斯看来非常感兴趣,也不无惊诧地问程,牛拉特又是怎么说的。程说,这位外长先是说他要考虑这个意见,可是在第二次会见时,当程问他对此事考虑结果如何,牛拉特答复说,由德国提出调停的时机还不成熟。

此时我插话说,据我了解,程向牛拉特谈到此事,只是他个人的看法,而且时间很早,远在计划召开目前这个会议之前。我这样补充的用意是,因为正当我强调中国坚持抗战到底直到取得公正的和平的决心时,程的话会给人以中国急于通过第三方面的调停求得解决的印象。所以我说,程是以他个人的看法和牛拉特谈及此事的。

程补充说,他第一次见牛拉特在7月,第二次在8月,而第三次在9月。程说,他当时还问牛拉特,外面报道说意大利也将参加1936年11月25日签订的“德日反共协定”的事。牛拉特回答说,德国并不希望意大利参加。程又说,当他启程来布鲁塞尔的前一天,曾访问德外交部一位处长,这位处长解释这同一问题说,意大利是为了西班牙问题而参加这个协定的 *。当问起日本在西班牙问题上对意大利能有什么帮助时,这位处长就不作答复了。不过在早些时候,牛拉特曾向程解释说,德、日协定的缔结是为了反对共产党的宣传和共产国际的活动,而意大利一直是反共的,没有必要再加入协定(这当然是官方的或外交上的解释)。

戴维斯说,有一位由我介绍今早去看他的中国人士,是刚从罗马来的,他曾在那儿会见过墨索里尼。我说,他谈到的是蒋百里将军,这位蒋将军对意大利态度的印象是,意大利完全是由于它自己在欧洲的利益而站在日本一边。我说,据蒋百里谈(他曾直接和墨索里尼交谈过),其用意在于形成一个集团,使英、法认识到意大利也有朋友。并非真指望日本的实际支持,只不过是为了对英、法的联合施加压力。据蒋百里了解,墨索里尼说过,只要意大利在欧洲的问题不能得到满意的解决,意大利就决心反对英、法的合作。英、法说是白的,意大利就偏说是黑的,反之亦然。(当时的确如此,墨索里尼存心一反常态,毫不犹豫地谴责英、法,为的是给伦敦、巴黎施加压力。)

戴维斯把谈话转回德国可能调停中、日冲突的题目上来。

我说,这个在全世界流传说希特勒要调停中、日冲突的谣言,曾立即为中国代表团所否认。而且据我所了解,在同一晚上,南京、东京和柏林都同时否认了。我说,中国一直认为中、日冲突是一件国际上普遍关心之事,并正属于九国公约所涉及的范围。中国一直希望召开一次有关的会议。现在这个会议正在召开,中国决不可能背着会议接受任何会议以外的国家的调停。

我这样解释,意在消除任何以为中国到处都在活动的怀疑。正如我以前所谈以及南京政府来电中所说,中国并不指望会议能

---

* 意大利于 1937 年 11 月 6 日,即顾、程两大使和戴维斯交谈之日,正式签字参加此项 1936 年 11 月 25 日德日反共产国际协定。

调解成功,但的确愿意和会议尽量合作,而不愿被视为背着会议另有活动;而如果接受会议外国家的调停,就一定会被看成如此。中国希望与会议合作最终能导致这些有关国家对中国给以具体援助。

戴维斯继而问程天放,如果德国真提出愿意为中国调停,他是否接受这种调停。

程说,那要看条件。

戴维斯问程,他以为什么样的条件中国方面可以接受。

程回答说:"日本从中国撤退军队,并恢复到七七事变前的原状。"当戴维斯问程,德国能不能使日本人这样做时,程回答说,他以为做不到。

于是戴维斯建议,如果德国再向程提出愿意调停时,程可以回答说,中、日冲突的结局是九国公约签字国都关注的问题,由于中国正在参加讨论这个问题的会议,中国独自实在不能接受德国的调停。他又说,当然,要是说中国不愿意接受调停,那就不明智了,只能解释说中国不能这样做。

我问戴维斯,现在会议已决定对日本的来信和声明发出回信,下一步该怎么办?

戴维斯说,他在开会时了解到会议不能总等日本的回音,不过目前还有有用的事可做。他认为,下一步是组成一个工作委员会,也许可为调停做准备。

我指出,设立小组委员会的问题已经酝酿了好几天了。我问他,委员会的大小如何,决定组成国的困难克服了没有。

这位美国代表说,一个由美、英、比组成的小型三国委员会为最好。但是法国也要参加,而法国加入小组委员会,意大利也会要求参加。

我问,能不能安排只让法国参加而把意大利除外,以免形成一个大委员会。现在意大利参加了德、日反共产国际协定,它已肯定站到了日本一边。这也是不让它参加委员会的一个很好的理由。

戴维斯说,也许可以那样做。

我反问他,如果意大利参加委员会,苏联会不会有理由要求它也加入。

不出我所料,戴维斯说,如果意大利参与的话,苏联代表就要作此要求。他说,这个小组委员会的组成困难如此之多,因此他建议,如果谁愿意代替美国的话,他情愿退让。

我说,这当然是不可能的,小组委员会必须有美国为其一员。据我所了解,甚至有一个提议,只由美国一国组成。

戴维斯断然地说,那可不行。

我问戴维斯,有没有得到任何东京方面的消息,说日本可能对会议给日本的信件作出表示赞同的答复。他说,他一点也没有得到有关东京迹象的消息,不过他以为,日本很可能对此信做接受的考虑。意大利代表马柯迪告诉他,日本会派人和会议进行接触。

程天放问,如果日本人不这样做,会议将如何办?

戴维斯答说,人到桥头就会想法过桥,现在谈这些还为时过早。当我说,美国如果决心过桥,这次将不会是单身过去的,戴维斯说,他没有把握,还要走着瞧。接着他更具体地说,如果到星期二(11 月 9 日)日本还不答复而显出是有意拖延时间的话,小组委员会在组成后就要问中国是否接受会议的调停和条件如何。如果中国接受调停,会议就会再向日本发出公告,说明中国已接受调停,并要求日本说明愿不愿意也如此做。按戴维斯说来,会议的下一步可能就是这样的行动计划,以促使日本作出接受的答复。如果日本再次拒绝,他认为还是会有另外一些步骤的。他认为,不应当看成是,只要没有得到日本的接受答复,会议就瘫痪了。他说,会议不能轻易宣布它自己已经失败,而应当继续努力探索新的可能。也许可以由某个可为日本接受的国家担任和日本的对话。

亨培克插话说，他不大理解我在上午开会时关于给日本的信件草稿第六段的声明，问我用意何在。

我答复说，我并不是反对这一段的内容实质。但是，关于表示要消除日方疑虑（如日方对原邀请书的答复中所述），和会议希望日本指派一名或数名代表以交换意见那一部分，我觉得是不慎重的，不宜出自中国之口。所以我认为有必要对此作出声明。

戴维斯似乎明白我的用意，并说，他对我上午的声明正是这样理解的，他觉得没有什么问题。他又想到另一桩事，问起德国是不是实际上给中国以很大支援。他说，表面上德国是站在日本一边的。程说，实际上德国现在还向中国运送武器弹药。当戴维斯问是不是还有飞机，程答"是的"，并说，日本曾经抗议德国向中国运送军火，并要求德国召回在华的德国军官，但德国政府都拒绝了。到现在，德国并没有召回。勃隆伯格将军（德国国防部部长）甚至曾经说过，这些军官在中国当前困难之际留在中国，这是事关他们个人荣誉的问题。

当任用这些军官之时我也在场，在南京德国大使馆举行的一次典礼上，他们都自愿签署一份志愿书，宣誓效忠于蒋委员长和中国。

一小时以后，我见到麦克唐纳，他是艾登回伦敦时英国代表团的代理团长，我也问他现在会议决定向日本发信，下一步要怎样办。

麦克唐纳说，根据戴维斯的意见，我们星期二也许要考虑成立一个指导委员会。当问起他有没有通过英国渠道来的消息，说日本可能同意派人来谈判，他回答说，此事不无可能。我问他，如果日本再次拒绝，下一步怎么办。他说，如果出现这种情况，那还可考虑其他别的办法，如成立一个小型委员会来观察和注视远东局势的发展，以等候有利时机再采取进一步行动。

我表示希望麦克唐纳留在布鲁塞尔（那时不仅艾登，还有德尔博斯也都离开布鲁塞尔了，再有人离开就会起不利的影响）。

麦克唐纳说,艾登离开期间他将留下,不过能待多久要看会议的进展而定。如果日本拒绝了,他觉得就没有必要再留下来,尤其是如果另外成立一个小型委员会来注视事态发展的话。在提到讨论致日本政府的信稿时,他说,此信稿在交到上午的会议以前确需要先做很好的讨论准备。他认为,开会时所作讨论使信稿有所改善,特别是删略了某些段落,使文稿缩短了。他认为,这一结果很难得,因为按通常起草的规律,经过大型会议的讨论,最后往往使得文稿内容更不谐调。而这次的最后文稿,却的确比原稿更好。

会议致日本政府的信是在第二天即 11 月 7 日发出的。它既对日本 10 月 27 日拒绝参加会议的信作出答复,又建议日本接受调停。各国代表并提出,如果日方认为可行的话,可组成小组委员会来和日本政府代表交换意见。会议于是静候日本的答复。

11 月 7 日晚,苏联大使馆举行晚会,我趁此和李维诺夫交谈。他在答复我的问题时说,他对会议前途感到悲观。他说,由于美国对任何事都不肯带头,会议办不成什么事。他自己打算 11 月 9 日(星期二)离此。我对他早日离去表示遗憾,并劝他,可能的话留下来。他说,他认为英国什么也不能办,而美国什么也不肯办。当我告诉他,意大利代表透露,日本可能接受会议的去信时,他认为那是不可能的。他不相信日本会愿意接受布鲁塞尔会议所提出的建议。

当然,我自己也不相信日本会答复同意。按中国的看法,让会议对日本发出第二封信的唯一好处是,日本的再次拒绝合作对世界舆论势必产生影响:如果日本再一次不肯作出合作的反应,可以预期,美国的公众舆论会表示倾向于采取更为实际的措施,并可指望有少数关心这一局势的各州单独或联合起来倡议采取措施,支援中国或反对日本。

我在 11 月 9 日和李维诺夫又一次交谈。当时曾有消息说,由于不让苏联参加提议中的小组委员会,他决定将苏联代表团全部从会议撤出。这消息一时造成很大的震动。当我和苏联驻布鲁塞尔使馆联系时，他们告诉我，苏联代表团将乘晚7时的火车离开布鲁塞尔。我去火车站，但没有见到人，便在火车站和苏联使馆通了电话，并约好马上会见李维诺夫。他在此以后不久就离开布鲁塞尔，不过，由于戴维斯在下午5时已同意放弃组织小组委员会的计划，暴风雨已经消散了。

当我和李维诺夫谈话时，他的语气中犹有余悸。一开始我对他说，听到他要走，我到北站去送行，因为没有找到他，所以约定这次会见。他向我致谢，并问有什么最新消息。

我向他说，本来想早一点来看他，但是我想先和艾登交谈，所以没有来（艾登是当天上午才回到布鲁塞尔的）。现在郭泰祺告诉我，根据艾登的消息（郭泰祺刚刚见过艾登），日本的答复大约是否定的。现在的问题是会议下一步怎么办。我说，中国代表早已向艾登说明，如果日本拒绝所有合理的建议，那只有一条路可走，就是采取制裁形式的积极措施。我说艾登认为制裁有两种，一种起作用，一种不起作用。如果必须采用，那就一定要起作用而得到效果。艾登认为，采取制裁并不容易，但他说，只要美国做到什么地步，英国就做到什么地步。我并说，戴维斯给我的印象是很想在会上采取某些行动，看来美国不愿意看着会议失败而甘心认输。因此，当提起要为召开下次国联顾问会议确定日期时，戴维斯表示，美国不愿意再把问题推回日内瓦，使自己束手无策。

李维诺夫说起，他自己曾向艾登说过有起作用和不起作用的两种制裁，后者毫无用处。他说，昨天他在回答戴维斯时也讲过，各国必须支持中国继续抵抗日本，供给中国军事物资和保证海路运输畅通。这就把话题引向中国过境便利这一关键问题。

在谈话末了，李维诺夫说，他也有些事要告诉我。在前一天午餐时，戴维斯向他谈起要组织一个会议的工作委员会，并且明白地对他说，目前苏联以不参加此委员会为好。李维诺夫说，意大利放出谣言说，如果苏联不进入委员会，日本就可能来布鲁塞尔。但这纯属意大利玩弄的手法。实际上即使把苏联排斥在委员会之外，日本肯定仍会拒绝前来。李维诺夫说，他告诉戴维斯，苏联并不是九国公约签字国，它并没有要求参加会议而是被邀请来的。在邀请时并没有作出任何保留，说它来了之后有什么不方便之处。他接着告诉我，戴维斯对他说，美国本不赞成一开始就邀请苏联参加，希望到布鲁塞尔仔细研究之后再决定邀请或是不邀请。但是英国坚持要立即向苏联发出邀请书。李维诺夫说，他当时告诉戴维斯说，要让一个大国的代表团站在会议门外等什么时候用得着他才叫他进去开会，这简直是荒唐。如果觉得不需要苏联代表团出席，代表团可以退出会议。

李维诺夫接着说，他对戴维斯向他说的话很反感，因而准备完全退出会议。可是当天戴维斯又向他说，鉴于苏联反对，他将完全放弃组成这个工作委员会的提案。李维诺夫在回答我的问话时说，他当晚要离开布鲁塞尔。不过如有需要，也许过一个星期再回来。同时他让波将金留下负责。李维诺夫请我留意尽量防止任何这种不合道理的事再发生。

我当时表示，希望他不论如何都要回来，因为他能够对会议起很大的帮助作用。

10 日下午 3 时又开一次会，不过如果不是英国国会上院议长拉姆齐·麦克唐纳逝世的话，会上就一无所事了。当时几位代表致了悼词，我也讲了话，会后我趁机先和戴维斯后和法外长德尔博斯（他和艾登一样也刚回到布鲁塞尔）作了简短交谈。

我告诉戴维斯，我当天上午接到在东京的同事来电，说日本政府已决定对会议的去信作否定的答复，不过正在用和解的笔调起草回信。此外，日本的公众舆论由于意大利参加了德日反共协定，和布鲁塞尔会议上不团结不合作的气氛而强硬起来。我说，来电还报告说，日本政府圈子里正流传着一股强烈的意见，要完全脱离九国公约。

这最后一点似乎给戴维斯以强烈印象，他说，果真如此，那日本政府会很快改变主意的。(也许是说他,戴维斯,打算提议采取有力措施以使日本改变它的主意。)

我指出,要想日本心甘情愿与会议合作,显然已无指望,我说,中国决心继续抵抗,不过最重要的是来自国外的供应。我们接着就过境便利问题进行了讨论。

当我和德尔博斯交谈时,我也把东京许世英大使发来的电报要点告诉了他。这次也没有提最近中国军事形势的发展,那形势是太令人沮丧了。我还向德尔博斯说,想要日本和会议合作已不再有望,但中国已决心继续抵抗日本的侵略。

两天以后,11月12日,日本对会议第二次信件的答复到了布鲁塞尔。日本断然拒绝派代表前来与会议的少数代表就进行调停或和解交换意见,因为日本自称在中国的行动是"自卫手段"。我当时记录下这封蛮横无礼的答复,并立即起草在明天上午会议开会时的发言。此时有两个美国重要报刊的记者相继来访,问我对日本答复的反应,我说,它是故意无视会议的调停和解的精神,而其语言近乎侮辱。

会议在次日上午11时开会。事先与艾登和戴维斯商妥由我先发言。接着是德尔博斯、艾登和戴维斯。三人异口同声抨击所谓"意识形态"的十字军,也就是反对日本人认为他们有权侵略中国来进行自卫,以反对中国倾向于共产党的那种理论。一般说来,他们都讲了他们认为会议应当捍卫的原则。我在发言中说:

> 日本政府的答复比以往更为坚决和不调和,其言词和语调表明,过去会议苦心促其合作的努力似已被视为软弱的表现,而仅仅引起它恣意侮辱。它声称目前在中国所采取的行动是一种自卫行动,不仅是故意歪曲这个由来已久的名词的含意,也不可能因此而使其所宣称是处于九国公约范围以外的说法言之成理。公约第七条所指的"全面和坦率地交换意见"正是为了用于这种局势。

发言至此,我直接呼吁,要求采取积极措施。我说:

> 现在日本政府已以它最近的答复,把和解、调停之门在各位代表面前砰然关闭,诸位能否决心停止对日本提供战争物资及信贷,转而向中国进行援助?这是各国为完成制止日本侵略和履行捍卫本公约的义务的最温和的方式。

同日,11月13日,中国代表团散发了一份备忘录,举出日本财政经济形势的薄弱环节,和对日本施加诸如停止信贷和借款等经济限制可能产生的效果。某些主要国家代表在过去几天曾经想要采取更为积极的立场。我在11月11日的日记中记载着我曾带着金问泗大使于中午12时访问艾登、德尔博斯和戴维斯,当我告别时略感宽慰,因为他们都表示了对日本的新的态度,并显然对它的不肯让步感到不耐烦。

在13日上午的会议上,各国发言结束后,传阅了一份关于日本第二次拒绝的会议声明稿。此稿由亨培克起草,并经英、法代表团修改。内述会议不能同意目前的冲突只与中、日有关的观点。反之,会议认为,这关系到九国公约全体国家,而且实际上关系到全世界。文中说,不存在"任何法律赋权"给任何国家"使用武力"来干涉别国内政。由于不能期待中、日之间直接交涉以达成一项持久和公正的解决办法,布鲁塞尔会议各国希望日本不要坚持拒绝和会议全体或少数几国讨论此事。如果日本执意拒绝,声明最后一节说:

> 当一项国际条约的一方坚持反对其他各方的观点,而认为其所采取的行动不涉及此项条约的范围,并对其他各方认为在此情况下应属有效的条约规定置之不顾;则在布鲁塞尔的与会各国必须考虑,在此局势之下他们的共同态度。

显然,这项声明虽然措词和缓,却意在显示会议准备对日本采取坚定的态度,并且要对此事进行协商以统一步骤。声明的目的即在于此,鉴于日本拒绝的粗率傲慢,各国感到相当不快。这也能解释我所得到的英、美、法各国记者的报告,说英、美、法各国的态度日趋强硬,中国可以得到一些比较满意的结果。

一般对会议各主要国家的态度转趋强硬的印象已由上面引述的声明稿证实。按外交观点看,声明用语清晰,暗示各国将进行讨论如何采取对待日本的一致行动。对这一点觉得为难的是意大利,但多少出人意料的是还有斯堪的纳维亚诸国的代表团。

13日下午,继续讨论声明稿。我首先发言以制止意大利代表拖延会议进程的活动。意代表提出应要求日本再解释其答复中的某一句的意义。除意大利之外,各国看来都可同意声明稿。只是最后通过推迟到15日,以便斯堪的纳维亚诸国代表团有时间向各该国政府请示。

15日上午,我访问法国代表团的贺柏诺。在答复我的问题时,他表示,在下午会议上通过声明稿不至有多大困难。他说,预料意大利代表要反对,不过斯堪的纳维亚各国只会在投票时弃权。他不认为这几国的态度是由于德国的怂恿,他们是从法学论点反对声明,认为制裁的问题只能在日内瓦国际联盟提出,而不是在布鲁塞尔会议上讨论。这一点贺柏诺认为是有些学究气。据他了解,这几国代表在弃权时,将只发表温和的申明,而不会提到实在的原因。

当天下午,在开会前,我先访问马柯迪,再去拜会挪威和丹麦代表团长,劝他们放弃原来的主张。马柯迪说,声明稿中末一段已超出会议邀请原宗旨。而鉴于我在星期六(13日)发言中所透露,这最末一段似乎表明,在策划采取积极措施。他说,这是意大利代表所必须反对的一种原则声明。

我说,文句并未说明采用何种措施(假如要采取的话),不过只宣称要进行协调一项目的在于早日恢复远东和平的共同政策而已。会议的目的是设法终止敌对行动,而我理解这也是意大利政府参加会议的目的。在为了达到这个目的的应采取的方式方法上竟会发生意见分歧,这件事使我颇感遗憾。我指出,会议虽试图通过调解,说服日本接受会议的调停,而它的拒绝则是不必要的粗暴和固执,以致结果使某些代表受到刺激而变得不耐烦起来。我说,即使采取了某些措施,也是为了达到同一目的,即促使日本同意停止敌对行动。

马柯迪说,他认为,采取积极措施完全不能达到这个目的。另一方面,如果最末一段的意义确只像我所解释那样,也许不太遭人反对,但无论如何,最好全段删去。

我说,由于会议未能以调解手段达到其目的,而正如我所了解,意大利和其他与会国一样,也切盼远东的和平得到恢复,我想知道,伯爵如果反对采取任何措施以使日本接受会议的斡旋的话,他还有什么可提出的和平方法。我说,肯定会议不能因为日本拒绝会议的斡旋就宣告其工作结束。

马柯迪说,这就是为什么他在星期六的会上提请大家注意,日本回信中有一句说,要求与会各国与日本合作致力于维持远东的安定。他认为,这句话说明大门还开着。他说,他看到加拿大和荷兰代表以及我反对再在东京做一次外交活动以弄清日本的意向,感到遗憾。

我说,如果日本那句话是想让门开着,那是另一回事;不过我恐怕这只是日本人的一种拖延时间的策略,而时间因素对目前局势说来则是异常重要的。

马柯迪说,他理解我在会上所说的话,即每延迟一天,就意味着更多的苦难和不幸。他并不是主张再对日本发正式的信。他所想的只是例如由比利时驻东京大使问一问之类。

我问,假如日本的答复是有利的则将如何。

马柯迪说,日本准备接受各国把中国和日本两方邀在一起作直接谈判的努力。

我说,直接谈判不仅中国人反对,也是会议大多数国家所不能接受的。正如他们所宣称,远东的冲突关系到全体各国。

马柯迪说,日本人的观点是,中、日间的问题只与两国有关。

两国间彼此仇恨的感情只有两国自己理解，也只有两国自己才能解释消除。他说，另外，日本仍认为目前的冲突不在九国公约范围之内，就像英国军舰在 1927 年炮击南京事件一样，该事件并未引起根据九国公约进行会商的问题。他说，这也是为什么他在会议一开始回答戴维斯的问题时说过，诸如涉及第三国家权益的问题，可以在中、日直接达成解决方案以后再提出来处理。另外，日本认为，苏联原本不是九国公约签字国，却也参加会议，这也是日本反对来开会的理由之一。

我说，英国炮击南京之事只是地方事件，而且短期内很快就解决了。目前，九国公约各方国家是根据九国公约而举行会议的。尊重条约已是涉及全体之事，而不仅限于中国和日本。我说，意大利也是九国公约签字国，一定也急于见到条约受到尊重，我认为这是理所当然。意大利宣称参加会议的目的是谋求恢复远东和平。如果它偏向一方，这就说明九国公约中的各大国的团结一致发生破裂，那将会使我感到难过。我告诉这位意大利代表说，中国希望与所有国家友好，并准备和他们全体都真诚合作。中国不希望会议分裂为两个集团。会议的团结一致不仅是恢复远东和平所必需，也是欧洲普遍安宁所必需。放眼于中、日冲突之外，为世界和平的利益，我希望此次会议在协作及稳定上所取得的经验，能导致在更广阔的基础上，为全世界的缓和和恢复稳定而进一步合作。

至于中国和意大利的关系，我说，中国一直是诚挚的，尤其他当年任国联调查团团员曾来过中国，当更有所感受。我说他一定已经看到了中国人民对意大利和意大利人民所自然流露的友谊。中国人民感到将来两国间的密切合作还是大有希望，不仅仅在文化方面，而且在经济方面。这类性质的合作已经有所开始，而且已经证明是对双方有利的。我说，我看不出意大利和日本合作能为意大利带来同样重要的好处。我觉得日本关于欧美各国利益的远东政策，一定已为他所熟知。我说，我看不出意大利和日本合作的政策能带来任何实际利益,并且请他在看待会议所面临的问题上,眼光放得更广些和更远些。我说,虽然别人曾说过意大利代表团完全代表着日本的利益,但我本人是不相信这一点的。不过我的确感到意大利代表团的态度实在已置未来的中意关系于十字路口。当然,这要由意大利来选择,不过我希望意大利作出有远见的选择。

马柯迪说,他对未来中、意关系完全与我有同感,他在会议开始时曾说过,意大利不愿在这次冲突中偏向哪一方,它愿意维持与中国和日本双方的友谊。虽说他已受到意大利政府总的指示,他对今天下午的会议仍盼在三点钟的电话里得到齐亚诺伯爵的直接指示。

应我之请,他应允一定将我所说的种种转达齐亚诺。但下午三点后,他在会上找到我说,他没有能和齐亚诺打通电话,因而没有机会按我的要求办事,另外他却收到一封电报,其中传达了必要的指示。他感到抱歉的是,他不得不坚持反对声明稿。

当我和两位斯堪的纳维亚国家的代表交谈时,他们都表明,由于声明稿的最后一段似乎有意于采用类似制裁的手段,他们不能投赞成票。在我结束和挪威代表欧伯谈话时,我要求他投赞成票,同时作出声明说明他的看法。但是他说,他已经在电话里和他的外交部部长(刚从美国回去)研究过此事。他得到指示要他弃权。他还说,那天早上马尔科姆·麦克唐纳也和他谈过话,劝他修正所持立场。可是由于他已得到指示,就不能那样办了。不过他答应麦克唐纳说,他将在他的声明中说明挪威赞成宣言中所包括的各项原则,挪威并非由于这些原则而弃权。

在和丹麦代表考夫曼的谈话中,我指出(和向欧伯说的一样),会议曾经致力于调解并已失败,理所当然应当考虑其他可能途径。可是争论中的最末一段并没有牵涉任何一个参加国的责任。参加国拥有接受或不接受任何建议措施的完全自由。这项声明只是想给日本以这种印象:会议团结一致和各参与国目标统一,致力于和平解决远东冲突。我说,丹麦如果在表决时弃权,很可能削弱会议的团结精神,并在全世界面前置自己于意大利一边。

考夫曼感觉出我的话的力量,说他愿意不弃权而仅是发表一个声明载入会议记录。可是时间已很紧迫,根据奥斯陆协定,丹麦在外交上必须和斯堪的纳维亚各国采取一致立场。挪威政府坚持要弃权,他已经在布鲁塞尔和欧伯谈过,又和丹麦外交部部长蒙克交谈过,蒙克有意对投票之事再作考虑。为此,考夫曼提出可否将会议推迟一两天,好让蒙克外长有机会再和挪威外长商谈。他似乎对丹麦修正其立场有把握。

我说根据我所听到的其他代表团的讲话,我怀疑推迟会议是否能为大家同意。考夫曼说,虽然马上要开会,他还是要再和挪威及瑞典代表商谈一下。他私下透露,瑞典并不坚持,主要是挪威强烈要求弃权。

我和考夫曼谈话后不久就开会了。在我就座之前,戴维斯和贾德幹走近我,私下嘱咐要我在会上说得少一些,以免引起争论而妨碍会议通过声明。我正好也想到这一点并打算采取同一策略,也就是对声明文本不说什么。

会议大体上是按预期进行的。声明通过了,只有意大利投反对票。但是三个斯堪的纳维亚国家弃权。他们宣称的理由是他们在远东的物质利益很少。在这次下午4时开的会散了以后,考夫曼和我交谈,对会议未能延期引以为憾。他说,因为他理解到丹麦由于弃权而处于尴尬之境。他向我保证,即便如此,并不等于对会议声明的重要性缺乏理解,也不等于对中国缺乏同情。

约半小时以后我见到戴维斯。谈到斯堪的纳维亚三国对声明弃权时,他说,他曾经向瑞典和挪威做了一些说服工作,希望他们修正其态度。不过他认为会议通过了声明,虽说有人弃权,总而言之还是一件好事。他以为会议延期是相当危险的,并说斯堪的纳维亚代表们害怕实施制裁。他说他为我星期六发言中提到

"制裁"一词而感到遗憾,因为显然这些代表们都被这个词吓住了。

为了纠正他的印象,我说,我根本没有用过"制裁"这个词,仅仅提到可以采取哪些措施。

亨培克当时在场,也证实我的讲话中根本未用过"制裁"一词。于是戴维斯说,他可能从斯堪的纳维亚代表们的话里误解了。

我于是趁机按照政府指示,向戴维斯和美国代表团转达中国政府对他们在会议中同情和协助的态度所表示的赞赏。

戴维斯说,他不过做了他以为是最恰当的事,而中国政府表示赞赏,实在深以为幸。

亨培克说,他希望我不要在外面宣扬美国是中国最好的朋友。他说这种说法会给美国人民带来一种印象,说美国代表团在会议中处处带头,并且负起了全部重担。

戴维斯说,这点很重要。事实上英国的表现一直也是非常之好的,也和美国一样对中国友好。他说,他对艾登的态度及其合作完全满意。

我说,我的同僚郭泰祺此时也在拜访麦克唐纳,并向英国代表团表达同一信息(艾登和德尔博斯已经离开布鲁塞尔)。

亨培克所提并为戴维斯衷心附和之点,充分反映了当时美国公众舆论的基调。当时美国公众意见还不准备采取坚定的立场。这在美国国会也清楚地反映出来,议员们似乎非常重视中立法案。他们很担心欧洲的局势,在那儿战争一触即发,而他们希望能置身事外。美国人民有一种恐惧的预感,似乎美国不论在欧洲或是远东,只要采取强硬的态度,就可能把它卷入另一场世界大战。

11 月 15 日会议以后,会议暂时休会,直到 22 日星期一,以便代表们得以和他们的政府商量所持的"共同态度"和以后要采取的步骤。在这一周间,由于种种原因,各主要国家放弃了任何对日本采取强硬态度的想法。至少原因之一是美国国会的不利反应。国会批评戴维斯的发言和声明不符合美国人民的本意。美国人害怕任何鼓励支持都可能使国际形势恶化而最终导致大战。

戴维斯最初给我们的印象似乎很愿意在会议上做些有效的事。亨培克曾对我和中国代表团其他成员屡次说明此点。他说："不要误解戴维斯，他是真心想帮助中国的。"但其时美国官方推行的是一项中立的政策，中立法案赫然载入法典，虽说罗斯福总统本人同情中国人的正义立场，甚至可能理解到除非及时遏制日本，太平洋和远东的形势必将急剧恶化，而终于会使美国卷入。

三、会议第一阶段有关国外援助特别是　　提供过境便利的一些问题

1937 年 11 月 1 日—15 日

1937 年 10 月中旬，法国政府突然拒绝为中国军需物资提供通过印支的过境便利。经过许多日夜的努力，我终于为中国军需保持了仅存的一条实际通道，法国人答应我这种状况可以一直持续到布鲁塞尔会议解决整个问题为止。从中国的观点看这似乎是一个令人满意的临时解决办法。后来知道意大利将要多多少少作为日本代言人出席会议，各方原来期待法国向会议提出的有关整个过境问题的建议，势将因此而遭到严厉的反对。所以，就在我出发去布鲁塞尔之前，我向法国外交部部长德尔博斯建议说，最好仅在会外与各主要有关国家就此问题交换一下意见。

会议前夕，我在布鲁塞尔又和德尔博斯谈到过境问题，首先谈到的是关于已经在途或刚刚运抵印度支那待向中国转运的德国武器弹药。我告诉他，南京方面通知我，这些货物已被印度支那地方当局截留，他们期待得到巴黎的指示。我告诉他，南京方面十分盼望这些军需物资尽快得到准许过境，指示我向他提出特别请求，尽快发出电报指示，让这些物资通过。

法国外长则说：他不了解这一问题的详情，他将让泰桑先生

查清这些物资的情况告诉他。但他认为，如果这些物资是来自德国，则难以安排过境。他说他对德国人全无好感，并且怀疑可能是他们设下的圈套，以取得法国帮助中国的证据（我想他指的是向日本提供情报）。他说，如果日本人企图破坏印度支那和中国之间的铁路或者占领印支海岸附近岛屿的话，就会使法国面临对日的严重纠纷。德尔博斯还说，对法国来说，它面临的是一个实际问题，在当时的情况下，法国不能独自应付这样的危机。

至于整个过境问题，我记起德尔博斯曾有意向布鲁塞尔会议提出讨论。我希望他不要正式提出，因为有意大利参加，就不能指望会议做出任何决定，这乃是意料中事。（我的这个立场是经政府批准，并与戴维斯、艾登和苏利茨磋商取得他们一致同意之后采取的。他们也认为，如果向会议提出这一问题，决不可能得到一致的决议。）德尔博斯同意我的观点，并说要非正式地与艾登和戴维斯进行讨论。他强调指出，向中国提供过境便利，日本已表示强烈反对。有鉴于法国要单独面临可能出现的各种复杂情况，法国政府有必要从美国和英国得到一项保证：一旦法国因在这方面帮助中国而受到攻击时，这两个大国将予以支援和帮助，以便共同对付这一局势。德尔博斯还说，这一保证应是书面的而不仅是口头的。

我告诉德尔博斯，我已经向戴维斯说过，要求美国以同情的态度考虑法国的这个观点。

德尔博斯说，他听到这个消息十分高兴，认为我向戴维斯指出这一点十分符合他的心意。他说，在武器和飞机的问题上，法国完全同情中国，这是没有问题的，而且法国已经做了不少工作。他知道这些飞机是在印度支那装配的，并被允许飞越国境。他说正是这些，造成了法国与日本的许多问题，他认为我一定能理解为什么他急于就互助和集体安全取得英、美的保证。

我在11月4日（即布鲁塞尔会议开幕的次日）与苏联外长李维诺夫会谈的话题之一就是印度支那过境问题，我渴望听到他与美国首席代表戴维斯会谈后的印象。

他告诉我,他从与戴维斯的谈话中了解到戴维斯不明白为什么法国如此迫切要得到美国政府决不可能答应的那种保证。

后来,我问他,为什么苏联不更积极地在抗日问题上与中国合作。李维诺夫回答说,他的国家在军事物资的供应方面已经给了不少帮助。我说,苏联还能更多地援助中国抗日,例如,苏联可以在满洲开始有所行动,这样会起到牵制日本兵力的作用。

李维诺夫提到,不久前中国政府请求允许一部分中国抗日力量的组织者经西伯利亚去北满。这件事已得到准许。但据他所知,这些人员尚未到达,中国并未利用该项便利。

我告诉他,据我所知,包括马占山将军在内的几位重要领导人已经进入满洲。但是,我说:武器的供应是最关紧要的,否则,不论在满洲或别的什么地方,都不可能进行有效的战斗。然后我向苏联外交部部长提及苏驻华大使鲍格莫洛夫,问他是否已从莫斯科返任。

李维诺夫在回答我的问题时说,鲍格莫洛夫了解情况不够,他一直十分紧张,他向莫斯科报告说,中国抗日不能支持多久。但是现在正好相反,中国很能坚持,李维诺夫责备鲍格莫洛夫沉不住气和不能确切地反映中国局势。李维诺夫说,不管怎样,不久即可派他返回中国。

同一天晚上我与亨培克就会议和中国军事形势的前景交换了意见。我的看法使得他向我问起军需供应的问题。

我说,在这方面,得向他谈谈印度支那过境的问题,我简要地谈到过去两周来的发展过程,并且指出,因为法国政府突然决定完全停止印度支那过境,形势一时变得十分严峻。在尽力疏通之后,该项决定才暂时搁置,目前仍维持原状,这才使军需物资得以继续从印度支那过境。但是这种安排只是根据这样一种谅解,即法国将把过境一事提交布鲁塞尔会议。不过,后来经我的劝说,法国外长已同意不向会议正式提出这一问题,因为在会议上肯定通不过。

亨培克同意我的看法,他说,由于意大利的与会,没有希望在这个问题上取得一致决议。

我告诉他,法国也许会向美国非正式地提出这一问题。由于过境一事是中国抗日存亡的问题,所以我真诚地希望美国代表团不要使法国过于失望。我告诉亨培克,法国不仅要一个口头上的,而且要一个书面保证,一旦与日本发生纠纷,他们可以指望英、美的共同支援和帮助。

跟戴维斯先生一样,亨培克说,美国显然不可能这么做。他说美国的一贯政策是不使自己承担义务,美国人民不容许这么办,法国应该知道这一点。他还说,不仅法国所梦想的书面保证,就是口头上的保证也决无可能。

我对他说,我理解美国的政策,并同意他的看法。但我认为,考虑到欧洲的形势和一旦引起对日问题,从防御的观点出发,印度支那地位暴露,法国的担心是很自然的。我向亨培克表达了我的殷切希望:如果德尔博斯向戴维斯再次谈到这件事时,戴维斯对此应以尽可能多的同情来看待这个问题。

我相信法国的态度是真诚的,法国坚持须有美国支持并不是为了向中国推诿。甚至英国也不完全明白美国政府的情况。他们不能理解,为什么美国总统不能实行他所作出的保证,为什么这种保证须经国会审查或批准才行。在欧洲,人们总认为美国总统不仅比欧洲的君主拥有更大的权力,而且他是一个大强国的最有权势的领袖。但是实际上,美国总统必须遵守宪法的限制。这一点从欧洲的观点来说是不寻常的,因而欧洲人也确实不熟悉。他们并不完全理解在对外关系中美国参议院实际上与美国总统是协作关系。

11月7日和9日,我再次与李维诺夫谈话。这一次是正当他9日要赶火车返回莫斯科,大概因为别的一些强国玩弄手腕要把苏联从拟议中的小组委员会中排挤出去,使他非常恼火。在9日的会谈过程中,李维诺夫透露,头一天在回答戴维斯先生问题时,他告诉戴维斯,各列强务必提供军需物资和继续开放海路,以使中国的抗日继续维持下去。他说后来戴维斯问他有关从苏联陆路过境的问题,他说,陆路过境太长,太困难,而且缺乏迅速运输的组织工作。我说,印度支那过境的问题,是中国抗战生死攸关的重要问题,我对他说,鉴于戴维斯拒绝给法国以保证,我恐怕法国政府可能再次撤回其提供的过境便利。我请李维诺夫对法国施加一些影响。

李维诺夫说,他已向戴维斯谈到这一问题,戴维斯表示美国无意提供保证。他也和艾登谈过,艾登则说德尔博斯没有对他说起此事。此外,艾登还给李维诺夫一种印象,似乎艾登认为,日本不会因英、法向中国提供过境便利而给该两国制造麻烦。李维诺夫还说,他从德尔博斯处得悉,目前的过境便利,只限于已经订购的货物。

我告诉李维诺夫,郝墨集向艾登提供的报告指出,中国士兵和中国人民的精神和士气极佳。中国各部队与其高级指挥部的关系十分融洽。报告说,中国团结一致的意志,甚至比抗战开始时还要坚强。我告诉李维诺夫,艾登对来自中国的该项报告甚为满意。我接着说,戴维斯先生曾对我讲,根据美国的报告,日本现有 60 万军队在中国,这比日本开始时打算派遣的数字大得多。我说,日本显然做了异乎寻常的努力来应付局势,它已发现事情要比它过去所想象的艰难和费劲得多。我告诉李维诺夫,这确是一个根本解决日本问题的机会。为了达到这一目的,苏联有必要采取一项比仅以物资援助更为积极的政策。苏联可以沿边境采取某种军事行动或军事性质的演习,这对日本会有巨大的作用。

李维诺夫说布廖赫尔(加伦)将军(苏联远东红军总司令)正在进行准备,远东的苏联舰队正在举行演习,定会大大引起日本人的注意。

我对李维诺夫说,中国政府将派遣李石曾先生赴莫斯科。(这是我在 11 月 7 日向他提过的一件事,要求他对李的签证提供便利,并介绍了李先生的简历。那时李维诺夫对我说,签证无困难,但他问我李的使命是什么。我回答说,李是奉蒋介石和王宠惠之命访问莫斯科的,目的是与苏联政府保持更为密切的联系。李维诺夫说,中国已有一个军事代表团在莫斯科,该团与苏联当局保持着极为密切的联系。)11月9日,我进一步对李维诺夫说,李是中央执行委员会委员,在过去三年中,他一直竭力主张中、苏之间建立友好关系。李维诺夫先生再次强调,中国已有一个军事代表团在莫斯科,与苏联政府保持极为密切的联系。

根据最近形势的发展,我于11月10日连连与戴维斯和德尔博斯就过境问题进行会谈。第一,从东京来的消息说,日本已经明确决定,对布鲁塞尔会议的第二封信作否定的答复,因而使会议调停中、日冲突的企图全部破灭,其次,来自中国的一些报告说中国的军事形势严重恶化。

我向戴维斯先生指出,盼望日本与会议合作已属无望。并向他表示了中国抗日的决心。我说最重要的事是从国外提供军需。为了获得这些物资,对中国来说,过境便利是至关重要的。我告诉他,法国政府看来对于美国拒绝保证在法国向中国提供过境便利与日本发生麻烦时给予支持感到非常失望。我告诉他,我自己理解,美国政府不可能提供这类保证,但我希望他与法国人谈到这个问题时,不要使他们过于失望。我还对他说,按照我的看法,可以告诉法国一旦日本方面与法国纠缠,法国可以将此问题提交英、美这些最有关系的大国并要求磋商,这一点似乎已经包括在九国公约的第七条中。我认为,法、英、美三国在远东的舰队应在对日问题上交换情报,并彼此保持联系,如果能有这样一项安排,也可以使法国得到安抚,我说采取这些步骤并非承担义务,但也能使法国满足。戴维斯说,关于三国海军彼此合作保持接触一事,他不知可否安排。至于根据九国公约第七条的规定进行磋商一节,他说他想要查阅一下,看看该条是否包括这类问题。

该条当然包括这类问题,我查阅过九国公约,根据第七条文

字,我所设想到的那种情况肯定包括在内。实际上,该条文字含义十分广泛,足以包括远东所发生的任何问题。该条约原文是①:

> 缔约各国协定,无论何时,遇有某种情形发生,缔约国中之任何一国,认为牵涉本条约规定之适用问题,而该项适用宜付诸讨论者,有关缔约各国应完全坦白互相通知。

同日稍晚,我拜访了德尔博斯。我也告诉他,日本与会议的合作已经无望,中国决心继续抵抗日本的侵略。我说,这个决心,使法国提供印支过境的便利对中国显得更为重要了。实际上,这是关系到中国能否继续抗战的必不可少的条件。我提出几天前他曾告诉我,如果日本因法国提供过境便利而生事的话,他希望由美国作出书面保证,保证美、英将支持法国。我告诉他,我已再一次向戴维斯谈了法国的希望,但戴维斯觉得难以作出承诺。我说,虽然在情况需要时,美国通常会竭尽全力,但事先承诺义务的做法,是与美国一贯的政策相违背的。

我说,我倒想出一个办法,他可以要求在一旦发生纠纷时进行磋商,来代替一项正式的保证,因为九国公约第七条对这样的要求已经提供了法律基础。我也提出了有关法、英、美远东舰队交换情报和就面临的形势保持联系的建议。我说这种安排也能给人一种团结的印象,可能还是他们之间合作的开端。我还说,戴维斯已经回答我,他认为海军合作的安排可能是困难的,但根据公约第七条的规定进行磋商一事他将要研究一下,因为他不能肯定这样的情况是否包括在条文之内。

德尔博斯说,他在午餐时已与艾登和戴维斯讨论了这个问题。法国的立场是,它愿意最大限度地参与任何共同措施和任何制裁,实际上,他愿意做任何一件事,只要这件事不限于它单独去做。这就是他理解的团结一致的原则。如果日本方面作出反应,法国不会从任何确定的措施中撤销其合作。但是,因为它

---

① 九国公约第七条条文,转录自《国际条约集》。——译者

采取了这种肯定的措施而引起反应时也要求别人支持它。他说，如果因为法国参与共同的措施而让它去单独应付危险的话，法国认为这是不公平的。至于过境问题，他再三说明法国完全愿意帮助中国，但是让法国独自应付出现的局势是不公正的。这就是为什么他要求戴维斯在团结原则基础上，提供一项保证的原因。但是尽管艾登很表同意，而戴维斯却与他的看法不能完全一致。

我说，英国将继续让香港为中国转运军需物资，并不认为日本会因此而对英国自己或法国制造严重麻烦。我还说，我也认为日本不会给三强中的任何一个制造麻烦。

德尔博斯说，如果出现了麻烦，法国国会和法国人民，不会原谅法国政府在采取向中国提供过境便利政策时，没有事先取得保证。在欧洲目前的形势下，法国不可能增援其在印度支那的小小舰队，而这支舰队如得不到增援，就无力应付严重的局势，他曾向戴维斯提出三国舰队合作的建议，但遭到戴维斯的拒绝。至于我建议的第二点，他说，他也得研究一下第七条的内容，看看是否包括这种情况。

我说，据我所知，当时任何东西都允许在印度支那过境。德尔博斯回答说，现行的过境便利，适用于中、日两国间的敌对行动开始前已经订购的货物，据他了解，全部订货将在 11 月 15 日或该日以前到达。我说我认为这些货物不会在上述时间全部到达，而且肯定不会在月底前全部到达。

在布鲁塞尔会议 11 月 15 日通过声明暂时休会之前，我曾再一次与法国就过境问题进行商谈。这一次我找到法国外交部亚洲司副司长、法国代表团成员贺柏诺先生。

对下午的会议能否通过声明一事简单地讨论之后，我向他提出了印度支那过境问题。我说，德尔博斯提到 11 月 15 日是允许运到印度支那的物资过境的最后日期，但是据我从另一方面获悉，过境问题还得以 1937 年 10 月 13 日法国内阁的决定为基础，我请贺柏诺澄清一下。

他说,10 月 13 日的决定是,如果这些物资在 10 月 13 日做出决定时已在海运途中,则不论这些物资在什么地方生产的,均可允许从印度支那过境。至于 1937 年 7 月 15 日中、日战争爆发前在法国的订货,则任何时候都可允许过境。另外 10 月 13 日的决定,也只适用于物资的陆运过境,而不适用于飞机从空中过境。

我告诉贺柏诺,我在巴黎时,曾从德尔博斯处获悉,并在前些天又从肖唐处得知,10 月 13 日做出的并不是一项政府的决定,而不管怎样,后来已采取了一项新的措施,即问题在布鲁塞尔会议得到解决以前,不论什么时间,也不论何地出产的所有物资,均得过境。

贺柏诺说,这不是一项决定。但 10 月 23 日已做出一项安排,原来的决定将仍然有效,而把问题向布鲁塞尔提出以便取得英、美两国的某种谅解。如果在布鲁塞尔不能就对付日本的纠缠达成令人满意的相互支援协议,则即将实行 10 月 13 日的决定。同时,10 月 13 日以前在海运途中的物资,不论订货的时间地点如何,均全部允许过境。换言之,除非在布鲁塞尔达成一项安排,否则原决定中的一些限制将予以实施。在回答我的问题时,贺柏诺还说,他已与美、英代表谈过此事,但他们都拒绝作出互相支援的保证。所以原决定中的一些限制将不得不付诸实施。

他还说,日本人威胁要摧毁滇越铁路和占领海南岛。法国政府根据 1907 年协定与东京进行了接触,设法说服日本不要占领该岛。当我说到,英国人认为日本不会对香港和印度支那制造困难时,贺柏诺说,他本人也不相信日本会进攻印度支那和印度支那境内的铁路,但可能要摧毁中国境内的铁路。在这种情况下,过境权就无助于中国了。法国可以继续给中国以过境便利,但如果两周后,云南境内铁路被毁,过境便利就不会对中国有任何帮助,倒给法国人民带来了巨大的损失*。

贺柏诺说,真正促使法国采取目前行动的是日本可能占领海南岛,如果该岛真被占领(对日本来讲实行这一步骤是容易的),将是对印度支那的一大威胁,因为海南岛紧靠印度支那海岸。这当然对中国也是一个巨大危险,因为这会为日本从南方沿海入侵大陆内地提供方便。

我说,我完全理解这种可能性,我在伦敦的同事已请英政府在东京施加影响,劝止日本不要侵占海南岛(日本人的侵占也严重地危及英国的利益)。伦敦外交部的印象是:日本不像是要将这种威胁付诸实施。

贺柏诺说,来自驻东京的法国海军武官的报告表明,如果印度支那不结束中国武器和军需物资的过境,日本一定将实施它的威胁行动。他还说,提供中国货运的过境便利,已造成对日本进行解释的极大困难。

我说,中国政府也已在华盛顿提出了这个问题,敦促美国政府在发生麻烦时尽力帮助法国。但是,我相信,如果印度支那因为自己目前的危机而对中国关闭供应物资通道的话,这将再一次严重地打乱中国政府的计划。

在我与贺柏诺会谈之际,布鲁塞尔的形势有了改变。日本第二次拒绝出席会议和接受调停的答复,已经收到。它的不妥协的做法明显地使各主要大国的态度强硬起来。11月15日下午会议通过的声明宣称:值此国际条约的缔约一方坚持其与所有其他各方相对立的观点,认为其所采取的行动不属于条约范围,并置其他各方认为在此情况应属有效的各项条约规定于不顾之际,各列

---

* 根据诺尔曼·汉威尔的资料,滇越铁路是法国在中国的最大独家投资,该路从印度支那北方最重要的港口——海防开始直至云南省会昆明,从法律上说,它是法国公司的财产,但在印度支那接受政府的补贴,在某种程度上受法国政府的控制,但是它的兴建是一项经济投资而不是政治投资,1936年营运收入在4,500万法郎以上,1937年为6,000万法郎。汉威尔《法国在中国的财产》,载1938年9月28日"远东调查",第220页。

强将考虑其应持的"共同态度"。在布鲁塞尔,人们得到这样一种印象,即列强现在可能趋向于采取某种形式的压力,迫使日本接受解决中、日冲突的调停。当然,这可以包括直接或间接地援助中国,这其实正是中国在布鲁塞尔与各强国集体或个别接触的最终目标。

在集体接触方面,像过去多次对与会列强讲过的那样,我在11月13日的发言中说:

> 在反对日本侵略势力的斗争中,我们有全民族作后盾,有百折不挠的意志和大无畏的精神,中国人不是要求各签字国为我们打仗,但需要物资上的支援,以便使我们得以继续进行有效的抵抗。

与此同时,我继续逐个地与各主要国家的代表团进行接触,以寻求某些具体的行动。

就在11月15日通过声明之后,我对戴维斯说,现在声明已获通过,我想就远东局势向他提供一些情况并与他讨论一下。我说,自从由大场、江湾和闸北地区向主要防御阵地进行了战略撤退之后,中国军队不得不用一定的时间来巩固战线,但是日本人了解并且利用了这种情况,成倍地加强兵力,迅速地向前推进,对中国军队发起进攻。日本人在杭州湾的乍浦登陆获得成功,威胁到中国的右翼,同时,日本军队在长江沿岸浏河以西登陆,又威胁到中国的左翼。我解释说,这两地都在中国战线的后方,中国的这个地区里有三条铁路和良好的公路网,有利于日本军队摩托化部队的迅速行动。我说,在过去几天内,日本的压力异常强烈,中国军队或许不得不撤至第二道防线。很明显,日本人现在企图一面占领杭州,一面占领苏州,意在攻取南京。整个形势相当危急。

我继续说,军需供应问题使中国政府甚为焦急,除非保证外国的武器和军需物资供应源源不断,否则虽有决心继续抗战,中国政府也不可能对前途充满信心。在供应方面必须能展望到某些肯定的前景。当前印度支那过境问题已经使中国政府极为沮丧，两批德国武器和军火于三周前已经到达印度支那，但因法国不同意过境，一直滞留在该地。

戴维斯说，这太使人失望了。他不懂为什么法国拒绝准予过境，造成这么多的困难。他认为，使中国得以继续抗战也是符合法国利益的。如果中国抗战失败，并被日本所统治，那么印度支那前景又该如何？难道日本不想占领印度支那？

我说，法国对日本威胁要轰炸印度支那和侵占海南岛表示担心。

戴维斯认为，日本人轰炸印度支那的可能性不会比轰炸香港的可能性大。

我说，法国说他们只能在取得英、美的一项给予支持的保证之后，才愿继续提供过境便利。戴维斯说，法国已提出这项要求，但对美国来说，给予这种保证是不可能的。美国不可能对任何国家承担任何义务。在远东，法国有印度支那，它在这个地区有很大利益，可以说至少相当于或大于英国的利益。美国在该地区则没有多大利益，它已决定放弃菲律宾，在远东并没有其他的领地。美国在远东的利益，就是坚持尊重条约义务的原则，和使九国公约得到尊重。

我说，法国对日本人侵占海南岛的恐惧似乎是有根据的。日本人肯定是要占领它的。如果成为事实，这将是对印度支那的重大威胁，因为该岛非常接近印度支那海岸。

戴维斯对法国提出的理由仍表示怀疑。我说，除非对军需物资的后续问题有一个肯定的计划，并对过境作出保证，否则海外的继续供应就靠不住。除此之外，还有另外一个因素对中国政府的压力很大。

亨培克打断我的话说，包括胡适博士在内的中国代表在华盛顿告诉他们，中国军需供应至少可以维持四五个月。他不明白，为什么所存物资现在就已消耗殆尽。

我解释说，财政部部长孔祥熙也这样对我说过。我问过他中国的供应将维持多久，他说至少可到一月底。但我解释说，从过去三个月以来上海地区的剧烈战斗情况和华北战争的迅速发展来推测，可以肯定，原来估计的武器和军需物资消耗率已大大地超过了。

戴维斯认为这可能是实际情况。

我说，中国估计日本在上海的兵力不超过5万人，战斗开展不久，日本就将军队增至10万人，现在最少增到了18万人。我还说，我的意思不是说现在的供应已经到了空虚的程度。而是说所存已不太多，如果对从国外及早和稳定地得到供应没有肯定保证，则中国政府就不可能有信心，军队士气也不可能保持旺盛。

戴维斯说，他希望能立即提供帮助，但不知建议如何办。他认为形势是危急的，但他只能建议把这件事立即在华盛顿提出来，华盛顿是可以商议这种事情的地方。

在这次会谈的后一部分，我和戴维斯一致认为，除了武力以外，日本不会听从任何意见，这一点已很清楚，在此之后，我又提出了美、英、法在远东的舰队进行海军演习的想法。我认为以这种形式来表示密切合作，将促使日本重新考虑。如果能说服苏联同时在北方中、苏边境上进行某种军事演习的话，那就更能给日本以突出的印象。我把与李维诺夫上次会谈的情况告诉了戴维斯：我在那次会谈中，曾设法请李维诺夫抓住目前形势的机会与中国合作，寻求解决日本威胁的办法，这不仅为了中国的利益，也是为了苏联的利益。

在结束与戴维斯的谈话时，我说，扼要地讲，当前形势要求从三方面行动，美、英、法的联合海军演习；苏联军事演习；以及就从海路对中国继续提供武器和军需物资供应问题做出一项肯定的安排。我请戴维斯与英、法代表们谈谈这个问题。但是戴维斯认为，如果中国直接向华盛顿提出来也许更好些。

换句话说，正像我和我的同事们努力使别人相信的那样，向中国提供帮助的问题，包括供应物资和提供过境的便利，那时已成为与布鲁塞尔会议不可分的了。与会各大国即使不动用其武力，也应以一般的军事演习形式来暗示要动用武力，并以此为后盾，制订、通过一项方案，以便继续向中国供应武器。一方面，由于日本人拒绝与各大国合作和调停计划的失败，现时着手制订这样的方案更加可行了。另一方面，也许更为切中要害的一点是，鉴于日军向南京推进和中国军需供应严重不足已处于危险境地，中国迫切希望得到在该方案拟议中的具体行动。至于会议重开后这一方案的遭遇如何，乃是下一小节叙述的主题。

在这里，我想就关于中国为其空军成功地招募法国飞行员一事说几句话。因为从这当中可以看出法国支持中国的态度和立场。

当然，为中国空军招募法国飞行员比提供过境便利，在法国政府方面的困难要少些。空军部部长科特也十分同情中国的事业。从官方来说，中国政府和大使馆都没有对法国提出什么要求，因为我们不想使他们为难，但他们知道所进行的一切。未来的应征者往往要试探一下法国当局，看看是否能去。结果都没有遭到反对。

巴黎的中国大使馆有全权雇用飞行员。我亲自主持这件事。我逐个接见了每一个应征者。我所雇用的法国飞行员们，几乎全部都是在西班牙内战中站在西班牙共和国一边的志愿人员。

我记不清那些年招募了多少飞行员，但肯定超过一打，也许不足一百。当然，每一位飞行员都是单独签订合同雇用的。我们向他们提供了有吸引力的各种条件。工资十分可观，高于他们自己国家飞行员在正常情况下能够得到的金额。还有致伤的个人补偿，和一旦在执行任务中牺牲时，给家属抚恤的各项规定。这是唯一能够招募到他们的办法。我雇用了在西班牙内战中指挥法国志愿空军中队的一名法国空军上校，所以我的任务进行得比较顺利。他在西班牙有很高的声誉和权威，所以我们收到其他各方面来的志愿申请时，就向他了解这些人是否合格。

根据中国航空委员会的材料,总的来说,法国飞行员的战斗成绩相当不错。建立这个委员会(它是雇用外国飞行员的最高主管机关),是中国军事系统的一项创举。它的秘书长是蒋介石夫人,是在中国武装力量总司令、蒋委员长之下的最高掌权人。虽然她是一名文职人员,但几年来证明她是一个有能力、有效率的管理者。由于她了解外国的情况,知道西方人的生活水平,所以我在执行任务时,没有遇到困难。她不仅能筹措到必要的款项,而且会及时汇来,供招募飞行员使用,结果,应募者比我们能录用的名额多得多。

大使馆在法国雇用飞行员获得成功的情况,不是广为人知的,因为这件事是严格保密的。实际上,大使馆甚至收到了一些来自法国外籍军团要求参加中国陆军的志愿书。但我们没有雇用,因为中国陆军并不缺乏士兵。我们大量地缺乏受过训练的飞行员,这种情况一直延续到陈纳德将军帮助我们训练并组织了"飞虎队",才满足了中国空军的需要。

总而言之,在向中国提供过境便利和友好国家供应军需物资的整个问题上,我发现法国政府无论在勃鲁姆领导下还是在肖唐领导下,都不仅是同情,而且是实际帮助了我们。他们真正做到了竭尽全力。而且我认为他们对和日本发生麻烦的可能性的忧虑也是很自然的。因为欧洲形势吃紧,特别是由于意大利在地中海和北非的政策以及西班牙的革命(佛朗哥企图推翻尼格林政府的运动,受到希特勒和墨索里尼的支持,与此同时,苏联支持了马德里的革命政权),法国对远东形势的异常不安是可以理解的,特别是因为法国在远东水域只有少量的海军。从实际出发,我认为法国说它对日本在印度支那给它制造困难无力应付是无可非议的。

还有一些法国政府中著名人物和某些领袖也很同情中国的正义事业,除了肖唐和德尔博斯外,还有一位对中国特别友好,完全理解中国抵抗政策的重要性,并真诚盼望中国继续抗战的人。他就是殖民部部长莫泰先生,他十分相信法国在印度支那过境问题上全力支持中国的必要性。有一次,在他缺席的情况下,法国政府决定中止提供过境便利。对此,他甚至以去就力争。10月13日决定的修改措词,不如原来的严格,部分正是出自他坚持的结果。由于整个问题得到延缓,所以直至提交布鲁塞尔会议之前,过境的便利得以继续保持。莫泰在另一个场合,也曾给了很大的帮助。我建议过境一事可以在印度支那当地处理(像香港一样),一般不要上报巴黎经法国政府批示,这样,如遇日本强烈抗议时,法国政府可以推卸责任和否认了解情况。由于我的建议法国政府同意试行,并承莫泰特别与印度支那总督联系并与他一起对此事做了安排,使总督了解其意图并按照执行。

空军部部长科特也很同情中国的事业。他在召募飞行员一事上出了力,他还千方百计设法为中国获准购买飞机,甚至向法国政府的工厂购买。老资格的政治家赫里欧先生也给了很大的帮助。譬如,他曾建议在印度支那设置几个小型工厂装配飞机,他甚至提出向苏联人建议向这些工厂供应材料和零件,用这种办法对我们进行援助。他作为法苏互助条约的倡导者和谈判负责人,对苏联人也有某些影响。苏联当时从海路向中国输送了一定数量的军需物资,但缺少运货的商船。我记得在巴黎任大使时曾因此办理过租船到里海的敖德萨,然后把供应物资运送到印度支那的事。

总而言之,法国当时确是尽了最大的努力来帮助中国,不仅在有关过境便利问题上,而且在提供信贷和以法国各私营银行贷款来购买飞机和军火方面也是如此。这样的贷款,只有法国政府批准才能取得,而这种申请总是得到批准。

在财政贷款上,英国就差得多。麦克唐纳和艾登曾答应考虑贷款问题,并说很有可能。但是,在作战物资、武器和军火的供应方面,他们几乎坚决拒绝考虑,借口是他们自己也在从别国购买这类物资来加强自己的防御力量,建立自己的军火库,因为英国的生产不敷自己的需用。至于美国向中国提供有效援助的重大障碍,就是所谓的"中立法案"。由于美国有强烈主张中立的舆论,甚至在中、日冲突这一事件上,罗斯福总统和他的政府也是无能为力的。事实是,总统颁布了一项行政命令,禁止政府船只向中国运送武器和军火,但是他向在华盛顿的我方代表解释说,禁止美国政府船只装运的命令,并不适用于私人船只。美国的私人船只和商船如果由中国购买或租来运送战争物资去中国的话,是不禁止的。

从法国的观点看,它对欧洲的国际形势,总的来说不很放心。甚至在这种情况下,人们也可以说,在有效地帮助和支持中国抵抗日本侵略的问题上,法国已经做了力所能及的一切。我必须再说一句,就实际支援中国这一点而言,甚至德、意两国也不是一概坚决拒绝帮助我们的。例如,从德国就购买了一定数量的物资,从意大利获得了一些飞机部件。当然从该两国得到的援助,经常都必须安排在某种掩饰之下进行。这是该两国当局坚持要求这么办的,因为他们实际上是日本的盟国。正如我说的那样,在德国存在一个强有力的有利于中国的舆论核心,甚至政府也有亲日派和亲华派,而亲华派是一个很重要的势力。意大利只是 1937 年 11 月参加德日"反共产国际协定"以后,才开始在中、日冲突中采取了强硬的反对中国的政策。正像墨索里尼在意大利对蒋委员长的代表蒋百里将军说的那样,意大利不能以牺牲其在欧洲的利益为代价,来帮助中国。

四、会议结束,争取在会议的支持下获得援助的努力也随之结束

1937 年 11 月 15 日—24 日

正在布鲁塞尔会议遭到日本的第二次拒绝之前,中国的军事形势开始转趋严重恶化。在华北,日本人经过很大努力克服了巨大困难之后,最后在 1937 年 11 月 8 日—9 日占领了山西省省会太原。在上海地区,中国军队被迫撤退至内地的新防线。此后,

日本增援的军队在杭州湾北部小镇乍浦登陆成功,使他们能够从一个新的方面来包围上海的中国守军,11月8日有报道说,这些新登陆的日本军队,迅速地向松江推进,可能不久将会从松江切断上海中国守军的后路。结果一部分中国军队再次被迫后撤。经大量增援加强了的日军,因此得以包围上海,并开始向中国首都南京作钳形推进。

源源不断来自中国前线的失利报告,弄得我心烦意乱。与此同时,外交部多次来电说,德国大使一再提出,柏林有意进行调停解决,并征询在布鲁塞尔的中国代表团的意见,这也很使我不安。日本因其军事成就而趾高气扬。其从北方增兵的结果,不仅攻破了中国的防线,而且沿着杭州湾和长江两个方向直逼南京。它指望在会议收到它的第二次答复时,把既成事实加诸于布鲁塞尔会议。这样,日本的地位将得到加强,列强拟采取援华行动的想法将进一步受到挫折。

正当我为中国前线不利的战报而苦恼,并为收到德大使建议调停使双方直接会谈的报告而不安时,11月8日我与来代表团共进晚餐的蒋百里将军讨论了军事形势。蒋是一位公认的中国军事权威,而且最近刚从德国和意大利来。我把收到的外交部发来的有关军情的消息告诉了他。他认为,南京有意和平解决,但公开追求和平有其政治上的困难。他又看不出委员长会提倡放弃抵抗。

我给在上海的宋子文打了电报,进一步了解军事情况。11日他在令人忧虑的回电中确认,中国的防线已被日军突破,中国军队已撤至后方,竭力建立一道新的防线,但新防线尚不十分巩固。

第二天,会议收到日本第二次拒绝的答复,情况有些异常。

我在布鲁塞尔11月12日的日记中有一段记载说,我先是从外国记者得到日方答复的副本。而到当日夜晚才从会议得到经由比利时散发的这份答复。我写道:"从比利时大使馆收到的答复迟到了。颇令人费解。"可能是日本一方面不慌不忙地通知比利时政府，一方面向东京报界发表。这种情况可以用中国迅速恶化的军事形势，特别是上海和上海周围的形势来加以解释。

那天早些时候，外交部次长徐谟给金问泗回电，是根据我去电询问国内更为真实的情况而发来的。金问泗是驻荷兰海牙的中国公使，当时在布鲁塞尔是中国代表团的顾问之一，他和徐谟有私交，徐谟的回电说："现在的防线难以坚守，敌军正向杭州和南京进犯。"

与此同时，驻布鲁塞尔的中国助理武官来访，并说：如果出现和平的机会，我们应该不放过它。他解释说，中国士兵一旦战败，很容易丧失斗志。他认为，抗战力量已达到顶点。他认为可以目前军事形势的现状为基础准备停战。我对他说，中国不可能接受这个办法，我怀疑他是代表南京的参谋总长在说话，把参谋总长的意思传达给代表团。令人不安的军情和南京政府可能的打算不断传来，使我深感烦恼。有鉴于此，我在 14 日星期天召开了一个会议，与会者不仅包括我的同僚——英国的郭大使，柏林的程大使，代表团秘书长、驻瑞士公使胡世泽和金问泗公使，而且还有当时在布鲁塞尔的李石曾。我的目的是谋取他们的支持和同意，以便起草一项向南京的建议，在目前的形势下应保持坚定。李石曾强烈地主张抗战，认为中国肯定会取得最后胜利，这也是我们大家的共同想法。

后来，我与陈公博的秘书谈了一次话，请他替我向陈转达一个口信。（陈公博是前实业部部长，与汪精卫关系密切，在意大利已有两周，其特殊使命是想弄清意大利的立场，并在可能条件下争取意大利人对中国给以支持。意大利外长齐亚诺 20 年代在中国任职时，陈和他就相当友好。）

我请这位前往罗马与陈会合的秘书告诉陈：中、日直接谈判是中国不能接受的，并说了不能接受的原因。我说，陈先生只应向齐亚诺试探日本的和平条件以便了解日本人是怎样打算的。就在这个时候，金问泗收到了徐谟的另一封电报，说中国的防线正在崩溃。

次日下午，会议就日本拒绝和解，通过了声明草案。会后，我与戴维斯作了长时间的会谈，一部分时间是向他解释中国形势恶化的经过。仅仅在那一天内，我就从孔祥熙和外交部收到 8 封电报，催我们努力促成停战。孔在电报中也证实了德国愿从中调停的消息。

鉴于军事形势恶化，我向戴维斯谈到了中国急需物资供应和继续给予过境便利的问题（郭泰祺同时也和在布鲁塞尔的英国代表讨论同样问题）。我还告诉戴维斯，南京尚有另外一种很重要的考虑，这就是，得到增援的日军迅速推进，使中国军队难以巩固其防线，而中国军队正需要一个喘息的时间巩固阵地，以便抵挡日军机械化和摩托化部队的猛烈进攻。所以我认为如果可能的话，从军事的观点看，安排停止敌对行动倒是有必要的。

戴维斯说，他认为不可能做出这种安排。会议已两次与东京联系，而两次均遭到拒绝。

我说，也许可以由美国和英国通过外交途径向东京联系，因为原计划就是让这两个大国进行调停的。

戴维斯认为，日本肯定会拒绝。

我说，德国前几天已与中国政府进行了接触，说它愿意进行调停，催请中国立即接受日本条件。据我了解，条件之一是中国应参加"反共产国际协定"。日方做出的姿态是：威胁中国，如果中国现在拒绝接受日方条件，日军将继续向前推进，直至攻陷南京。我还说，当然，如果必需，中国政府将撤出南京，迁移首都。实际上，在这次战事爆发之前，就已制订了迁都方案。

戴维斯说，对此任何人都不会惊讶，他认为，无论如何是要撤出南京和迁都的，所以不会使人感到奇怪。他说，重要的是，在迁都以后，中国应该继续抗战。

我说，同时中国的前留德学生，也一直怂恿政府的某些部门接受德国的提议。理由是，在目前军事形势下，中国还有可能在不过于不利的条件下与日本解决问题,仍可能挽救该地区的大部分中国军队。我说,中国政府当然没有接受这个建议,因为这件事应由布鲁塞尔会议来处理。中国继续按九国公约行事,但同时中国政府又感到必须估量一下整个形势,看看外国援助的前景和继续抗日成功的可能性究有多大。我知道,中国渴望停止敌对行动是为了重新组织和重新装备军队,以保证更有效的抵抗。

戴维斯问条件如何,并说,如果根据九国公约,经过德国人的调停而导致冲突的解决,当然很好,但他非常怀疑能达成这样的解决。

我也认为这是不大可能的。因为第一个条件就是中国必须加入德、意、日三边的"反共产国际协定",这就清楚地表明了日本人的意图。

戴维斯认为,如果德国再与中国接触的话,应当首先请它参加九国公约,然后才让它执行其任务,这样,任何解决办法都将在九国公约的基础上进行。同时,他认为,中国的上策是继续抗日。他说,即使南京被占,中国也应继续抵抗,这样会将日本引向内地,以进一步削弱其力量。

我说这正是中国政府的愿望,但就怕继续抗战下去,中国军事地位进一步削弱,得到美、英、苏和其他各国帮助的希望就会更小,中国势将处于更大的困境。

戴维斯大声说道:"不会。"他说,中国的形势越是恶化,外国援助的意志就越加坚定。按照他的看法,日本又一次拒绝参加会议不接受调停以后,已经十分清楚,除了武力之外,它什么也不会理会。

我完全同意他的看法,因此想到在当时的形势下,即使外国向中国保证提供军需供应和过境便利,可能还不足以满足形势的需要。只有爱好和平国家方面显示一下武力,表示其坚定的阵线,方可收立竿见影之效。我再次表示希望美、英、法三国在远东的舰队,能安排一次海军演习。这三支舰队的会合,表示出紧密合作,就能立即使日本清醒,并使其重新考虑。

列席参加会谈并从旁协助的亨培克说,这三支舰队太小了,即使联合起来,也不足给日本以深刻的印象。

我说当然必须调派新的舰只加强这三支舰队。

戴维斯说,那样或许能给日本以印象,使其不冒战争的危险。

我同意他的看法,并且说,同时还得说服苏联在北方边境进行某种军事演习,这是完全有必要的。

戴维斯强调说,这是我们要做的一件非常重要的事。他说,苏联陆军是一支很强的军队,日本人就怕它。苏联即使不参战,而只限于进行演习,也肯定能给日本以强烈的印象,并迫使其停止在中国的军事行动。

我说,我在布鲁塞尔和日内瓦已经对苏联外长李维诺夫谈过了,中国政府也在莫斯科试探过苏联政府的意向。我自己就向苏联外长指出过,日本陆军对苏联也是一个问题。现在中国既与日本开战,苏联与中国合作,寻求在 25 年或至少 10 年至 15 年中不受日本威胁,现在已是时候了。日本已经深深地陷于与中国交战之中,并因此而使国力受到很大消耗。日本已动用了相当大的储备,所以苏联对付日本是比较容易的。我告诉戴维斯,李维诺夫是怎样同意我的看法的。但李维诺夫说,第一,苏联没有一个适当的借口,不能就这样直接参加进来。第二,除非英、美保证给予支持,否则,苏联对参与军事行动,感到不安全。而这才是它真正的考虑。苏联不可能也不会独自加入中国一边,认为只有作为集体安排,它才可以这么办。理由是苏联怕一旦参与远东的战争,德国会在欧洲攻击它。我说,苏联坚持求得英、美联合保证的庇护,是为了预防上述情况万一发生。

戴维斯说,他知道德国不可能发动战争,同时美国不会事先就使自己承担义务,向任何一国保证要在军事上予以支持。他说,在远东的形势下,可以设想必须使用武力,但美国不能预先承担义务。即使下决心在下周使用武力,但也不得向任何国家做这样的承诺,因为美国人民不允许这么做。

我说,我完全了解美国的传统政策和美国人民在这方面的敏感,我建议戴维斯与英、法代表举行一次圆桌会议讨论我的建议。我说,简而言之,形势要求我们办三件事,即:英、美、法海军联合示威,苏联军事示威和为继续由水路提供武器和军需物资做出肯定的安排。

这番话引起了戴维斯向我询问有关从苏联陆路运输的问题。他认为这是最好的办法,因为可以秘密进行,而且不会遭受日本的袭击。

我说,苏联在这方面已经做了一些工作,但这条路线的距离太长,道路系统尚不完备,有些地方有公路,有的地方还没有,即使有公路的地方,也要一段时间安装对汽车加油和维修的设备。按照我的看法,当前最重要的是我上述的三件事。我当然并不指望能得到他的立即答复,我只是希望他与英、法代表谈谈。

戴维斯建议中国与华盛顿、伦敦和莫斯科联系,在那些地方可以做出最后的决定。他问我,中国驻华盛顿大使王正廷博士是否已把我刚才谈的内容与美国政府谈了。

我说,我不知道是否已对美国政府谈了,因为中国政府的意图是寄希望于布鲁塞尔会议。三国外交部部长都出席了会议,美国也有代表参加。

戴维斯认为中国政府有必要向美国政府谈这件事。

我请他同时把我们会谈的要点电告罗斯福总统。鉴于再过24 小时总统要向国会提出咨文,所以请他斟酌在今晚或明天发电。

亨培克问我,王正廷给我的电报中关于美国政府的态度是怎样说的。

我说,从王正廷来电中得到的印象是,美国政府决定做一些有效的工作来解决目前的局势,但不是它独自去做。因为美国政府准备走得很远,肯定不落在别的国家之后,所以王正廷请中国代表们运用其影响促使英、法两国代表全心全意地支持美国的政策。我进一步说，我的印象是美国政府的态度走在了社会舆论的前头。政府正在进行工作，使舆论与其意图一致起来。当我问到戴维斯，据他了解形势的发展如何时，他和亨培克都认为，我的印象大概就是他们所知道的美国形势。

在我们会谈时，布鲁塞尔会议已经通过了声明暂时休会到11月22日星期一，以便各代表有机会与本国政府商量，考虑下一步怎么办以及如何结束这一届全体会议。代表们大体上都已同意，现阶段的会议将这样结束：通过一项内容较广泛的宣言或决议，并决定会议休会的各项条件，这些条件中可能包括成立一个小组委员会，以便在休会期间继续进行接触。

在一周的会议暂停期间，戴维斯和亨培克两人是仅有的各主要大国留在布鲁塞尔的主要代表。这也许给了我一个额外的机会与他们进行长时间的讨论。我在16日下午，拜访了亨培克，17日下午拜访了戴维斯。

在拜访亨培克时，我对他表示了这样的希望，下星期一的会上要做出某些具体的决定，但并不是整个会议的结束。

亨培克私下对我说，下周的会议很可能意味着会议开始走向结束。可能开两三天。不管如何，会议将要做出休会决议，因为会议不可能再有什么事可做了。他希望不要引用他上面的话。

我说会议什么事也不做怎能就休会呢？它不能只发布一项承认自己失败的宣言就算结束。既然达不成和解，就可转而寻求其他途径和方法来维护九国公约。

亨培克问我有何想法，我回答说，会议应该沿着会前我说过的路线行事，援助中国，采取各种措施削弱侵略势力的资源和力量。

亨培克说，他不喜欢拐弯抹角地讲话，坦率地说，九国公约仅仅规定了充分而真诚地交换意见。这样的交换意见，在这次会前就已做了，没有什么条约规定也能够这么做。缔约一方经协商后仍不停止公约所禁止之行为时,公约也没有对此规定任何强制措施或规定必须采取措施贯彻履行公约。公约没有为签字各国规定有采取措施的义务。不管需要采取什么措施,那也不是按公约和会议的规定,而仅仅是缔约各国的自愿,如果在会议之外各大国采取了什么措施,那是他们愿意干的。但是各大国的所作所为,并不是公约规定的义务而是出于他们的自愿。他们这么办并不需要会议来决定。

亨培克说,就美国而言,用经济办法来制裁日本,也是办不到的,除非美国人民决心冒战争的危险,或者得出结论说,这些措施不会引起什么危险。若干年来,一般美国公民都持这样的态度:中、日之间的麻烦,是有关该两国的事。这两国和美国距离遥远,进行干预不是美国的事。美国人同情中国,但一提到具体行动可能引起战争危险时,一般美国人就不愿承担这样的风险,因为上次大战的记忆犹新。那一次建立世界和平的崇高努力已告失败,它不但从中什么也没有得到,而且感到受了欧洲的欺骗。美国人民知道美国有一支强大的海军,但不希望动用;美国有钱,但不愿用于战争。还有贸易,美国人民所持的理由是,战争一爆发,生意就要垮台。在对日贸易上感兴趣的人们认为,如果与日本交战,生意就做不成了。南方棉花种植者害怕禁止棉花输日会使他们倾家荡产。虽然战事过后,贸易还会恢复到更大的规模,但是他们仍然不希望因战争而暂时停止贸易。他们不去想如果别国的纺织业能供应日本布匹,使之能有衣穿的话,日本也将不会在美国购买棉花了。

他接下去谈到了美国公众舆论的现状。他说,舆论不够强大,不足以使美国政府去冒战争的风险,尚需看发展如何。中国的形势越险恶,舆论则会相应增强。这意味着承认中国方面遭受的不幸、痛苦和牺牲。他肯定认为,如果目前的形势继续下去,主张政府采取具体行动的美国舆论就会高涨起来。他说,他在1913年首次去中国时,给他的印象是中国缺乏团结一致。他认为,如果日本进攻并占据满洲,可能会迫使中国人民团结起来,建成一个强国。目前日本人越是把沉重的压力强加于中国这个国家,美国的感情就越加炽烈。他说,欧洲的一些政治家往往认为美国总统是最有权力的,而不了解他必须依靠公众舆论的支持。

我十分同意他的观点。我说,问题在于几乎所有欧洲各国的领袖们都没有在美国呆过多长时间,对美国的情况知之甚少。他们往往只用自己的眼光或根据自己的利益来看世界问题。

亨培克说,根据他的看法,布鲁塞尔会议举行的不是时候。他不懂为什么恰恰要在日本因侵略中国而受到谴责的时候,在日内瓦提出来要开此会。

我说,我认为会议如果必须举行的话,也应早点举行,那就可能更为有效。

亨培克说,王正廷博士总在要求举行九国会议,但是王博士未能同时回答会议能做些什么和对会议该有什么期望的问题。亨培克认为,一个国际会议常因与会各国坚持各自的立场,不但使会议于事无补,反使问题更难得到解决。

亨培克说,鉴于美国的舆论,美国出席布鲁塞尔会议的代表团,就把远东问题当成是一个和平、法律和各国安全的世界问题。如果把这个问题仅仅作为两国的争执来对待,不管孰是孰非,美国人民都不会太感兴趣。如果能在这次把问题提得恰如其分,美国的公众舆论可能发展到希望看到公约得到维护的地步。

我同意他的观点,并且说,会议应该对继续向中国供应武器一事订出方案。

亨培克说,这要看各大国的意愿了,他们可以在会外做到这一点。

我又提到我前天向戴维斯本人谈过的海军演习的问题。

亨培克说,如果日本知道,他们不会动用那个武力时,这样做并无用处。

我说,仅仅表现一下三支舰队一致行动,就会给日本一种触动。

亨培克说,日本知道美国有中立法,也知道目前舆论的情况不可能参战,因此不会给它什么触动。

我说,三支舰队的合作,特别是有增援力量的加入,肯定足以使日本认识到这一点:它不得随便干扰中国军需物资的运输。换句话说,海路的自由和安全,会得到更好保证。这一定也会使法国有更大的信心。法国似乎非常担心因提供过境便利可能招来日本的麻烦。

亨培克说,这样可能有助于上述目的,但是还应做一些工作来组织陆路运输,例如,中国应使用一百万壮丁,将物资从广州转运至前线,和沿着从苏联经过西北的路线直运至华北。

我说,运输确有巨大的困难。

亨培克说,过去几个月的经验表明,中国不需要重武器,最有效的是机关枪和防空高射炮,是可以沿路设站,用人力运输的。这个运输系统,起初可能不顺利,但是一旦开始工作,它就会像一股水一样,不断地流动起来。

我说,西北地区正在这样办,但要完成组织工作还要一定时间。在回过头来谈到会议下周休会的问题时,我说,会议承认自己的失败是件很遗憾的事。我又问他,中国怎样才能使会议继续开下去。

亨培克说,如果会议对任何事都无能为力,则开会就没有意义。问题在于中国是在单枪匹马地维护公约,而其他各国并不认为自己要采取步骤来维护它。他还说戴维斯先生想在会上为中国办点事的愿望是很强烈的。现在各代表团正与各自的政府商谈有关事项,那么一切问题就得取决于以后几天的发展。有可能做出一番举动,但一切得看未来几天的结局。

就在会议发表声明作为对日本拒绝接受调停一事的答复之后两天,胡适于11月17日从美国来电,建议中国应要求会议委派美国作为休会期间唯一的调停人。我在日记中这样记载的这项建议，"似与戴维斯那天讲话的语气相吻合"。

我在收到胡适来电之前，于下午 5 时前往布鲁塞尔的大都会饭店拜访了戴维斯，他问我有否接到中国军事情况的消息。我对他说，最近 48 小时无重大变化。从南京获得增援的中国军队，能够阻止在浏河后面的长江江岸登陆的日军进攻，与此同时，中国守军在乍浦和苏州中间的嘉兴以及嘉善附近进行了反攻，正在阻击日军。我还说，从南京迁都一事未获官方消息，但外交部新闻司的材料说，疏散工作已迫在眉睫。我问戴维斯关于我提出的三点建议，他有否收到华盛顿的回答。

他说，没有。还说罗斯福总统在给国会的咨文中没有提到外交问题，这次国会特别会议是为了对某些国内问题通过立法手续召集的。他不知道总统是否提出了特别外交咨文。他接着告诉我，丹麦公使考夫曼拜会过他，他请考夫曼转告丹麦外长蒙克博士，希望他的政府重新考虑一下其立场，不要让它的会议代表团坚持弃权。戴维斯说考夫曼告诉他，根据丹麦法律，一般不得向交战任何一方出售或运送武器，但由于通过了国联大会的决议案，丹麦政府已经撤销了对向中国出售武器的禁令。考夫曼强调，这就是丹麦对中国态度的明证。

我说，我不知道日本是否已从丹麦采购了武器，但我很想了解丹麦是否将拒绝日本的武器订货。

戴维斯说，斯堪的纳维亚各国非常害怕日本，日本可能已和这些国家做成了一些商业上的交易，作为对它们在会议上所持的态度的一种报酬。

我表示希望会议将在下周继续进行，并着手履行其通过的各项原则。在回答戴维斯问题时，我说，履行的方式可以这样：把十月份通过的国联大会决议中两条具体的原则纳入本会议拟议中的决议中去。

戴维斯认为，根据美国中立法，美国代表团不能公开声明帮助中国，同时本会议的目前组成情况也不可能通过这样的决议。

我建议说,既然如此,会议可以指定由美、英、法、苏组成一个小型委员会来执行会议通过的一般原则。我说,因为意大利在会上公开声称,它反对各大国采取共同的态度,所以意大利代表团不会要求参加这个委员会。为了避免困难,可以考虑先宣布委员会的目的,然后让愿意参加委员会的各大国宣布他们的意图。

戴维斯说,在散步时刚遇到过马柯迪伯爵,他告诉戴维斯,如果组织委员会,意大利愿意参加。戴维斯当然想到意大利的参加于事无益,因为它将会反对委员会可能提出的一切建议。戴维斯说,然而马柯迪表示,意大利坚持参加委员会。伯爵还告诉戴维斯,墨索里尼对待现行远东冲突的政策是设法维护与中国和日本两者的友好关系,这样有利于它在欧洲的处境。在戴维斯看来,伯爵的意思是采取一种解决 1932 年上海事件的做法,企图把会议摆在一边,这是办不到的。

戴维斯继续说,他一直希望在会上各大国把态度说得更为清楚一些,然后暂时休会,让代表们回国与政府会商应采取何种共同态度,这样做可能更为理想。但会议暂停的时间不要太长,代表们回布鲁塞尔继续会议工作。

我说,我的看法是,如果会议不提出某些有效的措施来帮助中国就休会的话,那么中国政府和民众将大失所望和感到灰心。做不到这点,就会涣散中国军队的士气。我告诉戴维斯,我的想法是至少要指定四强建立某种形式的委员会,保持与中国代表团接触,并与中国代表团一起就向中国提供有效的援助做出安排,并就过境问题对日本施加经济压力,在中国南海举行海军示威和在北方边境举行军事示威等事项进行工作。

戴维斯认为,由于在委员会的组成问题上必定遭到困难,最好是不成立委员会,以便有意帮助中国的各列强感到更可不受拘束地在一起聚会和讨论各项措施。

我说,中国已决定继续抗战,实行这个意图是一个实际的问题,而且也取决于它从国外获得供应的情况。中国政府必须向远看,以便满怀信心地继续进行抗日。我说,目前过境问题已使中国政府感到十分苦恼。

戴维斯说,16 日,法国外交部在回答美联社的一位代表问及据传日本已向法国发出最后通牒的真实性时说,法国与英、美磋商后,在 15 天前已经关闭了印度支那通道,不准中国货运过境。戴维斯说,法国这样的宣布,其意图显然是想把责任推给英国和美国,但两国与此事毫无关系。

我说,法国所想的可能是由于英、美两大国拒绝给予法国政府要求的那种必需的保证。

戴维斯说,印度支那之于法国远比香港之于英国以及远东任何地方之于美国的利益重要得多,如果法国自己不愿保卫其印度支那殖民地,又如何能指望别国替它来保卫印度支那呢? 他认为,中国应该告诉法国,它拒绝提供便利确系不友好之举。

一向协助戴维斯的亨培克说,美国不能假充正直,因为美政府禁止政府船只向中国运送武器,它也并不友好。

戴维斯说,总统当时之所以采取这一步骤,是为了应付要求执行"中立法"的鼓噪。他说,法国确实没有必要害怕日本人的威胁。他不相信,日本在已经有了不少麻烦之际,会再给法国制造困难,从而给自己增加更多的负担。

我说,我也已告诉法方,日本不敢给他们制造困难。英国也处于同样的境地,他们并不担心日本人会生事。我提到在 15 日已与贺柏诺谈过,贺柏诺告诉我,日本人的威胁是十分肯定的。我说,贺柏诺认为,如法国不停止其提供印度支那的过境便利,海南岛肯定要被侵占。这件事法国人很害怕,因为这将构成对印度支那的威胁。

亨培克说,印度支那的危险不是来自海南岛的被侵占,而是中国的被征服。如果中国被征服,印度支那的危险就将远远大于现时海南岛被日本侵占。他认为,法国之所以采取目前态度的真正原因是害怕日本轰炸滇越铁路,从而使他们的经济利益受到损害。

我说,戴维斯也认为这才是真正的原因。我曾与德尔博斯和肖唐会谈,得知法国在印度支那水域的舰队很小,只有四艘小型军舰。我说,在目前欧洲形势之下,法国无力做大量增援。由于印度支那实际上是中国的唯一过境通道,法国单独面临着日本攻击的危险,为了预防这种可能性,法国必须得到一项国际合作的保证。这就是法国的立场。我说,法国人的论点多少是有理由的。鉴于法国人在欧洲不得脱身,人们能够理解他们对远东处境忧虑的心情。我还说,我在前一些日子建议的海军演习,可以使法国人有所慰藉。可以向法国人说明,美国认为日本人不会构成危险,但是也得向法国表示,一旦出现这种危险,美国愿意和英、法进行磋商。英、美仅仅表明一下他们准备进行磋商,就可能使法国感到满足并减轻其忧虑。

　　戴维斯和亨培克都说,抱不切实际的希望是不相宜的,而如果法国期待磋商之后会有行动势将导致误解。亨培克认为,可采取的上策是,组织经苏联的陆运向中国输送军需物品。他说,无需太多的劳力和太长的时间,就可以做到。可将供应物资送达边境,然后从那里再经西北的陆路运送,而日本人则不可能摧毁或威胁这条路线的安全。

　　我说,中国已经在这么做了,但要完成计划还得若干个月。不过,如果考虑到前些日子日本人已经轰炸了西安,现在这条路线也会暴露的。

　　戴维斯和亨培克都说,空袭不可能轻易摧毁公路或运输车队。

　　我说,目前甚至苏联的货物还要经由海路。我希望戴维斯和英、法、苏代表,一起开一个圆桌会议,共同制订一个援助中国的计划,说明他们各自准备做的事。我指出,英国曾说过,它提供财政贷款比供应武器和军需品要容易些,因为它自己的重新武装计划需要其所有工厂生产的全部产品。法国已经提供了2亿法郎的信贷,其中1亿法郎已用于从法国购买飞机。如果美国也能向中国供给一定数额的贷款和武器,将是一项很大的援助。

亨培克说,根据现行的"中立法",如美国提供贷款,譬如说1亿美元的黄金给中国的话,倘若日本也提出要求,则美国必须同样对日本这么办。关于武器和飞机等等,他认为可以告诉美国各工厂随意向中国提供。

当我问及可否以贷款方式购买时,亨培克说,如果英国不能供应武器等物资,英国的贷款就只可在国外使用,那么在美国的采购可以用这笔贷款来支付。

戴维斯说,在"中立法"获准通过前,他一直是持反对态度,但现在它既已载于法典,那美国政府就毫无通融之处了。

我说,按中国目前的形势,中国政府觉得有必要确切地得知外国实际援助的前景,以便通观全局,做出相应的决定。虽然中国政府已决定继续抗战,但还必须对前景有所指盼。我说,如果会议对中国没有做出某些帮助就休会的话,这将使中国大失所望,而且势将造成影响斗志的结果。

戴维斯说,英国代表团的贾德幹爵士,第二天即可返回布鲁塞尔,他将与英国商谈这些问题,然后再同我谈。

关于外传的南京迁都消息,我说,前些时曾有一个让政府各部门迁到几个不同的地点的计划,但不是一个地点。我说,国府主席可能到四川省,各部门可能设在长江流域附近各处。

戴维斯认为,这个计划很好。

亨培克说,这会造成各部门之间的通讯不便,而且如果日本人切断电话线,就将使通讯成为不可能。

送我出来时,亨培克在回答我的问题中说,俄国人曾拜访戴维斯,请美国做一些确实有利于中国的事。但他们的要求近于一种联盟性质,正像我所知道的那样,美国政府鉴于其传统的政策,是不可能同意的。

在戴维斯会见丹麦的考夫曼后与我会谈之前,我本人已经在我住的旅馆里接待了这位丹麦代表,我对他说,可惜丹麦代表团那天未能对会议声明不做弃权表示，而且感到遗憾的不只限于中国代表团，其他代表团也觉得遗憾。

考夫曼说，他知道这个情况，并因未能对中国有所帮助而感到抱歉。

我说，中国驻哥本哈根公使也拜会了蒙克博士，促请其支持会议的声明。

考夫曼说，邀请大家来布鲁塞尔只限于从事调停的努力，换言之，是为了达成一项恢复和平的协议。他认为声明的最末一段文字超出了邀请的范围，更像是对日本的威胁。鉴于1931年—1932年的经验，这并无助于中国，也许还对中国有害。他说丹麦还持有这种看法：如果要采取积极的措施，也只能在日内瓦采取，布鲁塞尔会议不是考虑这种措施的地方。他还说，作为国联成员，丹麦将根据盟约的规定，履行自己的义务。但是，挪威一再表示了这种观点：即使国联表决，它也不参与任何制裁。如果出现或者同意制裁而留在国联，或者遵循中立政策而脱离国联的抉择的情况，挪威肯定会选择后者。然而不论在丹麦还是在瑞典，舆论还都没有达到这种地步。他们认为，召开布鲁塞尔会议所依据的九国公约，并没有规定采取任何具体措施。

我说，这当然不错，但是中、日冲突已公正而正确地作为法律、秩序和尊重条约义务的广泛问题提出。各签字国有义务使九国公约得到尊重，如调解无效，则旨在维护公约的其他可能措施就不能排除。

考夫曼说，丹麦被邀加入公约当时是很勉强的。它并未被邀出席华盛顿会议，当它被要求加入公约时，曾做过慎重考虑。他回忆说，丹麦事后加入九国公约，仅仅是因为它与中国有一个相似于其他各国对华条约的旧条约。他还回忆说，德国也被邀参加公约，但并未同意，因为它注意到中国自己就反对该公约，德国不希望损害中国人民的感情。至于公约的各项规定，因为丹麦是一个小国，它感到它自己所能做的极为有限。另外，因为是小国，它没有冒犯中国领土完整和主权的意图。他说,此外,各种条约的不可侵犯性并非一个绝对的原则,情况可能改变,情况一变,修改就成为正当的了。他指出,中国就施行了废除赋予外国侨民治外法权的老条约的政策。他以丹麦不能参与任何具体措施为歉。

我说,他所提到的那段文字,仅仅是为了维护法律、秩序、尊重条约的原则,体现一个统一阵线,表示一下与会各国一致而坚定的意志,那就是要保卫他们所宣布的各项原则。面对日本这样一个蛮不讲理、把武力当作推行政策手段的国家,就有必要采取一种步骤向日本表示一下各大国准备保卫体现他们信念的那些原则。我说,令人惋惜的是,丹麦作为一个一贯致力于世界和平事业的国家,这次却袖手旁观了。此外,我还指出,该段文字给任何国家都留下了行动完全自由的余地,如果通过要采取什么具体措施的规定的话,它也可以不接受。

考夫曼说,丹麦在道义上总是愿意与别国合作的。但是如涉及具体措施,而这些措施又是普遍适用的话,这就应当在日内瓦进行才是。

我说,如果考夫曼对我提出的问题感到不便答复的话,中国代表团并不一定要求作答。

考夫曼说,他回答问题并不踌躇。

我说,关于为了遏制侵略势力采取什么经济压力的形式的问题,中国代表团心目中的措施可以由少数几个国家实施,而不要求普遍施行。譬如棉花是生产火药的必需品,主要是美国的产品,日本45%的棉花是从美国进口的,丹麦则不产,如对棉花实行禁运,完全不会影响到丹麦。像这样的情况,我认为丹麦只是原则上附和,而没有实际上遭受损失的危险。我问他,丹麦在埃塞俄比亚问题上实施对意制裁时,是否蒙受很大的损失。

考夫曼回答说:当然有一定的损失,但不大,因为丹麦和意大利的贸易有限。考夫曼说,他的政府认为,提供实际的援助易,而采取抵制日本的措施难。至于武器,丹麦的政策往往是既不向内战中的双方出售,也不卖给国际战争中的双方。它的外交政策一向是立足于只与其承认的政府打交道。他告诉我,自从国联大会通过了决议,丹麦就已取消了对中国出售武器的禁令而未取消对日本的禁令,这就清楚地表明丹麦是同情中国的。(这与后来戴维斯告诉我考夫曼对他说的内容一致。关于这一点,我曾略示怀疑:丹麦是否在实际上会拒绝日本的订货。)

我告诉考夫曼,中国代表团未向任何代表团提出过任何具体措施,甚至连棉花禁运一事也未提过。我说,他是我向之提出这件事的第一个人。我还说,还有一个抵制日货的可能性,这比较容易获得通过,因为比起"不卖"来说,许多国家更愿意"不买"。我告诉他,在英、美的民众中,已经出现了一个提倡抵制日货的运动,最近法国的民众中,也出现了这一运动。

考夫曼认为,会议的困难主要在于德国的缺席和苏联的出席。他说他即将返回哥本哈根向蒙克博士汇报。

我表示希望在他与丹麦外交部部长蒙克博士会谈后,丹麦可能改变态度。我说,该日早晨各报纸报道说,声明还可由其他代表团参加签字,我希望丹麦能够改变态度。

考夫曼说,他已看到这份通告,他不知其用意何在。他说,不管如何,丹麦代表团无意改变其立场,但肯定要把我刚才讲的内容向蒙克博士汇报。

次晚,外交部又来一电,概要地报道了国内军事形势的严重情况,证实中国政府将从南京迁都重庆。让我对英、法、美政府解释此事。电报还叫我向他们说明,只有协调一致的武力措施才可能导致与日本合理解决问题,甚至向中国提供军需物资而不向日本供应(虽然这些措施也仍在盼望中),也可能太慢了,来不及有什么帮助。我立刻准备了一份中国政府意见的备忘录,在以后的几天中分送三大强国。(我自己在布鲁塞尔交给亨培克一份,请其转给戴维斯,另一份由我交给巴黎的德尔博斯,同时郭泰祺在伦敦将一份交给了艾登。)

我收到了 11 月 19 日的一份报告,多少令人鼓舞,报告说,虽然在浙江杭州湾以北的嘉兴战事不利,但在地处沪宁中间的江苏常熟东北的福山,取得了成功。嘉兴已为日军占领。与此同时,孔祥熙又发来了另一封电报,说日本愿意进行和谈,并把中国政府与德国大使和英国代办会谈的情况告诉了我。从美国来的消息进一步令人沮丧,反映出国际形势恶化,确对中国不利。合众社记者 19 日来访,特别告诉我说,他希望能向我报道好消息,但他觉得悲观,不仅有关会议的前景是如此,就是美国国会的舆论也反对积极帮助中国,并抨击戴维斯先生在会议上的态度。

鉴于华盛顿的这种发展和南京最近的来电,我做出了安排,去巴黎拜会德尔博斯。我的同事郭大使,则返回伦敦去拜会艾登先生。我打电话给郭,向他了解伦敦方面的消息。他说艾登的印象是,美国因为国会的反对,不仅它自己不愿继续前进,而且还暗示伦敦和其他各国最好不要走得太快。

我于同一天(11 月 19 日)深夜到达巴黎。第二天早晨,在法外交部拜会了德尔博斯,把中国危急局势的发展情况告诉他,向他解释了外交部来电要点(该要点我以备忘录形式交给了他)。我极力主张已经开了几乎三个星期的会议不应不采取某些实际决定就休会。我说,形势紧急,需迅速采取有效措施。

德尔博斯说,他认为在这种情况下,中国最好是要求布鲁塞尔会议不要闭幕而只是休会。以便在更适当的时机再开。他自己完全赞同备忘录中提出的那些建议。实际上,他自己已在布鲁塞尔向英、美建议采取一致行动,帮助中国和三国海军合作。至于向中国提供在印度支那过境的便利一事,德尔博斯说,他已要求美、英保证在印度支那受到攻击或法国船只受到日本海军攻击时,对法国予以支援。但是戴维斯反对这种保证,甚至对一致行动的可能性也不予鼓励。他(德尔博斯)不接受这样的观点,即法国应自己单独承担日本挑起的事端。他说,要使和平得以维持,就必须采取一致的行动进行互助。

我说,我同情法国的态度,并认为这是正当的。但据我所知,这是违背美国的一贯政策的,因此戴维斯不可能做出这种保证。我说,中国也曾与华盛顿接触,力促其考虑法国的观点。据我所知,罗斯福总统曾向法国驻华盛顿大使暗示,向中国提供印度支那过境便利问题,是他十分关心的问题。

德尔博斯回答说,罗斯福总统只不过说,他乐于见到过境便利继续下去。罗斯福并未保证一旦日本人对法国制造麻烦时,美国给予合作。德尔博斯说,已就印度支那过境问题向英国提出了第二个联合方针,但英政府要等到会议重开时再说。

我竭力主张把过境的便利保持下去,因为这对中国之抗日极为重要。我问他,我是否可以把继续开放看成自然没有问题的事。

德尔博斯回答说,目前印度支那开放过境,但他不能使其一直开放下去。必须就联合支援的保证做出某种安排。他认为,中国的要求完全正当,但法国也必须考虑到现实情况。

至于采取积极措施以遏制侵略势力的问题,德尔博斯认为,如果采取的话,一定会收到很好效果。他相信英、美、法、苏四强如能联合行动,表示一个坚定的联合阵线,那么这种强大的联合,必然足以使德、意、日之外的所有世界各国也跟着行事。而有了这种强大的联合,甚至那些独裁国家也会妥协。

至于经济措施,德尔博斯告诉我,他甚至建议禁运石油,这一定会促使日本好好地想一想。

我提出,经济措施的实施,只影响几个国家。我以棉花为例,日本需要的棉花近 50% 是由美国供应的;又如日本的丝,其出口总数的 85% 销往美国市场。

德尔博斯认为,涉及这些商品的措施将会给美国商人造成过大的经济损失,并将引起抗议的风潮,使其难以实现。而石油是一个到处都容易出售的商品。譬如说,假使有必要,法国就可以购买美国通常销往日本数量的一大部分。可是德尔博斯又提起荷兰也将会要求得到支援保证,因为荷属东印度群岛供应日本石油需要的一部分。他说,荷兰是一个小国,它不敢参加禁运,除非保证一旦受到日本攻击时,肯定会得到其他各强国的支持。

于是,我说,我曾向戴维斯先生提到,由会议设立一个小型委员会,以便就援华和考虑对付日本的措施做出一项安排。

德尔博斯认为,这样的委员会于事无补。他认为,不论是艾登或他自己,都不可能参加,而戴维斯又不得不返回美国。他认为由外交代表们进行这项工作,是不会有成效的。此外,他认为,这次会议不可能正式通过这种性质的安排。他认为,还是在一旁悄悄地另外进行为妥。由于美国中立法案仍然有效,非正式的压力较之正式宣布应如何行事要更容易,更可行。

我力陈中国形势十分危急,甚至经济措施所产生的效果也嫌太晚了,像海军示威这样显示一下力量才能产生较快的结果。我说,在日本,有些人是赞成停止军事行动和谈判解决问题,甚至日本陆海军中的一部分人也倾向于此,但是比较激进的分子,看到其他国家未诉诸军事压力,就坚持推进其征服计划,进一步向中国内陆挺进。我说,对此我是坚信不疑的,同时我的信念也为南京的来电证实了,该电转述了来自日本的消息,要是现在显示一下武力,马上就会给日本以强烈的影响。

德尔博斯说,他赞成这样的演习,他认为,只有显示一下武力才能够使日本听得进意见。但这有赖于美国,因为美国拥有一支并无紧急任务的强大舰队。如果美国同意,英、法将给予道义上的支持。

我说,他们的支持不应仅是道义性质的,也应派出军舰。

德尔博斯说,英、法可以这样做,但也只能派出少量舰只,因为他们在欧洲不得脱身。

我说,中国政府的想法是,这种海军演习应与北方边境苏联的军事演习同时进行。我请德尔博斯向苏联施加法国政府的影响。

德尔博斯说，苏联在满洲边境附近进行军事演习不难。这种演习一定能吸引日本的注意力，并减轻其对中国的压力。但是苏联在远离它的西班牙活动十分积极的时候，似乎对其重大利益所在的远东，倒十分谨慎。

我说，据我所知，苏联只有在获得其他大国支持的情况下才愿这样做。

德尔博斯说，法国不能在这种情况下单独对苏保证。如果美国这么做，法国则乐于参加，但他怀疑苏联是否会这么办。他认为不断的清洗，已经削弱了苏联军队，并使苏联在采取积极的军事行动方面犹豫不决。

我说，如果会议失败，中国随时都可以求助于日内瓦，因为中国保留了它的权利。

德尔博斯认为日内瓦除了道义上的声明外不可能对中国有很大帮助，而这样的声明，中国已经获得。此外，他说，关心远东事务的各主要大国，已出席了布鲁塞尔会议。最重要的一点是，在布鲁塞尔会议上，美国彻底参与了，而在日内瓦，美国的合作则将是非常有限的。他认为，在目前的形势下，美国的态度举足轻重。德尔博斯了解，罗斯福总统本人很乐于做一些事，但美国舆论还不成熟。他谈到美国国会议员在最近召开的国会上提出的一些提议，都赞成在决定战争与和平或决定重大外交政策之前，举行一次公民投票。他认为这种意见表明了罗斯福总统必将面临的各种困难。他说，目前美国舆论好像是同情中国的，但不希望政府采取任何行动，以免美国卷入战争。他认为，除非出现了日本海军击沉美国船只，或企图袭击美国大使馆这样的突然事件，激起美国舆论，否则不会支持政府采取积极的政策以帮助中国。他和我都认为，美国舆论对中国至为重要，他建议中国应考虑如何开展有利于中国的美国舆论。谈到这里，会见结束，我向外交部部长告辞。

尽管中国传来了使人遗憾的消息，各国又显然不愿采取积极措施,但是我和代表团的同事们一样,都极力主张中国继续抗战。因此我与政界元老李石曾会见后感到有些振奋。20日早晨,他在我刚要去法国外交部前来访。他告诉我,他收到宋子文的一封电报,表明宋完全同意我们继续抗战到底的见解。根据宋的来电,他向我保证,在目前中国国内的政治状况下,抗战的政策是不可能阻止的。

显然,在中国有分歧的意见,政府中的某些人,主张妥协解决,而政府的另外一些领袖和全国舆论,则一致主张继续抗战。就政府整体来说,它对形势的估计和我自己一样,认为日本试图加速其在华的军事行动,以取得决定性的胜利,从而使布鲁塞尔会议和列强产生一个无从干预的印象。中国洞悉此点,所以政府一再指示代表团,努力促成停战。这些指示或通知不仅来自外交部,而且也来自孔祥熙和使馆武官处。但是中国的观点毕竟是有分歧的。

在对待日本的政策上,一直存在两个阵营,这和日本的情况是一样的。日方的意见也分成两个大集团,一边是军方,一边是包括外交、工商界领袖人物在内的文职人员。但甚至在日本军界中也有不同的集团,老一辈的将领倾向于实行一种温和政策,希望在某种程度上,满足日本在亚洲的利益的同时,最终导致两国之间的合作。另一方面是年轻的集团,我们称之为少壮军人集团,他们持激进的观点,并且急不可待,希望进击,想在最短时间里实现田中奏折中的各个目标。

在中国方面的意见分歧在于,有些人认为不应当,有些人认为不仅应当而且能够迁就日本并与之合作。正如我前已说过的,持后一见解的集团中,包括了许多政府领袖和其他各界,特别是政界外交界和实业界的领袖,他们多多少少都与日本或日本人有联系。中国军队中许多人也有和他们同样的观点,因为许多军官是在日本受到训练的。

人们可以回顾一下,一些重要的中国领袖与日本和日本人长期友好的历史,以及某些中国人对日本工业和军事现代化迅速发展的赞羡。甚至孙中山先生本人就有许多日本朋友。1913年,他因反对袁世凯政府被下令通缉时,曾逃亡日本。在日本他会见了许多日本各界的领袖,有些是和他私交很好的朋友,其中有犬养毅。又如汪精卫、胡汉民和张群等国民党领袖都把日本作为他们活动的基地。另外,中国留日学生的数量远远多于留美和留欧的学生。无论如何,他们的影响大大超过西洋留学生。实际上,许多留日学生甚至在清代末叶就在政府中担任了要职,而当时西洋留学生的影响则很小。

人们通常称前一个集团为亲日派。他们认为,武力征服中国在日本并不是举国一致的政策,而是军事集团,特别是少壮军人集团的主张。而日本工商界领袖们的目的是在对华贸易中获取比西方各国多得多的优势地位。他们认为,日本能够与中国合作,或者说,至少能与中国的某些愿与日本人合作的分子合作,譬如一些中国商界领袖和有影响的留日学生。简言之,亲日派认为,中、日有可能,也有良好的机会就如何合作找到一项满意的解决办法。他们假想并且相信,日本最终不会一意孤行采取入侵和征服中国的政策。他们认为,日本是妒忌西方,并对西方在亚洲特别在中国的影响有反感。日本希望在政治影响、贸易和资源等方面都占有合法的优势。这一派说,中国该做的只是在日本找适当的人打交道,并像日本人一向常说的那样,表示出与日本合作的诚意。他们说,在日本也很有一些人,甚至包括一小部分军界人士,真正希望订出一项中、日合作计划,成为兄弟之邦。在与日本发生麻烦时,中国人常常引用中、日关系有如"唇齿相依"的说法,来表示彼此间的关系密不可分。

在一个相当长的时期内"亲日派"很得势,因此当"九一八"事变发生时,中国感到突然。当然,与日本合作的政策是不对的,也是不现实的。这样只能进一步促使关东军中的侵略分子一意孤行,远远超过关东军司令官所希望和同意的行动计划。李顿调查团去东三省时,日本司令官,还有当时的南满铁道总裁内田康哉男爵都向我证实了这一点。我记得他曾说过,不加抵抗真是一件遗憾的事,如果中国军队进行一些抵抗的话,这些年轻军官们就不会前进了。

在中国还有与人们称之为亲日派(我认为亲日派一词对他们说来是太重了,因为他们只是相信中、日间有可能在相互满意的基础上合作)相对立的另一派,我就属于这一派。这一派认为,日本是一个受军国主义影响很深的国家,一有危机,往往就由军部做出最后决策。

在"九一八"事变和继之而来的中、日危机中,伦敦、华盛顿和莫斯科很相信下面这种说法,即日本只是想与中国合作,根本不真想并吞中国,而中国则不愿与日本合作,反对日本,抵制日货。外交使团中许多有名的日本人士如重光葵(他很同情日本商界领袖)曾向三国灌输这种看法,特别是英国外交人员更相信他们的论点。有人甚至引用重光葵的话告诉我说,重光葵所指出的日本对中国的真正要求和意愿是非常有道理的。日本只希望能与中国合作,想得到中国的原料和市场,没有政治和侵略野心。考虑到日本的情况,这是一种合理的想法。

但实际情况并非如此,真实情况是,年轻的外交官中不少人与军界分子甚至和少壮军人集团互相配合,希望迅速得手。日本外交集团和军人集团作为一个整体来说,目标是一致的,只是方法不同而已。我告诉英国人不要相信重光葵的话,他的说法只是突出了温和的技巧和方法,这是他和他这一派所奉行的手法,但其目标和军界并无两样,那就是控制中国,把中国变成日本的一部分或附属国。外交人士希望采取外交方式,这种办法西方可以看得过去;而军界则急不可待地要迅速达到目的,因而采取了一般通情达理的人也感到反感的方法。

我一直对日本的最终目的怀有戒心,因而我被认为是死硬反日派。但我自己的理由很简单,就是我不能信任日本人。甚至在国联讨论李顿报告书提及田中奏折时,我就发言,不仅揭露奏折的内容,而且阐述了我确信实有其事的理由。那时日本就否认实有其事,并声称奏折是虚构的,是伪造的文件。我必须附带说明,伦敦和巴黎都相信日本人的说法,甚至华盛顿也怀疑奏折怎会如此狂妄,因此认为不可能真有其事。我说,此事的确属实,并提出了为什么相信的理由。我强调指出,这是明明白白的道理,明白得就像白昼一样,任何怀疑都只不过是一厢情愿的幻想而已。

持怀疑论者经过了相当一段时间,直至卢沟桥事件发生后他们才开始相信田中奏折和随后的天羽声明所说的都确有其事。因为他们回顾了日本人所采取的每一步骤,确系执行了奏折中的计划。他们称我是反日派,但我说,我不反对任何人或任何国家。作为一个中国人,我首先要努力为中国的利益服务和保卫中国的利益。甚至在那时我就这么说过,在卢沟桥事件之后我也说过,特别是在布鲁塞尔会议开幕前约一个月的 10 月份,当日本成倍地加强其兵力,企图取得决定性胜利,以便向全世界证明召开会议全无用处的时候,我也这么说过,这就是为什么我坚信中国只有抗战一条出路的原因。

在布鲁塞尔会议开会期间,我们的全体代表除一人外都同意力促政府尽其一切力量坚守防线,向全世界很好表现一番。(不同意的一名代表认为这样做可能不甚明智或不适当。)中国有若干理由必须在上海和周围的战斗中采取坚决的立场而不惜一切代价。第一,中、日之战尚未引起国外的应有关注。譬如说,西方一般人士,对中、日之战就很不关心。他们认为这场战争与世界局势无关,也与世界的整个和平问题无关。只有采取坚决的立场,在所谓的"中日事件"中(这是东京喜欢采用的说法)继续战斗,中国才能吸引外国公众的注意,并促进他们对这场斗争意义的了解。

第二,西方人士不仅是普通民众,甚至西方的首脑们,往往从一开始就认定,以中国这样一个政治上不团结,经济、交通不发达,而军事上又陷于组织涣散和装备恶劣的国家,要抗击像日本这样一个现代化和武装精良的强国,无论如何是没有成功希望的。所以他们认为中国的抵抗无济于事。他们觉得日本终究是要占领中国的,那么向中国提供援助又有何用。中国政局是如此之不利,以致西方所能提供的援助既不会满足其需要,也不会那么及时。换句话说,西方的政府和人民习惯于只从表面来观察中国。他们从不研究也不设法使自己了解中国民众的奋发精神和正在做出的巨大努力,以及中、日冲突对全世界造成的严重后果。

第三,中国在布鲁塞尔的代表团所碰到的持有上述观点的国家,正是那些中国希望能从之取得最大帮助的大国。他们都表现得极为犹豫。他们考虑的首先是能向中国提供多少援助,其次是,即使给予大量援助,也不会对总的形势发生实际效果,因为他们认定中国抗日不可能持久。我曾收到一份法国外交部主管国联事务部门的研究报告,其中包括有关中、日问题的政策建议。其中提出,中国的战况就获得其他各大国的支援来说是不利的。报告希望中国军队能取得一些胜利,这样可以使外国供应和实际援助的问题易于解决,因为西方首脑们的一般态度,似乎是更愿意帮助强者而不大愿意帮助弱者。

鉴于那些最有力量援华的大国持上述想法,中国在布鲁塞尔的代表团想尽可能改变他们对中国抗战力量的误解和低估。代表团还想说服这些大国,使其相信当前问题不仅对中国是重要的,而且对欧洲以至全世界也都是重要的。

在军事方面,代表团当然感到它不能提出什么能起作用的意见。中国军事当局持这样的论点,为了保存军事力量,最好向后撤退,在内地一个更好的战略地点和较短的战线上进行固守,代表团已经得知,这个论点因有德国顾问的意见支持而加强了。对于这种观点,代表团并无争论。许多将军也认为,由于日军下一步是向南京进逼,所以保卫首都比保卫上海更有必要。

代表团,包括作为团长的我在内,觉得从我们身在国外的角度来看,中国抗战的牺牲是很大的,毫无疑问,在上海前线许多精锐军队是要丧失的。问题在于,是运用这些军队坚守上海,从而在国外产生心理上的效果呢,还是后撤至一个偏僻角落进行战斗。这个地方不为任何人所知也就不会有任何人表示关心,但是损失是相同的。全世界都知道上海在什么地方,战斗是为了什么。在上海集中了西方各国的最大利益,西方人士将仔细阅读报纸上的战况报道,马上会得出印象。所以我们主张政府尽可能坚守上海一线。

从日本重新发动对中国的侵略之初,我和我的大部分同事们在思想上的一个根本的主要考虑就是:中国的希望究竟何在。中国不能指望以一次战役就能阻止日军的前进,并形成定局。中国的希望在于唤起列强及其民众的关注,使他们懂得战争结局的重要意义,及其对世界和平问题的影响,特别是对欧洲国际形势立即会产生的影响。换言之,中国的唯一希望是唤起外国舆论不要把中国反对日本侵略的斗争看作只是有关中国利益的事,而是世界大范围内有关共同利益的重要问题。如果中国在促成这样的认识方面取得成功,即使不是百分之百地成功,也有助于中国的事业,中国向西方要求支持和物资帮助也会顺利一些。所谓中国落后、属于四等国家和战争的结局对于世界其他地区无甚影响等传统观念,也会被消除。

坚守上海的建议和中国在布鲁塞尔代表团的主张,在国民党政府和军界中,对建议是否正确引起了一场大大的争论。正如我指出的,政府中接受西方教育的留学生全部都倾向在上海地区继续抗战,而许多在国内受训的将领和一部分受过日本教育的官员,则被日军明显的战斗优势和武装实力所吓倒。他们的结论是:继续战斗只会造成无谓的巨大牺牲。事实上,随着日本军队向内地进一步推进,他们更打算向日本屈服,这一政策受到了蒋委员长的反对,一些受过西方教育的政府领导人也支持委员长的做法。最后,蒋委员长看到了我们建议的意义和重要性,亲自做出了决定,说服其他人也支持这项建议。

至于该决定是怎样做出的,答案就不那么简单了。在国民党涉及中国一般政策的重大政治决定是颇令人费解的。蒋委员长不仅从个人来说,而且从实权来说都是中国至高无上的统治者,他集党的实际领袖、军队总司令和政府一些要职于一身。一般情况下,他组织讨论只为的是探探各方面的看法。但常常是他早已有了主意,这只不过是看看讨论会的倾向而已。这时候,他的支持者就起来驳倒持反对观点的人,最后便做出决定。按制度规定,甚至最高军事当局做出的重要决定也应由党的最高权力机关——即国民党中央政治会议确认才行。它实在应当是对政府和国家政策行使最高权力的机关。但实际上我可以说,体制虽不是模糊不清,也是相当不明确的。总是由蒋委员长一个人来左右局势。

不管怎样,终于做出了继续在上海坚持的决定。蒋委员长不仅在上海调去了公认为模范部队的最优秀的几个师,而且还命令坚守防线。损失虽然惨重,但最终是值得的。正是上海的战斗给了全世界以一种印象:中国有力量回击。在战斗结束之前,我们确实获得这样一些成就。

应当强调的是中国在上海坚持了很长时间,不仅使西方外交界,甚至使西方军事当局也大为惊讶。这件事不仅大大引起布鲁塞尔外交人士的重视,而且也引起了全世界的重视。西方确信中国的潜力到底还是很大的,首先,他们发现中华民族比他们想象的要团结得多。报纸记者们的报道证实了这一点,从中国回来的重要人士也证实了这一点,他们说他们所见到的团结的程度使他们惊异。其次,他们认为与日本军队相比,中国军队确实组织不善,装备很差,但中国的斗志很高,不仅在民众中间,而且在军队中也是如此。这些事都是他们始料所不及的。如果从物资上给予适当的帮助,中国可望依靠自己进行战斗。于是出现了向中国提供军需供应的新的可能性。

不幸的是,中国的军事局势最终恶化了。恰巧又与其他一些因素碰在一起,特别是美国中立思想的抬头,例如,11 月 15 日开幕的新国会中大肆喧嚷的孤立主义的趋向。这些因素导致了在布鲁塞尔会议上,除中国代表团以外,一些主要代表团都催促赶快结束会议。由于日本断然拒绝合作,会议才于 11 月 15 日发布了声明,事情很明显,以后便再不可能有什么作为了。

我于 20 日下午拜会了德尔博斯,几小时后就离开巴黎,于黄昏时到达布鲁塞尔,我与英国代表团的马尔科姆·麦克唐纳、克兰伯恩和贾德幹以及美国代表团的戴维斯、亨培克进行了会谈,艾登由于健康原因,没有返回布鲁塞尔。而当时法国在布鲁塞尔已根本没有代表。我是由郭大使陪同前往的。郭是从伦敦返回布鲁塞尔的。实际上,除了法国引人注意地未出席外,由于预定在 11 月 22 日星期一开会,各代表团全部重新到齐了。

我与英、美代表团团长会谈时,一开始就反复提出我最近向德尔博斯提出的要求,即关于向中国提供援助和由会议采取限制日本的措施。

我说,为了星期一的会议,我急于和他们进行联系,以免在会议上表现目的不一致。我对他们说,我认为会议不可能不取得什么具体成果就休会。实际情况是中国的困难很大,外国的后续供应毫无保证,甚至过境便利也有许多障碍。

戴维斯说,他知道我在早晨拜会过德尔博斯先生。他问我法国对印度支那过境持什么态度。

我回答道,德尔博斯说法国仍在准许开放印度支那过境,但他不能在未取得遇到日方生事时相互支持的谅解的情况下永远开放下去。

戴维斯重申了前几次对我说过的话:关于法国要求美国提供保护印度支那的保证,美国不可能答应。

麦克唐纳说,香港一直是开放的,虽然英国也被要求关闭香港对中国的转口,但英国政府仍决定维持香港开放。

接着郭泰祺说,星期五(11月19日)早晨他在伦敦会见了艾登,得悉艾登的意见倾向于由会议委托英、美与日本进行接触,居中调停。(当然,我也曾将这事在布鲁塞尔向戴维斯提过,他建议把此事提向华盛顿,并认为华府的答复不见得会有利。)

我说,这并不能代替向中国提供援助和采取限制日本的措施,而是需要齐头并进。

麦克唐纳说,最理想的是停战。如果提出了援助问题,而且日本也知道要给中国援助,就可能扼杀停战的前景。

我说,在做最好的打算同时,中国必须做最坏的准备。列强以其援助保证做中国的后盾,这件事就可能使日本改变其态度。我说,据我了解,日本的最新消息表明,不仅稳健分子,而且一部分军方也倾向于暂停在中国的军事冒险。仍在坚持的只是军队中激进的年轻军官。但是,如果形势清楚地表明,除非日本停止侵略,否则,由于列强对中国的支持,它将面临远为困难的局势。那么停战的前景将要大得多。

戴维斯说,美国有中立法,政府不能公开帮助中国,供应只能由民间进行。

我说,如果不同意在将要通过的会议决议中作公开声明,那么也可笼统表达一下援助中国和斡旋停战的意思,此外,在美国由中立法造成的困难,并不适用于英、法。明确提出某些一致步骤来帮助中国和限制日本,对英、法来说,应该没有什么困难。

麦克唐纳说,英国能做的全都正在做。贷款可以考虑,至于武器,因为英国自己需要重新武装,故不可能有太多的作为。

贾德幹爵士说,英国甚至还在国外购买武器供自己使用。

我说,形势是如此紧迫,实际上要做的事,比安排向中国提供援助和限制日本的措施要多。这就是为什么我希望英、法、美进行海军演习和苏联进行军事演习的原因。

戴维斯说,他认为中国并不指望他们替中国去打仗。

我说,中国不是希望他们去打仗,但是显示武力将足以导致日本改变其态度。

戴维斯问我,德国人力促中国放弃保卫南京,是否真有其事。

我否认此事。我回过来又谈到会议的下次会上须采取什么行动这个主要问题。我说,我得强调一下,为了使世界舆论放心,也为了支持中国,会议不能在会议开始的那种状态下甚至在开始之前的那种状态下结束。我认为,会议过分迁就日本了。我说,中国早就预料日本会拒绝,甚至在10月上半月,在日内瓦顾问委员会会议上首次提出召开九国会议的建议时,中国就已亮明这个看法。现在日本顽固地拒绝合作,会议就必须采取其他各种办法,早日结束敌对行动。应该做一些实际事情来帮助中国,使其能继续有效地抗战,并说服日本改变其政策。

戴维斯说,他认为中国最好是继续抗战下去。六个月后,日本将会感觉到它的困难有增无减,那时它会不得不停止其在中国的战争。但是,在现在的情况下,还没有希望可从日本获得合理的条件。

郭泰祺说,这也是中国政府的观点。唯一的出路就是继续抗战。在目前情况下,即使日本同意停战,其条件必定是不仅中国不能接受,而且其他大国也无法接受的。

麦克唐纳说,抗战肯定是可取的,但如六个月后形势比现在更加不利,他恐怕其条件比今天可以得到的会更加使人不能接受。

我们又进一步交换了看法。后来,大家同意相互之间要保持接触,并同意由麦克唐纳和戴维斯安排星期一再进行一次会谈,他们希望届时能对下一次会议(星期一下午)议程,有更多的事可向中国代表商谈。

尽管会议对挫败日本的侵略政策和鼓励中国的抗战政策,都未做出有效之事,但显然,当时英、美代表团主要成员的问题,是如何结束会议而同时又使主要各方能够保住面子。对中国代表团来说,尽管我们并不企求什么突出的明确的结果,但在会议肯定失败和英、美等大国态度趋于软弱的情况下,我们的问题是说些什么才好。我们不得不决定最终应采取的立场,以结束中国的申诉,并清楚地向世界表明中国对会议的态度。

英国人和美国人自己也遇到了微妙的处境,直至 11 月 21 日(星期天下午),他们还在讨论应采取何种态度以及怎样办才能结束会议。据了解美国人希望会议通过全面的最后的声明,而英国人则倾向于通过一项简短的声明。他们认为,说的越少对各方面越好,显然,他们几乎没有注意中国政府指示我递交给他们的备忘录,该备忘录曾指出有必要采取有效的一致行动,并建议采取海军演习这类措施,因为我前已提到,中国政府的看法是,甚至加速援助和源源不断向中国提供军需,也不能满足中国危急局势的需要了。

苏联代表团显然和中国代表团一样,急于想知道英、美可能采取什么行动。出席会议的苏联代表于星期天下午来访,打听有什么消息,以及我对递交各主要代表团备忘录中建议的海军演习,有何计划。

至于法国代表,他们在星期一才回到布鲁塞尔来,并且只有泰桑先生一人回来。

星期一一天乱哄哄,下午 5 时开会前还有很多事要办。中午我让钱泰去拜访苏联代表团长波将金,我去英国代表团住处都城饭店麦克唐纳的房间拜访麦克唐纳、克兰伯恩、贾德幹、戴维斯和亨培克各位先生。我是由郭泰祺陪同前往的。英国人和美国人给我看了他们拟订的提交下午会议的宣言草案。我读后,表示我非常失望。我说,我必须就此事向政府请示。

根据会谈记录记载,我曾对他们说,我得到的第一个印象是,草案除了再次确认某些一般原则外,没有更多的内容,没有提出任何具体措施。我在上周会议上的一篇声明中强调过的那些措施,特别是有关援助中国和限制日本的措施都没有提到。我说,目前草案的内容与中国对会议的期望相差太远,坦率地说,我很失望。

戴维斯直截了当地说,任何帮助中国的问题都不可能得到会议的通过。在美国出现了一种运动,迫使政府在当前的冲突中施用"中立法"。虽然他自己相信这个运动不可能获得成功,但如在宣言中公开表明美国和其他大国帮助中国的话,就肯定给了这场运动的拥护者以话柄。他们会说美国正在被引进对日本的战争中去。

麦克唐纳说,重要的是,不要使局势更加困难化。他认为,如果会议公开宣称其援助中国的意向的话,那么日本将宣布进行军事封锁。中国目前正在取得的军事供应也将断绝。

戴维斯说,在封锁的情况下,即使要给中国以军事供给,如何能够运送呢?

我又提到建议进行海军演习以保证过境安全的问题。

戴维斯强调美国不可能办到。

我说,有必要使中国政府能指望得到继续供应的某种明确的保证。如果对这种供应不做出安排,我怕对前方战斗部队的士气将是一个很大的挫伤。另一方面,如做一番明确的安排,则将增进政府的信心,并使它能够更有效地继续抗战。

戴维斯说,唯一的办法是会外悄悄地进行。如果公开去做,肯定会激起日本的反应,甚至连目前给中国的供应也成为不可能了。

亨培克说,如果要取得鼓舞士气的效果,就得公开,但要避免的正是公开。

郭泰祺说,确实是为了达到增强政府信心的目的。

我说,如果实际援助中国一事不能写在宣言中,可以另行安排。那么我建议英、美、法、苏、荷、比可举行一次圆桌会议,以便就对中国进行援助达成一项总的谅解。

戴维斯说,他不敢肯定能否参加这样的会议。

亨培克说,如果美国得知戴维斯先生参加考虑援助中国的会议的话,他首先将会得到华盛顿将他召回国的电报。

麦克唐纳问道,中国究竟需要什么。

我回答说,概略说来,在许多东西中,中国最需要财政信贷、飞机、野战炮、高射炮和机关枪。

麦克唐纳建议我向他们提出一份中国需要的清单。给他们个机会考虑,决定是否有必要与其他各大国集体进行,还是分别做出安排。

戴维斯说,只要美国中立法还在生效,他就不能做出使美国受到约束的安排。

亨培克提出向圆桌会议递交清单是否明智的问题。他说,实际上清单就是泄露中国的军事秘密。这样的机密有可能传到日本手里。

我说,我信任刚才提到的六国。其中四国事实上已在向中国提供某些援助。至于荷兰,中国驻海牙公使曾与荷兰首相科林博士谈了这个问题。首相对他保证说,如果别的大国这么办,荷兰也准备做一些事情。中国驻布鲁塞尔大使也对比利时政府谈了,回复虽不像荷兰那样肯定,但也倾向于同情这么办。

戴维斯说,"譬如贷款,美国政府没有国会的立法是不可能给钱的。同时,我推测英国情况亦复如此"。

我说,据我所知,英国不会如此困难。

麦克唐纳说,议会的立法倒并不必需,财政部的决定是一定要的。

戴维斯问,法国向中国提供的财政援助有多少。

我回答说,已安排了二亿法郎的信贷,其中一亿已用于购买飞机。

亨培克问,是政府贷款还是与民间银行的安排。

我回答说,是根据法国政府建议组成的一个民间银行团体安排的。信贷安排是在法国政府官方批准文件支持下达成的。我问,在美国,是否能和以前一样,与出口银行做出一项安排。

亨培克说,该银行已被清理。

戴维斯说,美国最近已向中国提供了五千万美元的贷款。他认为这对中国是一个相当大的帮助。

我说,这确是一个很大的帮助。我希望能安排另一笔贷款。

麦克唐纳说,据他所知,给中国的,不是美国政府的一笔赠款,而是一项贷款。

亨培克说,作为民间贷款,在美国可与民间银行进行安排。

我说中国政府急于想得到贷款,如果不可能从政府银行得到,中国政府准备向民间银行的贷款提供适当的担保。

麦克唐纳说,他认为,我最好向他们递交一份中国需求的清单,然后,他们才能对应该怎样做拿出更好的意见。就英国而言,他认为武器和枪炮难以提供,因为政府重新武装的计划需要英国生产的全部武器。

戴维斯说,至于武器和军需品,中国想买多少就可以从美国买多少。

我说,在达成安排援华的一般谅解之后,我将指定某位专家提出详细要求。我认为,麦克唐纳和戴维斯也有可能指定某位专家对细节进行安排。

麦克唐纳认为这件事最好安排在见到中国需求的清单后进行,现在没有必要召集专家们来。

我说,既然如此,我将电告我的政府,并尽快向他们递送清单。

在开会前十五分钟,会议主席比利时的斯帕克在研究院大厦找我谈话,他问我对宣言草案有什么看法。

我说,宣言草案非常模棱两可,非常软弱无力。除了重复上次会议的声明内容外,没有更多的东西。

斯帕克说,根本没有什么内容,他肯定我一定会觉得失望。他说,英国代表团和美国代表团起初请比利时代表团提出草案,但他觉得他没有可能做到这点。他说,他同意在草案上写明根据主席的要求,由三国代表团提出草案(可能法国已要求参与发起工作)。他告诉我,实际上他没有提出这样的要求。他的看法是,与其坚持须由会议解决这样一个程序,不如在宣言中说明,解决问题必须在九国公约的基础上进行。这样对中国更为有利,可以给通过大国斡旋促成中、日直接谈判敞开大门。

我说,假如要在两者之间做出选择的话,我肯定宁愿选择确定解决的基础,而把程序一事搁置一边。因为这两者之间,解决问题所依据的原则问题,肯定比程序更为重要。

斯帕克说,他也这么看。我们的会谈就此结束,因为我们两人都已必须入席了。

当轮到我在下午5时的秘密会议上发言时,我就中国要求具体措施一事发表了一篇演说。我说,宣言中除了再次确认某些一般原则外,没有什么内容。没有提到根据11月15日通过的声明中与会代表们已经同意考虑采取的共同态度,也没有包括支持中国的具体方法的规定(中国代表团要求会议采取具体行动)。正如国内秩序不能仅靠法律的条文维持一样,面对国际上的暴力,只用语言不足以恢复和平与秩序,而正是这种国际上的暴力行径才引起了这次会议的召开。试问,会议拒绝给中国以援助,是否想使中国停止抗击侵略? 还是应让中国在没有足够的条件的情况下继续其抗战? 中国代表团认为目标的一致,紧跟着应该有行动上的一致。决议草案的用语表明,会议以夭折而告终。这将在不知不觉中扩大普遍存在的不安全感,无助于世界的秩序和稳定。

戴维斯和亨培克对我的发言均表示不同意。他们说我未能帮助他们应付美国舆论。戴维斯说:“你这是在使唯一可能帮助你们的政府无地自容啊!”但是麦克唐纳会后对我说:“你有你的立场,有些话你不能不说。”报界的看法则更为明确。出席会议的全体美、英和其他记者事后对我表示,这是整个会议上最好的一篇演说,并表示已将全文以电报发给他们的报纸,其中也包括伦敦的《泰晤士报》。下次会议定于 24 日召开。

第二天(11 月 23 日)苏联出席布鲁塞尔会议的主要代表副外交人民委员波将金,苏联驻布鲁塞尔公使鲁滨,我本人和钱泰大使举行了午餐工作会,就会议议程和有关问题进行了长时间的会谈。钱泰和我向他们谈了中国的态度和我们打算在闭幕宣言草案中就具体行动提出的修正案。我们还讨论了中国提出的援华圆桌会议的建议和美国提出的苏联在蒙古和满洲边境举行军事演习的建议。关于后一建议,我提到我所引用的捷苏条约中所规定的苏联的义务。该条约是互助条约,也包括军事援助在内。可以作为根据中苏互不侵犯条约,苏联在蒙满边境进行军事演习的先例。波将金回答说,捷苏条约是有条件的,那就是须有法国动员帮助捷克斯洛伐克,这样一来就可望迫使德国实施从捷克边境后撤的计划。波将金暗示,这两者之间是不可比的。苏联在军事上支持捷克斯洛伐克的义务是以法国的动员为条件的。换言之,苏联是得到第三者——法国的支持保证的。另一方面,如果苏联以军事演习这样的实际行动来支持中国,而全无第三者保证援助的话,那就等于我们要求苏联去冒独自面对日本的危险。

23 日下午,我先带陈公博去拜访戴维斯,然后我自己、戴维斯、亨培克、克兰伯恩和贾德幹就修改宣言草案举行了会议。约一小时后,克兰伯恩和贾德幹一起来拜会我,就增加有关"援华"内容和中国提出由会议准备向国联报告工作情况的想法进行了会谈。英国人反对前一项,但和美国相反却赞同后一项。

陈公博是星期一(22 日)早晨由罗马来的,他曾拜会墨索里尼和齐亚诺,谈了中、日争端,当时,陈告诉我,墨索里尼极力主张在中国承认"满洲国"和建立华北自治政权的基础上,及早解决中、日争端。墨索里尼还告诉他,会议不可能而且也没有对中国给予什么帮助,他并且有意为双方进行调停。

我于 23 日下午领陈公博拜会戴维斯先生的目的,是给陈一个机会,把在罗马从意大利决策人那里得到的有关意大利的态度,告诉美国代表团团长。陈据此传达了意大利的立场。陈谈到墨索里尼对中国的劝告:不要相信会议,也不要相信美、英所承诺的援助,以前在满洲和埃塞俄比亚的局势中就已经体现了这种承诺的可怜的结局。在陈谈了这些内容之后,戴维斯说,意大利不可能对日本的解决条件有太多的影响。

最后,会议于11月24日相当模棱两可地闭幕了,只是在其最终决议接近结尾的地方,提到:"会议认为,暂时休会是可取的。"接下去是最末的一小段,企图给复会提供一个朦胧的希望。这段文字说:"当会议主席或成员国中的两国提出报告,认为恢复讨论是有利的,那么会议可以再度召集。"

但是,正如我们大家知道的那样,会议到11月24日就永远结束了,一直也没有复会。

附在决议上的报告,只概述了会议工作的几个主要阶段,决议本身仅重新肯定了一般的原则,仅一般地要求停止敌对行动,转入和平进程。我在最后的一次演说中问道:

> 你真相信一纸原则宣言或忠实于誓言的虔诚表白,就足以使其在世界上得到遵守或尊重吗?

> 拒绝给中国以援助,是否意味着中国应该停止抵抗侵略,或者在无足够手段的情况下,能无限期地抗战下去? 在清楚而有力地证实了目前冲突中,日本和中国的政策在法律上的区别之后,你是否还认为在侵略者和受害者之间,无需作实际上的区别对待? 由于拒绝停止向日本提供继续侵略中国所需的物资和经济资源,你不是似乎已经作了这样的表示了吗?

中国虽从整个会议的答复,得不到鼓舞,但仍希望个别大国能响应有关具体支援措施的呼吁。

实际上,在24日下午布鲁塞尔会议闭幕会开过之后,戴维斯和克兰伯恩都过来与我说了一些同情的话。戴维斯说,他忘记了说一些同情和赞扬中国和中国代表团的话。他说,他对我们的克制的精神与在和解上的尊严态度有深刻的印象。他告诉我:"这一切已为中国创造了普遍的好感,赢得了比过去更多的朋友。"克兰伯恩在我向他感谢其配合时说,每个人都为中国合作和和解的态度所感动,中国博得了巨大的同情和赞扬。他还说,他已将我们将要送去的中国军事上所需的物资清单打电话告诉了外交大臣艾登。他请我放心,一俟清单收到,就会给予紧急考虑。

在结束我在布鲁塞尔工作的这一章时,我想就会议的真正作用和我对会议结果的评价说几句话。为应付远东局势而举行的这次会议,一开始就表现出它主要不是一个向中国提供有效援助或解决中、日冲突的工具,而是一个为英、法提供摆脱困境的方法,特别是对英国来说更是如此,因为它在远东的利益更在其他西方列强之上。这次会议被视为谋取美国在远东局势中给予合作和支持的唯一手段。英国,还有处于次要地位的法国和苏联,都认为在当时欧洲形势下,没有华盛顿的参与,他们就谈不上对制止日本侵略或帮助中国抗日做出什么成效来。

就中国方面来说,它欢迎举行这次会议的打算。事实上,这件事在领导人中间已经进行了讨论,并非正式地在中国驻伦敦和华盛顿大使的发言中有过表示,在我自己与南京的通讯和我在巴黎的发言中也都进行过讨论。正如我在给南京政府电报中再三指出的,举行这样的会议,将是一个进一步把问题公之于世的手段。在某种程度上,我们过去也曾通过向国联呼吁而这样做过。我指出,采取这一着,尤其是为了谋求美国的参与和积极支持。美国不能公开地与国联充分合作,但它是九国公约签字国之一,根据公约,积极参与就完全是正当的。

美国没有拒绝参加,实际上任命戴维斯这样一位杰出的公众领袖作为美国出席会议的代表,就已说明罗斯福总统对于会议的重视和关心。但是会议的结局使人失望,这也并不出乎意料。考虑到国际局势,特别是欧洲的当时情况,以及美国国内的形势,实际上没有一个国家,包括中国在内,期望会议会取得重大成果。会议开幕之前,包括中国在内的九国公约各主要签字国代表团团长,为了取得某些成果,对议程应该如何安排和应采取什么步骤进行非正式讨论时,欧洲的国际气氛以及远东的气氛都呈现紧张。其紧张的程度甚至达到一开始就难以找到一个愿意担任会议发起国和应允在其国土上举行会议并邀请各国前来参加的签字国。美国是原来华盛顿九国公约的发起国,它也不愿当会议的东道国,其他签字国一时也不愿意出面。只是经过法、英的劝说,比利时才最后同意充当主人这一角色。

至于会议应该做些什么,这个问题在中国驻布鲁塞尔大使钱泰的《中国和1937年布鲁塞尔九国会议》那本小册子里,对会议要做的和实际已做的都已作了清晰而全面的描述。所以,关于会议的实际情况除了我上面已经说过的以外,这里就没有必要赘述了。

事情可以这样加以概括:英国和美国对主持会议和设法取得某些成果感到负有主要责任。但是,由于几种原因,这个目标是注定不可能实现的。首先,从会议的成员来看,就说明不可能做出任何有效的决定。德国被邀请了,但未接受;意大利参加了会议,但不出所料,它在会上扮演了日本代言人的角色;斯堪的纳维亚各国如丹麦、挪威、瑞典,紧邻德国,在参与采取任何反对日本的措施时,都心怀疑虑。因为他们恐怕招致强邻德国的不快,同时,我想还因为他们与日本有大量的贸易关系。所以,英、美作为会议的主要参加国,从一开始就把会议取得某些成就寄托于日本可能在某个关键时刻上被说服参加会议这种不切实际的幻想上。

从中国方面来说,它看不出日本会接受任何邀请的迹象,所以中国指望会议一方面采取一些具体措施,如提供贷款以及拒绝供应战争物资等手段来制裁日本;另一方面通过若干措施,如提供财政信贷、武器、军需品和转口过境便利来大力帮助中国。

日本一开始就拒绝出席会议,这并非出人意外,因而引起了关于调停的想法,不是由整个会议进行调停,而是由在远东拥有巨大利益的少数大国来调停,甚至通过某一国家的努力来进行。中国政府也不是无意赞成调停,如果达成的解决办法对中国来说是公平合理的话,那也可以调停解决。这就必须要了解南京政府领导人的想法了。面对中国的军事形势和南京本身受到的威胁,如果结果不是太难以接受的话,他们确实愿意支持各种调停的方法。

由少数大国向日本建议进行调停,实际上成为会议的第二个步骤。但是,这也夭折了,因为日本坚持下列立场,使得这一步骤成为镜花水月。日本的立场是:问题仅涉及日、中两国,与其他列强无关,只应通过直接谈判解决。这是日本一贯的政策。所以,又提出了这样的可能性,通过第三国调解的建议,即由第三国把这两个国家召集在一起,但不介入两国间的问题和分歧的实际讨论。当然,这项建议是由作为日本代言人的意大利与会代表马柯迪提出来的。

不管怎样,日本对会议的调停建议的答复传到布鲁塞尔时,使人们大失所望。日本的第二次拒绝甚至比第一次更为断然,用词近乎蛮不讲理。然而它也彻底打消了成立一个小型委员会从事调停工作的想法,这个想法原是英、美两国代表团提出来的。即使在布鲁塞尔,这个建议也遭到人们冷遇。由于其组成难以为人接受,特别是法、苏两国,故此建议也未能站住脚。法国出于自尊心,希望能参加,但如法国成为参加国,那么苏联就坚持不得被排除在外。李维诺夫对此坚持强硬的立场,他对戴维斯说,作为一个大国,他的国家如不被包括在委员会之内,他就完全退出会议。

虽然由于面临这种困难和尴尬的境地,使戴维斯放弃了成立委员会的念头。李维诺夫仍退出会议并离开了布鲁塞尔。在日本第二次答复传到,会议公布了11月15日的声明以后,德尔博斯和艾登也都离去了,只有半个会议继续进行工作。至于中国呼吁的有效援助,则未获实际结果。英、美代表团长说要考虑和商量,但无任何认真对待的迹象。显然他们是在拖延时间。于是,我们可以称之为一次流产的国际会议,就这样结束了。

我认为中国对此并不太感到幻想破灭。在军事形势继续恶化的时候,在国人渴望从布鲁塞尔会议获得一些具体成果的时候,我不断以电报向他们报告会议进展情况,欧洲的实际局势以及包括美、英在内的各主要强国对此问题的态度。或许各大国本心原想做一点事,但是实际上他们或因国际形势或因国内形势,都不能采取任何有效的行动。因此,中国从未奢望会议能取得有效的结果,这是因为英、法专心于欧洲和地中海的事务无暇他顾,而苏联在亚洲与日本,在欧洲与德国又处于对峙状态。美国可以做很多事的可能性也不可信,因为美国舆论反对承担被卷入另一次战争中去的风险,并且存在着强烈的中立主义情绪,这一点,法令全书所载之中立法以及国会的态度就是证明。

这也不意味着中国并不失望。它是非常失望的,主要不是因会议本身不能有任何作为,而是由于在远东有巨大利益的大国不愿采取任何有效措施来抑制日本,这不仅是为了中国的利益,也是为了他们自己和世界和平事业的利益本应采取的。

我在 1937 年 11 月 13 日会议上的演说中,暗示了隐藏于缺乏远见和能力,不能以实际和有效方式来处理中、日问题的危险性。我是这样结束我的演说的:

> 主席先生,国际和平也像一国的国内和平一样,如要持久,就得保卫。目前远东和平的恢复与维护,要求其他与会各国采取道义上的、物资上的、财政和经济上的具体行动。这类行动还必须及时进行,因为如果因犹疑而耽误得太久,那么,肆虐于远东的暴力和动乱,不久就会达到不经受另一次世界大战的考验和磨难,就不可能制止和控制的程度。

附录一　李顿调查团报告书
第九章及第十章全文①

第九章
解决之原则及条件

　　前章之复述　中日问题之本身,用公断方式,非无解决之可能,然因各该国政府处理此问题,尤其满洲问题,使两国关系益臻恶化,遂致冲突迟早不能避免,业于本报告书之前数章述明。中国乃一由政治上之纠纷,社会上之紊乱,与夫因过渡时期所不可避免之分裂趋势而进展之国家,亦经陈其梗概。日本所主张之权力与利益,如何因中国中央政府权力薄弱,致受重大之影响,及日本如何急欲使满洲与中国政府分离,亦经阐明。又对于中俄日三国政府之对满政策,为简略之考察,足以证明以前东三省地方政府对中国中央政府,曾屡次宣布独立,顾其人民大半为中国人,未尝有与中国脱离之意,最后:我等曾悉心详查1931年9月18日及自是日以后所发生之真确事件,并曾发表我等对此之意见。

　　问题之复杂　现在我等可对于过去之感想作一结束,而集中注意点于将来。凡阅过前章者必明了现在冲突中之问题。并不

---

　　①　本附录译文录自《国际联合会调查团报告书》。——译者

如寻常所拟议者之简单。此项问题实属异常复杂,而惟深悉一切事实及其历史背景者,始足以表示一正确之意见。良以此案既非此国对于彼国不先利用国际联合会盟约所定和解之机会而遽行宣战之事件,亦非此一邻国以武力侵犯彼一邻国边界之简单案件,实因满洲具有许多特点,非世界其他各地所可确切比拟者也。

此项争议系发生于国际联合会两会员国间,涉及一领土其辽阔与法、德两国相埒,双方均认有权力与利益于其间,而其权益中为国际公法所明白规定者,仅有数端耳。又该领土在法律上虽为中国不可分一部,其地方政府实具有充分自治性质,足与日本直接谈判构成此次冲突根源之事件。

满洲情况非他地所可比拟 日本管辖有一条铁路,及由海口直达满洲中心之一段土地,约有一万兵力保护该地,日本并主张依照条约于必要时有增兵至一万五千之权。该国对于在满洲之日侨,行使法权,并遍设领事馆、警察于东三省。

解释之不同 上述各节为辩论此问题者所必须考虑之事实。日本军队未经宣战,将向来毫无疑义属于中国领土之一大部分地面,强夺占领,使其与中国分离并宣布独立,事实具在。此事经过所采之步骤,日本谓为合于国际联合会盟约、非战公约及华盛顿九国条约之义务,而实则各该约之意义正在防止此种行为。且此种行为开始于本案提出于国际联合会之初,而完成于嗣后之数月。乃日本政府以为与 9 月 30 日及 12 月 10 日其代表在日内瓦所提出之保证相符合。其为此项行动辩护之理由,谓一切军事行动为合法之自卫行为,该项自卫权力,在上述各项国际条约中既均已默认,而国联行政院各项决议亦未加以取消。至于替代中国在东三省之行政组织之新组织,则谓系当地人民之行动,盖当地人民因自愿独立,遂与中国脱离关系,另组政府。日方声称,此种真正之独立运动,自不为任何国际条约或国联行政院之任何决议所禁止。且是项事实之发生,已将九国条约之适用,予以重大之改易,并将国联正在调查之事件之性质,完全变更。

此种辩护论调实使该项冲突顿形复杂与严重。本调查团之任务,并不在就该案作辩论,但欲设法供给充分之材料,使国联能得一适合于争议国双方之荣誉、尊严暨国家利益之解决办法。仅恃批评不足以达此目的,必须从事于调解之切实努力,我等曾力求过去满洲事件之真相,而坦白说明之;并承认此仅为一部分之工作,且非最要部分,我等在调查期间,曾迳告双方政府,愿以国联之力,助两国调解争端,且决定向国联建议,以适合于公道与和平之办法,保持中、日两国在满洲之永久利益。

不能认为满意之解决办法

(一)恢复原状 由上述各节观之,可以明了,如仅恢复原状,并非解决办法。因此次冲突原系发生于在去年9月前所存在之各种情形之下,故今日如将各该情形恢复原状,亦徒使纠纷重现,且有仅仅顾及全案之理论方面,而忽略其局势真相之弊。

(二)维持"满洲国" 从前述两章观之,维持及承认满洲之现时组织,亦属同样不适当。我等认为此种解决办法与现存国际义务之基本原则不合,并与远东和平所系之两国好感有碍,且违反中国之利益,不顾满洲人民之愿望,兼之此种办法,最后是否利于日本永久之利益,至少亦属疑问。

满洲人民对于现时组织之情感如何,可无疑义,中国亦决不愿接受东三省之完全分离,作为一种最后之解决。至以远处边陲之外蒙古与满洲相比拟亦欠切当,因外蒙古与中国并无经济上与社会上之密切关系,且人口稀少,大部分均非汉人。满洲之情形,与外蒙古大异。自各方面言之,现今在满洲耕种之数百万汉人早已使满洲成为中国领土由关内向关外之延长,且从种族文化及国民情绪各方面言之,东三省之为中国东三省,直与其大部分移民所自来之邻省河北、山东无异。

且就已往之经验,可以证明从前支配满洲之当局,曾对于中国其他各部——至少华北——之事务有重大之影响,且占有毫无容疑之军事上与政治上之便利。无论在法律上、事实上将该省等自中国他部割离,日后恐将造成一严重之"未收回领土"问题,使中国常存敌意,以致危及和平,且有引起继续抵制日货运动之可能。

本调查团曾接到日本政府关于该国在满洲重大利益之明晰而有价值之声明书。关于日本对于满洲经济上之依赖,前章已经论及,本调查团不必再为之铺张。本调查团亦不主张日本因经济关系即可操纵东三省经济上乃至政治上之发展,但我等仍承认满洲在日本经济发展上之重要性。日本为谋满洲之经济发展,要求建设一能维持秩序之坚固政府,此项要求,我等亦不以为无理。但此种情况,惟有一合于当地民意而完全顺乎彼等之情感及志愿之行政机关,始能为安全的与切实的担保。尤有进者,惟有在一种外有信仰、内有和平,而与远东现有情形完全不同之空气中,为满洲经济迅速发展所必要之投资始可源源而来。

日人现虽备受激进的人口过剩之压迫,然彼等尚未充分使用其现有之便利,以从事于移民,而日本政府迄今犹无大规模移民满洲之计划。但日本确欲利用再进一步之实业计划,以谋应付农业危机及人口问题,此种实业计划需要更大经济出路,而此种广大而比较可靠之市场,日本仅能在亚洲尤其中国获得之。日本不仅需要满洲市场,即全中国市场亦在需要之列,而中国之巩固与近代化自能使生活程度抬高,因而使贸易兴奋,并增加中国市场之购买力。

中日间此种经济上之接近,固于日本有重大之利益,即于中国亦有同等之利益,盖中国因与日本有经济上及技术上较为密切之合作而可获得建设国家基本工作上之助力。中国若能抑制其民族主义难堪之趋势,并俟友好关系恢复后切实担保有组织之抵货运动不再发生,则于此项经济接近大有裨助。在日本方面,若不求单独解决满洲问题,使其脱离日本对华关系之整个问题,致令中国友谊及合作成为不可能,则此项经济接近亦当易于实现。

但日本在满洲之动作及政策,其取决于经济原因之处或较少于其自身安全之顾虑。日本政治家及军事当局常称满洲为"日本之生命线"，职此故也。常人对此种顾虑可表同情，且亦能谅解日本担负国防重任之当局所采取之行动及意旨。日本之欲谋阻止满洲被利用为攻击日本之根据地，以及如在某种情形之下满洲边境被外国军队冲过时，日本欲有采取适当军事行动之能力，吾人均可承认，但同时吾人以为置满洲于无期限之军事占领之下，势必负财政上之重担，是否确系抵制外患之最有效方法，仍不无疑问。又设遇外患侵袭之时，日本在满军队受时怀反侧之民众包围，其后又有包含敌意之中国，日本军队能否不受重大之困难，亦殊难言。为日本利益计，对于安全问题，似应考量其他可能的解决方法，使更能符合现时国际和平机关之基本原则，而与世界其他列强间所订之办法相同。日本甚或可因世界之同情与善意，不须代价而获得安全保障，较现时以巨大代价换得者为更佳。

国际利益　中日两国以外，世界其余各国在中日争议中，亦有应予维持之重大利益。例如现行各种多方面条约，前已提及。又此问题之真正及最后之解决，必须适合世界和平组织所依赖之基本条约。华府会议时驱使各国代表之意旨，现仍有效。扶助中国建设，维持中国主权及领土与行政之完整为保持和平之必要条件；今日此项政策之与列强利益相吻合，亦正与 1922 年无异。各种分解中国之行为，必致立即引起国际间之竞争，此种国际竞争，如与相异的社会制度间之冲突同时发生，则将更形激烈。要之：维持和平之旨趣，举世相同。倘国联盟约及非战公约原则之实施，在世界任何部分失其信仰，则此项原则之价值及效能将无往而不受减损。

苏俄之利益　调查团对于苏俄在满洲之利益范围未能获得直接之报告，而对于苏俄政府关于满洲问题之意见亦未能确定。但虽无直接报告，而苏俄在满洲之地位，及其因领有中东路暨中国国境外北部及东北部之领土而获得之重要利益，均不容忽视，故解决满洲问题时倘忽略苏俄之重大利益，则此项解决必将引起将来和平之决裂，且不能持久，事极显然。

结论 倘中日两国政府均能承认彼此主要利益之相同性质，并愿以维持和平与夫树立睦谊为彼此利益之部分，则上述各节足以指示问题之解决途径。至恢复1931年9月以前状态之不可能，前已述及之矣。由现时组织，毋须经过极端之变更或可产生一种满意之组织。我等将在次章提出若干种建议，以贯彻斯旨，兹先规定任何圆满解决所应据之原则如下：

圆满解决之条件

（一）适合中日双方之利益 双方均为国联会员国，均有要求国联同样考虑之权力，某种解决，苟双方均不能获得利益，则此种解决必无补于和平之前途。

（二）考虑苏俄利益 倘仅促进相邻二国间之和平，而忽略第三国之利益，则匪特不公，抑且不智，更非求和平之道。

（三）遵守现行之多方面条约 任何解决必须遵守国联盟约、非战公约及华盛顿九国条约之规定。

（四）承认日本在满洲之利益 日本在满洲之权力及利益乃不容漠视之事实，凡不承认此点或忽略日本与该地历史上关系之解决，不能认为满意。

（五）树立中日间之新条约关系 中日两国如欲防止其未来冲突，及回复其相互信赖与合作，必须另订新约，将中日两国之权力、利益与责任，重加声叙。此项条约应为双方所同意之解决纠纷办法之一部分。

（六）切实规定解决将来纠纷之办法 为补充上开办法以图便利迅速解决随时发生之轻微纠纷起见，有特订办法之必要。

（七）满洲自治 满洲政府应加以变更，俾其在适合中国主权及行政完整之范围内，获得足以适应该三省地方情形与特性之高度自治权，新民政机关之组织与管理，务须满足良好政府之要件。

（八）内部之秩序与免于外来侵略之安全 满洲之内部秩序，应以有效的地方宪警维持之；至为实现其免于外来侵略之安全起见，则须将宪警以外之军队，扫数撤退，并须与关系各国订立互不侵犯条约。

（九）奖励中日间之经济协调　为达到此目的，中日两国宜订新通商条约。此项条约之目的，须为两国间之商业关系置于公平基础之上，并使其与两国间业经改善之政治关系相适合。

（十）以国际合作促进中国之建设　现时中国政局之不稳，既为中日友好之障碍，并为其他各国所关怀，因远东和平之维持，为国际间所关怀之事件；而上述条件，又非待中国具有强有力之中央政府时不能满足，故其圆满解决之最终要件，厥惟依据孙中山博士之建议，以暂时的国际合作，促进中国之内部建设。

条件满足后之结果　现在情势如能改变至足以满足上述条件及包括上述意见之程度，则中日两国当可将其困难解决，而两国间之密切谅解及政治合作之新时代，或将由此开始。如两国间不能成立此项协调，则无论具有何种条件之解决办法，必将毫无效果可言，然则际此险象环生之时，上项新关系果真无实现之可能欤？少年日本现正力主对中国采取强硬政策及在满洲采取彻底政策，凡作此项要求之人靡不对于 9 月 18 日以前之延宕及刺激，表示厌倦。彼辈现甚急躁并亟欲求其目的之达到。但即在日本，为达到任何目的，亦有寻求适当方法之必要。经与主张积极政策最力之辈——尤其一般富于理想及个人信仰之造成"满洲国"之先锋队——接近之后，本调查团遂不得不承认：日人方面问题之核心，纯为日人对于新中国之政治发展及此种发展之未来趋势所表示之焦虑，此种焦虑，已使日人采取行动，其目的冀以支配上项发展并领导之，使之趋向于日人经济利益得以安全，及其帝国国防战略上之需要得以满足之途径。

但日本舆论已微觉日本对满洲及对中国其他各部采取两个单独政策之不符合于实际。故日本纵以其满洲利益为目标，其对于中国民族精神之复兴，亦当表示承认同情的欢迎；与之为友，引导其趋向，而界之以扶助，使其不必另求他助。

中国有识之士亦承认建设与国家之近代化为该国之重要问

题,亦即该国之真正国家问题,而彼等不能不确认为完成此种业已开始且有如许成功希望之建设及近代化政策起见,必须与一切国家,尤其与其距离最近之邻国,培植友好之关系。在政治上及经济上,中国均需列强之合作,而日本政府之友善态度及在满洲方面之中日经济合作,尤为可贵,中国政府应将其新兴之民族主义之一切要求——纵属正当而且急切——一置于此项国家内部有效的建设之最高需要之下。

第十章
考虑及对行政院之建议

便利最后解决之建议 以解决现时纠纷之建议,向中日两国政府直接提出,非本调查团之职责。但如白里安君向行政院说明组织本调查团之所决议时所言,"为便利两国间目前纠纷原因之最后解决起见",本调查团特以我等研究之结果向国际联合会提出建议,期于联合会适当机关因欲提交于争议两方面起草确定方案时有所裨助。此项建议,意在表明前章所设各条件,足以适用之一端,故其性质仅涉及广泛原则,各项细目留待补充,如争议两方愿意接受基于此种原则之解决方法时,亦尽有修正之余地。

即使日本在日内瓦讨论本报告以前,即已正式承认满洲国——此为不容忽视之可能的事实——吾等工作亦不致因此而丧失其价值。吾等深信行政院如欲为满足中日两方在满洲之重大利益而有所决定或向两国有所提议,则对于本报告书所载建议,终将认为不无裨助。

吾等悬此目标,故一方面以国联原则,及关于中国一切条约之精神及文字,以及和平之一般利益,存诸胸中,而在另一方面,并未忽视现存之事实,即对于正在演化中之东三省行政机关,亦曾加以注意。为世界和平之最高利益计,行政院之职责,应不问结局如何,毅然决定如何始能使本报告书中之建议推行并适用于现尚日在发展中之事件,以期利用现正在满洲酝酿之一切正当势力,无论为理想或人力,无论为思想或行动,借谋获得中日间持久之谅解。

请当事双方讨论解决办法 吾等首先建议国联行政院应请中国政府暨日本政府依照前章所开之纲领,讨论两国纠纷之解决。

顾问会议 此项邀请,如经接受,第二步即应及早召集一顾问会议,讨论并提出一种特殊制度之设立,以治理东三省之详密议案。

此项会议,可由中日两国政府之代表,暨代表当地之代表团两组组成之。该两代表团,一由中国政府规定之方法选出之,一由日本政府规定之方法选出之,如经当事双方同意,顾问会议可得中立观察人员之协助。

如该会议有任何特殊之点不克互相同意时,该会议可将此意见参差之点提出于国联行政院,行政院对此当设法觅得一同意之解决办法。

同时于顾问会议开会期中,所有中日间关于各该国权力利益所争论之事件,应另行讨论。倘经当事双方同意,亦可得中立观察人员之协助。

吾等复提议此项讨论与谈判之结果,应包括于下列四种文件之中:

一、中国政府宣言,依照顾问会议所提办法,设立一种特殊制度治理东三省;

二、关于日本利益之中日条约;

三、中日和解公断不侵犯与互助条约;

四、中日商约。

在顾问会议集会之前,应由当事双方,以行政院之协助,对于该会议应行考量之行政制度之方式,先行协定其大纲。当事双方此际所应考议之事件如下：

顾问会议之集会地点，代表之性质，是否愿有中立观察人员；

维持中国领土行政完整之原则及准许东三省有高度之自治；

以一种特殊宪警为维持内部治安唯一办法之政策；

以所拟各种条约解决所争各项事件之原则；

对于所有曾经参加东三省最近政治运动人员之准予特赦；

此种原则大纲，既经事前同意，关于其详细办法，当以最充分可能之审择权，留诸参加顾问会议或磋商条约之代表。至再行诉诸国联行政院之举，仅得于不能同意时行之。

此项程序之优点 在此项程序各种优点之中，应称述者为此项程序既与中国主权不相违反，仍可采取实际有效之办法，以适应满洲现存之局势，同时复留以后修改之余地，此类修改将视中国内部情形之变迁而定。例如：在满洲最近所已提议，或已实际施行之某种行政上与财政上之变更，如省政府之改组，中央银行之设立，以及外国顾问之雇用，等等，皆本报告书所已注意及之者。此类特点，顾问会议或可因其利便而予以保留。又如依照吾等所提议之方法而选择满洲居民代表出席顾问会议，亦足以便利现政体之转入新政体。

此项为满洲而设立自治制度，拟仅施行于辽宁（奉天）、吉林、黑龙江三省。日本现时在热河（东内蒙古）所享有之权利，当于关系日本利益之条约中，加以规定。

兹将四项文件依次讨论如下：

一、宣　言

顾问会议之前后议案，当送交中国政府，由中国政府以该项议案列入宣言之内，而以此宣言转送国际联合会及九国条约之签字各国。国联会员国，及九国条约之签字国对于此项宣言当表示知悉，而此项宣言将被认为对于中国政府有国际协定之约束性质。

此项宣言嗣后倘须修改，其条件当依照前述之程序彼此同意后，于宣言本身中，预为规定。

此项宣言当对于中国中央政府在东三省之权限与该地方自治政府之权限，加以划分。

保留于中央政府之权限　兹提议保留于中央政府之权限应如下列：

（一）除特别规定外，有管理一般的条约及外国关系之权，但中央政府不得缔结与宣言条款相违反之国际协定。

（二）有管理海关、邮政、盐税之权，并或可有管理印花税及烟酒税行政之权。关于此类税款之纯收入，中央政府与东三省政府间如何公平分配，当由顾问会议规定之。

（三）有依照宣言所规定之程序，任命东三省政府行政长官之权，至少初步应当如此。至出缺时，当以同样方法补充，或以东三省某种选举制度行之，此则应由顾问会议合意议定并列入宣言之内。

（四）有对于东三省行政长官颁发某种必要训令，以保证履行中国中央政府所缔结关于东三省自治政府管辖下各事项之国际协定之权。

（五）顾问会议所合意议定之其他权限。

地方政府之权限　一切其他权限均属于东三省自治政府。

地方民意之表现　应计划切实可行之制度，期使人民对于政府政策得表示其意见。或即袭用自昔相沿各机关如商会、公所，及其他各市民机关亦可。

少数民族　应订立某种规定，以保护白俄及其他少数民族之利益。

宪警　兹提议以外国教练官之协助，组织特别宪警，为东三省境内之唯一武装实力，该项宪兵之组织，或于一预定时期内完成之，或在宣言内预定程序，规定其完成时期。该项特别队伍，既为东三省境内唯一武装实力，故一俟组织完成，其他一切武装实力,即应退出东三省境内。所谓其他一切武装实力,包括中国方面或日本方面之一切特别警队或铁路守备队。

外国顾问 自治政府行政长官得指派相当数额之外国顾问,其中日本人应占一重要之比例。至细目应依前述程序订定,并于宣言内声明之。小国人民有被选之权,与大国人民同。

行政长官得就国联行政院所提名单中,指派国籍不同之外籍人员二名,监督(一)警察及(二)税收机关,该二员在新政制草创及试行期内,当掌有广泛之权限。顾问权限当在宣言中规定之。

行政长官当就国际清理银行董事会提出之名单中,指派一外国人为东三省中央银行之总顾问。

至于雇用外籍顾问及官员一节,实与中国国民党总理及现今国民政府之政策相符。东省方面之实际状况,及外人在彼利益与势力之复杂,为谋和平及善良政治起见,不能不有特殊之办法,吾人希望中国舆论对此不难予以认识,惟此间所谓外籍顾问及官员,及在新制度草创期内应有特别广泛权限之顾问,亦不能认为仅系代表一种国际合作之方式。盖此项人员之选出,必须在中国政府所能接受之状态内行之,且须与中国主权不相抵触。经指派后,此项人员,应自视为雇用国政府之公仆,与在过去时期内关税及邮政或国联与中国合办之专门机关所雇用之外籍人员相同。

关于此节,内田伯爵于1932年8月25日在日本议会演说中之一段,颇堪注意:"我国政府自明治维新以后,雇用多数外籍人员为顾问或正式官吏;在1875年前后其数目超过五百人之多。"

兹有应注意之点者,即在中日合作空气中指派较多日籍顾问,可使此项官吏贡献其特别适合于当地情形之训练与学识。在此过渡期内所应抱之目标,乃为造成一种完全中国人之吏治,终至雇用外人,不复需要。

二、关系日方利益之中日条约

中日间拟议之三种条约,商订人自应有完全审择之权,但于此处略示订约时所应议之事项,亦不为无益。

此项条约既须提及东省方面之日本利益,及热河方面之日本一部分利益,自必首要涉及日侨之某种经济利益及铁路问题。

条约目的 此项条约之目的应为:

(一)东省经济上之开发,日本得自由参加,但不得因此而取得经济上或政治上管理该地之权。

(二)日本在热河现在享有之权利,予以维持。

(三)居住及租地之权,推及于东省全境;同时对于领事裁判权之原则,酌予变更。

(四)关于铁路之使用,订一协定。

日人之居住权 在南满与北满间虽未尝订有固定界线,但日本人民之居住权向仅限于南满及热河。日本人民行使此项权力之态度,常使中国方面认为不能容受,因是而发生不断之龃龉与冲突。在纳税及司法方面,日本人民及朝鲜人民俱认为享有领事裁判权之待遇。关于朝鲜人民方面,实另有特殊规定,不过此项规定未能厘订明确,致常为争执之焦点。就调查团所得证明,吾等相信,若不附有领事裁判权,中国或愿将现在有限制之居住权推及于东省全境。因附带领事裁判权之结果,认为可使在中国境内造成一日本民族之国家也。

居住权与领事裁判权关系密切,至为明显。而在东三省司法行政及财务行政未达到较前此更高之程度以前,日本不欲放弃领事裁判权地位,其事亦同样明显。

于是有调和方法二种:其一,现有之居住权及其附带之领事裁判权地位,应予以维持,其居住权范围应加以扩大,俾在北满及热河之日本人民及朝鲜人民,均得享受,但无领事裁判权。其二,在东三省及热河之任何地方,日本人民应予以居住权及领事裁判权,而朝鲜人民则仅有居住权而无领事裁判权。是两项建议各有优点,亦各有可以严重反对之处。倘能将东北各省之行政效率增高,使领事裁判权不复需要,此则本问题最满意之解决方法也。

吾等以是建议该地方之最高法院应延用外国顾问,至少二人,其一须为日本国籍。其他法院延用顾问,亦殊为有利。法院审理涉及外国人之案件时,顾问对于各条之意见,不妨公布,吾等又以为在改组期间,财务行政方面参以外人之监督,亦颇相宜。关于此节,吾人于讨论中国宣言时业已有所提议矣。

更进一步之保障,可依和解条约设立公断法院,以处理中国政府或日本政府以政府名义或其人民名义所提出之任何声诉。

此项复杂而困难之问题,其决定必须归诸议订条约之当事双方自行酌夺。但现时所取之保护外国人制度,苟施于多如朝鲜人之少数民族,在朝鲜人数目继续增加及其与中国人民密接杂处情形之下,其将发生刺激之机会,因而引致地方意外及外国干涉,殆为必然之事。为和平利益计,此项冲突之源,应予消弭。

日本人民之居住权利,如有任何推广,应在同样条件之下,适用于其他一切享有最惠国条款利益之国家之人民,只须此类享有领事裁判权人民之国家,与中国订立同样条约。

铁路　关于铁路问题,在过去期中,中国与日本之铁路建造者及当局者,缺乏合作,不如成就一广大而互利之铁路计划,此在第三章中已论之矣。将来苟欲免除冲突,则在现所拟议之条约中,必须加以规定,使以往之竞争制度,归于消灭,而代以关于各路运费及价目之共同谅解。此项问题在本报告书之附件特别研究第一号内,另有讨论。在本调查团之意以为有两种可能之解决。此两种解决可择一而行,或可视为达到最后解决之步骤。

第一种方法,范围较为限制,为中日铁路行政之一种业务协定,足以便利彼此合作者。中日两国可协议在合作原则之下管理其各在满洲所有之铁路,并设一中日铁路联合委员会,至少有外国顾问一人参加。铁路联合委员会行使之职务则类若他国现行之理事会然。至于更彻底之救济方策,莫若将中日两国之铁路利益合并。如双方能同意于此种合并办法,实为中日两国经济合作之真实记标,而中日两国经济合作,乃本报告书所靳求之目的之一也。此种合并办法一方面既可保障中国之利权,一方面又可使满洲一切铁路得利用南满铁路专门经验之利益,而将近数月来应用于满洲铁路之制度,引申推用,当亦无甚困难。且将来更可借此辟一范围较广之国际协定之新途径,将中东铁路亦包含在内。此种合并方法之详细说明虽已载在附件之内,惟只能视为一种举例,其详细计划,惟有由当事双方直接谈判,始可产生耳。铁路问题如此解决,则南满铁路将成为纯粹的营业性质,特别宪警队一旦完全组成,铁路得有保障,则护路队可以撤退,借可节省一宗极大开支。此项办法如果实行,特别地产章程及特别市政府制度,应即在铁路区域范围内,预先制定成立,俾南满铁路与日本人民之既得利益得有保障。

如能依照以上大纲,议订条约,则日本在东三省与热河之权利,可有法律根据,其有益于日本至少当与现有之条约及协定相同,而在中国方面,则当较易接受。如 1915 年等条约与协定所给予日本之一切确定让与,苟未为此项新条约所废异或变更者,中国方面对之当不至再有承认之困难。至于日本所要求之一切较为次要之权利,其效力问题如有争执,应提出协商。如不能同意时,应照和解条约中所载之办法补救之。

三、中日和解公断不侵犯及互助条约

本条约之内容,因已有许多先例及现行成案可稽,自可不必详细叙述。

此项条约应设一和解委员会,其职务当为协助中日两方解决两政府间随时发生之任何困难。并设一公断庭,以具有法律经验及明了远东情形者组织之。凡中日两国间关于宣言或新条约解释上之争执,以及和解条约中所列举之其他争执,均应归诸公断庭办理。

最后依照约文内不侵犯及互助各规定,缔约双方应同意满洲应逐渐成为一无军备区域,以此为目的,应即规定俟宪警组织完

竣后,缔约国之一方或第三者,如对无军备区域有任何侵犯,即成为一种侵略行为,其他一方——或遇第三者攻击时,则缔约双方——有采取其所认为适当之任何办法,以防卫无军备区域之权,但并不妨碍国联行政院依照盟约而为处理之权。

倘苏联共和国政府愿意参加此种条约之不侵犯及互助部分,则此项相当之条款,可另行列入一种三方协定。

四、中日商约

商约自应以造成可以鼓励中日两国尽量交易货物,而同时并可保护他国现有条约权利之情形为目的。在此项条约内,并应有中国政府担任在其权力之内采取一切办法以禁止并遏抑有组织之抵制日货运动,但不妨害中国买主之个人权力。

评论 以上关于宣言及各项条约之目的,吾等所为之建议与理由,系备提出供国联行政院之考虑。无论将来协定之细目为何,最要之点,在尽早开始谈判,并应以互信之精神行之。

吾等工作现已告竣。

满洲素称天府之国,沃野万里,一年以来,迭经扰攘,当地人民,创巨痛深,恐为前此所无。

中日关系已成变相战争,瞻念前途,不胜忧虑。

其造成此种景况之情形,吾等于本报告书中已言之矣。

国联当前问题之严重,及其解决之困难,尽人皆知,本调查团正在结束报告之际,报章适载中日两国外交部长之宣言。披阅之余,各有要旨一点,兹特为揭出:

8月28日罗文幹先生在南京宣称:"中国深信解决现在时局之合理办法,必以不背国联盟约、非战公约及九国条约之文字与精神,与夫中国之主权,同时又确能巩固远东永久之和平者,为必要条件。"

8月30日根据内田伯爵在东京宣称:"政府认为中日关系问题较满蒙问题,更为重要。"

吾等以为结束报告,莫妙于重述此两项宣言所隐伏之意思。此种意思与本调查团所搜集之证据,及本调查团对本案之研究暨其判断,其确切相合,竟若符节,故敢信此种宣言所表示之政策,倘迅为有效之应用,当能使满洲问题达到圆满之解决,不特有裨于远东两大国之利益,即世界人类,亦胥受其赐焉。

　　　　　　　　　　　　1932 年 9 月 4 日签于北平
　　　　　　　　　　　　李顿(Lytton)
　　　　　　　　　　　　马柯迪(AIdrovandi)
　　　　　　　　　　　　克劳德(H.Claudel)
　　　　　　　　　　　　麦考益(Frank Mc Coy)
　　　　　　　　　　　　希尼(Schnee)

附录二　外交部 1932 年 10 月 20 日 718 号密电,内容系关于李顿调查报告书致日内瓦中国代表团的指示①

708 号电内所云详细意见,连日经外交委员会讨论后决议如下:

(甲)第九章十项条件:

第一条　不必表示异议,但可声明尤其应注意为中国国家生存及主权应保持之利益。

第二条　不必表示异议。

第三条　应积极赞成。

第四条　我方承认日本在东三省正当之利益。

第五条　须在不损害中国主权及领土行政完整原则之下。

第六条　在和解等项下说明。

第七条　中国可向国际联合会声明当积极励行东三省行政之改善,此项计划当包含逐渐设立人民代表机关,实行中央地方均权制度,并予地方政府以宽大之自治范围 Self Government。

第八条　此项计划之实行,在中国虽不免有重大之牺牲,但使确能保障永久和平,中国仍愿以诚意考虑之。惟为辅助此项计划贯达目的起见,如仅由中日两国②订立互不侵犯条约,而无其他

---

①　本附件系转录自顾氏所存原电之抄本,抄本中略有错漏,经参照本书英译文补正。——译者

②　此处"中日两国"在代表团的英译文中为"利害攸关国家";并有原注注明"系指中国、日本和苏联"。——译者

多数友邦参加保障,亦终无补于事。故此项计划之实行,必须附以切实有效之保障公约。

第九条　不必表示异议,但办法及程度①须视东省问题有无完满解决而定。

第十条　须不违背第三条。

(乙)中日直接讨论　中国可与日本讨论,但自始至终须有国联行政院或其他有关系方面之协助②。

(丙)顾问会议　此项办法同人反对者最多,可声明中国政府自行推进东省自治制度时,当尽量容纳或参酌地方人民以适当方法表示之真正意思。

(丁)保留于中央政府之权限　中国自动设定东省自治制度时,以外交、国税、电政、交通、国籍法、司法制度及重要官吏任免权等保留于中央政府;此系内部计划,非必要时不必对外声明。

(戊)宪警　中国政府准备派遣最有训练之宪警维持东省治安*。

(己)外交顾问　中国为改善东省政治起见,可聘用外国专家为辅助,但欧美专家③之任免,必须依照中国法令,而不受任何条约之拘束。

(庚)中日经济条约之目的:

第一目的　参阅十项原则第五条。

第二目的　我方希望任何解决办法或新条约,只限于东三省。

第三目的　东省内地杂居及商租,如须实行,以完全取消领事裁判权及撤退日本军队及警察散去为条件。关于撤销领事裁

---

① 英译电文中在"程度"之后尚有"阶段"一词,系代表团英译电文时所加。——译者

② 英译电文中无此项;A、C之间无B条。——译者

* 在6月28日的草案大纲中,曾建议"中国聘用外国专家为教练"。

③ 原电文之"欧美专家"在代表团之英译电文中改为"外国专家顾问"。——译者

判权后法院组织之办法,由中国政府另行规定,或包括自动酌用外国咨议。

(注:当地宪警部队将随所有军队——当然包括日本军队、护路队及警察部队——之撤离而建立。因此,似不需以此作为向外国居民开放全部东省之条件。)①

第四目 铁路问题 应根据门户开放政策,欢迎国际投资,谋东省铁路之完整及发达。

(辛)中日和解、公断、不侵犯及互助条约 如东省问题告一结束,办法并能见诸实行,此项建议当然有利无害。至和解、公断均应由第三国人参加。

(壬)在中日商约中规定中国遏止抵货运动 此项建议,应视东省问题有无完满解决而定。

(癸)其他 我方应主张之重要原则:

(1)日本因违约侵略,所得结果当然不能加以承认,更不能使被侵略者受其损害。

(2)国际联合会行政院及大会关于日本撤兵决议案,继续有效,并不因报告书而变更。故日本撤兵之义务及不能在武力压迫下谈判之原则继续存在。所有日本撤兵之期限,应提前详确规定。

---

① 此处之注,未见于原电抄本;疑系顾氏所注。——译者

附录三　外交部 1932 年 12 月 2 日电报转述林森主席 12 月 1 日还都令要点①

国民政府本日由洛阳迁回南京。林主席一行上午抵京后,率高级官吏先往谒陵。次在国府举行迁回典礼,并发布命令。略称:前以日本违反国联盟约、非战公约、九国公约,先占东北,继攻淞沪。南京首都受其威胁,乃徙洛邑。复以安内攘外,宜决后先。即在洛阳召开国难会议,并督饬军事委员会派遣大军,分赴豫、鄂、皖、赣各省,清剿匪患,抚慰灾黎。今各省匪患渐就弭平,国联会议开会在即。辽沈事件早为世界各国视线所集,亦即我国家民族兴替存亡所系。折冲樽俎,在能迅赴事机。首都交通便捷,国际周旋,较为顺适。乃于 12 月 1 日移回南京。外以遵守国际条约之精神,感格于邻国;内以持续长期抵抗之策略,昭告邦人。等语。

---

① 本件转录自顾氏所存原电抄本。——译者

附录四　1933年1月21日国联公报

国联公报。1933年1月21日发。

十九国委员会在今日下午开会时从日本代表向主席及秘书长提出的声明中得悉:即使可能对12月15日决议草案作出取消邀请非成员国参加谈判的修改,日本政府也不准备接受该项草案。在作出该声明以后,日本代表通知主席,昨天由日本代表团所作的提议已获得日本政府批准。

在研究了日本政府的新提议和中国对草案文本的修正案以后,本委员会只能申明无法提出一项双方都能接受的决议。中国代表以及委员会本身对邀请美国和苏联参加谈判解决方案一点所赋予的重要性,使得即使委员会认为必须按日本新提议的意见修改12月15日草案其他各点,也不能因日本一方要求而取消此点。

委员会并注意到,即使委员会同意将理由说明改变为国联主席代表委员会所作的声明,对此当事各方有权提出保留,日本政府也不肯接受委员会12月15日草案。日本政府在其最近的新提议中要求对草案作重要的修改,委员会对此不能接受。

在此种情况下,委员会感到原拟向国联大会提出一项解决此纠纷之方案的意图目前已经失败。委员会不得不假定大会在下次会议中也将作出同样结论。按照大会1932年3月11日决议第三部分第五节所赋予的任务,委员会决定立即开始按国联盟约第十五条第四项规定准备报告书草案。

根据第十五条第三项规定的程序,在大会决定结束之前,本委员会当然欢迎各方进一步提出任何新建议。

附录五　1933 年 2 月 4 日国联公报

国联公报。1933 年 2 月 4 日发。

十九国委员会今日开会,由比利时任主席。

委员会收到起草委员会交来报告书第一部分,该报告书按第十五条第四项规定最后应提交国联大会;收到中国政府来信要求加快进行起草工作并根据第十二条确定完成的时限;并收到日本代表提出的关于调解的若干新提议。

经过仔细研究这些新提议后,委员会虽然为此种精神所鼓舞,但仍不得不遗憾地作出结论,认为此项新提议和即使为迎合日本政府愿望而加以修改的委员会 12 月 15 日草案仍有根本性的差别,尤其注意到国联调查团所提意见,该新提议不能为第十五条第三项规定的调解程序提供良好的基础。

委员会已要求秘书长将这些看法通知日本代表团并表明能取得成功结果的唯一基础是由日本接受 12 月 15 日提议草案,包括两项前已说明的修改,即取消邀请非成员国家参加调解委员会所作的声明并同意各方有权对此作出保留。

委员会并指示秘书长向日本代表团阐明:按第十五条第三项规定的调解过程在大会通过一项第十五条第四项规定的报告前始终有效,但鉴于业已经过如此长时期的谈判和为取得协议付出如此巨大的努力,委员会认为必须同时着手起草报告书,并可期在较短时间内完成,此后大会即可立即召开。

委员会已开始就报告书和建议交换意见。

附录六　中国代表团关于与日本断绝邦交的方案

　　中国代表团关于与日本断绝邦交的方案,见 1933 年 3 月 2 日致外交部第 133 号电。

　　关于断绝邦交,我们建议采取下列步骤:

　　(一)

　　1.自东京召回公使及使馆人员,同时宣布鉴于日军继续侵略及目前对热河之侵犯,保持外交关系已无意义,徒使世人误解。至于中国在日本之一切利益,应请友好国家予以照管。

　　2.对日本驻华公使及使馆人员发给离境许可证。

　　3.照会日本,根据辛丑条约,要求撤回驻华日军,日本对因继续驻军而发生之一切后果应负完全责任,中国保留由此而进行必要自卫之权利。

　　4.通知国联及非战公约暨九国公约各签字国。

　　5.通知辛丑条约各国并请各国促使日本接受中国之要求。

　　(二)

　　1.自国联通过报告书及我方接受其建议之日起,三个月期限到期时,即 5 月 25 日,召回中国驻日领事。

　　2.同时对日本驻华领事发给离境许可证。

　　3.要求接管日本租界,以资保护。

　　4.彻底断绝经济关系,包括贸易、航运、保险及银行业务等。

　　(三)在以上两项之间:

　　1.准备自日本帝国撤退我国侨民或加以保护。

2.准备自我国内地遣送日本侨民,并集中于通商口岸,以资保护。

3.准备最终收回日本租界。

4.使商界人士做好全面断绝经济关系的准备。

5.争取美苏之直接物资援助。

6.敦促国联实施道义、外交及经济联合制裁。

(四)说明

断绝邦交通常包括领事在内。但本方案基于如下理由而建议予以推迟:

1.美国新总统研究政策需要时间。

2.国联联合制裁达成协议之程序颇为缓慢。

3.尽力避免日本以保护其侨民为借口而对中国沿海及内陆地区进行报复性暴力行为。

以上各节业经与颜惠庆商讨,并征得其同意,特提供政府考虑。颜已于昨日离此。请速裁夺,并电复为祷。

附录七　中国政府致日内瓦中国代表团的指示①

中国政府致日内瓦中国代表团的指示：有关代表团在国联第十四届大会上首次发言的要点（据 1933 年 9 月 18 日外交部第 386 号电报）。

本年国联大会常会中国代表演词要点，本日经国防会议核定如下：

（一）自本年 2 月 24 日国联特别大会通过关于中日问题决议案后，中国虽愿依据该决议案图谋此项问题之适当解决，而日本仍继续其武力动作，致热河一省又如东北三省为日军占据。嗣复进逼长城以南，危及中国故都北平与北方重要商埠天津。中国政府竭其兵力与财力与之抵抗，相持五十余日，终以牺牲过巨，人民痛苦过深，遂有 5 月 31 日塘沽停战协定之签订。嗣后日本军队渐次撤退，长城以南渐复旧状，而东北四省仍在日本武力占据之中。但日本在该四省以武力造成之局面，中国政府不独始终不予承认，且视为连续的不合法状态。各国政府所取态度，亦无异致。故目下中日问题，自法律上观察，较之 1931 年，其性质并无区别。所异者，其范围甚广，较前更为扩大。此种状态，不能因时间之延长而变更其法律上之性质，甚为明显。

（二）自中国将中日问题提交国联以来，迭经国联行政院及特别大会通过各决议案。其目的要在根据公道与和平之原则，设法

---

① 本附录系录自顾氏所存该电原文。——译者

解决远东之局面。不幸,各该决议案迄未实行。中国仍在忍受痛苦之中。惟中国对于国联之信仰,未尝因是而根本动摇。中国政府仍视国联为维持并促进和平之最高机关。虽其运用之权威不能达到一般人民企望之程度,但其组织之目的并无瑕疵。中国既为此项组织之一分子,必将尽其可能之力,设法使之健全,俾世界各国在最高最优主义之下,享受其利益。

(三)中国虽处于今日万分困难之地位,仍欲集合全国力量,发展其建设事业。故在技术人才方面,甚愿得到国联之协助。中国鉴于国联以适当之人才协助他国之建设事业,颇著成效,又鉴于中国在过去数年中所借用国联之技术人才,颇能在其专门事业之范围以内,为合于实际之贡献。故于本年7月间提请国联行政院派遣一技术联络员至中国,藉以增进技术上之效能。此项提议已经行政院采纳,并见诸实行。中国政府深为感荷。此项合作办法,专为协助中国解决各种技术上之专门问题,与政治完全无涉。将来中国建设事业之进步,获益于此者,良非浅鲜也。

希照此意撰稿,届时在会发表。措词及前后层次可酌改,不必拘执原文。特达。外交部。

附录八　蒲立德 1937 年 7 月 30 日
致美国国务卿电

　　蒲立德大使将他和顾维钧大使的谈话于 1937 年 7 月 30 日电告美国国务卿的原文 *。

　　巴黎发,1937 年 7 月 30 日中午。午后 1∶10 分收到。

　　1077.德尔博斯今天对我说,中国的顾大使昨天曾向他作了一项绝密的重要陈述。他把此项绝密陈述的大意向我转述。这是关于意大利及德国两位驻莫斯科的大使的行动。在此以前顾也曾和我谈过,我在 7 月 28 日夜 9 点,以 1067 文号作过报告。我发现顾向德尔博斯说的话和顾向我说的话稍有出入,使我对顾说话的准确性有点怀疑。

　　根据德尔博斯的说法,意大利是向驻罗马的中国大使,而不是向驻莫斯科的中国大使申明立场的。

　　德尔博斯回避讨论远东问题。他说事实上中国是孤立的。他坚决反对中国向国际联盟提出呼吁。国际联盟今天是个废物,现在已是一个不起作用的机构,中国去向它申诉,其结果只会是镜花水月而已。国际联盟在欧洲还有点用处,他不愿看见它成为一个笑柄。

　　德尔博斯赞成中国向九国公约的签字国呼吁。昨天他已将此意向顾说了。

---

　　* 蒲立德电报原文见《美国的对外关系》第四卷(远东),华盛顿,国务院,1937 年,第 2 页。

他还肯定在目前情况下苏联不会对中国进行帮助。实际上，他刚接到法国大使从南京打来的电报，说蒋介石对苏联很恼火。俄国人曾经使他相信他们会帮助他，可是现在却说他们无能为力。

蒲立德